I0127375

CONSTITUCIÓN DE PLASTILINA Y VANDALISMO CONSTITUCIONAL

La ilegítima mutación de la Constitución por el Juez Constitucional
al servicio del autoritarismo

ALLAN R. BREWER-CARÍAS

CONSTITUCIÓN DE PLASTILINA Y VANDALISMO CONSTITUCIONAL

La ilegítima mutación de la Constitución por el Juez Constitucional al servicio del autoritarismo

Prólogo por: Carlos Ayala Corao

Colección Biblioteca Allan R. Brewer-Carías, Instituto de Investigaciones Jurídicas Universidad Católica Andrés Bello

Editorial Jurídica Venezolana
Caracas/2022

Email: allanbrewercarias@mal.com
http:// www.allanbrewercarias.com

ISBN: 978-1-68564-719-3

Editorial Jurídica Venezolana
Avda. Francisco Solano López, Torre Oasis, P.B., Local 4,
Sabana Grande,
Apartado 17.598 – Caracas, 1015, Venezuela
Teléfono 762-25-53 / 762-38-42/ Fax. 763-52-39
Email fejv@cantv.net
http://www.editorialjuridicavenezolana.com.ve

Impreso por: Lightning Source, an INGRAM Content company
para Editorial Jurídica Venezolana International Inc.
Panamá, República de Panamá.
Email: ejvinternational@gmail.com

Portada por: Andrés Eduardo, Lucas, Mateo y Valentina

Diagramación, composición y montaje con base en un formato diseñado por: Francis Gil, en letra Palatino Linotype 11, Interlineado 11.5, Mancha 18 x 12

CONTENIDO

NOTA EXPLICATIVA DEL AUTOR

> **Plastilina:** *Sustancia moldeable, de diversos colores, que se utiliza en escultura y como material educativo,* RAE. *Pasta moldeable que emplean los niños para hacer figuras.*

En 2012, quien fuera presidente de la Sala Penal del Tribunal Supremo de Justicia, un tal general y abogado Eladio Aponte Aponte, al abandonar el país y pedir asilo político en los Estados Unidos, en una nauseabunda entrevista que dio por televisión confesó públicamente – para que no hubiera dudas – que en Venezuela:

> *"la justicia no vale... la justicia es una plastilina, digo plastilina porque se puede modelar, a favor o en contra."*[1]

Para llegar a esta definición explicó, entre otras cosas, cómo la Fiscal General de la República de la época, una tal Luisa Ortega Díaz, y la Presidenta de la propio Tribunal Supremo de Justicia de la época, una tal Luisa Estella Morales, lo llamaban a él, como cabeza de la jurisdicción penal, para preguntarle:

> *"cuándo se iba a imputar a alguna persona, cuándo se le iba a privar de libertad, cuándo se iban a hacer los allanamientos; para que yo organizara esa situación, y buscara al juez idóneo, para que se realizara tal acto."*

También explicó en ese contexto de la justicia convertida en una plastilina por la mano de sus operadores cómo, por tanto, la "independencia judicial" no era sino una "falacia," explicándole a la entrevistadora el porqué de ello, en esta forma:

---

1 Véase la transcripción íntegra de la entrevista en el libro: Allan R. Brewer-Carías, *La demolición de la independencia y autonomía del Poder Judicial en Venezuela 1999-2021*, Colección Biblioteca Allan R. Brewer-Carías, Instituto de Investigaciones Jurídicas de la Universidad Católica Andrés Bello, No. 7, Editorial Jurídica Venezolana, Caracas 2021, pp. 323-327.

"Y te voy a decir por qué. Todos los fines de semana principalmente los viernes en la mañana, hay una reunión en la Vicepresidencia Ejecutiva del país, donde se reúne el Vicepresidente, que es el que maneja la justicia en Venezuela, con la Presidenta del Tribunal Supremo, con la Fiscal General de la República, con el Presidente de la Asamblea Nacional, con la Procuradora General de la República, con la Contadora General de la República, y unas que otras veces va uno de los jefes de los cuerpos policiales. De ahí es donde sale la directriz de lo que va a ser la justicia. O sea, salen las líneas conductoras de la justicia en Venezuela." [2]

Esta visión trágica de lo que el régimen autoritario hizo con la justicia en el país a partir de 1999, explica por qué la Constitución misma, que fue concebida como cuerpo normativo supremo y rígido, fue no solo vandalizada sino convertida en otra plastilina, habiendo sido moldeada y mutada *ad libitum* e impunemente, con las manos del Tribunal Supremo, y muy especialmente, de su Sala Constitucional, una vez que la misma fue sometida por el poder y convertida en un instrumento del autoritarismo. Por ello, a pesar de las enfáticas y floridas declaraciones que la adornan, la Constitución resultó ser una gran mentira, habiendo sido su texto falseado íntegramente.[3]

Y es que en efecto, la Sala Constitucional del Tribunal Supremo de Justicia de Venezuela, desde 2000, lejos de actuar como guardián

---

2 *Idem*. Para 2012 Nicolás Maduro sucedió a Elías Jaua como Vicepresidente Ejecutivo; la Presidenta del Tribunal Supremo de Justicia era Luisa Estella Morales; la Fiscal General de la República era Luisa Ortega Díaz; el Presidente de la Asamblea Nacional era Diosdado Cabello; la Procuradora General de la República era Gladys Gutiérrez Alvarado; y la Contralora General de la República era Adina Bastidas.

3 Véase Allan R. Brewer-Carías, "El Falseamiento del Estado de derecho en Venezuela 1999-2021," en el libro: El *Estado de derecho en América Latina, World Law Congress – Colombia 2021*, Exposiciones en Opening Session, organizadas por Academia de Ciencias Políticas y Sociales de Venezuela (Caracas), Academia Nacional de Ciencias Jurídicas de Bolivia (La Paz), y Academia Nacional de Derecho, y Ciencias Sociales De Córdoba (Argentina) (Armando Segundo Andruet (h), Director; Humberto Romero Muci (Coordinador) Ramiro Moreno Baldivieso, Coordinador), International Legal Group, Buenos Aires, 2021, pp. 25-74; y en el libro: Allan R. Brewer-Carías y Humberto Romero Muci (editores), *El falseamiento del Estado de derecho* (Textos de la Opening Session (marzo 2021) del *World Law Congress*, sobre Estado de Derecho, Barranquilla, Colombia (diciembre 2021), Academia de Ciencias Políticas y Sociales, Editorial Jurídica Venezolana, Caracas 2021, pp. 33-102.

de la Constitución para proteger su vigencia y resguardar su supremacía y rigidez, ha sido el instrumento más importante del gobierno autoritario para vandalizarla y no sólo justificar y encubrir sus violaciones por los órganos del Estado, sino para mutar ilegítimamente su texto, imponiendo interpretaciones inconstitucionales,[4] no sólo sobre sus propios poderes de control,[5] sino en materias sustantivas, sin estar sometida a control alguno.[6]

En este aspecto, por ejemplo, uno de los instrumentos más letales utilizados para distorsionar la Constitución fue la "invención" de una acción directa para la interpretación abstracta de la Constitución, que fue un medio procesal constitucional creado por la propia Sala Constitucional sin fundamento en la Constitución y sin antecedentes en el derecho comparado,[7] que luego se acogió en una de las reformas de la Ley Orgánica del Tribunal Supremo.

---

4 Véase Allan R. Brewer-Carías, "*Crónica sobre la "In" Justicia Constitucional. La Sala Constitucional y el autoritarismo en Venezuela*, Editorial Jurídica Venezolana, Caracas 2007.

5 La Sala Constitucional ha venido asumiendo y auto-atribuyéndose competencias no previstas en la Constitución, no sólo en materia de interpretación constitucional al crearse el recurso autónomo de interpretación abstracta de la Constitución, sino en relación con los poderes de revisión constitucional de cualquier sentencia dictada por cualquier tribunal, incluso por las otras Salas del Tribunal Supremo de Justicia; con los amplísimos poderes de avocamiento en cualquier causa; con los supuestos poderes de actuación de oficio no autorizados en la Constitución; con los poderes de solución de conflictos entre las Salas; con los poderes de control constitucional de las omisiones del Legislador; con la restricción del poder de los jueces de ejercer el control difuso de la constitucionalidad de las leyes; y con la asunción del monopolio de interpretar los casos de prevalencia en el orden interno de los tratados internacionales en materia de derechos humanos. Véase, además, en *Crónica sobre La "In" Justicia Constitucional. La Sala Constitucional y el autoritarismo en Venezuela*, Colección Instituto de Derecho Público, Universidad Central de Venezuela, nº 2, Caracas 2007

6 Véase Allan R. Brewer-Carías, "*Quis Custodiet ipsos Custodes*: De la interpretación constitucional a la inconstitucionalidad de la interpretación," en *VIII Congreso Nacional de Derecho Constitucional*, Fondo Editorial and Colegio de Abogados de Arequipa, Arequipa, Perú, 2005, 463-89; y *Crónica de la "In" Justicia constitucional: La Sala constitucional y el autoritarismo en Venezuela*, Editorial Jurídica Venezolana, Caracas 2007, 11-44, 47-79.

7 Véase Sentencia nº 1077 de la Sala Constitucional de 22-09-00, caso: *Servio Tulio León Briceño*. Véase en *Revista de Derecho Público,* nº 83, Caracas, 2000, pp. 247 y ss. Este criterio fue luego ratificado en sentencias de fecha 09-

Mediante este recurso, que puede ser interpuesto por cualquier persona con un mínimo interés, y también, "muy convenientemente" por el propio Abogado del Estado como es el Procurador General de la República, que está sujeto al Presidente de la República, la Sala Constitucional ha reformado" en forma ilegítima la Constitución, llegando incluso a implementar también en forma ilegítima las reformas constitucionales que propuso el Presidente Chávez en 2007 y que fueron rechazadas por el pueblo mediante referéndum.

Este libro tiene por objeto analizar cómo en Venezuela, el Juez Constitucional, en una carrera de vandalismo constitucional, ha moldeado y mutado la Constitución, auténticamente como si fuera una plastilina, para afianzar el autoritarismo y el centralismo y erosionar la democracia. Con tal propósito, he incluido en este volumen todos los estudios que a lo largo de los últimos lustros he escrito, específicamente, sobre la mutación ilegítima de normas constitucionales por la Sala Constitucional. Dichos estudios los he precedido dos estudios que explican el proceso de apoderamiento y control del Tribunal Supremo por parte del Poder Ejecutivo, para que pudiera asumir ese rol de instrumento del autoritarismo para mutar y vandalizar la Constitución. Al final, he incluido otros dos estudios que muestran cuál ha sido el trágico resultado respecto de las instituciones del Estado de derecho y de la democracia, que ha provocado una justicia constitucional sometida al Poder, como ha sido el caso en Venezuela.

Quiero finalizar esta Nota, agradeciendo al profesor Carlos Ayala Corao por su excelente Prólogo, cuyo atinado contenido complementa lo que plantea a lo largo de este libro en el sentido de que el tratamiento de la Constitución como una plastilina y el vandalismo constitucional que la República ha sufrido durante los últimos veinte años, solo han sido posibles por el proceso de desmantelamiento de la independencia y autonomía del Poder Justicia y, en particular del Tribunal Supremo de Justicia, que comenzó en 1999 y que no ha dejado de implementarse hasta la fecha por el régimen autoritario.

New York, marzo 2022

11-00 (nº 1347), 21-11-00 (nº 1387), y 05-04-01 (nº 457), entre otras. Véase Allan R. Brewer-Carías, "Le recours d'interprétation abstrait de la Constitution au Vénézuéla", en *Le renouveau du droit constitutionnel, Mélanges en l'honneur de Louis Favoreu*, Dalloz, Paris, 2007, pp. 61-70

PRÓLOGO

Carlos Ayala Corao

Profesor Titular y jefe de cátedra de Derecho Constitucional
en la Universidad Católica Andrés Bello
e Individuo de número
de la Academia de Ciencias Políticas y Sociales de Venezuela.

He recibido de nuevo el honroso encargo de prologar una obra de mi profesor y amigo, Allan R. Brewer Carías, titulada *Constitución de plastilina y vandalismo constitucional: El juez constitucional mutando la Constitución al servicio del autoritarismo.* Se trata de una compilación de diversos estudios que a lo largo de los últimos lustros ha escrito el autor, sobre la mutación ilegítima de normas constitucionales por la Sala Constitucional del Tribunal Supremo de Justicia de la República Bolivariana de Venezuela.

Conforme nos da a entender el propio autor, la característica de "plastilina" que ha usado Brewer para titular esta obra, no solo tiene que ver con su significado literal en el idioma español, sino que fue la frase usada en 2012, por el entonces presidente de la Sala Penal del Tribunal Supremo de Justicia y antes Fiscal Militar, el general y abogado Eladio Aponte Aponte, quien al abandonar el país y pedir asilo político en los Estados Unidos de América, en una insólita entrevista que dio por televisión, confesó públicamente que en Venezuela: "*... la justicia es una plastilina, digo plastilina porque se puede modelar, a favor o en contra*" (p. 11).

La tesis desarrollada en esta obra es que lo mismo ha hecho esa justicia con la Constitución, al moldearla a favor de la "revolución bolivariana", es decir, del poder político del régimen.

El caso venezolano es único en la historia de los autoritarismos y dictaduras: de cómo se diseñó en un Texto Fundamental una todo poderosa jurisdicción constitucional en manos de una Sala Constitucional, para de inmediato asaltarla políticamente y someterla, y así usarla como el arma más poderosa contra la Constitución, el Estado de Derecho y la democracia: la Constitución es lo que la Sala Constitucional dice que es, pero con el detalle de que ese tribunal nunca ha sido más que una instancia política al servicio incondicional del régimen político.

Como lo pone en evidencia esta magna obra de Brewer Carías, la Sala Constitucional nunca fue el tribunal constitucional que figura en la Constitución, sino que se la convirtió desde el inicio en el instrumento más estratégico del diseño institucional, dominado por el poder político desde la presidencia de la República y las demás altas instancias del poder ejecutivo del Estado y del partido oficial de gobierno.

La Constitución de Venezuela de 1999 en su diseño normativo, es una constitución democrática, -a pesar de algunas críticas o propuestas puntuales que pueden hacérsele-.[1] Pero esa Constitución nunca ha regido, la que ha regido es la anti-constitución del poder, que es la que, no solo en paralelo sino en contra de la constitución normativa, ha venido imponiendo el poder político desde la Sala Constitucional.

La todo poderosa Sala Constitucional: cooptada políticamente desde un inicio

El caso venezolano pone en evidencia como nunca, que la primera condición necesaria y esencial para que pueda existir un tribunal constitucional y, en términos más generales, una jurisdicción constitucional, es la independencia de sus jueces y del tribunal mismo. Esto que parece tan elemental, nunca antes había estado tan ausente como ha ocurrido en el caso venezolano: una Constitución secuestrada por la Sala Constitucional dominada por el poder político, la cual además ha secuestrado al resto del poder judicial, imponiendo la doctrina de que los jueces provisorios que son la inmensa mayoría de los jueces en Venezuela pueden ser nombrados y removidos de manera absolutamente discrecional, sin causa, ni procedimiento ni revisión judicial.[2]

La Constitución en el artículo 336 le atribuye a la Sala Constitucional del Tribunal Supremo de Justicia, como jurisdicción constitucional, las competencias para ejercer el control concentrado y la consulta obligatoria del control difuso ejercido por los demás tribunales. Para

---

1 "Hacia una agenda de cambios consensuados inmediatos a la Constitución de 1999 para la profundización de la democracia", en *Análisis y perspectivas*. Centro Gumilla Septiembre/Octubre, 2002. Sic No. 648. Tema Constitucional No. 8.

2 TSJ/SC, sentencia de 20 de diciembre de 200, *caso: Yolanda Vivas.*

ello le asigna todo un sistema procesal recursivo nunca visto, que va desde acciones populares o ciudadanas de inconstitucionalidad, hasta la revisión de las sentencias de amparo constitucional dictadas por los demás tribunales incluso del Tribunal Supremo de Justicia. A este sistema recursivo se añaden las propias creaciones de la Sala Constitucional -incluso para conocer de oficio- , que como nos advierte el Brewer, "auto-atribuyéndose competencias no sólo en materia de interpretación constitucional; sino en relación con los poderes de revisión constitucional de cualquier sentencia dictada por cualquier tribunal, incluso por las otras Salas del Tribunal Supremo de Justicia; con los amplísimos poderes de avocamiento en cualquier causa; con los supuestos poderes de actuación de oficio no autorizados en la Constitución; con los poderes de solución de conflictos entre las Salas; con los poderes de control constitucional de las omisiones del Legislador; con la restricción del poder de los jueces de ejercer el control difuso de la constitucionalidad de las leyes; y con la asunción del monopolio de interpretar los casos de prevalencia en el orden interno de los tratados internacionales en materia de derechos humanos". De todos estos inventos, como lo señala nuestro autor, "uno de los instrumentos más letales utilizados para distorsionar la Constitución ha sido la invención de una acción directa para la interpretación abstracta de la Constitución, que fue un medio procesal constitucional creado por la propia Sala Constitucional sin fundamento en la Constitución y sin antecedentes en el derecho comparado".

No es fácil ubicar un único momento preciso en el cual se destruyeron los pilares fundamentales de la democracia, el Estado de Derecho y la Constitución venezolana. Esta ha sido una maliciosa estrategia ejecutada a partir de 1999, paso a paso desde el poder político, contando para ello con la Sala Constitucional. Han sido muchos y variados los acontecimientos recientes que han ido socavando la Constitución y las garantías esenciales del Estado de Derecho. Si bien antes teníamos un Estado de Derecho imperfecto, ahora tenemos una dictadura.

Muchos juristas atribuyen el origen de la debacle a la instauración de una Asamblea Nacional Constituyente (ANC) en el año 1999, la cual se utilizó para cooptar todos los poderes del Estado de funcionarios serviles del partido de gobierno y así desdibujar la separación de poderes[3]. Pero antes del nombramiento del nuevo Tribunal Supremo de Justicia (TSJ) por la Asamblea Nacional Constituyente de 1999

---

3 Véase, entre otros trabajos: BREWER-CARÍAS, Allan, "El proceso constituyente y la fallida reforma del Estado en Venezuela", en *Reflexiones sobre el constitucionalismo en América,* Caracas, Editorial Jurídica Venezolana, 2001, pp. 165 y ss.

(ANC), ésta había ya intervenido al Poder Judicial, mediante el Decreto de Reorganización el Poder Judicial dictado el 18 de agosto de 1999[4], en el cual se declaró al Poder Judicial "en emergencia y reorganización"[5]. Esta *reorganización* se concretó mediante una verdadera "intervención política" de Poder Judicial por la propia ANC a través de una Comisión de Emergencia Judicial, integrada por nueve (9) miembros designados por la ANC, de la siguiente manera: cuatro (4) Constituyentes; y cinco (5) miembros designados fuera de su seno por la ANC[6].

El secuestro de la Constitución con la designación y el control político de los magistrados del TSJ

La designación política de magistrados del TSJ es una evidencia más de la falta de independencia del Poder Judicial en Venezuela.[7]

A las designaciones iniciales de magistrados del TSJ realizadas en diciembre de 1999 por la ANC se sumaron las ratificaciones y nombramientos realizados al año siguiente por la Asamblea Nacional (AN). No obstante, algunos pocos magistrados osaron creerse tales y pretender que eran independientes de la disciplina política revolucionaria, lo cual les valió su remoción o jubilación anticipada. Para ello, el régimen además se valió de la nueva Ley Orgánica del Tribunal Supremo de Justicia de 2004, para remover expeditamente algún magistrado, pero sobre todo para aumentar el número de sus integrantes y "empaquetar" a dicho alto tribunal (*court packing).* En efecto, en mayo de 2004 entró en vigencia la muy cuestionada Ley Orgánica del Tribunal Supremo de Justicia,[8] la cual tuvo por objeto mediante la mayoría oficialista, aumentar el número de magistrados en

---

4 Publicado en la *Gaceta Oficial* N° 36.772 de fecha 25 de agosto de 1999.

5 Artículo 1, *Decreto de Reorganización del Poder Judicial.* Este artículo extendió dicha declaratoria al "Sistema Penitenciario", para "convertir los establecimientos penitenciarios en verdaderos centros de rehabilitación de los reclusos bajo la dirección de penitenciaristas profesionales con credenciales académicas universitarias".

6 Artículo 2, Decreto de Reorganización del Poder Judicial.

7 Ver lo expuesto en nuestro trabajo, Ayala Corao, Carlos. "El secuestro de la independencia judicial" en *Libro Homenaje a la Academia de Ciencias Políticas y Sociales en el centenario de su fundación* (1015-2015), Tomo I, Academia de Ciencias Políticas. Caracas, 2015.

8 Ley Orgánica del Tribunal Supremo de Justicia, Publicada en la *Gaceta Oficial* N° 37.942, del 20 de mayo de 2004.

cada una de las Salas, con la idea expresa de asegurar el control político sobre algunas Salas del TSJ que habían dictado decisiones contrarias a los intereses gubernamentales.[9]

Ese proceso de selección de los magistrados del TSJ por la AN en 2005 fue signado por una sumisión clara y expresa al Presidente de la República. Ello puede evidenciarse del hecho de que, en vísperas del nombramiento de los nuevos Magistrados, el diputado del partido de gobierno y presidente de la Comisión Parlamentaria encargada de escoger los candidatos a Magistrados[10], declaró a la prensa lo siguiente:

> "Si bien los diputados tenemos la potestad de esta escogencia, el Presidente de la República fue consultado y su opinión fue tenida muy en cuenta." (Resaltado añadido)... *"Vamos a estar claros, nosotros no nos vamos a meter autogoles*. En la lista había gente de la oposición que cumple con todos los requisitos. La oposición hubiera podido usarlos para llegar a un acuerdo en las últimas sesiones, pero no quisieron. Así que nosotros no lo vamos a hacer por ellos. En el grupo de los postulados *no hay nadie que vaya a actuar contra nosotros* y, así sea en una sesión de 10 horas, lo aprobaremos." (Subrayados añadidos)[11]. (Resaltados añadidos).

Como consecuencia de esta Ley fueron designados doce (12) nuevos magistrados titulares (2 para cada una de las 6 Salas del Tribunal Supremo), a través de un procedimiento realizado en contravención con la Constitución, pues la propia Ley Orgánica del Tribunal Supremo de Justicia diseñó unas fórmulas fraudulentas, a través de las cuales estos nuevos magistrados (y los próximos) podían ser designados y removidos por una mayoría simple de la AN (controlada por el partido de gobierno), y no mediante el quórum especial de las dos terceras partes de la Asamblea que exige nuestra Constitución para la designación y remoción de todos los altos cargos estatales. Además, esta Ley dispuso, inconstitucionalmente, que los magistrados suplentes serían designados por dos (2) años, con posibilidad de prorrogar ese plazo, lo que ha implicado una sustancial reducción de las garantías de estabilidad[12].

---

9 VenEconomía Semanal, "*Coronando el autoritarismo,*" 29 de octubre de 2003.

10 Diputado Pedro Carreño, quien luego fue designado Ministro del Poder Popular de Interior y Justicia durante el año 2007.

11 Declaraciones del Presidente de la Comisión Parlamentaria encargada de escoger los candidatos a Magistrados.

12 Precisamente por esto, actualmente existen varios magistrados suplentes que ya tienen más de dos (2) años en el ejercicio de sus funciones, pero a quienes no se

Por ello, las designaciones de magistrados realizadas luego de la entrada en vigencia de la Ley Orgánica del Tribunal Supremo de Justicia se efectuarán atendiendo a claros vínculos políticos con el Ejecutivo Nacional. Al punto de que el propio parlamentario del partido de gobierno que encabezó la Comisión Parlamentaria redactora de la Ley y la impulsó hasta su aprobación definitiva, quedó electo (autoelecto) como magistrado de la Sala Constitucional y luego como presidente de la poderosa Comisión Judicial[13].

Las designaciones controversiales tuvieron lugar de nuevo en diciembre de 2010, justo después de la elección de los diputados de la AN en septiembre de 2010, pero antes de que el nuevo período de la AN comenzara en enero de 2011. Los nombramientos fueron realizados en el tiempo de manera que se asegurase la elección de los jueces alineados con el partido de gobierno pudiera tener lugar en el período en que se contaba con los votos legislativos necesarios.

Es lógico concluir con que con base en la Constitución de 1999 se requieren las 2/3 partes de los diputados para elegir a los magistrados del TSJ. Se trata de un principio constitucional para incentivar los consensos parlamentarios en la elección o designación de todas las altas autoridades del Estado. En primer lugar, esa es la mayoría exigida para elegir a todas las demás altas autoridades del Estado: Fiscal y Contralor General de la República, Defensor del Pueblo y Rectores del Consejo Nacional Electoral. Además, por el principio de la igualdad de las formas, ya que esa es la mayoría expresamente exigida por la Constitución para que la misma AN pueda remover a un magistrado del TSJ. No obstante, la Ley Orgánica del Tribunal Supremo de Justicia dispuso que, si en tres votaciones sucesivas no se alcanzaba la mayoría de las 2/3 partes de los diputados, en la siguiente votación los magistrados se pueden elegir por la mayoría

---

les ha otorgado su titularidad, para con ello poder revisar sus confirmaciones cada dos (2) años. Es realmente insostenible esta maniobra, sobre todo debido a que la Constitución venezolana no distingue entre magistrados suplentes y titulares, cuando establece que serán nombrados por un único período de doce (12) años.

13 Nos referimos a Luis Velásquez Alvaray, quien no sólo resultó designado magistrado de la Sala Constitucional, sino que además quedó como Presidente de la *Comisión Judicial*, la cual, como veremos, es la que ha asumido la competencia para nombrar y remover, libre y discrecionalmente, a los jueces provisorios. Posteriormente, en virtud de unas denuncias de corrupción en su contra, este magistrado fue removido por la propia Asamblea Nacional, el 8 de junio de 2006.

simple de los diputados.[14] Esta absurda norma es un incentivo a que el partido mayoritario simplemente espere transcurrir las tres votaciones para entonces lograr elegir a su lista de magistrados.

Con base en estas disposiciones para la elección de los magistrados del Tribunal Supremo de Justicia, fue que el partido de gobierno, al no haber alcanzado esa mayoría requerida en las elecciones a la AN el 2010, procedió de inmediato a elegir a los magistrados imponiendo candidatos vinculados al partido de gobierno. De esta forma, de los nueve magistrados principales designados en 2010, al menos cinco fueron diputados en la Asamblea Nacional y miembros del partido oficial de gobierno (PSUV); uno fue diputado en el Parlamento Andino, miembro del partido oficial y fue previamente embajador en Canadá por designación del Presidente de la República; y otro (la Dra. Gladys Gutiérrez) había sido previamente la Procuradora General de la República por designación del Presidente de la República.[15]

---

14 "Artículo 38. Los Magistrados o Magistradas del Tribunal Supremo de Justicia serán designados o designadas por la Asamblea Nacional, por un período único de doce años, mediante el procedimiento siguiente: Cuando sea recibida la segunda preselección que consigne el Poder Ciudadano, de conformidad con el artículo 264 de la Constitución de la República Bolivariana de Venezuela y la presente Ley, en sesión plenaria que sea convocada, por lo menos, con tres días hábiles de anticipación, la Asamblea Nacional hará la selección definitiva con el voto favorable de las dos terceras (2/3) partes de sus miembros. En caso de que no se logre el voto favorable de la mayoría calificada que se requiere, se convocará a una segunda sesión plenaria, de conformidad con este artículo; y si tampoco se obtuviese el voto favorable de las dos terceras (2/3) partes, se convocará a una tercera sesión y, si en ésta tampoco se consiguiera el voto favorable de las dos terceras (2/3) partes de los miembros de la Asamblea Nacional, se convocará a una cuarta sesión plenaria, en la cual se harán las designaciones con el voto favorable de la mayoría simple de los miembros de la Asamblea Nacional."

15 *Gaceta Oficial* N° 39569 del 8 de diciembre de 2010. Ver también, "Mayoría del PSUV llevó a cinco de sus colegas y a la Procuradora al TSJ", *El Universal* (8 de Diciembre de 2010); disponible en: http://politica.eluniversal.com/2010/12/08/pol_art_an-excluyo-a-isaias_08A4828333.shtml . La Dra. Gutierrez fue designada Procuradora General de la República por Hugo Chávez Frías en el 2006. Ver Decreto No 4404 (publicado en *Gaceta Oficial* N° 38.410, del 31 de marzo de 2006).

Estos nuevos nombramientos del TSJ fueron seriamente criticados por organizaciones nacionales e internacionales,[16] así como diversos profesores.[17]

De igual manera procedió la AN en el año 2014 mediante la mayoría simple de los diputados oficialistas, luego de tres votaciones anteriores, a designar a 13 magistrados principales y 3 magistrados suplentes del Tribunal Supremo de Justicia, consolidando una vez más el control político de esa alta instancia judicial.[18]

El efecto de este control político y sometimiento del TSJ y en concreto de su todo poderosa Sala Constitucional, era y es intencional: servir de instrumento para la consolidación del régimen en el poder, mediante interpretaciones inconstitucionales de la Constitución. Como nos lo muestra esta obra de Brewer Carías, desde el inicio del funcionamiento de la Sala Constitucional en el año 2000 se ha dado paso a paso la ruptura del régimen democrático establecido en la Constitución, pues se comenzaron a dictar fallos abiertamente contrarios al texto constitucional y a los elementos esenciales de la democracia. Pero ciertamente, dos decisiones de la Sala Constitucional del Tribunal Supremo de Justicia (SC/TSJ), de marzo de 2017 (Nos. 155 y 156), permitieron visualizar internacionalmente y se convirtieron en un hito visible de la ruptura del orden constitucional o el golpe de estado institucional al sistema democrático venezolano[19].

Las reacciones internacionales críticas

El 3 de abril de 2017, en sesión extraordinaria, el Consejo Permanente de la Organización de los Estados Americanos (OEA) declaró

---

16 CIDH, *Informe Anual 2010*, Capítulo IV, 635.

17 Ver, por ejemplo, Rafael Chavero G., *Justicia Revolucionaria. Una década de Involución Judicial,* (Ed. Aequitas) (Caracas, 2011). Hildegard Rondón de Sansó, "*Obiter Dicta,* Comité de Postulaciones Judiciales," *La Voce* (CARACAS, 8 de Febrero de 2011); *disponible en:* www.voce.com.ve

18 *Gaceta Oficial* N° 6.165 Extraordinario del 28 de diciembre de 2014.

19 *El Universal* (7 de abril de 2017) *Sentencias 155 y 156.* Disponible en: http://www.eluniversal.com/noticias/opinion/sentencias-155-156-647080 Ver lo expuesto en nuestro trabajo, Ayala Corao, Carlos y Chavero Gazdik, Rafael. *El Libro Negro del TSJ de Venezuela: Del secuestro de la democracia y la usurpación de la soberanía popular a la ruptura del orden constitucional (2015-2017)*, Colección Estudios Jurídicos No. 120, Editorial Jurídica Venezolana, Caracas, 2017.

que las decisiones del TSJ eran "incompatibles con la práctica democrática y [...] una violación del orden constitucional de la República Bolivariana de Venezuela"[20]. La Comisión Interamericana de Derechos Humanos (CIDH) consideró que las decisiones del TSJ "constituyen una usurpación de las funciones del Poder Legislativo por parte de los Poderes Judicial y Ejecutivo, así como una anulación de facto del voto popular mediante el cual fueron elegidos los diputados de la Asamblea Nacional [...] [, una] grave injerencia del Poder Judicial en la Asamblea Nacional.[... y] un riesgo para la vigencia de los derechos humanos y de principios democráticos básicos, por la concentración de poder en el Ejecutivo y el Judicial y la vulneración del principio de separación de poderes en un sistema democrático"[21].

También el Alto Comisionado de las Naciones Unidas para los Derechos Humanos, Zeid Raad Al Hussein, expresó su profunda preocupación por las decisiones del TSJ y señaló que "[l]a separación de poderes es fundamental para que funcione la democracia, así como el mantener los espacios democráticos abiertos es esencial para asegurar que los derechos humanos estén protegidos. [...]Los ciudadanos venezolanos tienen derecho a participar en los asuntos públicos a través de representantes libremente elegidos, tal y como establece el Pacto Internacional de Derechos Civiles y Políticos ratificado por Venezuela. Los diputados debidamente electos también deberían poder ejercer las facultades que les confiere la *Constitución* venezolana"[22].

Por su parte, la Comisión Internacional de Juristas (CIJ) desde hace varios años ha venido siguiendo la situación en Venezuela pudiendo constatar la pérdida de independencia del Poder Judicial, el vertiginoso y sistemático deterioro de los derechos humanos y de las libertades fundamentales, y, en general, el ocaso del Estado de Derecho[23].

---

20 Consejo Permanente de la OEA, *Resolución sobre los sucesos recientes de Venezuela*, CP/RES. 1078 (2108/17), de fecha 3 de abril de 2017, párr. 1.

21 CIDH. Comunicado de Prensa N° 041/17, *Cidh Condena decisiones del Tribunal Supremo de Justicia y la alteración del orden constitucional y democrático en Venezuela*, de fecha 31 de marzo de 2017.

22 Oficina del Alto Comisionado de Derechos Humanos (OHCHR). Comunicado de Prensa, *Zeid insta a Venezuela a mantener la separación de poderes*, de fecha 31 de marzo de 2017.

23 Ver, *inter alia*, los informes de la Comisión Internacional de Juristas (CIJ), *Venezuela: el ocaso del Estado de Derecho*, 2015 Disponible en: Venezuela-OcasoEstadoDerecho-Publications-Reports-2015-SPA; y *Fortaleciendo el Es-*

Así, la CIJ ha podido verificar que, desde hace 18 años, pese a las garantías constitucionales y legales, el Poder Judicial ha dejado de ser una rama del Poder Público independiente e imparcial. Diferentes mecanismos han contribuido a ello, como, por ejemplo: la interinidad y provisionalidad de la inmensa mayoría de los jueces; la inaplicación de las garantías constitucionales y legales en los procedimientos de nombramiento; y las retaliaciones y procedimientos de sanción, sin el debido proceso, contra jueces que fallan contrariamente a los intereses del Poder Ejecutivo. Entre muchos casos, el relativo a la detención, encarcelamiento y enjuiciamiento arbitrario de la jueza Afiuni, representó igualmente un hito en la conciencia de la comunidad internacional sobre las retaliaciones en contra de los jueces que, cumpliendo con decisiones de órganos internacionales de derechos humanos, sentencian de manera independiente afectando los intereses políticos del Poder Ejecutivo[24].

Como lo reconoce la gran mayoría de informes y reportes de órganos y organismos internacionales, la situación más crítica del sistema venezolano ha estado basada en la pérdida de independencia del Poder Judicial, y principalmente en su máximo órgano: el TSJ. El Relator Especial sobre Independencia de Magistrados y Abogados de las Naciones Unidas en esa oportunidad, ello "permitió a la coalición al poder en la Asamblea Nacional nombrar 12 magistrados, obteniendo así

tado de Derecho en Venezuela, 2014. Disponible en: https://www.icj.org/strengthening-the-rule-of-law-in-venezuela/; Asimismo ver: *Informe alternativo conjunto del Instituto de Derechos Humanos de la International Bar Association, la Unión Internacional de Magistrados Grupo Ibero-Americano y la Comisión Internacional de Juristas. Examen del cuarto informe periódico de la República Bolivariana de Venezuela presentado al Comité de Derechos Humanos* (114 Sesión de la Comité de Derechos Humanos de las Naciones Unidas, 29 de junio a 24 de julio de 2015); y *Venezuela (República Bolivariana de). Examen Periódico Universal de las Naciones Unidas, Segundo ciclo, Consejo de Derechos Humanos: Informe alternativo conjunto presentado por el Instituto de Derechos Humanos de la International Bar Association, la Unión Internacióonal de Magistrados / Grupo Ibero-Americano y la Comisión Internacional de Juristas*, 2016.

24 Ver informe del International Bar Association´s Human Rights Institute (IBAHRI), *La Ejecución de la Justicia: El Juicio Penal de la Jueza María Lourdes Afiuni*, abril 2014. Disponible en: https://www.ibanet.org/Document/Default.aspx?DocumentUid=177DC243-8A94-4E3D-9F1E-B0C7A4D97539

una gran mayoría de magistrados en el Tribunal Supremo [...] [y creando] un poder judicial fuertemente politizado"[25].

La solución final

En el 2015, el gobierno, previendo que iba a perder la mayoría de la AN en las elecciones del 6 de diciembre de ese año, presionó las jubilaciones anticipadas de 13 magistrados principales para designarlos antes del término de esa legislatura. Luego de que la oposición ganara las 2/3 partes de la AN en las elecciones parlamentarias de diciembre de ese año, el Gobierno apresuró a través de la agonizante AN para designar en ese mismo mes a los magistrados jubilados y retirados. A pesar de no contar con el voto favorable de las 2/3 partes de los diputados para la elección de los 13 magistrados[26], el partido de gobierno en la AN procedió de manera apresurada, el 23 de diciembre de 2015, a elegir por la *mayoría simple* de los diputados, a 13 magistrados principales y 21 magistrados suplentes del TSJ, entre funcionarios, militantes y fieles seguidores del partido de gobierno[27], consolidando una vez más el control político de esa alta instancia judicial.

---

25 *Report of the Special Rapporteur on the independence of judges and lawyers, Leandro Despouy, submitted in accordance with Commission on Human Rights resolution 2004/33 - Addendum: Situations in specific countries or territories*, E/CN.4/2004/60/Add.1, de fecha 18 de marzo del 2004, párr. 167.

26 La LOTSJ de 2004 permite que luego de cuatro sesiones plenarias convocadas por la AN para la elección de magistrados al TSJ, cuando no se alcance la mayoría de dos terceras partes de votos favorables, se puede proceder a la elección por mayoría simple. Como lo señaló la CIDH, la LOTSJ de 2004 "eliminó el requisito de amplio consenso político para la elección de magistrados" *(Democracia y Derechos Humanos en Venezuela*, OEA/Ser.L/V/II. Doc. 54 de fecha 30 diciembre de 2009, párr. 198).

27 Así, por ejemplo, el Presidente del TSJ, Maikel José Moreno Pérez; el Segundo Vicepresidente del TSJ y Presidente de la Sala Constitucional, Juan José Mendoza Jover; la Presidenta de la Sala Político-administrativa, María Carolina Ameliach Villarroel; Presidente de la Sala de Casación Civil Yván Darío Bastardo Flores; el Magistrado, Calixto Ortega Ríos diputado suplente del Parlamento Latinoamericano por el Partido Socialista Unido de Venezuela (PSUV) y diputado de la Asamblea Nacional en los periodos 2000-2005 y 2006-2010; la Magistrada de la Sala Electoral, Jhannett María Madriz Sotillo, miembro del Consejo Superior del Movimiento Bolivariano PSUV; los Magistrados Arcadio Delgado Rosales, Malaquías Gil Rodríguez y Christian Zerpa.

Al respecto cabe señalar que, previo a esa nueva elección de magistrados, el 14 de octubre de 2015 la Sala Plena del TSJ había aprobado las peticiones de jubilación que hicieron 13 magistrados[28]. Pero esas jubilaciones anticipadas no fueron "voluntarias" sino bajo presión gubernamental. Así, el 17 de febrero de 2016, dos de estos magistrados jubilados –Carmen Elvigia Porras y Luis Ortíz Hernández- declararon ante la Comisión de Evaluación sobre la Designación de Magistrados del TSJ de la AN que todos los 13 magistrados habían sido presionados para pedir sus jubilaciones un año antes del período previsto constitucionalmente, con el fin de crear vacantes anticipadas de los puestos para los magistrados oficialistas que debían ser designados en diciembre de 2015[29], antes de que asumiera en enero de 2016 la nueva AN de mayoría opositora electa el 6-12-2015[30]. Además de ello, dicha designación de magistrados se llevó a cabo de manera atropellada, sin cumplir con los lapsos y procedimientos reglamentarios, sin la debida evaluación y sin que todos los candidatos cumplieran los requisitos constitucionales y legales. Por ello, a estos nuevos jueces la opinión pública los conoció como los "magistrados *express*".

De esta forma, a partir del 23 de diciembre de 2015, la casi totalidad de los magistrados del TSJ fueron miembros formal o informalmente –aunque hayan renunciado o formalmente no conste su inscripción- del PSUV y/o ex funcionarios del Gobierno. Muchos de ellos ocupan posiciones relevantes en el TSJ. Así, de forma progresiva y

---

28 *El Universal* (14 de octubre de 2015) *TSJ aprobó jubilación anticipada de 13 de sus miembros.* Disponible en: http://www.eluniversal.com/nacional-y-politica/151014/tsj-aprobo-la-jubilacion-anticipada-de-13-de-sus-miembros.

29 AN, *Acuerdo mediante el cual se designa a los Magistrados y Magistradas Principales y Suplentes del Tribunal Supremo de Justicia.* Publicado en la *Gaceta Oficial* N° 40.816 de fecha 23 de diciembre de 2015. Disponible en: http://www.mp.gob.ve/c/document_library/get_file?p_l_id=6939463&folderId=10513904&name=DLFE-10701.pdf

30 RunRun.es (17 de febrero de 2016) *Ex magistrados del TSJ denunciaron que fueron extorsionados y amenazados para dejar sus cargos.* Disponible en: http://runrun.es/nacional/venezuela-2/248932/ex-magistrados-del-tsj-denunciaron-que-fueron-extorsionados-y-amenazados-para-dejar-sus-cargos.html; RunRun.es (1 de marzo de 2016) *Ex magistrada: Maikel Moreno y presidenta del TSJ me presionaron para adelantar mi jubilación.* Disponible en: http://runrun.es/rr-es-plus/251041/audio-exmagis-trada-maikel-moreno-y-presidenta-del-tsj-me-presionaron-para-adelantar-mi-jubilacion.html

reiterada pero eficazmente, el TSJ fue cooptado por el partido de gobierno y se fue consolidando en un apéndice obediente e incondicional a las órdenes del Poder Ejecutivo.

La *solución final* del desmantelamiento del sistema democrático venezolano, como bien lo analiza el autor, comienza luego de las elecciones parlamentarias de 2015, donde la coalición de partidos políticos de oposición denominada *"Mesa de la Unidad Democrática"* (MUD) obtuvo un resultado electoral favorable del 67% de los diputados de la Asamblea Nacional, para un total de 112 diputados de los 167 escaños que conforman el parlamento venezolano[31]. Con este resultado electoral, los candidatos de los partidos políticos de oposición obtuvieron las 2/3 partes de la AN, lo que permitía constitucionalmente desmontar gran parte de los amarres institucionales impuestos por Poder Ejecutivo desde la ANC de 1999, incluido el del Poder Judicial.

Este resultado implicaba que el gobierno del Presidente de la República, Nicolás Maduro, sucesor del fallecido Hugo Chávez Frías, iba a confrontar por primera vez desde que entró en vigor la *Constitución* de 1999, un parlamento dominado por las fuerzas políticas de oposición y que los controles, pesos y contrapesos comenzarían a funcionar por primera vez. Esto constituía un cambio profundo, toda vez que, hasta entonces, los Presidentes Chávez y Maduro mantuvieron un férreo control sobre todas las principales instituciones nacionales del Estado, esto es, AN, TSJ, Poder Ciudadano (Defensoría del Pueblo, Ministerio Público y Contraloría General) y Consejo Nacional Electoral. Este acontecimiento iba a poner a prueba las convicciones democráticas y republicanas del presidente de la República y del Proyecto Revolucionario Socialista, pues la Constitución venezolana le atribuye a la AN facultades importantes para legislar; ejercer funciones de control sobre el resto de los órganos del Estado; organizar internamente su funcionamiento; y modificar la Constitución.

La respuesta gubernamental a ese resultado electoral adverso no se hizo esperar. Días antes de la toma de posesión de los nuevos diputados a finales del mismo mes de diciembre de 2015, el TSJ dictó una importante decisión, claramente contraria al ordenamiento jurídico vigente y a sus propios precedentes, la cual marcó el destino de lo que finalmente terminaría con el Estado de Derecho en Venezuela.

---

31 *El Universal* (9 de diciembre de 2015) *Resultados definitivos de las elecciones parlamentarias 2015*. Disponible en: http://www.eluniversal.com/infografias/politica/resultados-definitivos-las-elecciones-parlamentarias-2015_91254.

En efecto, el 30 de diciembre de 2015, en pleno receso judicial, la Sala Electoral del TSJ (SE/TSJ) dictó una medida cautelar mediante la cual se ordenó la suspensión de los efectos de los actos de totalización, adjudicación y proclamación de los tres diputados electos por el estado Amazonas y el diputado de la representación indígena de la Región Indígena Sur (Amazonas y Apure) en las elecciones parlamentarias del 6 de diciembre del 2015. Con esta decisión "cautelar" (aún vigente) se logró que la coalición parlamentaria de oposición (MUD) perdiera la mayoría calificada de 2/3 partes de sus integrantes, pretendiendo con ello impedir la designación de una serie de funcionarios de órganos importantes del Estado con períodos vencidos, entre ellos, los rectores del Consejo Nacional Electoral y el Contralor General de la República.

Pero esta decisión arbitraria no sólo implicó la ruptura de la mayoría calificada de la oposición en la AN, sino además fue la que dio origen al invento de la insólita tesis del *"desacato"*, con la cual se ha justificado la eliminación de todas las competencias constitucionales de la AN, desconociendo así la propia soberanía del pueblo.

Como lo analiza en detalle esta obra de Brewer Carías, los atropellos han continuado, interviniendo partidos políticos de oposición para ponerlos bajo el control de partidarios del gobierno, usurpando las facultades constitucionales de la AN para nombrar el Consejo Nacional Electoral cuando el régimen no cuenta con la mayoría o incluso interpretado gramaticalmente lo contrario que dice la Constitución, para no exigir las 2/3 partes de la AN para elegir a altas autoridades como el Contralor General, el Fiscal General y el Defensor del Pueblo.

De allí, que la evidente falta de independencia del Poder Judicial venezolano o más bien su evidente dependencia política, es un hecho incuestionable para cualquier observador objetivo, al punto que ha sido documentada y denunciada por diversas organizaciones e instituciones nacionales e internacionales, las cuales han puesto de manifiesto la enorme crisis que vive el sistema de administración de justicia en Venezuela, producto de claras interferencias gubernamentales. La cantidad, calidad y contundencia de estos informes, muchos de los cuales son emanados de órganos de protección internacional creados por tratados sobre derechos humanos ya sea de la Organización de Naciones Unidas (ONU) o de la OEA, contribuyen a evidenciar que la falta de independencia del Poder Judicial venezolano no es cuestión de "opiniones" o de "enemigos del gobierno o la revolución bolivariana de Venezuela", sino de hechos claros, objetivos y concretos.

Estos informes y comunicados de estos organismos internacionales de la ONU (el y la ahora Alta Comisionada para los Derechos Humanos, la Misión Internacional Independiente, el Comité de Derechos Humanos de las Naciones Unidas y el Relator de la ONU para la independencia de jueces y abogados) y la OEA (Comisión Interamericana de Derechos Humanos y Corte Interamericana de Derechos Humanos), así como de las organizaciones no gubernamentales internacionales (*Human Rights Watch*) y nacionales (PROVEA y Transparencia Venezuela), organizaciones jurídicas (Academia de Ciencias Políticas y Sociales [ACIENPOL] y *The International Bar Association*) y universidades (Universidad de Harvard), han venido haciendo un estudio detallado y un seguimiento de la situación del Poder Judicial y los jueces en Venezuela, y son coincidentes en afirmar la gravedad de la situación de la falta de independencia de los jueces y el Poder Judicial en Venezuela, en violación de las obligaciones tanto constitucionales como las internacionales derivadas de tratados ratificados por el Estado venezolano[32].

Más allá del TSJ: el control total del Poder Judicial

La falta de independencia del Poder Judicial en Venezuela ha servido, en primer lugar, como mecanismo de impunidad frente al delito en general (90%) y en particular los delitos contra los derechos humanos (99%); en segundo lugar, como mecanismo de persecución a la disidencia política; y, en tercer lugar, como instrumento del Gobierno para secuestrar la Constitución y la voluntad popular y ponerla a su servicio. Es esta última disfunción del Poder Judicial se ejecuta a través a través del TSJ con su Comisión Judicial que hace esos nombramientos y remociones arbitrarias de jueces, y a través del control de las inspectorías de tribunales.

Esta falta de independencia del Poder Judicial venezolano tiene una repercusión determinante precisamente en la jurisdicción que juzga los actos del Gobierno. La consecuencia necesaria de la falta de independencia judicial es la imposibilidad de controlar los abusos de poder que puedan afectar los intereses gubernamentales. Por

---

32 Las partes trascendentes de estos Informes puede verse en: AYALA CORAO, Carlos, "El secuestro de la independencia judicial" en *Libro Homenaje a la Academia de Ciencias Políticas y Sociales en el centenario de su fundación (1015-2015)*, Tomo I, Caracas, Academia de Ciencias Políticas, 2015; y en CHAVERO GAZDIK, Rafael J., *La Justicia Revolucionaria. Una década de Reestructuración (o involución) Judicial en Venezuela*, Caracas, Editorial Aequitas, pp. 123 y ss.

eso, además de estos informes que denuncian la grave situación del sistema judicial venezolano, existen estudios estadísticos concretos de la jurisdicción contencioso-administrativa, donde se analizan todas las sentencias relacionadas con cuestionamientos de los actos, hechos u omisiones de los órganos del Estado, llegándose a conclusiones increíbles, donde en prácticamente todos los casos se le da la razón al gobierno[33]. Así, en los estudios realizados se han sistematizado las sentencias y las estadísticas de la Sala Político Administrativa del Tribunal Supremo (SPA/TSJ), desde el año 2005 hasta el 2013[34]. Estos resultados confirman la siguiente premisa: la falta de independencia del Poder Judicial en Venezuela tiene como consecuencia, prácticamente, la inexistencia de la tutela judicial efectiva frente a cualquier acto, hecho u omisión de los organismos del Estado. En pocas palabras, al menos desde hace 15 años, los tribunales venezolanos no han protegido a los particulares frente a las actuaciones ilegales del Estado[35].

---

33 Así, en los estudios realizados por los profesores Canova, Antonio, Herrera, Luis, Rodríguez, Rosa y Graterol, Giuseppe, *El TSJ al Servicio de la Revolución. La toma, los números y los criterios del TSJ venezolano (2004-2013)*, Caracas, Editorial Galipán, 2014, se sistematizan las sentencias y las estadísticas de la Sala Político Administrativa del Tribunal Supremo, desde el año 2005 hasta el 2013. Los resultados de estos estudios son sencillamente impactantes. Por ejemplo, durante esos 8 años de un total de 1197 sentencias dictadas por ese Tribunal en materia de recursos de nulidad contra actos de la Administración Pública, los particulares obtuvieron el restablecimiento pleno de su situación jurídica infringida en solo 9 casos (0,75%). Pero lo más dramático de estos estudios estadísticos que revisaron 8 años de jurisprudencia es que en esos años: -Nunca una decisión de la Sala Político-Administrativa ha cuestionado decisiones del gobierno, en sectores estratégicos o de interés nacional. / -Nunca una decisión de la Sala Político-Administrativa ha cuestionado alguna política pública del gobierno, como las expropiaciones de industrias o empresas, la intervención del gobierno en la economía, los controles de divisas o de costos y precios. / -Nunca una decisión de la Sala Político-Administrativa anuló algún acto estatal, cuando algún alto funcionario se hubiese pronunciado a favor de esa decisión administrativa

34 Canova, Antonio, Herrera, Luis, Rodríguez, Rosa y Graterol, Giuseppe, *El TSJ al Servicio de la Revolución. La toma, los números y los criterios del TSJ venezolano (2004-2013), op. cit.*

35 Una de las conclusiones de la Comisión Interamericana de Derechos Humanos, luego de su profundo análisis sobre la situación del Poder Judicial en Venezuela, es que: "La falta de independencia y autonomía del poder judicial frente al

Pero no sólo el TSJ no ha controlado los abusos de poder, sino que además se ha convertido en un grosero instrumento del Poder Ejecutivo y del partido de gobierno. Sus fallos no se dictan "con imparcialidad, basándose en los hechos y en consonancia con el derecho, sin restricción alguna y sin influencias, alicientes, presiones, amenazas o intromisiones indebidas, sean directas o indirectas, de cualesquiera sectores o por cualquier motivo", como lo prescriben los *Principios básicos relativos a la independencia de la judicatura*[36], sino conforme a las lealtades partidistas e ideológicas de los magistrados.

Del desmantelamiento del Estado Constitucional de Derecho al desmantelamiento del Estado Internacional de Derecho

En fin, la falta de independencia del poder judicial y en concreto de la Sala Constitucional, ha pervertido la justicia constitucional en Venezuela, para ponerla al servicio del poder político del régimen, a través de lo que Brewer denomina "interpretaciones inconstitucionales", ilegítimamente modificando el texto constitucional, legitimando y soportando la estructuración progresiva de un Estado autoritario. Es decir, ha falseado el contenido de la Constitución, mediante una "mutación," ilegítima y fraudulenta de la misma". Frente a tanta arbitrariedad incontrolada, nuestro autor se plantea la pregunta que siempre suscita el poder incontrolado, *¿Quis custodiet ipsos custodes?*, pero ante la situación actual del país, el mismo admite que "no tiene respuesta".

Como resulta lógico, ante la ausencia de un Estado de Derecho con independencia judicial que controle el poder, las violaciones a los derechos humanos se fueron agravando sin remedio ni protección por los tribunales venezolanos en el Derecho interno. Frente a esta situación, las víctimas acudían principalmente al sistema interamericano, a la Comisión y a la Corte Interamericana de Derechos Humanos, bajo la Convención Americana sobre Derechos Humanos. Como resulta

---

poder político constituye, a juicio de la CIDH, uno de los puntos más débiles de la democracia Venezolana". Véase: OEA, *Informe sobre Democracia y Derechos Humanos en Venezuela (2009),* OEA/Ser.L/V/II., de fecha 30 de diciembre de 2009, Resumen Ejecutivo, párr. 15.

36 Principio 2 de los *Principios básicos relativos a la independencia de la judicatura*, adoptados por el Séptimo Congreso de las Naciones Unidas sobre Prevención del Delito y Tratamiento del Delincuente, celebrado en Milán del 26 de agosto al 6 de septiembre de 1985, y confirmados por la Asamblea General en sus resoluciones 40/32 de 29 de noviembre de 1985 y 40/146 de 13 de diciembre de 1985.

evidente, las decisiones de estos órganos internacionales protegen a las víctimas, declaran la responsabilidad internacional del Estado venezolano incluso la causada por decisiones del TSJ y su Sala Constitucional, y requieren al Estado su reparación integral y no repetición. Frente a este corto circuito entre una ausencia de Estado de Derecho Constitucional y un Estado de Derecho Internacional, la Sala Constitucional y el régimen optó por tratar de demoler la protección internacional interamericana.

Así, el desmantelamiento del Estado Constitucional de Derecho por la Sala Constitucional fue acompañado con el desmantelamiento inconstitucional del Estado Internacional de Derecho. En efecto, esa misma Sala Constitucional, comenzó incumpliendo abierta y sistemáticamente las sentencias internacionales de la Corte Interamericana de Derechos Humanos; luego creó un insólito execuátur de constitucionalidad a dichas sentencias internacionales para declarar su inejecución;[37] y luego en 2012 instó al Ejecutivo Nacional a denunciar de manera inconstitucional la Convención Americana sobre Derechos Humanos;[38] y después en 2017 a denunciar la propia Carta de la OEA.[39]

---

[37] Ayala Corao, Carlos. *La "inejecución" de las sentencias internacionales en la jurisprudencia constitucional de Venezuela (1999-2009).* Fundación Manuel García Pelayo. Caracas, 2009 y "La doctrina de la *inejecución* de las sentencias internacionales en la jurisprudencia constitucional de Venezuela (1999-2009)" en *Diálogo Jurisprudencial en Derechos Humanos. Entre Tribunales Constitucionales y Cortes Internacionales.* UNAM-Instituto Iberoamericano de Derecho Constitucional-Corte Interamericana de Derechos Humanos. México, D.F., 2013: http://www.corteidh.or.cr/tablas/2885-1.pdf

[38] TSJ, Sala Constitucional, Sentencia No. 1.939 de 18 de diciembre de 2008, Caso *Gustavo Álvarez Arias y otros*, en juicio iniciado por la Procuraduría General de la República. Ayala Corao, Carlos. "Inconstitucionalidad de la Denuncia de la Convención Americana sobre Derechos Humanos por Venezuela" en *Revista Europea de Derechos Fundamentales*, Instituto de Derecho Público, Valencia, España, No. 20/2° semestre 2012; *Estudios Constitucionales,* Centro de Estudios Constitucionales de Chile, Universidad de Talca, año 10, No.2, Chile, 2012; *Revista Iberoamericana de Derecho Procesal Constitucional,* Instituto Iberoamericano de Derecho Procesal Constitucional y Editorial Porrúa, No. 18, Julio-Diciembre, 2012; *Revista de Derecho Público,* No.131, Caracas, julio-septiembre 2012; *Anuario de Derecho Constitucional Latinoamericano 2013,* Anuario 2013, Konrad Adenauer Stiftung: Programa Estado de Derecho para Latinoamérica y Universidad del Rosario, Bogotá, Colombia 2013 (disponible en: Fundación Konrad Adenauer www.kas.de/uruguay/es/publications/ 20306/; en Biblioteca Jurídica Virtual del Instituto de Investigaciones Jurídicas de la UNAM, México: www.juridicas.unam.mx/publica/rev/ cont.htm?= dconstla; y en *Lo Humano como Derecho (de lo internacional a lo local),* Aca-

En perfecta coordinación política, el Ejecutivo Nacional procedió a realizar de manera inconstitucional ambas denuncias de los tratados (posteriormente fueron formalmente puestos en vigor por el llamado gobierno interino en 2019).[40]

No obstante, el sistema de Naciones Unidas ha seguido funcionando plenamente respecto a las violaciones de derechos humanos en Venezuela, no solo a través de los órganos de tratados (comités) y los procedimientos especiales (relatores y grupos de trabajo); sino con los informes de el y ahora la Alta Comisionada de Derechos Humanos por mandatos del Consejo de Derechos Humanos; y la creación de una Misión Internacional Independiente para investigar los posibles crímenes de lesa humanidad. En paralelo, la Fiscalía de la Corte Penal Internacional abrió en 2018 un examen preliminar sobre la situación en Venezuela y en 2022 decidió formalmente abrir la investigación sobre crímenes de lesa humanidad cometidos en Venezuela, al menos desde 2017.

Lecciones más que aprendidas y nuevos desafíos

Algo resulta evidente y hay que recordarlo en el caso venezolano y en lo que pueda ser útil, para el resto del mundo: una democracia y

---

demia de Derechos Humanos y Derecho Internacional Humanitario, American University/Universidad Católica Andrés Bello, Caracas, 2016.

39 TSJ, Sala Constitucional, Sentencia No. 155 de 28 de marzo del 2017, caso *diputado Héctor Rodríguez Castro vs Acuerdo AN sobre reactivación de la Carta Democrática Interamericana.* Disponible en: http://www.tsj.gov.ve/ decisiones/ scon/Diciembre/1939-181208-2008-08-1572.html y su posterior sentencia "aclaratoria" No. 157, ordenó al Presidente de la República que procediera a "tomar las medidas internacionales que estime pertinentes", en vista del "reiterado comportamiento contrario al orden jurídico internacional" del Secretario de la OEA, sugiriendo, y casi ordenando, la denuncia de la Carta de la OEA. Ver, Ayala Corao, Carlos. *Inconstitucionalidades de la denuncia de la Carta de la OEA por Venezuela y sus consecuencias en el Derecho Internacional,* Academia de Ciencias Políticas y Sociales, Serie Estudios 113, Caracas, 2017.

40 Ver respecto a la Convención Americana sobre Derechos Humanos: OEA. Convención Americana sobre Derechos Humanos suscrita en la Conferencia Especializada Interamericana sobre Derechos Humanos (B-32), Estado de Firmas y Ratificaciones, disponible en: http://www.oas.org/dil/esp/tratados_B-32_Convencion_Americana_sobre_Derechos_Humanos_firmas.htm ; y respecto a la Carta de la OEA: OEA. Carta de la Organización de Estados Americanos, (A-41), Estado de Firmas y Ratificaciones, disponible en: https://www.oas.org/es/sla/ddi/tratados_multilaterales_interamericanos_A-41_carta _ OEA_firmas.asp

un Estado constitucional de Derecho no puede existir sin un poder judicial independiente, incluida una jurisdicción constitucional independiente. La lealtad de los jueces constitucionales se la deben a la Constitución, no al proyecto político del gobierno o régimen de turno. En esto los jueces constitucionales venezolanos responsables de destruir la Constitución para favorecer al poder político, han faltado a su supremo juramento y deber constitucional de lealtad a supremacía de la Constitución.

En los diálogos políticos que se iniciaron en México el año 2021, se acordó dentro de los puntos de agenda entre el régimen de Nicolás Maduro y la oposición democrática venezolana, la reinstitucionalización del Poder Judicial. Con una mala e inaceptable excusa, el gobierno se levantó de la mesa y puso en marcha, unilateralmente a través de la AN electa de manera fraudulenta en 2021, una reforma puntual de la Ley Orgánica del Tribunal Supremo de Justicia[41], con el objetivo principal de dar por terminado el período de los actuales magistrados y permitirles postularse de nuevo por un nuevo período, a pesar de la expresa disposición constitucional en contrario.[42] Para ello se redujeron en dos el número de magistrados de cada Sala, pero se aseguró de manera inconstitucional el control del Comité de Postulaciones con una mayoría de diputados y con una mayoría de "representantes de la sociedad" afines políticamente al régimen político, incluyendo ex diputados de la inconstitucional ANC de 2017-2020.[43]

Pero a menos de que ocurra un milagro, el régimen continuará con el modelo de un Estado Total, con un control férreo de la Sala Constitucional y a lo sumo podrá ceder tres de los cinco cargos a magistra-

---

41 Ley Orgánica del Tribunal Supremo de Justicia (LOTSJ), publicada en fecha 19 de enero de 2022, en *Gaceta Oficial* N° 6.684, Extraordinaria.

42 Ver el "Pronunciamiento sobre la reforma de la Ley Orgánica del Tribunal Supremo de Justicia," Academia de Ciencias Políticas y Sociales, disponible en: https://www.acienpol.org.ve/wp-content/uploads/2022/01/Pronunciamiento-ACIEPOL-LOTSJ.pdf

43 Para el director de *Acceso a la Justicia*, ONG especializada en el monitoreo del Poder Judicial venezolano, Alí Daniels, este Comité de Postulaciones Judiciales garantiza al chavismo el control del nuevo TSJ; Poder que, advierte, continuará supeditado a los intereses del Ejecutivo Nacional. Ver detalles en: "Lo que hay detrás de la conformación del nuevo Comité de Postulaciones Judiciales" por Daisy Martines, *Efecto Cocuyo*, disponible en: https://efectococuyo.com/politica/conformacion-comite-postulaciones-judiciales-garantiza-magistrados-vinculados-chavismo/

dos y magistradas independientes y calificadas, como ya lo hizo con el Consejo Nacional Electoral, pero sin poner en riesgo el control de sus decisiones políticas. De lo contrario, como ya lo hizo en el pasado, cuando en el 2004 perdió el control de algunas Salas, podrá amenazar a los magistrados para que renuncien, podrá removerlos arbitrariamente o podrá incluso pretender enjuiciarlos.

La vara para medir esta nueva designación por el oficialismo de los nuevos magistrados y magistradas de este nuevo TSJ estará en el cumplimiento de los *Principios básicos relativos a la independencia de la judicatura de la ONU,* conforme a los cuales las personas seleccionadas para ocupar cargos judiciales serán "personas íntegras e idóneas y tendrán la formación o las calificaciones jurídicas apropiadas", que, "[t]odo método utilizado para la selección de personal judicial garantizará que éste no sea nombrado por motivos indebidos" y finalmente, que en la selección de los jueces "no se hará discriminación alguna", incluido por motivos de opinión política o de otra índole (art.10). Es decir, deberá ser un procedimiento transparente, objetivo y con participación ciudadana, que permita escoger juristas con la formación y las calificaciones jurídicas apropiadas, que sean personas íntegras e idóneas, y además independientes políticamente.

Pero hasta que no tengamos un Poder Judicial nuevo, competente, imparcial e independiente, no podremos hablar de una transición democrática, ni mucho menos de un Estado Constitucional de Derecho ni de Justicia.

Por ello celebro este nuevo libro del profesor Allan Brewer Carías, porque es la memoria histórica documentada del desmantelamiento del Estado de Derecho y la democracia a través de la traición a la Constitución por los mismos jueces que juraron ser sus guardianes. Es una lección aprendida a un precio excesivamente caro para Venezuela y su democracia y sobre todo para sus habitantes, pero que debe ser conocida nacional e internacionalmente, para que no se repita. Ojalá que así contribuya en una futura transición democrática para un "nunca más".

Por ello nada más apropiado para terminar este Prólogo que recordar las palabras del Libertador: "La justicia es la reina de las virtudes republicanas y con ella se sostienen la igualdad y la libertad que son las columnas de ese edificio." (Simón Bolívar, Bogotá, 13 de enero de 1815).

Marzo 2022

LA PREMISA:

DE CÓMO EL PODER SE APODERÓ DEL TRIBUNAL SUPREMO DE JUSTICIA Y CONTROLÓ A SU SALA CONSTITUCIONAL, PARA CONVERTIRLA EN EL INSTRUMENTO DEL AUTORITARISMO

Este texto es el de la Ponencia sobre "El del Tribunal Supremo de Justicia en Venezuela, en el marco de la ausencia de separación de poderes, producto del régimen autoritario," que presenté al *Segundo Congreso Colombiano de Derecho Procesal Constitucional*, celebrado en Bogotá, marzo 2011. Las ideas allí expuestas fueron luego discutidas en la conferencia que dicté en el curso del profesor José Luis Cea Egaña, en la Facultad de Derecho de la Universidad Católica de Chile, Santiago de Chile, 26 de abril de 2011*

Con razón los Tribunales Constitucionales en el mundo democrático han sido considerados como los "comisarios del poder constituyente, encargados de defender la Constitución y de velar por que todos los órganos constitucionales conserven su estricta calidad de poderes constituidos."[1]

---

* El texto fue publicado en el libro: *Segundo Congreso Colombiano de Derecho Procesal Constitucional, Bogotá D.C., 16 de marzo de 2011*, Centro Colombiano de Derecho Procesal Constitucional, Universidad Católica de Colombia, Bogotá 2011, pp. 85-111. En Venezuela, el estudio se publicó en mi libro: *Práctica y distorsión de la justicia constitucional en Venezuela (2008-2012)*, Colección Justicia No. 3, Acceso a la Justicia, Academia de Ciencias Políticas y Sociales, Editorial Jurídica venezolana, Caracas 2012, pp. 13-49.

1 Véase E. García de Enterría, *La Constitución como norma y el Tribunal constitucional*, Madrid, 1985, p. 198.

Y es que en efecto, si las Constituciones son normas jurídicas efectivas, que prevalecen en el proceso político, en la vida social y económica del país, y que sustentan la validez a todo el orden jurídico,[2] la solución institucional para preservar su vigencia y la libertad está precisamente en establecer estos comisarios del poder constituyente, como guardianes de la Constitución, que al tener por misión asegurar que todos los órganos del Estado la acaten, también tienen que adaptarse a lo que el texto fundamental establece, y actuar sometidos a su normativa, estándole vedado mutarla.

Sin embargo, lamentablemente, esta no ha sido siempre la situación con los tribunales constitucionales, y en la historia constitucional, particularmente en los regímenes autoritarios, no ha sido infrecuente que tribunales constitucionales, dado el poder que tienen asignado, lejos de garantizar el Estado de derecho, hayan sido los instrumentos utilizados por regímenes autoritarios para demoler sus bases. Y eso es precisamente lo que ha ocurrido en Venezuela a la vista del mundo democrático en la última década, y a ello es que quisiera referirme en esta exposición sobre "De cómo el guardián de la Constitución ha sido el instrumento para legitimizar su violación."

La Constitución Venezolana de 1999, adoptada por una Asamblea Nacional Constituyente y aprobada por voluntad del pueblo expresada como poder constituyente originario en el referendo aprobatorio del 15 de diciembre de 1999,[3] como toda Constitución moderna está dotada de supremacía, lo cual incluso se encuentra formalmente expresado en su artículo 7 del texto fundamental donde se expresa, que: "La Constitución es la norma suprema y el fundamento del ordenamiento jurídico. Todas las personas y los órganos que ejercen el Poder Público están sujetos a esta Constitución," lo que implica que la Constitución prevalece y debe prevalecer sobre la voluntad de todos los órganos constituidos del Estado, incluyendo el Tribunal Supremo de Justicia, por lo que su modificación sólo puede llevarse a cabo conforme se dispone en su propio texto, como expresión-imposición de la voluntad popular producto de ese poder constituyente originario.

La contrapartida de la obligación de los órganos constituidos de respetar la Constitución, de manera que el poder constituyente originario prevalezca sobre la voluntad de dichos órganos estatales consti-

---

2 *Idem*, pp. 33, 39, 66, 71, 177 y 187.

3 Véase sobre la Constitución de 1999, Allan R. Brewer-Carías, *La Constitución de 1999. Derecho Constitucional Venezolano*, Editorial Jurídica Venezolana, Caracas 2004, 2 vols.

tuidos, es el derecho constitucional que todos los ciudadanos tienen en un Estado Constitucional, a que se respete la voluntad popular expresada en la Constitución, es decir, el derecho fundamental a la supremacía constitucional.[4] Nada se ganaría con señalar que la Constitución, como manifestación de la voluntad del pueblo, debe prevalecer sobre la de los órganos del Estado, si no existiere el derecho de los integrantes del pueblo de exigir el respeto de esa Constitución, y además, la obligación de los órganos jurisdiccionales de velar por dicha supremacía.

La supremacía de la Constitución está asegurada mediante la previsión en el mismo texto constitucional, por una parte, de su máximo carácter rígido al disponerse la necesaria e indispensable intervención popular para efectuar cualquier cambio a la Constitución, de manera que sólo el poder constituyente originario del pueblo puede aprobar dichas modificaciones, no existiendo en el texto constitucional poder constituyente derivado alguno; y por la otra, de todo un sistema de justicia constitucional para garantizar dicha supremacía[5] de carácter

---

4 Véase Allan R. Brewer-Carías, "El amparo a los derechos y libertades constitucionales (una aproximación comparativa)" en Manuel José Cepeda (editor), *La Carta de Derechos. Su interpretación y sus implicaciones*, Editorial Temis, Bogotá 1993, pp. 21-81.

5 Sobre este sistema, en cuanto a nuestros trabajos, véase Allan R. Brewer-Carías, *El Sistema de Justicia Constitucional en la Constitución de 1999: Comentarios sobre su desarrollo jurisprudencial y su explicación a veces errada, en la Exposición de Motivos*, Editorial Jurídica Venezolana, Caracas, 2000; *Justicia Constitucional, Tomo VII, Instituciones Políticas y Constitucionales*, Editorial Jurídica Venezolana, Caracas, 1996; "La Justicia Constitucional en la Nueva Constitución" en *Revista de Derecho Constitucional*, nº 1, Septiembre-Diciembre 1999, Editorial Sherwood, Caracas, 1999, pp. 35-44; Allan R. Brewer-Carías, "La justicia constitucional en la Constitución de 1999", en *Derecho Procesal Constitucional*, Colegio de Secretarios de la Suprema Corte de Justicia de la Nación, A.C., Editorial Porrúa, México 2001, pp. 931-961; publicado también en *Reflexiones sobre el Constitucionalismo en América*, Editorial Jurídica Venezolana, Caracas, 2001, pp. 255-285; "Instrumentos de justicia constitucional en Venezuela (acción de inconstitucionalidad, controversia constitucional, protección constitucional frente a particulares)", en Juan Vega Gómez y Edgar Corzo Sosa (Coordinadores) *Instrumentos de tutela y justicia constitucional Memoria del VII Congreso Iberoamericano de Derecho Constitucional*, Instituto de Investigaciones Jurídicas, Serie Doctrina Jurídica, nº 99, México 2002, pp. 75-99.

mixto o integral[6], que combina tanto el llamado método difuso como el método concentrado de control de constitucionalidad.

Así, la garantía de la supremacía constitucional se consagra, en primer lugar, mediante la asignación a todos los jueces de la República, en el ámbito de sus respectivas competencias y conforme a lo previsto en la Constitución y en la ley, de la obligación "de asegurar la integridad de la Constitución" (art. 334). Y en segundo lugar, además, mediante la asignación al Tribunal Supremo de Justicia de la tarea de garantizar "la supremacía y efectividad de las normas y principios constitucionales", como "el máximo y último intérprete de la Constitución," y de velar "por su uniforme interpretación y aplicación" (art. 335). También, la Constitución asigna en concreto a la Sala Constitucional del Tribunal Supremo, como Jurisdicción Constitucional (arts. 266,1 y 336) el ejercicio del control concentrado de la constitucionalidad de las leyes y demás actos estatales de rango legal con poderes para declarar su nulidad con efectos erga omnes cuando sean contrarios a la Constitución, al decidir la acción popular que todos los ciudadanos pueden interponer ante la misma.

Conforme a esas previsiones, por tanto, la Sala Constitucional del Tribunal Supremo de Justicia de Venezuela, sin duda, el instrumento más poderoso diseñado para garantizar la supremacía de la Constitución y el Estado de Derecho, la cual, por supuesto, como guardián de la Constitución, también está sometida a la Constitución. Como tal guardián, y como sucede en cualquier Estado de derecho, el sometimiento del tribunal constitucional a la Constitución es una preposición absolutamente sobreentendida y no sujeta a discusión, ya que sería inconcebible que el juez constitucional pueda violar la Constitución que esta llamado a aplicar y garantizar. Esa la pueden violar los otros poderes del Estado, pero no el guardián de la Constitución.

---

6 En cuanto a nuestros trabajos, véase Allan R. Brewer-Carías, *Judicial Review in Comparative Law*, Cambridge University Press, Cambridge, 1989; *El sistema mixto o integral de control de la constitucionalidad en Colombia y Venezuela, Universidad Externado de Colombia* (Temas de Derecho Público nº 39) y Pontificia Universidad Javeriana (Quaestiones Juridicae Nº 5), Bogotá 1995; publicado también en *Revista Tachirense de Derecho*, Universidad Católica del Táchira, nº 5-6, San Cristóbal, enero-diciembre 1994, pp. 111-164; en *Anuario de Derecho Constitucional Latinoamericano*, Fundación Konrad Adenauer, Medellín-Colombia 1996, pp. 163-246; y en G. J. Bidart Campos y J. F. Palomino Manchego (Coordinadores), *Jurisdicción Militar y Constitución en Iberoamérica, Libro Homenaje a Domingo García Belaúnde*, Instituto Iberoamericano de Derecho Constitucional (Sección Peruana), Lima 1997, pp. 483-560.

Pero por supuesto, para garantizar que ello no ocurra, el Tribunal Constitucional debe gozar de absoluta independencia y autonomía, pues un Tribunal Constitucional sujeto a la voluntad del poder en lugar del guardián de la Constitución se convierte en el instrumento más atroz del autoritarismo. El mejor sistema de justicia constitucional, por tanto, en manos de un juez sometido al poder, es letra muerta para los individuos y es un instrumento para el fraude a la Constitución.

Lamentablemente, sin embargo, esto último es lo que ha venido ocurriendo en Venezuela en los últimos años, donde la Sala Constitucional del Tribunal Supremo, como Juez Constitucional, lejos de haber actuado en el marco de sus atribuciones expresas constitucionales, ha sido sometida a los Poderes políticos del Estado, en particular, a la Asamblea Nacional y al Ejecutivo, actuando como instrumento del régimen autoritario.[7] Frente a ese rol asumido por la sala Constitucional mutando ilegítimamente la Constitución o avalando actos estatales inconstitucionales, no queda más que preguntarse lo que se plantea todo poder incontrolado: Quis custodiet ipsos custodes?.[8]

Este trastocamiento del rol de ser guardián de la Constitución en pasar a ser el instrumento para legitimizar su violación, sirviendo de vehículo para la demolición del Estado de derecho y el régimen democrático en Venezuela,[9] tiene su origen en la toma de control

---

7 Véase Allan R. Brewer-Carías, *Crónica sobre la "In" Justicia Constitucional. La Sala Constitucional y el autoritarismo en Venezuela*, Caracas 2007.

8 Véase nuestros comentarios iniciales sobre esta sentencia en Allan R. Brewer-Carías, *El sistema de justicia constitucional en la Constitución de 1999 (Comentarios sobre su desarrollo jurisprudencial y su explicación, a veces errada, en la Exposición de Motivos)*, Editorial Jurídica Venezolana, Caracas 2000.

9 Véase, en general, Allan R. Brewer-Carías, "La progresiva y sistemática demolición de la autonomía e independencia del Poder Judicial en Venezuela (1999-2004)," en *XXX Jornadas J.M Domínguez Escovar, Estado de Derecho, Administración de Justicia y Derechos Humanos*, Instituto de Estudios Jurídicos del Estado Lara, Barquisimeto 2005, pp. 33-174; Allan R. Brewer-Carías, "El constitucionalismo y la emergencia en Venezuela: entre la emergencia formal y la emergencia anormal del Poder Judicial" en Allan R. Brewer-Carías, *Estudios Sobre el Estado Constitucional (2005-2006)*, Editorial Jurídica Venezolana, Caracas 2007, pp. 245-269; y Allan R. Brewer-Carías "La justicia sometida al poder. La ausencia de independencia y autonomía de los jueces en Venezuela por la interminable emergencia del Poder Judicial (1999-2006)" en *Cuestiones Internacionales. Anuario Jurídico Villanueva 2007*, Centro Universitario Villanueva, Marcial Pons, Madrid 2007, pp. 25-57, disponible en www.allanbrewer

político que se efectuó sobre el Tribunal Supremo aún antes de que la nueva Constitución que lo creó fuese siquiera discutida y sancionada.

I. LA ILEGÍTIMA PRESIÓN EJERCIDA POR EL PODER EJECUTIVO SOBRE LA ANTIGUA CORTE SUPREMA DE JUSTICIA EN 1998-1999 Y EL COMIENZO DE SU SOJUZGAMIENTO

Ese proceso comenzó, precisamente, con la ilegítima presión que a finales de 1998 el entonces Presidente recién electo Hugo Chávez Frías ejerció sobre la antigua Corte Suprema de Justicia para que legitimara la convocatoria y subsiguiente elección de una Asamblea Nacional Constituyente que no estaba prevista en la Constitución de 1961 como mecanismo para su reforma, lo cual pudo realizarse en 1999, luego de unas ambiguas decisiones dictadas por la Corte Suprema en enero de 1999, que abrieron el camino para ello.[10]

La Asamblea Constituyente que resultó electa de aquél proceso, lamentablemente, fue la que inició el proceso de demolición de las instituciones judiciales y del Estado de derecho,[11] siendo el resultado, luego de una larga década, que el país se encuentra sometido a un gobierno autoritario donde si bien ha habido elecciones, sin embargo, no está asegurado el respeto de los derechos humanos y de las liber-

---

carias.com, (Biblioteca Virtual, II.4. Artículos y Estudios nº 550, 2007) pp. 1-37. Véase también Allan R. Brewer-Carías, *Historia Constitucional de Venezuela*, Editorial Alfa, Tomo II, Caracas 2008, pp. 402-454.

10 Véase Allan R. Brewer–Carías, "La configuración judicial del proceso constituyente o de cómo el guardián de la Constitución abrió el camino para su violación y para su propia extinción", en *Revista de Derecho Público*, nº 77–80, Editorial Jurídica Venezolana, Caracas 1999, pp. 453 y ss.; y Golpe de Estado y proceso constituyente en Venezuela, UNAM, México, 2001, pp. 60 y ss.

11 Véase en general Allan R. Brewer-Carías, "El autoritarismo establecido en fraude a la Constitución y a la democracia y su formalización en "Venezuela mediante la reforma constitucional. (De cómo en un país democrático se ha utilizado el sistema eleccionario para minar la democracia y establecer un régimen autoritario de supuesta "dictadura de la democracia" que se pretende regularizar mediante la reforma constitucional)" en el libro *Temas constitucionales. Planteamientos ante una Reforma*, Fundación de Estudios de Derecho Administrativo, FUNEDA, Caracas 2007, pp. 13-74; "La demolición del Estado de Derecho en Venezuela Reforma Constitucional y fraude a la Constitución (1999-2009)," en *El Cronista del Estado Social y Democrático de Derecho*, nº 6, Editorial Iustel, Madrid 2009, pp. 52-61

tades fundamentales; ni la existencia de un régimen plural de partidos y organizaciones políticas; ni la separación e independencia de los poderes públicos; ni la transparencia de las actividades gubernamentales; ni la probidad y responsabilidad en la gestión pública; ni la libertad de expresión y de prensa; y ni siquiera, la subordinación de las instituciones del Estado a la autoridad civil, pues lo que existe en definitiva es un régimen militar.

El primer producto de aquel proceso constituyente fue la sanción en 1999 de una nueva Constitución, considerada por muchos como una de las mejores de América Latina; afirmación con la cual, sin embargo, nunca estuve de acuerdo excepto en lo que se refiere a sus previsiones en materia de derechos humanos, de independencia judicial y de justicia constitucional, las cuales, sin embargo y lamentablemente, son letra muerta. Como miembro de aquella Asamblea Nacional Constituyente contribuí a la redacción de muchas de esas disposiciones; pero también fui de los pocos Constituyentes que abogó por el rechazo globalmente de dicha Constitución en el referéndum de diciembre de 1999.

Pero lo más frustrante de esta celebrada Constitución es que durante su vigencia, ha sido constantemente violada por todas las ramas del Poder Público, y más grave aún, con la anuencia y participación del Tribunal Supremo de Justicia y su Sala Constitucional la cual, con los poderes de una Corte Constitucional, fue concebida para ser la garante de la supremacía constitucional. Sin embargo, contrariamente a ese rol, la Sala Constitucional en Venezuela, estando totalmente controlada por el Poder Ejecutivo, ha sido precisamente el mecanismo utilizado para erosionar el Estado de derecho y apuntalar el autoritarismo, legitimando todas las violaciones institucionales que se han producido, y además, para lograr el falseamiento de la Constitución lo que ocurre como lo reconoció la propia Sala, cuando se otorga "a las normas constitucionales una interpretación y un sentido distinto del que realmente tienen, lo que es en realidad una modificación no formal de la Constitución misma."[12]

Ese proceso de desmantelamiento del Estado de derecho y de falseamiento o mutación de la Constitución luego de la presión ejercida sobre la antigua Corte Suprema, una vez electo el Presidente Chávez en diciembre de 1998, se inició entonces a comienzos del 1999 cuando

---

12 Véase sentencia de la Sala Constitucional nº 74 de 25-1-2006 (Caso: Acción Democrática vs. Consejo Nacional Electoral y demás autoridades electorales), en *Revista de Derecho Público*, Editorial Jurídica Venezolana, nº 105, Caracas 2006, pp. 76 ss.

el mismo día de la toma de posición de su cargo (2 de febrero de 1999), el Presidente convocó por Decreto y base constitucional alguna,[13] un referéndum consultivo para la convocatoria de una Asamblea Constituyente. Esa decisión se adoptó sólo dos semanas después de que el entonces muy presionada Corte Suprema dictara las antes indicadas ambiguas sentencias de 19 de enero de 1999, en las cuales, al decidir un recurso de interpretación de la Ley Orgánica del Sufragio y participación Política, sin decidir expresamente lo que se le había requerido y que era si se podía o no convocar dicha Asamblea no prevista en la Constitución sin reformarla previamente,[14] abrió la vía para su convocatoria.

Entonces, el dilema que la Corte debía resolver era la opción entre soberanía popular y supremacía constitucional, el mismo dilema que una década antes se había planteado en Colombia en 1991, y que en este país logró resolverse después de una enjundiosa decisión de la antigua Corte Suprema que dio paso a una evolución democrática ejemplar. El mismo dilema se planteó en 2009 en Honduras, donde los jueces contencioso administrativos en cambio lo resolvieron en otra forma, prohibiendo la realización de una consulta popular para violentar la Constitución, dando prevalencia el principio de su supremacía.[15]

En Venezuela, en cambio, en 1999, el juez contencioso administrativo que en ese momento era la Sala Político Administrativa de la Corte Suprema de Justicia, en su decisión se abstuvo de resolver el dilema planteado, dejando irresponsablemente a la libre interpretación de todos, el curso de los acontecimientos.[16] El resultado fue, pre-

---

13 Véase Decreto nº 3 de 2 de febrero de 1999, en *Gaceta Oficial* nº 36.634 de 02-02-99.

14 Véase el texto de las sentencias en Allan R. Brewer–Carías, *Poder Constituyente Originario y Asamblea Nacional Constituyente*, Editorial Jurídica Venezolana, Caracas 1998, pp. 25 a 53; y véanse los comentarios a dichas sentencias en ese mismo libro, pp. 55 a 114 y en Allan R. Brewer–Carías, *Asamblea Constituyente y Ordenamiento Constitucional*, Academia de Ciencias Políticas y Sociales, Caracas 1998, pp. 153 a 228. Igualmente, en *Revista de Derecho Público*, nº 77–80, Editorial Jurídica Venezolana, Caracas 1999, pp. 56 y ss. y 68 y ss.

15 Véase Allan R. Brewer-Carías, *Reforma Constitucional, Asamblea Constituyente y Control Judicial: Honduras (209), Ecuador (2007) y Venezuela (1999)*, Universidad Externado de Colombia, Bogotá 2009.

16 Sobre esta decisión de la sentencia, por ejemplo, Lolymar Hernández Camargo señaló: "lejos de dar una respuesta directa a la importante interrogante planteada, abre la posibilidad para que se realice el referendo consultivo, pero no esta-

cisamente, la inicial e inconstitucional decisión del Presidente Chávez[17] adoptada con base en su propia interpretación de la ausencia de decisión judicial expresa por parte de la Corte Suprema,[18] lo que condujo a la elección, en Julio de 1999, de una Asamblea Constituyente hecha a su medida y completamente controlada por sus seguidores, conforme a un estatuto que él mismo impuso y que no fue objeto de consulta o consenso político alguno. Esa Asamblea, como dije, y de la cual formé parte, fue el principal instrumento utilizado por el Presidente para materializar el violento asalto político al poder y a todas las ramas del Poder Público, comenzando por el Poder Judicial, que se produjo, ignorando las previsiones de la entonces en vigencia Constitución de 1961.[19]

Esa Asamblea Constituyente, aún cuando no fue el producto de un golpe de Estado de corte militar como tantas otras en nuestra historia política,[20] técnicamente fue el resultado de un golpe de Estado dado

---

blece con precisión el mecanismo que permita tal convocatoria, sino que entrega tal cometido a los 'órganos competentes'" en *La Teoría del Poder Constituyente. Un caso de estudio: el proceso constituyente venezolano de 1999,* UCAT, San Cristóbal, 2000, pp. 54 a 63.

17 Véase el texto de la acción de nulidad intentada contra el decreto presidencial en Allan R. Brewer–Carías, *Asamblea Constituyente y Ordenamiento Constitucional*, Academia de Ciencias Políticas y Sociales, Caracas 1999, pp. 255 a 321. Véase además, Carlos M. Escarrá Malavé, *Proceso Político y Constituyente*, Caracas 1999, anexo 4.

18 Lo que la propia Corte trató luego de corregir en un tímido y tardío intento de rectificación en sentencias de marzo y abril de 1999 (Véase en Allan R. Brewer–Carías, *Poder Constituyente Originario y Asamblea Nacional Constituyente*, Caracas 1999, pp. 169 a 185 y 190 a 198. Igualmente, en Revista de Derecho Público, nº 77–80, Editorial Jurídica Venezolana, Caracas 1999, pp. 73 y ss., y 85 y ss), provocando que el propio Presidente también tuviera a su vez que rectificar en sus propósitos absolutistas, como consta del "Aviso Oficial" publicado en *Gaceta Oficial* nº 36.658 de 10–03–99, con las bases de la convocatoria de la asamblea nacional constituyente, para ser sometida para la aprobación del pueblo en el referéndum convocado para el 25 de abril de 1999.

19 Véase Allan R. Brewer–Carías, *Golpe de Estado y proceso constituyente en Venezuela*, op. cit, p. 160.

20 Véase sobre las Asambleas Constituyentes y sus actos en la historia de Venezuela, Elena Plaza y Ricardo Combellas (Coordinadores), *Procesos Constituyentes y Reformas Constitucionales en la Historia de Venezuela: 1811–1999*, Universidad Central de Venezuela, 2 Tomos, Caracas 2005; Allan R. Brewer-Carías, *Las Constituciones de Venezuela*, Academia de Ciencias Políticas y So-

contra la Constitución,[21] y adicionalmente, fue en si misma el instrumento usado para dar un golpe de Estado continuado contra los Poderes constituidos.[22] La Asamblea Constituyente, en efecto, intervino todos los poderes públicos existentes, electos y constituidos unos meses antes,[23] en particular, el Poder Judicial, cuya autonomía e inde-

ciales, 2 vols., Caracas 2008; *Historia Constitucional de Venezuela*, Editorial Alfa, 2 vols, Caracas 2008.

21 La Asamblea asumió, en su Estatuto, un "poder constituyente originario." Véase en *Gaceta Constituyente* (Diario de Debates), Agosto–Septiembre 1999, Sesión de 07–08–99, nº 4, p. 144. En el acto de instalación, el presidente de la Asamblea señaló que "la Asamblea Nacional Constituyente es originaria y soberana", en *Gaceta Constituyente* (Diario de Debates), Agosto–Septiembre 1999, Sesión de 03–08–99, nº 1, p. 4. Véase el texto, además, en Gaceta Oficial nº 36.786 de 14–09–99. Como ha señalado Lolymar Hernández Camargo, con la aprobación del Estatuto "quedó consumada la inobservancia a la voluntad popular que le había impuesto límites a la Asamblea Nacional Constituyente… Se auto proclamó como poder constituyente originario, absoluto e ilimitado, con lo cual el Estado perdió toda razón de ser, pues si se mancilló la voluntad popular y su manifestación normativa (la Constitución), no es posible calificar al Estado como de derecho ni menos aun democrático", *en La Teoría del Poder Constituyente*, cit., p. 73. Véase los votos salvados por razones de inconstitucionalidad respecto de la aprobación del Estatuto en Allan R. Brewer–Carías, *Debate Constituyente, (Aportes a la Asamblea Nacional Constituyente)* tomo I, (8 agosto–8 septiembre 1999), Caracas 1999, pp. 15 a 39. Así mismo, en *Gaceta Constituyente* (Diario de Debates), Agosto–Septiembre 1999, Sesión de 07–08–99, nº 4, pp. 6 a 13

22 Véase Allan R. Brewer-Carías, "Constitution Making in Defraudation of the Constitution and Authoritarian Government in Defraudation of Democracy. The Recent Venezuelan Experience", en *Lateinamerika Analysen*, 19, 1/2008, GIGA, German Institute of Global and Area Studies, Institute of latin American Studies, Hamburg 2008, pp. 119-142.

23 Véase Decreto mediante el cual se declara la reorganización de todos los órganos del Poder Público" de fecha 12 de agosto de 1999, en *Gaceta Oficial* nº 36.764 de 13–08–99; Decreto mediante el cual se regulan las funciones del Poder Legislativo de 25 de agosto de 1999, en *Gaceta Oficial* nº 36.772 de 25–08–99. Sobre esto último, véase en Allan R. Brewer–Carías, *Debate Constituyente*, tomo I, op. cit., pp. 75 a 113; y en *Gaceta Constituyente* (Diario de Debates), Agosto–Septiembre 1999, cit., Sesión de 25–08–99, nº 13, pp. 12 a 13 y 27 a 30 y Sesión de 30-08-99, nº 16, pp. 16 a 19. Con posterioridad, sin embargo, y con la intermediación de la Iglesia Católica, el 9–9–99, la directiva de la Asamblea llegó a un acuerdo con la directiva del Congreso, con lo cual, de hecho, se dejó sin efecto el contenido del Decreto, siguiendo el Congreso funcionando conforme al régimen de la Constitución de 1961. Véase el texto del Acuerdo en *El Nacional*, Caracas 10-9-99, p. D–4.

pendencia comenzó a ser sistemáticamente demolida.[24] Y todo ello ocurrió, lamentablemente, con el consentimiento y complicidad de la antigua Corte Suprema la cual avaló la creación por la Asamblea de una Comisión de Emergencia Judicial que afectaba sus funciones, llegando la Corte incluso a nombrar a uno de sus propios Magistrados como miembro de la misma.[25] Esa Comisión, doce años después, continúa en funcionamiento en violación de la nueva Constitución, aun cuando con otro nombre.

Todos estos actos de la Asamblea Constituyente fueron sin embargo impugnados ante la mencionada ya completamente sometida Corte Suprema, la cual en otra altamente criticada decisión dictada el 14 de octubre de 1999,[26] avaló la constitucionalidad de los mismos reconociendo supuestos poderes "supra-constitucionales" de la Asamblea. Era, sin duda, la única forma que tenía la Corte Suprema para justificar la inconstitucional intervención de los Poderes Públicos, decisión por lo cual habría de pagar un muy alto precio, como fue el de su propia existencia. Con esas decisiones, en realidad la Corte Suprema había firmado su propia sentencia de muerte, desapareciendo del panorama institucional dos meses después, como la primera de las víctimas del gobierno autoritario al cual había ayudado a apoderarse del poder.

Esto sucedió el 22 de diciembre del mismo año 1999, cuando la Asamblea Constituyente, una semana después de aprobada de Constitución por voto popular (15 de diciembre de 1999), dictó un acto "constituyente" que violaba, a la vez, la antigua (que estaba aún vigente) Constitución de 1961, y nueva y sancionada (aún no publica-

---

24 El 19 de agosto de 1999, la Asamblea Nacional Constituyente resolvió declarar "al Poder Judicial en emergencia," *Gaceta Oficial* nº 36.772 de 25–08–99 reimpreso en Gaceta Oficial nº 36.782 de 08–09–99. Véase en Allan R. Brewer–Carías, *Debate Constituyente*, tomo I, op. cit., p. 57 a 73; y en *Gaceta Constituyente* (Diario de Debates), Agosto–Septiembre de 1999, cit., Sesión de 18–08–99, nº 10, pp. 17 a 22. Véase el texto del Decreto en *Gaceta Oficial* nº 36.782 de 08–09–99.

25 Acuerdo de la Suprema de Justicia de 23 de agosto de 1999. Véanse nuestros comentarios sobre el Acuerdo en Allan R. Brewer–Carías, Debate Constituyente, tomo I, op. cit., pp. 141 y ss. Véanse además, los comentarios de Lolymar Hernández Camargo, *La Teoría del Poder Constituyente*, cit., pp. 75 y ss.

26 Véase sentencia en el Caso: Impugnación del Decreto de Regulación de las Funciones del Poder Legislativo, en *Revista de Derecho Público*, nº 77–80, Editorial Jurídica Venezolana, Caracas 1999, pp. 111 y ss.

da) Constitución de 1999,[27] mediante el cual eliminó la Corte Suprema, destituyendo a sus magistrados junto con todos los demás altos funcionarios del Estado, incluso los que habían sido electos un año antes. Esto lo logró la Asamblea Constituyente dictado un "Decreto de Transición del Poder Público,"[28] con disposiciones constitucionales no aprobadas por el pueblo mediante referendo.

II. LA FORMA ILEGÍTIMA DE CREACIÓN DEL TRIBUNAL SUPREMO DE JUSTICIA EN 1999, SU FORMALIZACIÓN EN 2000, Y SU ACTUACIÓN INICIAL COMO JUEZ EN SU PROPIA CAUSA

La Asamblea Nacional Constituyente, en efecto, luego de su configuración al filo de las regulaciones constitucionales vigente para cuando fue convocada (Constitución de 1961)[29], luego de elaborar y discutir el texto de la Constitución de 1999 que fue sancionada en noviembre de 1999, que fue aprobada por el pueblo mediante referendo el 15 de noviembre de 1999 y que fue proclamada por la Asamblea Nacional Constituyente el 20 de diciembre de 1999; el 22 de diciembre de 1999, antes de que siquiera fuera publicada en la Gaceta Oficial y comenzara a tener vigencia lo que ocurrió el 31 de diciembre de 1999, fue abiertamente violada y violentada por la propia Asamblea Nacional Constituyente que la concibió, al dictar un "Decreto de Régimen Transitorio del Poder Público"[30] el cual por supuesto, no fue sometido a la aprobación popular, y por tanto no podía tener rango constitucional ni considerarse como parte integrante de la Constitución.

Con ello puede decirse que se inició el proceso de demolición de las instituciones democráticas y del Estado de derecho,[31] siendo el re-

---

[27] Véase en *Gaceta Constituyente* (Diario de Debates), Noviembre 1999–Enero 2000, cit., Sesión de 22–12–9, nº 51, pp. 2 y ss. Véase *Gaceta Oficial* nº 36.859 de 29–12–99; y *Gaceta Oficial* nº 36.860 de 30–12–99.

[28] Véase en *Gaceta Oficial* nº 36.859 de 29–12–99.

[29] Véase Allan R. Brewer–Carías, "La configuración judicial del proceso constituyente o de cómo el guardián de la Constitución abrió el camino para su violación y para su propia extinción", en *Revista de Derecho Público*, nº 77–80, Editorial Jurídica Venezolana, Caracas 1999, pp. 453 y ss.; y *Golpe de Estado y proceso constituyente en Venezuela,* UNAM, México, 2001, pp. 60 y ss.

[30] Véase en *Gaceta Constituyente* (Diario de Debates), Noviembre 1999–Enero 2000, cit., Sesión de 22–12–9, nº 51, pp. 2 y ss. Véase *Gaceta Oficial* nº 36.859 de 29–12–99; y *Gaceta Oficial* nº 36.860 de 30–12–99.

[31] Véase en general Allan R. Brewer-Carías, "El autoritarismo establecido en fraude a la Constitución y a la democracia y su formalización en "Venezuela

sultado, luego de una larga década, que el país se encuentra sometido a un gobierno autoritario donde si bien ha habido elecciones, sin embargo, no está asegurado el respeto de los derechos humanos y de las libertades fundamentales; ni la existencia de un régimen plural de partidos y organizaciones políticas; ni la separación e independencia de los poderes públicos; ni la transparencia de las actividades gubernamentales; ni la probidad y responsabilidad en la gestión pública; ni la libertad de expresión y de prensa; y ni siquiera, la subordinación de las instituciones del Estado a la autoridad civil, pues lo que existe en definitiva es un régimen militar. La consecuencia de ello ha sido que, durante la vigencia de la Constitución, la misma ha sido constantemente violada por todas las ramas del Poder Público, y más grave aún, con la anuencia y participación del Tribunal Supremo de Justicia y su Sala Constitucional como Juez Constitucional. Estando totalmente controlada por el Poder Ejecutivo, ha sido precisamente el mecanismo utilizado para erosionar el Estado de derecho y apuntalar el autoritarismo, legitimando todas las violaciones institucionales que se han producido, y además, para lograr el falseamiento de la Constitución lo que ocurre como lo reconoció la propia Sala, cuando se otorga "a las normas constitucionales una interpretación y un sentido distinto del que realmente tienen, lo que es en realidad una modificación no formal de la Constitución misma."[32]

Ahora bien, precisamente mediante este Decreto de Transición del Poder Público de 22 de diciembre de 1999, la Asamblea Nacional Constituyente organizó el nuevo Tribunal Supremo nombrando sus Magistrados en un número de 20 (5 en la Sala Constitucional y 3 en cada una de las Salas: Político Administrativa, de Casación Civil, Penal, Electoral y Social), número que ni siquiera la Constitución había previsto pues se dejó a la ley su determinación, sin cumplirse con las

---

mediante la reforma constitucional. (De cómo en un país democrático se ha utilizado el sistema eleccionario para minar la democracia y establecer un régimen autoritario de supuesta "dictadura de la democracia" que se pretende regularizar mediante la reforma constitucional)" en el libro *Temas constitucionales. Planteamientos ante una Reforma,* Fundación de Estudios de Derecho Administrativo, FUNEDA, Caracas 2007, pp. 13-74; "La demolición del Estado de Derecho en Venezuela Reforma Constitucional y fraude a la Constitución (1999-2009)," en *El Cronista del Estado Social y Democrático de Derecho*, nº 6, Editorial Iustel, Madrid 2009, pp. 52-61

32 Véase sentencia de la Sala Constitucional nº 74 de 25-1-2006 (Caso: Acción Democrática vs. Consejo Nacional Electoral y demás autoridades electorales), en *Revista de Derecho Público*, Editorial Jurídica Venezolana, nº 105, Caracas 2006, pp. 76 ss.

exigencias y condiciones para ser Magistrado establecidas en la nueva Constitución, con lo cual, el Tribunal resultó "transitoriamente" integrado casi completamente por personas adeptas al gobierno. El Tribunal Supremo está compuesto de seis Salas, que son: tres de Casación (Sala de Casación Civil, Sala Penal, y Sala Social), la Electoral, a cargo del contencioso electoral; la Político Administrativa como supremo tribunal de la Jurisdicción Contencioso Administrativa; y la Sala Constitucional, con poderes de control de constitucionalidad en un sistema mixto de control. El Decreto, además, transformó una Comisión de Emergencia Judicial que había creado la Asamblea Constituyente para intervenir el Poder Judicial en una Comisión de Reorganización y Funcionamiento del Poder Judicial destinada a remover a los jueces sin debido proceso, la cual continúa hoy existiendo con el aval del Tribunal Supremo.

La primera actuación que puso a prueba la efectividad del Tribunal Supremo de Justicia, recién creado, como garante de la supremacía constitucional de acuerdo a los poderes que la nueva Constitución de 1999 le otorgaba, fue precisamente, cuando al comenzar a entrar en aplicación la nueva Constitución, decidió que el ilegítimo régimen transitorio mediante el cual se lo había creado, y que no se había sometido a aprobación popular como sí había ocurrido con el texto de la Constitución, no estaba sometido ni a la nueva ni a la vieja Constitución.[33] El resultado fue una especie de régimen "para-constitu-cional" que pasó a formar parte del "bloque de la constitucionalidad," a pesar de cómo se dijo, no haber sido aprobado por el pueblo.[34]

Uno de los resultados de este inconstitucional régimen de transición constitucional había sido precisamente la "creación" y el nombramiento de los propios Magistrados del Tribunal Supremo de Justicia por la Asamblea Constituyente sin autoridad alguna para ello que le hubiera sido conferida por el pueblo, y peor aún, sin cumplir las condiciones impuestas en la nueva Constitución para tales nombramientos, y sin garantizar el derecho ciudadano a participar en los mismos a través del Comité de Postulaciones Judiciales que conforme a la Constitución debía estar integrado sólo y exclusivamente por representantes de los "diversos sectores de la sociedad" (art. 270).

---

33 Véase sentencia nº 6 de fecha 27 de enero de 2000, en *Revista de Derecho Público,* nº 81, (enero-marzo), Editorial Jurídica Venezolana, Caracas, 2000, pp. 81 y ss.

34 Véase sentencia de 28 de marzo de 2000, caso: Allan R. Brewer-Carías y otros, en *Revista de Derecho Público*, nº 81, (enero-marzo), Editorial Jurídica Venezolana, Caracas, 2000, p. 86.

Ese Comité, en la forma como fue concebido nunca ha sido creado, habiendo sido las normas constitucionales fraudulentamente distorsionadas por la Asamblea Nacional, con el silencio cómplice de la Sala Constitucional, al convertírselo de hecho en una simple "comisión parlamentaria" sujeta a la Asamblea Nacional.[35]

Esto ocurrió en 2000, cuando la recién electa Asamblea Nacional, en lugar de sancionar la Ley Orgánica del Tribunal Supremo para regular dicho Comité de Postulaciones Judiciales, lo que dictó fue una ley "para no legislar" como fue la "Ley Especial para la Ratificación o Designación de los Funcionarios del Poder Ciudadano y Magistrados y Magistradas del Tribunal Supremo de Justicia para su Primer Periodo Constitucional,"[36] en la cual deliberadamente el Legislador se abstuvo de legislar y organizar el mencionado Comité de Postulaciones Judiciales. Por ello, esa Ley Especial fue incluso impugnada ante el nuevo Tribunal Supremo por la Defensora del Pueblo, por inconstitucionalidad, por violar el derecho a la participación política de los ciudadanos;[37] acción que la Sala Constitucional nunca decidió en el fondo, considerando que la defensoría había cesado de tener interés.

Lo sorprendente fue, sin embargo, que mediante una medida cautelar de amparo que había solicitado la Defensora del Pueblo, los Magistrados de la Sala Constitucional, en lugar de inhibirse de conocer del caso que los involucraba a ellos mismos, decidieron en causa propia, resolviendo que la Constitución no les era aplicable porque supuestamente ellos no iban a ser "designados" sino que lo que iban era a ser "ratificados," forjándose así una grotesca burla a la Constitución.

En efecto, los Magistrados de la Sala Constitucional adoptaron el punto de vista de que ellos podían ser "ratificados" en sus cargos de acuerdo con la Ley Especial sin cumplir las condiciones impuestas para los nombramientos en la Constitución, porque esta sólo regulaba el "nombramiento" de los Magistrados y no contemplaba normas relativas a su "ratificación," que era la que se aplicaba a los que estaban ocupando el cargo, y era la que se regulaba en el Régimen

---

35 Véase Allan R. Brewer-Carías, "La participación ciudadana en la designación de los titulares de los órganos no electos de los Poderes Públicos en Venezuela y sus vicisitudes políticas", en *Revista Iberoamericana de Derecho Público y Administrativo*, Año 5, nº 5-2005, San José, Costa Rica 2005, pp. 76-95.

36 *Gaceta Oficial* nº 37.077 del 14 de noviembre de 2000.

37 Véase *El Universal*, Caracas, 14 de diciembre de 2000, pp. 1-2.

de Transición de los Poderes Públicos que la Sala consideraba que tenía rango constitucional.[38]

En esa forma se produjo el nombramiento y ratificación de los Magistrados del Tribunal Supremo de Justicia en 2000, con una integración precariamente equilibrada con marcada influencia política, que lo tornó inefectivo en el control de la constitucionalidad de los actos ejecutivos. Ello se evidenció en la abstención total del Tribunal Supremo en el ejercicio del control de constitucionalidad, por ejemplo, de los casi 5º decretos leyes dictados en noviembre de 2001 con base en una ley habilitante dictada en 2000, excediendo los términos de la delegación legislativa y violando el derecho a la participación de los ciudadanos en el proceso de elaboración y discusión de las leyes.[39]

III. LA ABSTENCIÓN DEL TRIBUNAL CONSTITUCIONAL EN PRONUNCIARSE SOBRE LA CRISIS POLÍTICA CONSTITUCIONAL DE ABRIL DE 2002 ORIGINADA POR LA ANUNCIADA RENUNCIA DEL PRESIDENTE DE LA REPÚBLICA

La neutralización del Tribunal Supremo como supremo garante de la constitucionalidad se puso en evidencia en abril de 2002, con motivo de la crisis política originada por la renuncia del Presidente de la República a su cargo.

En efecto, en la madrugada del 12 de abril de 2002, después de una masiva manifestación pública que se apoderó de las calles de Caracas de rechazo a la gestión gubernamental del Presidente Hugo Chávez, que le exigía la renuncia al cargo, y luego de sucesivas manifestaciones públicas de desobediencia por parte de los altos Oficiales jefes de los diversos componentes militares por las muertes ocurridas de manifestantes indefensos y en rechazo a la ejecución de un plan de guerra represivo de los mismos que había sido ordenado por el gobierno,

---

38 Véase Tribunal Supremo de Justicia, Sala Constitucional, Decisión del 12-12-2000 en *Revista de Derecho Público*, nº 84, Editorial Jurídica Venezolana, Caracas, 2000, p. 109. Véanse comentarios en Allan R. Brewer-Carías, "La participación ciudadana en la designación de los titulares de los órganos no electos de los Poderes Públicos en Venezuela y sus vicisitudes políticas" en *Revista Iberoamericana de Derecho Público y Administra*tivo, Año 5, nº 5-2005, San José, Costa Rica 2005, pp. 76-95.

39 Véase Allan R. Brewer-Carías, "Apreciación general sobre los vicios de inconstitucionalidad que afectan los Decretos Leyes Habilitados" en *Ley Habilitante del 13-11-2000 y sus Decretos Leyes,* Academia de Ciencias Políticas y Sociales, Serie Eventos nº 17, Caracas 2002, pp. 63-103.

el Alto Mando Militar del Presidente de la República anunció públicamente al país que se le había pedido su renuncia, pues se lo consideraba responsable de esos hechos,[40] y que éste la había aceptado.[41]

Como lo diría el Tribunal Supremo de Justicia en sentencia de su Sala Plena Accidental de 14 de agosto de 2002 (Caso: Antejuicio de mérito respecto de oficiales militares), "una vez que se anunció por el General en Jefe la renuncia del Presidente y del Alto Mando Militar, todo el país tenía el derecho y la obligación de creer, tal como sucedió con la OEA, que en Venezuela existía crisis en el poder ejecutivo por carencia de titular de la Presidencia."[42] Ese anuncio sobre la renuncia del Presidente de la República produjo, sin duda, consecuencias jurídicas y políticas graves,[43] pues del anuncio oficial militar lo que resultaba era que en Venezuela no había gobierno civil en ejercicio, es de-

---

40 Quien había sido Vicepresidente de la República y Coordinador del partido de Gobierno hasta poco tiempo antes, y quien antes había sido Presidente de la Asamblea Nacional Constituyente en 1999, Luis Miquilena, diría el mismo día 11 de abril en la noche que: "El Presidente es el principal responsable de lo que ha ocurrido en la tarde de hoy. De esa responsabilidad no lo salvará nadie. Ahora las instituciones tienen que funcionar. La Fiscalía, el Poder Judicial y creo que hay posibilidad de que la Asamblea Nacional empiece a funcionar." Véase en *El Universal*, Caracas 12-04-02, p. 1-6.

41 El General en Jefe y a la vez, Jefe del Alto Mando Militar, Lucas Rincón anunció al país lo siguiente: "Pueblo venezolano, muy buenos días, los miembros del Alto Mando Militar deploran los lamentables acontecimientos sucedidos en la ciudad capital el día de ayer. Ante tales hechos se le solicitó al señor Presidente de la República la renuncia a su cargo, la cual aceptó. Los miembros del Alto Mando Militar ponemos, a partir de este momento, nuestros cargos a la orden, los cuales entregaremos a los oficiales que sean designados por las nuevas autoridades." Véase en Albor Rodríguez, (ed), *Verdades, Mentiras y Video. Lo más relevante de las interpelaciones en la Asamblea Nacional sobre los sucesos de abril,* Libros El Nacional, Caracas 2002, pp. 13 y 14

42 Véase en la sentencia nº 38 de la Sala Plena Accidental de 14 de agosto de 2002 (Caso: Julián Isaías Rodríguez Díaz, antejuicio de mérito de oficiales militares superiores) publicada el 19 de septiembre de 2002, en http://www.tsj.gov.ve/decisiones/tplen/Septiembre/SENTENCIA%20DE%20LOS%20MILITARES.htm

43 Véase lo que expusimos sobre la crisis de gobierno que se originó en *El Universal*, Caracas 18-05-02, p. D-4.

cir, no había titulares en ejercicio del Poder Ejecutivo, y que, incluso, habría unas "nuevas autoridades."[44]

En efecto, la renuncia de un Presidente de la República constituye una falta absoluta, y la misma, conforme al artículo 233 de la Constitución, la suple el Vicepresidente Ejecutivo. En el caso del anuncio público oficial de la renuncia del Presidente Chávez el 12 de abril de 2002 por el Jefe del Alto Mando Militar, el mismo no le indicó al país como lo mandaba la Constitución, que en consecuencia de la referida renuncia, el Vicepresidente de la República del momento, Diosdado Cabello, había asumido la Presidencia y estaba en ejercicio del Poder Ejecutivo, lo que hubiera implicado que el Alto Mando Militar habría permanecido inalterado. Al contrario, el Jefe del Alto Mando Militar afirmó que sus integrantes ponían sus cargos a la orden de "nuevas autoridades," lo que implicaba, jurídicamente, también, el anuncio de que en Venezuela no había nadie en ejercicio del Poder Ejecutivo, y que supuestamente habría "nuevas autoridades."[45]

La Constitución de 1999 no regula una solución jurídica en los casos en los cuales se produce falta absoluta del Presidente y del Vicepresidente, en el sentido de que no establece quién asume en ese caso el Poder Ejecutivo. Al contrario, la Constitución de 1961 si regulaba los supuestos de sucesión presidencial transitoria, al disponer que en caso de falta absoluta del Presidente, mientras el Congreso elegía un nuevo Presidente, se encargaba de la Presidencia el Presidente del Congreso, a falta de éste, el Vicepresidente del mismo (Presidente de la Cámara de Diputados) y, en su defecto, el Presidente de la Corte Suprema de Justicia (art. 187).

---

44 Incluso, el Ministro de la Defensa, José Vicente Rangel comentó el mismo día 12-04-02, sobre el tema de la ruptura del hilo constitucional, que habría "un nuevo gobierno"; dijo no saber donde estaba el Vicepresidente Ejecutivo e indicó que "no hemos presentado renuncia puesto que a nosotros nos reemplazan", *El Nacional*, Caracas 13-04-02, p. D-9. El Tribunal Supremo de Justicia en Sala Plena Accidental en sentencia de 14-08-02, sobre esta afirmación del Ministro de Defensa dijo que "Llama la atención a la Sala que el entonces Ministro de la Defensa no haya sido tajante al calificar los acontecimientos que se acababan de producir." Véase (Caso: Julián Isaías Rodríguez Díaz, antejuicio de mérito de oficiales militares superiores) cit, en http://www.tsj.gov.ve/decisiones/tplen/Sep-tiembre/SENTENCIA%20DE%20LOS%20MILITARES.htm

45 Véase lo que expusimos en Allan R. Brewer-Carías, *La Crisis de la democracia en Venezuela. La Carta democrática Interamericana y los sucesos de abril de 2002*, Libros de El Nacional, Caracas 2002, p. 83 ss.

Con el anuncio oficial al país de la renuncia del Presidente, por tanto, se produjo una crisis de gobierno que la Constitución no resolvía.[46] Además, no había ninguna razón para que alguien pudiera poner en duda el anuncio de la renuncia del Presidente y de la propia renuncia del Alto Mando Militar, y de que habría "nuevas autoridades". El anuncio, se insiste, no lo hacía cualquier ciudadano ni cualquier funcionario; lo hacía el más alto General de la República con el más alto rango en la jerarquía militar, que había sido designado, además, por el propio Presidente de la República cuya renuncia anunciaba. Dada la seriedad de la situación, no había motivos para dudar de la certeza del anuncio ni para considerar que el anuncio público era una burla al país y al mundo.

Pero por supuesto, por las graves consecuencias de orden constitucional y política que provocaba el anuncio, el mismo debió haber requerido atención y pronunciamiento inmediato por parte de los otros órganos del Estado, y particularmente del Tribunal Supremo de Justicia o de su Sala Constitucional, la cual en definitiva era la única que podía dar una interpretación constitucional auténtica y vinculante que pudiera llenar el vacío normativo de la Constitución y contribuir a resolver la crisis política. El Tribunal Supremo de Justicia, en efecto, conforme al artículo 335 de la Constitución es el órgano llamado a garantizar "la supremacía y efectividad de las normas y principios constitucionales" y es "el máximo y último intérprete de esta Constitución" el cual debe velar "por su uniforme interpretación y aplicación," siendo "las interpretaciones que establezca la Sala Constitucional sobre el contenido o alcance de las normas y principios constitucionales" de carácter "vinculante para las otras Salas del Tribunal Supremo de Justicia y demás tribunales de la República." Con-

---

46 La ex Magistrada de la Corte Suprema de Justicia, Hildegard Rondón de Sansó expresó, sobre la crisis de gobierno que se produjo el 12-04-02, que la ruptura del hilo constitucional se produjo "no por razones de fuerza, sino por las imprecisiones de la Carta Magna frente a la forma de suplir la falta absoluta derivada de la renuncia tanto del Presidente como del Vicepresidente Ejecutivo de la República. El vacío de la Constitución se cubriría a través de decretos leyes de facto, de modo que el nuevo régimen busque y encuentre su propia juridicidad", *El Nacional*, 13-04-02, p. D-10. El Dr. René Buroz Arismendi, abogado de los oficiales generales y almirantes a quienes se le siguió un antejuicio de mérito en el Tribunal Supremo, expresó su criterio sobre los efectos del anuncio del General Rincón: "El vacío de poder se generó cuando el General Lucas Rincón en presencia del Alto Mando militar afirmó que el Presidente había renunciado junto a su gabinete. En ese momento no había visiblemente ninguna autoridad que asumiera el cargo de Presidente", *El Universal*, 11-07-02, p. 1-8.

forme a esta previsión, incluso la Sala Constitucional ya había venido desarrollando amplias potestades de actuación de oficio en materias constitucionales,[47] por lo que lo menos que debió esperarse de la misma en ese momento de crisis constitucional era que asumiera su rol de garante supremo de la Constitución en situaciones de emergencia constitucional, como ocurrió, por ejemplo, con la actuación del Tribunal Constitucional de Guatemala al enfrentar la crisis constitucional provocada por el golpe de Estado perpetrado por el Poder Ejecutivo de ese país en 1993.[48]

Sin embargo, en abril de 2002, en Venezuela no ocurrió nada parecido, y lo que se produjo fue la abstención del Tribunal Supremo de Justicia en pronunciarse sobre la crisis política y constitucional, lo que provocó que la misma se desarrollara al punto de llegar a formarse un gobierno de transición que luego de adoptar decisiones inconstitucionales, sólo duraría horas, no llegando nunca a asumir efectivamente el poder.[49] Los Magistrados del Tribunal Supremo, en realidad, el día 12 de abril de 2002, limitaron su actuación a pronunciarse generalmente condenando los graves acontecimientos ocurridos en el país que motivaron los pronunciamientos militares, y el Presidente de dicho Tribunal, en lugar de convocar a los Magistrados para enfrentar y resolver constitucionalmente la crisis, lo que hizo fue "renunciar a su cargo para facilitar la labor del nuevo gobierno."[50] Como lo señalé en otro lugar, la renuncia del Presidente y la ausencia del Vicepresidente:

---

47 Véase Allan R. Brewer-Carías, "Régimen y alcance de la actuación judicial de oficio en materia de justicia constitucional en Venezuela", en *Estudios Constitucionales. Revista Semestral del Centro de Estudios Constitucionales*, Año 4, nº 2, Universidad de Talca, Santiago, Chile 2006, pp. 221-250.

48 Véase Jorge Mario García Laguardia, "Justicia constitucional y defensa de la democracia. El Golpe de Estado en Guatemala en 1993," en *Cuestiones Constitucionales. Revista Mexicana de Derecho Constitucional*, nº 2, México 2000. Véase en *Revista Jurídica Virtual*, Instituto de Investigaciones Jurídicas, Universidad Nacional Autónoma de México, en http://www.juridicas.unam.mx /publica/rev/cconst/cont/2/art/art1.htm

49 Véase sobre el acto de instalación del llamado gobierno de transición el 12 de abril de 2002 y su contrariedad a la Constitución y a la Carta Democrática Interamericana lo que hemos expuesto en Allan R. Brewer-Carías, *La Crisis de la democracia en Venezuela. La Carta democrática Interamericana y los sucesos de abril de 2002*, Libros de El Nacional, Caracas 2002, p. 120

50 El periodista Edgar López reseñó la renuncia de Iván Rincón a su cargo de Presidente del Tribunal Supremo de Justicia, con ocasión de la reunión del Tribunal el día 12-04-02 en horas del mediodía, antes de la instalación del llamado

"planteaba el grave problema constitucional derivado del vacío normativo de la Constitución que no resuelve expresamente la sucesión presidencial en caso de ausencia del Presidente y del Vicepresidente. Quien podía resolverlo era el Tribunal Supremo de Justicia, el cual se reunió el día 12 de abril en horas de mediodía, pero lejos de pronunciarse sobre los acontecimientos, lo único que se supo es que su Presidente renunció para facilitar la labor de las nuevas autoridades, es decir, en definitiva también reconocía que habría nuevas autoridades."[51]

Por ello, con razón, la ex Presidenta de la Corte Suprema de Justicia, Cecilia Sosa, señaló en mayo de 2002 que con la renuncia del Presidente del Tribunal Supremo de Justicia, lo que sucedió fue que el Tribunal "en pleno mantuviera un silencio cómplice con respecto a los hechos del 11 de abril de 2002", agregando, que el Presidente del Tribunal Supremo:

> "era el garante, el que debía evitar que nadie violara la Constitución, pero no lo hizo. El debía alertar a todos los venezolanos sobre la ruptura del hilo democrático, pero no lo hizo. Tenemos a la cabeza del Poder Judicial a un hombre que violó su juramento de cumplir y hacer cumplir las leyes. Tenemos al frente del TSJ a un presidente indigno de su cargo. No tiene condiciones morales ni éticas. Ese señor no puede dictar más sentencias en este tribunal y mucho menos puede juzgar a los generales y almirantes que estarían implicados en la transitoriedad a la que él se plegó."[52]

---

gobierno de transición. Señaló que Iván Rincón renunció en estos términos: "A objeto de facilitar la transitoriedad, la continuidad de las instituciones y el respeto al Estado de derecho y la seguridad jurídica, pongo a la orden el cargo de Magistrado de la Sala Constitucional y Presidente del Tribunal Supremo de Justicia", *El Nacional*, Caracas, 13-4-2002, p. D-6.

51 Véase lo que expusimos en Allan R. Brewer-Carías, *La Crisis de la democracia en Venezuela. La Carta democrática Interamericana y los sucesos de abril de 2002*, Libros de El Nacional, Caracas 2002, p. 94

52 Véase en *El Universal*, 03-05-02, p. 1-9. Por ello, la misma ex-Magistrada Cecilia Sosa acudió al Tribunal Supremo de Justicia a requerir se le "aceptara" la renuncia al Presidente del mismo, y cuando fue consultada sobre por qué sólo requirió la renuncia a Rincón, respondió: "El fue el único que nos puso la renuncia por escrito, así que yo espero que los demás magistrados también le acepten esa renuncia (*El Universal*, 03-05-02, p. 1-9).

Es decir, ni el Tribunal Supremo ni su Presidente se pronunciaron en forma alguna sobre la crisis de gobierno que existía originada y que fue originada por el anuncio de la renuncia del Presidente de la República. La Magistrado Blanca Rosa Mármol de León, en cambio, "denunció la posición genuflexa del máximo Tribunal ante el entonces Presidente H. Chávez. Lamentó que el Tribunal Supremo de Justicia no hubiera condenado de manera específica los delitos cometidos en los alrededores de Miraflores."[53]

En todo caso, luego de haberse abstenido en pronunciarse para solucionar la crisis constitucional que se había originado por la renuncia del Presidente de la república, al decidir sobre la solicitud del Fiscal General de la República formulada ante el Tribunal Supremo para proceder al antejuicio de merito por el delito de rebelión militar a varios de los altos oficiales por los sucesos del 12 de abril de 2002, el Tribunal Supremo en Sala Plena Accidental mediante sentencia Nº 38 de 14 de agosto de 2002, publicada el 19 de septiembre de 2002, bajo la Ponencia de su Vicepresidente, Franklin Arrieche, se pronunció sobre el anuncio de la constitución de un gobierno provisorio por los militares imputados, dejando sentada su apreciación de que si bien ello había sido provocado por "el anuncio del General en Jefe sobre la renuncia del Presidente y del Alto Mando Militar," y de que los militares "carecían de competencia" para ello, la situación era que "si no existía Presidente en ejercicio y antes se habían producido los graves acontecimientos que los militares tuvieron como móvil de sus pronunciamientos ... no puede decirse que con ello se pretendía impedir u obstaculizar el ejercicio de un poder ejecutivo sin titular, ni alterar el orden y la paz interior de la Nación que ya se había roto por elementos exógenos a los imputados."[54]

---

53 Véase la reseña del periodista Edgar López. *El Nacional*, 13-4-2002, p. D-6. En otra reseña periodística de Edgar López, se ponen en evidencia las mutuas acusaciones y recusaciones entre sí, de los Magistrados del Tribunal Supremo, particularmente entre su Presidente Rincón y el Vicepresidente Arriechi, en relación con la actitud asumida por los Magistrados el 12 de abril de 2002. Se menciona el acta de la reunión del Tribunal Supremo del 12 de abril y la decisión de "los Magistrados de continuar en sus cargos". Véase, además, *El Nacional*, 15-06-02, p. D-1; *El Universal*, 04-07-02, p. 1-8. Confróntese con la información contenida en los reportajes de los periodistas Irma Álvarez, *El Universal*, Caracas, 23-06-02, p. 1-9; y 08-07-02, p. 1-8; y Alejandra Hernández, *El Universal*, 14-06-02, p. 1-4. Véase además las informaciones en *El Nacional*, 19-06-02, p. D-1; 27-06-02, p. D-1; *El Universal*, 19-06-02, p. 1-10; 04-07-02, p. 1-8; 05-07-02, p. 1-7.

54 De ello concluyó la Sala Plena que "a pesar de que la Sala considere inaceptable el que alguien se arrogue la facultad de designar a un Presidente, tampoco

Con esta decisión en la cual el Tribunal Supremo de Justicia declaró que no había méritos para enjuiciar por el delito de rebelión a los oficiales generales que se habían insubordinado contra el Presidente, considerando que al éste renunciar y no haber el Vicepresidente asumido el ejercicio del cargo, había "un poder ejecutivo sin titular," en todo caso, se inició la escalada final para la depuración de Magistrados del Tribunal Supremo que no eran afectos al gobierno, comenzando por el Magistrado Vicepresidente Franklin Arrieche quién había sido precisamente el Ponente de dicha decisión. El Magistrado fue sometido de inmediato a investigación por la Asamblea Nacional, la cual adoptó una decisión en su contra el 3 de diciembre de 2002,[55] que sin embargo fue suspendida temporalmente en sus efectos mediante el ejercicio de una acción de amparo. Y como en ese momento el gobierno no contaba con la mayoría calificada de los 2/3 para removerlo de su cargo conforme al artículo 265 de la Constitución, así continuó en forma precaria en ejercicio de sus funciones hasta el 15 de junio de 2004, cuando luego de promulgarse, al fin, la Ley Orgánica del Tribunal Supremo de Justicia el 20 de mayo de 2004,[56] la Asamblea Nacional procedió, no a "removerlo" de su cargo conforme a las previsiones constitucionales, sino a "revocar el acto administrativo de nombramiento" del Magistrado

---

puede concluir en que ese nombramiento encaje dentro de la descripción hecha en el artículo 476, ordinal 1, del Código Orgánico de Justicia Militar que, se ratifica una vez más, constituyó la única imputación fiscal formulada en la querella;" y que "para que pueda imputarse un hecho criminoso a una persona no basta con que ella se encuentre presente en el momento y lugar cuando y donde tal conducta se produzca sino que esa acción censurable debe emanar de ella." El Magistrado Alejandro Angulo Fontiveros, cuya Ponencia en el caso fue rechazada por la mayoría, sin embargo, dijo entre otras cosas que "La sentencia es un "Monstrum horrendum" del Derecho y constituye un golpe al Estado de Derecho y un ludibrio internacional. La sentencia tajó la Constitución y ha institucionalizado la injusticia y la impunidad e hizo tabla rasa del Derecho Penal, desnaturalizando todas sus finas esencias y el abecé de tan noble ciencia jurídica." Véase en la sentencia nº 38 de la sala Plena Accidental de 14 de agosto de 2002 (Caso: Julián Isaías Rodríguez Díaz, antejuicio de mérito de oficiales militares superiores) publicada el 19 de septiembre de 2002, en http://www.tsj.gov.ve/decisiones/tplen/Septiembre/SENTENCIA%20DE%20- LOS%20MILITARES.htm

55 Véase la información en *El Nacional*, Caracas, 18-06-2004, p. A-4.

56 *Gaceta Oficial* nº 37.942 del 20 de mayo de 2004. Para los comentarios sobre esta ley, véase, en general, Allan R. Brewer-Carías, *Ley Orgánica del Tribunal Supremo de Justicia. Procesos y Procedimientos Constitucionales y Contencioso-Administrativos*, Caracas, 2004.

con mayoría simple conforme a la nueva fórmula de remoción que había inventado la Asamblea Nacional en dicha Ley Orgánica, violando la Constitución.

En efecto, para obviar la exigencia constitucional de una mayoría parlamentaria de las 2/3 partes de los diputados integrantes (Art. 265) para remover a los Magistrados del Tribunal Supremo de Justicia, la Asamblea Nacional, en un evidente fraude a la Constitución, al sancionar la Ley Orgánica del Tribunal Supremo en 2004, "inventó" una forma distinta de remoción de los Magistrados, que denominó como "anulación del nombramiento de los Magistrados," que se podía adoptar con mayoría absoluta de votos de los diputados (art. 23), en lugar de la mayoría calificada que exige la Constitución. En consecuencia, una vez publicada a finales de mayo de 2004 la Ley Orgánica del Tribunal Supremo, esta inconstitucional potestad fue ejercida en forma inmediata por la Asamblea Nacional el 15 de junio de 2004 para decidir la remoción anulando el acto del nombramiento, del mencionado Magistrado Franklin Arrieche, Vicepresidente del Tribunal Supremo, "en razón de haber suministrado falsa información para el momento de la aceptación de su postulación para ser ratificado en ese cargo."[57]

Por otra parte, luego de la sanción de la Ley Orgánica, una vez realizado que la Asamblea procedió a realizar los nombramientos de los nuevos Magistrados y asegurada por parte del Gobierno la mayoría en las votaciones del Tribunal Supremo, la sentencia de la Sala Plena del Tribunal de 14 de agosto de 2002, que había declarado la ausencia de méritos para juzgar por el delito de rebelión a los oficiales militares superiores que participaron en los hechos de abril de 2002, fue objeto de una petición de revisión judicial introducida por el Fiscal General de la República ante la Sala Constitucional del Tribunal Supremo alegando que, al dictársela, se había violado del derecho al debido proceso en el caso (derecho al juez natural) porque en el procedimiento respectivo previo a su emisión, un Magistrado había decidido una recusación respecto de otros Magistrados, sin tener competencia para ello.

La Sala Constitucional mediante sentencia Nº 23 de 11 de marzo de 2005 terminó así declarando con lugar la solicitud de revisión constitucional de la sentencia Nº 38 publicada el 19 de septiembre de 2002, de la Sala Plena, tal como lo había pedido el Fiscal General de la República, anulándola, y disponiendo que como los oficiales objeto

---

[57] Según la investigación parlamentaria, el Magistrado no habría tenido 15 años como profesor universitario titular, ni tampoco estudios de postgrado. V. la información en *El Nacional*, Caracas, 16-06-2004, p. A-5.

del procedimiento ya estaban en situación de retiro, no había caso a que se decidiera de nuevo antejuicio de mérito alguno ante el Tribunal Supremo, pudiendo aquél acusarlos directamente ante la jurisdicción ordinaria.[58]

IV. LA BURLA LEGISLATIVA A LA CONSTITUCIÓN, AL SANCIONARSE EN 2004, LA LEY DEL TRIBUNAL SUPREMO DE JUSTICIA PARA ASEGURAR SU SUJECIÓN AL PODER EJECUTIVO, CON EL SILENCIO CÓMPLICE DE PROPIO TRIBUNAL

La mencionada sanción de la Ley Orgánica del Tribunal Supremo de Justicia de 2004 por la Asamblea Nacional después de una larga y deliberada abstención de cuatro años, no sólo incidió sobre la estabilidad de los Magistrados, como se ha visto, abriendo la posibilidad para su destitución por mayoría absoluta de los diputados en lugar de la mayoría calificada exigida en la Constitución, sino también en la designación de los Magistrados, para lo cual se aumentó el número de los mismos, pasándose de los 20 transitorios que la Asamblea Constituyente sin autorización constitucional había inventado en diciembre de 1999, a los 32 Magistrados que previó finalmente la Ley. A tal efecto, la Ley Orgánica distorsionó las condiciones constitucionales para el nombramiento y remoción, consolidando la conformación del Comité de Postulaciones Judiciales como la "comisión parlamentaria" ampliada antes analizada, sujeta a la Asamblea.

Esta reforma, en sus dos aspectos mencionados relativos a la remoción y a la designación de los Magistrados, fue altamente criticada al punto de que, por ejemplo, incluso la Comisión Interamericana de Derechos Humanos en su Informe Anual de 2004, señalo que carecía "de las salvaguardas necesarias para impedir que otras ramas del Poder Público pudieran minar la independencia del Tribunal."[59]

Después de esa reforma, en todo caso, el proceso de postulación y designación de los Magistrados del Tribunal Supremo, a pesar de ser supuestamente de la exclusiva competencia del Poder Legislativo, fue

---

58 Véase la sentencia de la Sala Constitucional nº 233 de fecha 11 de marzo de 2005 (Caso: Julián Isaías Rodríguez Díaz, antejuicio de mérito a oficiales militares superiores), en http://www.tsj.gov.ve/decisiones/scon/Marzo/233-110305-04-3227.htm

59 Véase IACHR, 2004 *Annual Report* (Follow-Up Report on Compliance by the State of Venezuela with the Recommendations made by the IACHR in its Report on the Situation of Human Rights in Venezuela [2003]), para. 174. Available at http://www.cidh.oas.org/annualrep/2004eng/chap.5b.htm

y ha seguido siendo completamente controlado por el Presidente de la República, dado su control de la Asamblea, como lo reconoció públicamente el Presidente de la Comisión Parlamentaria para la selección de los Magistrados, al punto de afirmar públicamente en 2004, además, que "En el grupo de postulados no hay nadie que vaya actuar contra nosotros."[60] Ello, incluso se repitió en 2010, al punto de que la Comisión Interamericana de derechos Humanos en su Informe sobre Venezuela de 2010, indicó que: "los 49 magistrados elegidos (17 principales y 32 suplentes) serían simpatizantes del gobierno, incluyendo a dos nuevos magistrados que eran parlamentarios activos de la mayoría oficialista en la Asamblea Nacional."[61] Y ha sido esa configuración del Tribunal Supremo, altamente politizada y sujeta a los deseos del Presidente, lo que ha permitido la completa eliminación de la autonomía del Poder Judicial, y por ende, de la separación de poderes, permitiendo al gobierno ejercer un control absoluto sobre el Tribunal y en particular, sobre su Sala Constitucional.

Ha sido esa configuración del Tribunal Supremo, altamente politizada y sujeta a los deseos del Presidente, lo que ha permitido la completa eliminación de la autonomía del Poder Judicial, y por ende, de la separación de poderes, permitiendo al gobierno ejercer un control absoluto sobre el Tribunal y en particular, sobre su Sala Constitucional. Ello ha llegado al punto, por ejemplo, de que en algún caso en el cual el Tribunal dictó una absurda sentencia "reformando" la Ley de Impuesto sobre la Renta,[62] el Presidente la criticó, pero no por su ab-

---

60 Declaró a la prensa: "Si bien los diputados tenemos la potestad de esta escogencia, el Presidente de la República fue consultado y su opinión fue tomada muy en cuenta." Añadió: "Vamos a estar claros, nosotros no nos vamos a meter autogoles. En la lista había gente de la oposición que cumplen con todos los requisitos. La oposición hubiera podido usarlos para llegar a un acuerdo en las últimas sesiones, pero no quisieron. Así que nosotros no lo vamos a hacer por ellos. En el grupo de postulados no hay nadie que vaya actuar contra nosotros." Véase *El Nacional*, Caracas, 13 de diciembre de 2004. La Comisión Interamericana de Derechos Humanos sugirió en su Informe a la Asamblea General de la OEA para 2004 que "estas normas de la Ley Orgánica del Tribunal Supremo de Justicia habrían facilitado que el Poder Ejecutivo manipulara el proceso de elección de magistrados llevado a cabo durante 2004." Véase Comisión Interamericana de Derechos Humanos, *Informe sobre Venezuela 2004*, párrafo 180.

61 Véase IICHR, *Informe Anual 2010*, OEA/Ser.L/V/II. Doc. 5 corr. 1, 7-3-2011. Véase el Informe sobre Venezuela en: http://www.cidh.oas.org/annualrep/2010sp/CAP.IV.VE-NEZUELA.2010.FINAL.doc.

62 Tribunal Supremo de Justicia, Sala Constitucional, Decisión nº 301 del 27 de febrero de 2007 (Caso: Adriana Vigilanza y Carlos A. Vecchio) (Exp. nº 01-

surdo contenido, sino porque se hubiese dictado sin consultar previamente al "líder de la Revolución," advirtiendo a los tribunales que eso de decidir sin que se le consultaran los asuntos, podía considerarse "traición al Pueblo" o a "la Revolución."[63]

Y ha sido mediante el control ejercido sobre del Tribunal Supremo, que en Venezuela es el órgano encargado del gobierno y administración del sistema judicial, que el gobierno ha ejercido un control político sobre la universalidad de las instituciones judiciales, con la cooperación de la sobreviviente Comisión de Reorganización del Poder Judicial, legitimizada por el propio Tribunal Supremo. Con ello, se han hecho completamente inaplicables las magníficas previsiones constitucionales que buscaban garantizar la independencia y autonomía de los jueces.[64]

2862) en *Gaceta Oficial* nº 38.635 del 1 de marzo de 2007. Véanse comentarios en Allan R. Brewer-Carías, "El juez constitucional en Venezuela como legislador positivo de oficio en materia tributaria" en *Revista de Derecho Público* nº 109, Editorial Jurídica Venezolana, Caracas 2007, pp. 193-212, disponible en www.allanbrewercarias.com, (Biblioteca Virtual, II.4. Artículos y Estudios nº 508, 2007) pp. 1-36; y Allan R. Brewer-Carías, "De cómo la Jurisdicción constitucional en Venezuela, no sólo legisla de oficio, sino subrepticiamente modifica las reformas legales que "sanciona", a espaldas de las partes en el proceso: el caso de la aclaratoria de la sentencia de Reforma de la Ley de Impuesto sobre la Renta de 2007" en *Revista de Derecho Público* nº 114, Editorial Jurídica Venezolana, Caracas 2008, pp. 267-276, disponible en http://www.brewercarias.com/Content/449725d9-f1cb-474b-8ab2-41efb849fea8/Content/II.4.575. pdf.

63 "Muchas veces llegan, viene el Gobierno Nacional Revolucionario y quiere tomar una decisión contra algo por ejemplo que tiene que ver o que tiene que pasar por decisiones judiciales y ellos empiezan a moverse en contrario a la sombra, y muchas veces logran neutralizar decisiones de la Revolución a través de un juez, o de un tribunal, o hasta en el mismísimo Tribunal Supremo de Justicia, a espaldas del líder de la Revolución, actuando por dentro contra la Revolución. Eso es, repito, traición al pueblo, traición a la Revolución." Discurso en el Primer Encuentro con Propulsores del Partido Socialista Unido de Venezuela desde el teatro Teresa Carreño, 24 de marzo de 2007, disponible en http://www.minci.gob.ve/alocuciones/4/13788/primer_encuentro_con.html, p. 45.

64 Véase, en general, Allan R. Brewer-Carías, "La progresiva y sistemática demolición de la autonomía e independencia del Poder Judicial en Venezuela (1999-2004)" en *XXX Jornadas J.M Domínguez Escovar, Estado de Derecho, Administración de Justicia y Derechos Humanos*, Instituto de Estudios Jurídicos del Estado Lara, Barquisimeto 2005, pp. 33-174; Allan R. Brewer-Carías, "El constitucionalismo y la emergencia en Venezuela: entre la emergencia formal y la emergencia anormal del Poder Judicial" en Allan R. Brewer-Carías, *Estudios*

V. EL TRIBUNAL SUPREMO DE JUSTICIA Y SU COMPLICIDAD EN LA ACEPTACIÓN DE LA INAPLICACIÓN DE LAS NORMAS CONSTITUCIONALES SOBRE AUTONOMÍA E INDEPENDENCIA DE LOS JUECES

En efecto, de acuerdo con el texto constitucional, en Venezuela, jueces sólo pueden ser quienes entren en la carrera judicial mediante concurso público con participación ciudadana (art. 255). Estos, sin embargo, nunca se han implementado, estando el Poder Judicial casi exclusivamente compuesto por jueces temporales y provisorios, sin estabilidad alguna. Por ello, en el Informe de la Comisión Interamericana de Derechos Humanos de 2010, se indica que: "el 100% de los 245 jueces nombrados [en 2010] no habrían sido designados por concurso público de oposición, el cual es exigido por el artículo 255 de la Constitución de la República Bolivariana de Venezuela."[65] Lo cierto es que desde 2003, la Comisión Interamericana de Derechos Humanos[66] ha advertido sobre esta situación irregular, de manera que todavía en

---

Sobre el Estado Constitucional (2005-2006), Editorial Jurídica Venezolana, Caracas 2007, pp. 245-269; y Allan R. Brewer-Carías "La justicia sometida al poder. La ausencia de independencia y autonomía de los jueces en Venezuela por la interminable emergencia del Poder Judicial (1999-2006)" en *Cuestiones Internacionales. Anuario Jurídico Villanueva 2007*, Centro Universitario Villanueva, Marcial Pons, Madrid 2007, pp. 25-57. Véase también Allan R. Brewer-Carías, *Historia Constitucional de Venezuela*, Editorial Alfa, Tomo II, Caracas 2008, pp. 402-454.

65 Véase IICHR, *Informe Anual 2010*, OEA/Ser.L/V/II. Doc. 5 corr. 1, 7-3-2011. Véase el Informe sobre Venezuela en: http://www.cidh.oas.org/annualrep/2010sp/CAP.IV.VE-NEZUELA.2010.FINAL.doc.

66 Un juez provisorio es un juez designado mediante un concurso público. Un juez temporal es un juez designado para cumplir una tarea específica o por un periodo específico de tiempo. En 2003, la Comisión Interamericana de Derechos Humanos indicó que había sido: "informada que sólo 250 jueces han sido designados por concurso de oposición de conformidad a la normativa constitucional. De un total de 1772 cargos de jueces en Venezuela, el Tribunal Supremo de Justicia reporta que solo 183 son titulares, 1331 son provisorios y 258 son temporales." *Reporte sobre la Situación de Derechos Humanos en Venezuela*; OAS/Ser.L/V/II.118. doc.4rev.2; 29 de diciembre de 2003, par. 174, disponible en http://www.cidh.oas.org/countryrep/Venezuela2003eng/toc.htm. La Comisión también agregó que "un aspecto vinculado a la autonomía e independencia del Poder Judicial es el relativo al carácter provisorio de los jueces en el sistema judicial de Venezuela. Actualmente, la información proporcionada por las distintas fuentes indica que más del 80% de los jueces venezolanos son 'provisionales.'" Id., par. 161.

su Informe Anual de 2008, la calificaba como un "problema endémico" que expone a los jueces a su destitución discrecional, llamando la atención sobre el "permanente estado de emergencia al cual están sometidos los jueces."[67]

Pero si se lee el texto de la Constitución, lo que resulta es que, al contrario, los jueces sólo podrían ser removidos a través de procedimientos disciplinarios conducidos por jueces disciplinarios que deben formar una Jurisdicción Disciplinaria Judicial (art. 267). Sin embargo, de nuevo, esta última, diez años después, aún no ha sido creada, habiendo asumido la función disciplinaria respecto de los jueces la antes mencionada Comisión ad hoc[68] avalada por el Tribunal Supremo, la cual, además de remover a los jueces en forma discrecional sin garantía alguna del debido proceso,[69] como lo destacó la misma Comisión Interamericana en su Informe de 2009, lo peor es que ella misma no goza de independencia, pues sus integrantes son de la libre remoción discrecional de la Sala Constitucional.[70]

Esa Comisión de Reorganización, por tanto, bajo el amparo del Tribunal Supremo, literalmente ha "depurado" la judicatura de jueces que no están en línea con el régimen autoritario, como lo ha reconocido la propia Sala Constitucional,[71] removiendo discrecionalmente jueces que puedan haber dictado decisiones que no han complacido

---

67 Véase *Annual Report 2008* (OEA/Ser.L/V/II.134. Doc. 5 rev. 1. 25 febrero 2009), para. 39.

68 La Sala Político-Administrativa del Tribunal Supremo de Justicia ha resuelto que la remoción de jueces temporales es una facultad discrecional de la Comisión de Funcionamiento y Reestructuración del Sistema Judicial, la cual adopta sus decisiones sin seguir procedimiento administrativo alguno. Véase Decisión nº 00463-2007 del 20 de marzo de 2007; Decisión nº 00673-2008 del 24 de abril de 2008 (citada en la Decisión nº 1.939 del 18 de diciembre de 2008, p. 42). La Sala Constitucional ha establecido la misma posición en la Decisión nº 2414 del 20 de diciembre de 2007 y Decisión nº 280 del 23 de febrero de 2007.

69 Véase Tribunal Supremo de Justicia, Decisión nº 1.939 del 18 de diciembre de 2008 (Caso: Gustavo Álvarez Arias et al.)

70 Véase *Annual Report 2009*, Par. 481, en http://www.cidh.org/annualrep/2009 eng/Chap.IV.f.eng.htm.

71 Decision nº 1.939 (Dec. 18, 2008) (Caso: Abogados Gustavo Álvarez Arias y otros), en la cual la Sala Constitucional decidió la inejecutabilidad de la decisi';on de la Corte Interamericana de Derechos Humanos de 5 de agosto 2008 (Caso: Apitz Barbera y otros ["Corte Primera de lo Contencioso Administrativo"] vs. Venezuela, Sentencia de 5 de agosto de 2008, Serie C, nº 182.

al Ejecutivo. Esto ha llevado a la Comisión Interamericanas de Derechos Humanos a decir, en el mismo Informe Anual de 2009, que "en Venezuela los jueces y fiscales no gozan de la garantía de permanencia en su cargo necesaria para asegurar su independencia en relación con los cambios de políticas gubernamentales."[72]

Uno de los casos emblemáticos que muestra esta aberrante situación tuvo lugar en 2003, cuando la Corte Primera de lo Contencioso Administrativo dictó una medida cautelar suspendiendo la ejecución de un programa de contratación pública de médicos extranjeros sin licencia, para programas sociales de atención médica; medida que se dictó a solicitud del Colegio de Médicos de Caracas que alegaba discriminación contra los médicos licenciados."[73] La respuesta del Gobierno contra una simple medida cautelar de suspensión de efectos, además de anunciar públicamente que no sería acatada,[74] fue lograr obtener de la Sala Constitucional que se avocara al conocimiento del asunto y revocara la medida; decidir el allanamiento policialmente la sede del tribunal; y hacer que el Tribunal Supremo decidiera la destitución de todos sus Magistrados y la clausura del mismo por casi un año; no sin olvidar el insulto público proferido por el Presidente de la República contra los Magistrados destituidos.[75] El caso fue llevado ante la Corte Interamericana de Derechos Humanos, la cual dictó sentencia en 2008 condenando al Estado venezolano por la violación de las garantías judiciales de los Magistrados,[76] pero la respuesta de la

---

72 Véase *Informe Anual de 2009*, parágrafo 480, en http://www.cidh.oas.org/annualrep/ 2009eng/Chap.IV.f.eng.htm

73 Véase Claudia Nikken, "El caso "Barrio Adentro": La Corte Primera de lo Contencioso Administrativo ante la Sala Constitucional del Tribunal Supremo de Justicia o el avocamiento como medio de amparo de derechos e intereses colectivos y difusos, en *Revista de Derecho Público*, n° 93-96, Editorial Jurídica Venezolana, Caracas, 2003, pp. 5 y ss.

74 "Váyanse con su decisión no sé para donde, la cumplirán ustedes en su casa si quieren..." Exposición en el programa radial *Aló Presidente*, n° 161, 24-08-2004

75 Exposición pública el 20-09-2004. Véase la información en *El Nacional*, Caracas 05-11-2004, p. A-2, donde el Presidente destituido de la Corte Primera señaló que: "La justicia venezolana vive un momento tenebroso, pues el tribunal que constituye un último resquicio de esperanza ha sido clausurado".

76 Véase sentencia de la Corte Interamericana de 5 de agosto de 2008 Caso Apitz Barbera y otros ("Corte Primera de lo Contencioso Administrativo") vs. Venezuela, en www.corteidh.or.cr. Excepción Preliminar, Fondo, Reparaciones y Costas, Serie C n° 182.

Sala Constitucional del Tribunal Supremo a dicha decisión, a solicitud del Procurador General de la República, fue simplemente declarar que las decisiones de la Corte Interamericana de Derechos Humanos son inejecutables en Venezuela.[77] Tan simple como eso, mostrando la total subordinación de las instituciones judiciales respecto de las políticas, deseos y dictados del Presidente de la República.

En diciembre de 2009 tuvo lugar otro asombroso caso, que fue la detención policial arbitraria de una juez penal (María Lourdes Afiuni Mora) por habérsele ocurrido ordenar, conforme a sus atribuciones y siguiendo las recomendaciones del Grupo de Trabajo de las Naciones Unidas sobre Detenciones Arbitrarias, la excarcelación de un individuo investigado por delitos financieros a los efectos de que fuese enjuiciado en libertad como lo garantiza la Constitución. El mismo día de la decisión, el Presidente de la Republica pidió públicamente la detención de la juez, exigiendo que se le aplicara la pena máxima de 30 años establecida en Venezuela para crímenes horrendos y graves. La juez fue efectivamente detenida por la policía ese mismo día, y todavía permanece en detención, sin que se haya iniciado juicio alguno contra ella. El mismo Grupo de Expertos de Naciones Unidas consideró estos hechos como "un golpe del Presidente Hugo Chávez contra la independencia de los jueces y abogados" solicitando la "inmediata liberación de la juez" concluyendo que "las represalias ejercidas sobre jueces y abogados por el ejercicio de sus funciones garantizadas constitucionalmente creando un clima de temor, solo sirve para minar el Estado de derecho y obstruir la justicia."[78] En el Informe de la Comisión Interamericana de Derechos Humanos de 2010, la misma reiteró que: "el caso de la jueza Afiuni envía una fuerte señal a la sociedad y al resto de los jueces de que el poder judicial no tiene la libertad de adoptar decisiones contrarias a los intereses del gobierno,

---

77 Véase sentencia de la Sala Constitucional, sentencia nº 1.939 de 18 de diciembre de 2008 (Caso Abogados Gustavo Álvarez Arias y otros), en http://www.tsj.gov.ve/decisio-nes/scon/Diciembre/1939-181208-2008-08-1572.html

78 Véase en at http://www.unog.ch/unog/website/newsmedia.nsf/%28http News-ByYearen%29/93687E8429BD53A1C125768E00529DB6?OpenDocument&cntxt=B35C3&cookielang=fr. En Octubre 14, 2010, el mismo Grupo de Trabajo de la ONU solicitó formalmente al Gobierno venezolano que la Juez fuse "sometida a un juicio apegado al debido proceso y bajo el derecho de la libertad provisional". Véase en *El Universal*, 14 de Octubre de 2010, en http://www.eluniver-sal.com/2010/10/14/pol_ava_instancia-de-la-onu_14A4608051.shtml.

pues de hacerlo corren el riesgo de ser removidos de sus cargos, procesados y sometidos a situaciones contrarias a la dignidad humana."[79]

El hecho es que en Venezuela ningún juez puede adoptar una decisión que pueda afectar las políticas gubernamentales, los deseos del Presidente, los intereses del Estado o la voluntad de los funcionarios públicos, por lo que por ejemplo, la Jurisdicción Contencioso Administrativa ha dejado de tener efectividad e importancia.[80] Por ello, la Comisión Interamericana de Derechos Humanos después de describir con preocupación en su Informe Anual de 2009 que en muchos casos, "los jueces son removidos inmediatamente después de adoptar decisiones judiciales en casos con impactos políticos importantes," concluyó señalando que "la falta de independencia judicial y de autonomía en relación con el poder político es, en opinión de la Comisión el punto más débil de la democracia venezolana."[81]

VI. EL TRIBUNAL SUPREMO DE JUSTICIA COMO INSTRUMENTO PARA EL CONTROL POLÍTICO DE OTROS PODERES DEL ESTADO

En esta muestra del rol jugado por el Tribunal Supremo de Justicia en el proceso de desmantelamiento del Estado de derecho en Venezuela, debe también mencionarse cómo la Sala Constitucional fue el vehículo utilizado por el gobierno para secuestrar y tomar control directo de otras ramas del Poder Público, como sucedió con el Poder Electoral. Esto comenzó en 2002, después de la sanción de la Ley Orgánica del Poder Electoral,[82] cuando la Sala Constitucional, al declarar sin lugar un recurso de inconstitucionalidad que había ejercido el propio Presidente de la República contra una Disposición Transitoria de dicha Ley Orgánica, en un obiter dictum consideró que dicha Ley era inaplicable al entonces existente Consejo Nacional Electoral que existía en ese momento en materia de quórum para decidir, impidiéndosele entonces a dicho órgano poder tomar decisión alguna, considerando que debía hacerlo con una mayoría calificada de 4/5

---

79 Véase IICHR, *Informe Anual 2010*, OEA/Ser.L/V/II. Doc. 5 corr. 1, 7-3-2011. Véase el Informe sobre Venezuela en: http://www. cidh.oas.org/annualrep/2010sp/CAP.IV.VENEZUELA.2010.FINAL.doc.

80 Véase Antonio Canova González, *La realidad del contencioso administrativo venezolano (Un llamado de atención frente a las desoladoras estadísticas de la Sala Político Administrativa en 2007 y primer semestre de 2008*), cit., p. 14.

81 Véase en ICHR, *Annual Report 2009*, para. 483. Available at http://www. cidh.oas.org/ annualrep/2009eng/Chap.IV.f.eng.htm

82 Véase en *Gaceta Oficial* nº 37.573 de 19-11-2002

que no estaba prevista en la Ley (la cual disponía la mayoría de 3/5). Para ello, la Sala revivió una previsión que estaba en el derogado Estatuto Electoral transitorio que se había dictado en 2000 sólo para regir las elecciones de ese año, y que ya estaba inefectivo.[83] Con ello, por la composición de entonces del Consejo Nacional Electoral, la Sala Constitucional impidió que dicho órgano funcionara y entre otras tareas, que pudiera, por ejemplo, darle curso a la iniciativa popular de más de tres millones de firmas de convocar un referendo consultivo sobre la revocación del mandato del Presidente de la República.

En todo caso, ello significó, en la práctica, la parálisis total y absoluta del Poder Electoral, lo que se consolidó por decisión de otra Sala del Tribunal Supremo, la Sala Electoral, primero, impidiendo que uno de los miembros del Consejo pudiese votar,[84] y segundo, anulando la convocatoria que había hecho el Consejo para un referendo consultivo sobre la revocación del mandato del Presidente.[85]

La respuesta popular a estas decisiones, sin embargo, fue una nueva iniciativa popular respaldada por tres millones y medio de firmas para la convocatoria de un nuevo referendo revocatorio del mandato del Presidente de la República, para cuya realización resultaba indispensable designar los nuevos miembros del Consejo Nacional Electoral. La bancada oficialista en la Asamblea Nacional no pudo hacer por si sola dichas designaciones, pues en aquél entonces no controlaba la mayoría de los 2/3 de los diputados que se requerían para ello, por lo que ante la imposibilidad o negativa de llegar a acuerdos con la oposición, y ante la perspectiva de que no se nombraran los miembros del Consejo Nacional Electoral, la vía que se utilizó para lograrlo, bajo el total control del gobierno, fue que la Sala Constitucional lo hiciera.

---

83 Véase Sentencia nº 2747 de 7 de noviembre de 2002 (Exp. 02-2736)

84 Véase Sentencia nº 3 de 22 de enero de 2003 (Caso: Darío Vivas y otros). Véase en Allan R. Brewer-Carías, "El secuestro del Poder Electoral y de la Sala Electoral del Tribunal Supremo y la confiscación del derecho a la participación política mediante el referendo revocatorio presidencial: Venezuela: 2000-2004" en *Revista Costarricense de Derecho Constitucional*, Tomo V, Instituto Costarricense de Derecho Constitucional, Editorial Investigaciones Jurídicas S.A., San José 2004, pp. 167-312

85 Véase Sentencia nº 32 de 19 de marzo de 2003 (Caso: Darío Vivas y otros). Véase Allan R. Brewer-Carías, en "El secuestro del Poder Electoral y la confiscación del derecho a la participación política mediante el referendo revocatorio presidencial: Venezuela 2000-2004" en *Revista Jurídica del Perú*, Año LIV nº 55, Lima, marzo-abril 2004, pp. 353-396.

Para ello, se utilizó la vía de decidir un recurso de inconstitucionalidad contra la omisión legislativa en hacer las designaciones, que se había intentado, de manera que al decidir el recurso, la Sala, en lugar de exhortar a la Asamblea Nacional para que hiciera los nombramientos como correspondía, procedió a hacerlo directamente, usurpando la función del Legislador, y peor aún, sin cumplir con las condiciones constitucionales requeridas para hacer los nombramientos.[86] Con esta decisión, la Sala Constitucional le aseguró al gobierno el completo control del Consejo Nacional Electoral, secuestrando a la vez el derecho ciudadano a la participación política, y permitiendo al partido de gobierno manipular los resultados electorales.

La consecuencia de todo ello ha sido que las elecciones que se han celebrado en Venezuela durante la última década han sido organizadas por una rama del Poder Público supuestamente independiente pero tácticamente controlada por el gobierno, totalmente parcializada. Esa es la única explicación que se puede dar, por ejemplo, al hecho de que aún hoy día se desconozca cuál fue el resultado oficial de la votación efectuada en el referendo aprobatorio de 2007 mediante el cual se rechazó la reforma constitucional propuesta por el Presidente de la República. Ello es igualmente lo que explica que se pudiera sancionar la Ley Orgánica de los Procesos Electorales en 2008, para materialmente, en fraude a la Constitución, eliminar la representación proporcional en la elección de los diputados a la Asamblea nacional, al punto de que en las pasadas elecciones legislativas de septiembre de 2010, con una votación inferior al cincuenta por ciento de los votos, el partido oficial obtuvo casi los 2/3 de diputados a la Asamblea Nacional.

VII. EL TRIBUNAL SUPREMO DE JUSTICIA COMO INSTRUMENTO PARA LA ILEGÍTIMA MUTACIÓN DE LA CONSTITUCIÓN

En este contexto de sujeción política, la Sala Constitucional del Tribunal Supremo desde 2000, por otra parte, lejos de actuar como guardián de la Constitución, ha sido el instrumento más importante

---

86 Sentencia nº 2073 de 4 de agosto de 2003 (Caso: Hermann Escarrá Malave y otros); y sentencia nº 2341 del 25 de agosto de 2003 (Caso: Hermann Escarrá y otros). Véase en Allan R. Brewer-Carías, "El secuestro del poder electoral y la conficación del derecho a la participación política mediante el referendo revocatorio presidencial: Venezuela 2000-2004", en *Stvdi Vrbinati, Rivista tgrimestrale di Scienze Giuridiche, Politiche ed Economiche*, Año LXXI – 2003/04 Nuova Serie A – N. 55,3, Università degli studi di Urbino, pp.379-436

del gobierno autoritario para mutar ilegítimamente la Constitución,[87] imponiendo interpretaciones inconstitucionales,[88] no sólo sobre sus propios poderes de control,[89] sino en materias sustantivas, sin estar sometida a control alguno.[90]

---

87 Véase en general sobre el tema, Allan R. Brewer-Carías, "El juez constitucional al servicio del autoritarismo y la ilegítima mutación de la Constitución: el caso de la Sala Constitucional del Tribunal Supremo de Justicia de Venezuela (1999-2009)", en *Revista de Administración Pública*, nº 180, Madrid 2009, pp. 383-418; "La fraudulenta mutación de la Constitución en Venezuela, o de cómo el juez constitucional usurpa el poder constituyente originario,", en *Anuario de Derecho Público,* Centro de Estudios de Derecho Público de la Universidad Monteávila, Año 2, Caracas 2009, pp. 23-65; "La ilegítima mutación de la Constitución por el juez constitucional y la demolición del Estado de derecho en Venezuela.," Revista de Derecho Político, nº 75-76, Homenaje a Manuel García Pelayo, Universidad Nacional de Educación a Distancia, Madrid, 2009, pp. 289-325; "El juez constitucional al servicio del autoritarismo y la ilegítima mutación de la Constitución: el caso de la Sala Constitucional del Tribunal Supremo de Justicia de Venezuela (1999-2009)", en IUSTEL, *Revista General de Derecho Administrativo*, nº 21, junio 2009, Madrid, ISSN-1696-9650.

88 Véase Allan R. Brewer-Carías, "*Crónica sobre la "In" Justicia Constitucional. La Sala Constitucional y el autoritarismo en Venezuela*, Editorial Jurídica Venezolana, Caracas 2007.

89 La Sala Constitucional ha venido asumiendo y auto-atribuyéndose competencias no previstas en la Constitución, no sólo en materia de interpretación constitucional al crearse el recurso autónomo de interpretación abstracta de la Constitución, sino en relación con los poderes de revisión constitucional de cualquier sentencia dictada por cualquier tribunal, incluso por las otras Salas del Tribunal Supremo de Justicia; con los amplísimos poderes de avocamiento en cualquier causa; con los supuestos poderes de actuación de oficio no autorizados en la Constitución; con los poderes de solución de conflictos entre las Salas; con los poderes de control constitucional de las omisiones del Legislador; con la restricción del poder de los jueces de ejercer el control difuso de la constitucionalidad de las leyes; y con la asunción del monopolio de interpretar los casos de prevalencia en el orden interno de los tratados internacionales en materia de derechos humanos. Véase además, en *Crónica sobre La "In" Justicia Constitucional. La Sala Constitucional y el autoritarismo en Venezuela*, Colección Instituto de Derecho Público, Universidad Central de Venezuela, nº 2, Caracas 2007.

90 Véase Allan R. Brewer-Carías, "Quis Custodiet ipsos Custodes: De la interpretación constitucional a la inconstitucionalidad de la interpretación," en *VIII Congreso Nacional de Derecho Constitucional*, Fondo Editorial and Colegio de Abogados de Arequipa, Arequipa, Perú, 2005, 463-89; y *Crónica de la "In"*

En este aspecto, uno de los instrumentos más letales utilizados para distorsionar la Constitución ha sido la invención de una acción directa para la interpretación abstracta de la Constitución, que es un medio procesal constitucional creado por la propia Sala Constitucional sin fundamento en la Constitución y sin antecedentes en el derecho comparado.[91] Mediante este recurso, que puede ser interpuesto por cualquier persona con un mínimo interés, y también, muy convenientemente por el Abogado del Estado que está sujeto al Presidente (Procurador General de la República), la Sala Constitucional ha venido "reformando" en forma ilegítima la Constitución, e incluso ha venido implementando también en una forma ilegítima, las reformas constitucionales que propuso el Presidente en 2007 y que fueron rechazadas por el pueblo mediante referéndum.

Muchos casos pueden ilustrar este inconstitucional proceso de mutación constitucional, aún cuando sólo podré referirme a algunos de ellos. Por ejemplo, ocurrió con el cambio de sentido que se hizo respecto del artículo 72 de la Constitución que regula el referendo revocatorio de mandatos de todos los cargos de elección popular. Dicha norma dispone que la revocatoria del mandato de funcionarios electos solicitada por iniciativa popular, se produce cuando en el referendo respectivo que se realice un número "igual o mayor del número de electores que eligieron al funcionario" vota a favor de la revocación.[92] Sin embargo, en una forma claramente inconstitucional, en 2003, la Sala Constitucional convirtió dicho referendo "revocatorio" en un referendo "ratificatorio," al considerar que la revocación no se producía a pesar de que igual o mayor del número de electores que

---

Justicia constitucional: La Sala constitucional y el autoritarismo en Venezuela, Editorial Jurídica Venezolana, Caracas 2007, 11-44, 47-79.

91 Véase Sentencia n° 1077 de la Sala Constitucional de 22-09-00, caso: Servio Tulio León Briceño. Véase en *Revista de Derecho Público*, n° 83, Caracas, 2000, pp. 247 y ss. Este criterio fue luego ratificado en sentencias de fecha 09-11-00 (n° 1347), 21-11-00 (n° 1387), y 05-04-01 (n° 457), entre otras. Véase Allan R. Brewer-Carías, "Le recours d'interprétation abstrait de la Constitution au Vénézuéla", en *Le renouveau du droit constitutionnel, Mélanges en l'honneur de Louis Favoreu*, Dalloz, Paris, 2007, pp. 61-70

92 Sentencia n° 2750 de 21 de octubre de 2003, Caso: Carlos Enrique Herrera Mendoza, (Interpretación del artículo 72 de la Constitución (Exp. 03-1989). Sentencia n° 1139 de 5 de junio de 2002 (Caso: Sergio Omar Calderón Duque y William Dávila Barrios) Véase en *Revista de Derecho Público*, n° 89-92, Editorial Jurídica Venezolana, Caracas 2002, p. 171. Criterio seguido en la sentencia n° 137 de 13-02-2003 (Caso: Freddy Lepage Scribani y otros) (Exp. 03-0287).

los que eligieron al funcionario votaran por la revocación, si en el referendo se depositaban más votos en contra de la revocación que a favor de la misma, en cuyo caso consideró la Sala que el funcionario antes que salir del cargo "debería seguir" en el mismo, "aunque votasen en su contra el número suficiente de personas para revocarle el mandato."[93]

Esta ilegitima mutación de la Constitución tuvo por supuesto un claro propósito, que fue el impedir que el mandato al Presidente de República, Hugo Chávez fuera revocado en 2004. Este había sido electo en agosto de 2000 con 3.757.774 votos, y n el referendo revocatorio de 2004, votaron por la revocación de su mandato 3.989.008 electores, por lo que constitucionalmente su mandato había quedado revocado automáticamente, ex constitutione. Sin embargo, como "por la no revocación" supuestamente habrían votado 5.800.629 de electores, el Consejo Nacional Electoral, conforme a la doctrina hecha a la medida del caso por la Sala Constitucional, decidió "ratificar" al Presidente de la República en su cargo hasta 2007.[94] Así, ilegítimamente, un referendo revocatorio fue transformado en un referendo ratificatorio o en un plebiscito que no existe en la Constitución.[95]

Otras mutaciones constitucionales ilegítimas no menos importantes han ocurrido en materia de protección de derechos humanos, también mediante sendas sentencias de la Sala Constitucional. En una de ellas, por ejemplo, la Sala Constitucional eliminó el rango supraconstitucional de los tratados internacionales en materia de derechos humanos establecido en el artículo 23 de la Constitución cuando contienen previsiones más favorables a su ejercicio que las establecidas en el derecho interno, al reservarse, a sí misma, la exclusiva competencia para decidir en la materia. Con esta mutación, además, la Sala implementó ilegítimamente una de las reformas

---

93 Sentencia nº 2750 de 21 de octubre de 2003 (Caso: Carlos E. Herrera Mendoza, Interpretación del artículo 72 de la Constitución), Véase El Nacional, Caracas, 28-08-2004, pp. A-1 y A-2.

94 Véase en *El Nacional*, Caracas, 28-08-2004, pp. A-1 y A-2.

95 Véase Allan R. Brewer-Carías, "La Sala Constitucional vs. el derecho ciudadano a la revocatoria de mandatos populares: de cómo un referendo revocatorio fue inconstitucionalmente convertido en un "referendo ratificatorio," in *Crónica sobre la "In" Justicia Constitucional. La Sala Constitucional y el autoritarismo en Venezuela*, Editorial Jurídica Venezolana, Caracas 2007, 349-78.

constitucionales que había propuesto el Presidente en 2007 y que había sido rechazada por el pueblo.[96]

En otra decisión, a pesar de que el mismo artículo 23 de la Constitución dispone que los tratados internacionales en materia de derechos humanos son "de aplicación inmediata y directa por los tribunales y demás órganos del Poder Público," la misma Sala Constitucional, al contrario, les negó tal potestad a los tribunales, reservándose en forma exclusiva tal competencia, violando el texto constitucional.[97]

En otros casos, la mutación constitucional ha ocurrido respecto de previsiones fundamentales de la Constitución que fueron concebidas como principios pétreos, como sucedió por ejemplo con el principio de la alternabilidad republicana. Pues bien, la Sala Constitucional, simplemente, en forma deliberada, confundió el principio de "gobierno alternativo" con el principio de "gobierno electivo," ambos previstos en el artículo 6 de la Constitución, considerándolos como supuestamente sinónimos, cuando en realidad el primero apunta a evitar el continuismo o la permanencia en el poder por una misma persona, y el segundo apunta a asegurar la elección de los gobernantes. La Sala Constitucional, sin embargo, al confundir los conceptos, afirmó que la alternabilidad "lo que exige es que el pueblo como titular de la soberanía tenga la posibilidad periódica de escoger sus mandatarios o representantes" que es el principio de gobierno electivo, indicando, además, que el principio "sólo se infringiría si se impide esta posibilidad al evitar o no realizar las elecciones."[98]

Con esta mutación constitucional que simplemente eliminaba el sentido de la alternabilidad, el Tribunal Supremo despejó el camino para que, en fraude a la Constitución, en febrero de 2009 se pudiera votar una Enmienda Constitucional para modificar un principio pétreo de la Constitución, lo que ocurrió sólo días después de dictada la

---

96 Véase sentencia nº 1.939 de 18 de diciembre de 2008 (Caso Gustavo Álvarez Arias y otros) Véase en http://www.tsj.gov.ve/decisiones/scon/Diciembre/1939-181208-2008-08-1572.html

97 Véase sentencia nº 1492 de 15 de julio de 2003 (Caso: Impugnación de diversos artículos del Código Penal Véase en *Revista de Derecho Público,* nº 93-96, Editorial Jurídica Venezolana, Caracas 2003, pp. 135 ss.

98 Véase la sentencia nº 53, de la Sala Constitucional de 2 de febrero de 2009 (Caso: Interpretación de los artículos 340,6 y 345 de la Constitución), en http:/www.tsj.gov.ve/deci-sions/scon/Febrero/53-3209-2009-08-1610.html y en *Revista de Derecho Público* 117, Editorial Jurídica venezolana, Caracas 2009, 205-211.

sentencia. De ello resultó la previsión, en la Constitución, del principio contrario a la alternabilidad, que es el de la posibilidad de la reelección continua o ilimitada de cargos electivos.[99]

VIII. EL TRIBUNAL SUPREMO DE JUSTICIA COMO CÓMPLICE EN LA IMPLEMENTACIÓN EX POST FACTO DE LAS REFORMAS CONSTITUCIONALES DE 2007, QUE FUERON RECHAZADAS POR EL PUEBLO

La ilegitimidad de las mutaciones constitucionales impuestas por la Sala Constitucional ha llegado incluso al extremo de cohonestar la realización de reformas constitucionales en forma contraria a la Constitución, y de implementarlas luego una vez que fueron rechazadas por el pueblo.

En efecto, después de siete años del proceso constituyente de 1999, a los venezolanos se les impuso por vía de legislación y de acción de gobierno, un sistema de Estado centralizado y militarista, basado en la concentración del poder y en un modelo político de régimen socialista por el cual nadie ha votado, montado sobre una supuesta "democracia participativa" manejada por instituciones directamente controladas desde el poder central.

Todas estas deformaciones institucionales condujeron incluso al Presidente de la República en 2007, a proponer una reforma constitucional tendiente a consolidar formalmente en el texto mismo de la Constitución, un Estado socialista, centralizado, militarista y policial;[100] reforma que aún cuando fue sancionada por la Asamblea Nacional violando la propia Constitución que solo permite que reformas constitucionales sustantivas de ese tipo sean aprobadas mediante la convocatoria de una Asamblea Constituyente, fue rechazada por el pueblo.

Por supuesto, el Tribunal Supremo, muy diligentemente, en el curso del procedimiento de la reforma constitucional se negó a pronunciarse sobre el fraude constitucional que se estaba ejecutando, y en múltiples decisiones declaró "improponibles" las demandas de nuli-

---

99 Véase Allan R. Brewer-Carías, "El Juez Constitucional vs. La alternabilidad republicana (La reelección continua e indefinida)," en *Revista de Derecho Público* n° 117, Editorial Jurídica Venezolana, Caracas 2009, 205-211

100 Véase Allan R. Brewer-Carías, *Hacia la consolidación de un Estado Socialista, Centralizado, Policial y Militarista. Comentarios sobre el sentido y alcance de las propuestas de reforma constitucional 2007*, Colección Textos Legislativos, n° 42, Editorial Jurídica Venezolana, Caracas 2007.

dad ejercidas contra el viciado proyecto de reforma,[101] lo contrario, por cierto, a lo que hizo por ejemplo, la Corte Constitucional colombiana en 2010, respecto de la Ley sobre la reforma constitucional referida al tema de la reelección presidencial.[102]

Afortunadamente, sin embargo, como se dijo, fue el pueblo quien rechazó en Venezuela mediante referendo del 2 de diciembre de 2007, la fraudulenta reforma constitucional propuesta por el Presidente; rechazo que desafortunadamente ha sido sistemáticamente burlado por el gobierno, el cual durante los últimos cuatro años, en un nuevo y continuo fraude no sólo a la Constitución sino a la voluntad popular, ha venido implementando las rechazadas reformas constitucionales mediante legislación ordinaria y decretos leyes delegados inconstitucionalmente sancionados, y que el Tribunal Supremo se ha abstenido de controlar.[103]

Así ocurrió, por ejemplo, mediante varios de los Decretos Leyes dictados en ejecución de la Ley habilitante de febrero de 2007,[104] tendientes, por ejemplo, a establecer la planificación centralizada,[105] im-

---

101 Véase el estudio de las respectivas sentencias en Allan R. Brewer-Carías, "El juez constitucional vs. la supremacía constitucional. O de cómo la Jurisdicción Constitucional en Venezuela renunció a controlar la constitucionalidad del procedimiento seguido para la "reforma constitucional" sancionada por la Asamblea Nacional el 2 de noviembre de 2007, antes de que fuera rechazada por el pueblo en el referendo del 2 de diciembre de 2007", en *Revista de Derecho Público*, nº 112, Caracas, Editorial Jurídica Venezolana, 2007, pp. 661-694.

102 Véase la sentencia de la Corte Constitucional sobre la Ley nº 1354 de 2009, en Comunicado nº 9, de 26 de febrero de 2010, en www.corteconstitucional.com

103 Véanse los trabajos de Lolymar Hernández Camargo, "Límites del poder ejecutivo en el ejercicio de la habilitación legislativa: Imposibilidad de establecer el contenido de la reforma constitucional rechazada vía habilitación legislativa," en *Revista de Derecho Público*, nº 115 (Estudios sobre los Decretos Leyes), Editorial Jurídica venezolana, Caracas 2008, pp. 51 ss.; Jorge Kiriakidis, "Breves reflexiones en torno a los 26 Decretos-Ley de Julio-Agosto de 2008, y la consulta popular refrendaría de diciembre de 2007", *Idem*, pp. 57 ss.; y José Vicente Haro García, Los recientes intentos de reforma constitucional o de cómo se está tratando de establecer una dictadura socialista con apariencia de legalidad (A propósito del proyecto de reforma constitucional de 2007 y los 26 decretos leyes del 31 de julio de 2008 que tratan de imponerla)", *Idem*, pp. 63 ss.

104 *Gaceta Oficial* nº 38.617, de fecha 1° de febrero de 2007.

105 Véase, por ejemplo, Allan R. Brewer-Carías, "Comentarios sobre la inconstitucional creación de la Comisión Central de Planificación, centralizada y obliga-

plementar las bases del Estado Socialista y del sistema económico socialista,[106] y transformar la Fuerza Armada en una Fuerza Armada Bolivariana con una Milicia no prevista en la Constitución,[107] todo lo cual había sido rechazado el pueblo.

También ha ocurrido mediante leyes, como por ejemplo, la dictada para regular el Distrito Capital como una entidad territorial totalmente dependiente del Poder Nacional,[108] reviviéndose el desaparecido "Distrito Federal" de 1864, contrariando abiertamente la Constitución que lo regula como una entidad con autonomía política. Lamentablemente para el Estado de derecho, el Presidente ha estado absolutamente seguro de que la sumisa Sala Constitucional que controla, jamás ejercerá el control de constitucionalidad sobre esos textos inconstitucionales.

En este contexto, por ello, casi no resulta sorprendente oír decir al Presidente Chávez, al referirse a los decretos leyes que dictó en agosto de 2008 implementando la rechazada reforma constitucional, simplemente: "Yo soy la Ley. Yo soy el Estado,"[109] repitiendo las mismas frases que ya había dicho en 2001, aún cuando con un pequeño giro (entonces dijo "La Ley soy yo. El Estado soy yo,"[110]) al referirse también a la legislación delegada que había sancionado violando la Constitución y que la Sala Constitucional se ha abstenido de controlar. Esas frases, como sabemos, se atribuyeron en 1661 a Luis XIV para calificar el gobierno absoluto de la Monarquía, cuando a la muerte

---

toria", *Revista de Derecho Público*, n° 110, (abril-junio 2007), Editorial Jurídica Venezolana, Caracas 2007, pp. 79-89.

106 Por ejemplo, Ley Orgánica de Seguridad y Soberanía Agroalimentaria, y Ley para el fomento y desarrollo de la economía popular, *Gaceta Oficial* n° 5.890 Extraordinaria de 31 julio de 2008.

107 Véase Ley sobre la Ley Orgánica de la Fuerza Armada Nacional, *Gaceta Oficial* con fecha 31 de julio de 2008.

108 *Gaceta Oficial* n° 39.156 de 13 de abril de 2009.

109 Expresión del Presidente Hugo Chávez Frías, el 28 de agosto de 2008. Ver en Gustavo Coronel, *Las Armas de Coronel*, 15 de octubre de 2008: http://lasarmasdecoro-nel.blogspot.com/2008/10/yo-soy-la-leyyo-soy-el-estado.html

110 Véase en El Universal, Caracas 4–12–01, pp. 1,1 and 2,1. Es también lo único que puede explicar, que un Jefe de Estado en 2009 pueda calificar a "la democracia representativa, la división de poderes y el gobierno alternativo" como doctrinas que "envenenan la mente de las masas." Véase la reseña sobre "Hugo Chávez seeks to cach them young," *The Economist*, 22-28 Agosto 2009, p. 33.

del cardenal Gulio Raimondo Mazarino, el Rey asumió el gobierno sin nombrar un sustituto como ministro de Estado; pero la verdad histórica es que incluso Luis XIV nunca llegó a expresar esas frases.[111] Por ello, oírlas de boca de Jefe de Estado de nuestros tiempos, es suficiente para entender la trágica situación institucional de Venezuela, precisamente caracterizada por la completa ausencia de separación de poderes, de independencia y autonomía del Poder Judicial y, en consecuencia, de gobierno democrático.[112]

Esto ha llevado a sucesivas e ilegítimas mutaciones de la Constitución hechas en fraude a la misma,[113] siendo la primera de todas en el tiempo, como se dijo, la cometida por la Sala Constitucional del Tribunal Supremo al decidir la acción de inconstitucionalidad contra el Decreto de Transición del Poder Público dictado por la Asamblea Constituyente al margen de la voluntad popular, nombrando a los propios Magistrados del nuevo Tribunal Supremo de Justicia, quienes en lugar de inhibirse, pasaron a decidir en causa propia, apresuradamente, considerando el Decreto impugnado como "un acto de rango y naturaleza constitucional,"[114] y aceptando la existencia, no de uno, sino de dos regímenes constitucionales paralelos: uno aprobado por el pueblo y contenido en la Constitución de 1999; y otro, impuesto al pueblo por la Asamblea Constituyente, dictado con posterioridad a la aprobación popular de la Constitución. Con ello, el Tribunal Supremo abrió un largo e interminable periodo de

---

111 Véase Yves Guchet, *Histoire Constitutionnelle Française (1789–1958)*, Ed. Erasme, Paris 1990, p.8.

112 Véase el resumen de esta situación en Teodoro Petkoff, "Election and Political Power. Challenges for the Opposition", en *ReVista. Harvard Review of Latin America*, David Rockefeller Center for Latin American Studies, Harvard University, Fall 2008, pp. 12. Véase además, Allan R. Brewer-Carías, "Los problemas de la gobernabilidad democrática en Venezuela: el autoritarismo constitucional y la concentración y centralización del poder," en Diego Valadés (Coord.), *Gobernabilidad y constitucionalismo en América Latina*, Universidad Nacional Autónoma de México, México 2005, pp. 73-96.

113 Véase Allan R. Brewer-Carías, "El juez constitucional al servicio del autoritarismo y la ilegítima mutación de la Constitución: el caso de la Sala Constitucional del Tribunal Supremo de Justicia de Venezuela (1999-2009)", en IUSTEL, *Revista General de Derecho Administrativo*, nº 21, junio 2009, Madrid, ISSN-1696-9650

114 Véase sentencia nº 4 de fecha 26 de enero de 2000, caso: Eduardo García, en *Revista de Derecho Público*, nº 81, Editorial Jurídica Venezolana, Caracas 2000, pp. 93 y ss.

inestabilidad e inseguridad constitucional que aún continúa once años después, socavando lo poco que queda de las ruinas del Estado de derecho.

Por otra parte, en otras sentencias, ha sido directamente la Sala Constitucional la que ha implementado la rechazada reforma constitucional, cambiando por la vía de la interpretación de la Constitución, por ejemplo, las bases constitucionales del Estado federal, incidiendo en la distribución territorial del poder público, para implementar en fraude a la voluntad popular reformas constitucionales que fueron rechazadas por el pueblo. Ocurrió en 2008 mediante una sentencia dictada muy convenientemente, a solicitud del Abogado del Estado que como dije en Venezuela es un funcionario dependiente del Poder Ejecutivo (Procurador General de la República), con lo cual se transformó una competencia "exclusiva" de los Estados de la federación para la conservación, administración y aprovechamiento de autopistas y carreteras nacionales y de puertos y aeropuertos comerciales, en una competencia "concurrente" con el Poder Nacional y así permitir su centralización e intervención,[115] modificando el contenido de la norma constitucional. Con esta "interpretación constitucional," la Sala Constitucional usurpó la voluntad popular, obligando además a la Asamblea Nacional a dictar una legislación contraria a la Constitución,[116] lo que efectivamente hizo, entre otras, mediante la reforma en marzo de 2009, de la Ley Orgánica de Descentralización, Delimitación y Transferencia de Competencias del Poder Público,[117] a los efectos de eliminar las competencias exclusivas de los Estados. En esta forma, un nuevo fraude a la Constitución y a la voluntad popular que había rechazado dicha reforma constitucional en 2007 se consumó con la participación diligente del Tribunal Supremo de Justicia.[118]

---

115 Véase. Sentencia de la Sala Constitucional, n° 565 de 15 de abril de 2008, caso Procuradora General de la República, recurso de interpretación del artículo 164.10 de la Constitución de 1999 de fecha 15 de Abril de 2008, en http://www.tsj.gov.ve/decisio-nes/scon/Abril/565-150408-07-1108.htm

116 De ello resulta según la sentencia: "la necesaria revisión general de la Ley Orgánica de Descentralización, Delimitación y Transferencia de Competencias del Poder Público, Ley General de Puertos y la Ley de Aeronáutica Civil, sin perjuicio de la necesaria consideración de otros textos legales para adecuar su contenido a la vigente interpretación."

117 *Gaceta Oficia*l nº 39 140 del 17 de marzo de 2009

118 Véase Allan R. Brewer-Carías, "La Sala Constitucional como poder constituyente: la modificación de la forma federal del estado y del sistema constitucional de división territorial del poder público," en *Revista de Derecho Público*, nº

IX. EL ASALTO FINAL AL TRIBUNAL SUPREMO DE JUSTICIA Y SU SOMETIMIENTO AL CONTROL TOTAL POR PARTE DEL PODER EJECUTIVO EN DICIEMBRE DE 2010

Como antes se dijo, en las elecciones legislativas de septiembre de 2010, a pesar de que habiendo obtenido menos de la mitad del voto popular, los diputados oficialistas terminaron controlando la Asamblea, lo cierto es que al haber la oposición obtenido la mayoría del voto popular, la importancia de las elecciones de septiembre de 2010 fue determinante, particularmente porque el Presidente y sus seguidores habían planteado esas elecciones como una suerte de plebiscito sobre su propio mandato y su modelo socialista. El resultado de ello fue que efectivamente perdieron el plebiscito, con lo cual el gobierno quedó como minoría en el país, a pesar de los esfuerzos que hizo el Consejo Nacional Electoral por maquillar los resultados electorales y mostrarlos como una suerte de empate, tratando de minimizar la importancia del hecho de que la oposición hubiera ganado el voto popular.

Lo cierto, en todo caso, es que después de una década de demolición del Estado de derecho mediante el control de las diferentes ramas del Poder Público, la pérdida de la mayoría del voto popular por parte del Gobierno que en cualquier democracia hubiera conducido a implementar la elemental regla de que para gobernar hay que compartir el ejercicio del poder, en el caso del gobierno autoritario que existe en Venezuela, lo que el Gobierno anunció fue lo contrario, indicando no habría dialogo alguno con la oposición, amenazando incluso con aprobar durante los dos meses que faltan hasta que la nueva Asamblea Nacional tomase posesión en enero de 2011, leyes inconstitucionales tendientes a implementar fraudulentamente los restantes aspectos de la rechazada reforma constitucional de 2007.

Y así efectivamente ocurrió el 21 de diciembre de 2010, cuando la Asamblea Nacional materializó la amenaza que se había anunciado de implementar un llamado "Poder Popular" para ser ejercido por un "Estado Comunal" montado, en paralelo, al Estado Constitucional, sobre la base de unas Comunas y unos Consejos Comunales no previstos en la Constitución y que son controlados desde el Poder Central. Y todo ello, en fraude a la Constitución y a la voluntad popular que en 2007 había rechazado las reformas constitucionales que en tal sentido se habían propuesto, y que en septiembre de 2010 en las elec-

114, (abril-junio 2008), Editorial Jurídica Venezolana, Caracas 2008, pp. 247-262.

ciones parlamentarias, igualmente el pueblo había se había manifestado rechazando las políticas socialistas propuestas por el Presidente de la República.

Sin embargo, a pesar de ello, como se dijo, la deslegitimada Asamblea Nacional precedente procedió a sancionar de un conjunto de Leyes Orgánicas, mediante las cuales se ha terminado de definir, al margen de la Constitución, el marco normativo de un nuevo Estado paralelo al Estado Constitucional, que no es otra cosa que un Estado Socialista, Centralizado, Militarista y Policial denominado "Estado Comunal." Dichas Leyes Orgánicas en efecto, fueron las del Poder Popular, de las Comunas, del Sistema Económico Comunal, de Planificación Pública y Comunal y de Contraloría Social.[119] Además, en el mismo marco de estructuración del Estado Comunal montado sobre el Poder Popular, igualmente en diciembre de 2010 se reformó la Ley Orgánica del Poder Público Municipal eliminándose las Juntas parroquiales, y se reformó las Leyes de los Consejos Estadales de Planificación y Coordinación de Políticas Públicas, y de los Consejos Locales de Planificación Pública.[120] Dichas leyes han sido impugnadas por violar la Constitución y el derecho de participación de los ciudadanos en el proceso de su formación, pero frente a ello el Tribunal Supremo de Justicia solo tiene silencio.

La deslegitimada Asamblea Nacional, además, también sancionó en diciembre de 2010 una Ley habilitante autorizando al Presidente de la República para por vía de legislación delegada, dictar leyes en todas las materias imaginables, incluso de carácter orgánico, vaciando así de hecho por un período de 18 meses, hasta 2012, a la nueva Asamblea Nacional que se instaló en enero de 2011 de materias sobre las cuales poder legislar.

Es decir, contra todos los principios constitucionales que se refieren al Poder legislativo en el mundo moderno, una Legislatura que estaba concluyendo su mandato legisló sobre todo lo imaginable en materia de reforma del Estado, comprometiendo la nueva Legislatura, y además, delegó en el Presidente todas las materias imaginables, vaciando de hecho a la nueva Legislatura de su poder de legislar. Y frente a ello, a pesar de todas las impugnaciones, de parte del Tribunal Supremo sólo ha habido silencio, lo que se ha asegurado, además, con el completo control político que se ha materializado respecto del mismo, igualmente en diciembre de 2010, al elegirse nuevos Magis-

---

119 Véase en *Gaceta Oficial* nº 6.011 Extra. de 21-12-2010.

120 Véase en *Gaceta Oficial* nº 6.015 Extra. de 30-12-2010

trados por la Asamblea Nacional, arrebatándole tal decisión que en tal sentido correspondía ser adoptada por la nueva Legislatura.

En efecto, el abuso de poder en el control político del Tribunal Supremo se ha completado al proceder, la Asamblea Nacional, a hacer el nombramiento de nuevos Magistrados del Tribunal Supremo, a pesar de que no podía hacerlo de acuerdo con el texto de la reforma de Ley Orgánica del Tribunal Supremo que la Asamblea había sancionado en el mismo año 2010;[121] nombramiento que correspondía a la nueva Asamblea Nacional que se instaló en enero de 2011, y por tanto, con la participación de de los diputados de oposición.

Para logar este fraude, y en vista de la imposibilidad que había de volver a reformar formalmente para ello la Ley Orgánica del Tribunal Supremo, a lo que se procedió fue a realizar una "reforma" de la Ley Orgánica del Tribunal Supremo sin "reformarla" formalmente las vías regulares, mediante la "reimpresión" del texto de la Ley Orgánica en la Gaceta Oficial por un supuesto error material de copia del texto legal, lo que se materializó sólo cuatro días después de que se efectuara la elección de los nuevos diputados a la Asamblea como consecuencia de lo cual la bancada oficialista carecía de la mayoría calificada para hacer los nombramientos.[122]

El artículo 70 de la Ley Orgánica del Tribunal Supremo dispone, en efecto, que el plazo para presentar las candidaturas a Magistrados del Tribunal ante el Comité de Postulaciones Judiciales no debe ser "menor de treinta días continuos," lo que implicaba que la Legislatura que concluía no alcanzaba a hacer los nombramientos; redacción que se cambió gracias a un "aviso" del Secretario de la Asamblea Nacional, en el cual indicó que en lugar de la palabra "menor" la palabra supuestamente correcta de la norma es la antónima, es decir, "mayor" en el sentido de que la norma debía decir lo contrario, que el plazo "no será mayor de treinta días continuos."

En esta forma, con un cambio de palabras, de "menor" a "mayor," un plazo mínimo se convirtió en un plazo máximo, con la clara intención de reducir los plazos para recibir las postulaciones y proceder a la inmediata designación de los nuevos Magistrados, precisamente antes de que se instalara la nueva Asamblea Nacional en enero de

---

121 Véase en *Gaceta Oficial* n° 39.522, de 1 de octubre de 2010. Véase los comentarios en Allan R. Brewer-Carías y Víctor Hernández Mendible, *Ley Orgánica del Tribunal Supremo de Justicia de 2010,* Editorial Jurídica Venezolana, Caracas 2010.

122 Véase *Gaceta Oficial* n° 39.522, de 1 de octubre de 2010

2011.[123] Así se cambia ahora el texto de las leyes en Venezuela, sin reformarlas formalmente; simplemente reimprimiendo el texto en la Gaceta Oficial, sin que haya institución judicial alguna que controle el desaguisado.

Con esa "reforma" legal, la Asamblea Nacional integrada por diputados que ya para ese momento no representaban la voluntad mayoritaria del pueblo, procedió entonces a materializar el asalto final al Tribunal Supremo, y llenarlo de Magistrados miembros del partido político oficial y que, además, para el momento de su elección, incluso eran de los parlamentarios que estaban terminando su mandato por efecto de la elección parlamentaria, y que por tanto, no cumplían con las condiciones para ser Magistrados que establece la Constitución.

Como lo señaló la ex Magistrada de la antigua Corte Suprema de Justicia, Hildegard Rondón de Sansó,

> "El mayor de los riesgos que plantea para el Estado la desacertada actuación de la Asamblea Nacional en la reciente designación de los Magistrados del Tribunal Supremo de Justicia, no está solo en la carencia, en la mayoría de los designados de los requisitos constitucionales, sino el haber llevado a la cúspide del Poder Judicial la decisiva influencia de un sector del Poder Legislativo, ya que para diferentes Salas, fueron elegidos cinco parlamentarios." [124]

Destacó además la profesora Sansó que "todo un sector fundamental del poder del Estado, va a estar en manos de un pequeño grupo de sujetos que no son juristas, sino políticos de profesión, y a quienes corresponderá, entre otras funciones el control de los actos normativos;" agregando que "Lo más grave es que los designantes, ni un solo momento se percataron de que estaban nombrando a los jueces máximos del sistema jurídico venezolano que, como tales, tenían que ser los más aptos, y de reconocido prestigio como lo exige la Constitución."

---

123 Véanse los comentarios de Víctor Hernández Mendible, "Sobre la nueva reimpresión por "supuestos errores" materiales de la LOTSJ en la *Gaceta Oficial* nº 39.522, de 1 de octubre de 2010," y Antonio Silva Aranguren, "Tras el rastro del engaño, en la web de la Asamblea Nacional," publicados en el Addendum al libro de Allan R. Brewer-Carías y Víctor Hernández Mendible, *Ley Orgánica del Tribunal Supremo de Justicia de 2010*, Editorial Jurídica Venezolana, Caracas 2010.

124 En Hildegard Rondón de Sansó, "OBITER DICTA. En torno a una elección," en *La Voce d'Italia*, 14-12-2010.

Concluyó reconociendo entre "los graves errores" que incidieron sobre la elección, el hecho de:

> "la configuración del Comité de Postulaciones Judiciales, al cual la Constitución creó como un organismo neutro, representante de los "diferentes sectores de la sociedad" (Art. 271), pero la Ley Orgánica del Tribunal Supremo de Justicia, lo convirtió en forma inconstitucional, en un apéndice del Poder Legislativo. La consecuencia de este grave error era inevitable: los electores eligieron a sus propios colegas, considerando que hacerlo era lo más natural de este mundo y, ejemplo de ello fueron los bochornosos aplausos con que se festejara cada nombramiento."[125]

REFLEXIÓN FINAL

Como puede apreciarse de todo lo anteriormente expuesto, lamentablemente, la génesis de la Constitución de 1999 estuvo signada por el fraude constitucional cometido con la convocatoria de la Asamblea Nacional Constituyente, a lo que siguió otro fraude cometido por la misma Asamblea al violentar el orden jurídico y dar un golpe de Estado, tanto contra la Constitución de 1961, cuya interpretación le había dado origen, como contra su producto final que fue la Constitución de 1999.

La evolución posterior ha estado también signada, por una parte, por el fraude a la Constitución tanto en el desarrollo de la rechazada reforma constitucional de 2007, como de la aprobada "enmienda constitucional" de 1999, y por la otra, por el falseamiento o ilegítima mutación de la Constitución, en fraude a la voluntad popular, obra de una Sala Constitucional controlada por el Poder Ejecutivo, que ha estado al servicio del autoritarismo.

En esta forma, después de cuatro décadas de práctica democrática que tuvo Venezuela entre 1959 y 1999, durante algo más de una década entre 1999 y 2011, en fraude continuo a la Constitución efectuado por el Legislador y por el Tribunal Supremo de Justicia, guiados por el Poder Ejecutivo, a pesar de las excelentes normas constitucionales de las cuales dispone el país, se ha venido estructurando un Estado autoritario en contra de las mismas, que ha aniquilado toda posibilidad de control del ejercicio del poder y, en definitiva, el derecho mismo de los ciudadanos a la democracia. Además, se ha venido implementando fraudulentamente la reforma constitucional rechazada de 2007, mediante decretos leyes dictados en 2008, y además, mediante las leyes emanadas de la Asamblea Nacional en diciembre de 2010

---

125 Idem.

sobre el Poder Popular y el Estado Comunal, en las cuales se ha regulado un Estado Socialista y un sistema económico comunista por el cual nadie ha votado en el país.

En este contexto, por tanto, son evidentes las catastróficas consecuencias que para el Estado de derecho y para la democracia en Venezuela ha tenido la conducta del Tribunal Supremo de Justicia, que con su acción y omisión ha terminado siendo el artífice de la masacre institucional que Venezuela ha sufrido impunemente.

Ello se confirma, por lo demás, con lo expresado en el discurso de apertura del Año Judicial el 5 de febrero de 2011 pronunciado, como Orador de Orden, por Magistrado de la Sala Electoral del Tribunal Supremo, Fernando Vargas, en el cual destacó que "el Poder Judicial venezolano está en el deber de dar su aporte para la eficaz ejecución, en el ámbito de su competencia, de la Política de Estado que adelanta el gobierno nacional" en el sentido de desarrollar "una acción deliberada y planificada para conducir un socialismo bolivariano y democrático," y que "la materialización del aporte que debe dar el Poder Judicial para colaborar con el desarrollo de una política socialista, conforme a la Constitución y la leyes, viene dado por la conducta profesional de jueces, secretarios, alguaciles y personal auxiliar," agregando que:

> "Así como en el pasado, bajo el imperio de las constituciones liberales que rigieron el llamado estado de derecho, la Corte de Casación, la Corte Federal y de Casación o la Corte Suprema de Justicia y demás tribunales, se consagraban a la defensa de las estructuras liberal-democráticas y combatían con sus sentencias a quienes pretendían subvertir ese orden en cualquiera de las competencias ya fuese penal, laboral o civil, de la misma manera este Tribunal Supremo de Justicia y el resto de los tribunales de la República, deben aplicar severamente las leyes para sancionar conductas o reconducir causas que vayan en desmedro de la construcción del Socialismo Bolivariano y Democrático."[126]

Queda claro, por tanto, cual ha sido la razón del rol asumido por el Tribunal Supremo en Venezuela, como queda evidenciado de lo que hemos reseñado anteriormente, y que no es otra que como se ha anunciado en la apertura del Año Judicial de 2011, la destrucción del "llamado estado de derecho" y "de las estructuras liberales-democráticas," con el objeto de la "construcción del Socialismo Bolivariano y Democrático."

---

126 Véase la Nota de Prensa oficial difundida por el Tribunal Supremo. Véase en http://www.tsj.gov.ve/informacion/notasdeprensa/notasdeprensa.asp?codigo=8239

A MANERA DE INTRODUCCIÓN:

LO QUE RESULTA CUANDO EL PODER CONTROLA AL JUEZ CONSTITUCIONAL Y LO PONE A SU SERVICIO PARA "MOLDEAR" LA CONSTITUCIÓN A SU MANERA

El texto de esta Introducción sigue, en su parte medular, lo que expuse sobre "El Juez Constitucional en Venezuela al servicio del autoritarismo y la ilegítima mutación de la constitución," en el *Seminario del profesor Eduardo García de Enterría*, en el Departamento de Público y Administrativo de la Facultad de Derecho de la Universidad Complutense de Madrid, el 1 de abril de 2009 *

El profesor Eduardo García de Enterría, en su muy conocido libro sobre *La Constitución como Norma y el Tribunal constitucional,* al hablar del Tribunal Constitucional español, lo calificó como el "comisario del poder constituyente, encargado de defender la Constitución y de velar por que todos los órganos constitucionales conserven su estricta

---

* El texto fue publicado en *Revista de Administración Pública*, No. 180, Centro de Estudios Políticos y Constitucionales, Madrid 2009, pp. 383-418; y en la en *IUSTEL, Revista General de Derecho Administrativo*, No. 21, Madrid junio 2009. En Venezuela, el estudio se publicó en mi libro: *Práctica y distorsión de la justicia constitucional en Venezuela (2008-2012),* Colección Justicia No. 3, Acceso a la Justicia, Academia de Ciencias Políticas y Sociales, Editorial Jurídica venezolana, Caracas 2012, pp. 63-99. El tema lo trabajé en otros artículos, en particular en, en "La ilegítima mutación de la Constitución por el juez constitucional y la demolición del Estado de derecho en Venezuela.," *Revista de Derecho Político*, No. 75-76, Homenaje a Manuel García Pelayo, Universidad Nacional de Educación a Distancia, Madrid, 2009, pp. 291-325; y "La fraudulenta mutación de la Constitución en Venezuela, o de cómo el juez constitucional usurpa el poder constituyente originario,", en *Anuario de Derecho Público*, Centro de Estudios de Derecho Público de la Universidad Monteávila, Año 2, Caracas 2009, pp. 23-65.

calidad de poderes constituidos."[1] Si las Constituciones son normas jurídicas efectivas, que prevalecen en el proceso político, en la vida social y económica del país, y que sustentan la validez a todo el orden jurídico,[2] la solución institucional para preservar su vigencia y la libertad, está precisamente en establecer estos comisarios del poder constituyente, como guardianes de la Constitución, que al tener por misión asegurar que todos los órganos del Estado la acaten, también tienen que adaptarse a lo que el texto fundamental establece, sometiéndose a su normativa, estándole vedado mutarla.

Pero lamentablemente esta no ha sido siempre la situación con los tribunales constitucionales, y en la historia constitucional, particularmente en los autoritarismos, no ha sido infrecuente que tribunales constitucionales, dado el poder que tienen asignados, lejos de garantizar el Estado de derecho, hayan sido los instrumentos utilizados por regímenes autoritarios para demoler sus bases. Lamentablemente, eso es precisamente lo que ha ocurrido en Venezuela a la vista del mundo democrático en la última década (1999-2009); y a ello es que quisiera referirme en esta exposición.

En efecto, la Constitución Venezolana de 1999 fue adoptada luego de su sanción por una Asamblea Nacional Constituyente, como manifestación de la voluntad del pueblo expresada como poder constituyente originario en el referendo aprobatorio del 15 de diciembre de 1999.[3] El principio de la supremacía constitucional se encuentra incluso formalmente expresado en su artículo 7 ("*La Constitución es la norma suprema y el fundamento del ordenamiento jurídico. Todas las personas y los órganos que ejercen el Poder Público están sujetos a esta Constitución*"), lo que implica que la Constitución prevalece y debe prevalecer sobre la voluntad de todos los órganos constituidos del Estado, incluyendo el Tribunal Supremo de Justicia, por lo que su modificación sólo puede llevarse a cabo conforme se dispone en su propio texto, como expresión-imposición de la voluntad popular producto de ese poder constituyente originario.

La contrapartida de la obligación de los órganos constituidos de respetar la Constitución, de manera que el poder constituyente origi-

1 Véase E. García de Enterría, *La Constitución como norma y el Tribunal constitucional,* Madrid, 1985, p. 198.

2 Idem, pp. 33, 39, 66, 71, 177 y 187.

3 Véase sobre la Constitución de 1999, Allan R. Brewer-Carías, *La Constitución de 1999. Derecho Constitucional Venezolano*, Editorial Jurídica Venezolana, Caracas 2004, 2 vols

nario prevalezca sobre la voluntad de dichos órganos estatales constituidos, es el derecho constitucional que todos los ciudadanos tienen en un Estado Constitucional, a que se respete la voluntad popular expresada en la Constitución, es decir, *el derecho fundamental a la supremacía constitucional.*[4] Nada se ganaría con señalar que la Constitución, como manifestación de la voluntad del pueblo, debe prevalecer sobre la de los órganos del Estado, si no existiere el derecho de los integrantes del pueblo de exigir el respeto de esa Constitución, y además, la obligación de los órganos jurisdiccionales de velar por dicha supremacía.

La supremacía de la Constitución está asegurada mediante la previsión en el mismo texto constitucional, por una parte, de su máximo carácter rígido al disponerse la necesaria e indispensable intervención popular para efectuar cualquier cambio a la Constitución, de manera que sólo el poder constituyente originario del pueblo puede aprobar dichas modificaciones, no existiendo en el texto constitucional poder constituyente derivado alguno; y por la otra, de todo un sistema de justicia constitucional para garantizar dicha supremacía.

En cuanto al sistema institucional para la reforma de la Constitución, en el texto se distinguen tres procedimientos diferentes: la Reforma constitucional, la Enmienda constitucional y la Asamblea Nacional Constituyente. El último medio de la convocatoria por referendo de una *Asamblea Nacional Constituyente* está dirigido a transformar el Estado, a establecer un nuevo orden jurídico y a reformar íntegramente la Constitución (artículo 347). En cambio, en los casos de los procedimientos de "Reforma Constitucional" y de "Enmienda Constitucional," los mismos están destinados a introducir reformas al texto sin alterar o modificar la estructura y principios fundamentales de la Constitución (arts. 340 y 342), requiriendo en todo caso, también, de la intervención del pueblo mediante la aprobación popular por referendo de las reformas.

En la Constitución, como se dijo, no se regula "poder constituyente derivado" alguno, y solo hay un "poder constituyente originario" que es el pueblo, el cual tiene que aprobar por referendo tanto la Enmienda como la Reforma Constitucional, o la convocatoria a Asamblea Nacional Constituyente. Es decir, en el sistema venezolano, ninguna modificación a la Constitución se puede adoptar sin aproba-

---

4 Véase Allan R. Brewer-Carías, "El amparo a los derechos y libertades constitucionales (una aproximación comparativa)" en Manuel José Cepeda (editor), *La Carta de Derechos. Su interpretación y sus implicaciones*, Editorial Temis, Bogotá 1993, pp. 21-81.

ción popular,[5] y cualquier modificación de la Constitución efectuada fuera de estos tres procedimientos, es inconstitucional e ilegítima.

En cuanto al sistema de justicia constitucional, la Constitución de 1999[6] como consecuencia de los principios de la supremacía y de la rigidez constitucional, ha establecido todo un sistema de justicia constitucional[7] de carácter mixto o integral[8], que combina el llamado método difuso con el método concentrado de control de constitucionalidad.

---

5 Véase Allan R. Brewer-Carías, "La intervención del pueblo en la revisión constitucional en América latina", en *El derecho público a los 100 números de la Revista de Derecho Público 1980-2005*, Editorial Jurídica Venezolana, Caracas 2006, pp. 41-52.

6 Véase los comentarios a la Constitución en Allan R. Brewer-Carías, *La Constitución de 1999. Derecho Constitucional Venezolano*, Editorial Jurídica Venezolana, 2 Tomos, Caracas 2004

7 En cuanto a nuestros trabajos, véase Allan R. Brewer-Carías, *El Sistema de Justicia Constitucional en la Constitución de 1999: Comentarios sobre su desarrollo jurisprudencial y su explicación a veces errada, en la Exposición de Motivos,* Editorial Jurídica Venezolana, Caracas, 2000; *Justicia Constitucional, Tomo VII, Instituciones Políticas y Constitucionales*, Editorial Jurídica Venezolana, Caracas, 1996; "La Justicia Constitucional en la Nueva Constitución" en *Revista de Derecho Constitucional*, N° 1, Septiembre-Diciembre 1999, Editorial Sherwood, Caracas, 1999, pp. 35-44; Allan R. Brewer-Carías, "La justicia constitucional en la Constitución de 1999", en *Derecho Procesal Constitucional*, Colegio de Secretarios de la Suprema Corte de Justicia de la Nación, A.C., Editorial Porrúa, México 2001, pp. 931-961; publicado también en *Reflexiones sobre el Constitucionalismo en América*, Editorial Jurídica Venezolana, Caracas, 2001, pp. 255-285; "Instrumentos de justicia constitucional en Venezuela (acción de inconstitucionalidad, controversia constitucional, protección constitucional frente a particulares)", en Juan Vega Gómez y Edgar Corzo Sosa (Coordinadores) *Instrumentos de tutela y justicia constitucional Memoria del VII Congreso Iberoamericano de Derecho Constitucional*, Instituto de Investigaciones Jurídicas, Serie Doctrina Jurídica, N° 99, México 2002, pp. 75-99.

8 En cuanto a nuestros trabajos, véase Allan R. Brewer-Carías, *Judicial Review in Comparative Law*, Cambridge University Press, Cambridge, 1989; *El sistema mixto o integral de control de la constitucionalidad en Colombia y Venezuela*, Universidad Externado de Colombia (Temas de Derecho Público N° 39) y Pontificia Universidad Javeriana (Quaestiones Juridicae N° 5), Bogotá 1995; publicado también en *Revista Tachirense de Derecho*, Universidad Católica del Táchira, N° 5-6, San Cristóbal, enero-diciembre 1994, pp. 111-164; en *Anuario de Derecho Constitucional Latinoamericano,* Fundación Konrad Adenauer, Medellín-Colombia 1996, pp. 163-246; y en G. J. Bidart Campos y J. F. Palomino Manchego (Coordinadores), *Jurisdicción Militar y Constitución en Ibe-*

Así, la garantía de la supremacía constitucional se consagra, en primer lugar, mediante la asignación a todos los jueces de la República, en el ámbito de sus respectivas competencias y conforme a lo previsto en la Constitución y en la ley, de la obligación "de asegurar la integridad de la Constitución" (art. 334). Y en segundo lugar, además, mediante la asignación al Tribunal Supremo de Justicia de la tarea de garantizar "la supremacía y efectividad de las normas y principios constitucionales", como "el máximo y último intérprete de la Constitución," y de velar "por su uniforme interpretación y aplicación" (art. 335). También, la Constitución asigna en concreto a la Sala Constitucional del Tribunal Supremo, la Jurisdicción Constitucional (arts. 266,1 y 336) mediante la cual ejerce el control concentrado de la constitucionalidad de las leyes y demás actos estatales de rango legal. A tal efecto, el artículo 336 de la Constitución atribuye a la Sala Constitucional del Tribunal Supremo de Justicia, como Jurisdicción Constitucional, las siguientes competencias:

1. Declarar la nulidad total o parcial de las leyes nacionales y demás actos con rango de ley de la Asamblea Nacional que colidan con esta Constitución.

2. Declarar la nulidad total o parcial de las Constituciones y leyes estadales, de las ordenanzas municipales y demás actos de los cuerpos deliberantes de los Estados y Municipios dictados en ejecución directa e inmediata de esta Constitución y que colidan con ella.

3. Declarar la nulidad total o parcial de los actos con rango de ley dictados por el Ejecutivo Nacional que colidan con esta Constitución.

4. Declarar la nulidad total o parcial de los actos en ejecución directa e inmediata de esta Constitución, dictados por cualquier otro órgano estatal en ejercicio del Poder Público, cuando colidan con ésta.

5. Verificar, a solicitud del Presidente o Presidenta de la República o de la Asamblea Nacional, la conformidad con esta Constitución de los tratados internacionales suscritos por la República antes de su ratificación.

6. Revisar en todo caso, aun de oficio, la constitucionalidad de los decretos que declaren estados de excepción dictados por el Presidente o Presidenta de la República.

---

roamérica, Libro Homenaje a Domingo García Belaúnde, Instituto Iberoamericano de Derecho Constitucional (Sección Peruana), Lima 1997, pp. 483-560.

7. Declarar la inconstitucionalidad de las omisiones del poder legislativo municipal, estadal o nacional, cuando haya dejado de dictar las normas o medidas indispensables para garantizar el cumplimiento de esta Constitución, o las haya dictado en forma incompleta; y establecer el plazo y, de ser necesario, los lineamientos de su corrección.

8. Resolver las colisiones que existan entre diversas disposiciones legales y declarar cuál debe prevalecer.

9. Dirimir las controversias constitucionales que se susciten entre cualesquiera de los órganos del Poder Público.

10. Revisar las sentencias definitivamente firmes de amparo constitucional y de control de constitucionalidad de leyes o normas jurídicas dictadas por los tribunales de la República, en los términos establecidos por la ley orgánica respectiva.

11. Las demás que establezcan esta Constitución y la ley.

Conforme a estas previsiones, la Sala Constitucional del Tribunal Supremo de Justicia de Venezuela, sin duda, el instrumento más poderoso diseñado para garantizar la supremacía de la Constitución y el Estado de Derecho, la cual, por supuesto, como guardián de la Constitución, también está sometida a la Constitución. Como tal guardián, y como sucede en cualquier Estado de derecho, el sometimiento del tribunal constitucional a la Constitución es una preposición absolutamente sobreentendida y no sujeta a discusión, ya que sería inconcebible que el juez constitucional pueda violar la Constitución que esta llamado a aplicar y garantizar. Ésa la pueden violar los otros poderes del Estado, pero no el guardián de la Constitución. Pero por supuesto, para garantizar que ello no ocurra, el Tribunal Constitucional debe gozar de absoluta independencia y autonomía, pues un Tribunal Constitucional sujeto a la voluntad del poder en lugar del guardián de la Constitución se convierte en el instrumento más atroz del autoritarismo. El mejor sistema de justicia constitucional, por tanto, en manos de un juez sometido al poder, es letra muerta para los individuos y es un instrumento para el fraude a la Constitución.

Lamentablemente, sin embargo, esto último es lo que ha venido ocurriendo en Venezuela en los últimos años, donde la Sala Constitucional del Tribunal Supremo, como Juez Constitucional, lejos de haber actuado en el marco de las atribuciones expresas constitucionales antes indicadas, ha venido efectuando una inconstitucional interpretación constitucional mediante la cual ha venido asumiendo y autoatribuyéndose competencias no sólo en materia de interpretación constitucional; sino en relación con los poderes de revisión constitucional de cualquier sentencia dictada por cualquier tribunal, incluso por las otras Salas del Tribunal Supremo de Justicia; con los amplísimos poderes de avocamiento en cualquier causa; con los supuestos poderes de actuación de oficio no autorizados en la Constitución; con los poderes de solución de conflictos entre las Salas; con los poderes de control constitucional de las omisiones del Legislador; con la restricción del poder de los jueces de ejercer el control difuso de la constitucionalidad de las leyes; y con la asunción del monopolio de interpretar los casos de prevalencia en el orden interno de los tratados internacionales en materia de derechos humanos.[9]

En ejercicio de estas competencias y poderes, como máximo intérprete de la Constitución, al margen de la misma y mediante interpretaciones inconstitucionales, la Sala Constitucional al ejercer su facultad de interpretación del contenido y alcance de las normas constitucionales (art. 334) en muchos casos incluso sin que estas sean ambiguas, imprecisas, mal redactadas y con errores de lenguaje, ha venido ilegítimamente modificando el texto constitucional, legitimando y soportando la estructuración progresiva de un Estado autoritario. Es decir, ha falseado el contenido de la Constitución, mediante una "mutación,"[10] ilegítima y fraudulenta de la misma.[11]

Y ello lo ha hecho el Juez Constitucional en Venezuela, lamentablemente, actuando como instrumento que ha sido del régimen auto-

---

9 Véase Allan R. Brewer-Carías, "*Quis Custodiet Ipsos Custodes*: De la interpretación constitucional a la inconstitucionalidad de la interpretación," en *VIII Congreso Nacional de derecho Constitucional, Perú*, Fondo Editorial 2005, Colegio de Abogados de Arequipa, Arequipa, septiembre 2005, pp. 463-489; y en *Revista de Derecho Público*, No 105, Editorial Jurídica Venezolana, Caracas 2006, pp. 7-27.

10 Una mutación constitucional ocurre cuando se modifica el contenido de una norma constitucional de tal forma que aún cuando la misma conserva su contenido, recibe una significación diferente. Véase Salvador O. Nava Gomar, "Interpretación, mutación y reforma de la Constitución. Tres extractos" en Eduardo Ferrer Mac-Gregor (coordinador), Interpretación Constitucional, Tomo II, Ed. Porrúa, Universidad Nacional Autónoma de México, México 2005, pp. 804 ss. Véase en general sobre el tema, Konrad Hesse, "Límites a la mutación constitucional", en *Escritos de derecho constitucional*, Centro de Estudios Constitucionales, Madrid 1992.

11 Véase Néstor Pedro Sagües, *La interpretación judicial de la Constitución*, Buenos Aires 2006, pp. 56-59, 80-81, 165 ss.

ritario,[12] desde el momento mismo en el cual la Constitución fue sancionada y aprobada por el pueblo en diciembre de 1999, habiendo sucesivamente introducido múltiples modificaciones a la Constitución directamente, mediante sentencias interpretativas, o legitimando decisiones inconstitucionales de otros órganos del Estado, usurpando así el poder constituyente originario.

Estas modificaciones ilegítimas a la Constitución, por supuesto, al haber sido realizadas por el máximo guardián de la misma, que no tiene quien lo custodie, han quedado consolidadas en la vida político constitucional del país, al haber asumido la Sala Constitucional un poder constituyente derivado que no tiene y que no está regulado en el texto constitucional. La pregunta de siempre que suscita el poder incontrolado, ***Quis custodiet ipsos custodes,*** por tanto, aquí también ha adquirido todo su significado, pues no tiene respuesta.[13] A continuación me referiré a las mutaciones ilegítimas a la Constitución que considero más destacadas, ocurridas en la última década.

I. LA CREACIÓN JURISPRUDENCIAL DEL RECURSO AUTÓNOMO DE INTERPRETACIÓN ABSTRACTA DE LA CONSTITUCIÓN

La primera de las mutaciones ilegítimas de la Constitución efectuada por el Juez Constitucional ha sido la creación por la Sala Constitucional de un recurso autónomo de interpretación de la Constitución no establecido ni en la Constitución ni en Ley alguna, que a la vez ha servido de vehículo para las otras mutaciones ilegítimas de la Constitución por la misma Sala Constitucional.

Es decir, muchas de las mutaciones constitucionales ilegítimamente efectuadas tienen su origen en interpretaciones inconstitucionales que ha hecho el Juez Constitucional, no al interpretar la Constitución con motivo de resolver una acción de inconstitucionalidad u otro medio de control de la constitucionalidad de los actos estatales, sino al decidir "acciones o recursos autónomos de interpretación abstracta de la Constitución," muchos de ellos interpuestos por el propio Estado (Procurador General de la República), que la propia Sala Constitucional creó, a la vez, mutando ilegítimamente la Constitución.

---

12 Véase Allan R. Brewer-Carías, *Crónica sobre la "In" Justicia Constitucional. La Sala Constitucional y el autoritarismo en Venezuela*, Caracas 2007.

13 Véase nuestros comentarios iniciales sobre esta sentencia en Alllan R. Brewer-Carías, *El sistema de justicia constitucional en la Constitución de 1999 (Comentarios sobre su desarrollo jurisprudencial y su explicación, a veces errada, en la Exposición de Motivos),* Editorial Jurídica Venezolana, Caracas 2000.

En efecto, con anterioridad a la entrada en vigencia de la Constitución de 1999, el artículo 42,24 de la derogada Ley Orgánica de la Corte Suprema de Justicia había atribuido competencia a la Sala Político Administrativa de la antigua Corte Suprema para interpretar los "textos legales, en los casos previstos en la Ley." En esa misma tradición, la Constitución de 1999 estableció en forma expresa, la competencia del Tribunal Supremo de Justicia, para "conocer de los recursos de interpretación sobre el contenido y alcance de los textos legales", pero "en los términos contemplados en la ley" (artículo 266,6), atribución que debe ser ejercida "por las diversas Salas conforme a lo previsto en esta Constitución y en la ley" (único aparte, artículo 266). Por ello, el artículo 5, párrafo 1º, de la Ley Orgánica de 2004, atribuye a todas las Salas del Tribunal Supremo, competencia para:

> 52. Conocer del recurso de interpretación y resolver las consultas que se le formulen acerca del alcance e inteligencia de los textos legales, en los casos previstos en la ley, siempre que dicho conocimiento no signifique una sustitución del mecanismo, medio o recurso previsto en la ley para dirimir la situación si la hubiere.

Ahora bien, a pesar de que el ordenamiento constitucional y legal venezolano sólo regulaba y regula el recurso de interpretación respecto de textos legales, la Sala Constitucional creó jurisprudencialmente su propia competencia para conocer de recursos autónomos de interpretación abstracta e la Constitución, mediante una inconstitucional interpretación que le dio artículo 335 de la Constitución, que atribuye a todas las salas del Tribunal Supremo y no sólo a la Sala Constitucional, el carácter de "máximo y último intérprete de la Constitución"

En efecto, la Sala Constitucional en sentencia Nº 1077 de 22 de septiembre de 2000, consideró que los ciudadano no requieren "de leyes que contemplen, en particular, el recurso de interpretación constitucional, para interponerlo"[14], procediendo a "crear" un recurso autónomo de interpretación abstracta de las normas constitucionales no previsto constitucional ni legalmente, basándose para ello en el artículo 26 de la Constitución que consagra el derecho de acceso a la justicia, del cual dedujo que si bien dicha acción no estaba prevista en el ordenamiento jurídico, tampoco estaba prohibida, agregando que, por lo tanto:

---

[14] Véase Sentencia N° 1077 de la Sala Constitucional de 22-09-00, caso: *Servio Tulio León Briceño*. Véase en *Revista de Derecho Público,* N° 83, Caracas, 2000, pp. 247 y ss. Este criterio fue luego ratificado en sentencias de fecha 09-11-00 (N° 1347), 21-11-00 (N° 1387), y 05-04-01 (N° 457), entre otras.

No es necesario que existan normas que contemplen expresamente la posibilidad de incoar una acción con la pretensión que por medio de ella se ventila, bastando para ello que exista una situación semejante a las prevenidas en la ley, para la obtención de sentencias declarativas de mera certeza, de condena, o constitutivas. Este es el resultado de la expansión natural de la juridicidad[15].

En esta forma, la acción de interpretación de la Constitución, en criterio de la Sala Constitucional, es una acción de igual naturaleza que la de interpretación de la ley[16], es decir, tiene por objeto obtener una sentencia declarativa de mera certeza sobre el alcance y contenido de las normas constitucionales, que no anula el acto en cuestión, pero que busca en efecto semejante, ya que en estos casos, coincide el interés particular con el interés constitucional; agregando que:

> La finalidad de tal acción de interpretación constitucional sería una declaración de certeza sobre los alcances y el contenido de una norma constitucional, y formaría un sector de la participación ciudadana, que podría hacerse incluso como paso previo a la acción de inconstitucionalidad, ya que la interpretación constitucional podría despejar dudas y ambigüedades sobre la supuesta colisión. Se trata de una tutela preventiva[17].

En cuanto a la legitimidad necesaria para interponer la demanda, la Sala Constitucional ha señalado que el recurrente debe tener un interés particular en el sentido de que:

> Como persona pública o privada debe invocar un interés jurídico actual, legítimo, fundado en una situación jurídica concreta y específica en que se encuentra, y que requiere necesariamente de la interpretación de normas constitucionales aplicables a la situación, a fin de que cese la incertidumbre que impide el desarrollo y efectos de dicha situación jurídica.

La Sala precisó además que se "está ante una acción con legitimación restringida, aunque los efectos del fallo sean generales"; por lo que señaló que "puede declarar inadmisible un recurso de interpretación que no persiga los fines antes mencionados, o que se refie-

---

15 Sentencia N° 1077 de la Sala Constitucional de 22-09-00, caso: *Servio Tulio León Briceño*. Véase en *Revista de Derecho Público,* N° 83, Caracas, 2000, pp. 247 y ss.

16 *Idem*

17 *Ibidem*

re al supuesto de colisión de leyes con la Constitución, ya que ello origina otra clase de recurso".

En la antes mencionada sentencia Nº 1077 de 22-09-01, la Sala Constitucional reiteró su criterio sobre la legitimación activa para intentar el recurso de interpretación, señalando que el recurrente debe tener un "interés jurídico personal y directo", de manera que en la demanda se exprese con precisión, como condición de admisibilidad, "en qué consiste la oscuridad, ambigüedad o contradicción entre las normas del texto constitucional, o en una de ellas en particular; o sobre la naturaleza y alcance de los principios aplicables; o sobre las situaciones contradictorias o ambiguas surgidas entre la Constitución y las normas del régimen transitorio o del régimen constituyente"[18].

En este caso de esta acción de interpretación constitucional, puede decirse que se está en presencia de un proceso constitucional, que requeriría de un accionante, como consecuencia de lo debería abrirse el proceso a un contradictorio; pues, así como puede haber personas con interés jurídico en determinada interpretación de la Constitución, igualmente puede haber otras personas con interés jurídico en otra interpretación. En tal sentido, la Sala debería emplazar y citar a los interesados para garantizarles el que puedan hacerse parte en el proceso, y alegar a favor de una u otra interpretación del texto constitucional. Sin embargo, sobre esto, después de haber creado el recurso, la Sala Constitucional, en sentencia No. 2651 de 2 de octubre de 2003 (Caso: *Ricardo Delgado (Interpretación artículo 174 de la Constitución),* le negó el carácter de proceso constitucional señalando que en virtud de que "el recurso de interpretación debe tener como pretensión la exclusiva determinación del alcance de normas –en este caso constitucionales-", entonces "no hay *litis,* enfrentamiento entre unas partes, respecto de las cuales haya que procurar su defensa".

Por último, debe indicarse que en sentencia Nº 1347, de 9 de noviembre de 2000, la Sala Constitucional delimitó el carácter vinculante de las interpretaciones establecidas con motivo de decidir los recursos de interpretación, señalando que:

---

18 Caso: *Servicio Tulio León Briceño*, en *Revista de Derecho Público*, Nº 83, Caracas, 2000, pp. 247 y ss. Adicionalmente, en otra sentencia, Nº 1029 de 13-06-2001, la Sala Constitucional atemperó el rigorismo de declarar inadmisible el recurso si no precisaba el contenido de la acción, ya que señaló que "La solicitud deberá expresar: 1.- Los datos concernientes a la identificación del accionante y de su representante judicial; 2.- Dirección, teléfono y demás elementos de ubicación de los órganos involucrados; 3.- Descripción narrativa del acto material y demás circunstancias que motiven la acción."

Las interpretaciones de esta Sala Constitucional, en general, o las dictadas en vía de recurso interpretativo, se entenderán vinculantes respecto al núcleo del caso estudiado, todo ello en un sentido de límite mínimo, y no de frontera intraspasable por una jurisprudencia de valores oriunda de la propia Sala, de las demás Salas o del universo de los tribunales de instancia.

Como puede observarse de lo anterior, estamos en presencia de una mutación constitucional mediante la ampliación de competencias constitucionales propias que se ha arrogado la Sala Constitucional, a través de una inconstitucional interpretación de la Constitución, que no establece la posibilidad de este recurso autónomo y abstracto de interpretación de las normas constitucionales,[19] el cual, por lo demás no encuentra ningún antecedente en el derecho comparado sobre los sistemas de justicia constitucional.

II. LA ACEPTACIÓN POR EL JUEZ CONSTITUCIONAL DE UN RÉGIMEN CONSTITUCIONAL TRANSITORIO NO APROBADO POR EL PUEBLO, EN PARALELO AL RÉGIMEN TRANSITORIO INCORPORADO EN LA CONSTITUCIÓN

La Constitución de 1999 fue sancionada por una Asamblea Nacional Constituyente conforme a un estatuto adoptado en referendo consultivo realizado en abril de 1999, en el cual se dispuso que la misma luego de sancionada tenía que someterse a aprobación popular. Y así fue que el pueblo, el 15 de diciembre de 1999, mediante referendo aprobó la Constitución, con lo cual concluyó la misión de la Asamblea Nacional Constituyente.

Sin embargo ello no ocurrió así, pues una semana después de aprobada la Constitución, el 22 de diciembre de 1999, la Asamblea nacional Constituyente sancionó un Decreto de "Régimen de Transición del Poder Público,"[20] fundamentándose en supuestos poderes que se había auto atribuido en el artículo 1° de su Estatuto de Funcionamiento, respecto de la potestad de decidir la cesación de las autoridades de los órganos del Poder Público "para hacer efectivo el proceso de transición hacia el régimen establecido en la Constitución de 1999", y en el supuesto "carácter supraconstitucional" de las normas que aprobase la Asamblea, lo que por supuesto no estaba establecido en previsión alguna del ordenamiento. Para supuestamente

---

19 Véase Allan R. Brewer-Carías, "Le recours d'interprétation abstrait de la Constitution au Vénézuéla", en *Le renouveau du droit constitutionnel, Mélanges en l'honneur de Louis Favoreu*, Dalloz, Paris, 2007, pp. 61-70

20 *Gaceta Oficial* No. 36.859 de 29-12-1999

"permitir la vigencia inmediata de la Constitución" (art. 1), en el decreto la Asamblea procedió dictar normas constitucionales que supuestamente "desarrollan y complementan las Disposiciones Transitorias" (art. 2) de la nueva Constitución, procediendo sin atribución alguna prevista en la nueva Constitución, a eliminar el anterior Congreso con sus Senadores y Diputados, y a nombrar en su lugar una Comisión Legislativa Nacional no prevista en la Constitución; a disolver las Asambleas Legislativas de los Estados, y nombrar en su lugar unas Comisiones Legislativas Estadales tampoco previstas en la Constitución; a intervenir las Alcaldías y Consejos Municipales; a eliminar la anterior Corte Suprema de Justicia, crear las Salas del Tribunal Supremo y fijarles el número de magistrados, lo que no estaba establecido en la Constitución, y nombrarlos sin cumplir lo que la Constitución exigía; a crear una Comisión de reorganización y Funcionamiento del Poder Judicial para intervenirlo, destituyendo jueces sin debido proceso, la cual aún en 2009 convive con el Tribunal Supremo, con su complicidad; a designar a los altos funcionarios de los diversos Poderes del Estado; y a dictar un Estatuto Electoral sin poder alguno para ello.

Ninguna de estas reformas fue aprobada por el pueblo. El Decreto de Régimen de Transición fue impugnado ante la Sala Constitucional por violación de la Constitución que venía de ser aprobada por el pueblo, la dicha Sala Constitucional que había sido producto de ese régimen de Transición constitucional, decidió en causa propia (la impugnación de su propia existencia), considerando que la Asamblea Nacional Constituyente tenía poder supraconstitucional para crear "normas constitucionales" sin aprobación popular, y que como consecuencia, en Venezuela existían dos regímenes constitucionales de transición: el que estaba en las disposiciones Transitorias aprobadas por el pueblo al aprobar la Constitución mediante referendo; y las aprobadas por la Asamblea Nacional Constituyente después de esa aprobación popular de la Constitución, sin que el pueblo las hubiera aprobado, pero antes de publicarla.

En sentencia Nº 6 de fecha 27 de enero de 2000, la Sala Constitucional decidió que como el régimen de transición era un acto "publicado en la Gaceta Oficial número 36.859 del 29 de diciembre de 1999, esto es, con anterioridad a la vigencia de la Constitución de la República Bolivariana de Venezuela de 1999, no esta sujeto ni a ésta, ni a la Constitución de 1961.[21] Luego en sentencia de 28 de marzo de 2000 (*caso: Allan R. Brewer-Carías y otros*), con motivo de declarar sin lugar

21 Véase en *Revista de Derecho Público*, N° 81, (enero-marzo), Editorial Jurídica Venezolana, Caracas, 2000, pp. 81 y ss.

la demanda de nulidad intentada contra el Estatuto Electoral del Poder Público dictado por la Asamblea Constituyente el 30 de enero de 2000,[22] el Juez Constitucional ratificó su tesis de que para crear un nuevo ordenamiento jurídico y dictar una nueva Constitución que sustituyera a la de 1961, supuestamente la Asamblea Constituyente tenía varias alternativas para regular el régimen constitucional transitorio: *Una,* elaborar unas Disposiciones Transitorias que formaran parte de la Constitución para ser aprobada por el pueblo mediante referendo; y *otra,* dictar actos constituyentes aparte, de valor y rango constitucional, que originarían un régimen transitorio constitucional paralelo, no aprobado por el pueblo.

Con ello, fue el Juez Constitucional el que procedió a mutar ilegítimamente la Constitución, violando la soberanía popular, admitiendo que supuestamente, la Asamblea Nacional Constituyente podía dictar normas de rango constitucional, no aprobadas mediante referendo por el pueblo,[23] con lo que se inició un largo período de transitoriedad constitucional que diez años después no ha concluido, como se evidencia de la supervivencia de la misma Comisión de reorganización y funcionamiento del Poder Judicial, que ejerce las funciones disciplinarias sobre los jueces, que la Constitución exige que se realice solo por jueces disciplinarios integrantes de una jurisdicción disciplinaria (art. 267). Venezuela, así ha tenido un régimen de transición constitucional no aprobado por el pueblo, por obra y gracia del Juez Constitucional el cual legitimó la usurpación de la voluntad popular.

III. LA TRANSFORMACIÓN DE LOS REFERENDOS REVOCATORIOS DE CARGOS ELECTIVOS EN REFERENDOS "RATIFICATORIOS" *

En Venezuela el artículo 72 de la Constitución estableció como derecho político de los ciudadanos la revocatoria de mandatos de to-

---

22 Véase en *G.O.* N° 36.884 de 03-02-00.

23 La Sala Constitucional llegó a afirmar que "Tal disposición, emanada del poder constituyente *que podía lo más,* cual era la transformación del Estado, lo que iba a adelantar mediante la aprobación de una nueva Constitución y del régimen de transición, claro *que podía lo menos,* dentro de su cometido de transformación del Estado, cual era dictar las normas que permitirían la transición entre el sistema constitucional abrogado y el nuevo, que conforme al texto constitucional de 1999, no podía de inmediato constituirse en todas sus instituciones". Véase en *Revista de Derecho Público*, N° 81, (enero-marzo), Editorial Jurídica Venezolana, Caracas, 2000, p. 86.

* Sobre esto véase el estudio en la Quinta Parte de este libro

dos los cargos de elección popular, a cuyo efecto se previó que transcurrida la mitad del período para el cual fue elegido el funcionario, por iniciativa popular de un número no menor del 20% de los electores inscritos en la correspondiente circunscripción, para convocar un referendo para revocar su mandato. La Constitución dispuso que "*Cuando igual o mayor número de electores o electoras* que eligieron al funcionario o funcionaria hubieren votado a favor de la revocación, siempre que haya concurrido al referendo un número de electores o electoras igual o superior al 25 % de los electores o electoras inscritos, se considerará revocado su mandato y se procederá de inmediato a cubrir la falta absoluta conforme a lo dispuesto en esta Constitución y en la ley."

Es decir que los votos necesarios para que se produzca la revocatoria del mandato deben ser en un número igual o mayor de los votos de los electores que eligieron al funcionario, con independencia del número de votos que se hayan depositados contra la revocación; como incluso lo ratificó la Sala Constitucional en varias sentencias,[24] ya que de lo que se trata es de un referendo revocatorio de mandatos de elección popular y no de un referendo "ratificatorio" (plebiscitos) de tales mandatos, el cual no existe en el texto constitucional. Precisamente por ello, nada indica la Constitución para el caso de que si bien voten a favor de la revocación de un mandato un número de electores superior al número de votos que obtuvo el funcionario cuando fue electo, sin embargo, en la votación refrendaria se hubiesen pronunciado por la "no revocación" un número mayor de votos. Ello podría ocurrir, pero conforme al texto de la Constitución, no tendría efecto alguno, pues la regulación constitucional lo que establece es un referendo revocatorio: basta que la votación favorable a la revocación sea igual o mayor que la que el funcionario obtuvo cuando fue electo, para que quede revocado. Y ello es así, incluso a pesar de que el Registro Electoral haya variado con el transcurso del tiempo.

Sin embargo, de manera evidentemente inconstitucional, en las *Normas para regular los procesos de Referendos Revocatorios de mandatos de Elección Popular* dictadas por el Consejo Nacional Electoral en 25 de

---

24 Sentencia N° 2750 de 21 de octubre de 2003, Caso: *Carlos Enrique Herrera Mendoza, (Interpretación del artículo 72 de la Constitución (Exp. 03-1989). Sentencia* N° 1139 de 5 de junio de 2002 (Caso: *Sergio Omar Calderón Duque y William Dávila Barrios)* Véase en *Revista de Derecho Público,* N° 89-92, Editorial Jurídica Venezolana, Caracas 2002, p. 171. Criterio seguido en la sentencia N° 137 de 13-02-2003 (Caso: *Freddy Lepage Scribani y otros*) (Exp. 03-0287).

septiembre de 2003[25], si bien se estableció que se considera revocado el mandato "si el número de votos a favor de la revocatoria es igual o superior al número de los electores que eligieron al funcionario", se agregó la frase: "y no resulte inferior al número de electores que votaron en contra de la revocatoria" (Art. 60). Con este agregado, en una norma de rango sublegal, se restringió el derecho ciudadano a la participación política mediante la revocación de mandatos populares, al establecerse un elemento que no está en la Constitución relativo al voto por la "no revocación," trastocándose la naturaleza "revocatoria" del referendo que regula el artículo 72 de la Constitución, y en evidente fraude a la Constitución, se lo convirtió en un referendo "ratificatorio" de mandatos de elección popular.

Lo inaudito de este fraude constitucional, es que dicha "reforma" constitucional ilegítima fue avalada por la propia Sala Constitucional del Tribunal Supremo al decidir un recurso de interpretación abstracta de la Constitución en la sentencia Nº 2750 de 21 de octubre de 2003 (Caso: *Carlos E. Herrera Mendoza, Interpretación del artículo 72 de la Constitución*), en la cual señaló que:

> Se trata de una especie de relegitimación del funcionario y en ese proceso democrático de mayorías, incluso, si en el referendo obtuviese más votos la opción de su permanencia, debería seguir en él, aunque voten en su contra el número suficiente de personas para revocarle el mandato[26].

En realidad, en un referendo "revocatorio" no puede haber votos por "la permanencia" del funcionario; lo que puede haber son votos por la "revocación" del mandato o por la "no revocación." El voto por la "no revocación" del mandato es un voto negativo (No); y un voto negativo no puede ser convertido en un voto positivo (Si) por la permanencia del funcionario. Con esta mutación de la Constitución, la Sala Constitucional cambió la naturaleza del referendo revocatorio, ratificando el trastocamiento de la naturaleza de la revocación del mandato, convirtiéndolo en un voto para "relegitimar" o para "ratificar" mandatos de elección popular, cuando ello no sólo no fue la intención del constituyente, sino que no puede derivarse del texto del artículo 72 de la Constitución. Lo único que la Constitución regula es la revocación de mandatos, y para ello, lo único que exige en materia de votación es que un número "igual o mayor de electores que eligieron al funcionario hubieren votado a favor de la revocación." Todo

---

25 Resolución Nº 030925-465 de 25-09-2003.

26 Exp. 03-1989.

éste cambio de la Constitución tuvo un objeto preciso: evitar que el mandato del Presidente de República, Hugo Chávez, fuera revocado en 2004: el mismo fue electo en agosto de 2000 con 3.757.774 votos, por lo que bastaba para que su mandato fuese revocado, que el voto a favor de la revocación superara esa cifra. Como lo anunció el Consejo Nacional Electoral el 27 de agosto de 2004, el voto a favor de la revocación del mandato del Presidente de la República en el referendo efectuado ese mismo mes y año, fue de 3.989.008, por lo que constitucionalmente su mandato había quedado revocado.

Sin embargo, ya se había cambiado ilegítimamente la Constitución, e independientemente de las denuncias de fraude que se formularon respecto del referendo revocatorio del 15 de agosto de 2004, el Consejo Nacional Electoral el mencionado día 27 de agosto de 2004, no sólo dio los datos definitivos de la votación efectuada en el referendo revocatorio, sino que acordó "ratificar" al Presidente de la República en su cargo hasta la terminación del período constitucional en enero de 2007.[27]

---

27 En efecto, en la *página web* del Consejo Nacional Electoral del día 27 de agosto de 2004, apareció la siguiente nota: "El presidente del Consejo Nacional Electoral, Francisco Carrasquero López, se dirigió al país en cadena nacional para anunciar las cifras definitivas y oficiales del evento electoral celebrado el pasado 15 de agosto, *las cuales dan como ratificado en su cargo al Presidente de la República*, Hugo Rafael Chávez Frías, con un total de 5 millones 800 mil 629 votos a favor de la opción "No". En la contienda electoral participaron 9 millones 815 mil 631 electores, de los cuales 3.989.008 se inclinaron por la opción "Sí" para revocar el mandato del Presidente Chávez. La totalización arrojó que la opción "No" alcanzó el 59,25% de los votos, mientras el "Sí" logró el 40,74% del total general, y la abstención fue del 30,02%. Vale destacar que para estos comicios el Registro Electoral se incrementó significativamente, alcanzando un universo de 14. 027.607 de electores con derecho a sufragar en el RR. Con base en la expresión de la voluntad popular, el Consejo Nacional Electoral, este viernes 27 de agosto, *ratificará en la Presidencia de la República* Bolivariana de Venezuela a Hugo Chávez Frías, quien culminará su período constitucional en el año 2006. Y en efecto, en acto solemne efectuado ese día, el Consejo Nacional Electoral acordó "ratificar" al Presidente de la República en su cargo, a pesar de que un número de electores mayor que los que lo eligieron hubieran votado a favor de la revocación de su mandato. Otro tanto haría la Asamblea Nacional, sin que esa figura de la ratificación estuviese prevista en norma constitucional alguna." Véase además, *El Nacional*, Caracas, 28-08-2004, pp. A-1 y A-2

IV. LA ELIMINACIÓN DEL PRINCIPIO CONSTITUCIONAL DE GOBIERNO ALTERNATIVO Y LA REELECCIÓN CONTINUA*

El artículo 6 de la Constitución establece los principios fundamentales del gobierno republicano, en una cláusula de las denominadas "pétreas,", en la cual se dispone que

> Artículo 6. El gobierno de la República Bolivariana de Venezuela y de las entidades políticas que la componen es y será siempre democrático, participativo, electivo, descentralizado, alternativo, responsable, pluralista y de mandatos revocables."

Entre estos principios fundamentales del sistema constitucional, que por tanto, no pueden ser modificados ni mediante los procedimientos de reforma constitucional ni de enmienda constitucional, sino sólo mediante la convocatoria de una Asamblea Nacional Constituyente, está el principio de que el gobierno además de ser "democrático" y "electivo" debe ser siempre "alternativo," y es por tanto, inmodificable. "El gobierno **es y será siempre** ... alternativo", dice la norma, lo que implica que ello nunca podría ser alterado. Esa fue la voluntad del pueblo al aprobar la Constitución.

El principio fue incorporado por primera vez en la historia constitucional como reacción al continuismo en el poder y entre otros aspectos, con base en la propia "doctrina de Simón Bolívar" en la cual la República se fundamenta conforme al artículo 1 de la Constitución, al expresar en uno de sus escritos que:

> "nada es tan peligroso como dejar permanecer largo tiempo en un mismo ciudadano el poder. El pueblo se acostumbra a obedecerle y él se acostumbra a mandarlo. ... nuestros ciudadanos deben temer con sobrada justicia que el mismo Magistrado, que los ha mandado mucho tiempo, los mande perpetuamente".[28]

De acuerdo con esta doctrina, que como "bolivariana" forma parte de los valores de la propia constitución (artículo 1), en el constitucionalismo venezolano la palabra usada de gobierno "alternativo" o de la "alternabilidad" en el poder, en relación con los cargos públicos siempre ha tenido el significado de que las personas deben **turnarse sucesivamente** en los mismos o que los cargos deben desempeñarse **por turnos** (Diccionario de la Real Academia Española). Como lo se-

* Sobre esto véase el estudio en la Segunda Parte de este libro.

28 Véase Simón Bolívar, "Discurso de Angostura" (1819), en *Escritos Fundamentales*, Caracas, 1982

ñaló la Sala Electoral del Tribunal Supremo de Justicia en sentencia No. 51 de 18-3-2002, alternabilidad significa "**el ejercicio sucesivo de un cargo por personas distintas, pertenezcan o no a un mismo partido.**"

Este principio de la alternabilidad, como principio fundamental, se concibió históricamente para enfrentar las ansias de perpetuación en el poder, es decir, el continuismo, y evitar las ventajas en los procesos electorales de quienes ocupan cargos y a la vez puedan ser candidatos para ocupar los mismos cargos. El principio de "gobierno alternativo," por tanto, no es equivalente al de "gobierno electivo." La elección es una cosa, y la necesidad de que las personas se turnen en los cargos es otra, y por ello el principio se ha reflejado siempre en el establecimiento de límites a la reelección de los funcionarios electos, lo que por lo demás es propio de los sistemas presidenciales de gobierno. Así sucedió en las Constituciones de 1830, 1858, 1864, 1874, 1881, 1891, 1893, 1901, 1904, 1909, 1936, 1845 y 1947 en las cuales se estableció, por ejemplo, la prohibición de la reelección del Presidente de la República para el período constitucional inmediato.[29]

Esta prohibición, en cambio, respecto del Presidente de la República, en el período democrático iniciado en 1958 fue más amplia y se extendió en la Constitución de 1961 a los dos períodos siguientes (10 años). La flexibilización del principio se produjo en la Constitución de 1999, en la cual se permitió la posibilidad de reelección presidencial de inmediato y por una sola vez, para un nuevo período. Conforme a ella, el Presidente de la República después de ha ver sido "ratificado" en 2004, fue reelecto en 2006.

La alternabilidad del gobierno, por tanto, es un principio del constitucionalismo que se opone al continuismo o a la permanencia en el poder por una misma persona, por lo que toda previsión que permita que esto pudiera ocurrir, sería contraria al mismo. El principio, por tanto, no se puede confundir con el principio "electivo" del gobierno o con el más general principio "democrático" que el mismo artículo 6 de la Constitución establece. Una cosa es poder elegir a los gobernantes, y otra cosa es el principio de alternabilidad que impide poder escoger al mismo gobernante ilimitadamente.

---

[29] En la historia constitucional del país, en realidad, la prohibición de la reelección presidencial inmediata solamente dejó de establecerse en las Constituciones de los gobiernos autoritarios: en la efímera Constitución de 1857; en las Constituciones de Juan Vicente Gómez de 1914, 1922, 1925, 1928, 1929 y 1931, y en la Constitución de Marcos Pérez Jiménez de 1953.

Es contrario a la Constitución, por tanto, interpretar, como lo ha hecho la Sala Constitucional en su sentencia No. 53 de 3 de febrero de 2009, que el principio de la alternabilidad "lo que exige es que el pueblo como titular de la soberanía tenga la posibilidad periódica de escoger sus mandatarios o representantes", confundiendo "gobierno alternativo" con "gobierno electivo." Por ello es falso lo que ha afirmado la Sala Constitucional en el sentido de que "sólo se infringiría el mismo si se impide esta posibilidad al evitar o no realizar las elecciones". Con su sentencia, la Sala Constitucional de nuevo lo que ha hecho es mutar ilegítimamente el texto de la Constitución, y al contrario de lo que ha afirmado, la eliminación de la causal de inelegibilidad para el ejercicio de cargos públicos derivada de su ejercicio previo por parte de cualquier ciudadano sí trastoca el principio de alternabilidad en el ejercicio del poder.

Lo expuesto por la Sala Constitucional se refiere al principio de gobierno "electivo" que en los términos del mismo artículo 6 de la Constitución, es el que implica que "el electorado, como actor fundamental del proceso democrático, acuda a procesos comiciales periódicamente en los que compitan, en igualdad de condiciones, las diversas opciones políticas que integran el cuerpo social;" pero no al principio de gobierno "alternativo" que implica que no se pueda elegir indefinidamente una misma persona para el mismo cargo, así haya hecho un "buen gobierno." El principio de la alternabilidad, para evitar el continuismo en el poder, precisamente implica la limitación que el pueblo, como poder constituyente originario, se ha impuesto a si mismo, en cuanto a que supuestamente pueda tener la "oportunidad de decidir entre recompensar a quienes estime como sus mejores gobernantes, o bien renovar completamente las estructuras del poder cuando su desempeño haya sido pobre." Esta supuesta "oportunidad," por el principio de la alternabilidad en la Constitución, pudo ejercerse antes de 1999, sólo después de que, en sus casos, transcurrieron uno o dos períodos constitucionales siguientes al ejercicio de la Presidencia por quien pretendiera de nuevo optar a dicho cargo, y en la Constitución de 1999 sólo ocurrió en 2006, por una sola vez para un período inmediato, mediante la reelección ya efectuada del Presidente Chávez. Pero establecer dicha "oportunidad" como reelección continua, sin límite, sería contrario al principio de la alternabilidad.

Por tanto, al contrario de lo decidido por la Sala Constitucional, la posibilidad de reelección continua sí altera el principio fundamental del gobierno "alternativo", que es uno de los valores democráticos que informan nuestro ordenamiento jurídico. Dicho principio, que se altera si se establece la posibilidad de elección continua de cargos electivos y que es distinto del principio del gobierno "electivo," al tener una formulación pétrea en el artículo 6 de la Constitución (es y será siempre) no puede ser objeto de modificación constitucional alguna, y en el supuesto negado de que pudiera ser modificado, ello no se podría realizarse ni por los procedimientos de Enmienda ni de Reforma Constitucional sino sólo mediante la convocatoria de una Asamblea Nacional Constituyente.

La Sala Constitucional, con su sentencia No. 53 d febrero de 2009, en realidad mutó la Constitución a través de una interpretación, modificando ilegítimamente el sentido del principio del gobierno 'alternativo" que los venezolanos dispusieron que siempre debe regir sus gobiernos, obviando la prohibición constitucional de que se pueda consultar en un mismo período constitucional, la voluntad popular sobre modificaciones constitucionales que ya el pueblo ha rechazado.

Con esta sentencia, en todo caso, lo que hizo la Sala Constitucional fue allanar el camino para que se realizara el referendo aprobatorio que fue convocado para el 15 de febrero de 2009 a los efectos de votar por la aprobación o rechazo de un proyecto de "Enmienda Constitucional" relativa a los artículos 160, 162, 174, 192 y 230 de la Constitución, para establecer en Venezuela el principio de la reelección continua de cargos electivos, contrariando el principio constitucional de la alternabilidad republicana (art. 6).

V. LA MODIFICACIÓN DE LA PROHIBICIÓN DE CONSULTAS POPULARES REPETIDAS SOBRE MODIFICACIONES DE LA CONSTITUCIÓN RECHAZADAS POR EL PUEBLO EN UN MISMO PERÍODO CONSTITUCIONAL*

Además, en la sentencia antes citada de la Sala Constitucional, No. 53 de febrero de 2009, la misma también realizó otra ilegítima mutación adicional a la Constitución, al allanar el camino para la violación de la prohibición constitucional de realizar una consulta popular sobre modificaciones a la Constitución que ya habían sido rechazadas por el pueblo en un mismo período constitucional (art. 345).

En efecto, en los procedimientos de reforma constitucional la Constitución establece una prohibición expresa de que se pueda presentar a la Asamblea Nacional otra iniciativa de "reforma constitucional" rechazada por el pueblo en el mismo período constitucional. Nada se establece, en cambio en cuanto a los efectos del rechazo de la "Enmienda Constitucional," ni si rechazada una "reforma constitucional" por el pueblo la misma modificación se puede presentar de seguidas mediante el procedimiento de "enmienda constitucional."

* Sobre esto véase el estudio en la Primera Parte de este libro.

Fue precisamente en este marco constitucional, en el cual la Asamblea Nacional en enero de 2009 tomó la iniciativa y aprobó un proyecto de Enmienda Constitucional, que si bien inicialmente sólo perseguía modificar el artículo 230 de la Constitución sobre reelección del Presidente, luego se extendió a los artículos 160, 162, 174 y 192 de la Constitución sobre reelección de otros cargos electivos, en los cuales se establecen límites para la reelección, a los efectos de eliminar dichos límites.

Sin embargo, en 2 de diciembre de 2007 el pueblo ya había rechazado con su voto popular en el referendo convocado para aprobar una "Reforma Constitucional" formulada a iniciativa del Presidente de la Republica ante la Asamblea Nacional, la propuesta de reforma para establecer, entre otros aspectos, la posibilidad de la reelección continua del Presidente de la República mediante la eliminación de la limitación constitucional a la reelección, antes indicada. Siendo la manifestación de la voluntad popular el rechazar la propuesta de modificación constitucional, conforme al artículo 345 de la Constitución no se podía someter de nuevo a consulta popular, de nuevo, la misma reforma en el mismo período constitucional.

Este fue otro de los temas que se había solicitado a la sala Constitucional que interpretara. Sin embargo, sobre este primer punto respecto de si la prohibición contenida en el artículo 345 de la Constitución en el sentido de que la iniciativa de reforma constitucional que no fuese aprobada no podía presentarse de nuevo en un mismo período constitucional a la Asamblea Nacional, la Sala Constitucional, confundiendo el sentido de la norma, sostuvo que la misma no estaba destinada a regular los efectos de la manifestación de rechazo popular de la modificación propuesta, sino que sostuvo que la norma estaba sólo **dirigida a regular a la Asamblea Naciona**l, en el sentido de que lo que no podría era exigírsele que debatiera una reforma constitucional una vez que ya la ha debatido en el mismo período constitucional y había sido rechazada por el pueblo. La Sala olvidó que la norma constitucional a lo que está dirigida es a regular las consultas a la voluntad popular en materia de modificación de la Constitución y sus efectos, y no los efectos de los debates en la Asamblea Nacional.

En efecto, la prohibición constitucional de volver a someter a consulta una reforma rechazada, en realidad está dirigida a regular los efectos de la voluntad popular expresada mediante referendo, en el sentido de que no se puede consultar al pueblo de nuevo la misma modificación constitucional que el pueblo ya ha rechazado en un mismo período constitucional.

Lo importante de la prohibición establecida en un Título de la Constitución relativo a la "Reforma Constitucional," que en Venezuela sólo puede realizarse con la participación del pueblo, es que la misma se refiere precisamente a los efectos de la expresión de la voluntad popular que es manifestación del poder constituyente originario, y no a los efectos del debate que pueda haber habido en la Asamblea Nacional en la materia, que no es poder constituyente, ni siquiera derivado, ya que no puede haber modificación constitucional alguna sin aprobación popular.

La decisión de la Sala Constitucional es una nueva burla a la Constitución al ignorar la prohibición de sucesivas consultas populares, basándose en dos artilugios que se utilizaron en este caso de la Enmienda constitucional de febrero de 2009: primero, el utilizado por la Asamblea Nacional, en su iniciativa de Enmienda, al extenderla a otros artículos constitucionales además del 230, para tratar de diferenciar la Enmienda Constitucional de 2009 de la rechazada Reforma Constitucional de 2007; y segundo, el utilizado por la Sala Constitucional al considerar que la prohibición constitucional de consultar al pueblo sobre reformas rechazadas es sólo formal respecto de las discusiones en la Asamblea Nacional, ignorando su propósito esencial de respetar la voluntad popular una vez que esta se ha expresado en forma negativa respecto de una modificación de la Constitución.

Esa voluntad hay que respetarla, que es lo que persigue la Constitución, por lo que una vez que el pueblo se ha manifestado rechazando una modificación al texto constitucional no se lo puede estar convocando sucesivamente sin límites en el mismo período constitucional para volver a pronunciarse sobre lo mismo.

VI. LA TRANSFORMACIÓN DE LAS BASES DEL SISTEMA FEDERAL TRASTOCANDO LAS COMPETENCIAS EXCLUSIVAS DE LOS ESTADOS EN COMPETENCIAS CONCURRENTES SOMETIDAS AL PODER NACIONAL*

El artículo 4 de la Constitución de 1999 declara que "la República Bolivariana de Venezuela es un *Estado federal descentralizado* en los términos consagrados en esta Constitución," norma que sin embargo, se contradice en otras previsiones de la propia Constitución que permiten calificar la forma de Estado como la de una federación Centralizada."[30] Pero en todo caso, y a pesar de esas contradicciones, en la

* Sobre esto véase el estudio en la Séptima Parte de este libro.

30 Véase nuestros estudios sobre el tema, elaborados apenas la Constitución fue sancionada: Allan R. Brewer-Carías, *Federalismo y Municipalismo en la Cons-*

Constitución se puede identificar un núcleo esencial del sistema de distribución de competencias entre los niveles territoriales, es decir, entre el Poder Municipal, el Poder Estadal y el Poder Nacional, que no puede cambiarse sino mediante una reforma constitucional (artículos 136, 156, 164, 178 y 179).[31]

Específicamente, en materia de infraestructura para la circulación y el transporte, la Constitución establece por una parte que, corresponde en forma exclusiva al Poder Nacional "el sistema de vialidad y de ferrocarriles nacionales (artículo 156,27),[32] pero que corresponde en forma exclusiva a los Estados, "La conservación, administración y aprovechamiento de carreteras y autopistas nacionales... en coordinación con el Poder Nacional;" competencia que deben ejercer sujetos a "la coordinación con el Poder Nacional," que éste debe regular.

Este tema de la forma federal del Estado y de la distribución territorial de competencias establecidas en los artículos 156 y 164 de la Constitución, fue uno de los que se quiso cambiar con la propuesta de reforma constitucional que a iniciativa del Presidente de la República, se pretendió aprobar durante el año 2007, y que fue rechazada por el pueblo en referendo de 2 de diciembre de 2007, con la que se buscaba modificar el mencionado sistema, centralizando aún más al Estado, y terminando de centralizar materialmente todas las compe-

---

titución de 1999 (Alcance de una reforma insuficiente y regresiva), Editorial Jurídica Venezolana, Caracas-San Cristóbal 2001; "El Estado federal descentralizado y la centralización de la federación en Venezuela. Situación y perspectiva de una contradicción constitucional" en Diego Valadés y José María Serna de la Garza (Coordinadores), *Federalismo y regionalismo,* Universidad Nacional Autónoma de México, Tribunal Superior de Justicia del Estado de Puebla, Instituto de Investigaciones Jurídicas, Serie Doctrina Jurídica N° 229, México 2005, pp. 717-750

31 Véase Allan R. Brewer-Carías, "Consideraciones sobre el régimen de distribución de competencias del Poder Público en la Constitución de 1999" en Fernando Parra Aranguren y Armando Rodríguez García Editores, *Estudios de Derecho Administrativo. Libro Homenaje a la Universidad Central de Venezuela, Facultad de Ciencias Jurídicas y Políticas, con ocasión del Vigésimo Aniversario del Curso de Especialización en Derecho Administrativo*, Tomo I, Tribunal Supremo de Justicia, Colección Libros Homenaje N° 2, Caracas 2001, pp. 107-136.

32 Véase Decreto N° 1.445, con fuerza de Ley de Sistema de Transporte Ferroviario Nacional en *G.O.* N° 37.313 del 30 de octubre de 2001.

tencias del Poder Público en el nivel nacional. [33] En particular con la reforma se buscaba "nacionalizar," la referida competencia que el artículo 164,10 de la Constitución de 1999 atribuye a los Estados en materia de la conservación, administración y aprovechamiento de autopistas y carreteras nacionales."[34]

Como se ha dicho, la reforma constitucional propuesta fue rechazada expresa y abrumadoramente por el pueblo en el referendo de diciembre de 2007, por lo que la competencia de los Estados establecida en el referido artículo 164,10 de la Constitución, quedó sin modificación. Sin embargo, la Sala Constitucional, en sentencia No. 565 de 15 de abril de 2008[35], dictada con motivo de decidir un recurso autónomo de interpretación de dicho artículo formulado por el Procurador General de la República, pura y simplemente ha modificado el contenido de esta norma constitucional y dispuso, como interpretación vinculante de la misma, que esa "competencia exclusiva" *no es tal competencia exclusiva,* sino una competencia concurrente y que, incluso, el Poder Nacional puede revertirla a su favor eliminando toda competencia de los Estados.

La Sala Constitucional, en efecto, decidió que la Administración Nacional "en ejercicio de la potestad de coordinación pueda asumir directamente la conservación, administración y el aprovechamiento de las carreteras y autopistas nacionales, así como los puertos y aeropuertos de uso comercial,", y que "corresponde al Ejecutivo Nacional por órgano del Presidente de la República en Consejo de Ministros, decretar la intervención para asumir la prestación de servicios y bienes de las carreteras y autopistas nacionales, así como los puertos y aeropuertos de uso comercial," en aquellos casos que la prestación del servicio "por parte de los Estados es deficiente o inexistente."

---

33 Véase Allan R. Brewer-Carías, *Hacia la Consolidación de un Estado Socialista, Centralizado, Policial y Militarista. Comentarios sobre el sentido y alcance de las propuestas de reforma constitucional 2007,* Colección Textos Legislativos, No. 42, Editorial Jurídica Venezolana, Caracas 2007, pp. 41 ss.

34 Véase Allan R. Brewer-Carías, *La Reforma Constitucional de 2007 (Comentarios al Proyecto Inconstitucionalmente sancionado por la Asamblea Nacional el 2 de Noviembre de 2007),* Colección Textos Legislativos, No. 43, Editorial Jurídica Venezolana, Caracas 2007, pp. 72 ss.

35 *Cfr.* Sentencia de la Sala Constitucional , n° 565 , caso Procuradora General de la República, recurso de interpretación del artículo 164.10 de la Constitución de 1999 de fecha 15 de Abril de 2008, en http://www.tsj.gov.ve/decisiones/scon /Abril/565-150408-07-1108.htm

Con esta interpretación, lo que el Juez Constitucional ha hecho es mutar el texto constitucional usurpando la soberanía popular a la cual está reservado el poder constituyente, cambiado la forma federal del Estado al trastocar el sistema de distribución territorial de competencias entre el Poder Nacional y los Estados, y en particular "nacionalizando," contra lo que expresamente dispone la Constitución, competencias atribuidas en forma exclusiva a los Estados. La reforma constitucional de 2007 que fue rechazada por el pueblo, en fraude a la Constitución, y a solicitud del representante del Poder Nacional (Procurador General de la República) fundamentándose en la existencia de una supuesta "incertidumbre jurídica en cuanto al alcance y límites de su competencia" que existía en el Ministerio de Infraestructura." El Procurador General de la República, en efecto, consideró que la norma "no era lo suficientemente clara para lograr establecer de una forma eficiente y precisa el ámbito y forma de actuación del Ejecutivo Nacional, respecto a la coordinación con los Estados de la administración, conservación y aprovechamiento de carreteras y autopistas nacionales, así como de puertos y aeropuertos de uso comercial."

El resultado de la petición de interpretación, fue que la Sala Constitucional, de oficio, reformó la Constitución, y pura y simplemente, eliminó la competencia exclusiva de los Estados en la materia, y la convirtió en una competencia concurrente sujeta a la técnica puntual de "descentralización" que puede ser intervenida, revertida y reasumida por el Poder Nacional. La Sala, en efecto, olvidándose de que se trata de una competencia exclusiva de los Estados que había sido descentralizada desde 1989 mediante la Ley de Orgánica de Descentralización, dispuso que como las carreteras y puentes nacionales son bienes de la República, lo que es obvio, "en caso de haber sido transferidos a los Estados *pueden ser cogestionados por éstos a través de convenios, pero también reasumidos por el Poder Público Nacional mediante un procedimiento de reversión, ya que la titularidad originaria de los mismos le corresponde a la República*." Al contrario, de acuerdo con la Constitución, el hecho de que los puertos o aeropuertos comerciales, autopistas, carreteras y puentes sean "nacionales", en tanto bienes públicos, no autoriza en forma alguna como lo afirmó la Sala, que "Ejecutivo Nacional, podrá ejercer competencias exorbitantes como la *intervención* en aras de garantizar la continuidad, calidad, y normalidad de tales servicios; hayan sido o no, transferidos a los Estados."

Después de muchos argumentos y malabarismos interpretativos la Sala Constitucional pasó a modificar el artículo 164,10 de la Constitución y dispuso entonces como interpretación vinculante de dicha norma, que la misma no dice lo que dice, sino que lo que dice lo contrario, así:

a. Que *no se trata de una competencia exclusiva*, sino de una *competencia concurrente* sobre la cual el legislador nacional debe "establecer mediante *leyes de base* reguladoras ... de las *competencias concurrentes*, de la República con los Estados y los Municipios, sino también de las de estos últimos entre sí."

b.- Que los Estados *no tienen la competencia exclusiva que la Constitución les asigna* sino que lo que pueden es "ejercer *conforme a la legislación base* y en coordinación con el Ejecutivo Nacional la conservación, administración y el aprovechamiento de las carreteras y autopistas nacionales, así como los puertos y aeropuertos de uso comercial, *previa transferencia de competencias conforme al procedimiento de descentralización territorial.*"

c. Que, por tanto, la Constitución no ha dispuesto distribución de competencias alguna en esta materia a favor de los Estados, sino que estos pueden sólo ser destinatarios "de una descentralización territorial" en la materia. Por ello, la Sala fue terminante en afirmar que "Sólo los Estados como entes político territoriales pueden ser objeto de una descentralización territorial sobre dichas materias."

d. Que los Estados no tienen la competencia exclusiva que les asigna la Constitución, en materia de carreteras y autopistas nacionales, así como de los puertos y aeropuertos de uso comercial nacionales (no Estadales), que son bienes y servicios nacionales; y que sólo en caso de sean "transferidos a los Estados (descentralización funcional) pueden ser cogestionados por éstos a través de convenios, pero también *revertidos*, ya que la titularidad originaria de los mismos le corresponde a la República, conforme al ordenamiento jurídico vigente." Sin embargo, de acuerdo con la Sala Constitucional, en estos casos, "se concibe que la Administración en ejercicio de la potestad de coordinación pueda *asumir directamente* la conservación, administración y el aprovechamiento de las carreteras y autopistas nacionales, así como los puertos y aeropuertos de uso comercial, en aras de mantener a buen resguardo los derechos de los usuarios a la prestación de un servicio público en condiciones de calidad."

En estos casos, sin base constitucional o legal alguna, la Sala Constitucional dispuso que "corresponde al Ejecutivo Nacional por órgano del Presidente de la República en Consejo de Ministros, decretar la intervención para asumir la prestación de servicios y bienes de las carreteras y autopistas nacionales, así como los puertos y aeropuertos de uso comercial, en aquellos casos que a pesar de haber sido transferidas esas competencias, la prestación del servicio o bien por parte de los Estados es deficiente o inexistente, sobre la base de los artículos 236 y 164.10 de la Constitución"."

Después de una ilegítima "modificación constitucional" de esta naturaleza, realizada mediante interpretación vinculante, que trastocó el orden jurídico o, como lo dijo la propia Sala, la misma "genera una necesaria revisión y modificación de gran alcance y magnitud del sistema legal vigente." Por supuesto, después de lo que hizo, la Sala Constitucional no pudo concluir en otra forma que no fuera advirtiendo "de oficio y por razones de orden público constitucional, ... que el contenido de la presente decisión debe generar una necesaria revisión y modificación del ordenamiento jurídico legal vigente," para lo cual exhortó a la Asamblea Nacional que "proceda a la revisión y correspondiente modificación de la normativa legal vinculada con la interpretación vinculante establecida en la presente decisión[36], en orden a establecer una regulación legal congruente con los principios constitucionales y derivada de la interpretación efectuada por esta Sala en ejercicio de sus competencias." Es decir, la Sala conminó al legislador a legislar en contra de la Constitución de 1999, y conforme a una ilegítima modificación constitucional de la misma impuesta por la propia Sala. Ello provocó que después del triunfo electoral de la oposición en Estados y Municipios claves, desplazando los Gobernadores oficialistas en las elecciones de diciembre de 2008, la Asamblea Nacional muy diligentemente reformara en marzo de 2009, entre otras, la Ley Orgánica de Descentralización, Delimitación y Transferencia de Competencias del Poder Público,[37] a los efectos de eliminar las competencias exclusivas de los Estrados establecidas en los ordinales 3 y 5 del artículo 11 de dicha Ley, agregando dos nuevas normas en dicha Ley en las cuales se dispone que "el Poder Público Nacional por órgano del Ejecutivo Nacional, podrá revertir por razones estratégicas, de mérito, oportunidad o conveniencia, la transferencia de las competencias concedidas a los estados, para la conservación, administración y aprovechamiento de los bienes o servicios considerados de interés público general, conforme con lo previsto en el ordenamiento jurídico y al instrumento que dio origen a la transferencia" (art. 8); y que "El Ejecutivo Nacional, por órgano del Presidente o Presidenta de la República en Consejo de Ministros, podrá decretar la intervención conforme al ordenamiento jurídico, de bienes y prestaciones de servicios públicos transferidos para su conservación, admi-

---

[36] De ello resulta según la sentencia: "la necesaria revisión general de la Ley Orgánica de Descentralización, Delimitación y Transferencia de Competencias del Poder Público, Ley General de Puertos y la Ley de Aeronáutica Civil, sin perjuicio de la necesaria consideración de otros textos legales para adecuar su contenido a la vigente interpretación."

[37] Gaceta Oficial N° 39 140 del 17 de marzo de 2009

nistración y aprovechamiento, a fin de asegurar a los usuarios, usuarias, consumidores y consumidoras un servicio de calidad en condiciones idóneas y de respeto de los derechos constitucionales, fundamentales para la satisfacción de necesidades públicas de alcance e influencia en diversos aspectos de la sociedad" (art. 9). Con ello se completó el fraude constitucional dispuesto por la Sala Constitucional, trastocándose el régimen federal.

VII. LA ELIMINACIÓN DE LA PROHIBICIÓN CONSTITUCIONAL DE FINANCIAMIENTO PÚBLICO A LAS ACTIVIDADES DE LOS PARTIDOS POLÍTICOS*

El artículo 67 de la Constitución de 1999 expresamente prohibió "el financiamiento de las asociaciones con fines políticos con fondos provenientes del Estado", al establecer enfáticamente que el mismo "no se permitirá",[38] cambiando así, radicalmente, el régimen de financiamiento público a los partidos políticos que se había previsto en el artículo 230 de la Ley Orgánica del Sufragio y Participación Política de 1998. En dicha Ley se había buscado establecer un mayor equilibrio y equidad para la participación de los partidos en la vida democrática y en especial en las campañas electorales, tratando de mitigar los desequilibrios y perversiones que podían producirse con el solo financiamiento privado a los partidos, con el riesgo de presencia de "narcofinanciamiento" por ejemplo, y el eventual financiamiento público indirecto, irregular y corrupto, sólo para los partidos de gobierno,[39] que en un sistema donde no existe control fiscal ni parlamentario del ejercicio del poder, puede magnificarse. Con la prohibición constitucional, al derogarse este artículo de la Ley Orgánica, quedó derogado con el régimen de financiamiento público a los partidos políticos, abandonándose la tendencia inversa que predomina en el derecho comparado.

* Sobre esto véase el estudio en la Novena Parte de este libro.

38 Véase sobre la versión inicial de esta norma y sobre nuestra propuesta para su redacción en Allan R. Brewer-Carías *Debate Constituyente (Aportes a la Asamblea Nacional Constituyente),* Tomo II (9 septiembre - 17 octubre 1999). Fundación de Derecho Público - Editorial Jurídica Venezolana. Caracas, 1999. p. 129.

39 Véase en general sobre el tema, Allan R. Brewer-Carías, "Consideraciones sobre el financiamiento de los partidos políticos en Venezuela" en *Financiamiento y democratización interna de partidos políticos. Memoria del IV Curso Anual Interamericano de Elecciones,* San José, Costa Rica, 1991, pp. 121 a 139.

Esta prohibición constitucional expresa sobre el financiamiento público de los partidos políticos, fue uno de los temas a los que se refirió la reforma constitucional que a iniciativa del Presidente de la República,[40] se pretendió aprobar durante el año 2007, con la cual expresamente se buscó modificar la mencionada prohibición constitucional del artículo 67, previéndose en la norma, al contrario, que "el Estado podrá financiar las actividades electorales", pero sin indicarse si se trata de un financiamiento a los partidos políticos en general. Como es sabido, la antes mencionada propuesta de Reforma Constitucional de 2007, fue rechazada por voluntad popular expresada abrumadoramente contra su aprobación en el referendo del 2 de diciembre de 2007,[41] con lo que el régimen de financiamiento a los partidos políticos, a su funcionamiento interno y a sus actividades electorales continuó prohibida en la Constitución.

Sin embargo, a pesar de dicha prohibición constitucional y del rechazo popular a modificarla, la Sala Constitucional del Tribunal Supremo de Justicia, actuando como Jurisdicción Constitucional, en sentencia No. 780 de 8 de mayo de 2008 (Exp. n° 06-0785), mediante una interpretación constitucional vinculante, ha mutado la Constitución, sustituyéndose a la voluntad popular y al poder constituyente originario, disponiendo que "en lo que respecta al alcance de la prohibición de financiamiento público de asociaciones políticas" contenida en la mencionada norma, la misma:

> "se circunscribe a la imposibilidad de aportar fondos a los gastos corrientes e internos de las distintas formas de asociaciones políticas, pero ...dicha limitación, no resulta extensiva a la campaña electoral, como etapa fundamental del proceso electoral".

Es decir, la Sala Constitucional, ante una norma tan clara e igualmente tan criticable como la contenida en el artículo 67 de la Constitución, cuya reforma se había intentado hacer en 2007 pero sin lograrse por ser rechazada por la voluntad popular, en esta sentencia

---

40 Véase el documento *Proyecto de Exposición de Motivos para la Reforma Constitucional, Presidencia de la República, Proyecto Reforma Constitucional. Propuesta del presidente Hugo Chávez Agosto 2007; y la publicación: Proyecto de Reforma Constitucional. Elaborado por el ciudadano Presidente de la República Bolivariana de Venezuela, Hugo Chávez Frías* Editorial Atenea, Caracas agosto 2007, p. 19

41 Véase Allan R. Brewer-Carías, "La proyectada reforma constitucional de 2007", rechazada por el poder constituyente originario", en *Anuario de Derecho Público 2007,* Universidad Monteavila, Caracas 2008.

ni más ni menos, se ha erigido en poder constituyente, sustituyendo al pueblo, y ha dispuesto la reforma de la norma, vía su interpretación, en el mismo sentido que se pretendía en la rechazada reforma constitucional, disponiendo en definitiva, que la prohibición constitucional "no limita que en el marco del proceso electoral y como gasto inherente a una fase esencial del mismo, el Estado destine fondos con el objeto de financiar el desarrollo de las campañas electorales, de los partidos y asociaciones políticas," es decir, lo contrario de lo que dispone la Constitución.

Es evidente que siendo el financiamiento de las campañas electorales la motivación fundamental del financiamiento de los partidos políticos, pues los mismos tienen por objeto conducir a la ciudadanía en las opciones democráticas que necesariamente desembocan en elecciones, la Ley Orgánica del Sufragio y participación Política había dispuesto el financiamiento de los paridos políticos; y ello fue lo que, sin embargo, se eliminó expresamente en la Constitución de 1999. En la Constitución de 1999, sin embargo, en su clara concepción anti partidos entre otras normas dispuso precisamente la prohibición constitucional del financiamiento público a los partidos políticos (art. 67) lo cual lamentablemente ha provocado la posibilidad no sólo al financiamiento privado ilegítimo (narcotráfico, comisiones de partidos), sino al financiamiento público irregular.[42] Y eso fue precisamente lo que se quiso corregir, de nuevo, con la proyectada Reforma Constitucional de 2007, la cual, sin embargo, fue rechazada por el pueblo.

Pero la Sala Constitucional, sin límite alguno, se sustituyó al pueblo y asumió el rol de poder constituyente originario, disponiendo que lo que la Constitución prohíbe cuando establece en el artículo 67 que no se permite "el financiamiento de las asociaciones con fines políticos con fondos provenientes del Estado", es sólo una prohibición al financiamiento por el Estado de "los gastos corrientes e internos de las distintas formas de asociaciones políticas", pero no de la "campaña electoral, como etapa fundamental del proceso electoral."

Es decir, el Juez Constitucional, simplemente, dispuso que la Constitución no dice lo que dice, sino todo lo contrario; que cuando dice que no se permite "el financiamiento de las asociaciones con fines políticos con fondos provenientes del Estado", no es eso lo que

42 Véase en Allan R. Brewer-Carías, "Regulación jurídica de los partidos políticos en Venezuela" en *Estudios sobre el Estado Constitucional (2005-2006)*, Cuadernos de la Cátedra Fundacional Allan R. Brewer Carías de Derecho Público, Universidad Católica del Táchira, N° 9, Editorial Jurídica Venezolana. Caracas, 2007, pp. 655-686

establece, sino lo que prohíbe es solamente "el financiamiento de los gastos corrientes e internos de las asociaciones con fines políticos con fondos provenientes del Estado"; y que los gastos de las campañas electorales de dichas asociaciones con fines políticas, en cambio, si pueden ser financiadas con fondos provenientes del Estado.

Y para llegar a esta conclusión, en una sentencia innecesariamente atiborrada de citas de autores sobre las técnicas de interpretación y la noción de democracia, y sobre las bondades del financiamiento público de las campañas electorales de los partidos políticos, concluyó en la mencionada distinción, de que una cosa es que el Estado financie "los gastos corrientes e internos" de los partidos políticos y otra cosa es que financie "sus campañas electorales," deduciendo sin fundamento alguno que lo que la Constitución prohíbe es lo primero y no lo segundo.

Se trata de una conclusión absurda, que contra toda lógica democrática, se deriva de una premisa falsa, y es que en sistemas democráticos supuestamente podría ocurrir que el Estado financie los gastos corrientes e internos de los partidos. Ello no se concibe en las democracias, por lo que no requiere de prohibición alguna. En democracias lo que se financia es el funcionamiento de los partidos pero con miras siempre a las campañas electorales, al punto de que este se suspende si los mismos no llegan a obtener un determinado porcentaje de votación en las elecciones.

Puede ser muy loable la intención del Juez Constitucional de permitir el financiamiento de las campañas electorales de los partidos políticos con fondos provenientes del Estado, pero habiendo sido ello prohibido expresamente por la Constitución[43] (ya que no tiene lógica afirmar que lo que se prohíbe es lo que nunca se ha permitido: el financiamiento de los gastos corrientes e internos de los partidos), sólo reformándola es que se podría lograr lo contrario. Y ello fue lo que en este caso hizo el Juez Constitucional en Venezuela: reformar la Constitución, usurpando el poder constituyente originario que es del pueblo e, incluso contra su propia voluntad expresada cinco meses antes al rechazar precisamente esa reforma constitucional en igual sentido, estableció la posibilidad de financiar las campañas electorales de los partidos políticos.

---

43 Por ello fue, incluso, que entre otros aspectos salvamos nuestro voto en relación con dicha norma. Véase Allan R. Brewer-Carías, *Debate Constituyente (Aportes a la Asamblea Nacional Constituyente)*, Tomo III (18 octubre-30 noviembre 1999). Fundación de Derecho Público - Editorial Jurídica Venezolana. Caracas, 1999. pp. 239, 259

VIII. LA ELIMINACIÓN DEL RANGO SUPRACONSTITUCIONAL DE LOS TRATADOS INTERNACIONALES EN MATERIA DE DERECHOS HUMANOS*

Siguiendo una tendencia universal contemporánea, que ha permitido a los tribunales constitucionales la aplicación directa de los tratados internacionales en materia de derechos humanos para su protección, ampliando progresivamente el elenco de los mismos, en el propio texto de las Constituciones se ha venido progresivamente reconociendo en forma expresa el rango normativo de los referidos tratados, de manera que en la actualidad pueden distinguirse cuatro rangos diversos reconocidos en el derecho interno, rango supra constitucional, rango constitucional, rango supra legal o rango legal.[44]

En el caso de la Constitución venezolana de 1999, el artículo 23 dispuso expresamente lo siguiente:

> *Artículo 23*. Los tratados, pactos y convenciones relativos a derechos humanos, suscritos y ratificados por Venezuela, tienen jerarquía constitucional y prevalecen en el orden interno, en la medida en que contengan normas sobre su goce y ejercicio más favorables a las establecidas en esta Constitución y en las leyes de la República, y son de aplicación inmediata y directa por los tribunales y demás órganos del Poder Público.

Esta norma, sin duda, es uno de las más importantes en materia de derechos humanos en el país, única en su concepción en América Latina, pues por una parte, le otorga a los tratados internacionales en materia de derechos humanos no sólo rango constitucional, sino rango *supra constitucional,* es decir, un rango superior respecto de las propias normas constitucionales, los cuales deben prevalecer sobre

---

* Sobre esto véase el estudio en la Sexta Parte de este libro.

44 En relación con esta clasificación general, véase: Rodolfo E. Piza R., *Derecho internacional de los derechos humanos: La Convención Americana*, San José 1989; y Carlos Ayala Corao, "La jerarquía de los instrumentos internacionales sobre derechos humanos", en *El nuevo derecho constitucional latinoamericano*, IV Congreso venezolano de Derecho constitucional, Vol. II, Caracas 1996 y *La jerarquía constitucional de los tratados sobre derechos humanos y sus consecuencias*, México, 2003; Humberto Henderson, "Los tratados internacionales de derechos humanos en el orden interno: la importancia del principio *pro homine*", en *Revista IIDH*, Instituto Interamericano de Derechos Humanos, No. 39, San José 2004, pp. 71 y ss. Véase también, Allan R. Brewer-Carías, *Mecanismos nacionales de protección de los derechos humanos*, Instituto Internacional de Derechos Humanos, San José, 2004, pp.62 y ss.

las mismas en caso de regulaciones más favorables a su ejercicio. Además, por otra parte, el artículo establece el principio de la aplicación inmediata y directa de dichos tratados por los tribunales y demás autoridades del país. Su inclusión en la Constitución, sin duda, fue un avance significativo en la construcción del esquema de protección de los derechos humanos, que se aplicó por los tribunales declarando la prevalencia de las normas de Convención Americana de Derechos Humanos en relación con normas constitucionales y legales. Fue el caso, por ejemplo, del derecho a la revisión judicial de sentencias, a la apelación o derecho a la segunda instancia que en materia contencioso administrativa se excluía en la derogada Ley Orgánica de la Corte Suprema de Justicia de 1976,[45] respecto de la impugnación de actos administrativos ante la Jurisdicción contencioso administrativa emanados de institutos autónomos o Administraciones independientes'. La Constitución de 1999 solo reguló como derecho constitucional el derecho de apelación en materia de juicios penales a favor de la persona declarada culpable (art. 40,1); por lo que en el mencionado caso de juicios contencioso administrativos, no existía una garantía constitucional expresa a la apelación, habiendo sido siempre declarada inadmisible la apelación contra las decisiones de única instancia de la Corte Primera de lo Contencioso. La aplicación del artículo 23 de la Constitución llevó finalmente a la Sala Constitucional del Tribunal Supremo, a resolver en 2000 la aplicación prevalente de la Convención Interamericana de Derechos Humanos, considerando:

> "que el artículo 8, numerales 1 y 2 (literal h), de la Convención Americana sobre Derechos Humanos, forma parte del ordenamiento constitucional de Venezuela; que las disposiciones que contiene, declaratorias del derecho a recurrir del fallo, son más favorables, en lo que concierne al goce y ejercicio del citado derecho, que la prevista en el artículo 49, numeral 1, de dicha Constitución; y que son de aplicación inmediata y directa por los tribunales y demás órganos del Poder Público."[46].

---

[45] Véase los comentarios en Allan R. Brewer-Carías y Josefina Calcaño de Temeltas, *Ley Orgánica de la Corte Suprema de Justicia,* Editorial Jurídica Venezolana, Caracas 1978.

[46] Sentencia No. 87 del 13 de marzo de 2000, Caso: C.A. Electricidad del Centro (Elecentro) y otra vs. Superintendencia para la Promoción y Protección de la Libre Competencia. (Procompetencia), en *Revista de Derecho Público*, No. 81, Editorial Jurídica Venezolana, Caracas 2000, pp. 157. La Sala Constitucional incluso resolvió el caso estableciendo una interpretación obligatoria, que exigía la re-redacción de la Ley Orgánica, disponiendo lo siguiente: "En consecuencia, visto que el último aparte, primer párrafo, del artículo 185 de la Ley Orgá-

Sin embargo, en sentencia No. 1.939 de 18 de diciembre de 2008 (Caso *Gustavo Álvarez Arias y otros*) la Sala Constitucional al declarar inejecutable una sentencia de la Corte Interamericana de Derechos Humanos, de fecha 5 de agosto de 2008, dictada en el caso de los ex-magistrados de la Corte Primera de lo Contencioso Administrativo (*Apitz Barbera y otros ("Corte Primera de lo Contencioso Administrativo") vs. Venezuela*), ha resuelto definitivamente que:

> "el citado artículo 23 de la Constitución no otorga a los tratados internacionales sobre derechos humanos rango "supraconstitucional", por lo que, en caso de antinomia o contradicción entre una disposición de la Carta Fundamental y una norma de un pacto internacional, correspondería al Poder Judicial determinar cuál sería la aplicable, tomando en consideración tanto lo dispuesto en la citada norma como en la jurisprudencia de esta Sala Constitucional del Tribunal Supremo de Justicia, atendiendo al contenido de los artículos 7, 266.6, 334, 335, 336.11 eiusdem y el fallo número 1077/2000 de esta Sala."

A los efectos de fundamentar su decisión, y rechazar la existencia de valores superiores no moldeables por el proyecto político autoritario, la Sala aclaró los siguientes conceptos:

---

nica de la Corte Suprema de Justicia, dispone lo siguiente: "Contra las decisiones que dicto dicho Tribunal en los asuntos señalados en los ordinales 1 al 4 de este artículo no se oirá recurso alguno"; visto que la citada disposición es incompatible con las contenidas en el artículo 8, numerales 1 y 2 (literal h), de la Convención Americana sobre Derechos Humanos, las cuales están provistas de jerarquía constitucional y son de aplicación preferente; visto que el segundo aparte del artículo 334 de la Constitución de la República establece lo siguiente: "En caso de incompatibilidad entre esta Constitución y una ley u otra norma jurídica, se aplicarán las disposiciones constitucionales, correspondiendo a los tribunales en cualquier causa, aun de oficio, decidir lo conducente", ésta Sala acuerda dejar sin aplicación la disposición transcrita, contenida en el último aparte, primer párrafo, del artículo 185 de la Ley Orgánica en referencia, debiendo aplicarse en su lugar, en el caso de la sentencia que se pronuncie, de ser el caso, sobre el recurso contencioso administrativo de anulación interpuesto por la parte actora ante la Corte Primera de lo Contencioso Administrativo (expediente N° 99-22167), la disposición prevista en el último aparte, segundo párrafo, del artículo 185 eiusdem, y la cual es del tenor siguiente: 'Contra las sentencias definitivas que dicte el mismo Tribunal ... podrá interponerse apelación dentro del término de cinco días, ante la Corte Suprema de Justicia (rectius: Tribunal Supremo de Justicia)'. Así se decide." *Idem* p. 158

"Sobre este tema, la sentencia de esta Sala Nº 1309/2001, entre otras, aclara que el derecho es una teoría normativa puesta al servicio de la política que subyace tras el proyecto axiológico de la Constitución y que la interpretación debe comprometerse, si se quiere mantener la supremacía de la Carta Fundamental cuando se ejerce la jurisdicción constitucional atribuida a los jueces, con la mejor teoría política que subyace tras el sistema que se interpreta o se integra y con la moralidad institucional que le sirve de base axiológica (*interpretatio favor Constitutione*). Agrega el fallo citado: "en este orden de ideas, los estándares para dirimir el conflicto entre los principios y las normas deben ser compatibles con el proyecto político de la Constitución (Estado Democrático y Social de Derecho y de Justicia) y no deben afectar la vigencia de dicho proyecto con elecciones interpretativas ideológicas que privilegien los derechos individuales a ultranza o que acojan la primacía del orden jurídico internacional sobre el derecho nacional en detrimento de la soberanía del Estado".

Concluye la sentencia que: "no puede ponerse un sistema de principios supuestamente absoluto y suprahistórico por encima de la Constitución" y que son inaceptables las teorías que pretenden limitar "so pretexto de valideces universales, la soberanía y la autodeterminación nacional".

En el mismo sentido, la sentencia de esta Sala Nº 1265/2008 estableció que en caso de evidenciarse una contradicción entre la Constitución y una convención o tratado internacional, "deben prevalecer las normas constitucionales que privilegien el interés general y el bien común, debiendo aplicarse las disposiciones que privilegien los intereses colectivos...(...) sobre los intereses particulares..." [47]

En esta forma, la Sala Constitucional en el Venezuela ha dispuesto una ilegítima mutación constitucional, reformando el artículo 23 de la Constitución al eliminar el carácter supranacional de la Convención Americana de Derechos Humanos en los casos en los cuales contenga previsiones más favorables al goce y ejercicio de derechos humanos respecto de las que están previstas en la propia Constitución.

Debe advertirse, por otra parte, que tan se trata de una reforma constitucional ilegítima, que esa fue una de las propuestas de reforma que se formularon por el "Consejo Presidencial para la Reforma de la

---

47 Véase en http://www.tsj.gov.ve/decisiones/scon/Diciembre/1939-181208-2008-08-1572.html

Constitución," designado por el Presidente de la República,[48] en informe de junio de 2007,[49] en el cual, en relación con el artículo 23 de la Constitución, lo que se buscaba era eliminar totalmente la jerarquía constitucional de las previsiones de los tratados internacionales de derechos humanos y su prevalencia sobre el orden interno, proponiéndose la formulación de la norma sólo en el sentido de que: "los tratados, pactos y convenciones relativos a derechos humanos, suscritos y ratificados por Venezuela, mientras se mantenga vigentes, forma parte del orden interno, y son de aplicación inmediata y directa por los órganos del Poder Público".

Esa propuesta de reforma constitucional que afortunadamente no llegó a cristalizar, era un duro golpe al principio de la progresividad en la protección de los derechos que se recoge en el artículo 19 de la Constitución, que no permite regresiones en la protección de los mismos.[50] Sin embargo, lo que no pudo hacer el régimen autoritario mediante una reforma constitucional, la cual al final fue rechazada por el pueblo, lo hizo la Sala Constitucional del Tribunal Supremo en su larga carrera al servicio del autoritarismo.[51]

---

48 Véase Decreto No. 5138 de 17-01-2007, *Gaceta Oficial* N° 38.607 de 18-01-2007

49 El documento circuló en junio de 2007 con el título Consejo Presidencial para la Reforma de la Constitución de la República Bolivariana de Venezuela, "Modificaciones propuestas". El texto completo fue publicado como *Proyecto de Reforma Constitucional. Versión atribuida al Consejo Presidencial para la reforma de la Constitución de la república Bolivariana de Venezuela*, Editorial Atenea, Caracas 01 de julio de 2007, 146 pp.

50 Véase esta proyectada reforma constitucional Allan R. Brewer-Carías, *Hacia la consolidación de un Estado Socialista, Centralizado, Policial y Militarista. Comentarios sobre el sentido y alcance de las propuestas de reforma constitucional 2007,* Colección Textos Legislativos, No. 42, Editorial Jurídica Venezolana, Caracas 2007, pp. 122 ss.

51 Véase entre otros aspectos, los contenidos en el libro Allan R. Brewer-Carías, *Crónica sobre la "In" Justicia Constitucional. La Sala Constitucional y el autoritarismo en Venezuela*, Colección Instituto de Derecho Público, Universidad Central de Venezuela, No. 2, Caracas 2007.

IX. LA ELIMINACIÓN DE LA POTESTAD DE LOS JUECES PARA APLICABILIDAD INMEDIATA DE LOS TRATADOS INTERNACIONALES EN MATERIA DE DERECHOS HUMANOS*

En materia de derechos humanos, el articulo 23 de la Constitución no sólo otorga rango supraconstitucional a las normas de los tratados, pactos y convenciones internacionales relativos a derechos humanos suscritos y ratificados por Venezuela, "en la medida en que contengan normas sobre su goce y ejercicio más favorables a las establecidas en esta Constitución y en las leyes de la República", lo que como antes se ha visto ya ha sido mutado ilegítimamente; sino que declara además expresamente que los mismos son "de aplicación inmediata y directa por los tribunales y demás órganos del Poder Público" (art. 23).

Sobre esta norma, la Sala Constitucional del Tribunal Supremo, al reivindicar un carácter de máximo y último intérprete de la Constitución y de los tratados, pactos y convenios sobre derechos humanos que no tiene, pues todas las Salas del Tribunal Supremo lo tienen, ha establecido en sentencia Nº 1492 de 15 de julio de 2003 (Caso: *Impugnación de diversos artículos del Código Penal*), que por adquirir los mencionados tratados jerarquía constitucional e integrarse a la Constitución vigente, "*el único capaz de interpretarlas*, con miras al derecho venezolano, es el juez constitucional, conforme al artículo 335 de la vigente Constitución, en especial, al intérprete nato de la Constitución de 1999, y, que es la Sala Constitucional, y así se declara". De allí la Sala señaló que

> "es la Sala Constitucional quien determina cuáles normas sobre derechos humanos de esos tratados, pactos y convenios, prevalecen en el orden interno; al igual que cuáles derechos humanos no contemplados en los citados instrumentos internacionales tienen vigencia en Venezuela"[52].

Con esta decisión inconstitucional, la Sala Constitucional ha mutado ilegítimamente la Constitución, pues conforme a la norma de su artículo 23, esa potestad no sólo corresponde a la Sala Constitucional, sino a todos los tribunales de la República cuando actúen como juez constitucional, por ejemplo, al ejercer el control difuso de la constitucionalidad de las leyes o al conocer de acciones de amparo. La pre-

* Sobre esto véase el estudio en la Sexta Parte de este libro.

52 Véase en *Revista de Derecho Público*, Nº 93-96, Editorial Jurídica Venezolana, Caracas 2003, pp. 135 ss..

tensión de la Sala Constitucional en concentrar toda la justicia constitucional no se ajusta a la Constitución y al sistema de justicia constitucional que regula, de carácter mixto e integral; y menos aún en materia de derechos humanos, cundo es la propia Constitución la que dispone que los tratados, pactos e instrumentos internacionales sobre derechos humanos ratificados por la República son "de aplicación inmediata y directa por los tribunales" (art. 23).

X. LA NEGACIÓN DEL DERECHO CIUDADANO A LA PROTECCIÓN INTERNACIONAL DE LOS DERECHOS HUMANOS Y LA "INEJECUTABILIDAD" DE LAS SENTENCIAS DE LA CORTE INTERAMERICANA DE DERECHOS HUMANOS*

Pero además del desconocimiento del rango supra constitucional de la Convención Americana de Derechos Humanos, la Sala Constitucional en la sentencia indicada No. 1.939 de 18 de diciembre de 2008, que se identifica como Caso *Gustavo Álvarez Arias y otros*, cuando en realidad es el Caso: *Estado venezolano vs. La Corte Interamericana de Derechos Humanos*, ha desconocido las decisiones de la Corte Interamericana de Derechos Humanos, declarándolas inejecutables, contrariando el régimen internacional de los tratados.

Con dicha sentencia, dictada en juicio iniciado por la Procuraduría General de la República que es un órgano dependiente del Ejecutivo Nacional, la sala Constitucional declaró "inejecutable" en Venezuela la sentencia de la Corte Interamericana de Derechos Humanos de fecha 5 de agosto de 2008," dictada en el caso de los ex-magistrados de la Corte Primera de lo Contencioso Administrativo (*Apitz Barbera y otros ("Corte Primera de lo Contencioso Administrativo") vs. Venezuela*). En dicha sentencia, la Corte Interamericana en demanda contra el Estado formulada por la Comisión Interamericana de derechos Humanos a petición de dichos ex magistrados de la Corte Primera de lo Contencioso Administrativo, decidió que el Estado Venezolano les había violado las garantías judiciales establecidas en la Convención Americana al haberlos destituido de sus cargos, condenando al Estado a pagar las compensaciones prescritas, a reincorporarlos en sus cargos o en cargos similares, y a publicar el fallo en la prensa venezolana.[53]

---

* Sobre esto véase el estudio en la Sexta Parte de este libro.

[53] Véase en www.corteidh.or.cr . Excepción Preliminar, Fondo, Reparaciones y Costas, Serie C No. 182.

Ahora bien, aparte de que el caso de la Convención Americana de Derechos Humanos una vez que los Estados Partes han reconocido la jurisdicción de la Corte Interamericana de Derechos Humanos, conforme al artículo 68.1 de la Convención, los mismos "se comprometen a cumplir la decisión de la Corte en todo caso en que sean partes;"[54] es la propia Constitución la que ha garantizado expresamente en Venezuela el acceso de las personas a la protección internacional en materia de derechos humanos, con la obligación del Estado de ejecutar las decisiones de los órganos internacionales. A tal efecto el artículo 31 de de la Constitución dispone:

> ***Artículo 31.*** Toda persona tiene derecho, en los términos establecidos por los tratados, pactos y convenciones sobre derechos humanos ratificados por la República, a dirigir peticiones o quejas ante los órganos internacionales creados para tales fines, con el objeto de solicitar el amparo a sus derechos humanos.
>
> El Estado adoptará, conforme a procedimientos establecidos en esta Constitución y en la ley, las medidas que sean necesarias para dar cumplimiento a las decisiones emanadas de los órganos internacionales previstos en este artículo.

No han faltado Estados, sin embargo, que se hayan rebelado contra las decisiones de la Corte Interamericana y hayan pretendido eludir su responsabilidad en el cumplimiento de las mismas. La sentencia de la Corte Interamericana en el *Caso Castillo Petruzzi* de 30 de mayo de 1999 (Serie C, núm. 52), es prueba de ello, pues después de que declarar que el Estado peruano había violado en un proceso los artículos 20; 7.5; 9; 8.1; 8.2.b,c,d y f; 8.2.h; 8.5; 25; 7.6; 5; 1.1 y 2,[55] la Sa-

---

[54] Como lo señaló la Corte Interamericana de Derechos Humanos en la decisión del *Caso Castillo Petruzzi*, sobre "Cumplimiento de sentencia" del 7 de noviembre de 1999 (Serie C, núm. 59), "Las obligaciones convencionales de los Estados parte vinculan a todos los poderes y órganos del Estado," (par. 3) agregando "Que esta obligación corresponde a un principio básico del derecho de la responsabilidad internacional del Estado, respaldado por la jurisprudencia internacional, según el cual los Estados deben cumplir sus obligaciones convencionales de buena fe (*pacta sunt servanda*) y, como ya ha señalado esta Corte, no pueden por razones de orden interno dejar de asumir la responsabilidad internacional ya establecida." (par. 4). Véase en Sergio García Ramírez (Coord.), *La Jurisprudencia de la Corte Interamericana de Derechos Humanos*, Universidad Nacional Autónoma de México, Corte Interamericana de Derechos Humanos, México, 2001, pp. 628-629

[55] Como consecuencia, en la sentencia la Corte Interamericana declaró "la invalidez, por ser incompatible con la Convención, del proceso en contra de los seño-

la Plena del Consejo Supremo de Justicia Militar del Perú se negó a ejecutar el fallo, considerando que la misma desconocía la Constitución Política del Perú y la sujetaba a "la Convención Americana sobre Derechos Humanos en la interpretación que los jueces de dicha Corte efectúan *ad-libitum* en esa sentencia."[56]

Ahora le ha correspondido a Venezuela seguir los pasos del régimen autoritario del Presidente Fujimori en el Perú, y la Sala Constitucional del Tribunal Supremo también ha declarado en la mencionada decisión No 1.939 de 18 de diciembre de 2008 (Caso *Abogados Gustavo Álvarez Arias y otros*), como "inejecutable" la sentencia de la Corte Interamericana de Derechos Humanos Primera de 5 de agosto de 2008 en el caso *Apitz Barbera y otros ("Corte Primera de lo Contencioso*

---

res Jaime Francisco Sebastián Castillo Petruzzi" y otros, ordenando "que se les garantice un nuevo juicio con la plena observancia del debido proceso legal," y además, "al Estado adoptar las medidas apropiadas para reformar las normas que han sido declaradas violatoria de la Convención Americana sobre Derechos Humanos en la presente sentencia y asegurar el goce de los derechos consagrados en la Convención Americana sobre derechos Humanos a todas las personas que se encuentran bajo su jurisdicción, sin excepción alguna." Véase en http://www.tsj.gov.ve/decisiones/scon/Diciembre/1939-181208-2008-08-1572.html

56 Precisamente frente a esta declaratoria por la Sala Plena del Consejo Supremo de Justicia Militar del Perú sobre la inejecutabilidad del fallo de 30 de mayo de 1999 de la Corte Interamericana de Derechos Humanos en el Perú, fue que la misma Corte Interamericana dictó el fallo subsiguiente, antes indicado, de 7 de noviembre de 1999, declarando que "el Estado tiene el deber de dar pronto cumplimiento a la sentencia de 30 de mayo de 1999 dictada por la Corte Interamericana en el caso Castillo Petruzzi y otros." Sergio García Ramírez (Coord.), *La Jurisprudencia de la Corte Interamericana de Derechos Humanos*, Universidad Nacional Autónoma de México, Corte Interamericana de Derechos Humanos, México, 2001, p. 629 Ello ocurrió durante el régimen autoritario que tuvo el Perú en la época del Presidente Fujimori, y que condujo a que dos meses después de dictarse la sentencia de la Corte Interamericana del 30 de mayo de 1999, el Congreso del Perú aprobase el 8 de julio de 1999 el retiro del reconocimiento de la competencia contenciosa de la Corte, lo que se depositó al día siguiente en la Secretaría General de la OEA/ Este retiro fue declarado inadmisible por la propia Corte Interamericana, en la sentencia del caso *Ivcher Bronstein* de 24 de septiembre de 1999, considerando que un "Estado parte sólo puede sustraerse a la competencia de la Corte mediante la denuncia del tratado como un todo." Idem, pp. 769-771. En todo caso, posteriormente en 2001 Perú derogó la Resolución de julio de 1999, restableciéndose a plenitud la competencia de la Corte interamericana para el Estado

Administrativo") vs. Venezuela acusando a la Corte Interamericana de haber usurpado el poder del Tribunal Supremo.[57]

En su decisión, la Sala Constitucional, citando la previa decisión No. 1.942 de 15 de julio de 2003, y considerando que se trataba de una petición de interpretación formulada por la República, precisó que la Corte Interamericana de Derechos Humanos, no podía "pretender excluir o desconocer el ordenamiento constitucional interno," y que había dictado "pautas de carácter obligatorio sobre gobierno y administración del Poder Judicial que son competencia exclusiva y excluyente del Tribunal Supremo de Justicia" y establecido "directrices para el Poder Legislativo, en materia de carrera judicial y responsabilidad de los jueces, violentando la soberanía del Estado venezolano en la organización de los poderes públicos y en la selección de sus funcionarios, lo cual resulta inadmisible." Acusó además, a la Corte Interamericana de haber utilizado su fallo "para intervenir inaceptablemente en el gobierno y administración judicial que corresponde con carácter excluyente al Tribunal Supremo de Justicia," argumentando que con la "sentencia cuestionada" la Corte Interamericana pretendía "desconocer la firmeza de decisiones administrativas y judiciales que han adquirido la fuerza de la cosa juzgada, al ordenar la reincorporación de los jueces destituidos." Para realizar estas afirmaciones, la Sala Constitucional recurrió como precedente para considerar que la sentencia de la Corte Interamericana de Derechos Humanos era inejecutable en Venezuela, precisamente la decisión antes señalada de 1999 de la Sala Plena del Consejo Supremo de Justicia Militar del Perú, que consideró inejecutable la sentencia de la Corte Interamericana de 30 de mayo de 1999, dictada en el caso: *Castillo Petruzzi y otro*.

Pero no se quedó allí la Sala Constitucional, sino en una evidente usurpación de poderes, ya que las relaciones internacionales es mate-

---

57 El tema, ya lo había adelantado la Sala Constitucional en su conocida sentencia No. 1.942 de 15 de julio de 2003 (Caso: *Impugnación de artículos del Código Penal, Leyes de desacato*) (Véase en *Revista de Derecho Público*, No. 93-96, Editorial Jurídica Venezolana, Caracas 2003, pp. 136 ss.) en la cual al referirse a los Tribunales Internacionales "comenzó declarando en general, que en Venezuela "por encima del Tribunal Supremo de Justicia y a los efectos del artículo 7 constitucional, no existe órgano jurisdiccional alguno, a menos que la Constitución o la ley así lo señale, y que aun en este último supuesto, la decisión que se contradiga con las normas constitucionales venezolanas, carece de aplicación en el país, y así se declara."

ria exclusiva del Poder Ejecutivo, solicitó instó "al Ejecutivo Nacional proceda a denunciar esta Convención, ante la evidente usurpación de funciones en que ha incurrido la Corte Interamericana de los Derechos Humanos con el fallo objeto de la presente decisión; y el hecho de que tal actuación se fundamenta institucional y competencialmente en el aludido Tratado."

Así concluyó el proceso de desligarse de la Convención Americana sobre Derechos Humanos, y de la jurisdicción de la Corte Interamericana de Derechos Humanos por parte del Estado Venezolano, utilizando para ello a su propio Tribunal Supremo de Justicia.

Debe recordarse en efecto, que en esta materia la Sala Constitucional también ha dispuesto una ilegítima mutación constitucional, reformando el artículo 23 de la Constitución en la forma cómo se pretendía en 2007 en la antes mencionada propuesta del "Consejo Presidencial para la Reforma de la Constitución," designado por el Presidente de la República, al buscar agregar al artículo 23 de la Constitución, también en forma regresiva, que "corresponde a los tribunales de la República conocer de las violaciones sobre las materias reguladas en dichos Tratados", con lo que se buscaba establecer una prohibición constitucional para que la Corte Interamericana de Derechos Humanos pudiera conocer de las violaciones de la Convención Americana de Derechos Humanos. Es decir, con una norma de este tipo, Venezuela hubiera quedado excluida constitucionalmente de la jurisdicción de dicha Corte internacional y del sistema interamericano de protección de los derechos humanos.[58]

En esta materia, también, lo que no pudo hacer el régimen autoritario mediante una reforma constitucional, la cual al final fue rechazada por el pueblo, lo hizo la Sala Constitucional del Tribunal Supremo en su larga carrera al servicio del autoritarismo.

APRECIACIÓN FINAL

Un recurso autónomo de interpretación abstracta de la Constitución como el que hemos señalado, en manos de un Juez Constitucional autónomo e independiente, sin duda que podría ser un instrumento eficaz para adaptar las normas constitución a los cambios operados en el orden constitucional de un país en un momento determi-

[58] Véase sobre esta proyectada reforma constitucional Allan R. Brewer-Carías, *Hacia la consolidación de un Estado Socialista, Centralizado, Policial y Militarista. Comentarios sobre el sentido y alcance de las propuestas de reforma constitucional 2007,* Colección Textos Legislativos, No. 42, Editorial Jurídica Venezolana, Caracas 2007, p. 122.

nado. Sin embargo, un recurso de esa naturaleza en manos de un Juez Constitucional totalmente dependiente del Poder Ejecutivo, en un régimen autoritario como el que se ha estructurado en Venezuela en los últimos 10 años, resolviendo en particular las peticiones interesadas que le formule el propio Poder Ejecutivo a través del Procurador General de la República, es un instrumento de mutación ilegítima de la Constitución, para cambiarla y ajustarla a la voluntad a los efectos de afianzar el autoritarismo. Eso es lo que ha ocurrido en Venezuela, donde el Tribunal Supremo de Justicia ha sido intervenido políticamente, al distorsionarse las normas constitucionales destinadas a asegurar su nombramiento a propuesta de la sociedad civil y su remoción sólo en casos excepcionales.

En efecto, en cuanto a la selección de los Magistrados del Tribunal Supremo de Justicia, la Constitución de 1999 creó un novedoso sistema, mediante el establecimiento de un Comité de Postulaciones Judiciales (art. 270), que debería estar integrado por representantes de los diferentes sectores de la sociedad. Ello, sin embargo, no se ha garantizado en los 10 años de vigencia de la Constitución: No se garantizó en la designación de Magistrados en 1999 por la Asamblea Nacional Constituyente; ni se garantizó en 2001, con la nueva la designación de Magistrados mediante una "Ley Especial" que convirtió dicho Comité en una comisión parlamentaria ampliada. Luego, después de años de transitoriedad constitucional, tampoco se garantizó en la Ley Orgánica del Tribunal Supremo de Justicia de 2004, la cual en lugar de regular dicho Comité, lo que estableció fue una Comisión parlamentaria ampliada, totalmente controlada por la mayoría oficialista del Parlamento, burlando la disposición constitucional[59]. Con dicha reforma, además, se aumentó el número de Magistrados de 20 a 32, los cuales fueron elegidos por la Asamblea Nacional en un procedimiento que estuvo enteramente controlado por el Presidente de la

59 Véase los comentarios en Allan R. Brewer-Carías, *Ley Orgánica del Tribunal Supremo de Justicia,* Editorial Jurídica Venezolana, Caracas 200, pp. 32 ss. El asalto al Tribunal Supremo de Justicia se inició antes con el con el nombramiento "transitorio", en 1999, por la Asamblea Nacional Constituyente, de los nuevos Magistrados del Tribunal Supremo de Justicia sin cumplirse los requisitos constitucionales ni asegurarse la participación de la sociedad civil en los nombramientos. Las previsiones constitucionales sobre condiciones para ser magistrado y los procedimientos para su designación con participación de los sectores de la sociedad, se continuaron violando por la Asamblea Nacional al hacer las primeras designaciones en 2002 conforme a una "Ley especial" sancionada para efectuarlas transitoriamente, con contenido completamente al margen de las exigencias constitucionales

República, lo que incluso fue anunciado públicamente en víspera de los nombramientos, por el entonces Presidente de la Comisión parlamentaria encargada de escoger los candidatos a Magistrado.[60]

Por otra parte, en cuanto a la estabilidad de los Magistrados del Tribunal Supremo de Justicia, el artículo 265 de la Constitución dispuso que los mismos sólo podían ser removidos por la Asamblea Nacional mediante una mayoría calificada de las dos terceras partes de sus integrantes, previa audiencia concedida al interesado, en caso de faltas graves calificadas por el Poder Ciudadano. Con esta sola disposición, sin embargo, podía decirse que la autonomía e independencia de los Magistrados quedaba cuestionada pues permitía una inconveniente e inaceptable injerencia de la instancia política del Poder en relación con la administración de Justicia, y con ella, efectivamente, la Asamblea Nacional comenzó a ejercer un control político directo sobre los Magistrados del Tribunal Supremo, los cuales permanentemente han sabido que en cualquier momento pueden ser investigados y removidos. Pero en la norma constitucional al menos había la garantía con la exigencia de una mayoría calificada para la votación, lo cual sin embargo fue absurdamente eliminada, al preverse otra modalidad de remoción, llamada de "revocación del acto administrativo de nombramiento" con el voto de la mayoría absoluta de los diputados, lo que se estableció en evidente fraude a la Constitución, en la Ley Orgánica del Tribunal Supremo de Justicia en 2004.[61] Esta

---

60 El diputado Pedro Carreño, quien un tiempo después fue designado Ministro del Interior y de Justicia, afirmó lo siguiente: "Si bien los diputados tenemos la potestad de esta escogencia, el Presidente de la República fue consultado y su opinión fue tenida muy en cuenta."(Resaltado añadido). Agregó: "Vamos a estar claros, nosotros no nos vamos a meter autogoles. En la lista había gente de la oposición que cumple con todos los requisitos. La oposición hubiera podido usarlos para llegar a un acuerdo en las últimas sesiones, pero no quisieron. Así que nosotros no lo vamos a hacer por ellos. En el grupo de los postulados no hay nadie que vaya a actuar contra nosotros y, así sea en una sesión de 10 horas, lo aprobaremos." Véase en *El Nacional*, Caracas, 13-12-2004. Con razón, la Comisión Interamericana de Derechos Humanos indicó en su *Informe* a la Asamblea General de la OEA correspondiente a 2004 que "estas normas de la Ley Orgánica del Tribunal Supremo de Justicia habrían facilitado que el Poder Ejecutivo manipulara el proceso de elección de magistrados llevado a cabo durante 2004. Comisión Interamericana de Derechos Humanos, *Informe sobre Venezuela 2004*, párrafo 180

61 Se estableció, en efecto, la posibilidad de la "revocación del acto administrativo de nombramiento los Magistrados" por mayoría para burlar la exigencia de la mayoría calificada prevista para la "remoción". Véase los comentarios en Allan

inconstitucional previsión legal, incluso, se buscó constitucionalizar con la rechazada reforma constitucional de 2007.[62]

En esta forma, el Tribunal Supremo de Justicia de Venezuela, y dentro del mismo, su Sala Constitucional, se ha configurado como un cuerpo altamente politizado[63], lamentablemente sujeto a la voluntad del Presidente de la República, lo que en la práctica ha significado la eliminación de toda la autonomía del Poder Judicial. Con ello, el propio postulado de la separación de los poderes, como piedra angular del Estado de Derecho y de la vigencia de las instituciones democráticas, ha sido eliminando desapareciendo toda posibilidad de control judicial efectivo del poder por parte de los ciudadanos. El propio Presidente de la República incluso, llegó a decir en 2007 que para poder dictar sentencias, el Tribunal Supremo debía consultarlo previamente.[64] Con todo esto, el Poder Judicial ha pospuesto su función funda-

---

R. Brewer-Carías, *Ley Orgánica del Tribunal Supremo de Justicia,* Editorial Jurídica Venezolana, Caracas 200, pp. 41 ss.

62 Véase Allan R. Brewer-Carías, *Hacia la consolidación de un Estado Socialista, Centralista, Policial y Militarista. Comentarios sobre el alcance y sentido de las propuestas de reforma constitucional 2007*, Editorial Jurídica Venezolana, Caracas 2007, pp. 114 ss.; *La Reforma Constitucional de 2007 (Inconstitucionalmente sancionada por la Asamblea nacional el 2 de noviembre de 2007)*, Editorial Jurídica venezolana, Caracas 2007. pp. 108 ss.

63 Véase lo expresado por el magistrado Francisco Carrasqueño, en la apertura del año judicial en enero de 2008, al explicar que : "no es cierto que el ejercicio del poder político se limite al Legislativo, sino que tiene su continuación en los tribunales, en la misma medida que el Ejecutivo", dejando claro que la "aplicación del Derecho no es neutra y menos aun la actividad de los magistrados, porque según se dice en la doctrina, deben ser reflejo de la política, sin vulnerar la independencia de la actividad judicial". Véase en *El Universal*, Caracas 29-01-2008.

64 Así lo afirmó el Jefe de Estado, cuando al referirse a una sentencia de la Sala Constitucional muy criticada, en la cual reformó de oficio una norma de la Ley del Impuesto sobre la renta, simplemente dijo: "Muchas veces llegan, viene el Gobierno Nacional Revolucionario y quiere tomar una decisión contra algo por ejemplo que tiene que ver o que tiene que pasar por decisiones judiciales y ellos empiezan a moverse en contrario a la sombra, y muchas veces logran neutralizar decisiones de la Revolución a través de un juez, o de un tribunal, o hasta en el mismísimo Tribunal Supremo de Justicia, a espaldas del líder de la Revolución, actuando por dentro contra la Revolución. Eso es, repito, traición al pueblo, traición a la Revolución." Discurso del Presidente de la Republica en el

mental de servir de instrumento de control de las actividades de los otros órganos del Estado para asegurar su sometimiento a la ley, habiendo materialmente desaparecido el derecho ciudadano a la tutela judicial efectiva y al controlar del poder. En esa situación, por tanto, es difícil hablar siquiera de posibilidad alguna de equilibrio entre poderes y prerrogativas del Estado y derechos y garantías ciudadanas.

La Constitución de Venezuela de 1999, sin duda, formalmente contiene en su texto el elenco de valores del Estado democrático y social de derecho más completo que pueda desearse así como una de las declaraciones de derechos humanos más completas de América Latina, con especificación de los medios para su protección por medio de la acción de amparo, y los recursos ante la Jurisdicción Constitucional y la Jurisdicción Contencioso Administrativa difícilmente contenidos con tanto detalle en otros textos constitucionales. Esas declaraciones, sin embargo, en contraste con la realidad del sistema autoritario, lo que confirman es que para que exista control de la actuación del Estado es indispensable que el Poder Judicial sea autónomo e independiente, y fuera del alcance del Poder Ejecutivo.

Al contrario, cuando el Poder Judicial está controlado por el Poder Ejecutivo, las declaraciones constitucionales de derechos se convierten en letra muerta. En otras palabras, para que exista democracia como régimen político en un Estado constitucional y democrático de derecho, no son suficientes las declaraciones contenidas en los textos constitucionales que hablen del derecho al sufragio y a la participación política; ni de la división o separación horizontal del Poder Público, ni de su distribución vertical o territorial del poder público, de manera que los diversos poderes del Estado puedan limitarse mutuamente; así como tampoco bastan las declaraciones que se refieran a la posibilidad de los ciudadanos de controlar el poder del Estado, mediante elecciones libres y justas que garanticen la alternabilidad republicana; mediante un sistema de partidos que permita el libre juego del pluralismo democrático; mediante la libre manifestación y expresión del pensamiento y de la información que movilice la opinión pública; o mediante el ejercicio de recursos judiciales ante jueces independientes que permitan asegurar la vigencia de los derechos humanos y el sometimiento del Estado al derecho. Tampoco bastan las declaraciones constitucionales sobre la "democracia participativa

---

Primer Evento con propulsores del Partido Socialista Unido de Venezuela, Teatro Teresa Carreño, Caracas 24 marzo 2007.

y protagónica" o la descentralización del Estado; así como tampoco la declaración extensa de derechos humanos.

Además de todas esas declaraciones, es necesaria que la práctica política democrática asegure efectivamente la posibilidad de controlar el poder, como única forma de garantizar la vigencia del Estado de derecho, y el ejercicio real de los derechos humanos; y que el derecho administrativo pueda consolidarse como un régimen jurídico de la Administración que disponga el equilibrio entre los poderes del Estado y los derechos de los administrados. Para lograr ese equilibrio, sin duda, nuevos derechos ciudadanos deben identificarse en el Estado democrático de derecho y entre ellos, el derecho a la democracia.

Lamentablemente, en Venezuela, después de cuatro décadas de práctica democrática que tuvimos entre 1959 y 1999, durante esta última década entre 1999 y 2009, en fraude continuo a la Constitución efectuado por el Legislador y por el Tribunal Supremo de Justicia, guiados por el Poder Ejecutivo, a pesar de las excelentes normas constitucionales que están insertas en el Texto fundamental, se ha venido estructurando un Estado autoritario en contra de las mismas, que ha aniquilado toda posibilidad de control del ejercicio del poder y, en definitiva, el derecho mismo de los ciudadanos a la democracia. Ello es lo único que puede explicar que un Jefe de Estado en pleno comienzo del Siglo XXI, pueda llegar a afirmar públicamente retando a sus opositores frente a las críticas por el uso desmedido de poderes de legislación delegada: *"Yo soy la Ley. Yo soy el Estado,"*[65] o *"La Ley soy yo. El Estado soy yo."*[66]

Esas frases, repetidas por el Presidente de Venezuela en 2001 y 2008, fueron textualmente atribuidas en 1661 a Luis XIV, al asumir, a la muerte del cardenal Mazarino, el ejercicio del poder sin nombrar un sustituto como ministro de Estado, quien sin embargo nunca la llegó a expresar.[67]

---

65 Expresión del Presidente Hugo Chávezs Frís, el 28 de agosto de 2008. Ver en Gustavo Coronel, *Las Armas de Coronel*, 15 de octubre de 2008: http:// lasarmasdecoronel.blogspot.com/2008/10/yo-soy-la-leyyo-soy-el-estado.html

66 "*La ley soy yo. El Estado soy yo*". See in *El Universal,* Caracas 4–12–01, pp. 1,1 and 2,1..

67 La frase atribuida a Luis XIV cuando en 1661 decidió gobernar solo después de la muerte del Cardenal Mazarin, nunca llegó a pronunciarla. Véase Yves Guchet, *Histoire Constitutionnelle Française (1789–1958)*, Ed. Erasme, Paris 1990, p.8

Por ello, pensar sólo que puedan pronunciarse por un Jefe de Estado de nuestros tiempos, lo que pone en evidencia es una tragedia institucional, precisamente caracterizada por la completa ausencia de separación de poderes, de independencia y autonomía del Poder Judicial y, en consecuencia, de gobierno democrático y de derecho ciudadano a la democracia.[68]

Madrid, abril 2009

---

[68] Véase el resumen de esta situación en Teodoro Petkoff, "Election and Political Power. Challenges for the Opposition", in *ReVista. Harvard Review of Latin America*, David Rockefeller Center for Latin American Studies, Harvard University, Fall 2008, pp. 12. Véase además, Allan R. Brewer-Carías, "Los problemas de la gobernabilidad democrática en Venezuela: el autoritarismo constitucional y la concentración y centralización del poder," en Diego Valadés (Coord.), *Gobernabilidad y constitucionalismo en América Latina*, Universidad Nacional Autónoma de México, México 2005, pp. 73-96.

PRIMERA PARTE

¿REFORMA CONSTITUCIONAL O MUTACIÓN CONSTITUCIONAL?

Este texto es el de la Ponencia que presenté al *IV Congreso Colombiano de Derecho Procesal Constitucional* y *IV Congreso Internacional Proceso y Constitución "Dialéctica y diálogo jurisprudencial: presente y futuro,"* organizado por el Centro Colombano de Derecho Procesal Constitucional y la Asociación Argentina de Derecho Procesal Constitucional, y celebrado en Bogotá entre el 18 y el 20 de marzo de 2014*

I. LA SUPREMACÍA Y LA RIGIDEZ CONSTITUCIONAL Y EL ROL DE LA JURISDICCIÓN CONSTITUCIONAL EN VENEZUELA

La Constitución venezolana de 1999, como lo precisa su propio texto (art. 7), es la ley suprema y fuente de todo el ordenamiento jurídico, lo que implica no sólo que la misma obliga a todos los poderes públicos a respetarla y a garantizar su supremacía, y a todos los ciudadanos a acatarla, sino, además, que los ciudadanos tienen un derecho fundamental a dicha supremacía. Además, otra consecuencia fundamental del principio de la supremacía constitucional es el principio de la rigidez de la Constitución, lo que implica que las modificaciones a la misma sólo pueden realizarse mediante los procedimientos establecidos en el propio texto constitucional, no pudiendo por supuesto ni la Asamblea Nacional, ni el Ejecutivo ni la Jurisdicción Constitucional realizar "reforma" alguna de la Constitución.

Para garantizar tal rigidez constitucional, en la Constitución se establecen tres procedimientos específicos para reformarla, garantizándose en todos la intervención del pueblo como poder constituyente originario: primero, el procedimiento de "enmienda constitucio-

---

* Publicado en *Revista de Derecho Público,* No 137 (Primer Trimestre 2014, Editorial Jurídica Venezolana, Caracas 2014, pp.19-65.

nal", que tienen por objeto agregar o modificar uno o varios artículos de la Constitución (artículo 340), para cuya aprobación se estableció la sola participación del pueblo manifestado mediante referendo aprobatorio; segundo, el procedimiento de "reforma constitucional", orientado a la revisión parcial de la Constitución, o a la sustitución de una o varias de sus normas (artículo 342), para cuya aprobación se estableció además de la participación del pueblo manifestado mediante referendo, la participación de la Asamblea Nacional como poder constituido, la cual debe discutir y sancionar el proyecto antes de su sometimiento a aprobación popular; y tercero, el procedimiento de convocatoria y desarrollo de una "Asamblea Nacional Constituyente," que es necesario en caso de que se proponga transformar el Estado, crear un nuevo ordenamiento jurídico y redactar una nueva Constitución (Artículo 347), para cuyo funcionamiento se estableció la necesaria participación del pueblo como poder constituyente originario, tanto en la definición del Estatuto de la Constituyente como en la elección de sus miembros.

Cualquier modificación de la Constitución efectuada fuera de estos tres procedimientos o en violación a los mismos, es inconstitucional e ilegítima, razón por la cual la Sala Constitucional del Tribunal Supremo, como Jurisdicción Constitucional, es el órgano llamado a ejercer el control de constitucionalidad del procedimiento adoptado.

Ahora bien, en contraste con todos estos principios y previsiones constitucionales, si algo ha caracterizado el proceder del régimen autoritario en Venezuela durante los últimos tres lustros, a partir de la entrada en vigencia de la Constitución de 1999, ha sido el desprecio más absoluto de su texto, de su supremacía y de su rigidez. La Constitución se ha convertido, en realidad, en un conjunto normativo maleable por absolutamente todos los poderes públicos, cuyas normas tienen la vigencia y el alcance que los órganos del Estado han dispuesto, sea mediante leyes ordinarias, decretos leyes e incluso mediante sentencias de la Jurisdicción Constitucional, todas hechas a la medida, y con la "garantía" de que dichas actuaciones constitucionales no serán controladas por la sujeción de la Jurisdicción Constitucional al control político.

La consecuencia de ello ha sido, por ejemplo, que los procedimientos de reforma constitucional regulados en la Constitución han sido utilizados a conveniencia, violándose las normas que los regulan, lo que ocurrió con la "reforma constitucional" que se presentó ante la Asamblea Nacional en 2007, y con la "enmienda constitucional" propuesta por la misma Asamblea en 2009. La primera, por su contenido, requería más bien del procedimiento de "convocatoria de una Asamblea Constituyente," y en todo caso, sometida a voto popular, fue rechazada por el pueblo; y la segunda, por su contenido, requería más bien de una "reforma constitucional," por lo cual además, no podía formularse luego del rechazo de la anterior. Sin embargo, ésta, luego de sometida a voto popular, fue aprobada.[245]

El rechazo popular de la amplísima propuesta de "reforma constitucional" de 2007, sin embargo, no impidió que los órganos de los poderes públicos procedieran a implementarla desde 2008, violando la Constitución, mediante la sanción de leyes ordinarias o decretos leyes, cuya inconstitucionalidad la Jurisdicción Constitucional se abstuvo o se negó a controlar, habiendo incluso llegado dicha Jurisdicción a ser el instrumento para efectuar las reformas constitucionales mediante mutaciones constitucionales; todo ello, en abierto desprecio y violación al principio de la rigidez constitucional que el Juez Constitucional se ha negado a controlar.

No debe olvidarse, en relación con la Jurisdicción Constitucional, que en general los constructores del Estado Constitucional nunca pensaron que el máximo órgano judicial podía llegar a usurpar el poder constituyente o violar la Constitución, por lo que le control de constitucionalidad más bien se concibió como el instrumento para corregir las desviaciones de los otros órganos del Estado, en particular de los órganos legislativos y ejecutivos. De allí, incluso la previsión de que las decisiones de los Tribunales Supremos o Tribunales Constitucionales, respecto de los cuales no se concibe que violen la Constitución, no están sujetas a control alguno.

> Por ello, en Venezuela, la Sala Constitucional del Tribunal Supremo de Justicia de Venezuela es, sin duda, el instrumento más poderoso diseñado para garantizar la supremacía de la Constitución y el Estado de Derecho, para lo cual, por supuesto, como guardián de la Constitución, también está sometida a la Constitución. Como tal guardián, y como sucede en cualquier Estado de derecho, el sometimiento del tribunal constitucional a la Constitución es una preposición absolutamente sobreentendida y no sujeta a discusión, ya que es inconcebible que el juez constitucional pueda violar la Constitución que esta llamado a aplicar y garantizar. Esa la pueden violar los otros poderes del Estado, pero no el guardián de la Constitución. Pero por supuesto, para garantizar que ello no ocurra, el Tribunal Constitucional debe gozar de absoluta independencia y autonomía, pues un Tribunal Cons-

245 Véase en general, Allan R. Brewer-Carías, *Reforma Constitucional y fraude a la Constitución (1999-2009)*, Academia de Ciencias Políticas y Sociales, Caracas 2009, 278 pp.

titucional sujeto a la voluntad del poder en lugar del guardián de la Constitución se convierte en el instrumento más atroz del autoritarismo. El mejor sistema de justicia constitucional, por tanto, en manos de un juez sometido al poder, es letra muerta para los individuos y es un instrumento para el fraude a la Constitución.

Lamentablemente, sin embargo, esto último es lo que ha venido ocurriendo en Venezuela en los últimos años, donde la Sala Constitucional del Tribunal Supremo, como Juez Constitucional, lejos de haber actuado en el marco de las atribuciones expresas constitucionales antes indicadas, ha sido el instrumento más artero para la destrucción de la institucionalidad democrática y el apuntalamiento del autoritarismo, particularmente al ejercer su facultad de interpretación del contenido y alcance de las normas constitucionales (art. 334). Así, en ejercicio de estas competencias y poderes, como máximo intérprete de la Constitución, al margen de la misma y mediante interpretaciones inconstitucionales, la Sala Constitucional al ejercer su facultad de interpretación del contenido y alcance de las normas constitucionales, y sin que se trate de normas ambiguas, imprecisas, mal redactadas y con errores de lenguaje, ha venido ilegítimamente modificando el texto constitucional, legitimando y soportando la estructuración progresiva de un Estado autoritario. Es decir, ha falseado el contenido de la Constitución, mediante una "mutación" ilegítima y fraudulenta de la misma.[246]

---

[246] La Sala Constitucional del Tribunal Supremo de Justicia en la sentencia No. 74 de 25-01-2006 señaló que un *fraude a la Constitución* ocurre cuando se destruyen las teorías democráticas "mediante el procedimiento de cambio en las instituciones existentes aparentando respetar las formas y procedimientos constitucionales", o cuando se utiliza "del procedimiento de reforma constitucional para proceder a la creación de un nuevo régimen político, de un nuevo ordenamiento constitucional, sin alterar el sistema de legalidad establecido, como ocurrió con el *uso fraudulento de los poderes* conferidos por la ley marcial en la Alemania de la Constitución de *Weimar*, forzando al Parlamento a conceder a los líderes fascistas, en términos de dudosa legitimidad, la plenitud del poder constituyente, otorgando un poder legislativo ilimitado"; y que un *falseamiento de la Constitución* ocurre cuando se otorga "a las normas constitucionales una interpretación y un sentido distinto del que realmente tienen, que es en realidad una modificación no formal de la Constitución misma", concluyendo con la afirmación de que "*Una reforma constitucional sin ningún tipo de límites, constituiría un fraude constitucional*". Véase en *Revista de Derecho Público,* Editorial Jurídica Venezolana, No. 105, Caracas 2006, pp. 76 ss. Véase Néstor Pedro Sa-

Esa ha sido la trágica experiencia venezolana en la materia que queremos resumir en estas páginas, analizando, *primero*, el inconstitucional procedimiento que se utilizó para sancionar y someter a referendo la rechazada "reforma constitucional" de 2007, y la renuncia de la Jurisdicción Constitucional a ejercer el control de constitucionalidad sobre el mismo; *segundo*, el inconstitucional procedimiento utilizado para la "enmienda constitucional" de 2009, con la anuencia de la jurisdicción constitucional; *tercero*, la inconstitucional implementación de la rechazada "reforma constitucional" de 2007 por parte de la Jurisdicción Constitucional mediante mutaciones constitucionales ilegítimas; y *cuarto*, la inconstitucional implementación de la rechazada "reforma constitucional" de 2007 mediante leyes y decretos leyes (legislación ordinaria), no controlados por la jurisdicción constitucional.

II. EL RECHAZADO PROYECTO DE REFORMA CONSTITUCIONAL DE 2007, Y EL INCONSTITUCIONAL PROCEDIMIENTO UTILIZADO PARA SU SANCIÓN, QUE LA JURISDICCIÓN CONSTITUCIONAL SE NEGÓ A CONTROLAR

En agosto de 2007, Hugo Chávez Frías, a los pocos meses de haber sido reelecto en la Presidencia de la República, después de haber nombrado una Comisión Constitucional para elaborarla integrada por representantes de todos los poderes públicos, incluido el Tribunal Supremo, todos sometidos a un "pacto de confidencialidad," con base en las propuestas que recibió,[247] presentó formalmente ante la Asamblea Nacional un proyecto de "reforma constitucional,"[248] que luego

---

gües, *La interpretación judicial de la Constitución*, Buenos Aires 2006, pp. 56-59, 80-81, 165 ss

247 El documento circuló en junio de 2007 con el título *Consejo Presidencial para la Reforma de la Constitución de la República Bolivariana de Venezuela, "Modificaciones propuestas*". El texto completo fue publicado como *Proyecto de Reforma Constitucional. Versión atribuida al Consejo Presidencial para la reforma de la Constitución de la república Bolivariana de Venezuela*, Editorial Atenea, Caracas 01 de julio de 2007, 146 pp. Véase mis comentarios al proyecto en Allan R. Brewer-Carías, *Hacia la Consolidación de un Estado Socialista, Centralizado, Policial y Militarista. Comentarios sobre el sentido y alcance de las propuestas de reforma constitucional 2007,* Colección Textos Legislativos, No. 42, Editorial Jurídica Venezolana, Caracas 2007.

248 Véase el documento *Proyecto de Exposición de Motivos para la Reforma Constitucional, Presidencia de la República, Proyecto Reforma Constitucional. Propuesta del presidente Hugo Chávez Agosto 2007;* y la publicación: *Proyecto de Reforma Constitucional. Elaborado por el ciudadano Presidente de la República Bolivariana de Venezuela, Hugo Chávez Frías* Editorial Atenea, Ca-

de haber sido discutido y sancionado por la misma el 15 de noviembre de ese mismo año, fue sometido a referendo aprobatorio el 7 de diciembre de 2007. Con la misma, como lo indicamos en su oportunidad, se pretendía transformar radical al Estado, es decir, ni más ni menos, trastocar el Estado Social y Democrático de Derecho y de Justicia de orden civil, y convertirlo en un Estado Socialista, Centralizado, Policial y Militarista.[249]

Las pautas para la reforma constitucional que en diversos discursos y alocuciones fue dando el Presidente de la República durante 2007, apuntaron, por una parte, a la conformación de un nuevo "Estado del Poder Popular" o del Poder Comunal, o Estado Comunal, estructurado desde los Consejos Comunales que ya desde 2006 habían sido creados al margen de la Constitución[250], como unidades u organizaciones sociales no electas mediante sufragio universal, directo y secreto y sin autonomía territorial, supuestamente dispuestos para canalizar la participación ciudadana, pero conforme a un sistema de conducción centralizado desde la cúspide del Poder Ejecutivo Nacional; y por la otra, a la estructuración de un "Estado socialista," con una doctrina socialista y "bolivariana" como doctrina oficial, sustituyendo al sistema plural de libertad de pensamiento y acción que siempre ha existido en el país y, en particular, sustituyendo la libertad económica y el Estado de economía mixta que siempre ha existi-

---

racas agosto 2007. Véase mis comentarios a la propuesta de reforma constitucional, en Allan R. Brewer-Carías, *La Reforma Constitucional de 2007 (Comentarios al Proyecto Inconstitucionalmente sancionado por la Asamblea Nacional el 2 de Noviembre de 2007),* Colección Textos Legislativos, No. 43, Editorial Jurídica Venezolana, Caracas 2007.

249 Véase Allan R. Brewer-Carías, *Hacia la Consolidación de un Estado Socialista, Centralizado, Policial y Militarista. Comentarios sobre el sentido y alcance de las propuestas de reforma constitucional 2007,* Colección Textos Legislativos, No. 42, Editorial Jurídica Venezolana, Caracas 2007.

250 Ley de Consejos Comunales *Gaceta Oficial,* N° 5.806 *Extraordinario,* 10-04-2006. Véase mis comentarios sobre esta Ley y su significado en "El inicio de la desmunicipalización en Venezuela: La organización del Poder Popular para eliminar la descentralización, la democracia representativa y la participación a nivel local", en AIDA, Opera *Prima de Derecho Administrativo. Revista de la Asociación Internacional de Derecho Administrativo*, Universidad Nacional Autónoma de México, Facultad de Estudios Superiores de Acatlán, Coordinación de Postgrado, Instituto Internacional de Derecho Administrativo "Agustín Gordillo", Asociación Internacional de Derecho Administrativo, México, 2007, pp. 49 a 67.

do, por un sistema de economía estatista y colectivista, de capitalismo de Estado, sometido a una planificación centralizada, minimizando el rol del individuo y eliminando todo vestigio de libertad económica y de propiedad privada. Es decir, con la reforma constitucional de 2007, de haber sido aprobada, hubiera desaparecido la democracia representativa, la alternabilidad republicana y toda idea de descentralización del poder, se hubiera retrocedido en materia de protección de los derechos humanos, y se hubiera concentrado todo el poder en la Jefatura del Estado, desapareciendo la libertad económica y el derecho de propiedad

En síntesis, el proyecto de reforma constitucional sancionado por la Asamblea Nacional en Noviembre de 2007, que fe rechazado por el pueblo, buscaba efectuar una radical transformación del Estado y sentar las bases para la creación de un nuevo ordenamiento jurídico, para:

Primero, transformar el Estado en un Estado Socialista, con una doctrina política oficial de carácter socialista, que se denominaba además como "doctrina bolivariana", con lo cual se eliminaba toda posibilidad de pensamiento distinto al oficial y, por tanto, toda disidencia, pues la doctrina política oficial se quería incorporar en la Constitución, como política y doctrina del Estado y la Sociedad, hubiera constituido un deber constitucional de todos los ciudadanos cumplir y hacerla cumplir. Con ello, se buscaba sentar las bases para la criminalización de la disidencia.

Segundo, transformar el Estado en un Estado Centralizado, de poder concentrado bajo la ilusión del Poder Popular, lo que implicaba la eliminación definitiva de la forma federal del Estado, imposibilitando la participación política y degradando la democracia representativa; todo ello, mediante la supuesta organización de la población para la participación en los Consejos del Poder Popular, como los Comunales, que son instituciones sin autonomía política alguna, cuyos miembros se pretendía declarar en la propia Constitución, que no fueran electos. Dichos Consejos, creados por Ley en 2006, están controlados desde la Jefatura del gobierno y para cuyo funcionamiento, el instrumento preciso es el partido socialista unificado que el Estado comenzó a crear durante 2007.

Tercero, transformar el Estado en un Estado de economía estatista, socialista y centralizada, propia de un capitalismo de Estado, con lo que se buscaba eliminar la libertad económica y la iniciativa privada, y desaparecía la propiedad privada, que con la reforma dejaban de ser derechos constitucionales, buscándose darle al Estado la propiedad de los medios de producción, la planificación centralizada y la posibilidad de confiscar bienes de las personas materialmente sin límites, configurándolo como un Estado del cual todo dependía, y a cuya burocracia quedaba sujeta la totalidad de la población. Ello choca, sin embargo, con las ideas de libertad y solidaridad social que se proclaman en la propia Constitución, y lo que se buscaba era sentar las bases para que el Estado sustituyera a la propia sociedad y a las iniciativas particulares, minimizándoselas.

Cuarto, transformar el Estado en un Estado Policial (represivo), con la tarea fundamental de someter a toda la población a la doctrina oficial socialista y "bolivariana" que se pretendía constitucionalizar, y velar por que la misma se cumpliera en todos los órdenes, lo que se buscaba asegurar mediante la regulación, con acentuado carácter regresivo y represivo, del ejercicio de los derechos civiles en situaciones de excepción, para lo cual se preveían amplios márgenes de restricción y suspensión.

Quinto, transformar el Estado en un Estado Militarista, dado el rol que se le pretendía dar a la "Fuerza Armada Bolivariana" en su configuración y funcionamiento, toda sometida al Jefe de Estado, y con la propuesta de creación en la Constitución de la Milicia Popular Bolivariana como nuevo componente.[251]

En definitiva, el objetivo era consolidar en el propio texto de la Constitución un Estado Centralizado del Poder Popular, como Estado Socialista, de economía estatal y centralizada, y como Estado Militarista y Policial de ideología única oficial, lo que se apartaba radicalmente de la concepción del Estado descentralizado, civil, social, democrático y pluralista de derecho y de justicia, y de economía mixta que regula la Constitución de 1999.

Se trataba, por tanto, sin duda de una propuesta que buscaba *transformar radicalmente al Estado y crear un nuevo ordenamiento jurídico,* lo que no podía realizarse mediante el mecanismo de "reforma constitucional" que fue utilizado en fraude a la Constitución, sino que exigía, conforme a su artículo 347, que se convocara y eligiera una Asamblea Nacional Constituyente, lo que por supuesto, hubiera podido implicar que la reforma se le escapara de su control férreo. Tan era una reforma constitucional que implicaba originar un nuevo texto constitucional, que la Asamblea Nacional, al sancionarla, dispuso que con la misma se sustituyera completamente la Constitución de 1999,

---

251 Véase Allan R. Brewer-Carías, *La Reforma Constitucional de 2007 (Comentarios al Proyecto Inconstitucionalmente sancionado por la Asamblea Nacional el 2 de Noviembre de 2007),* Colección Textos Legislativos, No. 43, Editorial Jurídica Venezolana, Caracas 2007

ordenando a tal efecto en la Disposición Final que la Constitución -de haber sido aprobada por el pueblo- se imprimiera "íntegramente en un solo texto [...] con la reforma aquí sancionada y en el correspondiente texto único corríjanse los artículos aplicando la nueva terminología señalada en esta Reforma Constitucional, en cuanto sea aplicable suprimiéndose y sustituyéndose de acuerdo al contenido de esta Reforma así como las firmas, fechas y demás datos de sanción y promulgación". Es decir, de haberse aprobado la reforma por referendo, la Constitución hubiera tenido que conocerse como la "Constitución de 2007", es decir, una Constitución diferente, como efectivamente resultaba de su contenido

Esa transformación radical del Estado y la creación de un nuevo ordenamiento jurídico que se propuso en 2007, se insiste, de haber sido aprobada, hubiera sido, sin duda, una de las más sustanciales de toda la historia constitucional del país, cambiándose formalmente el modelo de Estado descentralizado, democrático, pluralista y social de derecho que está regulado en la Constitución de 1999, por el de un Estado Socialista, centralizado, policial y militarista, con una doctrina oficial "bolivariana" identificada como "el Socialismo del Siglo XXI" y un sistema económico de capitalismo de Estado.

De haber sido aprobada la propuesta de reforma a la Constitución se habría establecido formalmente en Venezuela, una ideología y doctrina de Estado, de corte socialista y supuestamente "bolivariana", la cual en consecuencia, a pesar de su imprecisión – y he allí lo más peligroso-, como doctrina "oficial" no hubiera admitido disidencia alguna. No se olvide que todos los ciudadanos tienen un deber constitucional esencial y es cumplir y hacer cumplir la Constitución (art. 131), por lo que de haberse aprobado la reforma, todos los ciudadanos hubieran tenido el deber de contribuir activamente en la implementación de la doctrina oficial del Estado. En ello no hubiera podido admitirse ni siquiera la neutralidad. Por tanto, todo pensamiento, toda expresión del pensamiento, toda acción o toda omisión que pudiera considerarse como contraria a la doctrina oficial socialista y "bolivariana", o que simplemente la "autoridad" no considerase que contribuía a la construcción y siembra del socialismo, hubiera constituido una violación a un deber constitucional, y hubiera podido, por tanto, ser criminalizada, es decir, hubiera podido haber dado lugar a sanciones incluso penales. Se trataba de crear un pensamiento único, que constitucionalmente no hubiera admitido disidencia.

Por lo demás, con las reformas que fueron sancionadas por la Asamblea Nacional, y que el pueblo rechazó en el referendo, materialmente desaparecía la democracia representativa y las autonomías político territoriales, que se buscaba sustituir por un esquema estatal centralizado supuestamente montado sobre una democracia "participativa y protagónica" que estaba controlada total y centralizadamente desde arriba, por el Jefe de Estado, en la cual quedaba proscrita toda forma de descentralización política y autonomía territorial, y que a la vez, restringía los mecanismos de participación política que están directamente regulados en la Constitución, como son los referendos y la participación de la sociedad civil en los Comité de Postulaciones de altos funcionarios.

Todo ello evidencia que las propuestas que contenía el proyecto de "reforma constitucional" tocaban aspectos medulares de la organización del Estado, por lo que las mismas no podían ser aprobadas siguiéndose el procedimiento establecido para las reformas constitucionales", sino más bien el procedimiento de convocatoria de una Asamblea Constituyente. Por ello, contra el procedimiento utilizado para la reforma se intentaron múltiples acciones de nulidad por inconstitucionalidad y amparo contra el inconstitucional procedimiento seguido, todas las cuales fueron declaradas inadmisibles, e incluso, "improponibles," renunciando así la Jurisdicción Constitucional a controlar el inconstitucional proceder que escogieron tanto el Presidente de la República, como la Asamblea Nacional y el Consejo Nacional Electoral al convocar el referendo aprobatorio.[252]

Ello, por lo demás, ya lo había anunciado la Presidenta de la Sala Constitucional el 17 de agosto de 2007, sólo dos días después de presentado el proyecto de reforma a la Asamblea Nacional, adelantándose a cualquier impugnación, al declarar públicamente que "la Sala Constitucional no tramitará ninguna acción relacionada con las modificaciones al texto fundamental, hasta tanto éstas no hayan sido aprobadas por los ciudadanos en el referendo" agregando que "Cualquier acción debe ser presentada después del referendo cuando la reforma ya sea norma, porque no podemos interpretar una tentativa de nor-

---

252 Véase Allan R. Brewer-Carías, *El juez constitucional vs. la supremacía constitucional. O de cómo la Jurisdicción Constitucional en Venezuela renunció a controlar la constitucionalidad del procedimiento seguido para la "reforma constitucional" sancionada por la Asamblea Nacional el 2 de noviembre de 2007, antes de que fuera rechazada por el pueblo en el referendo del 2 de diciembre de 2007*, en Eduardo Ferrer Mac Gregor y César de Jesús Molina Suárez (Coordinarores), *El juez constitucional en el Siglo XXI,* Universidad nacional Autónoma de México, Suprema Corte de Justicia de la Nación, México 2009, Tomo I, pp. 385-435

ma. Después de que el proyecto sea una norma podríamos entrar a interpretarla y a conocer las acciones de nulidad"[253].

La consecuencia de este anuncio público anticipado, como se dijo, fue la declaración como inadmisibles e "improponibles" por la Sala Constitucional, con la participación de su Presidenta quien había adelantado opinión pública en la materia, de numerosos recursos de amparo y nulidad que se habían interpuesto contra todos los actos de los poderes constituidos que había intervenido en el procedimiento de "reforma constitucional". Entre dichas sentencias se puede mencionar la dictada en el caso de la acción de nulidad por inconstitucionalidad que la Confederación de Profesionales Universitarios de Venezuela y el Colegio de Abogados del Estado Carabobo presentaron contra el acto de la Asamblea Nacional sancionatorio del proyecto de reforma constitucional (N° 2189) de 22 de noviembre de 2007 (Exp. Nº 07-

253 Véase la reseña del periodista Juan Francisco Alonso, en *El Universal*, Caracas 18-08-07. Esto, por lo demás, fue lo que decidió la Sala Constitucional en su sentencia No. de 22-11-07 (Expediente N° 07- 1596) al declarar "improponible" una acción de inconstitucionalidad contra el acto de la Asamblea nacional sancionando la reforma constitucional, con la participación y firma de la misma Presidente de la Sala, quien no se inhibió a pesar de haber adelantado públicamente opinión sobre lo decidido. Por otra parte, luego de varias solicitudes de recursos de interpretación sobre el artículo 342 de la Constitución, y de nulidad del acto sancionatorio de la reforma por la Asamblea Nacional, con motivo de la recusación que efectuaron los peticionantes contra la Presidenta de la Sala por estar comprometida su imparcialidad en la materia al haber formado parte de la Comisión Presidencial para la Reforma Constitucional, en decisión de 01-11-07, el magistrado Jesús Eduardo Cabrera de la misma Sala, decidió que de la lectura del Decreto de creación del Consejo de Reforma (art. 5), "se desprende que la Secretaria Ejecutiva, cumplía funciones administrativas y no de redacción, corredacción, o ponencia sobre el contenido de un anteproyecto de reforma constitucional; por lo que la Dra. Luisa Estella Morales Lamuño no es –necesariamente- promovente del "Proyecto de Reforma Constitucional" que ha presentado el Presidente de la República, y los recusantes no señalan cuál aporte de la Secretaria Ejecutiva fue incorporado al Proyecto de Reforma, ni siquiera alguno que haga presumir la intervención de la Dra. Morales"; agregando que "Además, por ser parte del Consejo Presidencial, la Secretaria Ejecutiva no está dando ninguna recomendación sobre el juicio de nulidad de que trata esta causa, ya que nada ha manifestado en ese sentido, ni se le imputa declaración alguna de su parte que adelante opinión sobre la inconstitucionalidad denunciada en esta causa". Véase también, la Reseña periodística de JFA, *El Universal*, Caracas 2-11-07. Posteriormente, en sentencia de 22-11-07, el mismo Magistrado Cabrera declaró sin lugar otra recusación contra la Presidenta de la Sala por motivos similares (Exp. 07-1597).

1596), en la cual, luego de referirse a previas sentencias (Nos. 2108/2007 y 2147/2007), la Sala Constitucional precisó que "el procedimiento para la reforma constitucional es un "proceso complejo" que comienza con la iniciativa (artículo 342); continúa con la discusión y aprobación, que corresponde a la Asamblea Nacional (artículo 343); sigue con el referendo constitucional, regulado en el artículo 344, que corresponde ejercerlo al pueblo *"como validante definitivo de la reforma"*; y, finalmente, la promulgación por el Presidente de la República, según lo dispuesto en el artículo 346 constitucional"; concluyó, erradamente, afirmando que siendo "un proceso complejo de formación de actos normativos ... se asemeja al ordinario de formación de leyes; y una de las coincidencias absolutas es que no se puede hablar de un acto definitivo si no se han cumplido todos los pasos de este trámite procedimental"; y que dicho procedimiento complejo, "no causa gravamen hasta tanto no exteriorice sus efectos (mediante la promulgación y publicación en Gaceta Oficial)".

Con base en estas erradas premisas, confundiendo el proceso de reforma constitucional con el procedimiento de formación de las leyes, la Sala Constitucional renunció por tanto, en contra del principio de la universalidad del control, a ejercer el control de constitucionalidad respecto del acto definitivo de iniciativa presidencial al presentar el proyecto de reforma ante la Asamblea Nacional; del acto definitivo de la Asamblea Nacional al sancionar el proyecto de reforma constitucional y del acto definitivo del Consejo Nacional Electoral que lo sometió a referendo, considerando que "mientras el proyecto de reforma esté en proceso de trámite no es susceptible de control jurisdiccional, salvo que el proceso de reforma *"aborte"* en alguna de esas etapas sucesivas y no se perfeccione el acto normativo (Vid. sentencia Nº 2147 del 13 de noviembre de 2007, caso: *Rafael Ángel Briceño*)"; y concluyendo que "el proyecto de reforma constitucional sancionado por la Asamblea Nacional el día 2 de noviembre de 2007, al tratarse de un acto normativo no perfeccionado, no puede producir efectos jurídicos externos y, por lo tanto, no es posible controlar jurisdiccionalmente a *priori* su contenido". De todos estos ilógicos argumentos, la Sala concluyó declarando "improponible en derecho la presente acción popular de inconstitucionalidad".[254]

---

254 Véase sobre todas las referidas sentencias los comentarios en Allan R. Brewer-Carías, *El juez constitucional vs. la supremacía constitucional. O de cómo la Jurisdicción Constitucional en Venezuela renunció a controlar la constitucionalidad del procedimiento seguido para la "reforma constitucional" sancionada por la Asamblea Nacional el 2 de noviembre de 2007, antes de que fuera rechazada por el pueblo en el referendo del 2 de diciembre de 2007*, en Eduardo

Al contrario de la afirmado por la Sala, sin embargo, cuando las Constituciones han establecido precisos procedimientos que los poderes constituidos, cuando ejercen funciones de poder constituyente derivado, deben seguir para la revisión constitucional, los cuales se constituyen en límites constitucionales adjetivos o procedimientales para la revisión constitucional, la consecuencia lógica de estas regulaciones y obligación de sometimiento a la Constitución, es precisamente que el cumplimiento de dichos procedimientos de reforma o enmienda constitucional por los órganos del poder constituidos, dado el principio de la supremacía constitucional, debe y tiene que estar sujeto a control de constitucionalidad por parte de los órganos de la Jurisdicción Constitucional antes de que se manifieste la voluntad popular, es decir, antes de que se manifieste el poder constituyente originario.[255] Es absurdo pretender, en cambio, que una vez efectuado un referendo, es decir, manifestado el poder constituyente originario, un órgano del poder constituido como es la Sala Constitucional del Tribunal Supremo, pueda pretender ejercer el control de constitucionalidad de la voluntad popular, es decir, del poder constituyente originario, que es el pueblo, manifestada en referendo.

La propuesta de Reforma Constitucional de 2007, en todo caso, luego de haber sido sometida a referendo aprobatorio el 2 de diciembre de 2007, fue abrumadoramente rechazada por el pueblo.[256] Ello no

---

Ferrer Mac Gregor y César de Jesús Molina Suárez (Coordinarores), *El juez constitucional en el Siglo XXI,* Universidad nacional Autónoma de México, Suprema Corte de Justicia de la Nación, México 2009, Tomo I, pp. 385-435

255 Véase sobre el control de constitucionalidad de las reformas constitucionales en Allan R. Brewer-Carías, "La reforma constitucional en América Latina y el control de constitucionalidad", en *Reforma de la Constitución y control de constitucionalidad. Congreso Internacional, Pontificia Universidad Javeriana,* Bo*gotá Colombia, junio 14 al 17 de 2005*, Bogotá, 2005, pp. 108-159

256 El proyecto de reforma constitucional sólo recibió el voto favorable del 28% de los votantes inscritos en el Registro Electoral. Como aún en julio de 2008 no se conocen los resultados definitivos de la votación en el referendo, si sólo se toma en cuenta los resultados anunciados por el Consejo Nacional Electoral el día 2 de diciembre de 2007 en la noche, del un universo de más de 16 millones de electores inscritos, sólo acudieron a votar 9 millones doscientos mil votantes, lo que significó un 44% de abstención; y de los electores que votaron, sólo votaron por aprobar la reforma (voto SI), 4 millones trescientos mil votantes, lo que equivale sólo al 28 % del universo de los electores inscritos en el Registro Electoral o al 49,2% de los electores que fueron a votar. En dicho referendo, por tanto, en realidad, no fue que "triunfó" el voto NO por poco margen, sino que lo que ocurrió fue que la propuesta de reforma fue rechazada por el 72% de los

impidió, sin embargo, su sistemática implementación por el régimen autoritario, en fraude a la Constitución y, además, en fraude a la voluntad popular.

III. LA ENMIENDA CONSTITUCIONAL DE 2009, Y EL INCONSTITUCIONAL PROCEDIMIENTO UTILIZADO PARA APROBARLA, CON LA ANUENCIA DE LA JURISDICCIÓN CONSTITUCIONAL

Una de las "reformas constitucionales" que contenía el proyecto de reforma constitucional de 2007, y que como todas fue rechazada por el voto popular, fue la que pretendía acentuar el presidencialismo y la concentración del poder mediante la reforma del artículo 230 de la Constitución con el objeto de establecer la posibilidad de la reelección indefinida del Presidente de la República, que afectaba el principio de la alternabilidad republicana del gobierno, y el aumento de su período constitucional de 6 a 7 años. Dicha "reforma constitucional," una vez que fue rechazada por el pueblo, conforme a artículo 345 de la Constitución, no se podía volver a presentar de nuevo ante la Asamblea Nacional durante "el mismo período constitucional," lo que implicaba que dicha reforma sobre la elección presidencial no se podía volver a presentar en el período constitucional 2007-2013; y tampoco podía presentarse de nuevo dicha reforma utilizando la vía de la "enmienda constitucional" pues tocaba principios fundamentales del gobierno democrático.

Pero nada de ello importó, habiendo correspondido a la Sala Constitucional del Tribunal Supremo de Justicia en decisión No 53 de 3 de febrero de 2009,[257] allanar el camino constitucional para la aprobación popular mediante referendo aprobatorio que se realizó el 15 de febrero de 2009, de una "Enmienda Constitucional" relativa al mismo artículo 230 de la Constitución (y además de los artículos 160,

---

electores inscritos, quienes votaron por el NO (50,7%) o simplemente no acudieron a votar para aprobar la reforma.

257 Véase la sentencia nº 53, de la Sala Constitucional de 2 de febrero de 2009 (Caso: Interpretación de los artículos 340,6 y 345 de la Constitución), en http:/www.tsj.gov.ve/decisions/scon/Febrero/53-3209-2009-08-1610.html.. Véase sobre esta sentencia, Allan R. Brewer-Carías, "La Sala Constitucional vs. el derecho ciudadano a la revocatoria de mandatos populares: de cómo un referendo revocatorio fue inconstitucionalmente convertido en un "referendo ratificatorio", publicado en el libro *Crónica sobre la "in" justicia constitucional. La Sala Constitucional y el autoritarismo en Venezuela*, Colección Instituto de Derecho Público, Universidad Central de Venezuela, No. 2, Caracas 2007, pp. 349-378.

162, 174 y 192 y 230) para establecer el principio de la reelección continua del Presidente de la República y de todos cargos electivos, contrariando el principio constitucional de la alternabilidad republicana (art. 6), y violando la prohibición constitucional de realizar una consulta popular sobre "reformas" a la Constitución ya rechazadas por el pueblo en un mismo período constitucional (art. 345).

La Sala Constitucional, en efecto, sobre el primer aspecto, de la prohibición constitucional de poder someter de nuevo a consulta popular, una reforma rechazada por el pueblo, durante el mismo período constitucional, olvidó que el propósito de la misma está dirigido a regular los efectos de la voluntad popular expresada mediante referendo, en el sentido de que no se debe consultar al pueblo, de nuevo, la misma modificación constitucional que el pueblo ya ha rechazado en un mismo período constitucional. Al contrario, la Sala Constitucional confundiendo el sentido de la prohibición del artículo 345 de la Constitución, sostuvo que la misma no estaba destinada a regular los efectos de la manifestación de rechazo popular de la reforma propuesta, sino que sólo dirigida a regular a la Asamblea Nacional, en el sentido de que lo que no podría era exigírsele que debatiera una reforma constitucional una vez que ya la había debatido en el mismo período constitucional y había sido rechazada por el pueblo. La Sala olvidó que la norma constitucional, a lo que estaba dirigida, era a regular las consultas a la voluntad popular en materia de modificación de la Constitución y sus efectos, y no los efectos de los debates en la Asamblea Nacional.

Lo importante de la prohibición establecida en un Título de la Constitución relativo a la "Reforma Constitucional" que en Venezuela sólo puede realizarse con la participación del pueblo, es que la misma se refiere precisamente a los efectos de la expresión de la voluntad popular que es manifestación del poder constituyente originario, y no a los efectos del debate que pueda haber habido en la Asamblea Nacional en la materia, que no es poder constituyente, ni siquiera derivado, ya que no puede haber modificación constitucional alguna sin aprobación popular.

La decisión de la Sala Constitucional fue una nueva burla a la Constitución al ignorar la prohibición de sucesivas consultas populares, basándose en dos artilugios que se utilizaron en ese caso de la Enmienda 2008-2009: primero, el utilizado por la Asamblea Nacional, en su iniciativa de Enmienda, al extenderla a otros artículos constitucionales además del 230, para tratar de diferenciar la Enmienda de 2008-2009 de la rechazada Reforma Constitucional de 2007; y segundo, el utilizado por la Sala Constitucional al considerar que la prohibición constitucional de consultar al pueblo sobre reformas rechazadas era sólo formal respecto de las discusiones en la Asamblea Nacional, ignorando su propósito esencial de respetar la voluntad popular una vez que esta se ha expresado en forma negativa respecto de una modificación de la Constitución. Esa voluntad había que respetarla, que era lo que perseguía la Constitución, por lo que una vez que el pueblo se manifestó rechazando la modificación al texto constitucional en 2007 no se lo podía convocarlo sucesivamente sin límites en el mismo período constitucional para volver a pronunciarse sobre lo mismo. Sin embargo, con base en la decisión de la Sala Constitucional, en febrero de 2009 bajo la iniciativa de 'la Asamblea Nacional el Consejo nacional Electoral sometió la Enmienda Constitucional No. 1 al voto popular, la cual fue aprobada,[258] en burla a la Constitución

Pero aparte de esa burla a la prohibición constitucional, en la misma sentencia, la Sala Constitucional procedió a mutar ilegítimamente la Constitución, eliminando el carácter de principio fundamental del gobierno que además de "democrático" y "electivo" conforme al artículo 6 de la Constitución, debe ser *siempre* "alternativo," considerando que dicho principio no se alteraba con la reforma propuesta en la Enmienda Constitucional de 2009[259] que estableció la posibilidad de la reelección continua y sin límites de los cargos electivos alterando un principio fundamental del constitucionalismo venezolano establecido desde 1830 en casi todas las Constituciones, que es el de la "alternabilidad" en el gobierno, y que en el artículo 6 de la Constitución de 1999 se formula como uno de los principios fundamentales del mismo, con una formula que lo convierte en una de las llamadas "cláusulas pétreas" o inmodificables. Dispone la norma que "El gobierno *es y será siempre* [...] alternativo [...]", lo que implica que ello nunca podría ser alterado. Esa fue la voluntad del pueblo al aprobar la Constitución en 1999. Recuérdese por lo demás, que ese principio fue incorporado como reacción al continuismo en el poder y entre otros aspectos, con base en la propia "doctrina de Simón Bolívar" en la cual la República se fundamenta conforme al artículo 1 de la Constitución, al expresar en su Discurso de Angostura que:

---

258 Véase en *Gaceta Oficial* No. 5908 Extra de 19-02-2009.

259 Véase los comentarios sobre esta sentencia en Allan R. Brewer-Carías, "El Juez Constitucional vs. La alternabilidad republicana (La reelección continua e indefinida), en *Revista de Derecho Público*, No. 117, (enero-marzo 2009), Caracas 2009, pp. 205-211. Publicado también en http://www. analitica.com/va/politica /opinion/6273405.asp

"...La continuación de la autoridad en un mismo individuo frecuentemente ha sido el término de los gobiernos democráticos. Las repetidas elecciones son esenciales en los sistemas populares, porque nada es tan peligroso como dejar permanecer largo tiempo en un mismo ciudadano el poder. El pueblo se acostumbra a obedecerle y él se acostumbra a mandarlo; de donde se origina la usurpación y la tiranía [...] nuestros ciudadanos deben temer con sobrada justicia que el mismo Magistrado, que los ha mandado mucho tiempo, los mande perpetuamente."[260].

De acuerdo con esta doctrina, en el constitucionalismo venezolano, la palabra usada al expresar el principio del gobierno "alternativo" o de la "alternabilidad" en el poder, siempre ha tenido el significado que la misma tiene en castellano cuando se refiere a cargos, y que implica la idea de que las personas deben *turnarse sucesivamente* en los cargos o que los cargos deben desempeñarse *por turnos* (*Diccionario de la Real Academia Española).*[261] Como lo señaló la Sala Electoral del Tribunal Supremo de Justicia en sentencia nº 51 de 18-3-2002, alternabilidad significa *"el ejercicio sucesivo de un cargo por personas distintas, pertenezcan o no a un mismo partido."* El principio de "gobierno alternativo," por tanto, no es equivalente al de "gobierno electivo." La elección es una cosa, y la necesidad de que las personas se turnen en los cargos es otra.

Ha sido este principio de la alternabilidad, como principio fundamental del constitucionalismo venezolano, el que ha implicado la inclusión en las Constituciones de limitaciones a las posibilidades de reelección en cargos electivos. Así sucedió en casi todas nuestras Constituciones, como las de 1830, 1858, 1864, 1874, 1881, 1891, 1893, 1901, 1904, 1909, 1936, 1845 y 1947[262] en las que se estableció, por ejemplo, la prohibición de la reelección del Presidente de la República para el período constitucional inmediato. En la historia constitucional del país, en realidad, la prohibición de la reelección presidencial inmediata solamente dejó de establecerse en las Constituciones de los

---

260 Véase en Simón Bolívar, Escritos Fundamentales, Caracas, 1982.

261 Véase el Voto Salvado a la sentencia nº 53, de la Sala Constitucional de 2 de febrero de 2009 (Caso: Interpretación de los artículos 340,6 y 345 de la Constitución), en http:/www.tsj.gov.ve/deci sions/scon/Febrero/53-3209-2009-08-1610.html

262 Véase el texto de todas las Constituciones en Allan R. Brewer-Carías, Las Constituciones de Venezuela, 2 vols., Academia de Ciencias Políticas y Sociales, Caracas 2008.

gobiernos autoritarios: en la efímera Constitución de 1857; en las Constituciones de Juan Vicente Gómez de 1914, 1922, 1925, 1928, 1929 y 1931, y en la Constitución de Marcos Pérez Jiménez de 1953.La prohibición, en cambio, respecto del Presidente de la República, en el período democrático iniciado en 1958[263] fue más amplia y se extendió en la Constitución de 1961 a los dos períodos siguientes (10 años). La flexibilización del principio, en cambio, se produjo en la Constitución de 1999, en la cual se permitió la posibilidad de reelección presidencial de inmediato y por una sola vez, para un nuevo período. Conforme a ella, fue que se reeligió al Presidente Chávez en 2006, y a pesar de que fue sancionada por una Asamblea Nacional Constituyente enteramente controlada por él, diez años después el mismo Presidente ya reelecto, fue quien propuso reformarla. Sin embargo, como se dijo, alternabilidad del gobierno es un principio histórico del constitucionalismo venezolano y además, propio de los sistemas presidenciales de gobierno, que se opone al continuismo o a la permanencia en el poder por una misma persona, por lo que toda previsión que permita que esto ocurra, es contraria a dicho principio.

Este principio, por tanto, no se puede confundir con el principio "electivo" del gobierno o el más general principio "democrático" que el mismo artículo 6 de la Constitución establece. Una cosa es poder elegir a los gobernantes, y otra cosa es el principio de alternabilidad que impide poder escoger al mismo gobernante ilimitadamente.

Es contrario a la Constitución, por tanto, interpretar, como lo hizo la Sala Constitucional en su sentencia nº 53 de 3 de febrero de 2009, que el principio de la alternabilidad "lo que exige es que el pueblo como titular de la soberanía tenga la posibilidad periódica de escoger sus mandatarios o representantes", confundiendo "gobierno alternativo" con "gobierno electivo." Por ello es falso lo que afirmó la Sala Constitucional en el sentido de que "sólo se infringiría el mismo si se impide esta posibilidad al evitar o no realizar las elecciones". Con su sentencia, la Sala Constitucional de nuevo lo que hizo fue mutar ilegítimamente el texto de la Constitución, y al contrario de lo que afirmó, la eliminación de la causal de inelegibilidad para el ejercicio de cargos públicos derivada de su ejercicio previo por parte de cualquier ciudadano, sí trastocó el principio de alternabilidad en el ejercicio del poder.

Se insiste, lo expuesto por la Sala Constitucional se refirió al principio de gobierno "electivo" que en los términos del mismo artículo 6

---

263 Ver Allan R. Brewer-Carías, *Historia Constitucional de Venezuela*, 2 vols., Editorial Alfa, Caracas 2008.

de la Constitución, es el que implica que "el electorado, como actor fundamental del proceso democrático, acuda a procesos comiciales periódicamente en los que compitan, en igualdad de condiciones, las diversas opciones políticas que integran el cuerpo social;" pero no al principio de gobierno "alternativo" que implica que no se pueda elegir indefinidamente una misma persona para el mismo cargo, así haya hecho un "buen gobierno." El principio de la alternabilidad, para evitar el continuismo en el poder, precisamente implica la limitación que el pueblo, como poder constituyente originario, se ha impuesto a si mismo, en cuanto a que supuestamente pueda tener la "oportunidad de decidir entre recompensar a quienes estime como sus mejores gobernantes, o bien renovar completamente las estructuras del poder cuando su desempeño haya sido pobre." Esta supuesta "oportunidad," por el principio de la alternabilidad en la Constitución, pudo ejercerse antes de 1999, sólo después de que, en sus casos, transcurrieron uno o dos períodos constitucionales siguientes al ejercicio de la Presidencia por quien pretendiera de nuevo optar a dicho cargo, y en la Constitución de 1999 sólo ocurrió en 2006, por una sola vez para un período inmediato, mediante la reelección ya efectuada del Presidente Chávez. Pero establecer dicha "oportunidad" como reelección continua, sin límite, sería contrario al principio de la alternabilidad.

Por tanto, al contrario de que decidió la Sala Constitucional, la posibilidad de reelección continúa sí alteraba el principio fundamental del gobierno "alternativo", que es uno de los valores democráticos que informan nuestro ordenamiento jurídico. Dicho principio, que se alteraba si se establecía la posibilidad de elección continua de cargos electivos y que es distinto del principio del gobierno "electivo," al tener una formulación pétrea en el artículo 6 de la Constitución (es y será siempre) no podía ser objeto de modificación constitucional alguna, y en el supuesto negado de que pudiera ser modificado, ello ni siquiera podía hacerse por los procedimientos de Enmienda ni de Reforma Constitucional, y en realidad, sólo mediante la convocatoria de una Asamblea Nacional Constituyente.

La Sala Constitucional, sin embargo, con su sentencia nº 53 de 3 ew febrero de 2009, una vez más al servicio del autoritarismo, mutó la Constitución a través de una interpretación, modificando ilegítimamente el sentido del principio del gobierno 'alternativo" que los venezolanos dispusieron *que siempre* debía regir sus gobiernos, obviando la prohibición constitucional de que se pudiera consultar en un mismo período constitucional, la voluntad popular sobre modificaciones constitucionales que ya el pueblo ha rechazado. La inconstitucional sentencia, en todo caso, lo que tuvo por objeto fue despejar el camino para que el régimen autoritario pudiera someter a referendo la Enmienda Constitucional No. 1 relativa a un principio fundamental, pétreo, de la Constitución, que sólo podía modificarse mediante la convocatoria a una Asamblea Nacional Constituyente.

En todo caso, mediante estos artilugios interpretativos y constitucionales utilizados por el régimen autoritario, con la complicidad de la Sala Constitucional, una de las "reformas constitucionales" rechazadas por el pueblo en 2007 (la posibilidad de reelección presidencial indefinida), fue implementada mediante esta Enmienda Constitucional No. 1 de 2009.

IV. LA INCONSTITUCIONAL IMPLEMENTACIÓN DE LA RECHAZADA REFORMA CONSTITUCIONAL DE 2007 POR PARTE DE LA JURISDICCIÓN CONSTITUCIONAL MEDIANTE MUTACIONES CONSTITUCIONALES ILEGÍTIMAS

Además, la rechazada la reforma constitucional de 2007, ha sido parcialmente implementada por la misma Sala Constitucional mediante interpretaciones constitucionales establecidas con carácter vinculante, mutando la Constitución, en fraude a la misma,[264] en general, al decidir recursos autónomos de interpretación abstracta de la Constitución, el cual sin haber estado dentro de sus atribuciones constitucionales, la propia Sala lo creó en una de sus sentencias.[265]

En efecto, entre las "reformas constitucionales" propuestas en 2007 y que fueron rechazadas por el pueblo en el referendo del 7 de diciembre de 2007, estaban entre otras, la reforma del artículo 164.10 de la Constitución para modificar la forma federal del Estado al eliminar, entre otras, la "competencia exclusiva" de los Estados de la federación, para la conservación, administración y aprovechamiento de carreteras y autopistas nacionales, así como de puertos y aeropuer-

---

264 Véase Allan R. Brewer-Carías, "El juez constitucional al servicio del autoritarismo y la ilegítima mutación de la Constitución: el caso de la Sala Constitucional del Tribunal Supremo de Justicia de Venezuela (1999-2009)", en *IUSTEL, Revista General de Derecho Administrativo*, No. 21, Madrid junio 2009.

265 Véase Allan R. Brewer-Carías, "La ilegítima mutación de la constitución por el juez constitucional: la inconstitucional ampliación y modificación de su propia competencia en materia de control de constitucionalidad," en *Libro Homenaje a Josefina Calcaño de Temeltas*. Fundación de Estudios de Derecho Administrativo (FUNEDA), Caracas 2009, pp. 319-362. Véase igualmente, Allan R. Brewer-Carías, "*Quis Custodiet Ipsos Custodes*: De la interpretación constitucional a la inconstitucionalidad de la interpretación", en *Revista de Derecho Público*, No 105, Editorial Jurídica Venezolana, Caracas 2006, pp. 7-27.

tos de uso comercial, en coordinación con el Poder Nacional; la reforma del artículo 67, para eliminar la prohibición constitucional al financiamiento de las asociaciones con fines políticos con fondos provenientes del Estado; la reforma del artículo 23 para eliminar el rango constitucional de los tratados internacionales en materia de derechos humanos y su aplicación inmediata; la reforma del artículo 31 para eliminar el derecho de acceso a la protección internacional de los derechos humanos; y la reforma del artículo 72 sobre referendos revocatorios.

Estas y todas las reformas propuestas, como se dijo, fueron rechazadas en el referendo del 2 de diciembre de 2007, por lo que las normas constitucionales pertinentes quedaron con la misma redacción que tienen en la Constitución de 1999, estableciendo lo que establecen, y diciendo lo que dicen, sin que exista duda alguna sobre su redacción o sentido. La claridad de las normas fue lo que originó, precisamente, que el régimen autoritario propusiera las reformas constitucionales que precisamente fueron rechazadas por el pueblo.

Sin embargo, en fraude a la Constitución, el régimen autoritario, burlado la voluntad popular y en fraude a la misma, logró efectuar las mismas modificaciones constitucionales rechazadas pero utilizando para ello al Juez Constitucional, que ha estado a su servicio,[266] el cual mediante "mutaciones constitucionales" efectuada por la vía de la "interpretación" constitucional, sin cambiar formalmente el texto de la Constitución,[267] en diversas e ilegítimas sentencias dictadas a partir de 2008, ha cambiado el contenido de las normas constitucionales pertinentes, y ha resuelto al contrario de lo establecido en la Constitución, que la "competencia exclusiva" de los Estados antes mencionada, ya no es una competencia exclusiva, sino concurrente y sujeta a la voluntad del Ejecutivo Nacional, el cual puede intervenirla y reasumirla; que la prohibición de financiar con fondos públicos a las asociaciones con fines políticos, ya no es tal, reduciendo la prohibi-

---

[266] Véase Allan R. Brewer-Carías, *Crónica sobre la "In" Justicia Constitucional. La Sala Constitucional y el autoritarismo en Venezuela*, Caracas 2007.

[267] Una mutación constitucional ocurre cuando se modifica el contenido de una norma constitucional de tal forma que aún cuando la misma conserva su contenido, recibe una significación diferente. Véase Salvador O. Nava Gomar, "Interpretación, mutación y reforma de la Constitución. Tres extractos" en Eduardo Ferrer Mac-Gregor (coordinador), Interpretación Constitucional, Tomo II, Ed. Porrúa, Universidad Nacional Autónoma de México, México 2005, pp. 804 ss. Véase en general sobre el tema, Konrad Hesse, "Límites a la mutación constitucional", en *Escritos de derecho constitucional*, Centro de Estudios Constitucionales, Madrid 1992.

ción de la norma a sólo financiar el "funcionamiento interno" de los partidos, pero estableciendo, en cambio, que las actividades electorales de los mismos si son financiables por el Estado, por lo que la norma que dejó entonces de ser prohibitiva; que los tratados internacionales sobre derechos humanos no tienen prevalencia sobre el derecho interno sino sólo cuando la sala Constitucional lo decida, y que no tienen aplicación inmediata por los jueces; que sólo los tribunales nacionales pueden controlar las violaciones a derechos humanos, siendo las sentencias de la Corte Interamericana de Derechos Humanos inejecutables en Venezuela; y que el referendo revocatorio ha pasado a ser un "referendo ratificatorio" no previsto en la Constitución.

Para dictar las sentencias mencionadas, la Jurisdicción Constitucional no sólo desconoció el principio de la supremacía constitucional que se impone a todos los órganos del Estado, incluyendo al Juez Constitucional, sino que ejerció ilegítimamente su potestad de interpretación de la Constitución para mutarla, es decir, modificarla sin alterar su texto.

1. La modificación del sistema federal de distribución de competencias entre los niveles territoriales de los Poderes Públicos

El artículo 4 de la Constitución de 1999 declara que "la República Bolivariana de Venezuela es un *Estado federal descentralizado* en los términos consagrados en esta Constitución." Con ello, y a pesar de las contradicciones en que incurre la Constitución que permiten calificar la forma de Estado como la de una "federación Centralizada","[268] en la misma se prevé un núcleo esencial de distribución de competencias entre los niveles territoriales, municipal, estadal y nacional, que no puede cambiarse sino mediante una reforma constitucional (artículos 136, 156, 164, 178 y 179).[269]

---

268 Véase nuestros estudios sobre el tema, elaborados apenas la Constitución fue sancionada: Allan R. Brewer-Carías, *Federalismo y Municipalismo en la Constitución de 1999 (Alcance de una reforma insuficiente y regresiva),* Editorial Jurídica Venezolana, Caracas-San Cristóbal 2001; "El Estado federal descentralizado y la centralización de la federación en Venezuela. Situación y perspectiva de una contradicción constitucional" en Diego Valadés y José María Serna de la Garza (Coordinadores), *Federalismo y regionalismo,* Universidad Nacional Autónoma de México, Tribunal Superior de Justicia del Estado de Puebla, Instituto de Investigaciones Jurídicas, Serie Doctrina Jurídica N° 229, México 2005, pp. 717-750

269 Véase Allan R. Brewer-Carías, "Consideraciones sobre el régimen de distribución de competencias del Poder Público en la Constitución de 1999" en Fernando Parra Aranguren y Armando Rodríguez García Editores, *Estudios de De-*

Específicamente, en materia de infraestructura para la circulación y el transporte, la Constitución establece que corresponde en forma exclusiva a los Estados, "La conservación, administración y aprovechamiento de carreteras y autopistas nacionales... en coordinación con el Poder Nacional;" competencia que deben ejercer sujetos a "la coordinación con el Poder Nacional," que éste debe regular.

Este tema de la forma federal del Estado y de la distribución territorial de competencias establecidas en los artículos 156 y 164 de la Constitución, como se dijo, fue uno de los que se quiso cambiar con la rechazada "reforma constitucional" de 2007, terminando de centralizar materialmente todas las competencias del Poder Público en el nivel nacional; particularmente con la "nacionalización" de la referida competencia exclusiva de los Estados. Al haber sido rechazada la reforma constitucional de 2007, entonces, la competencia de los Estados establecida en el referido artículo 164,10 de la Constitución, quedó sin modificación.

Sin embargo, la Sala Constitucional, mediante sentencia No. 565 de 15 de abril de 2008[270], dictada con motivo de decidir un recurso autónomo de interpretación de dicho artículo formulado por el Procurador General de la República, pura y simplemente ha modificado el contenido de esta norma constitucional y dispuso, como interpretación vinculante de la misma, que esa "competencia exclusiva" *no es tal competencia exclusiva,* sino una competencia concurrente y que, incluso, el Poder Nacional puede revertirla a su favor eliminando toda competencia de los Estados.

La Sala Constitucional, en efecto, decidió que la Administración Nacional "en ejercicio de la potestad de coordinación pueda asumir directamente la conservación, administración y el aprovechamiento

---

recho Administrativo. Libro Homenaje a la Universidad Central de Venezuela, Facultad de Ciencias Jurídicas y Políticas, con ocasión del Vigésimo Aniversario del Curso de Especialización en Derecho Administrativo, Tomo I, Tribunal Supremo de Justicia, Colección Libros Homenaje N° 2, Caracas 2001, pp. 107-136.

270 *Cfr.* Sentencia de la Sala Constitucional, n° 565 , caso *Procuradora General de la República*, recurso de interpretación del artículo 164.10 de la Constitución de 1999 de fecha 15 de Abril de 2008, en http://www.tsj.gov.ve/decisiones /scon/Abril/565-150408-07-1108.htm. Véase mis comentarios sobre esta sentencia, en Allan R. Brewer-Carías, "La Sala Constitucional como poder constituyente: la modificación de la forma federal del estado y del sistema constitucional de división territorial del poder público, en *Revista de Derecho Público*, No. 114, (abril-junio 2008), Editorial Jurídica Venezolana, Caracas 2008, pp. 247-262

de las carreteras y autopistas nacionales, así como los puertos y aeropuertos de uso comercial,", y que "corresponde al Ejecutivo Nacional por órgano del Presidente de la República en Consejo de Ministros, decretar la intervención para asumir la prestación de servicios y bienes de las carreteras y autopistas nacionales, así como los puertos y aeropuertos de uso comercial," en aquellos casos que la prestación del servicio "por parte de los Estados es deficiente o inexistente."

Con esta interpretación, lo que el Juez Constitucional hizo fue mutar el texto constitucional usurpando la soberanía popular a la cual está reservado el poder constituyente, cambiado la forma federal del Estado al trastocar el sistema de distribución territorial de competencias entre el Poder Nacional y los Estados, y en particular "nacionalizando," contra lo que expresamente dispone la Constitución, competencias atribuidas en forma exclusiva a los Estados. La reforma constitucional de 2007 que fue rechazada por el pueblo, en fraude a la Constitución, y a solicitud del representante del Poder Nacional (Procurador General de la República) fundamentándose en la existencia de una supuesta "incertidumbre jurídica en cuanto al alcance y límites de su competencia" que existía en el Ministerio de Infraestructura." El Procurador General de la República, en efecto, consideró que la norma "no era lo suficientemente clara para lograr establecer de una forma eficiente y precisa el ámbito y forma de actuación del Ejecutivo Nacional, respecto a la coordinación con los Estados de la administración, conservación y aprovechamiento de carreteras y autopistas nacionales, así como de puertos y aeropuertos de uso comercial."

El resultado de la petición de interpretación, fue que la Sala Constitucional, de oficio, reformó la Constitución, y pura y simplemente, eliminó la competencia exclusiva de los Estados en la materia, y la convirtió en una competencia concurrente sujeta a la técnica puntual de "descentralización" que puede ser intervenida, revertida y reasumida por el Poder Nacional. Después de una ilegítima "modificación constitucional" de esta naturaleza, realizada mediante interpretación vinculante, que trastocó el orden jurídico o, como lo dijo la propia Sala, la misma "genera una necesaria revisión y modificación de gran alcance y magnitud del sistema legal vigente." Por supuesto, después de lo que hizo, la Sala Constitucional no pudo concluir en otra forma que no fuera advirtiendo "de oficio y por razones de orden público constitucional, ... que el contenido de la presente decisión debe generar una necesaria revisión y modificación del ordenamiento jurídico legal vigente," para lo cual exhortó a la Asamblea Nacional que "proceda a la revisión y correspondiente modificación de la normativa legal vinculada con la interpretación vinculante establecida en la presente decisión[271], en orden a establecer una regulación legal congruente con los principios constitucionales y derivada de la interpretación efectuada por esta Sala en ejercicio de sus competencias." Es decir, la Sala conminó al legislador a legislar en contra de la Constitución de 1999, y conforme a una ilegítima modificación constitucional de la misma impuesta por la propia Sala. Ello provocó que después del triunfo electoral de la oposición en Estados y Municipios claves, desplazando los Gobernadores oficialistas en las elecciones de diciembre de 2008, la Asamblea Nacional muy diligentemente reformara en marzo de 2009, entre otras, la Ley Orgánica de Descentralización, Delimitación y Transferencia de Competencias del Poder Público,[272] a los efectos de eliminar las competencias exclusivas de los Estrados establecidas en los ordinales 3 y 5 del artículo 11 de dicha Ley, agregando dos nuevas normas en dicha Ley en las cuales se dispone que "el Poder Público Nacional por órgano del Ejecutivo Nacional, podrá revertir por razones estratégicas, de mérito, oportunidad o conveniencia, la transferencia de las competencias concedidas a los estados, para la conservación, administración y aprovechamiento de los bienes o servicios considerados de interés público general, conforme con lo previsto en el ordenamiento jurídico y al instrumento que dio origen a la transferencia" (art. 8); y que "El Ejecutivo Nacional, por órgano del Presidente o Presidenta de la República en Consejo de Ministros, podrá decretar la intervención conforme al ordenamiento jurídico, de bienes y prestaciones de servicios públicos transferidos para su conservación, administración y aprovechamiento, a fin de asegurar a los usuarios, usuarias, consumidores y consumidoras un servicio de calidad en condiciones idóneas y de respeto de los derechos constitucionales, fundamentales para la satisfacción de necesidades públicas de alcance e influencia en diversos aspectos de la sociedad" (art. 9). Con ello se completó el fraude constitucional dispuesto por la Sala Constitucional, trastocándose el régimen federal.

2. *La eliminación de la prohibición constitucional de financiamiento público de las actividades de los partidos políticos*

Otra de las normas constitucionales que se quiso reformar mediante la rechazada reforma constitucional de 2007, fue el artículo 67

---

271 De ello resultó, según la sentencia, "la necesaria revisión general de la Ley Orgánica de Descentralización, Delimitación y Transferencia de Competencias del Poder Público, Ley General de Puertos y la Ley de Aeronáutica Civil, sin perjuicio de la necesaria consideración de otros textos legales para adecuar su contenido a la vigente interpretación."

272 *Gaceta Oficial* N° 39 140 del 17 de marzo de 2009

de la Constitución de 1999 que prohíbe "el financiamiento de las asociaciones con fines políticos con fondos provenientes del Estado", al establecer enfáticamente que el mismo "no se permitirá".[273] Con ello, el constituyente de 1999 cambió radicalmente el régimen de financiamiento público a los partidos políticos que se había previsto en el artículo 230 de la Ley Orgánica del Sufragio y Participación Política de 1998.[274] Con la prohibición constitucional, al derogarse este artículo de la Ley Orgánica, quedó derogado con el régimen de financiamiento público a los partidos políticos, abandonándose la tendencia inversa que predomina en el derecho comparado.

Con la rechazada reforma constitucional de 2007, se pretendía establecer en la Constitución, al contrario, que "el Estado podrá financiar las actividades electorales", pero sin indicarse si se trata de un financiamiento a los partidos políticos en general. En todo caso, con el rechazo popular de la reforma, el régimen de financiamiento a los partidos políticos, a su funcionamiento interno y a sus actividades electorales continuó prohibida en la Constitución.

Sin embargo, a pesar de dicha prohibición constitucional y del rechazo popular a modificarla, la Sala Constitucional del Tribunal Supremo de Justicia, actuando como Jurisdicción Constitucional, en fraude a la Constitución y a la voluntad popular expresa, en sentencia No. 780 de 8 de mayo de 2008 (Exp. n° 06-0785),[275] mediante una interpretación constitucional vinculante, de nuevo mutó la Constitución, sustituyéndose a la voluntad popular y al poder constituyente originario, disponiendo que "en lo que respecta al alcance de la prohibición de financiamiento público de asociaciones políticas" contenida en la mencionada norma, la misma:

---

273 Véase sobre la versión inicial de esta norma y sobre nuestra propuesta para su redacción en Allan R. Brewer-Carías Debate Constituyente (Aportes a la Asamblea Nacional Constituyente), Tomo II (9 septiembre - 17 octubre 1999). Fundación de Derecho Público - Editorial Jurídica Venezolana. Caracas, 1999. p.129 en'4e

274 Véase en general sobre el tema, Allan R. Brewer-Carías, "Consideraciones sobre el financiamiento de los partidos políticos en Venezuela" en *Financiamiento y democratización interna de partidos políticos. Memoria del IV Curso Anual Interamericano de Elecciones,* San José, Costa Rica, 1991, pp. 121 a 139.

275 Véase mis comentarios sobre esta sentencia, en Allan R. Brewer-Carías, "El juez constitucional como constituyente: el caso del financiamiento de las campañas electorales de los partidos políticos en Venezuela", en *Revista de Derecho Público*, No. 117, (enero-marzo 2009), Caracas 2009, pp. 195-203

"se circunscribe a la imposibilidad de aportar fondos a los gastos corrientes e internos de las distintas formas de asociaciones políticas, pero ...dicha limitación, no resulta extensiva a la campaña electoral, como etapa fundamental del proceso electoral".

Es decir, la Sala Constitucional, ante una norma tan clara e igualmente tan criticable como la contenida en el artículo 67 de la Constitución, cuya reforma se había intentado hacer en 2007 pero sin lograrse por ser rechazada por la voluntad popular, en esta sentencia, ni más ni menos se erigió en poder constituyente, sustituyendo al pueblo, disponiendo la reforma de la norma, vía su interpretación, en el mismo sentido que se había pretendido en la rechazada reforma constitucional, disponiendo en definitiva, que la prohibición constitucional "no limita que en el marco del proceso electoral y como gasto inherente a una fase esencial del mismo, el Estado destine fondos con el objeto de financiar el desarrollo de las campañas electorales, de los partidos y asociaciones políticas," es decir, lo contrario de lo que dispone la Constitución.

Es evidente que siendo el financiamiento de las campañas electorales la motivación fundamental del financiamiento de los partidos políticos, pues los mismos tienen por objeto conducir a la ciudadanía en las opciones democráticas que necesariamente desembocan en elecciones, la Ley Orgánica del Sufragio y participación Política había dispuesto el financiamiento de los paridos políticos; y ello fue lo que sin embargo, se eliminó expresamente en la Constitución de 1999.[276] Y eso fue precisamente lo que se quiso corregir, de nuevo, con la proyectada Reforma Constitucional de 2007, la cual, sin embargo, fue rechazada por el pueblo.

Pero la Sala Constitucional, sin límite alguno, se sustituyó al pueblo y asumió el rol de poder constituyente originario, disponiendo que lo que la Constitución prohíbe cuando establece en el artículo 67 que no se permite "el financiamiento de las asociaciones con fines políticos con fondos provenientes del Estado", es sólo una prohibición

276 Por ello fue, incluso, que entre otros aspectos salvamos nuestro voto en relación con dicha norma. Véase Allan R. Brewer-Carías, *Debate Constituyente (Aportes a la Asamblea Nacional Constituyente)*, Tomo III (18 octubre-30 noviembre 1999). Fundación de Derecho Público - Editorial Jurídica Venezolana. Caracas, 1999. pp. 239, 259. Véase además, Allan R. Brewer-Carías, "Regulación jurídica de los partidos políticos en Venezuela" en *Estudios sobre el Estado Constitucional (2005-2006)*, Cuadernos de la Cátedra Fundacional Allan R. Brewer-Carías de Derecho Público, Universidad Católica del Táchira, N° 9, Editorial Jurídica Venezolana. Caracas, 2007, pp. 655-686.

al financiamiento por el Estado de "los gastos corrientes e internos de las distintas formas de asociaciones políticas", pero no de la "campaña electoral, como etapa fundamental del proceso electoral."

Es decir, el Juez Constitucional, simplemente, dispuso que la Constitución no dice lo que dice, sino todo lo contrario; que cuando dice que no se permite "el financiamiento de las asociaciones con fines políticos con fondos provenientes del Estado", no es eso lo que establece, sino que lo que prohíbe es solamente "el financiamiento de los gastos corrientes e internos de las asociaciones con fines políticos con fondos provenientes del Estado"; y que los gastos de las campañas electorales de dichas asociaciones con fines políticas, en cambio, si pueden ser financiadas con fondos provenientes del Estado. Se trata por lo demás, de una conclusión absurda, que contra toda lógica democrática se deriva de una premisa falsa, y es que en sistemas democráticos supuestamente podría ocurrir que el Estado financie los gastos corrientes e internos de los partidos. Ello no se concibe en las democracias, por lo que no requiere de prohibición alguna. En democracias lo que se financia es el funcionamiento de los partidos pero con miras siempre a las campañas electorales, al punto de que este se suspende si los mismos no llegan a obtener un determinado porcentaje de votación en las elecciones.

Pudo ser muy loable la intención del Juez Constitucional de permitir el financiamiento de las campañas electorales de los partidos políticos con fondos provenientes del Estado, pero habiendo sido ello prohibido expresamente por la Constitución, sólo reformándola es que se podría lograr lo contrario; y el pueblo, además, en 2007 había rechazado expresamente la reforma. Sin embargo, la misma fue inconstitucionalmente implementada por el Juez Constitucional, reformando la Constitución, usurpando el poder constituyente originario que es del pueblo e, incluso contra su propia voluntad expresada cinco meses antes al rechazar precisamente esa reforma constitucional en igual sentido, estableció la posibilidad de financiar las campañas electorales de los partidos políticos.

3. *La eliminación del rango supra constitucional de los Tratados internacionales en materia de derechos humanos con previsiones más favorables y del principio de la aplicación inmediata de los tratados internacionales en materia de derechos humanos*

Otra de las normas constitucionales que se quiso reformar en 2007, fue la contenida en el artículo 23, en el cual se estableció, no sólo la jerarquía constitucional de los tratados internacionales en materia de derechos humanos,[277] sino su jerarquía supranacional en caso de establecer previsiones más favorables a las previstas en el derecho interno, incluida la Constitución. Dispone, en efecto, dicha norma, lo siguiente: l

> *Artículo* 23. Los tratados, pactos y convenciones relativos a derechos humanos, suscritos y ratificados por Venezuela, tienen jerarquía constitucional y prevalecen en el orden interno, en la medida en que contengan normas sobre su goce y ejercicio más favorables a las establecidas en esta Constitución y en las leyes de la República, y son de aplicación inmediata y directa por los tribunales y demás órganos del Poder Público.

Esta previsión significó, sin duda, un avance significativo en la construcción del esquema de protección de los derechos humanos, que se aplicó por los tribunales declarando la prevalencia de las normas de Convención Americana de Derechos Humanos en relación con normas constitucionales y legales.[278] Ello fue así, sin embargo,

---

[277] Sobre este véase: Rodolfo E. Piza R., *Derecho internacional de los derechos humanos: La Convención Americana*, San José 1989; y Carlos Ayala Corao, "La jerarquía de los instrumentos internacionales sobre derechos humanos", en *El nuevo derecho constitucional latinoamericano*, IV Congreso venezolano de Derecho constitucional, Vol. II, Caracas 1996 y *La jerarquía constitucional de los tratados sobre derechos humanos y sus consecuencias*, México, 2003; Humberto Henderson, "Los tratados internacionales de derechos humanos en el orden interno: la importancia del principio *pro homine*", en *Revista IIDH*, Instituto Interamericano de Derechos Humanos, No. 39, San José 2004, pp. 71 y ss. Véase también, Allan R. Brewer-Carías, *Mecanismos nacionales de protección de los derechos humanos*, Instituto Internacional de Derechos Humanos, San José, 2004, pp. 62 y ss.

[278] Fue el caso, por ejemplo, del derecho a la revisión judicial de sentencias, a la apelación o derecho a la segunda instancia que en materia contencioso administrativa se excluía en la derogada Ley Orgánica de la Corte Suprema de Justicia de 1976 respecto de la impugnación de actos administrativos ante la Jurisdicción contencioso administrativa emanados de institutos autónomos o Administraciones independientes'. La Constitución de 1999 solo reguló como derecho constitucional el derecho de apelación en materia de juicios penales a favor de la persona declarada culpable (art. 40,1); por lo que en el mencionado caso de juicios contencioso administrativos, no existía una garantía constitucional expresa a la apelación, habiendo sido siempre declarada inadmisible la apelación contra las decisiones de única instancia de la Corte Primera de lo Contencioso. La aplicación del artículo 23 de la Constitución llevó finalmente a la Sala Constitucional del Tribunal Supremo, a resolver en 2000 la aplicación prevalente de la Convención Interamericana de Derechos Humanos garantizando el

hasta 2008 cuando en sentencia No. 1.939 de 18 de diciembre de 2008 (Caso *Gustavo Álvarez Arias y otros*) la Sala Constitucional al declarar inejecutable una sentencia de la Corte Interamericana de Derechos Humanos, de fecha 5 de agosto de 2008, dictada en el caso de los ex-magistrados de la Corte Primera de lo Contencioso Administrativo (*Apitz Barbera y otros ("Corte Primera de lo Contencioso Administrativo") vs. Venezuela*), decidió en contra de lo que dispone la norma, que:

> "el citado artículo 23 de la Constitución no otorga a los tratados internacionales sobre derechos humanos rango "supraconstitucional", por lo que, en caso de antinomia o contradicción entre una disposición de la Carta Fundamental y una norma de un pacto internacional, correspondería al Poder Judicial determinar cuál sería la aplicable, tomando en consideración tanto lo dispuesto en la citada norma como en la jurisprudencia de esta Sala Constitucional del Tribunal Supremo de Justicia, atendiendo al contenido de los artículos 7, 266.6, 334, 335, 336.11 *eiusdem* y el fallo número 1077/2000 de esta Sala."

A los efectos de fundamentar su decisión, y rechazar la existencia de valores superiores no moldeables por el proyecto político autoritario, la Sala aclaró los siguientes conceptos:

> "Sobre este tema, la sentencia de esta Sala Nº 1309/2001, entre otras, aclara que el derecho es una teoría normativa puesta al servicio de la política que subyace tras el proyecto axiológico de la Constitución y que la interpretación debe comprometerse, si se quiere mantener la supremacía de la Carta Fundamental cuando se ejerce la jurisdicción constitucional atribuida a los jueces, con la mejor teoría política que subyace tras el sistema que se interpreta o se integra y con la moralidad institucional que le sirve de base axiológica (*interpretatio favor Constitutione*). Agrega el fallo citado: "en este orden de ideas, los estándares para dirimir el conflicto entre los principios y las normas deben ser compatibles con el proyecto político de la Constitución (Estado Democrático y Social de Derecho y de Justicia) y no deben afectar la vigencia de dicho proyecto con elecciones interpretativas ideológicas que

---

principio de las dos instancias. Véase sentencia No. 87 del 13 de marzo de 2000, Caso: *C.A. Electricidad del Centro (Elecentro) y otra vs. Superintendencia para la Promoción y Protección de la Libre Competencia. (Procompetencia)*, en *Revista de Derecho Público*, No. 81, Editorial Jurídica Venezolana, Caracas 2000, pp. 157. Véase los comentarios en Allan R. Brewer-Carías y Josefina Calcaño de Temeltas, *Ley Orgánica de la Corte Suprema de Justicia,* Editorial Jurídica Venezolana, Caracas 1978.

privilegien los derechos individuales a ultranza o que acojan la primacía del orden jurídico internacional sobre el derecho nacional en detrimento de la soberanía del Estado".

Concluyo la sentencia que: "no puede ponerse un sistema de principios supuestamente absoluto y suprahistórico por encima de la Constitución" y que son inaceptables las teorías que pretenden limitar "so pretexto de valideces universales, la soberanía y la autodeterminación nacional".

En el mismo sentido, la sentencia de esta Sala Nº 1265/2008 estableció que en caso de evidenciarse una contradicción entre la Constitución y una convención o tratado internacional, "deben prevalecer las normas constitucionales que privilegien el interés general y el bien común, debiendo aplicarse las disposiciones que privilegien los intereses colectivos...(...) sobre los intereses particulares..." [279]

En esta forma, la Sala Constitucional en el Venezuela dispuso una ilegítima mutación constitucional, reformando el artículo 23 de la Constitución al eliminar el carácter supranacional de la Convención Americana de Derechos Humanos en los casos en los cuales contenga previsiones más favorables al goce y ejercicio de derechos humanos respecto de las que están previstas en la propia Constitución.

Debe advertirse, por otra parte, que tan se trató de una reforma constitucional ilegítima, que esa fue otra de las propuestas de reforma que se formularon en 2007 por el "Consejo Presidencial para la Reforma de la Constitución," designado por el Presidente de la República,[280] en el cual, en relación con el artículo 23 de la Constitución, lo que se buscaba era eliminar totalmente la jerarquía constitucional de las previsiones de los tratados internacionales de derechos humanos y su prevalencia sobre el orden interno, proponiéndose la formulación de la norma sólo en el sentido de que: "los tratados, pactos y convenciones relativos a derechos humanos, suscritos y ratificados

---

[279] Véase en http://www.tsj.gov.ve/decisiones/scon/Diciembre/1939-181208-2008-08-1572.html

[280] Véase Decreto No. 5138 de 17-01-2007, *Gaceta Oficial* N° 38.607 de 18-01-2007`. El documento circuló en junio de 2007 con el título Consejo Presidencial para la Reforma de la Constitución de la República Bolivariana de Venezuela, "Modificaciones propuestas". El texto completo fue publicado como *Proyecto de Reforma Constitucional. Versión atribuida al Consejo Presidencial para la reforma de la Constitución de la república Bolivariana de Venezuela*, Editorial Atenea, Caracas 01 de julio de 2007, 146 pp.

por Venezuela, mientras se mantenga vigentes, forma parte del orden interno, y son de aplicación inmediata y directa por los órganos del Poder Público".

Esa propuesta de reforma constitucional que afortunadamente no llegó a cristalizar, era un duro golpe al principio de la progresividad en la protección de los derechos que se recoge en el artículo 19 de la Constitución, que no permite regresiones en la protección de los mismos.[281] Sin embargo, lo que no pudo hacer el régimen autoritario mediante una reforma constitucional, la cual al final fue rechazada por el pueblo, lo hizo la Sala Constitucional del Tribunal Supremo mutando la Constitución.

Igual ocurrió con la previsión de la misma norma del artículo 23 que declara además expresamente que los mismos son "de aplicación inmediata y directa por los tribunales y demás órganos del Poder Público" (art. 23).

Sobre esta norma, la Sala Constitucional del Tribunal Supremo, al reivindicar un carácter de máximo y último intérprete de la Constitución y de los tratados, pactos y convenios sobre derechos humanos que no tiene, pues todas las Salas del Tribunal Supremo lo tienen, estableció en sentencia Nº 1492 de 15 de julio de 2003 (Caso: *Impugnación de diversos artículos del Código Penal*), que por adquirir los mencionados tratados jerarquía constitucional e integrarse a la Constitución vigente, "*el único capaz de interpretarlas*, con miras al derecho venezolano, es el juez constitucional, conforme al artículo 335 de la vigente Constitución, en especial, al intérprete nato de la Constitución de 1999, y, que es la Sala Constitucional, y así se declara". De allí la Sala señaló que

> "es la Sala Constitucional quien determina cuáles normas sobre derechos humanos de esos tratados, pactos y convenios, prevalecen en el orden interno; al igual que cuáles derechos humanos no contemplados en los citados instrumentos internacionales tienen vigencia en Venezuela"[282].

---

281 Véase esta proyectada reforma constitucional Allan R. Brewer-Carías, *Hacia la consolidación de un Estado Socialista, Centralizado, Policial y Militarista. Comentarios sobre el sentido y alcance de las propuestas de reforma constitucional 2007,* Colección Textos Legislativos, No. 42, Editorial Jurídica Venezolana, Caracas 2007, pp. 122 ss.

282 Véase en *Revista de Derecho Público*, N° 93-96, Editorial Jurídica Venezolana, Caracas 2003, pp. 135 ss.

Con esta decisión inconstitucional, la Sala Constitucional también mutó ilegítimamente la Constitución, pues conforme a la norma de su artículo 23, esa potestad no sólo corresponde a la Sala Constitucional, sino a todos los tribunales de la República cuando actúen como juez constitucional, por ejemplo, al ejercer el control difuso de la constitucionalidad de las leyes o al conocer de acciones de amparo. La pretensión de la Sala Constitucional en concentrar toda la justicia constitucional no se ajusta a la Constitución y al sistema de justicia constitucional que regula, de carácter mixto e integral; y menos aún en materia de derechos humanos, cundo es la propia Constitución la que dispone que los tratados, pactos e instrumentos internacionales sobre derechos humanos ratificados por la República son "de aplicación inmediata y directa por los tribunales" (art. 23).

4. *La negación del derecho ciudadano a la protección internacional de los derechos humanos y la "inejecutabilidad" de las sentencias de la Corte interamericana de derechos humanos*

En los proyectos de reforma constitucional de 2007, también se busca reformar el mismo artículo 23 de la Constitución mediante la propuesta que formuló el "Consejo Presidencial para la Reforma de la Constitución," designado por el Presidente de la República, agregándole, también en forma regresiva, un párrafo precisando que "corresponde a los tribunales de la República conocer de las violaciones sobre las materias reguladas" en los Tratados Internacionales sobre derechos humanos; con lo que en realidad se buscaba establecer una prohibición constitucional para que la Corte Interamericana de Derechos Humanos pudiera conocer de las violaciones de la Convención Americana de Derechos Humanos. Es decir, con una norma de este tipo, Venezuela hubiera quedado excluida constitucionalmente de la jurisdicción de dicha Corte internacional y del sistema interamericano de protección de los derechos humanos,[283] ello contrariando lo que el propio texto de la Constitución establece.

En efecto, la Constitución de 1999 garantizó expresamente el derecho de las personas a la protección internacional en materia de derechos humanos, imponiéndole al Estado la obligación de ejecutar las decisiones de los órganos internacionales. A tal efecto el artículo 31 de de la Constitución dispone:

---

283 Véase sobre esta proyectada reforma constitucional Allan R. Brewer-Carías, *Hacia la consolidación de un Estado Socialista, Centralizado, Policial y Militarista. Comentarios sobre el sentido y alcance de las propuestas de reforma constitucional 2007,* Colección Textos Legislativos, No. 42, Editorial Jurídica Venezolana, Caracas 2007, p. 122.

Artículo 31. Toda persona tiene derecho, en los términos establecidos por los tratados, pactos y convenciones sobre derechos humanos ratificados por la República, a dirigir peticiones o quejas ante los órganos internacionales creados para tales fines, con el objeto de solicitar el amparo a sus derechos humanos.

El Estado adoptará, conforme a procedimientos establecidos en esta Constitución y en la ley, las medidas que sean necesarias para dar cumplimiento a las decisiones emanadas de los órganos internacionales previstos en este artículo.

Este derecho constitucional, que se buscaba minimizar con las fracasadas propuestas de reforma constitucional de 2007, sin embargo, ha sido la Sala Constitucional del Tribunal Supremo, la que se ha encargado de vaciarlo al decidir mediante sentencia No. 1.939 de 18 de diciembre de 2008 (Caso *Gustavo Álvarez Arias y otros*, o más bien, Caso: *Estado venezolano vs. La Corte Interamericana de Derechos Humanos*), la eficacia de las decisiones de la Corte Interamericana de Derechos Humanos, declarándolas "inejecutables" en el país, contrariando así el régimen internacional de los tratados y el propio texto de la Constitución.[284]

Con dicha sentencia, dictada en juicio iniciado por la Procuraduría General de la República que es un órgano dependiente del Ejecutivo Nacional, la Sala Constitucional comenzó a declarar "inejecutables" en Venezuela las sentencias de la Corte Interamericana de Derechos Humanos, en ese caso, la sentencia dictada el 5 de agosto de 2008," en el caso de los ex-magistrados de la Corte Primera de lo Contencioso Administrativo (*Apitz Barbera y otros ("Corte Primera de lo Contencioso Administrativo") vs. Venezuela*).[285] Con ello, además, la Sala Constitucional violó el artículo 68.1 de la Convención Americana de Derechos Humanos, que dispone que los Estados Partes que han reconocido la jurisdicción de la Corte Interamericana de Derechos Hu-

284 Véanse mis comentarios a dicha sentencia en Allan R. Brewer-Carías, "La interrelación entre los Tribunales Constitucionales de América Latina y la Corte Interamericana de Derechos Humanos, y la cuestión de la inejecutabilidad de sus decisiones en Venezuela," en *Gaceta Constitucional.* Análisis multidisciplinario de la jurisprudencia del Tribunal Constitucional, Gaceta Jurídica, Tomo 16 Año 2009, Lima 2009, pp. 17-48.

285 Véase en www.corteidh.or.cr. Excepción Preliminar, Fondo, Reparaciones y Costas, Serie C No. 182.

manos, "se comprometen a cumplir la decisión de la Corte en todo caso en que sean partes."[286]

No fue esta, sin embargo, la primera vez que un Estado a través de su Poder Judicial se ha rebelado contra las decisiones de la Corte Interamericana, buscando eludir su responsabilidad en el cumplimiento de las mismas. La sentencia de la Corte Interamericana en el *Caso Castillo Petruzzi* de 30 de mayo de 1999 (Serie C, núm. 52), contra Perú es prueba de ello, pues después de que declarar que el Estado peruano había violado en un proceso los artículos 20; 7.5; 9; 8.1; 8.2.b,c,d y f; 8.2.h; 8.5; 25; 7.6; 5; 1.1 y 2,[287] la Sala Plena del Consejo Supremo de Justicia Militar del Perú se negó a ejecutar el fallo, considerando que la misma desconocía la Constitución Política del Perú y la sujetaba a "la Convención Americana sobre Derechos Humanos en la interpretación que los jueces de dicha Corte efectúan *ad-libitum* en esa sentencia."[288]

---

286 Como lo señaló la Corte Interamericana de Derechos Humanos en la decisión del *Caso Castillo Petruzzi*, sobre "Cumplimiento de sentencia" del 7 de noviembre de 1999 (Serie C, núm. 59), "Las obligaciones convencionales de los Estados parte vinculan a todos los poderes y órganos del Estado," (par. 3) agregando "Que esta obligación corresponde a un principio básico del derecho de la responsabilidad internacional del Estado, respaldado por la jurisprudencia internacional, según el cual los Estados deben cumplir sus obligaciones convencionales de buena fe (*pacta sunt servanda*) y, como ya ha señalado esta Corte, no pueden por razones de orden interno dejar de asumir la responsabilidad internacional ya establecida." (par. 4). Véase en Sergio García Ramírez (Coord.), *La Jurisprudencia de la Corte Interamericana de Derechos Humanos*, Universidad Nacional Autónoma de México, Corte Interamericana de Derechos Humanos, México, 2001, pp. 628-629

287 Como consecuencia, en la sentencia la Corte Interamericana declaró "la invalidez, por ser incompatible con la Convención, del proceso en contra de los señores Jaime Francisco Sebastián Castillo Petruzzi" y otros, ordenando "que se les garantice un nuevo juicio con la plena observancia del debido proceso legal," y además, "al Estado adoptar las medidas apropiadas para reformar las normas que han sido declaradas violatoria de la Convención Americana sobre Derechos Humanos en la presente sentencia y asegurar el goce de los derechos consagrados en la Convención Americana sobre derechos Humanos a todas las personas que se encuentran bajo su jurisdicción, sin excepción alguna." Véase en http://www.tsj.gov.ve/decisiones/scon/Diciembre/1939-181208-2008-08-1572.html

288 Precisamente frente a esta declaratoria por la Sala Plena del Consejo Supremo de Justicia Militar del Perú sobre la inejecutabilidad del fallo de 30 de mayo de 1999 de la Corte Interamericana de Derechos Humanos en el Perú, fue que la

A partir de 2008 le correspondió la labor a Venezuela, siguiendo los pasos del régimen autoritario de Fujimori en el Perú, siendo la Sala Constitucional del Tribunal Supremo, la que declaró en la mencionada decisión No 1.939 de 18 de diciembre de 2008 (Caso *Abogados Gustavo Álvarez Arias y otros*), como "inejecutable" la sentencia de la Corte Interamericana de Derechos Humanos Primera de 5 de agosto de 2008 en el caso *Apitz Barbera y otros ("Corte Primera de lo Contencioso Administrativo") vs. Venezuela* acusando a la Corte Interamericana de haber usurpado el poder del Tribunal Supremo.[289]

En su decisión, la Sala Constitucional, citando la previa decisión No. 1.942 de 15 de julio de 2003, y considerando que se trataba de una petición de interpretación formulada por la República, precisó que la Corte Interamericana de Derechos Humanos no podía "pretender excluir o desconocer el ordenamiento constitucional interno," y que había dictado "pautas de carácter obligatorio sobre gobierno y adminis-

---

misma Corte Interamericana dictó el fallo subsiguiente, antes indicado, de 7 de noviembre de 1999, declarando que "el Estado tiene el deber de dar pronto cumplimiento a la sentencia de 30 de mayo de 1999 dictada por la Corte Interamericana en el caso Castillo Petruzzi y otros." Sergio García Ramírez (Coord.), La Jurisprudencia de la Corte Interamericana de Derechos Humanos, Universidad Nacional Autónoma de México, Corte Interamericana de Derechos Humanos, México, 2001, p. 629 Ello ocurrió durante el régimen autoritario que tuvo el Perú en la época del Presidente Fujimori, y que condujo a que dos meses después de dictarse la sentencia de la Corte Interamericana del 30 de mayo de 1999, el Congreso del Perú aprobase el 8 de julio de 1999 el retiro del reconocimiento de la competencia contenciosa de la Corte, lo que se depositó al día siguiente en la Secretaría General de la OEA/ Este retiro fue declarado inadmisible por la propia Corte Interamericana, en la sentencia del caso *Ivcher Bronstein* de 24 de septiembre de 1999, considerando que un "Estado parte sólo puede sustraerse a la competencia de la Corte mediante la denuncia del tratado como un todo." Idem, pp. 769-771. En todo caso, posteriormente en 2001 Perú derogó la Resolución de julio de 1999, restableciéndose a plenitud la competencia de la Corte interamericana para el Estado.

[289] El tema, ya lo había adelantado la Sala Constitucional en su conocida sentencia No. 1.942 de 15 de julio de 2003 (Caso: *Impugnación de artículos del Código Penal, Leyes de desacato*) (Véase en *Revista de Derecho Público*, No. 93-96, Editorial Jurídica Venezolana, Caracas 2003, pp. 136 ss.) en la cual al referirse a los Tribunales Internacionales "comenzó declarando en general, que en Venezuela "por encima del Tribunal Supremo de Justicia y a los efectos del artículo 7 constitucional, no existe órgano jurisdiccional alguno, a menos que la Constitución o la ley así lo señale, y que aun en este último supuesto, la decisión que se contradiga con las normas constitucionales venezolanas, carece de aplicación en el país, y así se declara."

tración del Poder Judicial que son competencia exclusiva y excluyente del Tribunal Supremo de Justicia" y establecido "directrices para el Poder Legislativo, en materia de carrera judicial y responsabilidad de los jueces, violentando la soberanía del Estado venezolano en la organización de los poderes públicos y en la selección de sus funcionarios, lo cual resulta inadmisible." Acusó además, a la Corte Interamericana de haber utilizado su fallo "para intervenir inaceptablemente en el gobierno y administración judicial que corresponde con carácter excluyente al Tribunal Supremo de Justicia," argumentando que con la "sentencia cuestionada" la Corte Interamericana pretendía "desconocer la firmeza de decisiones administrativas y judiciales que han adquirido la fuerza de la cosa juzgada, al ordenar la reincorporación de los jueces destituidos." Para realizar estas afirmaciones, la Sala Constitucional recurrió como precedente para considerar que la sentencia de la Corte Interamericana de Derechos Humanos era inejecutable en Venezuela, precisamente la decisión antes señalada de 1999 de la Sala Plena del Consejo Supremo de Justicia Militar del Perú, que consideró inejecutable la sentencia de la Corte Interamericana de 30 de mayo de 1999, dictada en el caso: *Castillo Petruzzi y otro*.

Pero no se quedó allí la Sala Constitucional, sino en una evidente usurpación de poderes, ya que las relaciones internacionales es materia exclusiva del Poder Ejecutivo, instó "al Ejecutivo Nacional proceda a denunciar esta Convención, ante la evidente usurpación de funciones en que ha incurrido la Corte Interamericana de los Derechos Humanos con el fallo objeto de la presente decisión; y el hecho de que tal actuación se fundamenta institucional y competencialmente en el aludido Tratado." Así se inició el proceso de Venezuela de desligarse de la Convención Americana sobre Derechos Humanos, y de la jurisdicción de la Corte Interamericana de Derechos Humanos por parte del Estado Venezolano, utilizando para ello a su propio Tribunal Supremo de Justicia. La rebelión de la Sala Constitucional se repitió de nuevo en la sentencia No. 1547 de fecha 17 de octubre de 2011 (Caso *Estado Venezolano vs. Corte Interamericana de Derechos Humanos*),[290] al declarar inejecutable la sentencia de la Corte Interamericana de Derechos Humanos dictada en el 1º de septiembre de 2011 (caso *Leopoldo*

[290] Véase en http://www.tsj.gov.ve/decisiones/scon/Octubre/1547-171011-2011-11-1130.html. Véase mis comentarios sobre esta sentencia en Allan R. Brewer-Carías, "El ilegítimo "control de constitucionalidad" de las sentencias de la Corte Interamericana de Derechos Humanos por parte la Sala Constitucional del Tribunal Supremo de Justicia de Venezuela: el caso de la sentencia *Leopoldo López vs. Venezuela, 2011*," en *Constitución y democracia: ayer y hoy. Libro homenaje a Antonio Torres del Moral*. Editorial Universitas, Vol. I, Madrid, 2013, pp. 1095-1124

López vs. Estado de Venezuela), todo lo cual condujo a que en septiembre de 2012, Venezuela denunciara la Convención.

En esta materia, también, lo que no pudo hacer el régimen autoritario mediante una reforma constitucional, la cual al final fue rechazada por el pueblo, lo hizo la Sala Constitucional del Tribunal Supremo en su ya larga carrera al servicio del autoritarismo.

5. *La modificación del régimen del referendo revocatorio demandatos de representación popular*

Por último, otras de las reformas constitucionales rechazadas por el pueblo, fueron las que se refirieron a las restricciones que se buscaba establecer respecto de los mecanismos de democracia directa mediante referendos, y en particular, respecto del refrendo revocatorio de mandatos.

En relación con ello, el artículo 72 de la Constitución fue muy preciso al disponer que transcurrida la mitad del período para el cual fue elegido un funcionario, a instancia popular de un número no menor del 20% de los electores inscritos en la correspondiente circunscripción, se puede solicitar la convocatoria de un referendo para revocarle su mandato. La Constitución dispuso expresamente que "*Cuando igual o mayor número de electores* que eligieron al funcionario hubieren votado a favor de la revocación, siempre que haya concurrido al referendo un número de electores igual o superior al 25 % de los electores inscritos, se considerará revocado su mandato y se procederá de inmediato a cubrir la falta absoluta conforme a lo dispuesto en esta Constitución y en la ley."

Es decir, que los votos necesarios para que se produzca la revocatoria del mandato deben ser en un número igual o mayor de los votos de los electores que eligieron al funcionario, con independencia del número de votos que se puedan depositar contra la revocación. Ello, incluso lo ratificó la Sala Constitucional en varias sentencias,[291] ya que de lo que se trata es de un referendo "revocatorio" de mandatos de elección popular y no de un referendo "ratificatorio" o plebiscito respecto de tales mandatos, el cual no existe en el texto constitucional.

---

[291] Véase sentencia N° 2750 de 21 de octubre de 2003, Caso: *Carlos Enrique Herrera Mendoza, (Interpretación del artículo 72 de la Constitución (Exp. 03-1989). Sentencia* N° 1139 de 5 de junio de 2002 (Caso: *Sergio Omar Calderón Duque y William Dávila Barrios).* Véase en *Revista de Derecho Público,* N° 89-92, Editorial Jurídica Venezolana, Caracas 2002, p. 171. Criterio seguido en la sentencia N° 137 de 13-02-2003 (Caso: *Freddy Lepage Scribani y otros*) (Exp. 03-0287).

Precisamente por ello, nada previó la Constitución para el caso de que votando a favor de la revocación de un mandato un número de electores superior al número de votos que obtuvo el funcionario cuando fue electo, sin embargo, se hubiesen pronunciado por la "no revocación" un número mayor de votos. Ello podría ocurrir, pero conforme al texto de la Constitución, no tendría efecto jurídico alguno, pues la regulación constitucional lo que establece es un referendo "revocatorio", de manera que basta que la votación favorable a la revocación sea igual o mayor que la que el funcionario obtuvo cuando fue electo, para que el mandato quede revocado. Y ello es así, incluso a pesar de que el Registro Electoral haya variado con el transcurso del tiempo.

Sin embargo, debe observarse que de manera evidentemente inconstitucional, en las *Normas para regular los procesos de Referendos Revocatorios de mandatos de Elección Popular* dictadas por el Consejo Nacional Electoral en 25 de septiembre de 2003[292], luego de ratificarse que se considera revocado el mandato "si el número de votos a favor de la revocatoria es igual o superior al número de los electores que eligieron al funcionario", se agregó una frase indicando: "y no resulte inferior al número de electores que votaron en contra de la revocatoria" (Art. 60). Con este agregado, en una norma de rango sublegal, se restringió el derecho ciudadano a la participación política mediante la revocación de mandatos populares, al establecerse un elemento que no está en la Constitución relativo a los votos por la "no revocación," trastocándose la naturaleza "revocatoria" del referendo que regula el artículo 72 de la Constitución, y en evidente fraude a la Constitución, convirtiéndolo en un referendo "ratificatorio" de mandatos de elección popular.

Lo inaudito de este fraude constitucional, es que dicha "reforma" constitucional ilegítima fue avalada por la Sala Constitucional del Tribunal Supremo al decidir un recurso de interpretación abstracta de la Constitución en la sentencia Nº 2750 de 21 de octubre de 2003 (Caso: *Carlos E. Herrera Mendoza, Interpretación del artículo 72 de la Constitución*), en la cual señaló que:

> "Se trata de una especie de relegitimación del funcionario y en ese proceso democrático de mayorías, incluso, *si en el referendo obtuviese más votos la opción de su permanencia, debería seguir en él,* aunque voten en su contra el número suficiente de personas para revocarle el mandato."[293]

---

292 Resolución N° 030925-465 de 25-09-2003.

293 Exp. 03-1989.

En realidad, en un referendo "revocatorio" no puede haber votos por "la permanencia" del funcionario; lo que puede haber son votos por la "revocación" (votos SI) del mandato o por la "no revocación" (votos NO). El voto por la "no revocación" del mandato es un voto negativo (No); y un voto negativo no puede ser convertido en un voto positivo (Si) por la permanencia del funcionario. Con esta mutación de la Constitución, la Sala Constitucional cambió la naturaleza del referendo revocatorio, ratificando el trastocamiento de la naturaleza de la revocación del mandato, convirtiéndolo en un voto para "relegitimar" o para "ratificar" mandatos de elección popular, cuando ello no sólo no fue la intención del constituyente, sino que no puede derivarse del texto del artículo 72 de la Constitución. Lo único que la Constitución regula es la revocación de mandatos, y para ello, lo único que exige en materia de votación es que un número "igual o mayor de electores que eligieron al funcionario hubieren votado a favor de la revocación."

Sin embargo, la Constitución fue cambiada sin seguirse los procedimientos de reforma, y ello, específicamente para evitar que en 2004, el mandato del Presidente de República, Hugo Chávez, fuera revocado. El mismo había sido electo en agosto de 2000 con 3.757.774 votos, por lo que bastaba para que su mandato fuese revocado, que el voto a favor de la revocación superara esa cifra. Como lo anunció el Consejo Nacional Electoral el 27 de agosto de 2004, el voto a favor de la revocación del mandato del Presidente de la República en el referendo efectuado ese mismo mes y año, fue de 3.989.008, por lo que constitucionalmente el mandato de Chávez había quedado revocado.

Sin embargo, para cuando se realizó el referendo, ya se había cambiado ilegítimamente la Constitución, e independientemente de las denuncias de fraude que se formularon respecto del referendo revocatorio del 15 de agosto de 2004, el Consejo Nacional Electoral el mencionado día 27 de agosto de 2004, no sólo dio los datos definitivos de la votación efectuada en el referendo revocatorio, sino que acordó "ratificar" al Presidente de la República en su cargo hasta la terminación del período constitucional en enero de 2007.[294]

---

294 En efecto, en la *página web* del Consejo Nacional Electoral del día 27 de agosto de 2004, apareció la siguiente nota: "El presidente del Consejo Nacional Electoral, Francisco Carrasquero López, se dirigió al país en cadena nacional para anunciar las cifras definitivas y oficiales del evento electoral celebrado el pasado 15 de agosto, *las cuales dan como ratificado en su cargo al Presidente de la República*, Hugo Rafael Chávez Frías, con un total de 5 millones 800 mil 629 votos a favor de la opción "No". En la contienda electoral participaron 9 millones 815 mil 631 electores, de los cuales 3.989.008 se inclinaron por la op-

V. LA INCONSTITUCIONAL IMPLEMENTACIÓN DE LA RECHAZADA REFORMA CONSTITUCIONAL DE 2007 MEDIANTE LEYES Y DECRETOS LEYES (LEGISLACIÓN ORDINARIA), NO CONTROLADOS POR LA JURISDICCIÓN CONSTITUCIONAL

La reforma constitucional de 2007, sancionada por la Asamblea nacional y rechazada popularmente mediante referendo de 7 de diciembre de 2007, sin embargo, en forma evidentemente inconstitucional ha sido también implementada sistemáticamente durante el último lustro, mediante legislación ordinaria, tanto a través de leyes sancionadas por la Asamblea nacional como mediante decretos leyes dictados con ocasión de delegaciones legislativas (leyes habilitantes) a partir de 2008.[295]

---

ción "Sí" para revocar el mandato del Presidente Chávez. La totalización arrojó que la opción "No" alcanzó el 59,25% de los votos, mientras el "Sí" logró el 40,74% del total general, y la abstención fue del 30,02%. Vale destacar que para estos comicios el Registro Electoral se incrementó significativamente, alcanzando un universo de 14. 027.607 de electores con derecho a sufragar en el RR. Con base en la expresión de la voluntad popular, el Consejo Nacional Electoral, este viernes 27 de agosto, *ratificará en la Presidencia de la República* Bolivariana de Venezuela a Hugo Chávez Frías, quien culminará su período constitucional en el año 2006. Y en efecto, en acto solemne efectuado ese día, el Consejo Nacional Electoral acordó "ratificar" al Presidente de la República en su cargo, a pesar de que un número de electores mayor que los que lo eligieron hubieran votado a favor de la revocación de su mandato. Otro tanto haría la Asamblea Nacional, sin que esa figura de la ratificación estuviese prevista en norma constitucional alguna." Véase además, *El Nacional*, Caracas, 28-08-2004, pp. A-1 y A-2

295 Véase sobre ese proceso: Lolymar Hernández Camargo, "Límites del poder ejecutivo en el ejercicio de la habilitación legislativa: Imposibilidad de establecer el contenido de la reforma constitucional rechazada vía habilitación legislativa," en *Revista de Derecho Público*, No. 115, Editorial Jurídica Venezolana 2008, pp. 51-56; Jorge Kiriakidis, *"Breves reflexiones en torno a los 26 Decretos-Ley de Julio-Agosto de 2008, y la consulta popular refrendaría de diciembre de 2007," Idem,* pp. 57-62; José Vicente HARO GARCÍA, "Los recientes intentos de reforma constitucional o de cómo se está tratando de establecer una dictadura socialista con apariencia de legalidad (A propósito del proyecto de reforma constitucional de 2007 y los 26 decretos leyes del 31 de julio de 2008 que tratan de imponerla)," *Idem*, pp. 63- 76; Aurilivi Linares Martínez, "Notas sobre el uso del poder de legislar por decreto por parte del Presidente venezolano," *Idem, pp.* 79-92; Carlos Luis Carrillo Artiles, "La paradójica situación de los Decretos Leyes Orgánicos frente a la Ingeniería Constitucional de 1999"

Esa inconstitucional implementación de la rechazada reforma constitucional mediante legislación ordinaria ha ocurrido en muchos campos, de los cuales a continuación sólo nos referiremos a unos cuantos significativos, en relación con la inconstitucional estructuración del Estado Comunal o Socialista en paralelo al Estado Constitucional; con la inconstitucional eliminación de órganos democráticos de representación local en el Distrito Capital y de las Juntas Parroquiales a nivel municipal; y con la inconstitucional implementación de las reformas constitucionales al sistema económico para establecer un sistema de economía socialista.

Todas esas leyes fueron impugnadas por ante la Sala Constitucional por razones de inconstitucionalidad, y en ningún caso ha habido sentencia. Más bien, en la mayoría de los casos, las acciones ni siquiera han sido admitidas por la Sala Constitucional.

1. *La inconstitucional implementación de la estructuración de un Estado Socialista en paralelo al Estado Constitucional*

El Presidente de la República, durante todo el año 2007, y en particular en su "Discurso de Presentación del Anteproyecto de reforma a la Constitución ante la Asamblea Nacional" en agosto de 2007[296], señaló con toda claridad que el objetivo central de la reforma que estaba proponiendo era "la construcción de la Venezuela bolivariana y socialista"[297]; es decir, como lo expresó, se trataba de una propuesta para sembrar "el socialismo en lo político y económico"[298], lo que –dijo- no se había hecho en la Constitución de 1999. Cuando ésta se sancionó –dijo el Jefe de Estado- "no proyectábamos el socialismo como camino", agregando, que "así como el candidato Hugo Chávez repitió un millón de veces en 1998, "Vamos a Constituyente", el candidato Presidente Hugo Chávez dijo: "Vamos al Socialismo", y todo

---

Idem, pp. 93-100; y Freddy J. Orlando S., "El p*aquetazo", un conjunto de leyes que conculcan derechos y amparan injusticias," Idem.* 101 ss.

296 Véase *Discurso de Orden pronunciado por el ciudadano Comandante Hugo Chávez Frías, Presidente Constitucional de la República Bolivariana de Venezuela en la conmemoración del Ducentécimo Segundo Aniversario del Juramento del Libertador Simón Bolívar en el Monte Sacro y el Tercer Aniversario del Referendo Aprobatorio de su mandato constitucional*, Sesión especial del día Miércoles 15 de agosto de 2007, Asamblea Nacional, División de Servicio y Atención legislativa, Sección de Edición, Caracas 2007.

297 *Idem*, p. 4

298 *Idem*, p. 33.

el que votó por el candidato Chávez, votó por ir al socialismo"[299]. Por ello, el proyecto de Constitución que presentó ante la Asamblea Nacional, era para "la construcción del Socialismo Bolivariano, el Socialismo venezolano, nuestro Socialismo, nuestro modelo socialista"[300], cuyo "núcleo básico e indivisible" era "la comunidad", "donde los ciudadanos y las ciudadanas comunes, tendrán el poder de construir su propia geografía y su propia historia"[301]. Y todo ello bajo la premisa de que "sólo en el socialismo será posible la verdadera democracia"[302], pero por supuesto, una "democracia" sin representación que, como lo propuso el Presidente y fue sancionado por la Asamblea Nacional en la rechazada reforma del artículo 136 de la Constitución, que decía que "no nace del sufragio ni de elección alguna, sino que nace de la condición de los grupos humanos organizados como base de la población". Es decir, se buscaba establecer una "democracia" que no era democracia, pues en el mundo moderno no hay ni ha habido democracia sin elección de representantes.

Todas estas propuestas que fueron rechazadas por el pueblo en diciembre de 2007, las resumió el Presidente en su Discurso del 15 agosto de 2007, así:

---

299 *Idem*, p. 4. Es decir, se pretende imponer al 56% de los votantes que no votaron por la reelección presidencial, la voluntad expresada por sólo el 46% de los votantes inscritos en el Registro Electoral que votaron por la reelección del Presidente. Según las cifras oficiales del CNE, en las elecciones de 2006, de un universo de 15.784.777 votantes inscritos en el Registro Electoral, sólo 7.309.080 votaron por el Presidente.

300 Véase *Discurso...* p. 34

301 *Idem*, p. 32.

302 *Idem*, p. 35. Estos conceptos se recogen igualmente en la *Exposición de Motivos* para la Reforma Constitucional, Agosto 2007, donde se expresa la necesidad de "ruptura del modelo capitalista burgués" (p. 1), de desmontar la superestructura que le da soporte a la producción capitalista"(p. 2); de "dejar atrás la democracia representativa para consolidad la democracia participativa y protagónica"(p. 2); de "crear un enfoque socialista nuevo" (p. 2) y "construir la vía venezolana al socialismo"(p. 3); de producir "el reordenamiento socialista de la geopolítica de la Nación" (p. 8); de la "construcción de un modelo de sociedad colectivista" y "el Estado sometido al poder popular"(p. 11); de "extender la revolución para que Venezuela sea una República socialista, bolivariana", y para "construir la vía venezolana al socialismo; construir el socialismo venezolano como único camino a la redención de nuestro pueblo"(p. 19).

> "en el terreno político, profundizar la democracia popular bolivariana; en el terreno económico, preparar las mejores condiciones y sembrarlas para la construcción de un modelo económico productivo socialista, nuestro modelo, lo mismo en lo político la democracia socialista; en lo económico, el modelo productivo socialista; en el campo de la Administración Pública incorporar novedosas figuras para aligerar la carga, para dejar atrás el burocratismo, la corrupción, la ineficiencia administrativa, cargas pesadas del pasado, que todavía tenemos encima como rémoras, como fardos en lo político, en lo económico, en lo social"[303].

En todo caso, la reforma constitucional sancionada por la Asamblea Nacional y rechazada popularmente, tocaba las bases fundamentales del Estado, en particular, con la sustitución del Estado democrático y social de derecho por el Estado Socialista, montado sobre una "doctrina bolivariana socialista."

Esa reforma Constitucional pretendía trastocar el principio del artículo 2 de la Constitución de 1999, que define a Venezuela como un Estado democrático y social de derecho y de justicia *no socialista*, para en su lugar crear un Estado Socialista mediante la reforma del artículo 16 constitucional, donde se buscaba crean las comunas y comunidades como "el núcleo territorial básico e indivisible del Estado Socialista Venezolano"; del artículo 70, donde al definirse los medios de participación y protagonismo del pueblo en ejercicio directo de su soberanía mediante todo tipo de consejos, se pretendía indicar que era "para la construcción del socialismo", haciéndose mención a las diversas asociaciones "constituidas para desarrollar los valores de la mutua cooperación y la solidaridad socialista", de manera que quien no quisiera construir socialismo alguno, hubiera quedado excluido del derecho a la participación política, que sólo estaba destinado a desarrollar los valores de "la solidaridad socialista" y no era libre como indica el artículo 62; del artículo 112 donde se proponía indicar, en relación con el modelo económico del Estado, que era para crear "las mejores condiciones para la construcción colectiva y cooperativa de una economía socialista"; del artículo 113 en el cual se buscaba indicar la necesidad de la constitución de "empresas mixtas o unidades de producción socialistas"; del artículo 158, del que se buscaba eliminar toda mención a la descentralización como política nacional, y definir como política nacional, "la participación protagónica del pueblo, restituyéndole el poder y creando las mejores condiciones para la construcción de una democracia socialista"; del artículo 168 relativo al Municipio, en el que se buscaba precisar la necesidad de incorporar

303 *Idem*, p. 74

"la participación ciudadana a través de los Consejos del Poder Popular y de los medios de producción socialista"; del artículo 184 en el que se buscaba orientar la descentralización de Estados y Municipios para permitir "la construcción de la economía socialista"; del artículo 299, relativo al régimen socioeconómico de la República, en el que se pretendía indicar que se debía fundamentar "en los principios socialistas"; del artículo 300 relativo a la creación de empresas públicas, que se pretendía orientar sólo "para la promoción y realización de los fines de la economía socialista"; del artículo 318, sobre el sistema monetario nacional en el cual se pretendía indicar que debía "propender al logro de los fines esenciales del Estado Socialista", todo de acuerdo con el Plan de Desarrollo Integral de la Nación cuyo objetivo, se pretendía indicar que era "para alcanzar los objetivos superiores del Estado Socialista"; y del artículo 321 sobre el régimen de las reservas internacionales, respecto de las cuales los fondos que se pretendía regular, se buscaba declarar que fueran sólo para "el desarrollo integral, endógeno, humanista y socialista de la Nación".

En particular, el proyecto de reforma constitucional estaba destinado a la construcción del socialismo, de una sociedad colectivista y de supuesta "participación protagónica"[304], eliminando de la Constitución toda referencia a la descentralización política, y por tanto, de efectiva posibilidad de participación, y además, la sustitución de la democracia representativa por una supuesta "democracia participativa". Para ello, lo que se buscaba era acabar con la propia democracia como régimen político, tratando de sustituirla por un régimen autoritario, centralizador y concentrador del Poder que hubiera impedido la real participación política, al no existir entidades locales autónomas, y depender los consejos comunales de la cúspide del poder ejecutivo nacional. Ello se pretendía lograr con la eliminación de los entes territoriales descentralizados políticamente, sin las cuales no pue-

---

304 En la *Exposición de Motivos del Proyecto de Reforma Constitucional* presentado por el Presidente de la República en agosto 2007, se lee que el Poder Popular "es la más alta expresión del pueblo para la toma de decisiones en todos sus ámbitos (político, económico, social, ambiental, organizativo, internacional y otros) para el ejercicio pleno de su soberanía. Es el poder constituyente en movimiento y acción permanente en la construcción de un modelo de sociedad colectivista de equidad y de justicia. Es el poder del pueblo organizado, en las más diversas y disímiles formas de participación, al cual está sometido el poder constituido. No se trata del poder del Estado, es el Estado sometido al poder popular. Es el pueblo organizado y organizando las instancias de poder que decide las pautas del orden y metabolismo social y no el pueblo sometido a los partido políticos, a los grupos de intereses económicos o a una particularidad determinada", *cit.*, p 11.

de haber efectivamente democracia participativa, y la creación en su lugar de consejos del poder popular que no pasan de ser una simple manifestación de movilización controlada desde el Poder Central. Ello incluso fue lo que comenzó a ocurrir con los Consejos Comunales que se crearon con la Ley de los Consejos Comunales de 2006[305], cuyos miembros no son electos mediante sufragio, sino que son designados por Asambleas de ciudadanos controladas por el propio Poder Ejecutivo Nacional. Ello era lo que con la rechazada reforma constitucional de 2007 se pretendía consolidar en el texto constitucional, al proponerse una "nueva geometría del poder" en la cual se sustituía a los Municipios, por las comunidades, como el "núcleo territorial básico e indivisible del Estado Socialista Venezolano", que debían agrupar a las comunas (socialistas)[306] como "células sociales del territorio", las cuales se debían agrupar en ciudades que eran las que se pretendía concebir como "la unidad política primaria de la organización territorial nacional". En la rechazada reforma constitucional se buscaba establecer en forma expresa que los integrantes de los diversos Consejos del Poder Popular no nacían "del sufragio ni de elección alguna, sino que nace de la condición de los grupos humanos organizados como base de la población".

Con ello, en definitiva, en nombre de una "democracia participativa y protagónica", lo que se buscaba era poner fin en Venezuela a la democracia representativa a nivel local, y con ello, de todo vestigio de autonomía política territorial que es la esencia de la descentralización.

Ahora bien, a pesar de que dicha reforma constitucional de 2007 fue rechazada por el pueblo, lo cierto es que todo su contenido ha sido implementado en Venezuela, no sólo en fraude de la Constitución sino en fraude de la voluntad popular que la rechazó, mediante la multitud de leyes y decretos leyes que se han dictado en los últimos años, particularmente desde 2010, luego de que el Presidente de la República, su gobierno, la Asamblea Nacional que controlaba y el par-

---

305 Véase los comentarios sobre ello en Allan R. Brewer-Carías et al, *Ley Orgánica del Poder Público Municipa*l, Editorial Jurídica Venezolana, Caracas 2007, pp. 75 y ss.,

306 En la *Exposición de Motivos* del Proyecto de Reforma Constitucional presentado por el Presidente de la República en agosto 2007, a las comunas se las califica como "comunas socialistas", y se la define como "Es un conglomerado social de varias comunidades que poseen una memoria histórica compartida, usos, costumbres y rasgos culturales que los identifican, con intereses comunes, agrupadas entre sí con fines político-administrativos, que persiguen un modelo de sociedad colectiva de equidad y de justicia", cit., p. 12

tido oficial que presidía perdieron las elecciones parlamentarias de septiembre de 2010. Con ocasión de ese hecho, la Asamblea Nacional ya deslegitimada, en fraude a la voluntad popular y a la Constitución, y en los últimos días de su mandato, procedió en diciembre de 2010, procedió atropelladamente a sancionar un conjunto de leyes sobre el Poder Popular, en particular, las Leyes Orgánicas del Poder Popular, de las Comunas, del Sistema Económico Comunal, de la Planificación Pública y Comunal y de la Contraloría Social;[307] y a reformar la Ley Orgánica del Poder Público Municipal, y las Leyes de los Consejos Estadales de Planificación y Coordinación de Políticas Públicas, y de los Consejos Locales de Planificación Pública,[308] completando mediante legislación ordinaria la institucionalización del Estado Comunista que no su pudo formalizar en la reforma constitucional de 2007, denominado Estado Comunal, el cual por lo demás, ya se había esbozado en la Ley de los Consejos Comunales de 2006 y en la Ley Orgánica del Consejo Federal de Gobierno.[309]

Con estas leyes puede decirse que se terminó de definir, sin reformarse la Constitución y al margen de la misma, el marco normativo de un nuevo Estado, *paralelo al Estado Constitucional*, que se denomina "Estado Comunal" y que si nos atenemos a las experiencias históricas precedentes, todas fracasadas, unas desaparecidas como el de la Unión Soviética, y otros en vías de extinción como el de Cuba, no es otra cosa que un Estado Comunista, para el cual se adopta al Socialismo como doctrina oficial pública, impuesta a los ciudadanos para poder participar, montado sobre un sistema político centralizado, militarista y policial para el ejercicio del poder. El objetivo fundamental de estas leyes es la organización del "Estado Comunal" que tiene a la Comuna como a su célula fundamental, suplantando inconstitucio-

---

307 Véase en *Gaceta Oficial* N° 6.011 Extra. de 21-12-2010. Sobre estas leyes véase mis comentarios en Allan R. Brewer-Carías, "Las leyes del Poder Popular dictadas en Venezuela en diciembre de 2010, para transformar el Estado Democrático y Social de Derecho en un Estado Comunal Socialista, sin reformar la Constitución," en Cuadernos Manuel Giménez Abad, Fundación Manuel Giménez Abad de Estudios Parlamentarios y del Estado Autonómico, No. 1, Madrid, Junio 2011, pp. 127-131. Véase en general los comentarios de Allan R. Brewer-Carías, Claudia Nikken, Luis A. Herrera Orellana, Jesús María Alvarado Andrade, José Ignacio Hernández y Adriana Vigilanza, en *Leyes Orgánicas sobre el Poder Popular y el Estado Comunal (Los Consejos Comunales, Las Comunas, La Sociedad Socialista y el Sistema Económico Comunal),*Colección Textos Legislativos N° 50, Editorial Jurídica Venezolana, Caracas 2011, 720 pp.

308 Véase en *Gaceta Oficial* N° 6.017 Extra. de 30-12-2010.

309 Véase en *Gaceta Oficial* N° 5.963 Extra. de 22-02-2010.

nalmente al Municipio en el carácter que tiene de "unidad política primaria de la organización nacional" (art. 168 de la Constitución). A través de la organización de ese Estado Comunal o Comunista, se ejerce en Venezuela el Poder Popular, el cual se concreta en el ejercicio de la soberanía popular supuestamente sólo directamente por el pueblo, y no mediante representantes. Se trata por tanto, de un sistema político estatal en el cual se ignora la democracia representativa violándose así abiertamente la Constitución de la República.

El Estado Comunista o Estado Comunal que se ha implantado con estas leyes, *en paralelo* al Estado Constitucional, se basa en este simple esquema: como el artículo 5 de la Constitución dispone que "La soberanía reside intransferiblemente en el pueblo, quien la ejerce *directamente* en la forma prevista en esta Constitución y en la ley, e *indirectamente,* mediante el sufragio, por los órganos que ejercen el Poder Público," habiéndose estructurado el Estado Constitucional basado en el concepto de democracia representativa, es decir, el ejercicio de la soberanía en forma indirecta mediante el sufragio; entonces ahora se estructura el Estado Comunal, basado en el ejercicio de la soberanía en forma directa.

Ello incluso ha sido "legitimado" por las sentencias dictadas por la Sala Constitucional del Tribunal Supremo de Justicia cuando al analizar el carácter orgánico de las leyes, como en la dictada en relación con la Ley Orgánica de las Comunas, señaló que la misma se dictó:

> "en desarrollo del principio constitucional de la democracia participativa y descentralizada que postula el preámbulo constitucional y que reconocen los artículos 5 y 6 de la Constitución de la República Bolivariana de Venezuela, de cuyo contenido se extrae el principio de soberanía, cuyo titular es el pueblo, quien está además facultado para ejercerla "*directamente*" y no sólo "*indirectamente*" por los órganos del Poder Público; así como del artículo 62 *ejusdem,* que estatuye el derecho de las personas a la libre participación en los asuntos públicos y, especialmente, el artículo 70 del mismo texto fundamental, que reconoce expresamente medios de autogestión como mecanismos de participación popular protagónica del pueblo en ejercicio de su soberanía, medios que son sólo enunciativos en los términos de la predicha norma."[310]

---

[310] Véase la sentencia N° 1.330, Caso: Carácter Orgánico de la Ley Orgánica de Comunas, de fecha 17/12/2010. Véase en http://www.tsj.gov.ve/decisiones /scon/Diciembre/1330-171210-2010-10-1436.html

Es con base en estos principios que en el artículo 8.8 de la LOPP, se define al Estado comunal, como la:

> "Forma de organización político social, fundada en el Estado democrático y social de derecho y de justicia establecido en la Constitución de la República, en la cual el poder es ejercido directamente por el pueblo, con un modelo económico de propiedad social y de desarrollo endógeno sustentable, que permita alcanzar la suprema felicidad social de los venezolanos y venezolanas en la sociedad socialista. La célula fundamental de conformación del estado comunal es la Comuna.[311]

Se ha establecido así, un Estado Comunal en paralelo al Estado Constitucional: el primero basado en el ejercicio de la soberanía directamente por el pueblo; y el segundo, basado en el ejercicio de la soberanía indirectamente por el pueblo, mediante representantes electos por sufragio universal; en un sistema, en el cual el primero irá vaciando progresivamente de competencias al segundo. Todo ello es inconstitucional, particularmente porque en la estructura del Estado Comunal que se ha montado legalmente, el ejercicio de la soberanía en definitiva es indirecta mediante "representantes" que se "eligen" para ejercer el Poder Popular en nombre del pueblo, y que son denominados "voceros" o "vocerías," pero no son electos mediante sufragio.

El sistema que se ha montado, en definitiva, controlado todo por un Ministerio del Ejecutivo Nacional, lejos de ser un instrumento de descentralización –concepto que está indisolublemente unido a la autonomía política– es un sistema de centralización y control férreo de las comunidades por el Poder Central. Por ello la aversión al sufragio.[312] En ese esquema, una verdadera democracia participativa sería

---

311 En la Ley Orgánica de las Comunas, sin embargo, se define al Estado Comunal de la siguiente manera: "Forma de organización político-social, fundada en el Estado democrático y social de derecho y de justicia establecido en la Constitución de la República, en la cual el poder es ejercido directamente por el pueblo, a través de los autogobiernos comunales, con un modelo económico de propiedad social y de desarrollo endógeno y sustentable, que permita alcanzar la suprema felicidad social de los venezolanos y venezolanas en la sociedad socialista. La célula fundamental de conformación del estado comunal es la Comuna" (art. 4.10).

312 Véase lo expuesto en los estudios de José Ignacio Hernández G., "Descentralización y Poder Popular," y Adriana Vigilanza García, "La descentralización política de Venezuela y las nuevas leyes del 'Poder Popular'," en Allan R. Brewer-Carías et al., *Leyes Orgánicas sobre el Poder Popular y el Estado Comunal (Los Consejos Comunales, Las Comunas, La Sociedad Socialista y el*

la que garantizaría que los miembros de los Consejos Comunales, las comunas y todas las organizaciones e instancias del Poder Popular fueran electas por sufragio universal, directo y secreto, y no a mano alzada por asambleas controladas por el partido oficial y el Ejecutivo Nacional, en contravención al modelo de Estado democrático y social de derecho y de justicia descentralizado establecido en la Constitución.

Pues bien, es en este contexto, y buscando establecer en paralelo al Estado Constitucional en el cual el pueblo ejerce indirectamente el Poder Público mediante representantes electos por sufragio universal directo y secreto, un Estado Comunal en el cual el pueblo supuestamente ejercería directamente el Poder Popular mediante voceros que no son electos por sufragio universal, directo y secretos, sino en asambleas de ciudadanos, el artículo 2 de la LOPP, define al Poder Popular, como:

> "el ejercicio pleno de la soberanía por parte del pueblo en lo político, económico, social, cultural, ambiental, internacional, y en todo ámbito del desenvolvimiento y desarrollo de la sociedad, a través de sus diversas y disímiles formas de organización, que edifican el estado comunal."

Todo lo cual no es más que una falacia, pues en definitiva en ese "edificio" del Estado Comunal se le niega al pueblo el derecho de elegir libremente, mediante sufragio universal, directo y secreto a quienes van a representarlo en todos esos ámbitos, incluyendo el internacional; y además, se niega toda idea de pluralismo al imponerse a los ciudadanos una ideología única compulsiva como es el socialismo. Se trata más bien de un "edificio" de organizaciones para evitar que el pueblo realmente ejerza la soberanía e imponerle mediante férreo control central políticas por las cuales nunca tendrá la ocasión de votar.

Por otra parte, según el artículo 4 de la LOPP, la finalidad de este Poder Popular que se ejerce por los órganos del Estado Comunal,

> "garantizar la vida y el bienestar social del pueblo, mediante la creación de mecanismos para su desarrollo social y espiritual, procurando la igualdad de condiciones para que todos y todas desarrollen libremente su personalidad, dirijan su destino, disfruten los derechos humanos y alcancen la suprema felicidad social; sin discriminaciones por motivos de origen étnico, religioso, condición social, sexo, orientación sexual, identidad y expresión de

---

Sistema Económico Comunal), Colección Textos Legislativos N° 50, Editorial Jurídica Venezolana, Caracas 2011, pp. 459 ss. y 477 ss., respectivamente.

genero, idioma, opinión política, nacionalidad u origen, edad, posición económica, condición de discapacidad o cualquier otra circunstancia personal, jurídica o social, que tenga por resultado anular o menoscabar el reconocimiento, goce o ejercicio de los derechos humanos y garantías constitucionales."

Por supuesto todos estos principios de igualdad se rompen desde que el sistema de Estado Comunal o Comunista, paralelo al Estado Constitucional, se monta, como se ha dicho, sobre una concepción única, que es el Socialismo, de manera que quien no sea socialista está automáticamente discriminado y no puede participar. No es posible, por tanto, en el marco de esta Ley, poder conciliar el pluralismo que garantiza la Constitución y el principio de la no discriminación por razón de "opinión política" a que se refiere este artículo, con el resto de las disposiciones de la Ley que persiguen todo lo contrario, es decir, el establecimiento de un Estado Comunista o Comunal, cuyas instancias sólo pueden actuar en función del Socialismo y en las cuales todo ciudadano que tenga otra opinión queda excluido.[313]

Es decir, mediante esta Ley Orgánica se ha establecido el marco definitorio de un nuevo modelo de Estado paralelo y distinto al Estado Constitucional, denominado el Estado Comunal basado en forma exclusiva y exclusionista en el socialismo como doctrina y práctica política, que es la organización política a través de la cual se produce el ejercicio del Poder Popular que es a la vez "el ejercicio pleno de la soberanía por parte del pueblo."

---

[313] En el diario *El Nacional* del 12 de febrero de 2011, se reseñó lo siguiente: "Representantes de 120 consejos comunales del Distrito Capital y de Miranda denunciaron en una asamblea celebrada en presencia del diputado William Ojeda que son víctimas de discriminación por razones políticas. Aseguraron que aunque cumplieron con los requisitos para registrarse en Fundacomunal no pudieron iniciar el proceso porque no presentaron la planilla de inscripción en el PSUV, que es un requisito indispensable. "El Gobierno está aplicando una política de discriminación y exclusión. Está ocurriendo un apartheid político. Hay centenares de consejos comunales en el país que están organizados y que no han podido registrarse porque no militan en la tolda roja", indicó Ojeda." Véase en Diana Lozano Parafán, "Consejos Comunales rechazan discriminación. El diputado William Ojeda se reunió con representantes de 120 comunidades que no han podido inscribirse por razones partidistas," en El Nacional, Caracas 12-02-2011. Véase en http://impresodigital.el-nacional.com/ediciones/011/02/12/default.asp?cfg=1081FGHH6 66&iu=757. En tofo caso, en la "Ficha de caracterización de las Comunas" (2013) elaborada por el Ministerio del Poder Popular para las Comunas y Protección Social, un dato de obligatoria información es la inscripción en el Partido oficial PSUV.

Ese Poder Popular se fundamenta, como se declara en el artículo 3 de la LOPP, "en el principio de soberanía y el sentido de progresividad de los derechos contemplados en la Constitución de la República, cuyo ejercicio y desarrollo está determinado por los niveles de conciencia política y organización del pueblo" (art. 3).

Con esta declaración, sin embargo, lejos de la universalidad, prevalencia y progresividad de los derechos humanos que se garantizan la Constitución, lo que se ha establecido es la desaparición total de la concepción universal de los derechos humanos, el abandono a su carácter prevalente y el retroceso ante los principios *pro homines* y *favor libertatis*, al condicionarse su existencia, alcance y progresividad a lo que se determine "por los niveles de conciencia política y organización del pueblo," es decir, por lo que dispongan y prescriban las organizaciones del Poder Popular con las que se busca "organizar" al pueblo, todas sometidas al Socialismo. Con ello desaparece la concepción de los derechos humanos como esferas que son innatas al hombre e inmunes frente al poder; pasándose a una concepción de los derechos humanos dependientes de lo que ordene un poder central, que en definitiva controla todo el "edificio" del Estado Comunal o Estado Socialista, como clara demostración del totalitarismo que está a la base de esta Ley.

En el mismo sentido se dispone en el artículo 5 de la LOPP, que "la organización y participación del pueblo en el ejercicio de su soberanía se inspira en la doctrina del Libertador Simón Bolívar, y se rige por los principios y valores socialistas,"[314] con lo cual, como se ha dicho, se vincula la organización del Estado Comunal que se organiza en paralelo al Estado Constitucional, con la ideología política socialista, es decir, con el ***socialismo,*** el cual se define en el artículo 8.14 como:

> "un modo de relaciones sociales de producción centrado en la convivencia solidaria y la satisfacción de necesidades materiales e intangibles de toda la sociedad, que tiene como base fundamental la recuperación del valor del trabajo como productor de bienes y servicios para satisfacer las necesidades humanas y lo-

---

314 La misma expresión se utilizó en la Ley Orgánica de las Comunas respecto de la constitución, conformación, organización y funcionamiento de las mismas (art. 2); en la Ley Orgánica de los Consejos Comunales respecto de los mismos (art. 1), en la Ley Orgánica de Contraloría Social (art. 6); en la Ley Orgánica de Planificación Pública y Popular (art. 3), que regula la planificación pública, popular y participativa como herramienta fundamental para construcción de la nueva sociedad (art. 3); y en la Ley Orgánica del Sistema Económico Comunal respecto del mismo (art.5).

grar la suprema felicidad social y el desarrollo humano integral. Para ello es necesario el desarrollo de la propiedad social sobre los factores y medios de producción básicos y estratégicos que permita que todas las familias, ciudadanos venezolanos y ciudadanas venezolanas posean, usen y disfruten de su patrimonio, propiedad individual o familiar, y ejerzan el pleno goce de sus derechos económicos, sociales, políticos y culturales."[315]

Lo primero que debe observarse respecto de esta norma, es la insostenible pretensión de vincular "la doctrina del Libertador Simón Bolívar" con los principios y valores socialistas. En la obra de Bolívar y en relación con su concepción del Estado nada puede encontrarse al respecto,[316] no siendo la norma sino una pretensión más de continuar manipulando el "culto" a Bolívar para justificar los autoritarismos, como tantas veces ha ocurrido antes en nuestra historia.[317] Con la

---

[315] Igual definición se encuentra en el artículo 4.14 de la Ley Orgánica de las Comunas. También en el artículo 3 del Reglamento de la Ley Orgánica del Consejo federal de Gobierno se define el socialismo como "un modo de relaciones sociales de producción centrado en la convivencia solidaria y la satisfacción de las necesidades materiales e intangibles de toda la sociedad, que tiene como base fundamental la recuperación del valor del trabajo como productor de bienes y servicios para satisfacer las necesidades humanas y lograr la Suprema Felicidad Social y el Desarrollo Humano Integral. Para ello es necesario el desarrollo de la propiedad social sobre los factores y medios de producción básicos y estratégicos que permita que todas las familias y los ciudadanos y ciudadanas venezolanos y venezolanas posean, usen y disfruten de su patrimonio o propiedad individual o familiar, y ejerzan el pleno goce de sus derechos económicos, sociales, políticos y culturales." Véase en *Gaceta Oficial* Nº 39.382 del 9 de marzo de 2010. Muchas son las definiciones de socialismo, pero en todas, se pueden identificar sus elementos básicos: (i) un sistema de organización social y económico, (ii) basado en la propiedad y administración colectiva o estatal de los medios de producción, y (iii) en regulación por el Estado de las actividades económicas y sociales y de la distribución de los bienes, (iv) buscando la progresiva desaparición de las clases sociales.

[316] Véase Allan R. Brewer-Carías, "Ideas centrales sobre la organización el Estado en la Obra del Libertador y sus Proyecciones Contemporáneas," en *Boletín de la Academia de Ciencias Políticas y Sociales*, Nº 95-96, enero-junio 1984, pp. 137-151.

[317] Fue el caso de Antonio Guzmán Blanco en el siglo XIX y de Cipriano Castro, Juan Vicente Gómez, Eleazar López Contreras y Marcos Pérez Jiménez en el siglo XX. John Lynch ha señalado que: "El tradicional culto a Bolívar ha sido usado como ideología de conveniencia por dictadores militares, culminando con los regímenes de Juan Vicente Gómez y Eleazar López Contreras; quienes al menos respetaron, más o menos, los pensamientos básicos del Libertador,

norma, por otra parte y por supuesto, se viola abiertamente la garantía del derecho de propiedad que está en la Constitución (art. 115) que no permite su restricción sólo a la propiedad colectiva o social excluyendo la propiedad privada de los medios de producción.

En todo caso, a partir de todas las Leyes sobre el Poder Popular dictadas en 2010, todas las leyes y decretos leyes posteriores han sido dictadas en fraude a la Constitución y a la voluntad popular, conforme al mismo principio de establecer un Estado Socialista en sustitución del Estado democrático y social de derecho; todas con la impronta de lograr la implantación del socialismo en Venezuela, al punto de que en diciembre de 2013 la Asamblea Nacional ha aprobado el llamado *"Plan de la Patria. Proyecto Nacional Simón Bolívar, Segundo Plan Socialista de Desarrollo Económico y Social de la Nación 2013-2019"*[318] en el cual por ejemplo se establece, entre sus objetivos: "1.1. Garantizar la continuidad y consolidación de la Revolución Bolivariana en el poder," y "2.4. Convocar y promover una nueva orientación ética, moral y espiritual de la sociedad, basada en los valores liberadores del socialismo." Dicho Plan se aprobó mediante "Acuerdo" por la Asamblea Nacional, es decir, sin las discusiones propias del procedimiento de formación de las leyes, indicándose, sin embargo, en forma evidentemente inconstitucional, como si se hubiese aprobado con forma de ley, que el mismo "se aprueba en todas sus partes y para que surta efecto jurídico, y sea de obligatorio cumplimiento en todo el territorio de la República Bolivariana de Venezuela".

Con ello, se consolidan los mecanismos de vaciamiento progresivo del Estado Constitucional cuyos órganos son electos por votación popular, por el Estado Comunal que fue implementado en paralelo al mismo, cuyos órganos, integrados por órganos no electos por sufra-

---

aún cuando tergiversaron su significado." Concluye Lynch señalando que en el caso de Venezuela, en la actualidad, el proclamar al Libertador como fundamento de las políticas del régimen autoritario, constituye una distorsión de sus ideas. Véase John Lynch, *Simón Bolívar: A Life*, Yale University Press, New Haven 2007, p. 304. .Véase también, Germán Carrera Damas, *El culto a Bolívar, esbozo para un estudio de la historia de las ideas en Venezuela*, Universidad Central de Venezuela, Caracas 1969; Luis Castro Leiva, *De la patria boba a la teología bolivariana*, Monteávila, Caracas 1987; Elías Pino Iturrieta, *El divino Bolívar. Ensayo sobre una religión republicana*, Alfail, Caracas 2008; Ana Teresa Torres, *La herencia de la tribu. Del mito de la independencia a la Revolución bolivariana*, Editorial Alfa, Caracas 2009. Sobre la historiografía en relación con estos libros véase Tomás Straka, *La épica del desencanto*, Editorial Alfa, Caracas 2009.

[318] *Gaceta Oficial* No. 6118 Extraordinario de 4 de diciembre de 2013

gio universal directo y secreto, dependen del Ejecutivo Nacional. Se trata de dos Estados establecidos en paralelo, uno en la Constitución y otro en una ley inconstitucional, pero con previsiones en las leyes del Poder popular que permiten al Estado Comunal ahogar y secar al Estado Constitucional.

A tal efecto, en la LOPP se establecen las siguientes previsiones para regular las relaciones entre el Estado o el Poder Público y el Poder Popular:

En *primer lugar*, se establece como obligación legal para los órganos, entes e instancias del Poder Público el promover, apoyar y acompañar las iniciativas populares para la constitución, desarrollo y consolidación de las diversas formas organizativas y de autogobierno del pueblo (art. 23).[319] En particular, incluso, la Ley Orgánica de Comunas dispone que "los órganos integrantes del Poder Ciudadano apoyarán a los consejos de contraloría comunal a los fines de contribuir con el cumplimiento de sus funciones" (art. 48).

En *segundo lugar*, se sujeta a todos los órganos del Estado Constitucional que ejercen el Poder Público, a los mandatos de las organizaciones del Poder Popular, al instaurarse un nuevo principio de gobierno, consistente en "gobernar obedeciendo." El artículo 24 de la LOPP en efecto dispone:

> *Artículo 24*. Actuaciones de los órganos y entes del Poder Público. Todos los órganos, entes e instancias del Poder Público guiarán sus actuaciones por el principio de gobernar obedeciendo, en relación con los mandatos de los ciudadanos, ciudadanas y de las organizaciones del Poder Popular, de acuerdo a lo establecido en la Constitución de la República y las leyes.

Como las organizaciones del Poder Popular no tienen autonomía política pues no sus "voceros" no son electos democráticamente mediante sufragio universal, directo y secreto, sino designados por asambleas de ciudadanos controladas e intervenidas por el partido oficial y el Ejecutivo Nacional que controla y guía todo el proceso organizativo del Estado Comunal, en el ámbito exclusivo de la ideología socialista, sin que tenga cabida vocero alguno que no sea socialista, o que no esté inscrito en el Partido Socialista Unificado de Venezuela (PSUV); en definitiva esto de "gobernar obedeciendo" es una limitación a la autonomía política de los órganos del Estado Constitu-

---

319 Una norma similar está en el artículo 62 de la Ley Orgánica de las Comunas, a los efectos de "la constitución, desarrollo y consolidación de las comunas como forma de autogobierno."

cional electos, como la Asamblea Nacional, los Gobernadores y Consejos Legislativos de los Estados y los Alcaldes y Concejos Municipales, a quienes se le impone en definitiva la obligación de obedecer lo que disponga el Ejecutivo Nacional y el partido oficial enmarcado en el ámbito exclusivo del socialismo como doctrina política.[320] La voluntad popular expresada en la elección de representantes del Estado Constitucional, por tanto, no tiene valor alguno, y al pueblo se le confisca su soberanía trasladándola de hecho a unas asambleas que no lo representan.

En *tercer lugar,* en particular, se establece la obligación para el Poder Ejecutivo Nacional, para que "conforme a las iniciativas de desarrollo y consolidación originadas desde el Poder Popular," planifique, articule y coordine "acciones conjuntas con las organizaciones sociales, las comunidades organizadas, las comunas y los sistemas de agregación y articulación que surjan entre ellas, con la finalidad de mantener la coherencia con las estrategias y políticas de carácter nacional, regional, local, comunal y comunitaria"(art. 25).

En *cuarto lugar,* se establece la obligación para los órganos y entes del Poder Público en sus relaciones con el Poder Popular, de dar "preferencia a las comunidades organizadas, a las comunas y a los sistemas de agregación y articulación que surjan entre ellas, en atención a los requerimientos que las mismas formulen para la satisfacción de sus necesidades y el ejercicio de sus derechos, en los términos y lapsos que establece la ley" (art. 29). Igualmente se prevé que los órganos, entes e instancias del Poder Público, en sus diferentes niveles político-territoriales, deben adoptar "medidas para que las organizaciones socio-productivas de propiedad social comunal, gocen de prioridad y preferencia en los procesos de contrataciones públicas para la adquisición de bienes, prestación de servicios y ejecución de obras" (art. 30).[321]

En *quinto lugar,* se establece la obligación para la República, los estados y municipios, de acuerdo con la ley que rige el proceso de

---

320 Véase por ejemplo, Allan R. Brewer-Carías, "La Ley Orgánica del Poder Popular y la desconstitucionalización del Estado de derecho en Venezuela," en *Revista de Derecho Público*, No. 124, (octubre-diciembre 2010), Editorial Jurídica Venezolana, Caracas 2010, pp. 81-101

321 En particular, conforme al artículo 61 de la Ley Orgánica de las Comunas, se dispone que "todos los órganos y entes del Poder Público comprometidos con el financiamiento de proyectos de las comunas y sus sistemas de agregación, priorizarán aquéllos que impulsen la atención a las comunidades de menor desarrollo relativo, a fin de garantizar el desarrollo territorial equilibrado.

transferencia y descentralización de competencias y atribuciones, la obligación de trasferir "a las comunidades organizadas, a las comunas y a los sistemas de agregación que de éstas surjan; funciones de gestión, administración, control de servicios y ejecución de obras atribuidos a aquéllos por la Constitución de la República, para mejorar la eficiencia y los resultados en beneficio del colectivo" (art. 27).[322]

Con ello, se dispone legalmente el vaciamiento de competencias de los Estados y Municipios, de manera que queden como estructuras vacías, con gobiernos representativos electos por el pueblo pero que no tienen materias sobre las cuales gobernar.

Este proceso, por lo demás, se completó con la reforma de la Ley Orgánica de Régimen Municipal (LOPPM) y con la Ley Orgánica del Consejo Federal de Gobierno (LOCGR). En esta última, la trasferencia de competencias de los Estados a los Municipios, a las comunidades y a los grupos vecinales que se prevé en la Constitución (art.184), y que en la Ley Orgánica del Poder Público Municipal se atribuía a los Consejos Legislativos de los Estados para establecer el procedimiento a dichos fines, se ha cambiado radicalmente, asignándose esa función al Consejo Federal de Gobierno, el cual ha sido organizado de manera tal que está completamente controlado por el Ejecutivo Nacional (art. 11). En esta forma, además, se limitó inconstitucionalmente la autonomía de los Estados y Municipios que les garantiza la Constitución.

2. *La inconstitucional eliminación mediante ley, de órganos democráticos de representación local, con la recreación del desaparecido "Distrito Federal" sin autonomía política ni gobierno democrático local en la organización del Distrito capital; y con la eliminación de las Juntas Parroquiales*

La Constitución de 1999, además de regular al Poder Público Municipal, como una de las ramas del Poder Público, con su propio gobierno democrático local a cargo de Consejos Legislativos y Alcaldes electos, aseguró definitivamente la existencia de un régimen de gobierno local descentralizado y democrático tanto en el régimen político de la ciudad capital, Caracas, garantizando en el mismo la autonomía municipal y la participación política de las diversas entidades que componen la ciudad; como en el nivel sub-municipal de las Parroquias.

---

322 Esta misma norma se repite en la Ley Orgánica de las Comunas (art. 64). El 31 de diciembre de 2010, aún estaba pendiente en la Asamblea Nacional la segunda discusión del proyecto de Ley Orgánica del Sistema de Transferencia de Competencias y atribuciones de los Estados y Municipios a las organizaciones del Poder Popular.

En cuanto al gobierno municipal en Caracas, la Constitución estableció un gobierno metropolitano a dos niveles, con órganos electos democráticamente mediante sufragio universal directo y secreto, eliminando definitivamente la figura vieja y tradicional figura territorial del "Distrito Federal" que había quedado como vestigio decimonónico del esquema tradicional de las federaciones, en el cual la ciudad capital carecía de autogobierno.

Con la rechazada reforma constitucional de 2007, sin embargo, de acuerdo con el modelo centralista que la caracterizó, en esta materia de régimen político de la capital, Caracas, se propuso volver al mismo esquema del siglo XIX, restableciendo el Distrito Federal sin garantía alguna de la autonomía municipal o territorial ni sistema democrático y participativo de gobierno, cuyas autoridades se pretendía quedaran totalmente sujetas y controladas por el Poder Nacional y, en particular, por el Presidente de la República a quien se buscaba atribuir la designación y remoción de sus autoridades. La reforma constitucional rechazada, además, buscaba "nacionalizar" totalmente las competencias públicas respecto de todos los asuntos que concernieran a la ciudad capital, asignándose al "Poder Nacional por intermedio del Poder Ejecutivo" (con la colaboración y participación de todos los entes del Poder Público Nacional, Estadal y Municipal, así como del Poder Popular) la competencia para disponer "todo lo necesario para el reordenamiento urbano, reestructuración vial, recuperación ambiental, logros de niveles óptimos de seguridad personal y pública, fortalecimiento integral de la infraestructura del hábitat de las comunidades, sistemas de salud, educación, cultura, deporte y recreación, recuperación total de su casco y sitios históricos, construcción de un sistema de pequeñas y medianas ciudades a lo largo de sus ejes territoriales de expansión". Es decir, todo lo que era propio de los gobiernos locales, se pretendía asignar al Ejecutivo Nacional.

De nada sirvió sin embargo, el rechazo popular a dicha reforma constitucional de 2007, pues mediante la Ley Especial Sobre la Organización y Régimen del Distrito Capital[323], lejos de haber establecido una organización democrática de una entidad política de la Republica, se implementó inconstitucionalmente la reforma y se reguló dicho Distrito Capital como una dependencia del Poder Nacional, con ámbito territorial según se indica en el artículo 4, igual al que "corres-

---

323 *Gaceta Oficial* N° 39.156 de 13 de abril de 2009. Véase sobre esta Ley, Allan R. Brewer-Carías, Manuel Rachadell, Nelson Socorro, Enrique Sánchez Falcón, Juan Carmona Borjas, Tulio Álvarez, *Leyes sobre el Distrito Capital y el Área Metropolitana de Caracas*, Colección Textos Legislativos N° 45, Editorial Jurídica Venezolana. Caracas 2009, 209 pp.

pondían al extinto Distrito Federal a la fecha de entrada en vigencia de la Constitución de la República Bolivariana de Venezuela y que comprende el territorio del actual Municipio Bolivariano Libertador."

Por otra parte, en cuanto al régimen del gobierno municipal, en la Constitución de 1999 en el marco de regulación de la autonomía municipal y de los diversos entidades locales, en su artículo 173, además del Municipio, reguló expresamente a las "parroquias" como entidades locales, en el nivel territorial sub-municipal, que aún se regulaban ampliamente en la Ley Orgánica del Poder Público Municipal de 2009.

En el modelo centralista de la rechazada reforma constitucional de 2007, sin embargo, con motivo de la propuesta de estructuración del Estado Comunal, montado sobre órganos no electos popularmente como son los Consejos Comunales, se propuso formalmente eliminar como entidad local territorial, dentro del ámbito municipal, a las parroquias y por tanto a las juntas parroquiales que eran tradicionalmente electas popularmente.

Dicha reforma constitucional rechazada, sin embargo, ha sido inconstitucionalmente implementada mediante la reforma de la Ley Orgánica de Régimen del Poder Público Municipal de 2010,[324] de cuya normativa simplemente desapareció toda mención a la existencia de las parroquias y de las juntas parroquiales (las cuales, en las Disposiciones Transitorias se dispuso su cesación) habiendo legalmente desaparecido de la organización territorial del país, habiéndose atribuido a las Comunas (art. 19) integradas por "voceros" no electos las funciones y competencias de aquéllas, en lesión abierta a la democracia representativa local que buscaba garantizar la Constitución.

3. *La inconstitucional implementación de las rechazadas reformas constitucionales al sistema económico para establecer un sistema de economía socialista*

Uno de los componentes normativos esenciales de toda Constitución contemporánea, es la llamada *Constitución Económica* que deriva de los principios constitucionales que guían el régimen de las relaciones económicas y el papel que, en las mismas, corresponde a la iniciativa privada y al propio Estado, y que conforme al constitucionalismo desarrollado desde mitades del siglo pasado, está montada sobre un modelo económico de economía mixta, basado en el principio de la libertad como opuesto al de economía dirigida, similar al que existe en todos los países occidentales. Este sistema económico, por tanto, se fundamenta en la libertad económica, la iniciativa privada y la libre

---

324 Véase en *Gaceta Oficial* N° 6.015 Extraordinario del 28 de diciembre de 2010.

competencia, pero con la participación del Estado como promotor del desarrollo económico, regulador de la actividad económica, y planificador con la participación de la sociedad civil.

Conforme a esa orientación, la Constitución de 1999 establece un sistema económico de economía mixta, es decir, de economía social de mercado que se fundamenta en la libertad económica, pero que debe desenvolverse conforme a principios de justicia social, que requiere de la intervención del Estado. Ese régimen socioeconómico, conforme al artículo 299 de la Constitución de 1999, se fundamenta en los siguientes principios: justicia social, democratización, eficiencia, libre competencia, protección del ambiente, productividad y solidaridad, a los fines de asegurar el desarrollo humano integral y una existencia digna y provechosa para la colectividad. Por ello, el mismo artículo constitucional dispone expresamente que el Estado, "conjuntamente con la iniciativa privada", debe promover "el desarrollo armónico de la economía nacional con el fin de generar fuentes de trabajo, alto valor agregado nacional, elevar el nivel de vida de la población y fortalecer la soberanía económica del país, garantizando la seguridad jurídica, solidez, dinamismo, sustentabilidad, permanencia, equidad del crecimiento de la economía, para garantizar una justa distribución de la riqueza mediante una planificación estratégica democrática, participativa y de consulta abierta".

Como lo precisó la Sala Constitucional del Tribunal Supremo de Justicia en sentencia N° 117 de 6 de febrero de 2001, se trata de "un sistema socioeconómico intermedio entre la economía de libre mercado (en el que el Estado funge como simple programador de la economía, dependiendo ésta de la oferta y la demanda de bienes y servicios) y la economía interventora (en la que el Estado interviene activamente como el "empresario mayor")", conforme al cual, el texto constitucional promueve "expresamente la actividad económica conjunta del Estado y de la iniciativa privada en la persecución y concreción de los valores supremos consagrados en la Constitución"; persiguiendo "el equilibrio de todas las fuerzas del mercado y la actividad conjunta del Estado e iniciativa privada". Conforme a este sistema, dijo además la Sala Constitucional en esa sentencia, la Constitución: "propugna una serie de valores normativos superiores del régimen económico, consagrando como tales la libertad de empresa en el marco de una economía de mercado y fundamentalmente el del Estado Social de Derecho (*Welfare State*, Estado de Bienestar o Estado Socialdemócrata), esto es un Estado social opuesto al autoritarismo"[325].

---

325 Esos valores aludidos conforme a la doctrina de la Sala Constitucional "se desarrollan mediante el concepto de libertad de empresa, que encierra, tanto la

Ahora bien, con el rechazado proyecto de reforma constitucional de 2007, se pretendió cambiar radicalmente este modelo, transformándolo en un sistema de economía estatal, de planificación centralizada, propia de un Estado y economía socialista, donde desaparecía la libertad económica y el derecho de propiedad como derechos constitucionales. Para ello se propuso, sin más, la eliminación del artículo 112 de la Constitución que regula el derecho y la libertad económica, sustituyéndola por otra en la cual lo que se establecía era una definición de la política estatal para promover "el desarrollo de un modelo económico productivo, intermedio, diversificado e independiente, fundado en los valores humanísticos de la cooperación y la preponderancia de los intereses comunes sobre los individuales, que garantice la satisfacción de las necesidades sociales y materiales del pueblo, la mayor suma de estabilidad política y social y la mayor suma de felicidad posible"; proponiéndose agregar que el Estado, asimismo, "fomentará y desarrollará distintas formas de empresas y unidades económicas de propiedad social, tanto directa o comunal como indirecta o estatal, así como empresas y unidades económicas de producción o distribución social, pudiendo ser estas de propiedad mixta entre el Estado, el sector privado y el poder comunal, creando las mejores condiciones para la construcción colectiva y cooperativa de una economía socialista".

Con ello, se buscaba eliminar el derecho al libre ejercicio de las actividades económicas y la propia libertad económica y, además, eliminar la garantía de la reserva legal para establecer las limitaciones o restricciones al mismo, abriendo la posibilidad de limitaciones mediante decretos reglamentarios del Ejecutivo.

Además, con la rechazada reforma constitucional respecto del artículo 299, se buscaba eliminar de la Constitución, como fundamentos del sistema económico, los principios de justicia social, libre competencia, democracia y productividad y en su lugar se buscaba establecer, entre otros, los principios socialistas, antiimperialistas, humanistas, a los fines asegurar el desarrollo humano integral y una existencia digna y provechosa para la colectividad.

---

noción de un derecho subjetivo "a dedicarse libremente a la actividad económica de su preferencia", como un principio de ordenación económica dentro del cual se manifiesta la voluntad de la empresa de decidir sobre sus objetivos. En este contexto, los Poderes Públicos, cumplen un rol de intervención, la cual puede ser directa (a través de empresas) o indirecta (como ente regulador del mercado)". Véase en *Revista de Derecho Público,* N° 85-88, Editorial Jurídica Venezolana, Caracas, 2001, pp. 212-218.

En cuanto al derecho de propiedad regulado en el 115 de la Constitución, cuya regulación también está signada por el principio de la reserva legal y la garantía de la expropiación "sólo por causa de utilidad pública o interés social, mediante sentencia firme y pago oportuno de justa indemnización", la misma también se buscó cambiar radicalmente, eliminándose como derecho constitucional, y reduciéndolo sólo respecto de "bienes de uso, consumo y medios de producción legítimamente adquiridos, quedando por tanto minimizada y marginalizada en relación con la propiedad pública.[326]. Además, se pretendía eliminar con la rechazada reforma constitucional la garantía de la propiedad al proponerse eliminar la exigencia de que "sólo" mediante expropiación podía extinguirse la propiedad como se ha establecido siempre en el ordenamiento constitucional, lo que abría la vía para que por ley se pudiera establecer otras formas de extinción de la propiedad.

Ante el rechazo de la reforma constitucional para cambiar de raíz el sistema económico de economía mixta montado sobre las garantías de la libertad económica y la propiedad privada, la misma comenzó a ser inconstitucionalmente implementada mediante diversas leyes destinadas a regular las bases de un sistema socialista, progresivamente regulando poderes exorbitantes del Estado en los diversos sectores de la economía que materialmente eliminaron toda libertad económica, estableciendo además mecanismos de ocupación y apropiación administrativa de la propiedad privada, sin la garantía constitucional de la expropiación. Ello comenzó a ocurrir a partir de 2008, mediante los decretos leyes dictados en uso de la delegación legislativa (ley habilitante) de 2007, justo después del rechazo de la reforma constitucional de 2007, entre ellos, el Decreto Ley Nº 6.130 de 2008,

---

326 Sobre esto, el magistrado Jesús Eduardo Cabrera en el Voto salvado a la sentencia No. 2042 de la Sala Constitucional de 2 de noviembre de 2007 en la cual se declaró inadmisible un amparo constitucional ejercido contra el Presidente de la República y la Asamblea Nacional, con motivo de la inconstitucional "reforma constitucional", sostuvo lo siguiente:"El artículo 113 del Proyecto, plantea un concepto de propiedad, que se adapta a la propiedad socialista, y que es válido, incluso dentro del Estado Social; pero al limitar la propiedad privada solo sobre bienes de uso, es decir aquellos que una persona utiliza (sin especificarse en cual forma); o de consumo, que no es otra cosa que los fungibles, surge un cambio en la estructura de este derecho que dada su importancia, conduce a una transformación de la estructura del Estado. Los alcances del Derecho de propiedad dentro del Estado Social, ya fueron reconocidos en fallo de esta Sala de 20 de noviembre de 2002, con ponencia del Magistrado Antonio García García". Véase Caso *Néstor Luis Ramírez* en http://www.tsj.gov.ve/decisiones/ scon /Noviembre/2042-021107-07-1374.htm

contentivo de la Ley para el Fomento y Desarrollo de la Economía Popular.[327]

Todo ese proyecto de establecer un sistema económico socialista, se completó posteriormente, al margen de la Constitución, con la regulación del Sistema Económico Comunal, mediante la Ley Orgánica del Sistema Económico Comunal (LOSEC),[328] dictada con la finalidad, entre otras, de "impulsar el sistema económico comunal a través de un modelo de gestión sustentable y sostenible para el fortalecimiento del desarrollo endógeno (art. 3.2); "fomentar el sistema económico comunal en el marco del modelo productivo *socialista*, a través de diversas formas de organización socio-productiva, comunitaria y comunal en todo el territorio nacional (art. 3.3); e "incentivar en las comunidades y las comunas los valores y principios *socialistas* para la educación, el trabajo, la investigación, el intercambio de saberes y conocimientos, así como la solidaridad, como medios para alcanzar el bien común.(art. 3.8). Para ello, el sistema de economía comunal se lo define en el artículo 2, como:

> "el conjunto de relaciones sociales de producción, distribución, intercambio y consumo de bienes y servicios, así como de saberes y conocimientos, desarrolladas por las instancias del Poder Popular, el Poder Público o por acuerdo entre ambos, a través de organizaciones socio-productivas bajo formas de propiedad social comunal."

---

327 La Ley derogó expresamente la Ley la Ley para el Fomento y Desarrollo de la Economía Popular, publicado en la *Gaceta Oficial de la República Bolivariana de Venezuela* N° 5.890 Extraordinario de fecha 31 de julio de 2008. Véase sobre dicha Ley, Alfredo Morles Hernández, "El nuevo modelo económico del socialismo del siglo XXI y su reflejo en el contrato de adhesión," en *Revista de Derecho Público*, No. 115, Editorial Jurídica Venezolana, Caracas 2008, pp. 229 y ss.

328 Véase en *Gaceta Oficial* N° 6.011 Extraordinario del 21 de diciembre de 2010. Véase mis comentarios sobre esta Ley Orgánica, en Allan R. Brewer-Carías, "Sobre la Ley Orgánica del Sistema Económico Comunal o de cómo se implanta en Venezuela un sistema económico comunista sin reformar la Constitución," en *Revista de Derecho Público*, No. 124, (octubre-diciembre 2010), Editorial Jurídica Venezolana, Caracas 2010, pp. 102-109; y Jesús María Alvarado Andrade, "La 'Constitución económica' y el sistema económico comunal (Reflexiones Críticas a propósito de la Ley Orgánica del Sistema Económico Comunal)," en *Leyes Orgánicas sobre el Poder Popular y el Estado Comunal (Los Consejos Comunales, Las Comunas, La Sociedad Socialista y el Sistema Económico Comunal),*Colección Textos Legislativos N° 50, Editorial Jurídica Venezolana, Caracas 2011, pp. 375 ss.

Se trata, por tanto, de la regulación legal de un sistema económico que contraría el establecido en la Constitución, que se desarrolla exclusivamente "a través de organizaciones socio-productivas bajo formas de propiedad social comunal" que conforme a dicha Ley son solamente las empresas del Estado Comunal creadas por las instancias del Poder Público, las empresas públicas creadas por los órganos que ejercen del Poder Público, las unidades productivas familiares o los grupos de trueque, donde está excluida toda iniciativa privada y la propiedad privada de los medios de producción y comercialización de bienes y servicios.

Con ello, mediante ley, se ha establecido un sistema económico socialista, contrario completamente el sistema de economía mixta que garantiza la Constitución basado, al contrario, en la libertad económica, la iniciativa privada, y la libertad de trabajo, empresa, comercio, industria, "sin perjuicio de su facultad para dictar medidas para planificar, racionalizar y regular la economía e impulsar el desarrollo integral del país;" (art. 112), así como en el derecho de propiedad privada (art. 115), limitándose este último materialmente sólo sobre los bienes de uso y de consumo, así como de los medios de producción estrictamente familiar.

Una reforma constitucional de esa naturaleza, sin duda, sólo podría realizarse mediante la convocatoria de una Asamblea Constituyente (ni siquiera mediante reforma o enmienda constitucional), pues simplemente, elimina el sistema constitucional de economía mixta, sustituyéndolo por un sistema económico estatista o controlado por el Estado, mezclado con previsiones propias de sociedades primitivas y lugareñas que presuponen la miseria como forma de vida, como regular y justificar el trueque como sistema, o la llamada "moneda comunal" como medio de intercambio de bienes y servicios. Por ello es que este sistema económico comunal se lo concibe como la "herramienta fundamental para construcción de la nueva sociedad," que supuestamente debe regirse sólo "por los principios y valores socialistas" que en esta LOSEC también se declara que supuestamente se inspira en la doctrina de Simón Bolívar (art. 5). A tal efecto, la propiedad privada se reduce a la mínima expresión, regulándose en sustitución un sistema económico comunal basado en la "propiedad social" como derecho de la "sociedad" (art. 6.15), pero montado casi exclusivamente en la propiedad pública, del Estado (dominio del Estado), sobre los medios de producción, de manera que en la práctica, no se trata de ningún derecho "de la sociedad," sino del aparato Estatal, cuyo desarrollo, regido por un sistema de planificación centralizada, elimina toda posibilidad de libertad económica e iniciativa privada, y convierte a las "organizaciones socio-productivas" en meros apéndices del aparato estatal. El sistema omnicomprensivo que se regula, al contrario está basado en la "propiedad social comunal" y que debe ser desarrollada tanto por el Estado Constitucional (los órganos del Poder Público) como por el Estado Comunal (instancias del Poder Popular), como se dijo, exclusivamente a través de "organizaciones socio-productivas bajo formas de propiedad comunal."

En este contexto socialista, la Ley Orgánica define el "modelo productivo socialista" como el

> "modelo de producción basado en la *propiedad social*, orientado hacia la *eliminación de la división social del trabajo* propio del modelo capitalista. El modelo de producción socialista está dirigido a la satisfacción de necesidades crecientes de la población, a través de nuevas formas de generación y apropiación, así como de la *reinversión social del excedente*." (art. 6.12)

Se trata en consecuencia, de una Ley mediante la cual se ha cambiado de raíz el sistema capitalista y se lo ha sustituido a la fuerza por un sistema socialista, imponiendo un sistema comunista, para lo cual sus redactores, pura y simplemente han parafraseado lo que escribieron Carlos Marx y Federico Engels, en 1845 y 1846, sobre la sociedad comunista, en su libro *La Ideología Alemana*, refiriéndose a la sociedad primitiva de la época, en muchas partes aún esclavista y en todas, preindustrial,[329] y basándose en los clásicos principios utópicos comunistas de la "propiedad social de los medios de producción," la "eliminación de la división social del trabajo" y la "reinversión social del excedente," los cuales se han copiado en la Ley para implantar en Venezuela el sistema comunista como contrario al sistema capitalista.

APRECIACIÓN FINAL

Todo ello, sin duda, podría hacerse, pero sólo reformando la Constitución conforme al procedimiento de convocatoria de una Asamblea Constituyente establecido en el artículo 347 de la Constitución. Como incluso lo advirtió uno de los Magistrados de la Sala Constitucional, Jesús Eduardo Cabrera, quien con sus ponencias durante años había sido uno de los que más había contribuido a asegurar el afianzamiento del régimen autoritario en Venezuela, expresando en un Voto salvado a la sentencia No. 2042 de la Sala Constitucio-

329 Véase en Karl Marx and Frederich Engels, "The German Ideology", en *Collective Works*, Vol. 5, International Publishers, New York 1976, p. 47. Véanse además los textos pertinentes en http://www.educa.madrid.org/cms_tools/files/0a24636f-764c-4e03-9c1d-6722e2ee60d7/Texto%20Marx%20y%20Engels. pdf

nal de 2 de noviembre de 2007 (Caso *Nésor Luis Romero*)[330] que decidió la "inadmisibilidad" de una acción de amparo contra la "reforma constitucional" de 2007, lo siguiente:

> "En criterio de quien disiente, un sistema de organización social o económico basado en la propiedad y administración colectiva o estatal de los medios de producción, como lo es básicamente el socialista, en sus distintas concepciones, cual es el propuesto en el Proyecto de Reforma, chocaría con lo que quien suscribe, y la propia Sala, era considerado Estado Social, y ello -en criterio del disidente- puede afectar toda la estructura y los principios fundamentales del Texto Constitucional, hasta el punto que un nuevo ordenamiento jurídico tendría que ser creado para desarrollar la construcción del socialismo.
>
> No es que Venezuela no puede convertirse en un Estado Socialista. Si ello lo decide el pueblo, es posible; pero a juicio del voto salvante, tal logro sería distinto al que la Sala ha sostenido en el fallo de 24 de enero de 2002 (Caso: *Créditos Indexados*) y ello conduciría no a una reforma de la Constitución sino a una nueva Constitución, la cual debería ser votada por el Poder Constituyente Originario. Al menos, en nuestro criterio esto es la consecuencia del fallo N° 85 de 24 de enero de 2002."[331]

En esta apreciación, el Magistrado disidente no se equivocó, pues evidentemente que una reforma constitucional que trastocara todo el ordenamiento y estructura del Estado, conforme a la Constitución venezolana, sólo podía hacerse mediante la convocatoria de una Asamblea Constituyente.

Sin embargo, como hemos visto, y ello es precisamente la consecuencia de haber contribuido a afianzar el autoritarismo en Venezuela, no sólo la reforma constitucional de 2007 se sancionó contrariándose el procedimiento constitucional pautado, sino que luego del rechazo popular, fue impunemente implementada mediante leyes y decretos leyes, es decir, mediante una inconstitucional legislación ordinaria, y mediante ilegítimas mutaciones constitucionales efectuadas por la propia Sala Constitucional del Tribunal Supremo. Para que ello fuera posible, por supuesto, la propia Sala Constitucional, violando la misma Constitución, renunció a ejercer el control de la cons-

---

330 Véase sentencia del Tribunal Supremo de Justicia en Sala Constitucional N° 2042 del 2 de Noviembre de 2007, *Caso Néstor Luis Romero Méndez* en http://www.tsj.gov.ve/decisiones/scon/Noviembre/2042-021107-07-1374.htm

331 Idem.

titucionalidad de los actos de los poderes constituidos cumplidos para llevar adelante la "reforma constitucional" de 2007 y, en particular, del acto del Presidente de la República de presentación del anteproyecto de reforma ante la Asamblea Nacional el 15 de agosto de 2007; del acto definitivo de ésta de sanción del proyecto de reforma de la Constitución del día 2 de noviembre de 2007, y de la convocatoria a referendo por parte del Consejo Nacional Electoral el mismo día, todo conforme al procedimiento de "reforma constitucional regulado en los artículos 342 y siguientes de la Constitución", cuando por las trasformaciones fundamentales que contenía el proyecto debía haberse sometido al procedimiento de la Asamblea Nacional Constituyente conforme al artículo 347 y siguientes del texto fundamental. Y luego, después de que el pueblo rechazó el proyecto de reforma constitucional en el "referendo aprobatorio" del 2 de diciembre de 2007, en el cual dicho proyecto sólo recibió el voto favorable del 28% de los votantes inscritos en el Registro Electoral, la misma Sala Constitucional renunció a ejercer el control de constitucionalidad de las diversas leyes y decretos leyes que implementaron la reforma constitucional, y además, procedió ella misma a implementar aspectos de la misma mediante mutaciones constitucionales ilegítimas.

Todo ello demuestra cómo en un sistema donde no hay control del poder, no puede haber Estado de derecho ni democracia; y cómo, cuando quien está llamado a controlar el poder que es la Jurisdicción Constitucional, está controlada políticamente y está al servicio del mismo, de nada valen los principios de la Constitución, ni su supremacía ni su rigidez, que pasan a ser pura retórica, como actualmente ocurre en Venezuela.

New York, Diciembre 2013

SEGUNDA PARTE

LA ILEGÍTIMA MUTACIÓN CONSTITUCIONAL DEL PRINCIPIO PÉTREO DE LA ALTERNABILIDAD REPUBLICANA

Este fue el texto de la Ponencia sobre "El principio de la alternabilidad republicana como cláusula pétrea en la Constitución venezolana y su mutación dispuesta por el juez constitucional," que presenté en el *Seminario Internacional sobre reelección del titular del Poder Ejecutivo en las Américas*, organizado por el Instituto de Investigaciones Jurídicas de la UNAM, la Universidad Externado de Colombia y la Fundación Konrad Adenauer, celebrado en Bogotá, entre los días 12 y 15 de abril de 2011.*

I. EL PRINCIPIO DE LA ALTERNABILIDAD REPUBLICANA FRENTE AL CONTINUISMO COMO CLÁUSULA CONSTITUCIONAL PÉTREA

La Constitución Federal de los Estados de Venezuela del 21 de diciembre de 1811, cuyo segundo centenario estamos celebrando este año, incorporó al constitucionalismo venezolano e hispanoamericano el principio de la alternabilidad republicana al prever en su artículo 188, lo siguiente:

---

* En Venezuela, el estudio se publicó en mi libro: *Práctica y distorsión de la justicia constitucional en Venezuela (2008-2012),* Colección Justicia No. 3, Acceso a la Justicia, Academia de Ciencias Políticas y Sociales, Editorial Jurídica venezolana, Caracas 2012, pp. 101-119. El tema también lo desarrollé en el trabajo sobre "El Juez Constitucional vs. La alternabilidad republicana (La reelección continua e indefinida), en *Revista de Derecho Público*, nº 117, (enero-marzo 2009), Caracas 2009, pp. 205-211. Igualmente, en *Analitica.com, 2019*, en http://www.analitica.com/va/politica/opinion/6273405.asp

> *"Artículo 188.* Una dilatada continuación en los principales funcionarios del Poder Ejecutivo es peligrosa a la libertad, y esta circunstancia reclama poderosamente una rotación periódica entre los miembros del referido Departamento para asegurarla."

Es decir, desde el inicio se incorporó al constitucionalismo el principio de que debía haber una rotación periódica en los titulares del Poder Ejecutivo, considerándose, con razón, que la dilatada continuidad en el ejercicio de sus funciones era peligrosa a la libertad.

El principio lo expresó Simón Bolívar pocos años después, en su Discurso de Angostura de presentación del proyecto de Constitución al Congreso de 1819, al expresar:

> "...La continuación de la autoridad en un mismo individuo frecuentemente ha sido el término de los gobiernos democráticos. Las repetidas elecciones son esenciales en los sistemas populares, porque nada es tan peligroso como dejar permanecer largo tiempo en un mismo ciudadano el poder. El pueblo se acostumbra a obedecerle y él se acostumbra a mandarlo; de donde se origina la usurpación y la tiranía. ... nuestros ciudadanos deben temer con sobrada justicia que el mismo Magistrado, que los ha mandado mucho tiempo, los mande perpetuamente."[332]

El principio, sin embargo, no se enunció en el texto de la Constitución de 1819 en el cual no se usa la expresión alternabilidad, estableciéndose sólo expresamente su consecuencia respecto del Presidente de la República, al prever limites a la reelección del mismo, indicándose en el artículo 3, sección primera del Título 7º, que "la duración del presidente será de cuatro años, y no podrá ser reelegido más de una vez sin intermisión." Con ello se inició la tradición de establecer en las Constituciones límites a la reelección presidencial. La misma limitación a la reelección presidencial se incorporó en el artículo 107 de la Constitución de Colombia de 1821.

Fue sin embargo, en la Constitución de 1830, una vez reconstituido el Estado de Venezuela al disolverse la Gran Colombia, cuando el principio enunciado en la Constitución de 1811 y formulado por el Libertador, se incorporó expresamente en forma directa como cláusula pétrea, al establecerse que

> *"Art. 6.* El Gobierno de Venezuela es y será siempre republicano, popular, representativo, responsable y alternativo."

332 Véase en Simón Bolívar, *Escritos Fundamentales*, Caracas, 1982.

Expresar en la Constitución que el gobierno "**es y será siempre alternativo**" significa lo que las palabras expresan, que se trata de la formulación de un principio constitucional pétreo que apunta a que nunca el gobierno de la República puede dejar de ser alternativo, el cual en consecuencia siempre se ha expresado como tal, en todos los 26 textos constitucionales que ha tendido Venezuela en toda su historia constitucional, en la misma invariable forma que aún se conserva en la Constitución de 1999 (art 6).

Y la palabra utilizada para expresar el principio ha sido siempre la misma de "alternabilidad," en el sentido de gobierno "alternativo" o de la "alternabilidad republicana" en el poder, y que expresa la idea de que no puede haber cargos producto de la elección popular ocupados por una misma persona, que las personas deben turnarse sucesivamente en los cargos, o que los cargos deben desempeñarse por turnos (*Diccionario de la Real Academia Española).*[333] Por ello, la Sala Electoral del Tribunal Supremo de Justicia de Venezuela en sentencia nº 51 de 18-3-2002, consideró el principio de la alternabilidad como "principio general y presupuesto democrático," indicando que el mismo significa "el ejercicio sucesivo de un cargo por personas distintas, pertenezcan o no a un mismo partido."

El principio, sin duda, como se deriva del texto de la Constitución de 1811 y del pensamiento del Libertador, se concibió históricamente para enfrentar las ansias de perpetuación en el poder, es decir, el continuismo, y evitar las ventajas que podrían tener en los procesos electorales quienes ocupan cargos y a la vez puedan ser candidatos para ocupar los mismos cargos. El principio de "gobierno alternativo," por tanto, no es equivalente al de "gobierno electivo;" la elección es una cosa, y la necesidad de que las personas se turnen en los cargos es otra.

La consecuencia de que el principio de la alternabilidad republicana se haya concebido siempre en la Constitución como un principio constitucional pétreo, es que como lo expresó el Tribunal Supremo, es un "principio general y presupuesto democrático" de la organización del Estado, que como tal, no puede ser modificado o reformado por los procedimientos de "reforma constitucional" o de "enmienda constitucional," sino por el procedimiento de la convocatoria de una Asamblea Nacional Constituyente.

---

333 Véase el Voto Salvado a la sentencia nº 53, de la Sala Constitucional de 2 de febrero de 2009 (Caso: *Interpretación de los artículos 340,6 y 345 de la Constitución)*, en http:/www.tsj.gov.ve/decisions/scon/Febrero/53-3209-2009-08-1610.html

En efecto, en la Constitución de 1999 se establecieron tres mecanismos institucionales para la revisión constitucional que se distinguen según la intensidad de las transformaciones que se proponen, y que son las Enmiendas constitucionales, las Reformas Constitucionales y la Asamblea Nacional Constituyente. Cada procedimiento tiene su sentido y ámbito de aplicación según la importancia de las modificaciones a la Constitución, de manera que para la aprobación de las "enmiendas," que sólo pueden tener por objeto la adición o modificación de uno o varios artículos de la Constitución, "sin alterar su estructura fundamental" (art. 340).se estableció la sola participación del pueblo como poder constituyente originario manifestado mediante referendo aprobatorio; para la aprobación de la "reforma constitucional," que sólo puede tener por objeto una revisión parcial de la Constitución y la sustitución de una o varias de sus normas "que no modifiquen la estructura y principios fundamentales" del texto constitucional (art. 342), se estableció la participación de uno de los poderes constituidos, –la Asamblea Nacional– y, además, del pueblo como poder constituyente originario manifestado mediante referendo; y para la revisión constitucional "con el objeto de transformar al Estado, crear un nuevo ordenamiento jurídico y redactar una nueva Constitución," incluyendo por exclusión la modificación de los principios pétreos, se previó la "Asamblea Nacional Constituyente," (art. 347) mediante la participación del pueblo como poder constituyente originario,[334] de dos maneras, primero, para la convocatoria y aprobación por referéndum del estatuto de la Asamblea Constituyente, y segundo, para la elección de los miembros de la Asamblea Constituyente.

Sobre estos tres mecanismos para la revisión constitucional, la propia Sala Constitucional del Tribunal Supremo de Justicia ha señalado que:

> "Cada uno de estos mecanismos de reforma tiene sus peculiaridades, los cuales con una somera lectura del texto constitucional se puede apreciar que, por ejemplo, el procedimiento de enmienda, va a tener por objeto la adición o modificación de uno o varios artículos de la Constitución, tal como lo señala el artículo 340 de la Carta Magna. Por su parte, la reforma constitucional, se orienta hacia la revisión parcial de la Constitución, así como la sustitución de una o varias de sus normas (artículo 342). Ambos mecanismos, están limitados por la no modificación de la estructura fundamental del texto constitucional, y por un referéndum al cual debe estar sometido para su definitiva aprobación, Ahora

---

334 Véase lo expuesto en Allan R. Brewer–Carías, *Poder Constituyente originario y Asamblea Nacional Constituyente*, Caracas 1999.

bien, en el caso de que se quiera transformar el Estado, crear un nuevo ordenamiento jurídico y redactar una nueva Constitución, el texto constitucional vigente consagra la posibilidad de convocatoria a una Asamblea Nacional Constituyente (Artículo 347 eiusdem)."[335]

De lo anterior resulta que no puede utilizarse uno de los procedimientos de revisión constitucional para fines distintos a los regulados en la propia Constitución, pues de lo contrario, se incurriría en un fraude constitucional[336], tal como ocurrió con la reforma constitucional sancionada por la Asamblea Nacional el 2 de noviembre de 2007, que fue rechazada por voto popular en el referendo del 2 de diciembre de 2007, en la cual precisamente, se pretendió modificar el principio pétreo de la alternabilidad republicana mediante la eliminación de toda limitación a la reelección presidencial.

II. LA CONSECUENCIA DEL PRINCIPIO DE LA ALTERNABILIDAD REPUBLICANA: LAS LIMITACIONES A LA REELECCIÓN

Además de su enunciado expreso en el texto de las constituciones como principio de la "alternabilidad," el mismo se materializó en el texto de las Constituciones venezolanas, con la inclusión de limita-

---

335 Véase sentencia nº 1140 de la Sala Constitucional de 05–19–2000, en *Revista de Derecho Público*, nº 84, Editorial Jurídica Venezolana, Caracas, 2000.

336 La Sala Constitucional del Tribunal Supremo de Justicia en la sentencia nº 74 de 25–01–2006 señaló que un *fraude a la Constitución* ocurre cuando se destruyen las teorías democráticas "mediante el procedimiento de cambio en las instituciones existentes aparentando respetar las formas y procedimientos constitucionales", o cuando se utiliza "del procedimiento de reforma constitucional para proceder a la creación de un nuevo régimen político, de un nuevo ordenamiento constitucional, sin alterar el sistema de legalidad establecido, como ocurrió con el *uso fraudulento de los poderes* conferidos por la ley marcial en la Alemania de la Constitución de *Weimar*, forzando al Parlamento a conceder a los líderes fascistas, en términos de dudosa legitimidad, la plenitud del poder constituyente, otorgando un poder legislativo ilimitado"; y que un *falseamiento de la Constitución* ocurre cuando se otorga "a las normas constitucionales una interpretación y un sentido distinto del que realmente tienen, que es en realidad una modificación no formal de la Constitución misma", concluyendo con la afirmación de que "*Una reforma constitucional sin ningún tipo de límites, constituiría un fraude constitucional*". Véase en *Revista de Derecho Público*, Editorial Jurídica Venezolana, nº 105, Caracas 2006, pp. 76 ss.

ciones expresas a las posibilidades de reelección en cargos electivos;[337] entendiendo por reelección, como lo destacó la Sala Constitucional del Tribunal Supremo citando a Dieter Nohlen, como "la posibilidad de que un funcionario sometido a elección pública, cuyo ejercicio se encuentre sujeto a un período previamente determinado o renovación periódica, pueda ser nuevamente postulado y electo una o más veces a la misma posición de Derecho."[338]

Así sucedió en las Constituciones de 1830, 1858, 1864, 1874, 1881, 1891, 1893, 1901, 1904, 1909, 1936, 1845 y 1947,[339] en las cuales se estableció, por ejemplo, la prohibición de la reelección del Presidente de la República para el período constitucional inmediato.[340] En la historia

---

337 Las restricciones a la reelección presidencial son tradicionales en los sistemas presidenciales de gobierno, como son los de América Latina, y no en los sistemas parlamentarios como los que existen en Europa. Véase, Allan R. Brewer-Carías, *Reflexiones sobre la Revolución Norteamericana (1776), la Revolución Francesa (1789) y la Revolución Hispanoamericana (1810-1830) y sus aportes al constitucionalismo moderno*, Universidad Externado de Colombia, Bogotá 2008, pp. 106 ss.

338 Véase Dieter Nohlen, "La Reelección", en VVAA, *Tratado Electoral Comparado de América Latina,* Fondo de Cultura Económica y otros, México 1998, pp. 140 y ss. Citado en sentencia nº 51 de 18 de marzo de 2000 (Caso: *Federación Venezolana de Maestros (FVM) vs. Consejo Nacional Electoral*), en *Revista de Derecho Público*, nº 89-92, Editorial Jurídica Venezolana, Caracas, 2002, p. 109.

339 Véase el texto de todas las Constituciones en Allan R. Brewer-Carías, *Las Constituciones de Venezuela*, 2 vols., Academia de Ciencias Políticas y Sociales, Caracas 2008.

340 Sobre estas previsiones constitucionales, la Sala Constitucional del Tribunal Supremo, sin embargo, en sentencia nº 1.488 de 28 de julio de 2006 (Caso: *Consejo Nacional Electoral vs. Revisión Decisión Sala Electoral del Tribunal Supremo de Justicia*), concluyó indicando que "desde la Constitución de 1830 hasta la de 1947, se prohíbe de forma absoluta la reelección, sin que tal medida, aislada y sin la determinación de un sistema de gobierno que lo hiciera viable, en realidad, no sólo no impidió la existencia de gobiernos no democráticos, sino que sólo sirvió para disfrazar a través de subalternos, la verdadera continuidad de gobiernos con intereses ajenos al bienestar de la sociedad. De este modo, por ejemplo, las Constituciones gomecistas, de 1909 (artículo 84), 1914 (artículo 83), 1919 (artículo 83), 1928 (artículo 103) y 1931 (artículo 103), prohibieron la reelección inmediata con los resultados que han quedado para la historia, por lo que se evidencia que no puede haber divorcio entre una medida individual en el método de gobierno y la concepción general de justicia de un Estado." Véase en *Revista de Derecho Público,* nº 107, Editorial Jurídica Venezolana, Caracas 2006, pp. 90 ss.

constitucional del país, en realidad, la prohibición de la reelección presidencial inmediata solamente dejó de establecerse en las Constituciones de los gobiernos autoritarios: ocurrió así en la efímera Constitución de 1857; en las Constituciones de Juan Vicente Gómez de 1914, 1922, 1925, 1928, 1929 y 1931; en la Constitución de Marcos Pérez Jiménez de 1953; y en la enmienda constitucional promovida por Hugo Chávez Frías en 2009. La prohibición de la reelección, en cambio, respecto del Presidente de la República, en el período democrático iniciado en 1958,[341] fue más amplia y la misma se extendió en la Constitución de 1961, a los dos períodos siguientes (10 años).

La flexibilización del principio, en cambio, como antes se dijo, aún cuando sin dejar de establecer limitaciones a la reelección presidencial, se produjo inicialmente en las Constituciones de 1819 y 1821 en las cuales se previó la posibilidad de reelección inmediata por una sola vez del Presidente de la República ("no podrá ser reelegido más de una vez sin intermisión"); y se recogió en la Constitución de 1999, en cuyo artículo 230 se permitió la posibilidad de reelección presidencial de inmediato, pero por una sola vez, para un nuevo período.[342]

Por su parte, el artículo 192 de la Constitución de 1999, respecto de otros cargos electivos dispuso que los diputados a la Asamblea Nacional podían ser reelegidos sólo "por dos periodos consecutivos como máximo"; el artículo 160 dispuso que los Gobernadores de Estado podían ser "reelegidos, de inmediato y por una sola vez, para un nuevo período"; el artículo 162 dispuso que los legisladores a los Consejos Legislativos de los Estados podían ser reelegidos sólo "por dos periodos consecutivos como máximo"; y el artículo 174 dispuso que los Alcaldes podían ser "reelegidos, de inmediato y por una sola vez, para un nuevo período."

---

341 Ver Allan R. Brewer-Carías, *Historia Constitucional de Venezuela*, 2 vols., Editorial Alfa, Caracas 2008.

342 Sobre esta previsión de la Constitución de 1999, la Sala Constitucional del Tribunal Supremo expresó en la sentencia mencionada nº 1488 de 28 de julio de 2006, que: "la Constitución de 1999, retomando la idea de la Constitución de Angostura, y en plena armonía con los principios garantistas a favor del ciudadano y de su rol protagónico en la empresa de desarrollo del Estado, permitió la reelección presidencial, pero dentro de un marco de políticas públicas en el que ello no es una medida aislada de inspiración caudillista, sino que constituye un elemento más dentro de una visión progresista en el que la separación de poderes, los derechos de los ciudadanos y los mecanismos de participación de los mismos, pueden generar los contrapesos y la colaboración necesarios para la satisfacción de los intereses del Estado que no son otros que los de los propios ciudadanos." Véase en *Revista de Derecho Público,* nº 107, Editorial Jurídica Venezolana, Caracas 2006, pp. 90 ss.

En este contexto de las limitaciones a la reelección, y su significado frente al continuismo y al abuso de poder, la misma Sala Electoral del Tribunal Supremo de Justicia en su sentencia Nº 51 de 18 de marzo de 2000 (Caso: *Federación Venezolana de Maestros (FVM) vs. Consejo Nacional Electoral*), indicó que:

> "Este calificado "derecho" de reelección, aunque justificado como un mecanismo de extensión del buen gobierno, podría desvirtuarse y convertirse en una grave amenaza para la democracia: las ansias de perpetuación en el poder (continuismo), así como la evidente ventaja en los procesos electorales de quien ocupa el cargo y a su vez es candidato a ocupar el mismo, han producido tanto en Venezuela como en el resto de Hispanoamérica un profundo rechazo a la figura de la reelección. En el caso de la designación del Presidente de la República o el funcionario equivalente, esta desaprobación se ha traducido en rigurosas previsiones constitucionales, así, por ejemplo, en las Constituciones venezolanas de 1830, 1858, 1891, 1893, 1901, 1904, 1909, 1936, 1945 y 1947, se prohibía la reelección inmediata o para el período constitucional inmediatamente siguiente; la Constitución de 1961 prohibía la reelección hasta por diez años o dos períodos constitucionales después de la terminación del mandato, y actualmente, la Constitución de 1999, optando por una modalidad distinta para resguardar la alternabilidad, establece en su artículo 230: "...El Presidente o Presidenta de la República puede ser reelegido, de inmediato y por una sola vez, para un período adicional". Es de resaltar que aunque su formulación rompa con la tradición, las limitaciones a la reelección previstas por la Constitución de la República Bolivariana de Venezuela ("...de inmediato y por una sola vez..."), ponen freno a las distorsiones que siempre han preocupado a nuestra democracia: el continuismo y el ventajismo electoral." [343]

La misma Sala Electoral, para reforzar el argumento de la compatibilidad de las limitaciones a la reelección con el principio de la alternabilidad, y la preocupación democrática frente al continuismo y ventajismo políticos, en la misma sentencia se refirió en particular a lo que se perseguía con el referendo sindical de 2000, exponiendo lo siguiente:

> "En este mismo sentido, la convocatoria a referendo sindical contenida en Resolución del Consejo Nacional Electoral, número 001115-1979 del 15 de noviembre de 2000, publicada en Gaceta Oficial número 37.081 del 20 de noviembre de 2000 y que en refe-

343 Véase en *Revista de Derecho Público*, nº 89-92, Editorial Jurídica Venezolana, Caracas, 2002, p. 109.

rendo celebrado el 3 de diciembre de 2000, resultara favorecida la opción "Si", se preguntaba: ¿Está usted de acuerdo con la renovación de la dirigencia sindical, en los próximos 180 días, bajo Estatuto Especial elaborado por el Poder Electoral, conforme a los principios de alternabilidad y elección universal, directa y secreta, consagrados en el artículo 95 de la Constitución de la República Bolivariana de Venezuela, y que se suspenda durante ese lapso en sus funciones los directivos de las Centrales, Federaciones y Confederaciones Sindicales establecidas en el país? Resulta entonces claro que la tradicional preocupación democrática, tan evidente en la figura Presidente de la República, se extiende ahora a las asociaciones sindicales, organizaciones de la sociedad en las que resulta imperativo -tanto en la teoría como en la práctica- democratizar, y con ello, la alternancia en los cargos de dirección a través de elecciones libres.

El intento de armonizar el principio de alternabilidad de los cargos de elección pública y las ventajas prácticas de la posibilidad de reelección, han producido, por una parte, fórmulas como las ya mencionadas prohibiciones de reelegirse inmediatamente, aunque ello no impida posteriores reelecciones y, por la otra, la posibilidad de reelegirse inmediatamente, pero sólo una o dos veces más. Asimismo se aceptan combinaciones de las dos anteriores: reelegirse inmediatamente con posibilidades de una nueva elección después de transcurrido cierto tiempo, y, la no reelección inmediata con una única posibilidad de reelegirse una o dos veces más. En todo caso corresponderá al órgano legislativo correspondiente, escoger la fórmula más conveniente."[344]

La propia Sala Electoral, sobre la justificación de la limitación a la reelección sucesiva, años después, en sentencia Nº 73 de 30 de marzo de 2006 (Caso: Asociados de la Caja de Ahorro Sector Empleados Público), insistiría que:

---

344 Véase en *Revista de Derecho Público*, nº 89-92, Editorial Jurídica Venezolana, Caracas, 2002, p. 109. En materia sindical, el principio de la alternabilidad como signo de la democracia sindical se sostuvo luego en la sentencia de la misma Sala nº 175 de 20-10-2003 (Caso: *Solicitud de convocatoria a elecciones en el Sindicato de Trabajadores de la empresa Telenorma (Sitraten) en el Estado Miranda*), en *Revista de Derecho Público*, nº 93-96, Editorial Jurídica Venezolana, Caracas, 2003, pp. 192 ss. Igualmente en materia de elecciones en Colegios profesionales en sentencia nº 194 de 18-11-2003 (Caso *Judith Sayago Briceño y otro vs. Comisión Electoral del Colegio de Médicos del Estado Barinas*), *Idem*, pp. 378 ss.

"se presenta como una técnica de control legislativo derivada en la inconveniencia de que un ciudadano se perpetúe en el poder, pretendiendo, entre otras cosas, restar capacidad de influencia a quien lo ha ejercido, y sobre todo preservar la necesidad de que los aspirantes estén en un mismo pie de igualdad y que los funcionarios electos no distraigan sus esfuerzos y atención en asuntos diferentes a la completa y cabal realización de su gestión."[345]

III. EL COMIENZO DEL PROCESO DE MUTACIÓN CONSTITUCIONAL: LA DESPETRIFICACIÓN DEL PRINCIPIO DE LA ALTERNABILIDAD REPUBLICANA PARA JUSTIFICAR LA REELECCIÓN ILIMITADA

No le faltaba razón a la Sala Electoral del Tribunal Supremo en destacar la preocupación por la suerte de la democracia frente al "continuismo y ventajismo electoral," pues a los pocos años, por una parte, la Sala Constitucional del mismo Tribunal Supremo, en 2006, comenzaría a allanar el camino para cambiar el carácter pétreo del principio de la alternabilidad republicana, despojándolo de su carácter de principio fundamental del ordenamiento constitucional que solo podría ser cambiado mediante la convocatoria de una "Asamblea Nacional Constituyente;" y por la otra, consecuencialmente, el Presidente de la República presentaría en 2007 un proyecto de "reforma constitucional" para eliminar toda restricción a la reelección presidencial.

En efecto, en cuanto al tema de la reelección en los cargos electivos, a pesar del principio de la alternabilidad y de las restricciones constitucionales existentes en la materia, el mismo comenzó a ser tratado por la Sala Constitucional del Tribunal Supremo de Justicia en la sentencia Nº 1.488 de 28 de julio de 2006,[346] dictada con motivo de revisar una sentencia de la Sala Electoral del mismo Tribunal Supremo, al considerar el tema de la constitucionalidad del artículo 126 de la entonces vigente Ley Orgánica del Sufragio y Participación Política de 1998, que imponía a los funcionarios susceptibles de ser reelegidos, la obligación de separarse de sus cargos.

Para declarar que dicha norma era contraria a la Constitución, la Sala sin embargo, entró a resolver de oficio y en forma en general el

---

345 Véase en *Revista de Derecho Público,* nº 105, Editorial Jurídica Venezolana, Caracas 2006, p. 173

346 Véase *Caso*: Consejo Nacional Electoral vs. Revisión Decisión Sala Electoral del Tribunal Supremo de Justicia, en *Revista de Derecho Público,* nº 107, Editorial Jurídica Venezolana, Caracas 2006, pp. 90 ss.

tema de la reelección presidencial, sin que nadie se lo hubiese pedido y sin que ello hubiera sido necesario para la revisión judicial de una sentencia que estaba realizando, considerando en definitiva que cualquier reforma o cambio que se pudiese adoptar en la materia, permitiendo la reelección indefinida, no afectaba la estructura del Estado, de lo que resultó la negación del carácter pétreo de su fundamento que es el principio de la alternabilidad republicana, y el allanamiento del camino para proceder a establecer la reelección indefinida mediante reforma o enmienda constitucional, y no mediante la convocatoria de una Asamblea Constituyente. Ello, sin duda, fue lo que motivó en definitiva el intento de reforma constitucional de 2007, rechazado por el pueblo, y la posterior propuesta de una enmienda constitucional en 2009, estableciendo la reelección indefinida como principio constitucional, que si fue aprobada por el pueblo.

Para ello, la Sala Constitucional, en su sentencia Nº 1488 de 2006 comenzó por vincular el pensamiento de Bolívar en 1819 con el de Hamilton; analizó la historia de las previsiones constitucionales limitativas sobre la reelección en Venezuela y en toda la América Latina; y analizó, para justificar su tesis, las reformas constitucionales en la materia que se habían efectuado en Colombia y Costa Rica. La Sala Constitucional, en efecto, argumentó así:

Primero, se refirió a la Constitución de 1819 que consideró "inspirada parcialmente en las ideas del Libertador Simón Bolívar, la cual como se ha dicho, estableció la posibilidad de reelección inmediata del Presidente pero por una sola vez "sin intermisión (artículo 3, sección primera del Título Séptimo), de lo cual dedujo la Sala que planteaba:

> "la visión del Padre de la Patria a la par de las del gran pensador norteamericano Alexander Hamilton, quien en "El Federalista" expuso una defensa a la reelección como modelo de gobernabilidad legítimo dentro de un contexto democrático."

Olvidó, sin embargo, la Sala Constitucional, referirse a las ideas de Bolívar que en realidad fueron expresadas en su Discurso de presentación del proyecto de Constitución de 1819, en el cual, como se ha dicho, se refirió a la continuación de la autoridad en un mismo individuo como la mayor amenaza a los gobiernos democráticos, considerando como lo más peligroso, el "dejar permanecer largo tiempo en un mismo ciudadano el poder," pues –decía– "el pueblo se acostumbra a obedecerle y él se acostumbra a mandarlo," lo que origina "la usurpación y la tiranía."

Segundo, pasó luego la Sala Constitucional a referirse a las ideas de Hamilton, considerando que las mismas "a pesar de haber transcurrido más doscientos años de haber sido emitidas, tienen una actualidad que llama a la reflexión y que todavía se invocan en las discusiones que se generan con este motivo." A tal efecto, la Sala destacó que:

> "Hamilton señalaba que la reelección era necesaria para que el pueblo pudiera prolongar una administración positiva en su propio beneficio y aprovechando las virtudes del gobernante reelegido, pues la exclusión de éste a pesar de su buen gobierno, sólo traería más males que beneficios a la sociedad y perjudicaría el conducir del gobierno. Igualmente, consideraba que el impedir la reelección provocaría que disminuyeran los incentivos para el correcto proceder de los gobernantes al no tener el aliciente en la continuidad de su gestión, facilitando la tentación de actuaciones no adecuadas dada la inexistencia del incentivo que implica la aprobación de la gestión a través de la reelección, y además, privaría a la sociedad de una persona con experiencia y conocimiento en el manejo del cargo y que facilitaría por esta misma causa el mantenimiento del sistema político, de modo que su ausencia también tendría consecuencias para dicho sistema (Hamilton, Madison y Jay, *El Federalista,* Fondo de Cultura Económica, México 1994, artículo 72, pp. 308 y ss.)."

Tercero, pasó luego la Sala a buscar apoyo contemporáneo para justificar el tema de la reelección presidencial, refiriéndose a Sartori, señalando que éste:

> "luego de analizar varios escenarios a favor y en contra de la reelección, llega a la conclusión que "(...) el argumento fundamental a favor de la reelección es que los presidentes que gobiernan bien deben ser recompensados, y que desperdiciar a un buen presidente es indudablemente un grave desperdicio. No se puede negar que ambos bandos tienen razones válidas. No es un problema que tenga la misma solución para todos los países". A esto agregaba "(...) también es cierto que negar la reelección es negar la recompensa, y que esto constituye una grave falla" (Sartori, Giovanni, *Ingeniería Constitucional Comparada,* Fondo de Cultura Económica, 1994. pp. 191 y 192)."

Cuarto, de lo dicho por Sartori, la Sala Constitucional consideró que se trataba de un "refuerzo de las ideas de Hamilton y de Bolívar," lo cual por supuesto no es cierto, pues Bolívar no argumentó sobre la reelección presidencial como lo hizo Hamilton, y al contrario, si sobre algo argumentó como no lo hizo Hamilton, fue contra el continuismo presidencial.

Sin embargo, la Sala Constitucional consideró que las reflexiones hechas por Sartori, como investigador contemporáneo dan fe "de la vigencia de las mismas y de lo aplicables que son todavía a nuestra realidad," concluyendo entonces que "no se trata entonces, de una discusión interesada o circunscrita a las coyunturas del momento," sino al contrario, de "una discusión que ha mantenido su vigencia a lo largo del tiempo y que plantea la necesidad de una solución de acuerdo con las necesidades y realidades de cada sociedad, discutidas y planteadas por el poder originario del mismo y que se concretan en el Texto Constitucional, de ahí su trascendencia y la necesidad de verla en el todo del sistema jurídico y en relación con persona alguna."

Quinto, la Sala Constitucional para reforzar su argumento a favor de "la figura de la reelección," recurrió al derecho comparado haciendo una síntesis de su implantación "en diferentes países de nuestro entorno latinoamericano," de la cual concluyó que había una "aplastante mayoría a favor de la reelección ... pues de un total de diecinueve países, quince tienen como norma la reelección, es decir, más del 75% de Latinoamérica se encuentra a favor de dicha figura, mientras otros cuatro (Guatemala, Honduras, México y Paraguay) prohíben de forma absoluta la reelección." De ello, la Sala Constitucional derivó que había una "tendencia" en la "perspectiva de evolución del Derecho Constitucional comparado," que era la de "incorporar la figura de la reelección al sistema democrático," tal como en su criterio había ocurrido en "Colombia y de Costa Rica, países que por distintos medios y con circunstancias también diferentes establecieron la figura dentro de su sistema constitucional, armonizándose en ambos casos, dicha introducción, con el sistema democrático que en ellas se ha establecido, tomando en consideración sus propias realidades," de lo que la Sala concluyó que "la tendencia en nuestro ámbito continental es a favor de la figura de la reelección."

Sexto, con base en lo anterior, la Sala pasó a transcribir párrafos del fallo C-1040/05 del 19 de octubre de 2005 de la Corte Constitucional de Colombia, que estimó como una "valiosa contribución, aún considerando las diferencias con la Constitución venezolana," respecto del tema de la reelección, al referirse al alegato presentado a la consideración de dicha Corte "respecto a que la inclusión de la reelección en la Constitución constituía un cambio en la estructura del Estado," donde señaló lo siguiente:

> "Los elementos esenciales que definen el Estado social y democrático de derecho fundado en la dignidad humana no fueron sustituidos por la reforma. El pueblo decidirá soberanamente a quién elige como Presidente, las instituciones de vigilancia y control conservan la plenitud de sus atribuciones, el sistema de frenos y contrapesos continua operando, la independencia de los órganos constitucionales sigue siendo garantizada, no se atribuyen nuevos poderes al Ejecutivo, la reforma prevé reglas para

disminuir la desigualdad en la contienda electoral que será administrada por órganos que continúan siendo autónomos, y los actos que se adopten siguen sometidos al control judicial para garantizar el respeto al Estado Social de Derecho. No cabe señalar, para establecer la presencia de una sustitución de la Constitución, que el Presidente abusaría de su poder, el cual se vería ampliado por la posibilidad de hacer política electoral y que ello conduciría a un régimen de concentración de poder en el que, por otra parte, el Congreso perdería la independencia para el ejercicio de la función legislativa y de control político, porque en su elección habría podido tener juego el Presidente en ejercicio, con lo cual se habría modificado el sistema de separación de poderes. Como se ha dicho, tales cuestionamientos no apuntan a mostrar la inviabilidad del diseño institucional, sino que reflejan el temor de quienes los plantean, de que contrariando las previsiones expresas de la Carta en materia de límites y controles al ejercicio del poder, este se desbordase en el sentido que anticipan. Se trata de consideraciones de tipo práctico sobre las consecuencias que estiman previsibles de la reforma, pero no un resultado que pueda ser atribuido necesariamente al nuevo diseño institucional".

Esta decisión de la Corte Colombiana, la consideró la Sala Constitucional venezolana como una ratificación "respecto a la necesidad que la inclusión de la reelección no sirve de nada si no se hace dentro de un sistema democrático que garantice la justicia y los derechos inherentes a la persona humana, pues en tal contexto, junto con la existencia de elementos institucionales que hagan los controles necesarios, dicha medida resulta cónsona con la democracia y con las libertades que ésta debe defender," destacando adicionalmente lo expresado por la misma Corte Constitucional colombiana al señalar:

> "En relación con la forma de Estado se tiene que, con o sin reelección presidencial inmediata, Colombia sigue siendo un Estado social de Derecho, organizado en forma de república unitaria, descentralizada, con autonomía de sus entidades territoriales, democrática, participativa y pluralista. Ninguno de esos elementos definitorios de la forma que adopta el Estado colombiano puede tenerse como suprimido, subvertido o integralmente sustituido en razón a que, por virtud del acto legislativo acusado, hoy en Colombia se permite la reelección presidencial, eventualidad que estaba proscrita en la Constitución de 1991".

Como lo destacó la Sala Constitucional en su sentencia, la Corte Colombiana, concluyó señalando que:

"En dirección contraria a la presentada por la demandante, cabría señalar que el Acto Legislativo 2 de 2004 no solamente no conduce, desde el punto de vista del diseño institucional, a una supresión de los elementos democráticos de la Constitución de 1991, sino que, desde una perspectiva diferente, que puede plantearse legítimamente en el contexto de una democracia pluralista, podría sostenerse que los reafirma, en la medida en que permite que el electorado se pronuncie de manera efectiva sobre la gestión de sus gobernantes, posibilidad que estaba excluida en el diseño previo a la reforma. Se trata de visiones contrapuestas, una que hace énfasis en las oportunidades que deben brindarse a los sectores diversos de la sociedad que no se encuentren en el gobierno para constituirse en alternativas efectivas de poder, y otra que privilegia las bondades de la continuidad en el gobierno de un proyecto político que ha sido encontrado exitoso por el electorado en un libre juego democrático. No obstante, las diferencias que sobre el diseño institucional, los mecanismos de participación y las condiciones de equilibrio plantean las dos visiones, no puede señalarse que una de ellas conlleve una sustitución del Estado social, democrático y pluralista de derecho".

De lo anterior, la Sala Constitucional venezolana terminó señalando que "el Tribunal Constitucional de la hermana República" concluyó que:

"la reelección no constituiría un cambio en el sistema constitucional de su país, sino que por el contrario se convertiría en un medio de reafirmación democrática. Responde igualmente dicho órgano jurisdiccional a los temores respecto de las consecuencias prácticas que puede acarrear la reelección y en tal sentido pone en evidencia que los mismos se presentaran tanto en cuanto no se cuente con los mecanismos que permitan controlar las acciones del Ejecutivo, y que por estar éstas, lo mismo que en nuestra Constitución, expresamente establecidos, sólo habría que velar por su cumplimiento, de modo que la figura en sí no sería la responsable de irregularidad alguna, sino que ello sería responsabilidad de la equilibrada ejecución del sistema de contrapesos y de controles que tenga el Texto Constitucional, por lo que su falta o no de ejecución no queda al arbitrio de una persona, sino de los poderes que al efecto tengan dichas responsabilidades."

Séptimo, la Sala Constitucional pasó luego a analizar la sentencia Nº 02771 del 4 de abril de 2003 de la Sala Constitucional de la Corte Suprema de Costa Rica, en la cual se pronunció "respecto a la nulidad de la reforma constitucional de 1969 por la que se suprimió el artículo de la Constitución que permitía la reelección presidencial luego de dos períodos alternos," en la cual dicha Sala costarricense afirmó lo siguiente:

> "El derecho de elección, como derecho político, también constituye un derecho humano de primer orden, y por ende, es un derecho fundamental. La reelección tal y como se pudo constatar en el considerando V, estaba contemplada en la Constitución Política de 1949 y constituye una garantía del derecho de elección, pues le permite al ciudadano tener la facultad de escoger, en una mayor amplitud de posibilidades, los gobernantes que estima convenientes. Por consiguiente, fue la voluntad popular a través de la Constituyente, la que dispuso que existiera la reelección presidencial, con el fin de garantizarse el pueblo el efectivo derecho de elección. De hecho, a pesar de que la reforma parcial en cuestión se produjo posteriormente, esto se viene a confirmar luego con la suscripción de la Convención Americana de Derechos Humanos, que en el artículo 23 establece: '1. Todos los ciudadanos deben gozar de los siguientes derechos y oportunidades (...) b) de votar y ser elegidos en elecciones periódicas auténticas, realizadas por sufragio universal e igual y por voto secreto que garantice la libre expresión de la voluntad de los electores, (...)'; y que no admite mayores limitaciones, que las siguientes: '2. La ley puede reglamentar el ejercicio de los derechos y oportunidades a que se refiere el inciso anterior, exclusivamente por razones de edad, nacionalidad, residencia, idioma, instrucción, capacidad civil o mental, o condena, por juez competente, en proceso penal.' De este último párrafo de la Convención de Derechos Humanos, se desprenden de manera clara, las únicas razones por las cuales pueden establecerse restricciones al ejercicio de los derechos ahí declarados.

La reelección, según se desprende de la voluntad popular suscrita históricamente, establece la posibilidad para el ciudadano de elegir libremente a sus gobernantes, por lo que al reformarse la Constitución en detrimento de la soberanía del pueblo, y en desgaste de sus derechos fundamentales, lo que se produjo en este caso fue la imposición de más limitaciones que las ya existentes en razón de edad, nacionalidad, residencia, idioma, instrucción, capacidad civil o mental, o condena". (Énfasis de la Sala).

De esta decisión del Alto Tribunal de Costa Rica, la Sala Constitucional venezolana apreció que el mismo:

> "no concibe la reelección sólo como un derecho individual por parte del pasible de serlo, sino que además constituye un derecho de los electores a cuyo arbitrio queda la decisión de con-

firmar la idoneidad o no del reelegible, y que al serle sustraída dicha posibilidad mediante una reforma realizada por un poder no constituyente, se realizó un acto de sustracción de la soberanía popular, quedando dicha posibilidad de forma exclusiva, y dentro de los límites que impone a todo poder los derechos humanos, inherentes a la persona humana, al poder constituyente, el cual basado en razones de reestructuración del Estado puede imponer condiciones o modificar el ejercicio de derechos en razón de la evolución de toda sociedad así como de la dinámica social.

No puede entonces, alterarse la voluntad del soberano, por medio de instrumentos parciales y que no tengan su origen en el propio poder constituyente, es a él al cual corresponde la última palabra, teniendo como se ha dicho como único límite, los derechos inherentes a la persona humana y derivados de su propia dignidad."

Octavo, partiendo de estos razonamientos, la Sala Constitucional venezolana concluyó compartiendo los criterios expuestos, "despetrificando" el principio de la alternabilidad republicana, al afirmar que en nuestro ordenamiento, la reelección "no supone un cambio de régimen o forma del Estado, y muy por el contrario, reafirma y fortalece los mecanismos de participación dentro del Estado Democrático, Social de Justicia y Derecho que estableció el Constituyente en 1999." Afirmó luego la Sala que:

> "De igual manera, la reelección, amplía y da progresividad al derecho de elección que tienen los ciudadanos, y optimiza los mecanismos de control por parte de la sociedad respecto de sus gobernantes, haciéndolos examinadores y juzgadores directos de la administración que pretenda reelegirse, y por lo mismo, constituye un verdadero acto de soberanía y de ejercicio directo de la contraloría social. Negar lo anterior, es tanto como negar la existencia de sociedades cambiantes y en constante dinámica e interacción. Es pretender concebir el Derecho Constitucional como un derecho pétreo e inconmovible, ajeno a las necesidades sociales. Mas aún, en nuestras sociedades, donde estas necesidades sociales son tan ingentes, los cambios constitucionales son más necesarios en la medida en que se constate su existencia para mejorar las condiciones de los ciudadanos en peor situación socioeconómica, pues la norma constitucional sólo debe estar a su servicio."

Por tales razones, terminó afirmando la Sala Constitucional que "no puede afirmarse que la reelección no sea un principio compatible con la democracia," y por el contrario, puede señalarse que el mismo, "puede ser una herramienta útil que garantice la continuidad en el desarrollo de las iniciativas que beneficien a la sociedad, o simplemente sirva para que dichos ciudadanos manifiesten directamente su censura por un gobierno que considere no ha realizado sus acciones en consonancia con las necesidades sociales."[347]

IV. EL INTENTO DE REFORMA CONSTITUCIONAL DE 2007 PARA ESTABLECER LA REELECCIÓN PRESIDENCIAL INDEFINIDA Y SU RECHAZO POPULAR

Fue luego de esta aproximación del Juez Constitucional al tema de la reelección presidencial, despetrificando indirectamente el principio de la alternabilidad republicana, que el Presidente de la República, al año siguiente, en 2007, propuso a la Asamblea Nacional una "reforma constitucional" para consolidad el Estado centralizado, militarista, Socialista y Policial, uno de cuyos aspectos era precisamente eliminar todo vestigio del principio de la alternabilidad en la Jefatura del Estado, al proponer que se estableciera la posibilidad de reelección inmediata y sin límites del Presidente de la República. La reforma pretendía modificar el artículo 230 de la Constitución, no sólo aumentando el período constitucional del Presidente de la República de seis a siete años (ya en 1999 se había aumentado de cinco a seis años), sino estableciendo expresamente que el Presidente de la República "puede ser reelegido o reelegida" eliminando la limitación de la Constitución de 1999 de esa posibilidad sólo "por una sola vez, para un nuevo período." En esta forma, el principio de la alternabilidad republicana, cuyo objeto central es la consolidación del pluralismo político, base de los regímenes democráticos, materialmente desaparecía con la reforma constitucional propuesta.[348]

La reforma constitucional, sin embargo, fue rechazada por el pueblo en el referendo del 2 de diciembre de 2007, lo que, de acuerdo con el espíritu de las previsiones constitucionales, implicaba que una nueva modificación de la Constitución en el mismo sentido no debía plantearse en el mismo período constitucional, no sólo como "reforma" sino como "enmienda."[349] Ello es lo que se deduce del principio esta-

---

347 *Idem.*

348 En la *Exposición de Motivos de la Propuesta de Reforma Constitucional* del Presidente de la República del Proyecto de Reforma Constitucional, agosto de 2007, se afirmó, pura y simplemente, sin fundamento, ni argumento, ni lógica alguna, que "la propuesta de la reelección presidencial profundiza el principio de alternabilidad republicana", basándose sólo, en el derecho del Presidente de la República a ser reelecto en el cargo, y en el derecho del pueblo de elegir su candidato, p. 7.

349 Véase Allan R. Brewer-Carías, *La reforma constitucional de 2007 (Comentarios al proyecto inconstitucionalmente sancionado por la Asamblea Nacional el 2 de noviembre de 2007)*, Editorial Jurídica Venezolana, Caracas 2007.

blecido en el artículo 345 de la Constitución. Sin embargo, en los meses siguientes a dicho rechazo popular, el Presidente insistió en la modificación de la Constitución, lo que acogió la Asamblea Nacional, reformulado la rechazada "reforma" constitucional en una "enmienda" constitucional para burlar el sentido de la prohibición antes indicada.

Para entender el fraude cometido es necesario recordar la distinción mencionada entre dos de los procedimientos para la modificación de la Constitución, la reforma y la enmienda constitucionales que se establecen en el texto constitucional de 1999. Ambos procedimientos de modificación de la Constitución tienen en común, que mediante ellos no se puede alterar o modificar la estructura y principios fundamentales de la Constitución (arts. 340 y 342), lo que sólo puede hacerse mediante el procedimiento de la Asamblea Nacional Constituyente (art. 347). Por otra parte, también tienen en común el hecho de que ambos procedimientos requieren de aprobación popular mediante referendo para que la modificación constitucional tenga vigencia. En la Constitución no se regula poder constituyente "derivado" alguno. Solo hay un "poder constituyente originario" que es el pueblo, el cual tiene que aprobar por referendo tanto la Enmienda como la Reforma Constitucional, o la convocatoria a Asamblea Nacional Constituyente que es el tercer mecanismo para modificar la Constitución. La Asamblea Nacional y los órganos que tienen la iniciativa de Enmienda y de Reforma Constitucional, sólo coadyuvan en el proceso de modificación constitucional, pero no son "poder constituyente derivado".

En cuanto a la distinción entre la Enmienda Constitucional y la Reforma Constitucional, la misma existe, en primer lugar, en cuanto al alcance del procedimiento de modificación: La Enmienda Constitucional tiene por objeto la adición o modificación de artículos de la Constitución (no la supresión de ellos); en cambio, la Reforma Constitucional tiene por objeto la revisión parcial y sustitución de artículos, siempre que no se afecten, como se dijo, los principios y la estructura fundamental del texto (arts. 340, 342).

En segundo lugar, la otra distinción entre la Enmienda y la Reforma Constitucional se refiere a la iniciativa y a la intervención de la Asamblea Nacional en el procedimiento de modificación constitucional. La Enmienda Constitucional no necesita ser discutida por la Asamblea Nacional, pero si su iniciativa parte de la propia Asamblea Nacional, la misma debe, primero apoyarla por el voto de al menos el 30% de sus integrantes y luego, aprobarla mediante el procedimiento de formación de las leyes con el voto de la mayoría de sus integrantes (art. 341). En cuanto a la Reforma Constitucional, se debe presentar ante la Asamblea Nacional la cual siempre debe aprobarla en tres discusiones mediante voto de 2/3 de sus integrantes. Cuando la iniciativa de Reforma parta de la propia Asamblea Nacional, debe ser apoyada por mayoría de sus integrantes.

Por último, en tercer lugar, la Constitución también hay una previsión en cuanto a los efectos del rechazo popular de la modificación constitucional, en el sentido de que la prohibición constitucional de que se pueda presentar a la Asamblea Nacional otra iniciativa de reforma constitucional rechazada por el pueblo en el mismo período constitucional, sólo está establecida expresamente como efecto del rechazo a la "Reforma Constitucional." Nada se establece en cuanto a los efectos del rechazo de la Enmienda Constitucional, pero del espíritu y propósito de la Constitución, sin duda, puede deducirse que esa prohibición debería extenderse a cualquier otra forma de modificación de la Constitución, pues de lo contrario, la burla al sentido de la misma sería fácil.

V. LA ENMIENDA CONSTITUCIONAL DE 2009 ESTABLECIENDO LA REELECCIÓN INDEFINIDA DE TODOS LOS CARGOS DE ELECCIÓN POPULAR

Ahora bien, con base en esta grieta formal de la Constitución, fue precisamente que se planteó por la Asamblea Nacional, después del rechazo popular a la "Reforma constitucional" en 2007, la idea de proceder a proponer en 2008 una "Enmienda Constitucional" para eliminar toda prohibición sobre la reelección de cargos, y por ende, vaciar de contenido al principio de la alternabilidad republicana.

En realidad, la propuesta inicial del Proyecto de Enmienda Constitucional en 2008 sólo perseguía modificar el artículo 230 de la Constitución sobre reelección del Presidente de la República, lo cual luego se extendió a los artículos 160, 162, 174 y 192 de la Constitución sobre reelección de otros cargos electivos, en los cuales se establecían límites para la reelección, a los efectos de eliminarlos todos. Los Artículos 162 y 192 establecían que los miembros de Consejos Legislativos de los Estados y los Diputados a la Asamblea Nacional, sólo podrían reelegirse por dos períodos como máximo; y los Artículos 160, 174, y 230 establecían que los Gobernadores y Alcaldes, y el Presidente de la República, solo podían reelegirse de inmediato y por una sola vez, para un nuevo período.

Precisamente por ello, y en particular por el uso de la vía de la Enmienda para aprobar lo que ya había sido rechazado por la vía de la reforma, se planteó un recurso e interpretación constitucional que fe introducido el 11 de diciembre de 2008 ante la Sala Constitucional del Tribunal Supremo en relación con el alcance del artículo 345 el texto fundamental a los efectos de que la Sala determinara si la prohibición contenida en dicha norma en el sentido de que la iniciativa de Reforma Constitucional que no fuese aprobada no podía presentarse de nuevo en un mismo período constitucional a la Asamblea Nacional, se extendía también al procedimiento de Enmienda constitucional.

En respuesta, la Sala Constitucional, confundiendo deliberadamente el sentido de la norma, en sentencia Nº 53 de 3 de febrero de 2009[350] sostuvo que la misma no estaba destinada a regular los efectos de la manifestación de rechazo popular de la modificación propuesta, sino que la norma estaba sólo dirigida a *regular a la Asamblea Nacional,* en el sentido de que lo que no podría era exigírsele que debatiera una reforma constitucional una vez que ya la había debatido en el mismo período constitucional y había sido rechazada por el pueblo. La Sala olvidó que la norma constitucional a lo que estaba dirigida era a regular las consultas *a la voluntad popular* en materia de modificación de la Constitución y sus efectos, y no los efectos de los debates en la Asamblea Nacional.

En efecto, la prohibición constitucional de volver a someter a consulta una reforma rechazada, en realidad está dirigida a regular los efectos de la voluntad popular expresada mediante referendo, en el sentido de que no se puede consultar al pueblo de nuevo la misma modificación constitucional que el pueblo ya ha rechazado en un mismo período constitucional.

Lo importante de la prohibición establecida en el Título de la Constitución relativo a la "Reforma Constitucional" que en Venezuela sólo puede realizarse con la participación del pueblo, es que la misma se refiere precisamente a los efectos de la expresión de la voluntad popular que es manifestación del poder constituyente originario, y no a los efectos del debate que pueda haber habido en la Asamblea Nacional en la materia, que no es poder constituyente, ni siquiera derivado, ya que no puede haber modificación constitucional alguna sin aprobación popular.

La decisión de la Sala Constitucional fue una nueva burla a la Constitución al ignorar la prohibición de sucesivas consultas populares, basándose en dos artilugios que se utilizaron en este caso de la Enmienda 2008-2009: primero, el utilizado por la Asamblea Nacional, en su iniciativa de Enmienda, al extenderla a otros artículos constitucionales además del 230, para tratar de diferenciar la Enmienda de

---

350 Véase la sentencia nº 53, de la Sala Constitucional de 2 de febrero de 2009 (Caso: *Interpretación de los artículos 340,6 y 345 de la Constitución)*, en http:/ www.tsj.gov.ve/deci-sions/scon/Febrero/ 53-3209-2009-08-1610.html

2008-2009 de la rechazada Reforma Constitucional de 2007; y segundo, el utilizado por la Sala Constitucional al considerar que la prohibición constitucional de consultar al pueblo sobre reformas rechazadas era sólo formal respecto de las discusiones en la Asamblea Nacional, ignorando su propósito esencial de respetar la voluntad popular una vez que esta se ha expresado en forma negativa respecto de una modificación de la Constitución.

Esa voluntad hay que respetarla, que es lo que persigue la Constitución, por lo que una vez que el pueblo se ha manifestado rechazando una modificación al texto constitucional, no se lo puede estar convocando sucesivamente sin límites en el mismo período constitucional para volver a pronunciarse sobre lo mismo.

VI. LA MUTACIÓN CONSTITUCIONAL DEL PRINCIPIO DE LA ALTERNABILIDAD MEDIANTE EL VACIAMIENTO JUDICIAL DE SU CONTENIDO

Pero aparte de burlar la prohibición constitucional de sucesivas consultas populares en un periodo constitucional sobre modificaciones constitucionales una vez que el pueblo las ha rechazado, la Sala Constitucional, en la misma sentencia, procedió a mutar ilegítimamente la Constitución, eliminando el carácter de principio fundamental del gobierno que además de "democrático" y "electivo" conforme al artículo 6 de la Constitución, debe ser **siempre** "alternativo," considerando que dicho principio no se alteraba con las reformas propuestas en la Enmienda Constitucional 2008-2009.

Esta, como se dijo, propugnó establecer en la Constitución la posibilidad de la reelección continua y sin límites de los cargos electivos lo cual fue aprobado en el referendo, pero sin duda, alterando un principio fundamental del constitucionalismo venezolano establecido desde 1830 en todas las Constituciones, que es el de la "alternabilidad" en el gobierno, y que en el artículo 6 de la Constitución de 1999 se formula como uno de los principios fundamentales del mismo, con una fórmula que lo convierte en una de las llamadas "cláusulas pétreas" o inmodificables. Como se dijo, la norma dispone desde 1930 que "El gobierno **es y será siempre**... alternativo ...", lo que implica que ello nunca podría ser alterado al menos mediante reformas o enmiendas. Esa fue la voluntad del pueblo al aprobar la Constitución, establecer el principio de alternabilidad republicana como una cláusula pétrea.

La Sala Constitucional del Tribunal Supremo de Justicia, sin embargo, en la mencionada sentencia Nº 53 de 3 de febrero de 2009,[351] decidió allanar el camino constitucional para la realización del referendo aprobatorio de la Enmienda Constitucional que se realizó el 15 de febrero de 2009, en el cual se aprobó el proyecto de Enmienda Constitucional relativa a los artículos 160, 162, 174, 192 y 230 de la Constitución, estableciéndose entonces en Venezuela, al contrario de la tradición constitucional precedente, el principio de la reelección continua e indefinida de cargos electivos, contrariando el principio constitucional de la alternabilidad republicana (art. 6), y violando la prohibición constitucional de realizar una consulta popular sobre modificaciones a la Constitución ya rechazadas por el pueblo en un mismo período constitucional (art. 345).

Para ello, la Sala Constitucional "interpretó" como equivalentes los términos gobierno "alternativo" y gobierno "electivo," eliminando así la propia noción de "alternabilidad."

En efecto, la alternabilidad del gobierno, como principio del constitucionalismo venezolano, que es además, propio de los sistemas presidenciales de gobierno, como se ha dicho, es un principio que se construyó como opuesto al continuismo o a la permanencia en el poder por una misma persona, por lo que toda previsión que permita que esto ocurra, es contraria a dicho principio.

Este principio, por tanto, no se puede confundir con el principio "electivo" del gobierno o el más general principio "democrático" que el mismo artículo 6 de la Constitución establece. Una cosa es poder elegir a los gobernantes, y otra cosa es el principio de alternabilidad que impide poder reelegir al mismo gobernante ilimitadamente.

Es contrario a la Constitución, por tanto, interpretar, como lo hizo la Sala Constitucional en su mencionada sentencia nº 53 del 3 de febrero de 2009, que el principio de la alternabilidad "lo que exige es que el pueblo como titular de la soberanía tenga la posibilidad periódica de escoger sus mandatarios o representantes", confundiendo "gobierno alternativo" con "gobierno electivo."

---

351 Véase la sentencia nº 53, de la Sala Constitucional de 2 de febrero de 2009 (Caso: *Interpretación de los artículos 340,6 y 345 de la Constitución)*, en http:/www.tsj.gov.ve/decisions/scon/Febrero/53-3209-2009-08-1610.html
Véase sobre esta sentencia los comentarios en Allan R. Brewer-Carías, "El Juez Constitucional vs. La alternabilidad republicana (La reelección continua e indefinida), en *Revista de Derecho Público*, nº 117, (enero-marzo 2009), Caracas 2009, pp. 205-211. Publicado también en http://www.analitica.com/va/politica / opinion/6273405.asp

Por ello es falso lo que afirmó la Sala Constitucional en el sentido de que "sólo se infringiría el mismo si se impide esta posibilidad al evitar o no realizar las elecciones". Con su sentencia, la Sala Constitucional, de nuevo, lo que hizo fue mutar ilegítimamente el texto de la Constitución, y al contrario de lo que afirmó, la eliminación de la causal de inelegibilidad para el ejercicio de cargos públicos derivada de su ejercicio previo por parte de cualquier ciudadano, sí trastocó el principio de alternabilidad en el ejercicio del poder.

Se insiste, lo expuesto por la Sala Constitucional se refirió al principio de gobierno "electivo" que en los términos del mismo artículo 6 de la Constitución, es el que implica que "el electorado, como actor fundamental del proceso democrático, acuda a procesos comiciales periódicamente en los que compitan, en igualdad de condiciones, las diversas opciones políticas que integran el cuerpo social;" pero no al principio de gobierno "alternativo" que implica que no se pueda elegir indefinidamente una misma persona para el mismo cargo, así haya hecho un "buen gobierno." El principio de la alternabilidad, para evitar el continuismo en el poder, precisamente implica la limitación que el pueblo, como poder constituyente originario, se ha impuesto a si mismo, en cuanto a que supuestamente pueda tener la "oportunidad de decidir entre recompensar a quienes estime como sus mejores gobernantes, o bien renovar completamente las estructuras del poder cuando su desempeño haya sido pobre." Esta supuesta "oportunidad," por el principio de la alternabilidad en la Constitución, pudo haberse ejercido antes de 1999, sólo después de que, en sus casos, transcurrieran uno o dos períodos constitucionales siguientes al ejercicio de la Presidencia por quien pretendiera de nuevo optar a dicho cargo, y en la Constitución de 1999 sólo ocurrió en 2006, por una sola vez para un período inmediato, mediante la reelección ya efectuada del Presidente Chávez. Pero establecer dicha "oportunidad" como reelección continua, sin límite, es contrario al principio de la alternabilidad.

Por tanto, al contrario de que decidió la Sala Constitucional, la posibilidad de reelección continúa sí alteraba el principio fundamental del gobierno "alternativo", que es uno de los valores democráticos que informan nuestro ordenamiento jurídico. Dicho principio, que se alteraba si se establecía la posibilidad de elección continua de cargos electivos y que es distinto del principio del gobierno "electivo," al tener una formulación pétrea en el artículo 6 de la Constitución ("es y será siempre") no podía ser objeto de modificación constitucional alguna, y en el supuesto negado de que pudiera ser modificado, ello no podía realizarse ni por los procedimientos de Enmienda ni de Reforma Constitucional sino sólo mediante la convocatoria de una Asamblea Nacional Constituyente.

La Sala Constitucional, con su sentencia nº 53 del 3 de febrero de 2009, una vez más al servicio del autoritarismo, sin embargo, mutó la Constitución a través de una interpretación de la misma, modificando ilegítimamente el sentido del principio del gobierno 'alternativo" que los venezolanos dispusieron **que siempre** debía regir sus gobiernos, obviando la prohibición constitucional de que se pudiera consultar en un mismo período constitucional la voluntad popular sobre modificaciones constitucionales que ya el pueblo ha rechazado.

Esta inconstitucional sentencia, en todo caso, lo que tuvo por objeto fue, como se dijo, despejar el camino para que el régimen autoritario pudiera someter a referendo una Enmienda Constitucional relativa a un principio fundamental, pétreo, de la Constitución, que sólo podía modificarse mediante la convocatoria a una Asamblea Nacional Constituyente.

Y así fue como entonces en Venezuela se aprobó la Enmienda Constitucional de 2009, para establecer el principio de la elección continua e ilimitada del Presidente de la República y de todos los cargos de elección popular.

TERCERA PARTE

SOBRE LA MUTACIÓN DEL PRINCIPIO DE LA SEPARACIÓN DE PODERES EN LA JURISPRUDENCIA CONSTITUCIONAL

Este texto es parte de la Ponencia que presenté sobre "Los actos de gobierno, la universalidad del control jurisdiccional de constitucionalidad y los problemas de la politización de la Jurisdicción Constitucional en Venezuela," en el *Seminario de derecho comparado sobre separación de poderes del Estado y la "Political Questions Doctrine" en los Estados Unidos de América*, organizado por Sala Constitucional de la Corte Suprema de Justicia en cooperación con Duquesne University (Pittsburh), San José, Costa Rica, 28 y 29 de marzo de 2012*

I. LA TRADICIÓN JURISPRUDENCIAL SOBRE EL PRINCIPIO DE LA SEPARACIÓN DE PODERES

El principio de la separación de poderes ha tenido un tratamiento jurisprudencial constante en Venezuela, habiendo sido considerado como uno de los principios fundamentales del ordenamiento constitucional.[352]

---

* Parte del texto fue publicado en "Sobre la mutación del principio de la separación de poderes en la jurisprudencia constitucional," en *Revista de Derecho Público*, No. 132 (octubre- diciembre 2012), Editorial Jurídica Venezolana, Caracas 2012, pp. 201-213; y en "El principio de la separación de poderes como elemento esencial de la democracia y de la libertad, y su demolición en Venezuela mediante la sujeción política del Tribunal Supremo de Justicia," en *Revista Iberoamericana de Derecho Administrativo, Homenaje a Luciano Parejo Alfonso,* Año 12, No. 12, Asociación e Instituto Iberoamericano de Derecho Administrativo Prof. Jesús González Pérez, San José, Costa Rica 2012, pp. 31-43

352 Véase Allan R. Brewer-Carías, *Los Principios fundamentales del derecho público (Constitucional y Administrativo)*, Editorial Jurídica venezolana, Caracas 2005, pp. 67 ss.

Por ejemplo, la Sala Constitucional del Tribunal Supremo en la sentencia No. 1368 de 13 de agosto de 2008, al declarar sin lugar una acción que se había intentado contra un acto de gobierno de 1984 mediante el cual el Presidente de la Republica había concedido un indulto, al analizar el vicio de "usurpación de funciones" que el Fiscal General de la República le había imputado al mismo al considerar que el Poder Ejecutivo no había respetado *"la separación de funciones"* establecida en la Constitución (artículos 117, 118 y 119, Constitución de 1961; y artículos 136, 137 y 138 de la Constitución de 1999) señaló que:

> "los tres principios básicos sobre los cuales se sustenta el ordenamiento jurídico constitucional, pueden ser resumidos en los siguientes: a) El de competencia, que actúa como un instrumento ordenador del ejercicio del poder una vez que éste es legitimado; b) El de separación de poderes, dejando a salvo la necesaria coordinación entre los mismos, así como el ejercicio de ciertas funciones que no siéndoles esenciales les cumple realizar naturalmente, con base al cual funciona un mecanismo de balance en la división del poder y de mutuos controles o contrapesos entre los órganos que lo ejercen; y c) El principio de ejercicio del poder bajo la ley, elemento esencial del Estado de Derecho y del sistema democrático, conforme al cual son excluidas la autocracia y la arbitrariedad (sentencia n° 457/2001, del 5 de abril)."[353]

Sobre estos principios "fundamentales al Estado de Derecho," la Sala constató que "exigen la distribución de funciones entre diversos órganos y la actuación de éstos con referencia a normas prefijadas, ya sea como un modo de interdicción de la arbitrariedad o como mecanismos de eficiencia en el cumplimiento de los cometidos del Estado (sentencia n° 457/2001, del 5 de abril);" considerando que "la división del poder no es un principio ideológico, propio de la democracia liberal, sino un principio técnico del cual depende la vigencia de la seguridad jurídica como valor fundante del derecho y como proyecto de regulación de la conducta social (sentencia n° 1.309/2001, del 19 de julio)."

Sin duda, uno de los principios fundamentales del derecho público venezolano, ratificado en la Constitución de 1999, es el de la división horizontal o separación orgánica de poderes,[354] que origina ór-

---

353 Véase en http://www.tsj.gov.ve/decisiones/scon/Agosto/1368-130808-01-2503.htm

354 Véase en general, Manuel García Pelayo, "La división de poderes y la Constitución Venezolana de 1961," en *Libro Homenaje a Rafael Caldera: Estudios sobre la Constitución*, Tomo III, Facultad de Ciencias Jurídicas y Políticas, Universidad Central de Venezuela, Caracas 1979, pp. 1403 y 1420; Hildegard Rondón de Sansó, "La separación de los poderes en Venezuela," en *Libro Ho-*

ganos independientes y autónomos entre sí, que ejercen las diversas ramas del Poder Público: Legislativa, Ejecutiva, Judicial, Ciudadana y Electoral.

La Constitución de 1999, en efecto, adoptó un novedoso sistema de separación orgánica del Poder Público Nacional, al hacerlo entre cinco Poderes, agregando a los tradicionales Poderes Legislativo, Ejecutivo y Judicial, dos nuevos, los Poderes Ciudadano y Electoral. Por tanto, en el nivel nacional se distinguen cinco ramas del Poder Público: el Poder Legislativo Nacional, el Poder Ejecutivo Nacional, el Poder Judicial, el Poder Ciudadano y el Poder Electoral, correspondiendo su ejercicio a cinco complejos orgánicos diferenciados y separados. Estos son, respectivamente, la Asamblea Nacional; el Presidente, sus Ministros y el resto de los órganos del denominado "Ejecutivo Nacional"; el Tribunal Supremo de Justicia y los demás tribunales de la República, así como la Dirección Ejecutiva de la Magistratura y los otros órganos de gobierno y administración del Poder Judicial; el Ministerio Público o Fiscalía General de la República, la Contraloría General de la República y la Defensoría del Pueblo; y el Consejo Nacional Electoral, sus Comisiones y Juntas. Estos cinco conjuntos orgánicos se encuentran separados, son autónomos e independientes entre sí, y cada uno de ellos tiene sus competencias constitucionales y legales específicas.

La otrora clásica división del poder entre las ramas Legislativa, Ejecutiva y Judicial, en efecto, ya se había roto en el constitucionalismo moderno desde el Siglo XX, de manera que en general, el Poder Público se ejercía, además de por los órganos que componían las tres clásicas ramas, por otra serie de órganos que progresivamente habían sido constitucionalizados y dotados de autonomía funcional (Contraloría general de la república, Ministerio Público, Consejo Supremo Electoral), y que en el caso de Venezuela, en 1999 se erigieron como ramas formales del Poder Público.[355] Es el caso del Poder Ciudadano,

---

menaje a Rafael Caldera: Estudios sobre la Constitución, Tomo III, Facultad de Ciencias Jurídicas y Políticas, Universidad Central de Venezuela, Caracas 1979, pp. 1369-1403.

355 Conforme lo ha señalado la sentencia N° 3098 de la Sala Constitucional (Caso: *nulidad artículos Ley Orgánica de la Justicia de Paz*) de 13-12-2004, la "redistribución orgánica del Poder Público" que establece la Constitución obedece, "según la Exposición de Motivos de la Constitución de 1999, a la necesidad de otorgar independencia y autonomía funcional a los órganos que están encargados de desarrollar determinadas competencias, especialmente las de ejecución de "*procesos electorales, así como el de la función contralora y la defensa de los derechos humanos*". Véase en *Gaceta Oficial* N° 38.120 de 02-02-2005.

que integra los ya clásicos órganos constitucionales de control (Art. 273), como la Contraloría General de la República (Art. 267); el Ministerio Público: (Art. 284) y la Defensoría del Pueblo (Art. 280); y del Poder Electoral, que ejerce el Consejo Nacional Electoral (Art. 293). En la Constitución de 1999, en todo caso, se eliminó el Consejo de la Judicatura, que también era un órgano constitucional con autonomía funcional, atribuyéndose las funciones de gobierno y administración de la rama judicial al Tribunal Supremo de Justicia (Art. 267).

Por otra parte, la separación orgánica de poderes, particularmente en cuanto a las relaciones entre los mismos a los efectos de la conducción política de la sociedad, dio origen y configuró el sistema presidencial de gobierno, pero con una desmedida sujeción y distorsión parlamentaria, que al menos en la Constitución de 1999, hace que si el Presidente no controla políticamente la Asamblea, el sistema de gobierno es difícil que pueda funcionar.[356]

II. LA SEPARACIÓN DE PODERES Y LAS FUNCIONES DEL ESTADO

En todo caso, en cuanto a la separación de poderes, la configuración del principio en la Constitución como instrumento de organización del Estado, responde a cierto grado de flexibilidad, tal como lo señaló la antigua Corte Suprema en el sentido de que "si bien cada uno de ellos tiene definida su propia esfera de acción: el Legislativo, para dictar la ley, reformarla y revocarla; el Ejecutivo, para ejecutarla y velar por su cumplimiento; y el Judicial, para interpretarla, y darle aplicación en los conflictos surgidos, la demarcación de la línea divisoria entre ellos no es excluyente, ya que en muchos casos esos poderes ejercen funciones de naturaleza distinta de las que privativamente le están atribuidas"[357]. El principio, ciertamente, impide a unos órga-

---

[356] Quizás por ello en la Exposición de Motivos de la Constitución se calificó el sistema de gobierno en la Constitución, en nuestro criterio incorrectamente como un "sistema semipresidencial." Véase en Allan R. Brewer-Carías, *La Constitución de 1999. Derecho Constitucional Venezolano*, Editorial Jurídica Venezolana, Caracas 2004, Tomo I, pp. 437 ss., y Tomo II, p. 1146.

[357] Véase la sentencia de la antigua Corte Federal de 19-6-53 en *Gaceta Forense*, N° 1, Caracas 1953, p. 77. En otra sentencia, al referirse a las funciones estatales, la Corte las diferenció así: "No realiza una función creadora dentro del ordenamiento jurídico, que es la función legislativa, ni conoce ni decide acerca de las pretensiones que una parte esgrime frente a la otra, que es la función judicial; sino que es sujeto de derecho, titular de intereses, agente propio de la *función administrativa*". Véase Sentencia de 18-7-63 de la antigua Corte Suprema de Justicia en Sala Político Administrativa, en *Gaceta Forense*, N° 41, Caracas 1963, p. 116.

nos invadir las competencias propias de otro,358 pero no les impide ejercer funciones de naturaleza similar a las de otros órganos.

La antigua Corte Suprema, en este sentido, inclusive fue aún más clara y terminante al señalar que:

> "Lejos de ser absoluto el principio de la separación de los poderes, la doctrina reconoce y señala el carácter complementario de los diversos organismos a través de los cuales el Estado ejerce sus funciones; de suerte que unos y otros, según las atribuciones que respectivamente les señalan las leyes, realizan eventualmente actos de índole distinta a las que por su naturaleza les incumbe". "La doctrina establece que la división de poderes no coincide plenamente con la separación de funciones, pues corrientemente se asignan al Poder Legislativo potestades típicamente administrativas y aun jurisdiccionales y al Poder judicial funciones administrativas, como en el caso del nombramiento de jueces que hace este mismo tribunal y de la firma de libros de comercio o de registro civil que hacen los jueces de instancia; y a la inversa, se atribuyen al Poder Ejecutivo, funciones legislativas como la reglamentación, parcial o total de las leyes, sin alterar su espíritu, propósito o razón, que es considerada como el ejemplo más típico de la actividad legislativa del Poder Ejecutivo, por mandato del numeral 10 del artículo 190 de la Constitución Nacional; toda vez que el Reglamento es norma jurídica de carácter general dictado par la Administración Pública para su aplicación a todos los sujetos de derecho y en todos los casos que caigan dentro de sus supuestos de hecho. En otros casos la autoridad administrativa imparte justicia, decide una controversia entre partes litigantes en forma similar a como lo hace la autoridad judicial."[359]

De acuerdo con esta doctrina, que compartimos, entonces, la separación de poderes ha de entenderse en el sistema venezolano, en *primer lugar,* como una separación orgánica entre los órganos de cada rama del Poder Público; y en *segundo lugar,* como una asignación de funciones propias a cada uno de dichos órganos; pero nunca como

---

358 *Cfr.* Sentencia de la antigua Corte Federal y de Casación en Corte Plena de 26-5-51 en *Gaceta Forense*, N° 8, Caracas 1952, p. 114 y *Sentencia* de la antigua Corte Suprema de Justicia en Corte Plena de 12-6-68 en publicación del Senado de la República, 1968, p. 201.

359 Esta doctrina fue establecida en Sentencia de la antigua Corte Suprema de Justicia en Sala Político Administrativa de 18-7-63 en *Gaceta Forense* N° 41, Caracas 1963, pp. 116 y 117, y ratificados por la misma Corte y Sala en Sentencias de 27-5-68 en *Gaceta Forense* N° 60, Caracas 1969, pp. 115 a 118, y de 9-7-69 en *Gaceta Forense* N° 65, Caracas 1969, pp. 70 a 74.

una separación de funciones atribuidas con carácter exclusivo a los diversos órganos. Al contrario, además de sus funciones propias, los órganos del Estado realizan funciones que por su naturaleza son semejantes a las funciones asignadas a otros órganos. En otras palabras, mediante este principio se reserva a ciertos órganos el ejercer una función en una forma determinada (funciones propias), lo que no excluye la posibilidad de que otros órganos ejerzan esa función en otra forma.

Por tanto, de acuerdo con lo establecido en el artículo 136 de la Constitución, la asignación de funciones propias a los órganos que ejercen los Poderes Públicos, no implica que cada uno de los órganos del Estado siempre tenga el ejercicio exclusivo de alguna función estatal específica. Tal como lo reconoció la Sala Constitucional en sentencia Nº 3098 del 13 de diciembre de 2004 (Caso: *Nulidad de artículos de la Ley Orgánica de la Justicia de Paz*):

> "No escapa a la Sala que, tal como argumentó en este juicio la representación de la Asamblea Nacional, el principio de separación de poderes que recoge el artículo 136 de nuestro Texto Fundamental, de idéntica manera a como lo establecía el artículo 118 de la Constitución de 1961, no implica, ni mucho menos, una división rígida de órganos y funciones, sino que, como la misma norma predica, "cada una de las ramas del Poder Público tiene sus funciones propias, pero los órganos a los que incumbe su ejercicio colaborarán entre sí en la realización de los fines del Estado."
>
> Principio de colaboración de los Poderes Públicos que lleva a un control mutuo entre poderes y, en definitiva, admite, hasta cierto punto, un confusión funcional entre ellos, es decir, que cada una de las ramas del Poder Público puede ejercer excepcionalmente competencias que, por su naturaleza, corresponderían, en principio, a las otras y de allí que la Administración Pública cuente con potestades normativas (Vgr. la potestad reglamentaria) y jurisdiccionales (Vgr. resolución de conflictos entre particulares) y los órganos deliberantes y judiciales cumplan ciertas funciones típicamente administrativas (Vgr. la organización interna de sus dependencias y la potestad disciplinaria respecto de sus funcionarios, entre otras)."[360]

La Sala Constitucional, ha considerado el principio de la separación de poderes como una de los principios tradicionales del derecho

---

360 Sentencia N° 3098 de la Sala Constitucional (Caso: *nulidad artículos Ley Orgánica de la Justicia de Paz*) de 13-12-2004, en *Gaceta Oficial* N° 38.120 de 02-02-2005

público venezolano[361] al afirmar en 2009, que el Constituyente de 1999:

> "ha ensayado una distribución del Poder Público en niveles político-territoriales, así como una división en cada nivel. Esta distribución y división se cumplen mediante una asignación de tareas de diverso orden. Hay, por supuesto, potestades (legislar o resolver conflictos mediante actos con autoridad de cosa juzgada), tareas (satisfacer en lo concreto necesidades públicas), fines (denunciar la violación de derechos fundamentales), que caracterizan a dichos conjuntos de órganos. Pero ello no debe confundir al estudioso o al intérprete. En algunos casos, los efectos del acto que se emite sólo son propios de un grupo de órganos (la cosa juzgada); en otros la potestad es exclusiva (dirigir las relaciones exteriores de la República); y en no menor medida, la potestad es de uso común, aunque puede darse el caso que domine las tareas de un órgano en particular (por ejemplo, el control de la Administración Pública que comparten tanto la Asamblea Nacional como la Contraloría General de la República). Pero de lo que no caben dudas es que todos los Poderes, según el caso, comparten mecanismos, instrumentos, métodos y fines. El Poder Legislativo nacional no sólo legisla, sino que también controla, con lo cual se acerca a la función contralora y a la judicial al mismo tiempo (art. 187.3); interviene en la discusión y aprobación del presupuesto, lo que ha sido catalogado como una tarea propia de la Administración (187.6), e interviene en el proceso judicial de destitución del Presidente de la República (art. 266.2). El Presidente de la República debe regular el ejercicio del derecho que se restrinja mediante decretos de estado de excepción (236.7 y 339), con lo cual ejerce una potestad normativa; concede indultos, incidiendo así directamente en la función judicial (236.19). El Poder Ciudadano puede investigar y sancionar los hechos que atenten contra la ética pública y la moral administrativa, para lo cual tendrá que valerse de técnicas que se asemejan a las que utiliza el Poder Judicial (274). El Poder Electoral dicta Reglamentos, los cuales contienen normas, es decir, es una técnica similar a la que usualmente ejerce el Poder Legislativo (293.1). Por último, el Poder Judicial se subroga a la Administración Pública en los casos que resuelve la Jurisdicción Contencioso-Administrativa." [362]

---

361 Véase Allan R. Brewer-Carías, *Los Principios fundamentales del derecho público (Constitucional y Administrativo)*, Editorial Jurídica Venezolana, Caracas 2005, pp. 67 ss.

362 Véase en http://www.tsj.gov.ve/decisiones/scon/Julio/1049-23709-2009-04-2233.html

De lo anterior señaló la Sala, con razón, que "estos son algunos ejemplos del uso común de ciertos mecanismos por parte de algunos o de todos los Poderes Públicos," incluso sin referirse a "los medios en que los Poderes injieren en las tareas de los otros, que son abundantísimos;" considerando que "basta con los mencionados para probar que nuestro orden jurídico constitucional no se caracteriza por asignar de forma exclusiva, excluyente u homogénea los métodos, técnicas o procedimientos que en general son los usuales de ciertos poderes públicos en el cumplimiento de sus fines." [363]

Por ello concluyó la Sala, que la separación de poderes:

"no supone una distribución homogénea, exclusiva o excluyente, o no en todos los casos, de tareas, potestades o técnicas entre los conglomerados de órganos del Poder Público. Por tanto, no podría juzgarse inconstitucional una norma por el sólo hecho de atribuir una potestad a un Poder que es típica de otra, sobre la base de la violación de un pretendido principio de separación de poderes. Lo que corresponde en esos casos es examinar la particular regulación impugnada a la luz de la distribución que en concreto realiza el Constituyente. De su examen contrastante con la Constitución es que podría resultar la inconstitucionalidad de la norma porque, por ejemplo, se le hubiese atribuido al Poder Ciudadano la facultad de dictar sentencias con autoridad de cosa juzgada, o al Poder Judicial la potestad de gestionar servicios públicos, o al Legislador la de dirigir procesos electorales, o cuando se ponga en riesgo la autonomía e independencia del alguno de dichos poderes. Allí en ese contexto vislumbra indudablemente el principio de colaboración de poderes." [364]

En otra parte de la sentencia, la Sala advirtió que:

"la Constitución de 1999 no refleja una estructura organizativa en la que la distribución de tareas entre los distintos Poderes corra paralela a una asignación de potestades homogéneas, exclusivas o excluyentes entre los mismos. La Constitución, sin duda, distribuye tareas, atribuye potestades, distingue entre un Poder de otro, pero no establece para todos los casos que ciertos tipos de potestades sólo pueden ser ejercidas por un Poder en particular. La división de Poderes en tanto supone independencia de Poderes cumple una función político-constitucional relevante,

363 Véase en http://www.tsj.gov.ve/decisiones/scon/Julio/1049-23709-2009-04-2233.html

364 Véase en http://www.tsj.gov.ve/decisiones/scon/Julio/1049-23709-2009-04-2233.html

particularmente cuando de lo que se trata es de la autonomía del Poder Judicial. El Poder Judicial debe ser un árbitro independiente e imparcial. Pero ello no significa que sea el único árbitro. La Sala Constitucional tiene la potestad de interpretar la Constitución; pero ello no significa que sea su único intérprete. El Poder Legislativo tiene la potestad de dictar actos normativos con forma de Ley; pero no es el único órgano que produce actos normativos. ¿Por qué habría de ser la potestad de dirimir controversias exclusiva de un Poder en particular? Si bien han de haber ámbitos de las relaciones sociales en los cuales debe establecerse dicha exclusividad, ella no podría predicarse de todos los campos del quehacer social. Corresponderá en todo caso al Legislador determinar en cuáles circunstancias y en qué medida dicha potestad será exclusiva del Poder Judicial y en cuáles otros y en que medida dicha potestad será ejercida por cualesquiera otro Poder Público, siempre atendiendo a las exigencias de los derechos fundamentales, particularmente de los consagrados en los artículos 26, 49 y 253 de la Constitución." [365]

Por último, a los efectos del tema de la universalidad del control jurisdiccional de la actividad del Estado, en sentencia No. 2208 de 28 de noviembre de 2007 (Caso *Antonio José Varela y Elaine Antonieta Calatrava Armas vs. Proyecto de Reforma de la Constitución de la República Bolivariana de Venezuela*), la Sala Constitucional indicó que el mismo

"responde igualmente a la visión contemporánea del principio de separación de poderes, el cual comporta la noción de control del ejercicio del Poder Público entre sus órganos, para asegurar la sujeción del obrar público a reglas y principios del derecho y, evidencia que el referido principio tiene carácter instrumental, en tanto está destinado a hacer efectiva la sujeción de los órganos del Poder Público al bloque de la constitucionalidad.

El arquetipo orgánico y funcional del Estado, según la Constitución de la República Bolivariana de Venezuela, acoge una conceptualización flexible de la división de poderes que permite que cada uno de los órganos que ejercen el Poder Público colaboren entre sí, surgiendo como consecuencia necesaria de esta característica, que la separación de funciones no coincida directamente con la división de poderes, encontrándose muchas veces en la actividad jurídica de los órganos del Estado que éstos ejerzan, además de las funciones que le son propias por orden constitucional, funciones que son características de otros Poderes.

---

365 Véase en http://www.tsj.gov.ve/decisiones/scon/Julio/1049-23709-2009-04-2233.html

El principio de separación de poderes se sostiene, entonces en "(...) la identificación de la pluralidad de funciones que ejerce el Estado y que aun cuando modernamente no se conciben distribuidas de forma exclusiva y excluyente entre los denominados poderes públicos, sí pueden identificarse desarrolladas preponderante por un conjunto de órganos específicos, lo cual deja entrever la vigencia del principio de colaboración de poderes como un mecanismo de operacionalización del poder del Estado al servicio de la comunidad (...)" -Vid. Sentencia de esta Sala Nº 962/2006-, lo cual no sólo ha permitido, que órganos jurisdiccionales -jurisdicción contencioso administrativa- dispongan lo necesario para el restablecimiento de las situaciones jurídicas subjetivas lesionadas por la actividad administrativa, según señala el artículo 259 de la Constitución de la República Bolivariana de Venezuela, sino que mediante la jurisdicción constitucional se garantice la plena vigencia de los principios y garantías que informan la Constitución de la República Bolivariana de Venezuela." [366]

III. LOS INTENTOS DE DESIDEOLOGIZACIÓN DEL PRINCIPIO DE LA SEPARACIÓN DE PODERES

El principio de la separación de poderes, sin embargo, a pesar de su uso frecuente, ha venido siendo progresivamente desmantelado por la propia Sala Constitucional del Tribunal Supremo, al reducirlo a un simple principio de organización, pretendiéndole quitar su base garantista de la libertad, de los derechos fundamentales y de la democracia,.

Así, como antes destacamos, desde 2004 la Sala Constitucional ha afirmado que el principio de la separación de poderes "no es un principio ideológico, propio de la democracia liberal, sino un principio técnico del cual depende la vigencia de la seguridad jurídica como valor fundante del derecho." [367]

Con esta reducción de la separación de poderes a principio meramente técnico se ha pretendido ignorar su valor esencial, precisamente como principio de la ideología de la democracia liberal, que lo considera esencial para la existencia de la propia democracia y la libertad.

---

366 Citada en la sentencia, en *Revista de Derecho Público*, No 112, Editorial Jurídica Venezolana, Caracas 2007, pp. 601-606.

367 *Idem*: Sentencia Nº 3098 de la Sala Constitucional (Caso: *nulidad artículos Ley Orgánica de la Justicia de Paz*) de 13-12-2004, en *Gaceta Oficial* Nº 38.120 de 02-02-2005

Esa afirmación de la Sala Constitucional, en todo caso, no fue una afirmación inocente, sino que fue el comienzo de un viraje anti democrático de la jurisprudencia constitucional que llevó a la Sala cinco años después, a afirmar despectivamente en sentencia No 1049 de 23 de julio de 2009,[368] que *"la llamada* división, distinción o separación de poderes fue, al igual que la teoría de los derechos fundamentales de libertad, un instrumento de la doctrina liberal del Estado mínimo," concebido no como "un mero instrumento de organización de los órganos del Poder Público, sino un modo mediante el cual se pretendía asegurar que el Estado se mantuviera limitado a la protección de los intereses individualistas de la clase dirigente."

Descubrió así la Sala Constitucional, aún cuando distorsionándolo, el verdadero sentido de la separación de poderes, no sólo como mero instrumento de organización del Estado, sino como principio esencial de la democracia, la propia del Estado de derecho, para garantizar los derechos y libertades fundamentales, aún cuando por supuesto no sólo de "intereses individualistas de la clase dirigente" como con sesgo ideológico la confina el Tribunal Supremo.

Con este elemento "desideológizante" inserto en la jurisprudencia, en la cual incluso se califica al principio como un principio "conservador,"[369] la Sala Constitucional luego comenzó a referirse al principio como *"la llamada* división, distribución o separación de poderes," reafirmando su carácter instrumental en cuanto a que "no supone una distribución homogénea, exclusiva o excluyente, o no en todos los casos, de tareas, potestades o técnicas entre los conglomerados de órganos del Poder Público," en el sentido de que "la Constitución de 1999 no refleja una estructura organizativa en la que la distribución de tareas entre los distintos Poderes corra paralela a una asignación de potestades homogéneas, exclusivas o excluyentes entre los mismos." [370]

Lo cierto, en todo caso, es que a pesar de la instrumentalidad mencionada por la Sala Constitucional al referirse al principio de la separación de poderes, éste no es sólo un principio para la organización de los poderes del Estado, sino el fundamento para el control del poder, y particularmente, para el control judicial de la constitucionalidad y legalidad de los actos del Estado, a los efectos, como lo decía Montesquieu, de que el magistrado que tiene poder pueda abusar de

---

368 Véase en www.tsj.gov.ve/decisiones/scon/Julio/1049-23709-2009-04-2233.html

369 Véase sentencia de la Sala Constitucional N° 1683 de 4 de noviembre de 2008 (Caso: *Defensoría del Pueblo*), en *Revista de Derecho Público*, N° 116, Editorial Jurídica Venezolana, Caracas 2008, pp. 222 ss

370 Véase en www.tsj.gov.ve/decisiones/scon/Julio/1049-23709-2009-04-2233.html

él, para lo cual deben imponérsele límites, de manera que mediante la distribución del poder, "el poder limite al poder "y se evite que "se pueda abusar del poder."

Por ello es que el tema de la separación de poderes no se reduce a ser un tema de orden jurídico e instrumental para disponer la organización del Estado o para identificar los actos estatales, sino que es además, por supuesto, un tema de orden político constitucional, considerado en el mundo contemporáneo como uno de los elementos esenciales de la democracia.

Esta, en efecto, no es sólo elección y contiendas electorales, sino un sistema político de interrelación y alianza global entre los gobernados que eligen y los gobernantes electos, dispuesto para garantizar, por una parte, primero, que los representantes sean elegidos por el pueblo, y que puedan gobernar representándolo; segundo, que el ciudadano además, pueda tener efectiva participación política no limitada a la sola elección periódica; tercero, por sobre todo, un sistema donde el ser humano tiene primacía con él, su dignidad, sus derechos y sus libertades; cuarto, que el ejercicio del poder esté sometido a control efectivo, de manera que los gobernantes y gestores públicos sean controlados, rindan cuenta de su gestión y pueda hacérselos responsables; y quinto, como condición para todas esas garantías, que la organización del Estado esté realmente estructurada conforme a un sistema de separación de poderes, con la esencial garantía de su independencia y autonomía, particularmente del poder judicial.[371]

La Carta Interamericana de Derechos Humanos de 2001, que es quizás uno de los instrumentos internacionales más importantes del mundo contemporáneo - aún cuando lamentablemente en desuso - en

---

371 Véase Allan R. Brewer-Carías, "Los problemas del control del poder y el autoritarismo en Venezuela," en Peter Häberle y Diego García Belaúnde (Coordinadores), *El control del poder. Homenaje a Diego Valadés,* Instituto de Investigaciones Jurídicas, Universidad Nacional Autónoma de México, Tomo I, México 2011, pp. 159-188; "Sobre los elementos de la democracia como régimen político: representación y control del poder," en *Revista Jurídica Digital IUREced*, Edición 01, Trimestre 1, 2010-2011, en http://www. megaupload.com /?d=ZN9Y2W1R; "Democracia: sus elementos y componentes esenciales y el control del poder," en *Grandes temas para un observatorio electoral ciudadano, Tomo I, Democracia: retos y fundamentos, (Compiladora Nuria González Martín),* Instituto Electoral del Distrito Federal, México 2007, pp. 171-220; "Los problemas de la gobernabilidad democrática en Venezuela: el autoritarismo constitucional y la concentración y centralización del poder," en Diego Valadés (Coord.), *Gobernabilidad y constitucionalismo en América Latina*, Universidad Nacional Autónoma de México, México 2005, pp. 73-96

este sentido fue absolutamente precisa al enumerar dentro de los *elementos esenciales* de la democracia: primero, el respeto a los derechos humanos y las libertades fundamentales; segundo, el acceso al poder y su ejercicio con sujeción al Estado de derecho; tercero, la celebración de elecciones periódicas, libres, justas y basadas en el sufragio universal y secreto, como expresión de la soberanía del pueblo; cuarto, el régimen plural de partidos y organizaciones políticas, y quinto, la separación e independencia de los poderes públicos (art. 3).

Concebida la democracia conforme a estos elementos esenciales, la misma Carta Democrática los complementa con la exigencia de unos componentes esenciales de la misma, todos vinculados al control del poder, que son la transparencia de las actividades gubernamentales, la probidad y la responsabilidad de los gobiernos en la gestión pública; el respeto de los derechos sociales y de la libertad de expresión y de prensa; la subordinación constitucional de todas las instituciones del Estado, incluyendo el componente militar, a la autoridad civil legalmente constituida, y el respeto al Estado de derecho por todas las entidades y sectores de la sociedad (Art. 4).

Por todo ello es que el principio de la separación de poderes es tan importante para la democracia pues, en definitiva, del mismo dependen todos los demás elementos y componentes esenciales de la misma. En efecto, en definitiva, sólo controlando al Poder es que puede haber elecciones libres y justas, así como efectiva representatividad; sólo controlando al poder es que puede haber pluralismo político; sólo controlando al Poder es que podría haber efectiva participación democrática en la gestión de los asuntos públicos; sólo controlando al Poder es que puede haber transparencia administrativa en el ejercicio del gobierno, así como rendición de cuentas por parte de los gobernantes; sólo controlando el Poder es que se puede asegurar un gobierno sometido a la Constitución y las leyes, es decir, un Estado de derecho y la garantía del principio de legalidad; sólo controlando el Poder es que puede haber un efectivo acceso a la justicia de manera que ésta pueda funcionar con efectiva autonomía e independencia; y en fin, sólo controlando al Poder es que puede haber real y efectiva garantía de respeto a los derechos humanos. De lo anterior resulta, por tanto, que sólo cuando existe un sistema de control efectivo del poder es que puede haber democracia, y sólo en esta es que los ciudadanos pueden encontrar asegurados sus derechos debidamente equilibrados con los Poderes Públicos.

No es difícil, por tanto, que ha sido precisamente por la ausencia de una efectiva separación de poderes Venezuela, que la democracia haya sido tan afectada en la última década, período en le cual se ha producido un proceso continuo y sistemático de desmantelamiento de la democracia,[372] mediante el proceso paralelo de concentración del poder, y que ha conducido, entre otro aspectos graves, al desmantelamiento de la autonomía e independencia del poder judicial en su conjunto,[373] y en particular, al control político por parte del Ejecutivo nacional del Tribunal Supremo y de su Sala Constitucional, los cuales han sido puestos al servicio del autoritarismo,[374] afectando su rol de garantes de la Constitución y de los derecho humanos.[375]

---

372 Véase Allan R. Brewer-Carías, *Dismantling Democracy. The Chávez Authoritarian Experiment*, Cambridge University Press, New York 2010

373 Véase, *en general*, Allan R. Brewer-Carías, "La progresiva y sistemática demolición de la autonomía e independencia del Poder Judicial en Venezuela (1999-2004)," en *XXX Jornadas J.M Dominguez Escovar, Estado de Derecho, Administración de Justicia y Derechos Humanos*, Instituto de Estudios Jurídicos del Estado Lara, Barquisimeto 2005, pp. 33-174; Allan R. Brewer-Carías, "El constitucionalismo y la emergencia en Venezuela: entre la emergencia formal y la emergencia anormal del Poder Judicial," en Allan R. Brewer-Carías, *Estudios Sobre el Estado Constitucional (2005-2006)*, Editorial Jurídica Venezolana, Caracas 2007, pp. 245-269; y Allan R. Brewer-Carías "La justicia sometida al poder. La ausencia de independencia y autonomía de los jueces en Venezuela por la interminable emergencia del Poder Judicial (1999-2006),"en *Cuestiones Internacionales. Anuario Jurídico Villanueva 2007,* Centro Universitario Villanueva, Marcial Pons, Madrid 2007, pp. 25-57, *disponible en* www.allanbrewercarias.com, (Biblioteca Virtual, II.4. Artículos y Estudios No. 550, 2007) pp. 1-37. Véase también Allan R. Brewer-Carías, *Historia Constitucional de Venezuela*, Editorial Alfa, Tomo II, Caracas 2008, pp. 402-454.

374 Véase Allan R. Brewer-Carías, "El rol del Tribunal Supremo de Justicia en Venezuela, en el marco de la ausencia de separación de poderes, producto del régimen autoritario," en *Segundo Congreso Colombiano de Derecho Procesal Constitucional, Bogotá D.C., 16 de marzo de 2011*, Centro Colombiano de Derecho Procesal Constitucional, Universidad Católica de Colombia, Bogotá de Bogotá 2011, pp. 85-111; "El juez constitucional al servicio del autoritarismo y la ilegítima mutación de la Constitución: el caso de la Sala Constitucional del Tribunal Supremo de Justicia de Venezuela (1999-2009)," en *Revista de Administración Pública*, No. 180, Madrid 2009, pp. 383-418, y en *IUSTEL, Revista General de Derecho Administrativo*, No. 21, junio 2009, Madrid, ISSN-1696-9650; y "Los problemas del control del poder y el autoritarismo en Venezuela," en Peter Häberle y Diego García Belaúnde (Coordinadores), *El control del poder. Homenaje a Diego Valadés,* Instituto de Investigaciones Jurídicas, Universidad Nacional Autónoma de México, Tomo I, México 2011, pp. 159-188.

375 Véase Allan R. Brewer-Carías, "El proceso constitucional de amparo en Venezuela: su universalidad y su inefectividad en el régimen autoritario," en *Horizontes Contemporáneos del Derecho Procesal Constitucional. Liber Amicorum Néstor Pedro Sagüés,* Centro de Estudios Constitucionales del Tribunal Constitucional, Lima 2011, Tomo II, pp 219-261.

La propia Comisión Interamericana de Derechos Humanos ha destacado la gravedad del problema, al punto de que, en su *Informe Anual de 2009*, después de analizar la situación de los derechos humanos en Venezuela y el deterioro institucional que ha sufrido el país, apuntó que todo ello "indica la ausencia de la debida separación e independencia entre las ramas del gobierno en Venezuela."[376]

Esa situación general es, por otra parte, la que permite entender que haya sido la propia Presidenta de la Sala Constitucional del Tribunal Supremo de Venezuela, quien haya afirmado a la prensa en diciembre de 2009, simplemente que "la división de poderes debilita al Estado,' y que "hay que reformarla."[377]

Y quizás ello lo hizo para respaldar lo que ya un año antes, en agosto de 2008, había afirmado el propio Presidente de la República al referirse a un gran grupo de decretos leyes que había dictado conforme a una habilitación legislativa ilimitada que había recibido, implementando por lo demás, en forma inconstitucional la reforma constitucional que había sido rechazada por el pueblo en referendo de diciembre de 2007. El presidente llegó a decir simplemente: "*Yo soy la Ley. Yo soy el Estado,*"[378] repitiendo así las mismas frases que él mismo ya había dicho en 2001, aún cuando con un pequeño giro - entonces dijo "*La Ley soy yo. El Estado soy yo*"[379], al referirse también en

---

376 Véase IACHR, *2009 Annual Report*, para. 472, en http://www.cidh.oas.org/annualrep/ 2009eng/Chap.IV.f.eng.htm. El Presidente de la Comisioó, Felipe González, dijo en abril de 2010: "Venezuela es una democracia que tiene graves limitaciones, porque la democracia implica el funcionamiento del principio de separación de poderes, y un Poder Judicial libre de factores políticos." Véase en Juan Francisco Alonso, "Últimas medidas judiciales certifican informe de la CIDH," en *El Universal*, Apr. 4, 2010. Available at http://universo.eluniversal.com/2010/04/04/pol_art_ultimas-medidas-jud_1815569. shtml.

377 Véase en Juan Francisco Alonso, "La división de poderes debilita al estado. La presidenta del TSJ [Luisa Estela Morales] afirma que la Constitución hay que reformarla," *El Universal*, Caracas 5 de diciembre de 2009, en http://www.eluniversal.com/2009/12/05/pol_art_morales:-la-divisio_1683109.shtml. Véase la exposición completa de la presidenta del Tribunal Supremo en http://www.tsj.gov.ve/informacion/notasdeprensa/notasdeprensa.asp?codigo=7342

378 Expresión del Presidente Hugo Chávez Frías, el 28 de agosto de 2008. Ver en Gustavo Coronel, *Las Armas de Coronel*, 15 de octubre de 2008: http://lasarmas decoronel.blogspot.com/2008/10/yo-soy-la-leyyo-soy-el-estado.html

379 *Véase* en *El Universal,* Caracas 4–12–01, pp. 1,1 and 2,1. Es también lo único que puede explicar, que un Jefe de Estado en 2009 pueda calificar a "la democracia representativa, la división de poderes y el gobierno alternativo" como

aquella oportunidad a la sanción inconsulta de cerca de 50 decretos leyes violando la Constitución. Esas frases, como sabemos, se atribuyeron en 1661 a Luis XIV para calificar el gobierno absoluto de la Monarquía, cuando a la muerte del cardenal Gulio Raimondo Mazarino, el Rey mismo asumió el gobierno sin nombrar un sustituto como ministro de Estado.

Pero la verdad histórica es que, y ello que hace aún más grotescas las afirmaciones del Presidente venezolano, ni siquiera Luis XIV llegó realmente a expresar esas frases que buscaban sólo resumir su decisión de gobernar sin el apoyo de un primer ministro.[380] Por ello, oírlas de boca de Jefe de Estado de nuestros tiempos, es suficiente para entender la trágica situación institucional de Venezuela, precisamente caracterizada por la completa ausencia de separación de poderes, de independencia y autonomía del Poder Judicial y, en consecuencia, de gobierno democrático.[381]

IV. LA AFECTACIÓN DEL PRINCIPIO DE SEPARACIÓN DE PODERES POR LA PROPIA JURISDICCIÓN CONSTITUCIONAL

En este contexto de afectación de la separación de poderes, en algunos casos, ha sido la propia Sala Constitucional el vehículo utilizado por los otros poderes del Estado para secuestrar y tomar control directo de otras ramas del Poder Público.

Así sucedió con el Poder Electoral que en Venezuela se concibe como uno de los poderes del Estado en la penta división de poderes que establece la Constitución (Poderes ejecutivo, legislativo, judicial, electoral y ciudadano). Esto comenzó en 2002, después de la sanción de la Ley Orgánica del Poder Electoral,[382] cuando la Sala Constitucio-

---

doctrinas que "envenenan la mente de las masas." Véase la reseña sobre "Hugo Chávez seeks to cach them young," *The Economist*, 22-28 Agosto 2009, p. 33.

380 Véase Yves Guchet, *Histoire Constitutionnelle Française (1789–1958)*, Ed. Erasme, Paris 1990, p.8.

381 Véase el resumen de esta situación en Teodoro Petkoff, "Election and Political Power. Challenges for the Opposition," en *ReVista. Harvard Review of Latin America*, David Rockefeller Center for Latin American Studies, Harvard University, Fall 2008, pp. 12. Véase además, Allan R. Brewer-Carías, "Los problemas de la gobernabilidad democrática en Venezuela: el autoritarismo constitucional y la concentración y centralización del poder," en Diego Valadés (Coord.), *Gobernabilidad y constitucionalismo en América Latina*, Universidad Nacional Autónoma de México, México 2005, pp. 73-96.

382 Véase en *Gaceta Oficial* No. 37.573 de 19-11-2002

nal, al declarar sin lugar un recurso de inconstitucionalidad que había ejercido el propio Presidente de la República contra una Disposición Transitoria de dicha Ley Orgánica, en un *obiter dictum* consideró que dicha Ley era "inaplicable" al entonces en funciones Consejo Nacional Electoral en materia de quórum para decidir, impidiéndosele entonces a dicho órgano poder tomar decisión alguna, al considerar que debía hacerlo con una mayoría calificada de 4/5 que no estaba prevista en la Ley (la cual disponía la mayoría de 3/5). Para ello, la Sala "revivió" una previsión que estaba en el derogado Estatuto Electoral transitorio que se había dictado en 2000 sólo para regir las elecciones de ese año, y que ya estaba inefectivo.[383] Con ello, por la composición de entonces del Consejo Nacional Electoral, la Sala Constitucional impidió que dicho órgano funcionara y entre otras tareas, que pudiera, por ejemplo, darle curso a la iniciativa popular de más de tres millones de firmas de convocar un referendo consultivo sobre la revocación del mandato del Presidente de la República.

En todo caso, ello significó, en la práctica, la parálisis total y absoluta del Poder Electoral, lo que se consolidó por decisión de otra Sala del Tribunal Supremo, la Sala Electoral, primero, impidiendo que uno de los miembros del Consejo pudiese votar,[384] y segundo, anulando la convocatoria que había hecho el Consejo para un referendo consultivo sobre la revocación del mandato del Presidente.[385]

La respuesta popular a estas decisiones, sin embargo, fue una nueva iniciativa popular respaldada por tres millones y medio de firmas para la convocatoria de un nuevo referendo revocatorio del mandato del Presidente de la República, para cuya realización resultaba indispensable designar los nuevos miembros del Consejo Nacional Electoral. La bancada oficialista en la Asamblea Nacional no pudo hacer por si sola dichas designaciones, pues en aquél entonces no

---

383 Véase Sentencia No. 2747 de 7 de noviembre de 2002 (Exp. 02-2736)

384 Véase Sentencia No. 3 de 22 de enero de 2003 (Caso: *Darío Vivas y otros*). Véase en Allan R. Brewer-Carías, "El secuestro del Poder Electoral y de la Sala Electoral del Tribunal Supremo y la confiscación del derecho a la participación política mediante el referendo revocatorio presidencial: Venezuela: 2000-2004", en *Revista Costarricense de Derecho Constitucional,* Tomo V, Instituto Costarricense de Derecho Constitucional, Editorial Investigaciones Jurídicas S.A., San José 2004, pp. 167-312

385 Véase Sentencia No. 32 de 19 de marzo de 2003 (Caso: *Darío Vivas y otros*). Véase Allan R. Brewer-Carías, en "El secuestro del Poder Electoral y la confiscación del derecho a la participación política mediante el referendo revocatorio presidencial: Venezuela 2000-2004," en *Revista Jurídica del Perú*, Año LIV N° 55, Lima, marzo-abril 2004, pp. 353-396.

controlaba la mayoría de los 2/3 de los diputados que se requerían para ello, por lo que ante la imposibilidad o negativa de llegar a acuerdos con la oposición, y ante la perspectiva de que no se nombraran los miembros del Consejo Nacional Electoral, la vía que se utilizó para lograrlo, bajo el total control del gobierno, fue que la Sala Constitucional lo hiciera.

Para ello, se utilizó la vía de decidir un recurso de inconstitucionalidad contra la omisión legislativa en hacer las designaciones, que se había intentado, de manera que al decidir el recurso, la Sala, en lugar de exhortar a la Asamblea Nacional para que hiciera los nombramientos como correspondía, procedió a hacerlo directamente, usurpando la función del Legislador, y peor aún, sin cumplir con las condiciones constitucionales requeridas para hacer los nombramientos.[386] Con esta decisión, la Sala Constitucional le aseguró al gobierno el completo control del Consejo Nacional Electoral, secuestrando a la vez el derecho ciudadano a la participación política, y permitiendo al partido de gobierno manipular los resultados electorales.

La consecuencia de todo ello ha sido que las elecciones que se han celebrado en Venezuela durante la última década, han sido organizadas por una rama del Poder Público supuestamente independiente pero tácticamente controlada por el gobierno, totalmente parcializada. Esa es la única explicación que se puede dar, por ejemplo, al hecho de que aún hoy día se desconozca cuál fue el resultado oficial de la votación efectuada en el referendo aprobatorio de 2007 mediante el cual se rechazó la reforma constitucional propuesta por el Presidente de la República. Ello es igualmente lo que explica que se pudiera sancionar la Ley Orgánica de los Procesos Electorales en 2008, para materialmente, en fraude a la Constitución, eliminar la representación proporcional en la elección de los diputados a la Asamblea Nacional, al punto de que en las elecciones legislativas de septiembre de 2010, con una votación inferior al cincuenta por ciento de los votos, el partido oficial obtuvo casi los 2/3 de diputados a la Asamblea Nacional.

---

386 Sentencia No. 2073 de 4 de agosto de 2003 (Caso: *Hermánn Escarrá Malaver y oros*); y sentencia No. 2341 del 25 de agosto de 2003 (Caso: *Hemann Escarrá y otros*). Véase en Allan R. Brewer-Carías, "El secuestro del poder electoral y la confiscación del derecho a la participación política mediante el referendo revocatorio presidencial: Venezuela 2000-2004," en *Stvdi Vrbinati, Rivista trimestrale di Scienze Giuridiche, Politiche ed Economiche*, Año LXXI – 2003/04 Nuova Serie A – N. 55,3, Università degli studi di Urbino, pp.379-436

***

El principio de la separación de poderes, como principio fundamental del ordenamiento constitucional, no es ni puede ser considerado solamente como un principio técnico de organización del Estado, para solamente asegurar el adecuado ejercicio de las diversas funciones estatales por parte de los diversos órganos que ejercen el Poder Público. Al contrario, tiene que se considerado como un principio esencial de la configuración del Estado constitucional y democrático de derecho, el cual sin duda tiene un carácter ideológico vinculado al liberalismo democrático, concebido para asegurar el sistema de control y limitación del poder que le es esencial. Su justificación, precisamente es esa: asegurar la libertad y la vigencia de los derechos fundamentales mediante la limitación y control del poder.

Por tanto, todo proceso tendiente a desvirtuarlo y reducirlo a ser un mero instrumento técnico, maleable por el poder, permitiendo su concentración en uno de los poderes del Estado, no es sino el signo más característico de todos los autoritarismos.

CUARTA PARTE

LA MUTACIÓN DE LOS PRINCIPIOS CONSTITUCIONALES DE SOBERANÍA POPULAR Y DE LA REPRESENTACIÓN DEMOCRÁTICA

Este texto tiene su origen en mi exposición en la Openning Session sobre *El Estado de derecho en América Latina, World Law Congress – Colombia 2021*, organizadas por la *World Juris Association, y las Academia Colombiana de Jurisprudencia, la Academia de Ciencias Politicas y Sociales de Venezuela*, Academia Nacional de Ciencias Jurídicas de Bolivia, y Academia Nacional de Derecho, y Ciencias Sociales de Córdoba el 11 de marzo de 2021*

I. ALGO SOBRE LOS PRINCIPIOS DEL ESTADO DE DERECHO EN EL ESTADO CONSTITUCIONAL

Para que exista un Estado de derecho o un "Estado de democrático y social de derecho y de justicia" como se califica en la Constitución venezolana de 1999, como forma de organización política de una Sociedad, el mismo tiene que estar regido ante toto por una Constitución, como pacto político emanada de la soberanía popular, configurado como una promesa para ser cumplida por los gobernantes y gobernados. Por eso se la considera y califica como norma o ley suprema.

De ello deriva el más importante y fundamental de los derechos de los ciudadanos en un Estado Constitucional de derecho, que es el derecho a la Constitución, a su supremacía, a su rigidez, a su imperatividad; y a la vez, la más importante obligación del Estado Constitu-

* El texto fue publicado como: "El falseamiento del principio de Soberanía Popular y de la Representación Democrática consagrados en la Constitución de 1999," en *Revista Montalbán*, Revista de la Facultad de Humanidades y Educación, Universidad Católica Andrés Bello, No 58, Julio -Diciembre 2021, pp. 82-103.

cional que es la de respetar la Constitución, de asegurar su vigencia, y de controlar las violaciones a la misma.

Es decir, al regular las Constituciones en los Estados democráticos contemporáneos lo que universalmente se ha calificado como un *Estado democrático y social de derecho,* desglosándose en la misma lo que son sus tres componentes fundamentales que son la Constitución Política, la Constitución Social y la Constitución Económica, quienes controlan el poder en los mismos tienen que ser los principales obligados de garantizar y proteger la implementación efectiva de tal Estado, y evitar que sus principios se tornen en declaraciones vacías.

Además, en el Estado Constitucional, aun siendo la Constitución emanación de la voluntad del pueblo, el pueblo mismo también tiene el deber de respetarla y, por tanto, modificarla sólo conforme a lo dispuesto por el mismo pueblo, en su texto, cuando la aprobó. Por ello, una vez que una Constitución es aprobada por el pueblo en ejercicio de su soberanía, el principio de la propia soberanía popular queda sujeto al principio de la supremacía constitucional conforme a lo que el pueblo reguló.

Y por ello es que debe rechazarse todo intento de subvertir este último principio de la supremacía constitucional por el primero de la soberanía popular, pretendiendo que el pueblo pueda siempre y en cualquier forma cambiar la Constitución apartándose de las regulaciones en ella establecidas por el propio pueblo para las reformas constitucionales. Ello no es otra cosa que simple populismo constitucional que tanto daño ha hecho al constitucionalismo contemporáneo.[387]

En todo caso, para que la Constitución pueda tener supremacía y permanencia en cuanto a los derechos y obligaciones que implica, en el Estado Constitucional es necesario que se cumplan al menos, las siguientes condiciones:

---

387 Véase Allan R. Brewer-Carías, "Nota del Editor sobre Democracia, Populismo y Constitución" al libro: *Elecciones y democracia en América Latina: El desafío autoritario – populista (Coloquio Iberoamericano, Heidelberg, septiembre 2019, homenaje a Dieter Nohlen),* (Editor: Allan R. Brewer-Carías), Colección Biblioteca Allan R. Brewer-carías, Instituto de Investigaciones Jurídicas de la Universidad católica Andrés bello, Editorial Jurídica Venezolana International, Caracas 2020, pp. 13-25; y el estudio: "El populismo constitucional y el "nuevo constitucionalismo." O de cómo se destruye una democracia desde dentro," en Juan Carlos Cassagne y Allan R. Brewer-Carías, *Estado populista y populismo constitucional. Dos estudios,* Ediciones Olejnik, Santiago, Buenos Aires, Madrid 2020.

Primero, es necesario que la Constitución, como ley suprema, sea efectivamente la consecuencia o resultado de un pacto político de la sociedad en un momento dado. No puede ser un texto impuesto por una fracción o facción del pueblo, sobre otra. Estas Constituciones, que han sido muchas en la historia, no tienen garantía de continuidad; y

Segundo, es necesario que exista un sistema de Justicia Constitucional que asegure su vigencia con independencia y autonomía; es decir, un sistema de control de las actuaciones inconstitucionales de los órganos del Estado, que realmente esté configurado como el sustituto al derecho del pueblo de rebelión o resistencia frente a los gobernantes que violen su derecho a la Constitución.[388] Quienes controlan el poder del Estado están obligados a asegurar que esos completos mecanismos de justicia constitucional que se consagren no sean degradados, y no sean convertidos en meros instrumentos para asegurar que las violaciones a la Constitución por los gobernantes nunca sean controladas.

Pero además, esa Constitución, para que sea efectivamente la de un Estado de derecho tiene específicamente que regular:

En *primer lugar*, un régimen político democrático, de democracia representativa, en la cual los representantes del pueblo – sus gobernantes – tienen que ser electos mediante sufragio universal directa y secreto;

En *segundo lugar*, como consecuencia del sufragio, la Constitución tiene que regular un gobierno civil representativo al cual tienen que estar sujetas las Fuerzas militares, y que solo puede actuar con sujeción a la legalidad y al derecho, es decir, en un marco juridificado;

En *tercer lugar*, para garantizar lo anterior, la Constitución tiene que organizar el Estado de manera que sus órganos estén sometidos a controles, con base, primero, en el principio de la separación o desconcentración de poder, de manera que el poder controle al poder, y en especial, que los poderes estén controlados por un poder judicial independiente y autónomo, que garantice la judicialización de la actuación del Estado; y segundo, con base en el principio de la descentralización del poder en el territorio de manera de acercando el poder al ciudadano se permita la efectiva participación política de manera que los ciudadanos puedan también controlar el ejercicio del poder en la cotidianeidad democrática;

---

388 Véase sobre la Justicia constitucional como sustituto a la revolución y de la rebelión popular, Sylva Snowiss, *Judicial Review and the Law of the Constitution,* Yale University, 1990, p. 113.

Y en *cuarto lugar*, la Constitución debe organizar el funcionamiento de los órganos del Estado, de manera de asegurar que estén al servicio de los ciudadanos, y además, con el propósito fundamental de garantizar las libertades y los derechos humanos, que deben tener primacía, con miras a asegurar la dignidad humana.

Solo si el régimen anterior está asegurado en una Constitución, se puede hablar de la existencia de un Estado de Derecho, que se encuentra montado por tanto, sobre al menos los siguientes siete principios mínimos esenciales:[389]

En *primer lugar*, el *principio de constitucionalismo*, o de la *constitucionalización*, es decir, de la propia existencia de una Constitución como carta política escrita, emanación de la soberanía popular, de carácter rígida y permanente, contentiva de normas de rango superior, inmutable en ciertos aspectos y que no sólo organiza al Estado, es decir, no sólo tiene una parte orgánica, sino que también tiene una parte dogmática donde se declaran los valores fundamentales de la sociedad y los derechos y garantías de los ciudadanos.

El constitucionalismo implica, esencialmente, la supremacía del texto constitucional del cual deriva un sistema jerárquico de las normas que conforman el ordenamiento jurídico, ubicadas en diferentes niveles según su esfera de validez; y que origina las fuentes diversas sub-constitucionales del derecho, comenzando por la legislación que regula con primacía todas las actividades del Estado, entendiéndose en este contexto por legislación, básicamente, la ley formal, es decir, las leyes sancionadas por los parlamentos.

En *segundo lugar*, el *principio de la democratización*, basado en el principio de la soberanía popular, que surgió en el constitucionalismo moderno cuando la soberanía se trasladó de un Monarca al pueblo y a la Nación, siendo en consecuencia las Constituciones producto del ejercicio de dicha soberanía popular. De ello deriva el principio de la representación, de la esencia de la democracia, cuyo ejercicio por el pueblo se realiza básicamente en forma indirecta, mediante representantes electos por sufragio universal, directo y secreto, independientemente de los mecanismos de ejercicio directo de la democracia que puedan establecerse.

---

389 Véase Allan R. Brewer-Carías, *Principios del Estado de derecho. Aproximación histórica*, Cuadernos de la Cátedra Mezerhane sobre democracia, Estado de derecho y derechos humanos, Miami Dade College, Programa Goberna Las Americas, Editorial Jurídica Venezolana International. Miami-Caracas, 2016. 360

En *tercer lugar, el principio de la separación de poderes, es decir, de su desconcentración en la organización del Estado* con el objeto de limitar y controlar su ejercicio para garantizar la libertad de los ciudadanos. Del mismo deriva la necesidad de que los diversos poderes estén en mano de órganos independientes y autónomos que se deben controlar entre sí, en particular, por parte del poder judicial. Este principio de la desconcentración está, por tanto, esencialmente unido al principio de la separación de poderes que es de la propia esencia del Estado de derecho, para evitar los posibles abusos de una rama del poder en relación con los otros.

En *cuarto lugar,* el *principio de la juridificación, de la legalidad y de la justiciabilidad,* que exige de todos los órganos del Estado y, en particular de aquellos que actúan en representación del pueblo, la obligación de sujetarse a la Constitución, a la ley y a las demás fuentes de ordenamiento jurídico, estando siempre todos los actos de los órganos del Estado sometidos a control, en particular, por parte de órganos judiciales autónomo e independiente dentro de la organización del propio Estado, con la potestad incluso para anular los actos de los órganos del Estado que sean inconstitucionales o ilegales.

En *quinto lugar, el principio de la humanización,* con reconocimiento y declaración formal de la existencia de derechos naturales del hombre y de los ciudadanos, con rango constitucional y de la primacía de la dignidad humana, por tanto, que deben ser garantizados y respetados por el Estado, constituyéndose la libertad y los derechos en el freno al Estado y sus poderes.

En *sexto lugar,* el *principio de la descentralización política en la organización del Estado, para asegurar la participación política* de los ciudadanos en el ejercicio del poder, al acercarlo a todos mediante la creación de entidades políticas territoriales regionales y locales, desparramadas en el territorio del Estado, gobernadas por representantes también electos mediante sufragio universal directo y secreto; principio que es el origen del federalismo, de los regionalismo políticos y, en todo caso, del municipalismo.

En *séptimo lugar,* como corolario de todos los principios anteriores, el *principio de gobierno civil,* que implica la subordinación de la autoridad militar a la autoridad civil, estando aquella encargada única y exclusivamente de la defensa de la Nación, del territorio y de los principios y valores establecidos y garantizados en la Constitución.

En el aseguramiento de todos estos principios que conforman la Constitución Política para el sustento de un Estado democrático de derecho, está la esencia del mismo, los cuales, lamentablemente, sin embargo, por la insurgencia progresiva de regímenes autoritarios populistas, han venido siendo despreciados, ignorados, falseados o vaciados de contenido, habiéndose producido el incumplimiento de la promesa que en la misma quedó plasmada por el pueblo que la sancionó, reflejada en el conjunto de principios que lo conforman; tal como ha sucedido en las últimos dos décadas en muchos de nuestros países, a la vista del propio mundo democrático, como ha sido el trágico caso de lo ocurrido en Venezuela.[390]

En particular en estas páginas, quiero referirme a este proceso de falseamiento del Estado de derecho pero específicamente referido al principio de la soberanía popular y al principio democrático, para poner en evidencia cómo en Venezuela han sido desdibujados, y cómo a pesar de las declaraciones floridas de la Constitución, han sido falseados en la práctica política, habiendo sido convertidos en una gran mentira[391] y en una larga lista de promesas incumplidas.

II. EL FALSEAMIENTO DEL PRINCIPIO DE LA SOBERANÍA POPULAR: LA DESCONSTITUCIONALIZACIÓN Y LA USURPACIÓN DE LA SOBERANÍA POPULAR

El proceso de desconstitucionalización del Estado, es decir, el abandono del principio esencial del constitucionalismo que implica que la Constitución es ley suprema y el resultado del ejercicio de la soberanía por el pueblo, se inició en Venezuela en 1999 con el proceso de sanción de la propia Constitución de 1999, producto de una Asamblea Nacional Constituyente mal conformada y peor estructurada,[392] para cuya convocatoria se violó la Constitución de 1961 que no establecía ni regulaba la figura de la Asamblea Nacional Constituyente.

---

390 Véase Allan R. Brewer-Carías, *Dismantling Democracy. The Chávez Authoritarian Experiment*, Cambridge University Press, New York 2010, 418 pp.; *Authoritarian Government v. The Rule of Law. Lectures and Essays (1999-2014) on the Venezuelan Authoritarian Regime Established in Contempt of the Constitution*, Fundación de Derecho Público, Editorial Jurídica Venezolana, Caracas 2014, 986 pp.; *The Collapse of the Rule of Law and the Struggle for Democracy in Venezuela.* Lectures and Essays (2015-2020), Foreword: Asdrúbal Aguiar, Colección Anales, Cátedra Mezerhane sobre democracia, Estado de Derecho y Derechos Humanos, Miami Dade College, 2020, 618 pp.

391 Véase Allan R. Brewer-Carías, *La mentira como política de Estado. Crónica de una crisis política permanente. Venezuela 1999-2015*, Colección Estudios Políticos, No. 10, Editorial Jurídica Venezolana, Caracas 2015.

392 Véase Allan R. Brewer-Carías, *Golpe de Estado y proceso constituyente en Venezuela*, Universidad nacional Autónoma de México, México 2002.

Con ello se inició así en América Latina el llamado "nuevo constitucionalismo,"[393] que luego se extendió hacia Ecuador y Bolivia, producto del populismo constitucional que pretende justificar que la supremacía constitucional debe ceder cuando supuestamente se convoque al pueblo soberano, así sea en forma no autorizada en la Constitución, para modificarla.[394]

El resultado de esa deformación fue que en Venezuela una Asamblea Nacional Constituyente completamente controlada por los seguidores de Hugo Chávez, sancionó una Constitución Política que, como lo expresé en diciembre de 1999 al abogar por su no aprobación en el referendo:

> "cuando se analiza globalmente, [...] pone en evidencia un esquema institucional para el autoritarismo, que deriva de la *combinación del centralismo de Estado, del presidencialismo exacerbado, de la partidocracia y del militarismo* que constituyen los elementos centrales diseñados para la organización del Poder del Estado." [395]

Eso fue hace veintiún años, en un mensaje al cual lamentablemente muy pocas personas hicieron caso, pues sin duda, era demasiado el anhelo de cambio político que entonces existía en el país.

Pero lo cierto ha sido que aquello que vaticiné en 1999 se cumplió a cabalidad comenzando el proceso de la violación descarada de la Constitución, sin que muchos lo advirtieran, una semana después de aprobada la Constitución por el pueblo mediante referendo (el 15-12-1999). Ello ocurrió antes, incluso, de que se publicara su texto en la gaceta Oficial (30-12-1999), al decretarse por la propia Asamblea Constituyente (sin aprobación popular y a pesar de que ya había concluido sus funciones, violándose el principio de la soberanía popular), un "Régimen Transitorio" (22-12-1999)[396] que en la práctica dio

---

393 Véase Allan R. Brewer-Carías, *"El "nuevo constitucionalismo latinoamericano" y la destrucción del Estado democrático por el Juez Constitucional. El Caso de Venezuela,* Colección Biblioteca de Derecho Constitucional, Ediciones Olejnik, Madrid, Buenos Aires, 2018, 294 pp.

394 Véase Juan Carlos Cassagne y Allan R. Brewer-Carías, *Estado populista y populismo constitucional. Dos estudios,* Ediciones Olejnik, Santiago, Buenos Aires, Madrid 2020, 330 pp.

395 Véase Allan R. Brewer-Carías, "Razones del voto NO en el referendo aprobatorio de la Constitución," en Debate *Constituyente (Labor en la Asamblea Nacional Constituyente),* Tomo III, Fundación de Derecho Público, Editorial Jurídica Venezolana, Caracas 2000, 315-340.

396 Después de aprobada por el pueblo la Constitución (15 diciembre 1999), la Asamblea dictó el Régimen Constitucional Transitorio (22-diciembre 1999),

origen a otra "constitución" paralela, que no fue aprobada por el pueblo, cuya duración fue de varios lustros, contraria a lo que se prometía en el texto aprobado popularmente, y destinada a asegurar que la misma no se pudiera cumplir, en lo que entonces califiqué como un golpe de Estado constituyente.[397]

En esa forma, en 1999 lo que se produjo fue un asalto al poder que se materializó cuando la Asamblea Constituyente, al margen del pueblo, procedió a hacer lo que el éste no hizo en el referendo aprobatorio de la Constitución, que fue sustituir todos los Poderes Públicos constituidos del Estado y sus autoridades, procediéndose a designar a dedo a sus sustitutos. La Asamblea, así, puso fin al mandato del anterior Congreso y creó transitoriamente una Comisión Legislativa Nacional; eliminó la anterior Corte Suprema de Justicia, creando las Salas del nuevo Tribunal Supremo fijándoles el número de magistrados, lo que no estaba establecido en la Constitución, procediendo a nombrarlos sin cumplir con las exigencias de la propia Constitución; creó una Comisión de Reorganización y Funcionamiento del Poder Judicial para intervenirlo, destituyendo jueces sin debido proceso; designó a todos los altos funcionarios de los diversos Poderes del Estado sin cumplir las condiciones constitucionales; y dictó un Estatuto Electoral sin potestad alguna para sancionarlo.[398]

Y todo ello, con el aval emitido por el nuevo Tribunal Supremo de Justicia y su Sala Constitucional, que había nombrado por la propia Asamblea Constituyente, la cual, al decidir en su propia causa, mediante sentencia Nº 6 de fecha 27 de enero de 2000,[399] estableció pri-

---

habiéndose publicado ambo textos a la vez (30 diciembre 1999) Véase en *Gaceta Oficial* No. 36.859 de 29 de diciembre de 1999.

397 Véase Allan R. Brewer-Carías, *Golpe de Estado y proceso constituyente en Venezuela*, Universidad nacional Autónoma de México, México 2002. A ello se sumaron diversas "modificaciones" o "reformas" al texto introducidas con ocasión de "correcciones de estilo" para su publicación lo que ocurrió el 30 de diciembre de 1999. Véase Allan R. Brewer-Carías, "Comentarios sobre la ilegítima "Exposición de Motivos" de la Constitución de 1999 relativa al sistema de justicia constitucional", en la *Revista de Derecho Constitucional*, N° 2, Enero-Junio 2000, Caracas 2000, pp. 47-59

398 Véase Allan R. Brewer-Carías, *Golpe de Estado y proceso constituyente en Venezuela,* Universidad Nacional Autónoma de México, México 2002, 405 pp.; y *Golpe de Estado Constituyente, Estado Constitucional y Democracia*, Colección Tratado de Derecho Constitucional, Tomo VIII, Fundación de Derecho Público, Editorial Jurídica Venezolana, Caracas, 2015, 1018 pp.

399 Véase en *Revista de Derecho Público*, N° 81, (enero-marzo), Editorial Jurídica Venezolana, Caracas, 2000, pp. 81 ss.

mero que las normas constitucionales aprobadas no se aplicaban a los nombrados, y segundo que todo lo que había resuelto la Asamblea Constituyente tenía rango "supraconstitucional," no estando la misma sujeta ni a la Constitución de 1999 ni a la Constitución de 1961.

Ello fue, en definitiva, el inicio del antes mencionado y llamado "nuevo constitucionalismo" en cuyo nombre específicamente se produjo en Venezuela la inmisericorde intervención y sometimiento del Poder Judicial, y con ello, la destrucción del Estado de derecho;[400] proceso en lo cual el Juez Constitucional jugó un "rol estelar," configurándose una contradicción inconcebible: que un Juez Constitucional pueda tener como misión la de demoler las instituciones del Estado de derecho y destruir las bases del sistema democrático.

Y todo ello, en contraste con lo que dispuso la Constitución al declarar que la soberanía reside "intransferiblemente" en el pueblo, es decir, que sólo y siempre reside en el pueblo y nadie puede asumirla, ni siquiera una Asamblea Constituyente la cual, por supuesto, nunca podría ser "soberana" y menos aún "soberanísima" como, por ejemplo, tantas veces e impropiamente se la calificó en 1999,[401] y 2017.[402] En la Constitución de 1999, incluso, al regularse la Asamblea Nacional Constituyente se señala que "el pueblo de Venezuela es el depositario del poder constituyente originario" (art. 347) el cual, por tanto, no puede jamás ser transferido a Asamblea alguna.

---

400 Sobre la intervención del Poder Judicial véase Allan R. Brewer-Carías, "La progresiva y sistemática demolición institucional de la autonomía e independencia del Poder Judicial en Venezuela 1999-2004", en *XXX Jornadas J.M Domínguez Escovar, Estado de derecho, Administración de justicia y derechos humanos*, Instituto de Estudios Jurídicos del Estado Lara, Barquisimeto, 2005, pp. 33-174; "La Justicia sometida al poder y la interminable emergencia del Poder Judicial (1999-2006)", en *Derecho y democracia. Cuadernos Universitarios*, Órgano de Divulgación Académica, Vicerrectorado Académico, Universidad Metropolitana, Año II, N° 11, Caracas, septiembre 2007, pp. 122-138; "Sobre la ausencia de carrera judicial en Venezuela: jueces provisorios y temporales y la irregular Jurisdicción Disciplinaria Judicial," en *Revista de Derecho Funcionarial,* Números 12-19, Mayo 2014 – Diciembre 2016, Edición especial, Centro para la Integración y el Derecho Público (CIDEP), Fundación de Estudios de Derecho Administrativo (FUNEDA), Caracas 2018, pp. 8-26.

401 Véase los comentarios críticos sobre esto en Allan R. Brewer-Carías, *Poder Constituyente Originario y Asamblea Nacional Constituyente,* Academia de Ciencias Políticas y Sociales, Caracas 1999, pp. 67 ss.

402 Véase Allan R. Brewer-Carías, *Usurpación Constituyente 1999, 2017. La historia se repite: una vez como farsa y la otra como tragedia,* Colección Estudios Jurídicos, No. 121, Editorial Jurídica Venezolana International, 2018, 654 pp,.

Sin embargo, de hecho, estas previsiones no se han cumplido, como se evidencia de las muestras constituyentes realizadas en desprecio de la Constitución al presentarse un proyecto de reforma de la misma en 2007 por el Presidente Chávez,[403] la cual afortunadamente fue rechazada por el pueblo mediante referendo, pero cuyo contenido, que buscaba la creación de un Estado Comunal paralelo al Estado Constitucional, era más bien lo propio de una Asamblea Constituyente. Sin embargo, de nuevo el Juez Constitucional fue el que se negó a controlar el despropósito.[404]

Diez años después, el 1º de mayo de 2017, se produjo la inconstitucional convocatoria por decreto Ejecutivo de otra Asamblea Nacional Constituyente[405] - usurpando el carácter del pueblo como depositario del poder constituyente originario - para supuestamente transformar el Estado, adoptar un nuevo ordenamiento jurídico y dictar una nueva Constitución buscando de nuevo constitucionalizar el Estado Comunal rechazado por el pueblo en 2007.[406] Esta vez, además, en fraude a la voluntad popular y sin consultar al pueblo como lo exigía la Constitución (art. 347),[407] estableciéndose medios para elegir

---

403 Véase Allan R. Brewer-Carías, *Hacia la consolidación de un Estado socialista, centralizado, policial y* militarista. *Comentarios sobre el sentido y alcance de las propuestas de reforma constitucional* 2007, Colección Textos Legislativos, No. 42, Editorial Jurídica Venezolana, Caracas 2007; *La reforma constitucional de 2007 (Comentarios al proyecto inconstitucionalmente sancionado por la Asamblea Nacional el 2 de noviembre de 2007)*, Colección Textos Legislativos, No.43, Editorial Jurídica Venezolana, Caracas 2007.

404 Véase Allan R. Brewer-Carías, "El juez constitucional vs. la supremacía constitucional O de cómo la jurisdicción constitucional en Venezuela renunció a controlar la constitucionalidad del procedimiento seguido para la 'reforma constitucional' sancionada por la Asamblea Nacional el 2 de noviembre de 2007, antes de que fuera rechazada por el pueblo en el referendo del 2 de diciembre de 2007," en Eduardo Ferrer Mac Gregor y César de Jesús Molina Suárez (Coordinadores), *El juez constitucional en el Siglo XXI,* Universidad nacional Autónoma de México, Suprema Corte de Justicia de la Nación, México 2009, Tomo I, pp. 385-435

405 Véase *Gaceta* Oficial No. 6295 Extraordinario de 1 de mayo de 2017

406 Veáse Allan R. Brewer-Carías, "La proyectada reforma constitucional de 2007, rechazada por el poder constituyente originario", en *Anuario de Derecho Público 2007,* Año 1, Instituto de Estudios de Derecho Público de la Universidad Monteávila, Caracas 2008, pp. 17-65

407 Véase Allan R. Brewer-Carías, Véase sobre ello lo que hemos expuesto en Allan R. Brewer-Carías, *Reforma constitucional y fraude a la Constitución (1999-2009)*, Academia de Ciencias Políticas y Sociales, Caracas 2009, p. 64-

la Asamblea por sectores y territorios, contrariando a la propia Constitución que proscribe cualquier forma de representación grupal, sectorial, de clase o territorial. Y de nuevo, el Juez Constitucional fue el que se negó a controlar tal violación y usurpación de la soberanía popular,[408] considerando en definitiva que aunque se requiera de un referendo popular para cambiar una simple "coma" en una frase de un artículo en la Constitución (mediante los procedimientos de Enmienda constitucional, o de Reforma constitucional), sin embargo, para reformar *toda la Constitución y sustituir el texto vigente por otro nuevo,* no se necesita consultar al pueblo.[409]

Dicha Asamblea Nacional Constituyente de 2017, en todo caso, cesó en diciembre de 2019 sin haber cumplido con su misión de supuestamente crear el Estado Comunal, el cual en verdad, en fraude y desprecio a la Constitución y a la voluntad popular que lo había rechazado en 2007, ya se había establecido inconstitucionalmente en la Ley los Consejos Comunales sancionada en 2006,[410] y luego, en 2010,

---

66; y en *La Constitución de 1999 y la Enmienda constitucional No. 1 de 2009*, Editorial Jurídica Venezolana, Caracas 2011, pp. 299-300

408 Véase sentencia No. 378 de 31 de mayo de 2017. Véase los comentarios en Allan R. Brewer-carías, "El Juez Constitucional vs. El pueblo como poder constituyente originario. De cómo la Sala Constitucional del Tribunal Supremo de Justicia avaló la inconstitucional convocatoria de una Asamblea Nacional Constituyente, arrebatándole al pueblo su derecho exclusivo a convocarla," en Allan R. Brewer-Carías y Carlos García Soto (Coordinadores), *Estudios sobre la Asamblea Nacional Constituyente y su inconstitucional convocatoria en 2017,* Colección Estudios Jurídicos No. 119, Editorial Jurídica Venezolana, Caracas 2017, pp. 481-494

409 Ante las críticas generalizadas, mediante Decreto No. 2889 de 4 de junio de 2017 (*Gaceta Oficial* No. 6303 Extra de 4 de junio de 2017), el Presidente de la república "complementó las bases comiciales" exhortando a la Asamblea Nacional Constituyente que se elija para someter a referendo aprobatorio la Constitución que se sancione.

410 Véase en *Gaceta Oficial* N° 5.806 Extra. de 10-04-2006. Véase Allan R. Brewer-Carías, "El inicio de la desmunicipalización en Venezuela: La organización del Poder Popular para eliminar la descentralización, la democracia representativa y la participación a nivel local", en *AIDA, Opera Prima de Derecho Administrativo. Revista de la Asociación Internacional de Derecho Administrativo*, Universidad Nacional Autónoma de México, Facultad de Estudios Superiores de Acatlán, Coordinación de Postgrado, Instituto Internacional de Derecho Administrativo "Agustín Gordillo", Asociación Internacional de Derecho Administrativo, México, 2007, pp. 49 a 67.

en las Leyes Orgánicas del Poder Popular y de las Comunas,[411] y además, con la reforma de la Ley Orgánica del Poder Público Municipal,[412] las cuales establecieron el marco normativo de ese nuevo Estado, *paralelo al Estado Constitucional,* desconstitucionalizándolo, denominado "Estado Comunal" o Estado del "Poder Popular."[413]

Por tanto, la desconstitucionalización del Estado no sólo tiene su origen en los atentados a la soberanía popular y su usurpación para promover y realizar cambios a la Constitución sin la debida participación del pueblo, y lo más grave aún, hacerlo mediante leyes ordinarias, sino en el hecho de que el órgano llamado a ser el guardián de la Constitución, que es la Sala Constitucional del Tribunal Supremo, al estar controlada políticamente por el gobierno, ha conducido a que mediante su abstención para ejercer el control de la inconstitucionalidad de las leyes que se dictan impunemente violando la Constitución, la Constitución se haya convertido en un documento sin rigidez.

Es decir, la Constitución en Venezuela, desde su sanción, puede decirse que perdió todo valor de norma suprema producto de la soberanía popular, y por la abstención del Jue Constitucional en velar por su supremacía, se convirtió en un conjunto normativo maleable por absolutamente todos los poderes públicos, cuyas normas, una vez abandonada su rigidez, han tenido en la práctica la vigencia y el al-

---

411 Véase en Gaceta *Oficial* N° 6.011 Extra. de 21 de diciembre de 2010. La Sala Constitucional mediante sentencia N° 1330 de 17 de diciembre de 2010 declaró la constitucionalidad del carácter orgánico de esta Ley. Véase en http://www.tsj.gov.ve/decisiones/scon/Diciembre/1330-171210-2010-10-1436.html. Véase en general sobre estas leyes, Allan R. Brewer-Carías, Claudia Nikken, Luis A. Herrera Orellana, Jesús María Alvarado Andrade, José Ignacio Hernández y Adriana Vigilanza, *Leyes Orgánicas sobre el Poder Popular y el Estado Comunal (Los consejos comunales, las comunas, la sociedad socialista y el sistema económico comunal),* Colección Textos Legislativos N° 50, Editorial Jurídica Venezolana, Caracas 2011; Allan R. Brewer-Carías, "La Ley Orgánica del Poder Popular y la desconstitucionalización del Estado de derecho en Venezuela," en *Revista de Derecho Público*, N° 124, Editorial Jurídica Venezolana, Caracas 2010, pp. 81-101.

412 Véase en Gaceta *Oficial* N° 6.015 Extra. de 28 de diciembre de 2010.

413 Véase Allan R. Brewer-Carías, "Reforma constitucional y organización del Estado en Venezuela: el desprecio a la supremacía y rigidez constitucional, la creación del Estado Comunal y la desconstitucionalización del Estado Constitucional," en *Memorial para la reforma del Estado. Estudios en homenaje al Profesor Santiago Muñoz Machado,* Centro de Estudios Políticos y Constitucionales, Madrid 2016, Tomo I, 139-173 en Gaceta *Oficial* N° 6.015 Extra. de 28 de diciembre de 2010.

cance que dichos órganos han dispuesto mediante inconstitucionales leyes ordinarias y decretos leyes, que el Juez Constitucional se ha negado a juzgar y controlar.[414]

Adicionalmente a la desconstitucionalización por abstención del Juez Constitucional de controlar la supremacía de la Constitución, esta también se ha desconstitucionalziado por la acción directa y activa del mismo Juez Constitucional controlado políticamente, mediante sentencias de interpretación constitucional, o mediante mutaciones ilegítimas de la Constitución, todas hechas a la medida y en general a petición del propio abogado del Estado, para "garantizar" que dichas actuaciones inconstitucionales no serán controladas.[415]

En esta forma, lo primero que se ha vaciado en la Constitución Política de Venezuela, ha sido el principio del constitucionalismo y de la soberanía popular, produciéndose la desconstitucionalización generalizada del Estado.

III. EL VACIAMIENTO DEL PRINCIPIO DE DEMOCRATIZACIÓN: LA DESDEMOCRATIZACIÓN Y LA BÚSQUEDA DE ELIMINACIÓN DE LA DEMOCRACIA REPRESENTATIVA

A la violación del principio del constitucionalismo y de la soberanía popular, que ha originado la desconstitucionalización del Estado, le ha seguido, como política de Estado, un proceso de desprecio del principio de la democracia representativa, propendiendo su sustitución por una llamada democracia "participativa."

El principio democrático está definido en la Constitución de 1999 al expresar en cuyo artículo 5, que:

> "La soberanía reside intransferiblemente en el pueblo, quien la ejerce directamente en la forma prevista en esta Constitución y en la Ley, e indirectamente, mediante el sufragio, por los órganos que ejercen el Poder Público."

---

414 Véase Allan R. Brewer-Carías, "El juez constitucional al servicio del autoritarismo y la ilegítima mutación de la Constitución: el caso de la Sala Constitucional del Tribunal Supremo de Justicia de Venezuela (1999-2009)", en *Revista de Administración Pública*, No. 180, Madrid 2009, pp. 383-418.

415 Véase sobra la mutación constitucional por la sala Constitucional véase: Allan R. Brewer-Carías, "El juez constitucional al servicio del autoritarismo y la ilegítima mutación de la Constitución: el caso de la Sala Constitucional del Tribunal Supremo de Justicia de Venezuela (1999-2009)", en *IUSTEL, Revista General de Derecho Administrativo*, No. 21, junio 2009, Madrid, ISSN-1696-9650

De esta norma resulta que la soberanía popular y la democracia representativa[416] son principios consustanciales e indisolubles, implicando que sea imposible pensar en un régimen democrático, que pueda haber el principio de la soberanía popular sin el principio de la representatividad.[417] Éste, en sí mismo, es de la esencia de la democracia, y los vicios que la misma pueda tener lo que exigen es perfeccionarla, pero no eliminarla. Es decir, la crisis que pueda haber afectado en determinadas circunstancias la representatividad democrática, no puede conducir a su eliminación, sino a su perfeccionamiento.[418] Todo ello, para ampliar el radio de la representatividad, y per-

---

416 Véase sobre la soberanía y la democracia representativa, Alla R. Brewer-Carías, "El principio de la soberanía popular, el republicanismo y el gobierno democrático representativo", en Allan R. Brewer-Carías y José Araujo Juárez (Coordinadores), *Principios Fundamentales del Derecho Público. Desafíos actuales. Libro conmemorativo de los 20 años de la publicación de la Constitución de 1999*, Editorial Jurídica Venezolana International 2020, pp. pp. 15-39; Pedro L. Bracho Grand y Miriam Álvarez de Bozo, "Democracia representativa en la Constitución Nacional de 1999", en *Estudios de Derecho Público: Libro Homenaje a Humberto J. La Roche Rincón,* Volumen I, Tribunal Supremo de Justicia, Caracas 2001, pp. 235-254; y Ricardo Combellas, "Representación vs. Participación en la Constitución Bolivariana. Análisis de un falso dilema", en *Bases y principios del sistema constitucional venezolano (Ponencias del VII Congreso Venezolano de Derecho Constitucional realizado en San Cristóbal del 21 al 23 de noviembre de 2001),* Volumen II, pp. 383-402.

417 Véase en Allan R. Brewer-Carías, *Debate Constituyente, Aportes a la Asamblea Nacional Constituyente, Fundación de Derecho Público, Editorial Jurídica Venezolana, Caracas 1999,* Tomo I, pp. 184 ss.

418 Las críticas a la democracia representativa deben ser para perfeccionarla, no para eliminarla y menos para sustituirla por la llamada "democracia participativa." Véase por ejemplo, Allan R. Brewer-Carías, "Sobre los elementos de la democracia como régimen político: representación y control del poder," en *Revista Jurídica Digital IUREced*, Edición 01, Trimestre 1, 2010-2011, en http://www.megaupload.com/?d=ZN9Y2W1R; "La necesaria revalorización de la democracia representativa ante los peligros del discurso autoritario sobre una supuesta "democracia participativa" sin representación," en *Derecho Electoral de Latinoamérica. Memoria del II Congreso Iberoamericano de Derecho Electoral*, Bogotá, 31 agosto-1 septiembre 2011, Consejo Superior de la Judicatura, ISBN 978-958-8331-93-5, Bogotá 2013, pp. 457-482; "Participación y representatividad democrática en el gobierno municipal," en la Revista *Ita Ius Esto, Revista de Estudiantes* (http://www.itaiusesto.com/), *In Memoriam Adolfo Céspedes Zavaleta,* Lima 2011, pp. 11-36; en http://www.itaiusesto.com /participacion-y-representacion-democratica-en-el-gobierno-municipal/

mitir que el pueblo, sus lugares y comunidades encuentren representación directa en las Asambleas representativas.

Esta democracia representativa es la que se regula en dicho artículo 5 de la Constitución, cuando declara que la soberanía reside en el pueblo indicando que la ejerce "indirectamente, mediante el sufragio, por los órganos que ejercen el Poder Público," para lo cual se regula además el artículo 62, el derecho de los ciudadanos de participar libremente en los asuntos públicos "por medio de sus representantes elegidos".

De ello deriva, por tanto, que la representatividad democrática siempre tiene que tener su origen en elecciones populares (art. 70), y que éstas están destinadas a elegir los titulares de los órganos que ejercen el Poder Público (que son los que establece la Constitución conforme a los principios de distribución y separación del Poder Público, art. 136), mediante sufragio universal, directo y secreto (art. 63). De allí incluso que se hable de la democracia como derecho ciudadano,[419] que implica que en el funcionamiento del régimen político se tengan que garantizar sus *elementos esenciales,* tal como los enumeró la *Carta Democrática Interamericana* de la Organización de Estados Americanos en 2001, y que son, además del respeto al conjunto de los derechos humanos y de las libertades fundamentales: 1) el acceso al poder y su ejercicio con sujeción al Estado de derecho; 2) *la celebración de elecciones periódicas, libres, justas y basadas en el sufragio universal y secreto, como expresión de la soberanía del pueblo*; 3) el régimen plural de partidos y organizaciones políticas y 4) la separación e independencia de los poderes públicos (Art. 3).

No hay por tanto democracia sin representación política establecida mediante el sufragio, lo que impide que deba perfeccionarse haciendo más efectiva la participación del ciudadano en los procesos políticos, lo que se logra además de con el voto a través de procesos electorales libres, justos, competitivos y verificables organizados por un árbitro electoral (Poder Electoral) efectivamente autónomo e independiente; con un proceso de descentralización política a los efectos de acercar el poder al ciudadano, lo que solo puede lograrse mediante la estructuración de entidades políticas territoriales para hacer realidad el derecho a la participación.

---

419 Véase Allan R. Brewer-Carías, "Algo sobre las nuevas tendencias del derecho constitucional: el reconocimiento del derecho a la constitución y del derecho a la democracia," en Sergio J. Cuarezma Terán y Rafael Luciano Pichardo (Directores), *Nuevas tendencias del derecho constitucional y el derecho procesal constitucional*, Instituto de Estudios e Investigación Jurídica (INEJ), Managua 2011, pp. 73-94.

Pero lo que no puede admitirse es que se pretenda sustituir la democracia representativa por una supuesta "democracia participativa" que ha difundido el discurso autoritario del cual hemos sido testigos en Venezuela durante las dos primeras décadas del siglo XXI, confundiendo en general, indebidamente, la democracia participativa con elementos de democracia directa,[420] eliminando la descentralización del poder e impidiendo la propia participación política ciudadana.

La representación (democracia directa) no se contrapone a la participación sino a la democracia directa;[421] y a lo que se opone la participación es a la "exclusión" política.

Por ello, no es sino un falseamiento de la democracia el pretender vender, en el discurso autoritario, a una supuesta "democracia parti-

---

420 Véase Allan R. Brewer-Carías, "La democracia representativa y la falacia de la llamada "democracia participativa, sin representación," en Jorge Fernández Ruiz (Coordinador), *Estudios de Derecho Electoral. Memoria del Congreso Iberoamericano de Derecho Electoral*, Universidad Nacional Autónoma de México, Coordinación del Programa de Posgrado en Derecho, Facultad de Estudios Superiores Aragón, Facultad de Derecho y Criminología, Universidad Autónoma de Nuevo León, México 2011, pp. 25 a 36. Véase Allan R. Brewer-Carías, "La necesaria revalorización de la democracia representativa ante los peligros del discurso autoritario sobre una supuesta "democracia participativa" sin representación," en *Derecho Electoral de Latinoamérica. Memoria del II Congreso Iberoamericano de Derecho Electoral*, Bogotá, 31 agosto-1 septiembre 2011, Consejo Superior de la Judicatura, ISBN 978-958-8331-93-5, Bogotá 2013, pp. 457-482. Véase además, el libro Allan R. Brewer-Carías, *Sobre la democracia* (con Prólogo de Mariela Morales Antoniazzi), Editorial Jurídica Venezolana, New York / Caracas 2919, 576 pp.

421 Como lo ha señalado la Corte Primera de lo Contencioso Administrativo en sentencia N° 1037 de 1 de agosto de 2000 (Caso: *Asociación de Propietarios y Residentes de la Urbanización Miranda (APRUM) vs. Alcaldía del Municipio Sucre del Estado Miranda*): "La democracia participativa no choca necesariamente con la democracia representativa, ni se excluyen, y dentro de un sistema Republicano necesariamente deben haber autoridades, Poderes Públicos que representen a los demás, y esa es la esencia misma de la República como tal; son estos entes representativos quienes van a establecer las normas para poder permitir la participación, porque toda participación debe estar sujeta a unas normas o a un principio de legalidad que establezca cuáles son los poderes de la Administración Pública y en qué manera los ciudadanos pueden hacerse parte de la actividad administrativa y la participación legítima a los órganos de representación republicanos, razón por la cual ambos tipos de democracia se complementan." Véase en *Revista de Derecho Público*, N° 83 (julio-septiembre), Editorial Jurídica Venezolana, Caracas 2000, p. 394.

cipativa" para superar los vicios de la democracia representativa, mediante el establecimiento de mecanismos de democracia directa que lo que persiguen es eliminar la representatividad; y sobre todo, estableciéndolos en paralelo a los propios órganos electos del Estado Constitucional para hacerle creer al ciudadano que participa, cuando lo que se está es sometiéndolo al control del poder central, como ha ocurrido en Venezuela con todo el entramado del llamado Estado del Poder Popular y los Consejos Comunales.[422] Lo cierto sin embargo, es que no puede existir en el mundo contemporáneo una democracia que sea sólo refrendaria, plebiscitaria o de cabildos abiertos permanentes como los concejos comunales., y menos si sus "voceros" no son electos mediante sufragio universal, directo y secreto.

En todo caso, como producto del discurso autoritario de querer implantar una supuesta democracia participativa eliminando la democracia representativa, durante los últimos veinte años hemos sido testigos en Venezuela, de nuevo, de un proceso desarrollado en colusión entre el Poder Ejecutivo y el Juez Constitucional, siendo éste último el instrumento directo del proceso de demolición sistemática no sólo del principio democrático representativo, incluso del propio principio democrático participativo, además del principio del gobierno alternativo y electivo, del antes mencionado principio de la separación de poderes y el principio descentralizador del Estado federal.

En este campo, por tanto, la primera víctima del Juez Constitucional ha sido el principio democrático representativo[423] que ha sido sucesivamente lesionado, para cuyo efecto, el mismo Juez Constitucional afectó el derecho político de los ciudadanos a elegir representantes en fraude a la representación proporcional (2006); avaló las inconstitucionales inhabilitaciones políticas que afectaron el derecho de ex funcionarios públicos a ser electos (2008, 2011); arrebató a una diputada en ejercicio el poder continuar ejerciendo su mandato, revocándoselo inconstitucionalmente (2014); revocó ilegítima e inconstitucionalmente el mandato popular a varios Alcaldes, usurpando las competencias de la Jurisdicción Penal (2014); demolió el principio del

---

422 Véase Allan R. Brewer-Carías, "El populismo constitucional y el "nuevo constitucionalismo." O de cómo se destruye una democracia desde dentro," en el libro de Juan Carlos Cassagne y Allan R. Brewer-Carías, *Estado Populista y Populismo Constitucional*, Ediciones Olejnik, Editorial Jurídica Venezolana, 2020, pp. 121 ss.

423 En este punto seguimos lo expuesto en Allan R. Brewer-Carías, "El Juez Constitucional en Venezuela y la destrucción del principio democrático representativo," en *Revista de Derecho Público*, No. 155-156, julio-diciembre de 2018, Editorial Jurídica Venezolana, Caracas 2018, pp. 7-44.

gobierno democrático electivo y representativo, al imponerle a los venezolanos un gobierno sin legitimidad democrática en 2013, sin determinar con certeza el estado de salud, del Presidente Hugo Chávez Frías, o si estaba vivo; eliminó la exigencia de sufragio para designación de autoridades municipales (2017), eliminó el sufragio universal, directo y secreto en la elección de diputados en representación de las comunidades indígenas (2020), y eliminó el carácter alternativo del gobierno (2009).[424]

Entre estas violaciones a la democracia representativa, debe mencionarse el esfuerzo que desde 2007 comenzó a hacer el Presidente Hugo Chávez para eliminar el sufragio y representación del país, plasmado en el proyecto de reforma constitucional que presentó a la Asamblea Nacional para la creación del Estado Comunal o del Poder Popular,[425] con la cual buscaba reformar el artículo 136 de la Constitución para establecer *una "democracia" sin representación,* es decir, según lo que fueron sus propias palabras, que "no nace del sufragio ni de elección alguna, sino que nace de la condición de los grupos humanos organizados como base de la población." [426]

La propuesta de reforma constitucional que buscaba eliminar el sufragio y la democracia representativa y su sustitución por una su-

---

424 Véase Allan R. Brewer-Carías, "La democracia y su desmantelamiento usando la justicia constitucional: Peligros del autoritarismo," O de cómo, en Venezuela, el Juez Constitucional demolió los principios de la democracia representativa, de la democracia participativa y del control del poder), preparado para la conferencia del autor sobre "Democracia y Justicia Constitucional: Peligros del Autoritarismo," en *Elecciones y democracia en América latina: El desafío autoritario – populista (Coloquio Iberoamericano, Heidelberg, septiembre 2019, homenaje a Dieter Nohlen),* (Editor: Allan R. Brewer-Carías), Colección Biblioteca Allan R. Brewer-carías, Instituto de Investigaciones Jurídicas de la Universidad católica Andrés bello, Editorial Jurídica Venezolana International, Caracas 2020, pp. 98-117.

425 Véase Allan R. Brewer-Carías, *Hacia la consolidación de un Estado Socialista, Centralizado, Policial y* Militarista*, Comentarios sobre el sentido y alcance de las propuestas de reforma constitucional 2007,* Colección Textos Legislativos, N° 42, Editorial Jurídica Venezolana, Caracas 2007, 157 pp.

426 Véase *Discurso de Orden pronunciado por el ciudadano Comandante Hugo Chávez Frías, Presidente Constitucional de la República Bolivariana de Venezuela en la conmemoración del Ducentésimo Segundo Aniversario del Juramento del Libertador Simón Bolívar en el Monte Sacro y el Tercer* Aniversario *del Referendo Aprobatorio de su mandato constitucional*, Sesión especial del día Miércoles 15 de agosto de 2007, Asamblea Nacional, División de Servicio y Atención legislativa, Sección de Edición, Caracas 2007, p. 35

puesta "democracia participativa;" como se dijo, fue rechazada por el pueblo, lo que no impidió a Chávez implementar inconstitucionalmente la reforma mediante un conjunto de Leyes Orgánicas, primero sobre los Consejos Comunales sancionada en 2006,[427] y luego sobre el Poder Popular y las Comunas sancionada en 2010,[428] junto con la reforma de la Ley Orgánica del Poder Público Municipal,[429] estableciendo el marco normativo de un nuevo Estado *paralelo al Estado Constitucional,* desconstitucionalizándolo,[430] denominado "Estado Comunal" o del "Poder Popular."[431]

---

427 Véase en *Gaceta Oficial* N° 39.335 de 28 de diciembre de 2009. Véase Allan R. Brewer-Carías, *Ley* Orgánica *de Consejos Comunales,* Colección Textos Legislativos, N° 46, Editorial Jurídica Venezolana, Caracas 2010.

428 Véase en *Gaceta Oficial* N° 6.011 Extra. de 21 de diciembre de 2010. La Sala Constitucional mediante sentencia N° 1330 de 17 de diciembre de 2010 declaró la constitucionalidad del carácter orgánico de esta Ley. Véase en http://www.tsj.gov.ve/decisiones/scon/Diciembre/1330-171210-2010-10-1436.html. Véase en general sobre estas leyes, Allan R. Brewer-Carías, Claudia Nikken, Luis A. Herrera Orellana, Jesús María Alvarado Andrade, José Ignacio Hernández y Adriana Vigilanza, *Leyes Orgánicas sobre el Poder Popular y el Estado Comunal (Los consejos comunales, las comunas, la sociedad socialista y el sistema económico comunal),* Colección Textos Legislativos N° 50, Editorial Jurídica Venezolana, Caracas 2011; Allan R. Brewer-Carías, "La Ley Orgánica del Poder Popular y la desconstitucionalización del Estado de derecho en Venezuela," en *Revista de Derecho Público,* N° 124, Editorial Jurídica Venezolana, Caracas 2010, pp. 81-101.

429 Véase en Gaceta *Oficial* N° 6.015 Extra. de 28 de diciembre de 2010.

430 Véase en general sobre este proceso de desconstitucionalización del Estado, Allan R. Brewer-Carías, "La desconstitucionalización del Estado de derecho en Venezuela: del Estado Democrático y Social de derecho al Estado Comunal Socialista, sin reformar la Constitución," en *Libro Homenaje al profesor Alfredo Morles Hernández, Diversas Disciplinas Jurídicas,* (Coordinación y Compilación Astrid Uzcátegui Angulo y Julio Rodríguez Berrizbeitia), Universidad Católica Andrés Bello, Universidad de Los Andes, Universidad Monteávila, Universidad Central de Venezuela, Academia de Ciencias Políticas y Sociales, Vol. V, Caracas 2012, pp. 51-82; en Carlos Tablante y Mariela Morales Antonorzzi (Coord.), *Descentralización, autonomía e inclusión social. El desafío actual de la democracia*, Anuario 2010-2012, Observatorio Internacional para la democracia y descentralización, En Cambio, Caracas 2011, pp. 37-84; y en *Estado Constitucional,* Año 1, N° 2, Editorial Adrus, Lima, junio 2011, pp. 217-236.

431 El 1 de marzo de 2021, la Asamblea Nacional ilegítimamente electa en diciembre de 2020, aprobó en primera discusión la Ley Orgánica de las Ciudades Co-

En ese nuevo esquema se configuró un sistema político estatal ignorándose la democracia representativa al establecerse que los "voceros" de los Consejos Comunales, sin autonomía política, no son electos por sufragio universal, directo y secreto, sino a mano alzada "en nombre del pueblo," por asambleas controladas por el partido oficial y por el Ejecutivo Nacional. Además, en dichas leyes, se le asignó a los "voceros" de los Consejos Comunales la función de designar a los miembros de las Juntas Parroquiales, las cuales, en consecuencia, fueron "degradadas," dejando de ser las "entidades locales" que son conforme a la Constitución, con gobiernos electos por sufragio universal directo y secreto; pasando a ser simples órganos "consultivos, de evaluación y articulación entre el Poder Popular y los órganos del Poder Público Municipal" (art. 35), cuyos miembros, además, los deben designar los voceros de los consejos comunales de la parroquia respectiva (art. 35), y sólo de entre aquellos avalados por la Asamblea de Ciudadanos "de su respectivo consejo comunal" (at. 36).[432]

Por ser inconstitucionales, dichas Leyes Orgánicas del Poder Popular fueron impugnadas ante la Sala Constitucional, al igual que la Ley de reforma de la Ley Orgánica del Poder Municipal de 2010, caso éste último que la Sala Constitucional si conoció mediante sentencia No. 355 de 16 de mayo de 2017,[433] en la cual simplemente y descono-

munales, y la Ley Orgánica del Parlamento Popular Nacional, como se expresa en el artículo 1 de la última para se "aplicación en las diferentes escalas del Sistema Nacional de Agregación Comunal, como instancias de participación democrática, protagónica y decisoria para el ejercicio directo de la soberanía popular y sus relaciones con entes u órganos del poder público para la deliberación, legislación, formulación, ejecución, control y evaluación de las políticas públicas, así como de los planes, programas, normas y proyectos que propicien el desarrollo de la comunalización del Estado como vía de materialización del Socialismo Comunal y Bolivariano del Siglo XXI." Véase: http://www. asambleanacional.gob.ve/noticias/an-aprobo-el-plan-legislativo-nacional-2021-con-35-leyes-de-interes-prioritario-para-el-pais

432 Adicionalmente, en forma evidentemente inconstitucional, la Ley de reforma del Poder Municipal de 2010, decretó la "cesación" en sus funciones de "los miembros principales y suplentes, así como los secretarios o secretarias, de las actuales juntas parroquiales, quedando las alcaldías responsables del manejo y destino del personal, así como de los bienes correspondientes" (Disposición Derogatoria Segunda.

433 Caso: *impugnación de la Ley de reforma de la Ley Orgánica del Poder Público Municipal*. Véase en http://historico.tsj.gob.ve/decisiones/scon/mayo/199013-355-16517-2017-11-0120.HTML. Véase los comentarios a esta sentencia en Emilio J. Urbina Mendoza, "Todas las asambleas son sufragios, y muchos sufragios también son asambleas. La confusión lógica de la sentencia 355/2017

ciendo el pilar de la democracia en Venezuela, que es la democracia representativa, admitió la posibilidad de que los miembros de las Juntas Parroquiales fueran designados por los Consejos Comunales, en un proceso que ni siguiera es una elección de segundo grado, porque no hay elección de primer grado en la designación a mano alzada de los voceros de los consejos comunales; y ello lo hizo para pretender privilegiar la "participación sin sufragio" sobre la participación mediante el sufragio, siguiendo la misma retórica "participativa" vacía que ha utilizado en muchas de sus decisiones anteriores, afirmando que el "derecho general a participar en los procesos de decisión en las distintas áreas" se ha establecido sin haber sido limitado a "la designación de representantes a cargos públicos de representación popular, toda vez que lo que se plantea, en definitiva, es el protagonismo fundamental de ciudadanos, la participación como nuevo paradigma determinante del nuevo régimen constitucional."

En todo caso, no es que el derecho a la participación política previsto en el artículo 62 de la Constitución se limite a la participación mediante el sufragio conforme al artículo 63 del mismo texto constitucional; sino que tratándose de pretendidas entidades políticas territoriales como son los Consejos Comunales, la designación de sus autoridades no puede realizarse en otra forma que no sea mediante elección por sufragio universal, directo y secreto; por lo que, contrario a lo resuelto por la Sala en la sentencia, el artículo 35 de la Ley Orgánica impugnada si estaba viciado de inconstitucionalidad, en lo que respecta a la designación (mal llamada "elección") de los miembros de las Juntas Parroquiales Comunales, lo que efectivamente sí quebrantaba el derecho constitucional al sufragio.

Conforme a lo antes señalado, en consecuencia, durante los últimos veinte años, los principios del constitucionalismo, de la soberanía popular y de la representación democrática consagrados en la Constitución han sido falseados. El texto fundamental lamentablemente ha dejado de ser la Carta rígida, sola emanación de la soberanía popular, habiendo perdido sus normas su carácter supremo e inmutable. Además, la soberanía popular ha sido usurpada mediante Asambleas Constituyentes ilegítimas, convocadas igualmente en usurpación de la voluntad popular. Y el principio de la representa-

---

de la Sala Constitucional del Tribunal Supremo de Justicia y la incompatibilidad entre los conceptos de sufragio y voto asambleario," y José Ignacio Hernández G., "Sala Constitucional convalida la desnaturalización del Municipio. Notas sobre la sentencia N° 355/2017 de 16 de mayo," en *Revista de Derecho Público*, N° 150-151 (enero-junio 2017), Editorial Jurídica Venezolana, Caracas 2017, pp. 107-116 y 349-352.

ción, de la esencia de la democracia, cuyo ejercicio por el pueblo se realiza básicamente en forma indirecta, mediante representantes electos por sufragio universal, directo y secreto, independientemente de los mecanismos de ejercicio directo de la democracia que puedan establecerse, se ha querido eliminar, pretendiendo sustituirlo por supuestos mecanismos de "participación" que no son otra cosa que sistemas de control estatal de la voluntad popular, para impedir su manifestación efectiva.

Madrid, junio 2021

QUINTA PARTE

LA MUTACIÓN DEL "REFERENDO REVOCATORIO" DE MANDATOS CONVERTIDO DE LA MANO DEL JUEZ CONSTITUCIONAL EN UN "REFERENDO RATIFICATORIO"

Este es el texto de la Ponencia sobre "La Sala Constitucional vs. El derecho ciudadano a la revocatoria de mandatos populares (o de cómo un referéndum revocatorio fue inconstitucionalmente convertido en un referéndum "ratificatorio"), presentada en el *Seminario sobre experiencias de referéndum,* Tribunal Supremo de Elecciones de Costa Rica, organizado por International IDEA, San José, 20- 21 de agosto de 2007.*

El 15 de agosto de 2004 se efectuó en Venezuela un referendo revocatorio del mandato del Presidente de la República, Hugo Chávez Frías, quien había sido electo en agosto de 2000 con una votación de 3.757.774 electores. En dicho referendo votaron a favor de la revocatoria de su mandato 3.989.008 electores, es decir, un número mayor que aquellos que lo eligieron, por lo que conforme al artículo 72 de la Constitución, por mandato de la norma suprema se debía considerar revocado su mandato y se debía proceder de inmediato a realizar una elección para cubrir la falta absoluta que se había producido.

Dicho referendo revocatorio del mandato presidencial, sin embargo, por una interpretación del Consejo Nacional Electoral, evidentemente contraria a la Constitución, contenida en una norma de un

---

* Texto publicado como "La Sala Constitucional vs. el derecho ciudadano a la revocatoria de mandatos populares: de cómo un referendo revocatorio fue inconstitucionalmente convertido en un "referendo ratificatorio", publicado en mi libro *Crónica sobre la "in" justicia constitucional. La Sala Constitucion autoritarismo en Venezuela*, Colección Instituto de Derecho Público, Unive Central de Venezuela, No. 2, Caracas 2007, pp. 349-378.

acto administrativo, y luego, por una frase inserta en una sentencia de la Sala Constitucional del Tribunal Supremo de Justicia, fue convertido, de golpe, en un "referendo ratificatorio" del mandato del Presidente de la República, sin asidero constitucional alguno.

En efecto, el artículo 72 de la Constitución dispone:

> "*Artículo 72.* Todos los cargos y magistraturas de elección popular son revocables.
>
> Transcurrida la mitad del período para el cual fue elegido el funcionario o funcionaria, un número no menor del veinte por ciento de los electores o electoras inscritos en la correspondiente circunscripción podrá solicitar la convocatoria de un referendo para revocar su mandato.
>
> ***Cuando igual o mayor número de electores o electoras que eligieron al funcionario o funcionaria hubieren votado a favor de la revocación,*** siempre que haya concurrido al referendo un número de electores o electoras igual o superior al veinticinco por ciento de los electores o electoras inscritos, ***se considerará revocado su mandato y se procederá de inmediato a cubrir la falta absoluta conforme a lo dispuesto en esta Constitución y en la ley.***
>
> La revocación del mandato para los cuerpos colegiados se realizará de acuerdo con lo que establezca la ley.
>
> Durante el período para el cual fue elegido el funcionario o funcionaria no podrá hacerse más de una solicitud de revocación de su mandato"[434].

Como se observa, esta norma regula con cierta precisión el mecanismo para hacer efectivo el sistema de gobierno de mandatos revocables que establece la Constitución; pero dadas las interpretaciones de la Sala Constitucional, su texto ha resultado inocuo y trastocado.

I. EL GOBIERNO DE MANDATOS REVOCABLES

El artículo 6 de la Constitución de 1999 establece que el gobierno de la República y de las entidades políticas que la componen, es decir, básicamente, de los Estados y de los Municipios, "es y será siempre democrático, participativo, electivo, descentralizado, alternativo, responsable, pluralista y *de mandatos revocables*".

---

[434] Destacados del autor. Sobre la Constitución de 1999 *V.*: Allan R. Brewer-Carías, *La Constitución de 1999. Derecho Constitucional Venezolano,* 2 tomos, Editorial Jurídica Venezolana, Caracas 2004.

Debe recordarse que el calificativo del gobierno como "representativo", que siempre había estado en todas las Constituciones de los Siglos XIX y XX, fue deliberadamente eliminado de la Constitución en 1999 con base en un discurso político supuestamente de carácter "participativo"[435]; y, en cambio, se estableció la revocación de los mandatos de elección popular como de la esencia del sistema de gobierno de Venezuela y, además, como un derecho ciudadano. Por ello, el artículo 62 de la Constitución establece el derecho de los ciudadanos a participar libremente en los asuntos públicos, directamente o por medio de sus representantes elegidos; el artículo 70 de la Constitución enumera los "medios de participación y protagonismo del pueblo en ejercicio de su soberanía, en lo político: la elección de cargos públicos, el referendo, la consulta popular, *la revocación del mandato,* las iniciativas legislativa, constitucional y constituyente, el cabildo abierto y la asamblea de ciudadanos cuyas decisiones serán de carácter vinculante, entre otros"; y el artículo 72 antes citado, regula específicamente el referendo revocatorio de mandatos de iniciativa popular.

Adicionalmente, el artículo 198 de la Constitución establece cuáles son los efectos de la revocatoria del mandato de los diputados a la Asamblea Nacional, disponiendo que aquellos cuyo mandato fuese revocado no pueden optar a cargos de elección popular en el siguiente período; y el artículo 233 enumera como causa de falta absoluta del Presidente de la República "la revocación popular de su mandato".

La revocatoria del mandato de los representantes electos, por tanto, conforme lo ha establecido la sala Electoral del tribunal Supremo de Justicia, es un mecanismo constitucional de "participación política del soberano en los asuntos que le conciernen", que exige al juez interpretar el ordenamiento jurídico, adaptando sus normas "a los valores, principios y reglas que pauta el nuevo Texto Fundamental, que resulta ser la guía orientadora en toda labor hermenéutica progresiva y ajustada a los nuevos valores de nuestro ordenamiento"[436].

---

435 *V.* nuestro voto salvado en relación con esta norma en Allan R. Brewer-Carías, *Debate Constituyente, (Aportes a la Asamblea Nacional Constituyente)*, Tomo III, Caracas 1999, pp. 237 y 252.

436 *V.* la sentencia de la Sala Electoral del Tribunal Supremo de Justicia, nº 170 de 22 de diciembre de 2000 (Caso: *Club Social Layalina),* en *Revista de Derecho Público,* nº 84 (octubre-diciembre), Editorial Jurídica Venezolana, Caracas, 2000, pp. 49 y ss.

II. LA PETICIÓN POPULAR PARA LA REALIZACIÓN DEL REFERENDO REVOCATORIO DE MANDATOS DE ELECCIÓN POPULAR

En coincidencia con lo dispuesto en el artículo 70 de la Constitución, que identifica como uno de los medios de participación en lo político a "la revocación del mandato"; el artículo 72 de la Constitución regula el mecanismo del referendo revocatorio de mandatos de elección popular, disponiendo que en virtud de que todos los cargos y magistraturas de elección popular son revocables (art. 6), transcurrida la mitad del período para el cual fue elegido un funcionario, un número no menor del 20% de los electores inscritos en la correspondiente circunscripción electoral al momento de formular la solicitud, puede solicitar la convocatoria de un referendo para revocar dicho mandato.

En ausencia de una normativa legal que desarrollara el texto del artículo 72 de la Constitución, el Consejo Nacional Electoral en septiembre de 2003, con motivo de rechazar una solicitud de referendo revocatorio del mandato del Presidente de la República ("El Firmazo"), mediante Resolución nº 030912-461 de fecha 12 de septiembre de 2003, resumió lo que consideró era la doctrina de la Sala Constitucional[437] sobre los requisitos mínimos de orden formal que se requerían para ejercer el *derecho constitucional al referendo revocatorio,* los cuales pueden ser resumidos como sigue:

a) Está sujeto a un límite de naturaleza temporal como es, sin duda, que el derecho al referendo revocatorio sólo puede ejercerse una vez que haya transcurrido la mitad del período del funcionario cuya revocación se persigue;

b) Entre los requisitos formales de la solicitud, como formas esenciales que se deben cumplir inexorablemente, como "imprescindibles", está la exigencia de que la petición o solicitud de revocación exprese con precisión "el nombre y apellido del funcionario cuestionado y el cargo para el cual fue elegido popularmente, con indicación de la fecha de toma de posesión efectiva del mismo";

c) Teniendo el referendo revocatorio como único origen la *iniciativa popular,* el derecho al referendo revocatorio tiene como titulares a los ciudadanos integrantes del cuerpo electoral, por lo que la solicitud debe ir acompañada, "de los nombres y apellidos, números

---

[437] Sentada en la sentencia nº 1139 de 05-06-2002 (Caso: *Sergio Omar Calderón y William Dávila*), *Revista de Derecho Público*, nº 89-92, Editorial Jurídica Venezolana, Caracas 2002, pp. 164 y ss.

de cédula de identidad y las firmas respectivas", para que sean verificadas por el Consejo Nacional Electoral, el cual debe constatar, a través de la Comisión de Registro Civil y Electoral, "la debida inscripción de los electores y electoras que figuran como solicitantes de la revocación del mandato en el Registro Electoral de la correspondiente circunscripción, pues, es éste el único organismo autorizado para verificar tales datos";

d) La solicitud debe formularse ante el Consejo Nacional Electoral;

e) La actividad del Consejo Nacional Electoral se ciñe a verificar las reglas del artículo 72 de la Constitución, con lo cual tiene prohibido cualquier "margen de discrecionalidad que autorice al Consejo Nacional Electoral a emitir pronunciamiento alguno sobre el mérito o conveniencia de la solicitud"; y

f) El Consejo Nacional Electoral no puede "establecer -en las normativas de carácter sub legal que dicte- nuevas condiciones para la procedencia de la revocación del mandato, no contempladas en el marco constitucional vigente".

La materia, sin embargo, fue regulada días después por el mismo Consejo Nacional Electoral en la Resolución nº 030925-465 de 25 de septiembre de 2003, mediante la cual se dictaron las "Normas para Regular los Procesos de Referendos Revocatorios de Mandatos de Cargos de Elección Popular"[438], en las cuales, en nuestro criterio, se vulneró el derecho a la participación política consagrado en la Constitución, pues antes que facilitar su ejercicio, establecieron trabas y requisitos que afectaron su ejercicio y lo limitaron más allá de lo permitido en la Constitución.

Estas limitaciones afectaron el ejercicio del derecho de petición de los electores, pues sin fundamento constitucional alguno, establecieron entre otras cosas, que las firmas en respaldo de la petición de los referendos sólo podían estamparse en un formulario preestablecido en papel especial diseñado por el Consejo Nacional Electoral; que las dichas firmas sólo se podían estampar en unos lugares precisos y en un plazo de sólo unos días preestablecidos, eliminándose además, el derecho de aquellos ciudadanos que estuviesen fuera del país de poder respaldar con su firma la petición. Posteriormente, en forma sobrevenida, con motivo de la presentación de una solicitud de revocatoria de mandato del Presidente de la República ("El Reafirmazo"), el

---

438 *G.O.* nº 37.784 del 26 de septiembre de 2003.

Consejo Nacional Electoral estableció en una nueva Resolución[439], requisitos formales adicionales, como el que la inscripción de los datos de los solicitantes debían ser escritos de puño y letra de cada uno de ellos, lo que llevó al cuestionamiento de un número considerable de peticiones ("Los Reparos")[440].

Es de advertir que la manifestación de voluntad de respaldo a una solicitud de referendo revocatorio es un derecho constitucional que todos los ciudadanos tienen a la participación política, el cual no puede restringirse ni siquiera por ley, por lo que menos aún puede restringirse mediante actos reglamentarios, como el contenido en la mencionada Resolución. Así lo había afirmado la Sala Constitucional del Tribunal Supremo de Justicia en sentencia nº 321 de 22-02-2002, en la cual señaló que las limitaciones a los derechos constitucionales "derivan por sí mismas del texto constitucional, y si el legislador amplía el espectro de tales limitaciones, las mismas devienen en ilegítimas". Por tanto, la condición de ciudadano y el ejercicio de los derechos políticos de los mismos no pueden restringirse a sólo unos días; y esa condición no se pierde, en forma alguna, por encontrarse la persona fuera del país.

III. LA ILEGÍTIMA TRANSFORMACIÓN POR LA SALA CONSTITUCIONAL, DEL REFERENDO REVOCATORIO DE MANDATOS EN UN REFERENDO DE "RATIFICACIÓN" DE MANDATOS

Como antes se ha señalado, en el artículo 72 de la Constitución se establece que para que un referendo revocatorio sea válido, no sólo se requiere que al menos el 20% de los electores inscritos en la circuns-

---

439 Resolución nº 040302-131 del Consejo Nacional Electoral de 2 de marzo de 2004.

440 Del total de 3.467.050 firmas o peticiones presentadas, fueron objetadas 876.017 firmas aproximadamente. La antes indicada, que estableció en forma sobrevenida los señalados requisitos, fue impugnada ante la Sala Electoral del Tribunal Supremo, la cual la anuló; pero la Sala Constitucional del mismo Tribunal Supremo, a su vez, al conocer de un recurso de revisión y de una posterior solicitud de avocamiento al conocimiento de la causa, la admitió y anuló la sentencia de la Sala Electoral. Se produjo, así, el secuestro de la Sala Electoral y la confiscación del derecho a la participación política de los ciudadanos. *V.* Allan R. Brewer-Carías, *La Sala Electoral vs. El Estado democrático de derecho (El secuestro del Poder Electoral y de la Sala Electoral del Tribunal Supremo y la confiscación del derecho a la participación política)*, Ediciones El Nacional, Caracas, 2004. *V.* este trabajo en la Tercera Parte de este libro, páginas 197 y ss.

cripción de que se trate solicite la convocatoria a referendo; sino que, al menos, participe en el referendo un 25% de los electores inscritos.

Como lo ha dicho la Sala Constitucional del Tribunal Supremo de Justicia, en sentencia nº 2750 de 21 de octubre de 2003, con estos porcentajes mínimos para solicitar el referendo y para que pueda tomarse en cuenta el resultado del mismo, un referendo revocatorio "aunque hubiera sido convocado correctamente, no tendrá valor alguno si existe escasa participación"; lo que tiene por objeto "evitar que pueda ser revocado el mandato de un funcionario electo con base en el resultado de un referendo con alta abstención".

En cuanto a los votos necesarios para que se produzca la revocatoria del mandato, la Sala Constitucional en la misma sentencia señaló:

> "El artículo 72 también dispone que sólo se revocará el mandato del funcionario *si votan a favor* de ello al menos una cantidad de personas igual al número de quienes lo eligieron en su momento, como una manera de impedir que funcionarios que alcanzaron su puesto con altos porcentajes de apoyo popular puedan perderlo por simple mayoría"[441].

En consecuencia, a los efectos de que se produzca la revocatoria del mandato, se requiere, en *primer lugar,* que se produzca un quórum de asistencia consistente en que concurran al referendo un número de electores igual o superior al 25% de aquellos que estén inscritos en el registro civil y electoral. Sobre esto, la Sala Constitucional en la antes referida sentencia nº 1139 de 5 de junio de 2002 (Caso: *Sergio Omar Calderón Duque y William Dávila Barrios)* ha interpretado:

> "Que el quórum mínimo de participación efectiva en el referéndum revocatorio, debe estar representado necesariamente –por lo menos-, por el 25% de los electores inscritos en el Registro Electoral de la circunscripción correspondiente para el momento de la celebración de los comicios referendarios"[442].

En *segundo lugar,* se requiere que voten a favor de tal revocatoria un número de electores inscritos en el Registro Electoral para el momento de la celebración del referendo, igual o mayor de los que eli-

---

441 Caso: *Carlos E. Herrera Mendoza, Interpretación del artículo 72 de la Constitución,* en *Revista de Derecho Público*, nº 93-96, Editorial Jurídica Venezolana, Caracas 2003.

442 En *Revista de Derecho Público*, nº 89-92, Editorial Jurídica Venezolana, Caracas 2002, pp. 165 y ss. Este criterio fue rectificado en la sentencia nº 137 de 13-02-2003 (Caso: *Freddy Lepage y otros*), en *Revista de Derecho Público*, nº 93-96, Editorial Jurídica Venezolana, Caracas 2003.

gieron al funcionario. En el caso del referendo revocatorio del mandato del Presidente de la República ocurrido el 15 de agosto de 2004 bastaba, para la revocatoria del mismo, que votaran a favor de tal revocatoria un número de electores igual o mayor a 3.757.774, que había sido el número de votantes que lo habían elegido en agosto de 2000.

Sobre ello, la Sala Constitucional precisó en la misma sentencia nº 1139 de 5 de junio de 2002 (Caso: *Sergio Omar Calderón y William Dávila*) que:

> "La revocación del mandato no es producto de la arbitrariedad, sino una consecuencia lógica que se deriva del principio de soberanía popular, pues, por ser el pueblo soberano, puede ejercer el poder con la finalidad de dejar sin efecto el mandato de sus representantes elegidos popularmente, que han dejado de merecerles confianza, por haberse desempañado en el ejercicio de sus funciones de forma inconveniente o contraria a los intereses populares o del Estado en general, quienes quedan entonces sometidos a la decisión del cuerpo electoral.
>
> Siendo así las cosas, considera la Sala que el requerimiento del constituyente de 1999, cuando estableció en el segundo aparte del artículo 72, determinadas condiciones cuantitativas para que se considere revocado el mandato del funcionario electo, tiene como propósito demostrar fehacientemente la veracidad de los resultados obtenidos en el referéndum revocatorio ejecutado, de manera que no haya duda sobre la pérdida tan grave de popularidad del funcionario que deviene en ilegítimo, y la desaprobación de su gestión, por lo que resulta lógico que se exija que su revocación se produzca en virtud de la misma cantidad de votos, e incluso uno más, de los que previamente lo favorecieron cuando quedó investido del cargo público que ejercía, siempre que un quórum mínimo considerable de electores inscritos en el Registro Electoral hayan concurrido a desaprobar la gestión del mandatario cuestionado.
>
> Según los planteamientos anteriores, interpreta la Sala que el quórum mínimo de participación efectiva en el referéndum revocatorio, debe estar representado necesariamente -por lo menos-, por el 25% de los electores inscritos en el Registro Electoral de la circunscripción correspondiente para el momento de la celebración de los comicios referendarios, y además, que la votación favorable a la revocación debe ser igual o mayor que la que el funcionario obtuvo cuando fue electo, sin que puedan someterse tales condiciones numéricas a procesos de ajuste o de proporción alguno".

En consecuencia, conforme a esta doctrina jurisprudencial de la Sala Constitucional y a la expresa disposición constitucional, se produce la revocación de un mandato de elección popular como consecuencia de un referendo revocatorio, cuando "la votación favorable a la revocación [sea] igual o mayor que la que el funcionario obtuvo cuando fue electo". Y nada más.

Se trata de un referendo revocatorio de mandatos de elección popular y no de un referendo "ratificatorio" de tales mandatos, el cual no existe en el texto constitucional. Este no regula plebiscito alguno, sino un referendo revocatorio de mandatos; y precisamente por ello, nada indica la Constitución para el caso de que si bien voten a favor de la revocatoria de un mandato un número de electores superior al número de votos que obtuvo el funcionario cuando fue electo, paralelamente, en dicha votación refrendaria se pronunciaren por la no revocación, un número mayor de votos. Ello podría ocurrir, pero la Constitución no le atribuye a ese hecho efecto jurídico constitucional alguno, limitándose a regular los efectos revocatorios del referendo, y nada más.: basta que la votación a favor de la revocación del mandato sea igual o mayor que la que el funcionario obtuvo cuando fue electo, para que quede el mandato revocado. Y ello es así, incluso a pesar de que el Registro Electoral haya variado con el transcurso del tiempo.

Sin embargo, de manera evidentemente inconstitucional, en las *Normas para regular los procesos de Referendos Revocatorias de mandatos de Elección Popular* dictadas por el Consejo Nacional Electoral mediante acto administrativo de 25 de septiembre de 2003[443], si bien se estableció que se considera revocado el mandato "si el número de votos a favor de la revocatoria es igual o superior al número de los electores que eligieron al funcionario", se agregó la frase: ***"y no resulte inferior al número de electores que votaron en contra de la revocatoria"*** (Art. 60). Con este agregado, en una norma contenida en un acto administrativo que por tanto es de rango sublegal, se restringió el derecho ciudadano a la revocatoria de mandatos populares, al establecerse un elemento que no está en la Constitución relativo al los efectos del voto por la "no revocación". Con ello se pretendió trastocar la naturaleza "revocatoria" del referendo que regula el artículo 72 de la Constitución, y se lo quiso convertir en un referendo "ratificatorio" de mandatos de elección popular.

Lo inaudito de este fraude constitucional, es que dicho criterio luego sería avalado por la propia Sala Constitucional del Tribunal Supremo en una frase contenida en la sentencia nº 2750 de 21 de oc-

---

443 Resolución nº 030925-465 de 25-09-2003.

tubre de 2003 (Caso: *Carlos E. Herrera Mendoza, Interpretación del artículo 72 de la Constitución*), en la cual señaló que:

> "Se trata de una especie de relegitimación del funcionario y en ese proceso democrático de mayorías, incluso, si en el referendo obtuviese más votos la opción de su permanencia, debería seguir en él, aunque voten en su contra el número suficiente de personas para revocarle el mandato"[444].

Se trataba, en efecto, de una simple "apreciación" de la Sala Constitucional, sobre un criterio de que el funcionario revocado constitucionalmente, sin embargo, en esa circunstancia "debería" permanecer en el cargo. En el texto de la sentencia, además, nada se dijo de que se tratara de una "interpretación vinculante" de la Constitución.

En un referendo revocatorio no puede haber votos "por la permanencia" del funcionario en el cargo; lo que hay son votos por la revocatoria o por la no revocatoria del mandato; es decir, hay votos SI o votos NO. Los votos por la no revocatoria del mandato son votos negativos (NO); y un voto negativo "por la no revocatoria" del mandato no puede ser convertido en un voto positivo (SI) "por la permanencia" del funcionario en su cargo o por la "ratificación del mandato". Ello sería cambiar la naturaleza del referendo revocatorio, lo que efectivamente ocurrió en Venezuela en agosto de 2004.

En efecto, en esa frase de la sentencia antes citada, la Sala Constitucional cambió la naturaleza de la revocación del mandato, y lo convirtió en un mecanismo para "relegitimar" o para "ratificar" mandatos de elección popular, cuando ello no fue la intención del Constituyente. Lo que la Constitución regula es la revocatoria popular de mandatos, y para ello, lo único que exige en materia de votación es que un número "igual o mayor de electores que eligieron al funcionario hubieren votado a favor de la revocación".

Es tan evidente que la citada sentencia modificó la Constitución, que con ocasión de la realización del referendo revocatorio del mandato del Presidente de la República que se efectuó el 15 de agosto de 2004, e independientemente de las denuncias que se formularon en relación a los manejos fraudulentos que acompañaron el proceso de votación, y que se formularon ante el Consejo Nacional Electoral, este órgano, mediante Resolución nº 040826-1118 de 26 de agosto de 2004, no sólo dio los datos definitivos de la votación efectuada en el referendo revocatorio, sino que acordó "ratificar" al Presidente de la Re-

---

444 En *Revista de Derecho Público*, nº 93-96, Editorial Jurídica Venezolana, Caracas 2003 (en prensa).

pública en su cargo en "acto solemne", hasta la terminación del período constitucional en enero de 2007.

En efecto, en la *página web* del Consejo Nacional Electoral del día 27 de agosto de 2004, apareció la siguiente nota en la cual se informaba que:

> "El Presidente del Consejo Nacional Electoral, Francisco Carrasquero López, se dirigió al país en cadena nacional para anunciar las cifras definitivas y oficiales del evento electoral celebrado el pasado 15 de agosto, ***las cuales dan como ratificado en su cargo al Presidente de la República,*** Hugo Rafael Chávez Frías, con un total de 5 millones 800 mil 629 votos a favor de la opción "No"
>
> En la contienda electoral participaron 9 millones 815 mil 631 electores, de los cuales 3.989.008 se inclinaron por la opción "Sí" para revocar el mandato del Presidente Chávez. La totalización arrojó que la opción "No" alcanzó el 59,25% de los votos, mientras el "Sí" logró el 40,74% del total general, y la abstención fue del 30,02%.
>
> Vale destacar que para estos comicios el Registro Electoral se incrementó significativamente, alcanzando un universo de 14.027.607 de electores con derecho a sufragar en el RR.
>
> Con base en la expresión de la voluntad popular, el Consejo Nacional Electoral, este viernes 27 de agosto, ratificará en la Presidencia de la República Bolivariana de Venezuela a Hugo Chávez Frías, quien culminará su período constitucional en el año 2006".

De la información contenida en dicha nota, resultaba claro que los electores que votaron por la revocatoria del mandato del Presidente, que fueron 3.989.008, constituían un número mayor que el de los electores que en su momento habían elegido al Presidente, que fueron 3.757.774, lo que conforme al texto expreso del artículo 72 de la Constitución bastaba para que se considerara revocado el mandato. Sin embargo, en la misma nota, y al contrario de lo que se establecía en la Constitución, se consideraba que con la referida votación el Presidente de la República habría sido "ratificado" en su cargo.

Además, siguiendo la orientación de esta nota, el Consejo Nacional Electoral en la mencionada Resolución nº 040826-1118 de 26 de agosto de 2004, resolvió "publicar los resultados de la totalización de actas de escrutinio correspondiente al referendo revocatorio presidencial, celebrado el 15 de agosto de 2004"; siendo su texto leído en el acto solemne efectuado en la sede de dicho organismo el día 27 de agosto de 2004. En dicha Resolución, que sólo fue publicada días después en *Gaceta Electoral* del 30 de agosto de 2004[445], el Consejo Nacional Electoral publicó "los resultados de la totalización de Actas de Escrutinio correspondientes al referendo revocatorio presidencial celebrado el 15 de agosto de 2004", indicando que los votos por la opción SI, es decir, por la revocatoria del mandato del Presidente de la República fueron de 3.989.008 votos; y que los votos por la opción NO fueron de 5.800.629 votos. El Presidente de la República, como se dijo, había sido electo en agosto de 2000 con 3.757.774 votos, por lo que conforme al artículo 72 de la Constitución su mandato había quedado revocado.

Sin embargo, el Consejo Nacional Electoral en la mencionada Resolución de 26 de agosto de 2004, señaló que vistos los resultados de la votación señalados,

> "[Con] con fundamento en el artículo 20 de las Normas para la Totalización y Proclamación de los Resultados del Referendo Revocatorio Presidencial del 15 de agosto de 2004 y *especialmente,* ***con atención a lo dispuesto en la doctrina vinculante con el artículo 72 de la Constitución*** *de la República establecida por la Sala Constitucional del Tribunal Supremo de Justicia en su sentencia de fecha 21 de octubre de 2001,* el Consejo Nacional Electoral *hace constar que el mandato* popular del ciudadano Hugo Rafael Chávez Frías, titular de la cédula de identidad nº 4.258.228, como Presidente de la República de la República, ***ha sido ratificado*** *por el pueblo venezolano en la jornada electoral del 15 de agosto pasado y, por consiguiente, el mencionado ciudadano tiene derecho a ocupar y ejercer el señalado cargo público, hasta la culminación del actual período constitucional".*

Con esta Resolución, puede decirse que se consolidó el fraude constitucional que había ido configurándose, al trastocarse una "revocación de mandato" en una supuesta "ratificación de mandato" de un funcionario que había quedado constitucionalmente revocado.

Además, la propia Asamblea Nacional participó en la configuración del fraude constitucional, y en la misma fecha 27 de agosto de 2004 realizó una sesión solemne para entregarle al Presidente de la República, un "Acuerdo de la Asamblea Nacional *sobre ratificación* del Presidente de la República", en uno de cuyos Considerandos se afirmó:

> "Que el resultado del proceso refrendario ha expresado de manera clara e inequívoca *la ratificación del mandato* del Presidente Constitucional Hugo Chávez Frías, representando una incuestionable victoria democrática de la voluntad mayoritaria del pueblo

---

445 *Gaceta Electoral* n° 210 de 30-08-2004.

heroico del Libertador Simón Bolívar, en el esfuerzo colectivo para consolidar y profundizar la revolución democrática, pacífica, la justicia social y la autodeterminación nacional, proceso y proyecto político comprometido con el logro de los fines y propósitos contenidos en la Constitución de la Republica Bolivariana de Venezuela".

IV. LOS EFECTOS DE LA REVOCATORIA DEL MANDATO

Pero el trastrocamiento del sentido de la revocación de mandatos en la Constitución, tanto por la Sala Constitucional del Tribunal Supremo como por el Consejo Nacional Electoral, no sólo ha ocurrido al cambiarse la naturaleza "revocatoria" del referendo por una supuesta "ratificación" de mandatos; sino que además se ha evidenciado por las imprecisiones interpretativas de la mencionada Sala Constitucional del Tribunal Supremo.

En efecto, en caso de que se produzca la revocatoria del mandato de un funcionario electo, los efectos de tal revocatoria es que debe procederse de inmediato a cubrir la falta absoluta conforme a lo dispuesto en la Constitución y en la Ley. Si se trata de un Diputado a la Asamblea Nacional, debería realizarse una nueva elección, pero la Sala Constitucional ha determinado que lo sustituye su suplente por el resto del período[446]. En caso de que no existan suplentes, por supuesto que debería efectuarse una nueva elección.

En relación con el Presidente de la República, la forma de proceder para cubrir la falta absoluta que se produciría con la revocación del mandato, conforme al artículo 233, varía según que ésta ocurra durante los primeros cuatro años de los seis del período constitucional o durante los dos últimos: En el primer caso, debe procederse a una nueva elección presidencial para que quien resulte electo *complete* el período constitucional por los dos años restantes; y en el segundo caso, el Vicepresidente Ejecutivo es quien debe asumir la Presidencia hasta completar dicho período.

Ahora bien, la revocación del mandato de cargos de elección popular, sin duda, confronta claramente dos derechos constitucionales. Por una parte, el derecho individual de cada ciudadano a ser postulado como candidato y ser electo popularmente para cargos o mandatos representativos; y por la otra, el derecho colectivo de los ciudadanos a revocar el mandato de aquellos a quienes el pueblo eligió.

El juez constitucional y, en general, el interprete, por tanto, al momento de considerar los efectos de la revocatoria del mandato, tiene que poner en la balanza judicial ambos derechos, y determinar

[446] Sentencia de 05-06-2003 (Caso: *Sergio Omar Calderón Duque y William Dávila*).

cuál tiene mayor valor en caso de conflicto o duda. En una democracia puramente representativa, quizás el derecho del representante podría privar; pero en una democracia que además de ser representativa, la participación popular como derecho constitucional tiene un valor preponderante, sin duda que el derecho colectivo del pueblo soberano de revocar el mandato de los elegidos tiene que tener un mayor valor.

Esto tiene particular importancia en cuanto a los efectos de la revocación del mandato. Este es un acto político del pueblo a rechazo de un funcionario, desalojándolo del ejercicio de su cargo; razón por la cual, como sanción popular que es, ello tendría que impedir que el funcionario revocado pueda presentarse de nuevo como candidato al mismo cargo en las elecciones subsiguientes para completar el período constitucional que le habría sido truncado por el pueblo.

Ahora bien, en cuanto a los efectos de la revocatoria de los mandatos, en lo que se refiere a la revocación del mandato de los diputados a la Asamblea Nacional, la Constitución es explícita en cuanto a la determinación de los efectos de la revocatoria, al señalar expresamente que el diputado revocado "no podrá optar a cargos de elección popular en el siguiente período" (art. 198). Sin embargo, nada indica la Constitución sobre los efectos de la revocación del mandato en el caso del Presidente de la República y de los otros funcionarios electos, como son los Legisladores miembros de los Consejos Legislativos estadales, los Concejales miembros de Concejos Municipales, o los Gobernadores y Alcaldes. En estos casos, sin embargo, lo cierto es que el intérprete tiene que considerar la existencia de los dos derechos constitucionales antes señalados y que se encontrarían confrontados. Por una parte, el derecho político colectivo de los ciudadanos a revocarle el mandato a los funcionarios de elección popular, incluido el Presidente de la República; y por la otra, el derecho político individual de éste a ser electo; conflicto en el cual la balanza se tendría que inclinar, sin duda, a favor del derecho político colectivo de los ciudadanos a revocarle el mandato, lo que acarrearía lógicamente que el funcionario revocado no podría presentarse como candidato en la elección que resultara necesario hacer para que un "nuevo Presidente" complete el período constitucional correspondiente[447]. De lo contrario se estaría configurando otro fraude a la Constitución.

---

447 *V.* las declaraciones de Allan R. Brewer-Carías, "El derecho de los ciudadanos a revocar priva sobre la candidatura de Chávez", dadas al periodista Edgar López, *El Nacional*, Caracas 11-06-2004, pp. A-1 y A-4.

V. LA INCERTIDUMBRE CONSTRUIDA POR LA SALA CONSTITUCIONAL PARA ELIMINAR EL CARÁCTER DEL GOBIERNO COMO DE MANDATOS REVOCABLES

La Sala Constitucional del Tribunal Supremo de Justicia, sin duda, es la llamada a resolver el conflicto entre los dos derechos antes indicados; y acorde con los valores y principios constitucionales, descartar la posibilidad de que un Presidente de la República cuyo mandato haya sido revocado, pudiera ser candidato en la elección que debiera realizarse como consecuencia de la revocatoria de su mandato. Estas nuevas votaciones deberían tener por objeto elegir a un nuevo Presidente para completar el mandato del revocado, dándole primacía al derecho político colectivo de los ciudadanos a la revocación del mismo, como manifestación de la democracia de participación consagrada en la Constitución, y del gobierno de mandatos revocables que ella establece[448].

Lamentablemente, sin embargo, la Sala Constitucional, en esta materia, no sólo no ha sido el máxime interprete de la Constitución acorde con sus valores y principios, sino que más bien ha sido complaciente con el Poder, lo que ha quedado en clara evidencia a través de sus sucesivas decisiones en la materia.

En efecto, dado el silencio de la Constitución, la Sala Constitucional comenzó estableciendo en su sentencia nº 2404 de 28 de agosto de 2003 (Caso: *Exssel Alí Betancourt Orozco, Interpretación del artículo 72 de la Constitución*), que en el supuesto de la revocatoria del mandato del Presidente de la República, en la elección del nuevo Presidente:

> "Evidentemente no podría participar dicho funcionario (revocado), pues cualquier falta absoluta del Presidente implica la separación del cargo y la consecuente sustitución del mismo. Lo contrario supondría una amenaza de fraude a la soberanía popular"[449].

El texto de esta sentencia, sin embargo, fue desconocido posteriormente por la propia Sala Constitucional del Tribunal Supremo, de manera por demás insólita: Su contenido fue publicado por el Tribunal Supremo incluso hacia los medios de comunicación, pero no llegó a ser publicada en la *página web* del Tribunal Supremo. La Sala Cons-

---

448 Nótese que la Constitución de 1999 sustituyó el calificativo de "gobierno representativo" que contenía el artículo 3 de la Constitución de 1961 por el de "gobierno de mandatos revocables" que contiene el artículo 6, equivalente, en la Constitución de 1999.

449 *V.* la reseña del periodista Edgar López, *El Nacional*, Caracas, 04-01-2004, p. A-2

titucional, en una inusual "Aclaratoria" emitida de oficio en fecha 1º de septiembre de 2003, *desconoció lo expresado en el fallo*, considerando el tema como no decidido. El texto de la "Aclaratoria", sin embargo, luego da haber sido incorporada en la *página web* del Tribunal Supremo, fue posteriormente eliminado de la misma, y tiene el tenor siguiente:

> "*ACLARATORIA*; El 28 de agosto de 2003 esta Sala Constitucional, en el expediente 03-0763, pronunció sentencia nº 2404, en la que declaró inadmisible el recurso de interpretación que interpuso el ciudadano EXSSEL ALÍ BETANCOURT OROZCO, en relación con el artículo 72 de la Constitución de la República Bolivariana de Venezuela.
>
> Como se observa que en el texto de dicha decisión aparecen expresiones que erróneamente pudieran entenderse como una definitiva interpretación de la norma constitucional que se mencionó (art. 72) en el punto que requirió el solicitante, la Sala de oficio aclara y decide que, por cuanto la pretensión del actor fue declarada inadmisible, los alcances de dicho fallo nº 2404 quedan estrictamente limitados y sujetos al pronunciamiento de inadmisibilidad, sin que, en consecuencia, puedan extenderse a otros aspectos de cualquier naturaleza que pudieran extraerse de la redacción del mismo, máxime cuando, equivocadamente, se invocan pronunciamientos precedentes que la Sala no ha hecho. Por otra parte, ante esta misma Sala cursa expediente número 02-3215 (solicitud hecha por el ciudadano Estaban Gerbasi), cuyo ponente es el Magistrado Dr. José Manuel Delgado Ocando, en el que corresponderá a la Sala Constitucional la decisión sobre si un funcionario de elección popular, a quien le sea revocado el mandato, podrá participar o no en un inmediato y nuevo comicio. Sépase, pues, que sólo en la oportunidad cuando recaiga sentencia que expresamente decida la interpretación del asunto que se refirió habrá certeza sobre el punto"[450].

En las actas procesales del expediente, en todo caso, la única referencia que quedó relativa a este espinoso asunto, es un "Auto" de la Sala Constitucional del mismo día, 1º de septiembre de 2003, ordenando abrir una averiguación penal para establecer responsabilidades sobre el contenido de la sentencia que supuestamente no se correspondía con el texto del fallo que habían aprobado los Magistrados. Todo este incidente, que originó la apertura de una investigación

---

450 El texto ha sido tomado de la cita que hizo el Magistrado Antonio J. García García en su *voto salvado* a la sentencia nº 1173 de 15-06-2004 (Caso: *Esteban Gerbasi*).

criminal inusitada, la cual por supuesto, no ha concluido y seguramente concluirá en nada, fue calificado, con razón, como una polémica "con características escandalosas"[451].

Con el desconocimiento de su decisión por la propia Sala Constitucional, quedó abierta entonces la cuestión jurídica aún por resolver, sobre si un Presidente de la República revocado podría presentarse como candidato en la elección subsiguiente: No sólo la que debía efectuarse para completar el período constitucional si es revocado después de cumplir tres años de mandato pero antes de que se cumplan cuatro del período presidencial; sino en la elección para el período constitucional subsiguiente. El asunto, como se dijo, no esta resuelto expresamente en la Constitución, como sí lo esta respecto de la revocación de los mandatos de los diputados a la Asamblea Nacional[452].

Posteriormente, el 10 de junio de 2004 ya se reseñaba sobre la existencia de una ponencia de sentencia que circulaba en la Sala Constitucional, de interpretación del artículo 72 de la Constitución, y que aparentemente no resolvía la duda que había quedado con el texto de la sentencia nº 2042 de 28-08-2003, (Caso *Exssel Alí Bentancourt Orozco*), que había sido desconocido por la propia Sala Constitucional[453].

Y así, conforme a ese anuncio, días después, la Sala Constitucional dictaría la sentencia nº 1173 de 15 de junio de 2004 (Caso: *Esteban Grebasi*) con motivo de la solicitud de interpretación del artículo 72 de la Constitución, en virtud de la duda razonable que el recurrente había alegado "consistente en saber si un funcionario cuyo mandato le fuere revocado con base en el citado artículo 72 puede optar a algún cargo de elección popular durante el siguiente período correspondiente". El recurrente también había argumentado que la "prohibición de postulación a cargos de elección popular prevista en el artículo 198 de la Carta Magna" debía "entenderse comprendida dentro del alcance del artículo ... ya que resulta contrario a la razón y, en conse-

---

451 *V.* la reseña de Edgar López, *El Nacional*, Caracas, 04-01-2004, p. A-2.

452 El artículo 198 dispone que los diputados cuyo mandato fuera revocado no pueden optar a cargos de lección popular en el siguiente período.

453 *V.* la reseña de Edgard López en El Nacional, Caracas 10-06-2004; *V.* los comentarios en Allan R. Brewer-Carías, *La Sala Constitucional vs. El Estado democrático de derecho (El secuestro del Poder Electoral y de la sala Electoral del Tribunal Supremo y la confiscación del derecho a la participación política)*, Caracas 2004, pp. 58-59. *V.* este trabajo en la Tercera Parte de este libro, páginas 197 y ss.

cuencia, a toda regla lógica, que un funcionario cuyo mandato ha sido revocado por el propio pueblo que lo eligió opte inmediatamente a un cargo (al) que debe ser también elegido"; considerando que un funcionario, al serle revocado su mandato con fundamento en el mecanismo previsto en el artículo 72 de la Carta Magna, "pierde el derecho a ser elegido al mismo cargo del cual le ha sido revocado por mandato popular".

La Sala Constitucional, para decidir, delimitó el ámbito de la solicitud en relación a "la duda existente en el ánimo del solicitante al interponer la presente acción de interpretación constitucional ...en saber si el Presidente de la República, dado el caso que se le revocara su mandato de conformidad con el mecanismo de participación política previsto en el artículo 72 de la Constitución de la República Bolivariana de Venezuela, le sería aplicable la inhabilitación prevista en el artículo 198 *eiusdem,* respecto de los Diputados a la Asamblea Nacional"; pasando entonces a decidir interpretando "las disposiciones constitucionales en concordancia con el resto de la Carta Magna, considerada ésta *in totum*".

La Sala Constitucional, después de argumentar sobre las técnicas de interpretación constitucional, recordó la "restricción para el empleo de la interpretación modificativa, contenida en el aforismo romano *favorabilia amplianda, odiosa restringenda,* según el cual las disposiciones de carácter prohibitivo deben ser interpretadas restrictivamente y aquéllas favorables a las libertades consagradas en el ordenamiento deben serlo extensivamente", concluyendo que la interpretación en materia de derechos humanos debe "siempre hacerse conforme al principio de preeminencia de los derechos humanos, el cual, junto con los pactos internacionales suscritos y ratificados por Venezuela relativos a la materia, forma parte del bloque de la constitucionalidad".

A continuación, la Sala Constitucional analizó el artículo 233 de la Constitución, y estableció que la revocatoria del mandato otorgado al Presidente de la República, conforme al mecanismo previsto en el artículo 72 de la Carta Magna, generaría una falta absoluta de dicho funcionario, la cual debía ser cubierta de los modos siguientes:

> "a.- Si la revocatoria del mandato opera antes de concluido el cuarto año de su período constitucional (en el caso del corriente, de conformidad con lo señalado por esta Sala en sus sentencias núms. 457/2001 y 759/2001, del 5 de abril y 16 de mayo de 2001, respectivamente, casos: Francisco Encinas Verde y otros, y Willian Lara, en su orden; antes del 19 de agosto de 2004), tal falta sería cubierta por un nuevo Presidente de la República, resultante de una nueva elección universal, directa y secreta a realizarse

dentro de los treinta (30) días consecutivos siguientes a la revocatoria, al cual correspondería concluir el período en curso; y

b.- En el caso de que la revocatoria se produzca durante los últimos dos años del período constitucional (en el caso del presente período presidencial, si se produjera con posterioridad al 19 de agosto de 2004), la falta sería cubierta por el Vicepresidente Ejecutivo o Vicepresidenta Ejecutiva, quien asumiría la Presidencia de la República hasta completar dicho período".

Luego de estos razonamientos, la Sala fue concluyente al afirmar que:

"Visto lo anterior, esta Sala observa que la revocatoria popular del mandato del Presidente de la República, de conformidad con los artículos 72 y 233 de la Constitución de la República Bolivariana de Venezuela, acarrea su falta absoluta en el *cargo y, por ende, su separación definitiva del mismo por el período correspondiente* (subrayado nuestro)".

Pero en relación con los alegatos del solicitante en cuanto a la aplicación al Presidente de la República del artículo 198 de la Carta Magna, relativo a la restricción a los Diputados de la Asamblea Nacional para postularse a cargos de elección popular en el período siguiente a la revocatoria popular de su mandato, la Sala Constitucional juzgó "que de ser cierta tal afirmación constituiría una limitación al ejercicio de un derecho fundamental, cual es, el derecho a la participación del Presidente de la República (*cfr.* sentencia de la Sala Plena de la extinta Corte Suprema de Justicia del 5 de diciembre de 1996, Caso: *Ley de División Político-Territorial del Estado Amazonas*), en una de sus vertientes, el derecho de postulación, consagrado en el último párrafo del artículo 67 de la Carta Magna"; estimando además, que "dicha restricción no se encuentra en la Constitución ni en ley alguna, y pertinente es señalar que la Convención Americana sobre Derechos Humanos, suscrita y ratificada por Venezuela (*Gaceta Oficial* N° 31.256 del 14 de junio de 1977), la cual, de conformidad con el artículo 23 de la Constitución, es de aplicación preferente cuando contenga disposiciones sobre el goce y ejercicio de los derechos humanos más favorables a las establecidas en el ordenamiento interno, y son de aplicación inmediata y directa por los tribunales y demás órganos del Poder Público". Por todo ello, la Sala concluyó su sentencia resolviendo que:

"Sobre la base de la anterior motivación y en atención al principio constitucional de preeminencia de los derechos fundamentales establecido en el artículo 2 de la Carta Magna, esta Sala Constitucional del Tribunal Supremo de Justicia declara que la restricción contenida en el artículo 198 de la Constitución de la

República Bolivariana de Venezuela, según la cual los Diputados a la Asamblea Nacional, cuyo mandato fuere revocado de conformidad con el mecanismo previsto en el artículo 72 *eiusdem*, no podrán optar a cargos de elección popular en el siguiente período, no es aplicable al Presidente de la República, y así se decide".

Olvidó la Sala, sin embargo, que en el caso concreto de la revocatoria del mandato del Presidente de la República estaban en juego dos derechos constitucionales y no sólo uno de ellos: la Sala razonó con base en el solo derecho político individual del Presidente de la República a ser postulado y a ser electo; pero para ello se había olvidado que existía otro derecho constitucional en juego, el derecho político colectivo de los ciudadanos a revocarle el mandato al Presidente de la República, el cual debía privar sobre el primero.

Además, la Sala olvidó analizar el artículo 230 de la Constitución que establece que el período presidencial es de seis años, pudiendo el Presidente "ser reelegido, *de inmediato* y por una sola vez, *para un nuevo período*". Olvidó la Sala considerar que para que un Presidente de la República pueda ser reelecto, tiene que haber completado su período presidencial para poder ser electo "de inmediato y por una sola vez, para un nuevo período". Si un Presidente no termina su mandato, porque renunció o porque fue revocado, tendría entonces una imposibilidad de ser reelecto "de inmediato". Por lo que en caso de revocarse el mandato del Presidente de la República, en forma alguna podría ser candidato en la elección para el próximo período presidencial.

Mucho menos, por supuesto, podría ser candidato un Presidente revocado antes de cumplirse los cuatro primeros años de su mandato, en la elección subsiguiente para elegir un "nuevo Presidente" para completar el resto del período del Presidente revocado. Como lo dijo la propia Sala Constitucional en su sentencia: La revocatoria del mandato "acarrea su falta absoluta en el cargo y, por ende, su separación definitiva del mismo por el período correspondiente", por lo cual no puede pretender ser electo por el resto de dicho período en el cual fue revocado.

Pero ello no había sido resuelto expresamente, por lo que una vez se prolongó la incertidumbre sobre la posibilidad –absurda- que podía deducirse en forma indirecta, de que un Presidente revocado al no aplicársele la restricción del artículo 198 de la Constitución, pudiera ser candidato y electo en las elecciones presidenciales para el próximo período constitucional. Continuó existiendo la supuesta "duda" sobre si el Presidente revocado antes de cumplirse los primeros cuatro años de su mandato, podía presentarse a la elección para elegir un "nuevo Presidente" que completara el resto del período presidencial.

La antes mencionada sentencia nº 1173 de la Sala Constitucional tuvo dos votos salvados de los Magistrados Antonio J. García García y Rondón Haaz.

El Magistrado Antonio J. García García consideró que los planteamientos de la sentencia de la Sala "confunden los efectos de la revocatoria de mandato de los Diputados a la Asamblea Nacional y del Presidente de la República, en virtud del error en que se incurrió en la elaboración de una de sus premisas", considerando que:

> "[la] Sala, en ejercicio de una interpretación sistemática de la Constitución, debió pronunciarse con claridad sobre cada uno de los supuestos que la solicitud de interpretación encierra. Particularmente, frente a la actual realidad política y electoral que vive el país, se estima importante la definitiva posición de la Sala respecto a la posibilidad de que el Presidente de la República que sea revocado por vía de referendo, intervenga pasivamente en el proceso electoral convocado tanto para proveer -por el resto del período- la vacante producida por la revocatoria del mandato, como para escoger a un nuevo Presidente por el período constitucional siguiente, pues, si bien expresamente se resolvió, como ya se indicó, el último escenario mencionado, quien suscribe observa que, aún cuando resultara obvia la consecuencia lógica de la revocatoria del mandato, nada se dice sobre el impedimento que tendría dicho funcionario para ser candidato en el otro escenario planteado, esto es, en las elecciones a realizarse dentro de los treinta (30) días consecutivos siguientes a la eventual remoción del Presidente por vía de referendo revocatorio, cuando la mayoría sentenciadora señaló que *"la revocatoria popular del mandato del Presidente de la República, de conformidad con los artículos 72 y 233 de la Constitución de la República Bolivariana de Venezuela, acarrea su falta absoluta en el cargo y, por ende, su separación definitiva del mismo por el período correspondiente"*.

En caso de revocatoria del mandado, como falta absoluta del Presidente de la República, el Magistrado García consideró que:

> "[una] interpretación armónica de la Constitución y de la institución de la figura del revocatorio, nos permitiría decir que el constituyente exige la elección de un nuevo Presidente, sin la posibilidad de que el funcionario revocado pueda medirse en ese proceso electoral convocado para suplir la falta absoluta, de manera que, lógicamente, debe entenderse que la afirmación que se ha hecho en el fallo que antecede con respecto a que la restricción contenida en el artículo 198 eiusdem no es aplicable al Presidente de la República, sólo conduce a concluir que quien haya sido revocado en el cargo de Presidente de la República podrá optar para ser nuevamente elegido por un período constitucional distinto

al que no concluyó por la voluntad popular expresada en el referendo revocatorio.

Resultaría un contrasentido que un funcionario al que se le revocó el mandato pueda presentarse como candidato en la elección que se convoque para proveer la vacante causada por la sanción que los electores le propinaron, improbando su gestión, dado que la propia Constitución, en su artículo 233, determina que 'el nuevo Presidente' asumirá sus funciones para completar el período, lo que indica claramente que se trata de otro Presidente, pues cualquier falta absoluta implica la separación categórica del funcionario y la consiguiente sustitución personal del mismo. Pretender un efecto contrario significaría una amenaza de fraude a la soberanía de la voluntad popular que, expresada por vía de referendo revocatorio, ha interrumpido el desempeño de un cargo de elección popular, bien por motivos de legitimidad, cuando ha dejado de merecerles su confianza, o bien por resultar inconveniente o inoportuna para los intereses del país la gestión que en el ejercicio del mismo realiza su titular.

Siendo ello así, la inhabilitación natural producida por la revocatoria popular que excluye la aspiración del Presidente removido para culminar el período correspondiente, no podría asimilarse a la inhabilitación a que se refiere el artículo 198 de la Constitución, ya que, según dispone el propio texto constitucional, la forma de cubrir la falta absoluta de los Diputados a la Asamblea Nacional cuyo mandato sea revocado es distinta a la que se preceptúa para proveer la vacante al cargo de Presidente de la República, dada la ausencia en este último caso de un suplente que, junto con el principal, haya sido también elegido popularmente".

Concluyó el Magistrado García su voto salvado señalando que:

"[una] interpretación integrada de las normas constitucionales lleva a concluir que, independientemente de la falta de prohibición expresa que inhabilite al Presidente de la República removido, para optar a cargos de elección popular, el efecto práctico del referendo revocatorio no puede ser otro que una nueva elección para completar el período presidencial, en la cual no puede participar quien ha sido revocado. Sostener un criterio distinto, bajo el argumento del derecho a ser elegido y el consecuente derecho a postularse que tiene toda persona en cabeza del revocado, dejaría completamente sin efecto la finalidad esencial de todo proceso revocatorio, cual es la sanción política de separarlo del ejercicio del cargo e inhabilitarlo para ello por el período por el cual fue elegido. En definitiva, se irrespetaría con ello la voluntad popular manifestada en el referendo correspondiente".

Por su parte, el Magistrado Rondón Haaz, en particular destacó que la sentencia no daba respuesta a la duda que expresó el solicitante de la interpretación en cuanto a la posibilidad de participación del Presidente de la República, a quien se le hubiere revocado el mandato, en la elección *inmediata* a que se refiere el artículo 233 de la Constitución de la República Bolivariana de Venezuela como fórmula para la cobertura de falta absoluta que tal revocatoria produce. Agregó el Magistrado que:

> "Más allá del error del solicitante respecto a la posibilidad, que la Sala descartó, de extensión de la inhabilitación a que se contrae el artículo 198 de la Constitución a funcionarios distintos a los que éste se refiere, la Sala ha debido agotar la interpretación que se le requirió para la resolución, de una vez y en forma integral, de las dudas interpretativas que han generado las disposiciones constitucionales en cuestión y que se reflejan en un grueso número de solicitudes de interpretación de las mismas que cursan en sus archivos".

Pero lamentablemente, la línea de acción de la mayoría de la Sala Constitucional en esta materia parecía ser más bien no agotar la interpretación de las normas constitucionales sino, al contrario, mantener siempre alguna incertidumbre para tener un hilo de poder permanente. Ello se evidenció de la sentencia nº 1378 del 22 de julio de 2004 (Caso: *Braulio Jatar Alonso y otros*), dictada días después, con motivo de un recurso de interpretación interpuesto precisamente sobre el artículo 233 de la Constitución, el cual fue declarado sin lugar[454],

---

454 La Sala Constitucional, en efecto, se limitó a interpretar el término de los dos últimos años del período presidencial iniciado en 2000, así: "Así las cosas, es claro que en la decisión parcialmente transcrita, la Sala sentenció que el actual período presidencial, cuya duración es de seis (6) años de acuerdo con el artículo 230 constitucional, culmina el 19 de agosto de 2006, pero que el actual Presidente de la República –o quien desempeñe conforme a la Constitución dicho cargo en caso de falta absoluta de aquél- seguirá ocupando dicho cargo hasta la fecha de inicio del primer año del siguiente período constitucional, esto es, hasta el 10 de enero de 2007, para ajustar la realidad electoral del órgano Presidencia de la República a la exigencia del Texto Constitucional sin que sea menester para ello efectuar una enmienda del artículo 231 de la vigente Constitución; en tal sentido, del contenido de la sentencia examinada se desprende de manera indubitable que los (2) dos últimos años del actual período presidencial, iniciado el día 19 de agosto de 2000, comienzan el día 19 de agosto de 2004, sin que para declarar tal situación cronológica sea necesario realizar una interpretación de la norma contenida en el artículo 233 de la Norma Fundamental, o efectuar una interpretación de las normas incluidas en los artículos 230 y 231 *eiusdem*,

perdiéndose la oportunidad que tenía la Sala de interpretar definitivamente su contenido.

Ahora bien, en cuanto a la sentencia nº 1173, y por lo que respecta al Voto Salvado del Magistrado Rondón Haaz, luego de concordar con la opinión del Magistrado García García, señaló que:

> "[Cuando] la Carta Magna exige la elección de un nuevo Presidente, impide la posibilidad de que el funcionario cuyo mandato hubiere sido revocado pueda participar como candidato en el proceso electoral que se convoque para que supla su propia falta absoluta. Y es que, además de que la simple lógica repudia que un funcionario al que se le hubiere revocado el mandato pudiera presentarse como candidato en la elección que se convocase para la provisión de la vacante que habría causado la improbación de su gestión por el electorado, la propia norma constitucional determina que, en esto oportunidad (elección inmediata) deberá elegirse a un nuevo Presidente que completará el período del Presidente saliente.
>
> Por otra parte, la pretensión de lo contrario, con cualquier fundamento (como podría ser el derecho al sufragio pasivo y a postulación de aquel cuyo mandato hubiere sido revocado), enervaría la finalidad de todo proceso revocatorio, cual es, como apuntó el Magistrado García García, la sanción política al funcionario en cuestión, que comporta, además de la separación del ejercicio del cargo, la inhabilitación para su ejercicio por el período por el cual fue elegido, en abierto fraude a la voluntad popular".

En todo caso, las dudas que habían quedado de la interpretación constitucional que había efectuado la Sala Constitucional, hechas incluso antes de que la sentencia se conociera, dada la divulgación del contenido de la ponencia respectiva[455] fueron inmediatamente advertidas[456]; razón por la cual el solicitante de la interpretación anunció que solicitaría la aclaratoria de la sentencia[457]. La sentencia, en realidad, se había limitado a señalar que el texto del artículo 198 de la Constitución que contiene una restricción respecto de los diputados revocados, no se podía aplicar al Presidente de la República, lo que

---

adicional o complementaria a la hecha en la decisión n° 457/2001, del 5 de abril, caso*: Francisco Encinas Verde y otros".*

455 *V.* la reseña de Edgar López, en *El Nacional*, Caracas 10-06-2004, p. A-6.

456 *V.* la opinión de Hermann Escarrá en *El Nacional*, Caracas, 10-06-2004, p. A-6.

457 *V.* en *El Nacional*, Caracas 16-06-2004, p. A-2; *El Nacional*, Caracas 17-06-2004, p. A-2; 4.

era de lógica interpretativa constitucional elemental; pero dejaba sin resolver lo esencial: *Primero*, si el Presidente revocado podía presentarse como candidato en la elección que dentro del mes siguiente debía efectuarse para elegir un "nuevo Presidente" que concluyera el período constitucional para el cual había sido electo el Presidente revocado; y *segundo*, si el Presidente revocado, quien por ello no habría completado su período presidencial, podía presentarse como candidato a la nueva elección presidencial para el próximo período presidencial, una vez completado por un nuevo Presidente el período del cual hubiera sido revocado.

En cuanto a la elección presidencial para elegir a un nuevo Presidente para completar el período constitucional del Presidente revocado, la sentencia sí dijo que la revocación del mandato del Presidente de la república "acarrea su falta absoluta en el cargo y, por ende, su separación definitiva del mismo por el período correspondiente", lo que significa que no podría el Presidente pretender presentarse como candidato para ser electo y terminar el período constitucional del cual habría sido popularmente revocado.

Pero el propio Presidente de la República, cuyo mandato se había solicitado fuera revocado en la votación que se efectuó el día 15 de agosto de 2004, antes de esa fecha, el día 8 de julio de 2004 desde Puerto Iguazú, donde había asistido como invitado a la XXVI Cumbre del Mercado Común del Sur, se encargaría de "aclararle" a quien quisiera oír o leer, que si llegaba a perder el referendo revocatorio, entregaría la Presidencia "porque al mes siguiente estaré peleando nuevamente por la Presidencia"[458]. Lamentablemente, esta "aclaratoria" afectaba la que se había solicitado a la Sala Constitucional, particularmente por las simultáneas declaraciones del Presidente del Tribunal Supremo y de la Sala Constitucional, Iván Rincón, dadas con toda diligencia, y que aparecieron publicadas en la prensa al día siguiente, cuyo contenido permitía pensar que el mandado ya estaba hecho.

En efecto, por encima de cualquier duda que pudiera existir, el Presidente del Tribunal Supremo de Justicia y de la Sala Constitucional, en declaraciones publicadas en la prensa el 10 de julio de 2004, ratificaría lo que el Presidente de la República había anunciado la víspera. Dicho Magistrado declaró que ya existía una ponencia de sentencia de "aclaratoria" de la sentencia nº 1173 de la Sala Constitucional, elaborada por el Magistrado Delgado Ocando, cuyo texto dijo que ya conocía, pero había que esperar que la vieran los otros Magistrados, y sin rubor alguno y sin recordar que los jueces no pueden adelantar opinión sobre fallos no publicados, indicó que la confusión que existía en la materia se debía a:

---

458 *V. El Nacional*, Caracas 9-06-2004.

"[Las] declaraciones encontradas de los famosos juristas que siempre están desglosando sentencias y leyes, olvidándose de lo que aprendieron en las Universidades, de las investigaciones que han hecho y de lo que saben... juristas que pertenecen a las famosas Academias de Caracas..."[459]

Agregando que:

"La sentencia es muy clara y tiene solo una lectura...La sentencia dice: Señores, los derechos consagrados en la Constitución son iguales para todos, salvo en casos de excepciones establecidas en la misma Carta Magna, en las leyes o en los Tratados Internacionales.

En materia de derechos constitucionales, las restricciones tienen que estar expresamente establecidas en leyes formales, como se desprende de la Convención Americana sobre Derechos Humanos y de la resolución de la Comisión Interamericana de Derechos Humanos, con las cuales se nos amenaza constantemente.

Nosotros, lo que decimos es que la Constitución establece expresamente la imposibilidad de que un diputado al que se le haya revocado su mandato opte a cargos de elección popular en el siguiente período, pero no indica nada respecto de los alcaldes, los gobernadores y el Presidente de la República. Terminamos diciendo que no puede haber restricciones si no están en ley o en la Constitución

La gente lo que pregunta es: pero ¿Chávez puede participar? Señores, no hay restricciones si no están en la Constitución o en la ley y ahora nosotros tenemos que responder en la aclaratoria si Hugo Chávez Frías puede participar o no en caso de que le sea revocado el mandato"[460].

---

459 Pedro Llorens, sobre esta frase del Magistrado, señaló que "no es capaz de redactar una sentencia medianamente correcta y se limita a leer las que elaboran los otros", en "El hacedor de sentencias", *El Nacional*, Caracas 11-07-2004, p. A-9. Por su parte, el profesor José Muci Abraham, ex Presidente de la Academia de Ciencias Políticas y Sociales, dijo: "Los vendedores de sentencias despotrican de los juristas que orgullosamente pertenecemos 'a las famosas academias de Caracas'. El complejo de provincialismo le sale por los poros. Los punza el dolor de sentirse inferiores y de haberse destacado sólo a expensas de servir los intereses de los poderosos, por una dádiva compensatoria de su servilismo. ¿Han pensado esos bufones del foro, que con su torcida interpretación exponen al país a una contienda de impredecibles consecuencias? ¿Han meditado sobre los efectos de constreñir insensatamente a un pueblo a que vuelva a los comicios para enfrentar de nuevo al gobernante proscrito 30 días antes?, en "Supina ignorancia del supremo", *El Nacional*, Caracas, 14-07-22004, p. A-9.

460 *V.* en la entrevista con Edgard López, *El Nacional*, Caracas 10-07-2004, p. A-2.

El Magistrado, al dar dichas declaraciones, no sólo olvidó su condición de tal Magistrado, sino que olvidó de nuevo que lo que estaba en juego en este caso judicial, no solo era el ejercicio de un derecho político individual del Presidente revocado de postularse y ser electo; sino el derecho político colectivo de los ciudadanos a revocarle el mandato a los representantes electos. La Sala Constitucional no podía resolver la cuestión tomando en cuenta el sólo derecho individual del Presidente e ignorando el derecho político colectivo de los ciudadanos. Al hacer tal afirmación, en todo caso, el Magistrado había ignorado que el gobierno en Venezuela "es de mandatos revocables" (Art. 6 de la Constitución); y había olvidado que al menos tenía que ponderar ambos derechos en la balanza de la justicia, y establecer por qué uno privaría sobre el otro.

El abogado Gerbasi, quien había sido el recurrente en el recurso de interpretación, el día 13 de julio de 2004 no tuvo otra alternativa que recusar al Magistrado Presidente de la Sala Constitucional, por haber adelantado opinión sobre la anunciada "aclaratoria" de la sentencia[461]; pero al día siguiente, el 14 de julio de 2004, el propio Magistrado Iván Rincón, Presidente del Juzgado de Sustanciación (además de ser Presidente de la Sala Constitucional y del propio Tribunal Supremo), declararía sin lugar la recusación por considerarla extemporánea, ya que después de dictarse sentencia definitiva no habría recusación, y en el caso concreto se trataba de una aclaratoria de una sentencia. Argumentó además el Magistrado que las declaraciones que aparecieron en la nota del periodista Edgar López en el diario *El Nacional*, supuestamente eran "el producto de interpretación que realizó el periodista y no una trascripción exacta" de lo que había expresado en la entrevista; a lo cual respondió el periodista Edgar López, en la "Nota del redactor" que publicó, que "Es inútil aclarar que en el texto publicado no hay interpretación ni inexactitud que pudiera alterar el sentido de lo dicho por el presidente del TSJ... La grabación no permitirá a nadie mentir"[462].

En definitiva, la Sala Constitucional del Tribunal Supremo, a pesar de haber tenido en sus manos la posibilidad de resolver la interpretación constitucional de los artículos 72, 230 y 233 de la Constitución antes de la realización del referendo revocatorio del mandato del Presidente de la República, el cual finalmente se efectuó el 15 de

461 Gerbasi dijo a la prensa: "Después de un año y seis meses que no contestaron el recurso de interpretación, solicitamos una aclaratoria. Chávez le dejó una orden expresa a Rincón desde Argentina", *El Nacional*, Caracas, 11-07-2004, p. A-7. *V.* además, *El Nacional*, 14-07-2004, p. A-6.

462 *V.* en *El Nacional*, Caracas 15-07-2004, p. A-4

agosto de 2004 a solicitud popular conforme al artículo 72 de la Constitución[463]; sin embargo, no lo hizo y continuaron las dudas que existían sobre dos aspectos esenciales en esta materia de los efectos de un referendo revocatorio de mandato presidencial: Primero, si el Presidente cuyo mandato era revocado podía presentarse como candidato y ser electo como "nuevo Presidente", en las elecciones que debían convocarse dentro del mes siguiente a su revocación para completar los dos años restantes (2004-2006) del período constitucional presidencial (que había iniciado en 2000 y culminaba en 2006) del cual había sido revocado; y segundo, si un Presidente revocado podía presentarse como candidato a la "reelección", en las elecciones presidenciales que debían realizarse a finales de 2006, para el período constitucional presidencial subsiguiente (2007-2013).

La duda interpretativa continuó, y el órgano constitucional llamado a interpretar la Constitución y a aclarar las dudas, lo que había hecho era prolongar la incertidumbre, con el objeto, sin duda, de seguir ejerciendo el poder último de decisión en la materia.

El Presidente de la República, antes de que se realizara el acto de votación del referendo sobre la revocatoria de su mandato el 15 de agosto de 2004, en todo caso, sobre el primer aspecto que había quedado constitucionalmente sin resolver, ya se había anticipado a los posibles acontecimientos y había anunciado públicamente que en caso de ser revocado su mandato, el Vicepresidente Ejecutivo quedaría encargado de la Presidencia de la República y él, "al mes siguiente ya sería candidato a la Presidencia de la República otra vez"[464].

Sin embargo, no tuvo oportunidad de violentar la Constitución, pues se le había adelantado el Consejo Nacional Electoral, el cual, como se ha dicho, el 26 de agosto de 2004, sin competencia constitucional alguna, decidiría "ratificar" al Presidente de la República en su cargo, dado que según las cifras de votación que anunció, a pesar de que había suficientes votos para que constitucionalmente hubiera quedado revocado el mandato (más de los que había sacado cuando fue electo), sin embargo, habría habido más votos por la no revocación de su mandato.

---

463 Sobre las vicisitudes para dicha convocatoria *V.* Allan R. Brewer-Carías, *La Sala Constitucional vs. El Estado democrático de derecho (El secuestro del Poder Electoral y de la sala Electoral del Tribunal Supremo y la confiscación del derecho a la participación política)*, Ediciones El Nacional, Caracas, 2004. *V.* este trabajo en la Tercera Parte de este libro, páginas 197 y ss.

464 *V. El Nacional*, Caracas 06-08-2004, p. A-6. La misma declaración la formuló ante los corresponsales extranjeros el 12-08-2004. *V. El Nacional*, Caracas, 13-08-2004, p. A-4

SEXTA PARTE

LA ELIMINACIÓN DEL RANGO SUPRACONSTITUCIONAL DE LOS TRATADOS INTERNACIONALES SOBRE DERECHOS HUMANOS, Y EL DESCONOCIMIENTO DE LAS SENTENCIAS DE LA CORTE INTERAMERICANA DE DERECHOS HUMANOS

El origen de este estudio está en el texto de la conferencia Sobre *"Los Tribunales Constitucionales en América Latina y los derechos humanos, y la inejecutabilidad en Venezuela de las decisiones de la Corte Interamericana de Derechos Humanos."* Dictada en la Universidad Carlos III de Madrid, el 30 de marzo de 2009; y en la Ponencia sobre el mismo tema presentada al Congreso Internacional de Derecho Constitucional, Universidad Vizcaya, Topic-Nayaric, México, el 17 de Octubre de 2009*

---

* El texto se preparó para ser publicado en el *Libro Homenaje al Capítulo Venezolano de la Asociación Mundial de Jóvenes Juristas y Estudiantes de Derecho: Recopilación de artículos que desarrollan temas de actualidad jurídica relacionados con el derecho público y el derecho privado*, Asociación Mundial de Jóvenes Juristas y Estudiantes de Derecho, Caracas 2015, y se publicó en como "La interrelación entre los Tribunales Constitucionales de América Latina y la Corte Interamericana de Derechos Humanos, y la cuestión de la inejecutabilidad de sus decisiones en Venezuela," en *Gaceta Constitucional.* Análisis multidisciplinario de la jurisprudencia del Tribunal Constitucional, Gaceta Jurídica, Tomo 16 Año 2009, Lima 2009, pp. 17-48; *Anuario Iberoamericano de Justicia Constitucional,* Centro de Estudios Políticos y Constitucionales, No. 13, Madrid 2009, pp. 99-136; y en Armin von Bogdandy, Flavia Piovesan y Mariela Morales Antonorzi (Coodinadores), *Direitos Humanos, Democracia e Integracao Jurídica na América do Sul*, Lumen Juris Editora, Rio de Janeiro 2010, pp. 661-701.

Uno de los artículos de mayor importancia en la Constitución Venezolana de 1999 sobre derechos humanos,[465] sin duda, ha sido el artículo 23, en el cual se dispone lo siguiente:

> Artículo 23. Los tratados, pactos y convenciones relativos a derechos humanos, suscritos y ratificados por Venezuela, tienen jerarquía constitucional y prevalecen en el orden interno, en la medida en que contengan normas sobre su goce y ejercicio más favorables a las establecidas en esta Constitución y en las leyes de la República, y son de aplicación inmediata y directa por los tribunales y demás órganos del Poder Público.

Esta norma, sin duda, es uno de las más importantes en materia de derechos humanos en el país, única en su concepción en América Latina, pues, por una parte, le otorga a los tratados internacionales en materia de derechos humanos no sólo rango constitucional, sino rango *supra constitucional,* es decir, un rango superior respecto de las propias normas constitucionales, los cuales deben prevalecer sobre las mismas en caso de regulaciones más favorables a su ejercicio. Además, por otra parte, el artículo establece el principio de la aplicación inmediata y directa de dichos tratados por los tribunales y demás autoridades del país. Su inclusión en la Constitución, sin duda, fue un avance significativo en la construcción del esquema de protección de los derechos humanos, que se aplicó por los tribunales declarando la prevalencia de las normas de Convención Americana de Derechos Humanos en relación con normas constitucionales y legales.

Estas previsiones de la Constitución, sin embargo, han sido ilegítimamente mutadas por la Sala Constitucional del Tribunal Supremo, en decisiones en las cuales se ha reformado el contenido de dicha disposición, violándose el principio de la progresividad establecido en el artículo 21 del mismo texto constitucional.

En efecto, la Sala Constitucional del Tribunal Supremo de Justicia mediante sentencia No. 1.939 de 18 de diciembre de 2008, que se identifica como Caso *Gustavo Álvarez Arias y otros*, cuando en realidad es el Caso: *Estado venezolano vs. La Corte Interamericana de Derechos Humanos*, pues la sentencia se dictó en juicio iniciado por la Procuraduría General de la República que es órgano dependiente del Ejecutivo Nacional; declaró inejecutable la sentencia de la Corte Interamericana de Derechos Humanos de fecha 5 de agosto de 2008," dictada en el caso de los ex-magistrados de la Corte Primera de lo Contencioso

---

465 La incorporación de este artículo en el texto de la Constitución se hizo a propuesta nuestra. Véase Allan R. Brewer-Carías, *Debate Constituyente, (Aportes a la Asamblea Nacional Constituyente)*, Fundación de Derecho Público, Caracas 1999, pp. 88 y ss y 111 y ss.

Administrativo (*Apitz Barbera y otros ("Corte Primera de lo Contencioso Administrativo") vs. Venezuela*). En dicha sentencia, la Corte Interamericana en demanda contra el Estado formulada por la Comisión Interamericana de derechos Humanos a petición de dichos ex magistrados la Corte Primera de lo Contencioso Administrativo, decidió que el Estado Venezolano les había violado las garantías judiciales establecidas en la Convención Americana al haberlos destituido de sus cargos, condenando al Estado a pagar las compensaciones prescritas, a reincorporarlos en sus cargos o en cargos similares, y a publicar el fallo en la prensa venezolana.[466]

Esta decisión, propia de un régimen autoritario, puede decirse que es la culminación de un proceso jurisprudencial desarrollado por el Juez Constitucional en Venezuela, que comenzó con el desconocimiento del rango supra constitucional de los tratados internacionales que establece el artículo 23 de la Constitución, y que ha culminado con desconocimiento de las decisiones de un tribunal internacional, como es la Corte Interamericana de Derechos Humanos, que fue creada por la Convención Americana de Derechos Humanos ratificada por Venezuela en 1977, país que también reconoció la jurisdicción de la Corte Interamericana en 1981.

I. LA JERARQUÍA SUPRA CONSTITUCIONAL DE LOS TRATADOS INTERNACIONALES EN MATERIA DE DERECHOS HUMANOS Y SU DESCONOCIMIENTO POR LA SALA CONSTITUCIONAL

Siguiendo una tendencia universal contemporánea, que ha permitido a los tribunales constitucionales la aplicación directa de los tratados internacionales en materia de derechos humanos para su protección, ampliando progresivamente el elenco de los mismos, en el propio texto de las Constituciones se ha venido progresivamente reconociendo en forma expresa el rango normativo de los referidos tratados, de manera que en la actualidad pueden distinguirse cuatro rangos diversos reconocidos en el derecho interno, rango supra constitucional, rango constitucional, rango supra legal o rango legal.[467]

---

466 See in www.corteidh.or.cr . Excepción Preliminar, Fondo, Reparaciones y Costas, Serie C No. 182.

467 En relación con esta clasificación general, véase: Rodolfo E. Piza R., *Derecho internacional de los derechos humanos: La Convención Americana*, San José 1989; y Carlos Ayala Corao, "La jerarquía de los instrumentos internacionales sobre derechos humanos", en *El nuevo derecho constitucional latinoamericano*, IV Congreso venezolano de Derecho constitucional, Vol. II, Caracas 1996 y *La jerarquía constitucional de los tratados sobre derechos humanos y sus consecuencias*, México, 2003; Humberto Henderson, "Los tratados internacionales

Como se dijo fue el caso de la Constitución venezolana de 1999, en cuyo artículo 23 se le otorgó rango constitucional a los tratados en materia de derechos humanos, y además, y supra constitucional cuando contengan previsiones más favorables al goce y ejercicio de los derechos humanos, lo que al inicio de la vigencia de la Constitución incluso fue aplicado por los tribunales de la República. Fue el caso, por ejemplo, del derecho a la revisión judicial de sentencias, a la apelación o derecho a la segunda instancia que en materia contencioso administrativa se excluía en la derogada Ley Orgánica de la Corte Suprema de Justicia de 1976,[468] respecto de la impugnación de actos administrativos emanados de institutos autónomos o Administraciones independientes'. En esos casos se establecía una competencia de única instancia de la Corte Primera de lo Contencioso Administrativa, sin apelación ante la Sala Político Administrativa de la Corte Suprema. La Constitución de 1999 solo reguló como derecho constitucional el derecho de apelación en materia de juicios penales a favor de la persona declarada culpable (art. 40,1); por lo que en el mencionado caso de juicios contencioso administrativos, no existía una garantía constitucional expresa a la apelación, habiendo sido siempre declarada inadmisible la apelación contra las decisiones de única instancia de la Corte Primera de lo Contencioso.

Después de la entrada en vigencia de la Constitución de 1999, al ejercerse recursos de apelación contra decisiones de la Corte Primera de lo Contencioso Administrativa para ante la Sala Político Administrativa del Tribunal Supremo, alegándose la inconstitucionalidad de la norma de la Ley Orgánica que limitaba el derecho de apelación en ciertos casos, la Corte Primera, en ejercicio del control difuso de constitucionalidad, comenzó a admitir la apelación basándose en que el derecho de apelar las decisiones judiciales ante el tribunal superior se establece en el artículo 8,2,h de la Convención Americana de Derechos Humanos, la cual se consideró como formando parte del derecho constitucional interno del país. El tema finalmente también llegó a decisión por la Sala Constitucional del Tribunal Supremo, la cual en 2000 resolvió reconocer y declarar con fundamento en la disposición prevista en el artículo 23 de la Constitución:

---

de derechos humanos en el orden interno: la importancia del principio *pro homine*", en *Revista IIDH*, Instituto Interamericano de Derechos Humanos, No. 39, San José 2004, pp. 71 y ss. Véase también, Allan R. Brewer-Carías, *Mecanismos nacionales de protección de los derechos humanos*, Instituto Internacional de Derechos Humanos, San José, 2004, pp.62 y ss.

468 Véase los comentarios en Allan R. Brewer-Carías y Josefina Calcaño de Temeltas, *Ley Orgánica de la Corte Suprema de Justicia,* Editorial Jurídica Venezolana, Caracas 1978.

"que el artículo 8, numerales 1 y 2 (literal h), de la Convención Americana sobre Derechos Humanos, forma parte del ordenamiento constitucional de Venezuela; que las disposiciones que contiene, declaratorias del derecho a recurrir del fallo, son más favorables, en lo que concierne al goce y ejercicio del citado derecho, que la prevista en el artículo 49, numeral 1, de dicha Constitución; y que son de aplicación inmediata y directa por los tribunales y demás órganos del Poder Público"[469].

Sin embargo, desafortunadamente, la clara disposición constitucional del artículo 23, tres años después, fue interpretada por la Sala Constitucional del Tribunal Supremo de Justicia, en una forma abiertamente contraria a este precedente, al texto de la norma y a lo que fue la intención del constituyente. En efecto, en la sentencia No. 1.492 del 7 de julio de 2003,[470] al decidir una acción popular de inconstitu-

---

469 Sentencia No. 87 del 13 de marzo de 2000, Caso: C.A. Electricidad del Centro (Elecentro) y otra vs. Superintendencia para la Promoción y Protección de la Libre Competencia. (Procompetencia), en *Revista de Derecho Público*, No. 81, Editorial Jurídica Venezolana, Caracas 2000, pp. 157. La Sala Constitucional incluso resolvió el caso estableciendo una interpretación obligatoria, que exigía la re-redacción de la Ley Orgánica, disponiendo lo siguiente: "En consecuencia, visto que el último aparte, primer párrafo, del artículo 185 de la Ley Orgánica de la Corte Suprema de Justicia, dispone lo siguiente: "Contra las decisiones que dicto dicho Tribunal en los asuntos señalados en los ordinales 1 al 4 de este artículo no se oirá recurso alguno"; visto que la citada disposición es incompatible con las contenidas en el artículo 8, numerales 1 y 2 (literal h), de la Convención Americana sobre Derechos Humanos, las cuales están provistas de jerarquía constitucional y son de aplicación preferente; visto que el segundo aparte del artículo 334 de la Constitución de la República establece lo siguiente: "En caso de incompatibilidad entre esta Constitución y una ley u otra norma jurídica, se aplicarán las disposiciones constitucionales, correspondiendo a los tribunales en cualquier causa, aun de oficio, decidir lo conducente", ésta Sala acuerda dejar sin aplicación la disposición transcrita, contenida en el último aparte, primer párrafo, del artículo 185 de la Ley Orgánica en referencia, debiendo aplicarse en su lugar, en el caso de la sentencia que se pronuncie, de ser el caso, sobre el recurso contencioso administrativo de anulación interpuesto por la parte actora ante la Corte Primera de lo Contencioso Administrativo (expediente N° 99-22167), la disposición prevista en el último aparte, segundo párrafo, del artículo 185 eiusdem, y la cual es del tenor siguiente: 'Contra las sentencias definitivas que dicte el mismo Tribunal ... podrá interponerse apelación dentro del término de cinco días, ante la Corte Suprema de Justicia (rectius: Tribunal Supremo de Justicia)'. Así se decide." *Idem* p. 158.

470 Véase en *Revista de Derecho Público,* No 93-96, Editorial Jurídica Venezolana, Caracas 2003, pp. 136 y ss.

cionalidad intentada contra varias normas del Código Penal contentivas de normas llamadas "leyes de desacato" por violación de la libertad de expresión y, en particular, de lo dispuesto en tratados y convenciones internacionales, la Sala Constitucional de dicho Tribunal Supremo, resolvió que siendo la misma el máximo y último intérprete de la Constitución, "al incorporarse las normas sustantivas sobre derechos humanos, contenidas en los Convenios, Pactos y Tratados Internacionales a la jerarquía constitucional...a la efectos del derecho interno es esta Sala Constitucional [la] que determina el contenido y alcance de las normas y principios constitucionales (artículo 335 constitucional), entre las cuales se encuentran las de los Tratados, Pactos y Convenciones suscritos y ratificados legalmente por Venezuela, relativos a derechos humanos." En esta forma, la Sala Constitucional concluyó su decisión señalando que "es la Sala Constitucional quien determina cuáles normas sobre derechos humanos de esos tratados, pactos y convenios, prevalecen en el orden interno; al igual que cuáles derechos humanos no contemplados en los citados instrumentos internacionales tienen vigencia en Venezuela," limitando así el poder general de los jueces al ejercer el control difuso de la constitucionalidad, de poder aplicar directamente y dar prevalencia en el orden interno a las normas de la Convención Americana.

Finalmente, en la sentencia mencionada al inicio No. 1.939 de 18 de diciembre de 2008 (Caso *Gustavo Álvarez Arias y otros*) la Sala Constitucional al declarar inejecutable la sentencia de la Corte Interamericana de Derechos Humanos, de fecha 5 de agosto de 2008, dictada en el caso de los ex-magistrados de la Corte Primera de lo Contencioso Administrativo (*Apitz Barbera y otros ("Corte Primera de lo Contencioso Administrativo") vs. Venezuela*), ha resuelto definitivamente que

> "el citado artículo 23 de la Constitución no otorga a los tratados internacionales sobre derechos humanos rango "*supraconstitucional*", por lo que, en caso de antinomia o contradicción entre una disposición de la Carta Fundamental y una norma de un pacto internacional, correspondería al Poder Judicial determinar cuál sería la aplicable, tomando en consideración tanto lo dispuesto en la citada norma como en la jurisprudencia de esta Sala Constitucional del Tribunal Supremo de Justicia, atendiendo al contenido de los artículos 7, 266.6, 334, 335, 336.11 *eiusdem* y el fallo número 1077/2000 de esta Sala."

A los efectos de fundamentar su decisión, y rechazar la existencia de valores superiores no moldeables por el proyecto político autoritario, la Sala aclaró los siguientes conceptos:

"Sobre este tema, la sentencia de esta Sala Nº 1309/2001, entre otras, aclara que el derecho es una teoría normativa puesta al servicio de la política que subyace tras el proyecto axiológico de la Constitución y que la interpretación debe comprometerse, si se quiere mantener la supremacía de la Carta Fundamental cuando se ejerce la jurisdicción constitucional atribuida a los jueces, con la mejor teoría política que subyace tras el sistema que se interpreta o se integra y con la moralidad institucional que le sirve de base axiológica (*interpretatio favor Constitutione*). Agrega el fallo citado: "en este orden de ideas, los estándares para dirimir el conflicto entre los principios y las normas deben ser compatibles con el proyecto político de la Constitución (Estado Democrático y Social de Derecho y de Justicia) y no deben afectar la vigencia de dicho proyecto con elecciones interpretativas ideológicas que privilegien los derechos individuales a ultranza o que acojan la primacía del orden jurídico internacional sobre el derecho nacional en detrimento de la soberanía del Estado".

Concluye la sentencia que: "no puede ponerse un sistema de principios supuestamente absoluto y suprahistórico por encima de la Constitución" y que son inaceptables las teorías que pretenden limitar "so pretexto de valideces universales, la soberanía y la autodeterminación nacional".

En el mismo sentido, la sentencia de esta Sala Nº 1265/2008 estableció que en caso de evidenciarse una contradicción entre la Constitución y una convención o tratado internacional, "deben prevalecer las normas constitucionales que privilegien el interés general y el bien común, debiendo aplicarse las disposiciones que privilegien los intereses colectivos…(…) sobre los intereses particulares…" [471]

En esta forma, la Sala Constitucional en el Venezuela ha dispuesto una ilegítima mutación constitucional, reformando el artículo 23 de la Constitución al eliminar el carácter supranacional de la Convención Americana de Derechos Humanos en los casos en los cuales contenga previsiones más favorables al goce y ejercicio de derechos humanos respecto de las que están previstas en la propia Constitución.

Debe advertirse que esa fue una de las propuestas de reforma que se formularon por el "Consejo Presidencial para la Reforma de la Constitución," designado por el Presidente de la República,[472] en su

[471] Véase en http://www.tsj.gov.ve/decisiones/scon/Diciembre/1939-181208-2008-08-1572.html

[472] Véase Decreto No. 5138 de 17-01-2007, *Gaceta Oficial* N° 38.607 de 18-01-2007

informe de junio de 2007,[473] en el cual en relación con el artículo 23 de la Constitución, se buscaba eliminaba totalmente la jerarquía constitucional de las previsiones de los tratados internacionales de derechos humanos y su prevalencia sobre el orden interno, formulándose la norma sólo en el sentido de que: "los tratados, pactos y convenciones relativos a derechos humanos, suscritos y ratificados por Venezuela, mientras se mantenga vigentes, forma parte del orden interno, y son de aplicación inmediata y directa por los órganos del Poder Público".

Esa propuesta de reforma constitucional que afortunadamente no llegó a cristalizar, era un duro golpe al principio de la progresividad en la protección de los derechos que se recoge en el artículo 19 de la Constitución, que no permite regresiones en la protección de los mismos.[474] Sin embargo, lo que no pudo hacer el régimen autoritario mediante una reforma constitucional, la cual al final fue rechazada por el pueblo, lo hizo la Sala Constitucional del Tribunal Supremo en su larga carrera al servicio del autoritarismo.[475]

II. LA OBLIGATORIEDAD DE LAS DECISIONES DE LA CORTE INTERAMERICANA DE DERECHOS HUMANOS Y LA DECLARATORIA DE SU "INEJECUTABILIDAD" POR REGÍMENES AUTORITARIOS

Pero además del desconocimiento del rango supra constitucional de la Convención Americana de Derechos Humanos, la Sala Constitucional en la sentencia indicada ha desconocido las decisiones de la Corte Interamericana de Derechos Humanos, declarándolas inejecutables, contrariando el régimen internacional de los tratados. En el caso de la Convención Americana de Derechos Humanos una vez

---

473 El documento circuló en junio de 2007 con el título Consejo Presidencial para la Reforma de la Constitución de la República Bolivariana de Venezuela, "Modificaciones propuestas". El texto completo fue publicado como *Proyecto de Reforma Constitucional. Versión atribuida al Consejo Presidencial para la reforma de la Constitución de la república Bolivariana de Venezuela*, Editorial Atenea, Caracas 01 de julio de 2007, 146 pp.

474 Véase esta proyectada reforma constitucional Allan R. Brewer-Carías, *Hacia la consolidación de un Estado Socialista, Centralizado, Policial y Militarista. Comentarios sobre el sentido y alcance de las propuestas de reforma constitucional 2007,* Colección Textos Legislativos, No. 42, Editorial Jurídica Venezolana, Caracas 2007, pp. 122 ss.

475 Véase entre otros aspectos, los contenidos en el libro Allan R. Brewer-Carías, *Crónica sobre la "In" Justicia Constitucional. La Sala Constitucional y el autoritarismo en Venezuela*, Colección Instituto de Derecho Público, Universidad Central de Venezuela, No. 2, Caracas 2007.

que los Estados Partes han reconocido la jurisdicción de la Corte Interamericana de Derechos Humanos, conforme al artículo 68.1 de la Convención, los mismos "se comprometen a cumplir la decisión de la Corte en todo caso en que sean partes."

Como lo señaló la Corte Interamericana de Derechos Humanos en la decisión del *Caso Castillo Petruzzi*, sobre "Cumplimiento de sentencia" del 7 de noviembre de 1999 (Serie C, núm. 59), "Las obligaciones convencionales de los Estados parte vinculan a todos los poderes y órganos del Estado," (par. 3) agregando "Que esta obligación corresponde a un principio básico del derecho de la responsabilidad internacional del Estado, respaldado por la jurisprudencia internacional, según el cual los Estados deben cumplir sus obligaciones convencionales de buena fe (*pacta sunt servanda*) y, como ya ha señalado esta Corte, no pueden por razones de orden interno dejar de asumir la responsabilidad internacional ya establecida." (par. 4).[476]

No han faltado Estados, sin embargo, que se hayan rebelado contra las decisiones de la Corte Interamericana y hayan pretendido eludir su responsabilidad en el cumplimiento de las mismas. Esa sentencia de la Corte Interamericana es prueba de ello, dictada precisamente con motivo de la ejecución de la sentencia del *Caso Castillo Petruzzi* del de 30 de mayo de 1999 (Serie C, núm. 52), en la cual la Corte Interamericana declaró que el Estado peruano había violado los artículos 20; 7.5; 9; 8.1; 8.2.b,c,d y f; 8.2.h; 8.5; 25; 7.6; 5; 1.1 y 2, declarando además "la invalidez, por ser incompatible con la Convención, del proceso en contra de los señores Jaime Francisco Sebastián Castillo Petruzzi" y otros, ordenando "que se les garantice un nuevo juicio con la plena observancia del debido proceso legal," y además, "al Estado adoptar las medidas apropiadas para reformar las normas que han sido declaradas violatoria de la Convención Americana sobre Derechos Humanos en la presente sentencia y asegurar el goce de los derechos consagrados en la Convención Americana sobre derechos Humanos a todas las personas que se encuentran bajo su jurisdicción, sin excepción alguna."[477]

En relación con esa decisión de la Corte Interamericana, según informa la sentencia que comentamos No. 1.939 de la Sala Constitucional del Tribunal Supremo de Venezuela de 18 de diciembre de 2008 (Caso *Abogados Gustavo Álvarez Arias y otros*), en la cual también se declaró inejecutable una sentencia de la Corte Interamericana de De-

---

476 Sergio García Ramírez (Coord.), *La Jurisprudencia de la Corte Interamericana de Derechos Humanos*, Universidad Nacional Autónoma de México, Corte Interamericana de Derechos Humanos, México, 2001, pp. 628-629.

477 Idem, pp. 626-628

rechos Humanos, la Sala Plena del Consejo Supremo de Justicia Militar del Perú se negó a ejecutar el fallo, considerando entre otras cosas:

> "que el poder judicial "*es autónomo y en el ejercicio de sus funciones sus miembros no dependen de ninguna autoridad administrativa, lo que demuestra un clamoroso desconocimiento de la Legislación Peruana en la materia*"; que "*pretenden desconocer la Constitución Política del Perú y sujetarla a la Convención Americana sobre Derechos Humanos en la interpretación que los jueces de dicha Corte* efectúan *ad-libitum en esa sentencia*"; que el fallo cuestionado, dictado por el Tribunal Supremo Militar Especial, adquirió la fuerza de la cosa juzgada, "*no pudiendo por lo tanto ser materia de un nuevo juzgamiento por constituir una infracción al precepto constitucional*"; que "*en el hipotético caso que la sentencia dictada por la Corte Interamericana fuera ejecutada en los términos y condiciones que contiene, existiría un imposible jurídico para darle cumplimiento bajo las exigencias impuestas por dicha jurisdicción supranacional*", pues "*sería requisito ineludible que previamente fuera modificada la Constitución*" *y que* "*la aceptación y ejecución de la sentencia de la Corte en este tema, pondría en grave riesgo la seguridad interna de la República.*" [478]

Precisamente frente a esta declaratoria por la Sala Plena del Consejo Supremo de Justicia Militar del Perú sobre la inejecutabilidad del fallo de 30 de mayo de 1999 de la Corte Interamericana de Derechos Humanos en el Perú, fue que la misma Corte Interamericana dictó el fallo subsiguiente, antes indicado, de 7 de noviembre de 1999, declarando que "el Estado tiene el deber de dar pronto cumplimiento a la sentencia de 30 de mayo de 1999 dictada por la Corte Interamericana en el caso Castillo Petruzzi y otros."[479] Ello ocurrió durante el régimen autoritario que tuvo el Perú en la época del Presidente Fujimori, y que condujo a que dos meses después de dictarse la sentencia de la Corte Interamericana del 30 de mayo de 1999, el Congreso del Perú aprobase el 8 de julio de 1999 el retiro del reconocimiento de la competencia contenciosa de la Corte, lo que se depositó al día siguiente en la Secretaría General de la OEA/ Este retiro fue declarado inadmisible por la propia Corte Interamericana, en la sentencia del caso *Ivcher Bronstein* de 24 de septiembre de 1999, considerando que un

---

478 Véase en http://www.tsj.gov.ve/decisiones/scon/Diciembre/1939-181208-2008-08-1572.html

479 Sergio García Ramírez (Coord.), *La Jurisprudencia de la Corte Interamericana de Derechos Humanos*, Universidad Nacional Autónoma de México, Corte Interamericana de Derechos Humanos, México, 2001, p. 629

"Estado parte sólo puede sustraerse a la competencia de la Corte mediante la denuncia del tratado como un todo."[480]

En el caso de Venezuela, la Sala Constitucional del Tribunal Supremo también ha declarado como inejecutable en la mencionada decisión No 1.939 de 18 de diciembre de 2008 (Caso *Abogados Gustavo Álvarez Arias y otros*), la sentencia de la Corte Interamericana de Derechos Humanos Primera de 5 de agosto de 2008 en el caso *Apitz Barbera y otros ("Corte Primera de lo Contencioso Administrativo") vs. Venezuela,* en la cual como se ha dicho decidió que el Estado Venezolano había violado las garantías judiciales establecidas en la Convención Americana de los jueces de la Corte Primera de lo Contencioso Administrativo que habían sido destituidos, condenando al Estado a pagar las compensaciones prescritas, a reincorporarlos en sus cargos o en cargos similares y a publicar el fallo en la prensa venezolana.[481] En su sentencia, además de declarar inejecutable dicho fallo, la Sala Constitucional solicitó al Ejecutivo Nacional que denunciara la Convención Americana de Derechos Humanos, y acusó a la Corte Interamericana de haber usurpado el poder del Tribunal Supremo.

El tema como se ha dicho, ya lo había adelantado la Sala Constitucional en su conocida sentencia No. 1.942 de 15 de julio de 2003 (Caso: *Impugnación de artículos del Código Penal, Leyes de desacato*),[482] en la cual al referirse a los Tribunales Internacionales "comenzó declarando en general, que en Venezuela "por encima del Tribunal Supremo de Justicia y a los efectos del artículo 7 constitucional, no existe órgano jurisdiccional alguno, a menos que la Constitución o la ley así lo señale, y que aun en este último supuesto, la decisión que se contradiga con las normas constitucionales venezolanas, carece de aplicación en el país, y así se declara."

En esa decisión, la Sala continuó distinguiendo respecto de los Tribunales Internacionales, aquellos de carácter supranacional como los de integración, basados en los artículos 73 y 153 de la Constitución que "contemplan la posibilidad que puedan transferirse competencias venezolanas a órganos supranacionales, a los que se reconoce

480 Idem, pp. 769-771. En todo caso, posteriormente en 2001 Perú derogó la Resolución de julio de 1999, restableciéndose a plenitud la competencia de la Corte interamericana para el Estado.

481 See in www.corteidh.or.cr . Excepción Preliminar, Fondo, Reparaciones y Costas, Serie C No. 182.

482 Véase en *Revista de Derecho Público*, No. 93-96, Editorial Jurídica Venezolana, Caracas 2003, pp. 136 ss.

que puedan inmiscuirse en la soberanía nacional;"[483] de aquellos de carácter Multinacionales y Transnacionales "que nacen porque varias naciones, en determinadas áreas, escogen un tribunal u organismo común que dirime los litigios entre ellos, o entre los países u organismos signatarios y los particulares nacionales de esos países signatarios," considerando que en estos casos "no se trata de organismos que están por encima de los Estados Soberanos, sino que están a su mismo nivel." En esta última categoría clasificó precisamente a la Corte Interamericana de Derechos Humanos, considerando que en estos casos, "un fallo violatorio de la Constitución de la República Bolivariana de Venezuela se haría inejecutable en el país. Ello podría dar lugar a una reclamación internacional contra el Estado, pero la decisión se haría inejecutable en el país, en este caso, en Venezuela." La Sala, insistió en esta doctrina señalando que:

> "Mientras existan estados soberanos, sujetos a Constituciones que les crean el marco jurídico dentro de sus límites territoriales y donde los órganos de administración de justicia ejercen la función jurisdiccional dentro de ese Estado, las sentencias de la justicia supranacional o transnacional para ser ejecutadas dentro del Estado, tendrán que adaptarse a su Constitución. Pretender en el país lo contrario sería que Venezuela renunciara a la soberanía."[484]

De esta afirmación resultó la otra afirmación general de la Sala Constitucional de que fuera de los casos de procesos de integración supranacional, "la soberanía nacional no puede sufrir distensión alguna por mandato del artículo 1 constitucional, que establece como derechos *irrenunciables* de la Nación: la independencia, la libertad, la soberanía, la integridad territorial, la inmunidad y la autodeterminación nacional. Dichos derechos constitucionales son irrenunciables, no están sujetos a ser relajados, excepto que la propia Carta Fundamental lo señale, conjuntamente con los mecanismos que lo hagan

---

483 En este caso de tribunales creados en el marco de un proceso de integración supranacional, la Sala puntualizó que "Distinto es el caso de los acuerdos sobre integración donde la soberanía estatal ha sido delegada, total o parcialmente, para construir una soberanía global o de segundo grado, en la cual la de los Estados miembros se disuelve en aras de una unidad superior. No obstante, incluso mientras subsista un espacio de soberanía estatal en el curso de un proceso de integración y una Constitución que la garantice, las normas dictadas por los órganos legislativos y judiciales comunitarios no podrían vulnerar dicha área constitucional, a menos que se trate de una decisión general aplicable por igual a todos los Estados miembros, como pieza del proceso mismo de integración." Idem, p. 140

484 Idem, p. 139

posible, tales como los contemplados en los artículos 73 y 336.5 constitucionales, por ejemplo."[485]

Esta doctrina fue la que precisamente ha sido aplicada ahora en la sentencia No. 1.939 de 18 de diciembre de 2008, en la cual la Sala Constitucional se apoyó expresamente en una extensa cita de la sentencia 1.942 de 15 de julio de 2003.

Esta sentencia No. 1.939 de 18 de diciembre de 2008, en efecto, la dictó la Sala Constitucional con motivo de una "acción de control de la constitucionalidad" formulada por abogados de la procuraduría general de la república, es decir, representantes de la República de Venezuela, "referida a la interpretación acerca de la conformidad constitucional del fallo de la Corte Interamericana de Derechos Humanos, de fecha 5 de agosto de 2008," en el caso de los ex-magistrados de la Corte Primera de lo Contencioso Administrativo (*Apitz Barbera y otros ("Corte Primera de lo Contencioso Administrativo") vs. Venezuela*).

Lo primero que destaca de este asunto, es que quien peticionó ante la Sala Constitucional fue el propio Estado obligado a ejecutar las sentencia internacionales a través de la Procuraduría General de la República, y la petición se formuló a través de un curiosa "acción de control constitucional" para la interpretación de la conformidad con la Constitución de la misma, no prevista en el ordenamiento.

La fundamentación básica de la acción interpuesta por el Estado fue que las decisiones de los "órganos internacionales de protección de los derechos humanos no son de obligatorio cumplimiento y son inaplicables si violan la Constitución," ya que lo contrario "sería subvertir el orden constitucional y atentaría contra la soberanía del Estado," denunciando ante la Sala que la sentencia de la Corte Interamericana de Derechos Humanos viola "la supremacía de la Constitución y su obligatoria sujeción violentando el principio de autonomía del poder judicial, pues la misma llama al desconocimiento de los procedimientos legalmente establecidos para el establecimiento de medidas y sanciones contra aquellas actuaciones desplegadas por los jueces que contraríen el principio postulado esencial de su deber como jueces de la República."

El Estado en su petición ante su Sala Constitucional, además, alegó que "la sentencia de manera ligera dispone que los accionantes no fueron juzgados por un juez imparcial, -no obstante señalar previamente que no fue debidamente comprobada tal parcialidad- y que por el supuesto hecho de no existir un procedimiento idóneo previsto

485 Idem, p. 138

en el ordenamiento jurídico venezolano para investigar y sancionar la conducta denunciada por los Ex Magistrados, entonces concluye que no solo tales ciudadanos no incurrieron en motivo alguno que justifique su destitución". Y concluyó afirmando que el fallo de la Corte Interamericana era inaceptable y de imposible ejecución por parte del propio Estado peticionante.

La Sala Constitucional, para decidir, obviamente tuvo que comenzar por encuadrar la acción propuesta por el Estado, deduciendo que la misma no pretendía "la nulidad" del fallo de la Corte Interamericana "por lo que el recurso de nulidad como mecanismo de control concentrado de la constitucionalidad no resulta el idóneo." Tampoco consideró la Sala que se trataba de "una colisión de leyes, pues de lo que se trata es de una presunta controversia entre la Constitución y la ejecución de una decisión dictada por un organismo internacional fundamentada en normas contenidas en una Convención de rango constitucional, lo que excede los límites de ese especial recurso."

En virtud de ello, la Sala simplemente concluyó que de lo que se trataba era de una petición "dirigida a que se aclare una duda razonable en cuanto a la ejecución de un fallo dictado por la Corte Interamericana de Derechos Humanos, que condenó a la República Bolivariana de Venezuela a la reincorporación de unos jueces y al pago de sumas de dinero," considerando entonces que se trataba de una "acción de interpretación constitucional" que la propia Sala constitucional creó en Venezuela, a los efectos de la interpretación abstracta de normas constitucionales a partir de su sentencia de 22 de septiembre de 2000 *(caso Servio Tulio León)*.[486]

A tal efecto, la Sala consideró que era competente para decidir la acción interpuesta, al estimar que lo que peticionaban los representantes del Estado en su acción, era una decisión "sobre el alcance e inteligencia de la ejecución de una decisión dictada por un organismo internacional con base en un tratado de jerarquía constitucional, ante la presunta antinomia entre esta Convención Internacional y la Constitución Nacional," estimando al efecto, que el propio Estado tenía la legitimación necesaria para intentar la acción ya que el fallo de la Corte Interamericana había ordenado la reincorporación en sus cargos de unos ex magistrados, había condenado a la República al pago de cantidades de dinero y había ordenado la publicación del fallo. El Estado, por tanto, de acuerdo a la Sala Constitucional tenía interés en que se dictase "una sentencia mero declarativa en la cual se

486 Véase *Revista de Derecho Público*, No. 83, Editorial Jurídica Venezolana, Caracas 2000, pp. 247 ss.

establezca el verdadero sentido y alcance de la señalada ejecución con relación al Poder Judicial venezolano en cuanto al funcionamiento, vigilancia y control de los tribunales."

A los efectos de adoptar su decisión, la Sala reconoció el rango constitucional de la Convención Americana sobre Derechos Humanos conforme al artículo 23 de la Constitución (ratificada en 1977), y consideró que el Estado desde 1981, había reconocido expresamente las competencias de la Comisión Interamericana y de la Corte Interamericana de Derechos Humanos, respectivamente. Sin embargo, precisó que la Corte Interamericana de Derechos Humanos no podía "pretender excluir o desconocer el ordenamiento constitucional interno," pues "la Convención coadyuva o complementa el texto fundamental que, en el caso de nuestro país, es *"la norma suprema y el fundamento del ordenamiento jurídico"* (artículo 7 constitucional).

La Sala para decidir, consideró que la Corte Interamericana, para dictar su fallo, además de haberse contradicho[487] al constatar la supuesta violación de los derechos o libertades protegidos por la Convención:

> "dictó pautas de carácter obligatorio sobre gobierno y administración del Poder Judicial que son competencia exclusiva y excluyente del Tribunal Supremo de Justicia y estableció directrices para el Poder Legislativo, en materia de carrera judicial y responsabilidad de los jueces, violentando la soberanía del Estado venezolano en la organización de los poderes públicos y en la selección de sus funcionarios, lo cual resulta inadmisible."

La Sala consideró entonces que la Corte Interamericana "al no limitarse a ordenar una indemnización por la supuesta violación de derechos, utilizó el fallo analizado para intervenir inaceptablemente en el gobierno y administración judicial que corresponde con carácter excluyente al Tribunal Supremo de Justicia, de conformidad con la

---

487 La Sala Constitucional consideró que la Corte Interamericana decidió que la omisión de la Asamblea Nacional de dictar el Código de Ética del Juez o Jueza Venezolano, "*ha influido en el presente caso, puesto que las víctimas fueron juzgadas por un órgano excepcional que no tiene una estabilidad definida y cuyos miembros pueden ser nombrados o removidos sin procedimientos previamente establecidos y a la sola discreción del TSJ,*" pero luego "sorprendentemente, en ese mismo párrafo [147] y de manera contradictoria, afirma que no se pudo comprobar que la Comisión de Emergencia y Reestructuración del Poder Judicial haya incurrido en desviación de poder o que fuera presionada directamente por el Ejecutivo Nacional para destituir a los mencionados ex jueces y luego concluye en el cardinal 6 del Capítulo X que "*no ha quedado establecido que el Poder Judicial en su conjunto carezca de independencia*".

Constitución de 1999," haciendo mención expresa a los artículos 254, 255 y 267. Además, estimó la Sala Constitucional que la Corte Interamericana "equipara de forma absoluta los derechos de los jueces titulares y los provisorios, lo cual es absolutamente inaceptable y contrario a derecho," reconociendo que respecto de los últimos (citando su sentencia Nº 00673-2008), sin estabilidad alguna, están a regidos por la Comisión de Funcionamiento y Reestructuración del Sistema Judicial," como un órgano creado con carácter transitorio hasta tanto sea creada la jurisdicción disciplinaria." Pero ello no impide, de acuerdo con la Sala Constitucional que se pueda "remover directamente a un funcionario de carácter provisorio o temporal, sin que opere alguna causa disciplinaria" por parte de la "Comisión Judicial del Tribunal Supremo de Justicia," en forma completamente "discrecional."

Además, destacó la Sala, la "sentencia cuestionada" de la Corte Interamericana "pretende desconocer la firmeza de decisiones administrativas y judiciales que han adquirido la fuerza de la cosa juzgada, al ordenar la reincorporación de los jueces destituidos." En este punto, la Sala recurrió como precedente para considerar que la sentencia de la Corte Interamericana de Derechos Humanos era inejecutable en Venezuela, a la decisión antes señalada de 1999 de la Sala Plena del Consejo Supremo de Justicia Militar del Perú, que consideró inejecutable la sentencia de la Corte Interamericana de 30 de mayo de 1999, dictada en el caso: *Castillo Petruzzi y otro*.

En sentido similar, la Sala Constitucional venezolana concluyó que:

> En este caso, estima la Sala que la ejecución de la sentencia de la Corte Interamericana de Derechos Humanos del 5 de agosto de 2008, afectaría principios y valores esenciales del orden constitucional de la República Bolivariana de Venezuela y pudiera conllevar a un caos institucional en el marco del sistema de justicia, al pretender modificar la autonomía del Poder Judicial constitucionalmente previsto y el sistema disciplinario instaurado legislativamente, así como también pretende la reincorporación de los hoy ex jueces de la Corte Primera de lo Contencioso Administrativo por supuesta parcialidad de la Comisión de Funcionamiento y Reestructuración del Poder Judicial, cuando la misma ha actuado durante varios años en miles de casos, procurando la depuración del Poder Judicial en el marco de la actividad disciplinaria de los jueces. Igualmente, el fallo de la Corte Interamericana de Derechos Humanos pretende desconocer la firmeza de las decisiones de destitución que recayeron sobre los ex jueces de la Corte Primera de lo Contencioso Administrativo que se deriva de la falta de ejercicio de los recursos administrativos o

judiciales, o de la declaratoria de improcedencia de los recursos ejercidos por parte de las autoridades administrativas y judiciales competentes."

Por todo lo anterior, la Sala Constitucional del Tribunal Supremo de Venezuela, a petición del propio Estado venezolano declaró entonces "inejecutable el fallo de la Corte Interamericana de Derechos Humanos, de fecha 5 de agosto de 2008, en la que se ordenó la reincorporación en el cargo de los ex-magistrados de la Corte Primera de lo Contencioso Administrativo Ana María Ruggeri Cova, Perkins Rocha Contreras y Juan Carlos Apitz B.; con fundamento en los artículos 7, 23, 25, 138, 156.32, el Capítulo III del Título V de la Constitución de la República y la jurisprudencia parcialmente transcrita de las Salas Constitucional y Político Administrativa. Así se decide." Esto, acompañado de la afirmación de que la sala Constitucional, por "notoriedad judicial" ya sabía que el Tribunal Supremo había nombrado a otras personas como magistrados de la Corte Primera.

Pero no se quedó allí la Sala Constitucional, sino en una evidente usurpación de poderes, ya que las relaciones internacionales es materia exclusiva del Poder Ejecutivo, solicitó instó "al Ejecutivo Nacional proceda a denunciar esta Convención, ante la evidente usurpación de funciones en que ha incurrido la Corte Interamericana de los Derechos Humanos con el fallo objeto de la presente decisión; y el hecho de que tal actuación se fundamenta institucional y competencialmente en el aludido Tratado."

Finalmente, la Sala Constitucional instó a "la Asamblea Nacional para que proceda a dictar el Código de Ética del Juez y la Jueza Venezolanos, en los términos aludidos en la sentencia de esta Sala Constitucional Nº 1048 del 18 de mayo de 2006."

Y así concluye el proceso de desligarse de la Convención Americana sobre Derechos Humanos, y de la jurisdicción de la Corte Interamericana de Derechos Humanos por parte del Estado Venezolano, utilizando para ello a su propio Tribunal Supremo de Justicia, que lamentablemente ha manifestado ser el principal instrumento para la consolidación del autoritarismo en Venezuela.[488]

---

488 Véase Allan R. Brewer-Carías, "La progresiva y sistemática demolición institucional de la autonomía e independencia del Poder Judicial en Venezuela 1999–2004," in *XXX Jornadas J.M Domínguez Escovar, Estado de derecho, Administración de justicia y derechos humanos,* Instituto de Estudios Jurídicos del Estado Lara, Barquisimeto, 2005, pp. 33–174; "La justicia sometida al poder (La ausencia de independencia y autonomía de los jueces en Venezuela por la interminable emergencia del Poder Judicial (1999-2006))," in *Cuestiones Internacionales. Anuario Jurídico Villanueva 2007,* Centro Universitario Villa-

Debe recordarse en efecto, que en esta materia la Sala Constitucional también ha dispuesto una ilegítima mutación constitucional, reformando el artículo 23 de la Constitución en la forma cómo se pretendía en 2007 en la antes mencionada propuesta del "Consejo Presidencial para la Reforma de la Constitución," designado por el Presidente de la República, al buscar agregar al artículo 23 de la Constitución, también en forma regresiva, que "corresponde a los tribunales de la República conocer de las violaciones sobre las materias reguladas en dichos Tratados", con lo que se buscaba establecer una prohibición constitucional para que la Corte Interamericana de Derechos Humanos pudiera conocer de las violaciones de la Convención Americana de Derechos Humanos. Es decir, con una norma de este tipo, Venezuela hubiera quedado excluida constitucionalmente de la jurisdicción de dicha Corte internacional y del sistema interamericano de protección de los derechos humanos.[489]

En esta materia, también, lo que no pudo hacer el régimen autoritario mediante una reforma constitucional, la cual al final fue rechazada por el pueblo, lo hizo la Sala Constitucional del Tribunal Supremo en su larga carrera al servicio del autoritarismo.

---

nueva, Marcial Pons, Madrid, 2007, pp. 25–57; "Quis Custodiet ipsos Custodes: De la interpretación constitucional a la inconstitucionalidad de la interpretación", in *VIII Congreso Nacional de derecho Constitucional*, Peru, Fondo Editorial 2005, Colegio de Abogados de Arequipa, Arequipa, September 2005, pp. 463-489; y *Crónica de la "In" Justicia Constitucional. La Sala Constitucional y el autoritarismo en Venezuela*, Caracas 2007.

489 Véase sobre esta proyectada reforma constitucional Allan R. Brewer-Carías, *Hacia la consolidación de un Estado Socialista, Centralizado, Policial y Militarista. Comentarios sobre el sentido y alcance de las propuestas de reforma constitucional 2007,* Colección Textos Legislativos, No. 42, Editorial Jurídica Venezolana, Caracas 2007, p. 122.

SÉPTIMA PARTE

LA MUTACIÓN CONSTITUCIONAL DE LA FORMA FEDERAL DEL ESTADO

Este texto tiene su origen en la Ponencia sobre "La ilegítima mutación de la Constitución y la legitimidad de la jurisdicción constitucional: la "reforma" de la forma federal del Estado en Venezuela mediante interpretación constitucional," presentada al *X Congreso Iberoamericano de Derecho Constitucional*, celebrado en Lima, Perú entre el 16 y el 19 de Septiembre de 2009*

La Constitución de 1999 fue, en Venezuela, la manifestación de la voluntad del pueblo expresada como poder constituyente originario en el referendo aprobatorio del 15 de diciembre de 1999. En consecuencia, la Constitución prevalece y debe prevalecer sobre la voluntad de todos los órganos constituidos del Estado, incluyendo la Jurisdicción Constitucional a cargo del Tribunal Supremo de Justicia, por lo que su modificación sólo puede llevarse a cabo conforme se dispone en su propio texto, como expresión-imposición de la voluntad popular producto de ese poder constituyente originario.

---

* Publicado en *Memoria del X Congreso Iberoamericano de Derecho Constitucional,* Instituto Iberoamericano de Derecho Constitucional, Asociación Peruana de Derecho Constitucional, Instituto de Investigaciones Jurídicas-UNAM y Maestría en Derecho Constitucional-PUCP, IDEMSA, Lima 2009, tomo 1, pp. 29-51; en *Anuario nº 4, Diciembre 2010,* Instituto de Investigación Jurídicas, Facultad de Jurisprudencia y Ciencias Sociales, Universidad Dr. José Matías Delgado de El Salvador, El Salvador 2010, pp. 111-143 (ISSN 2071-2472). En Venezuela, el estudio se publicó en mi libro: *Práctica y distorsión de la justicia constitucional en Venezuela (2008-2012),* Colección Justicia No. 3, Acceso a la Justicia, Academia de Ciencias Políticas y Sociales, Editorial Jurídica Venezolana, Caracas 2012, pp. 121-140; y como "La mutación del Estado federal en Venezuela," en *Revista General de Derecho Público Comparado,* No. 23 (junio 2018), (Sección Monográfica: "Las tendencias del Estado federal en América Latina". Coordinado por Giorgia Pavani y Vanessa Suelt Cock), Iustel, Madrid 2018.

I. LA SUPREMACÍA CONSTITUCIONAL COMO PRINCIPIO QUE RIGE PARA TODOS LOS ÓRGANOS DEL ESTADO, INCLUYENDO AL JUEZ CONSTITUCIONAL, Y LA PROHIBICIÓN DE MUTACIONES CONSTITUCIONALES ILEGÍTIMAS

Este postulado de la supremacía de la Constitución en tanto que norma fundamental, que además se encuentra expresado en su artículo 7, lo que implica, como lo dijo Alexander Hamilton en 1788, no sólo que "ningún acto legislativo contrario a la Constitución, puede ser válido", sino que "negar esto significaría afirmar que ... "los representantes del pueblo son superiores al pueblo mismo; que los hombres que actúan en virtud de poderes, puedan hacer no sólo lo que sus poderes no les autorizan sino también lo que les prohíben".[490]

La contrapartida de la obligación de los órganos constituidos de respetar la Constitución, de manera que el poder constituyente originario prevalezca sobre la voluntad de dichos órganos estatales constituidos, es el derecho constitucional que todos los ciudadanos tienen en un Estado Constitucional, a que se respete la voluntad popular expresada en la Constitución, es decir, *el derecho fundamental a la supremacía constitucional.* Nada se ganaría con señalar que la Constitución, como manifestación de la voluntad del pueblo, debe prevalecer sobre la de los órganos del Estado, si no existiere el derecho de los integrantes del pueblo de exigir el respeto de esa Constitución, y además, la obligación de los órganos jurisdiccionales de velar por dicha supremacía.

El constitucionalismo moderno, por tanto, no sólo está montado sobre el principio de la supremacía constitucional, sino que como consecuencia del mismo, también está montado sobre el derecho del ciudadano a esa supremacía[491], que se concreta, conforme al principio de la separación de poderes, en un derecho fundamental a la tutela judicial efectiva de la supremacía constitucional, es decir, a la justicia constitucional.

Por ello, el mismo Hamilton, al referirse al papel de los Jueces en relación con dicha supremacía constitucional también afirmó:

---

490 *The Federalist* (ed. B.F. Wright), Cambridge, Mass. 1961, pp. 491-493.

491 Véase Allan R. Brewer-Carías, "El amparo a los derechos y libertades constitucionales (una aproximación comparativa)" en Manuel José Cepeda (editor), *La Carta de Derechos. Su interpretación y sus implicaciones*, Editorial Temis, Bogotá 1993, pp. 21-81.

> "Una Constitución es, de hecho, y así debe ser considerada por los jueces, como una ley fundamental. Por tanto, les corresponde establecer su significado, así como el de cualquier acto proveniente del cuerpo legislativo. Si se produce una situación irreconciliable entre ambos, por supuesto, la preferencia debe darse a la que tiene la mayor obligatoriedad y validez, o, en otras palabras, la Constitución debe prevalecer sobre las Leyes, así como la intención del pueblo debe prevalecer sobre la intención de sus representantes."

Con base en estos postulados se desarrolló, no sólo la doctrina de la supremacía de la Constitución, sino también, aún más importante, la doctrina de "los jueces como guardianes de la Constitución", tal como lo expresó el mismo Hamilton al referirse a la Constitución como limitación de los poderes del Estado y, en particular, de la autoridad legislativa, afirmando que:

> "Limitaciones de este tipo sólo pueden ser preservadas, en la práctica, mediante los Tribunales de justicia, cuyo deber tiene que ser el de declarar nulos todos los actos contrarios al tenor manifiesto de la Constitución. De lo contrario, todas las reservas de derechos o privilegios particulares equivaldrían a nada."[492]

De estos postulados puede decirse que en el constitucionalismo moderno surgió el sistema de justicia constitucional en sus dos vertientes, como protección de la parte orgánica de la Constitución, y como protección de su parte dogmática, es decir, de los derechos y libertades constitucionales, lo que en definitiva, no es más que la manifestación de la garantía constitucional del derecho fundamental del ciudadano al respecto de la supremacía constitucional. Esa garantía es la que precisamente implica el poder atribuido a los jueces de asegurar la supremacía constitucional, sea declarando la nulidad de los actos contrarios a la Constitución, sea restableciendo los derechos fundamentales vulnerados por acciones ilegítimas, tanto de los órganos del Estado como de los particulares. La justicia constitucional es, así, el instrumento jurídico para canalizar los conflictos entre la voluntad popular y los actos de los poderes constituidos; razón por la cual se la ha considerado históricamente como el sustituto a

---

492 *The Federalist* (ed. B.F. Wright), Cambridge, Mass. 1961, pp. 491-493.

la revolución[493] o del ejercicio del derecho de resistencia o revuelta que defendía John Locke[494].

Pero por supuesto, en esta concepción del juez constitucional para en caso de opresión de los derechos, de abuso o de usurpación, sustituyera a la revolución como la vía de solución de conflictos entre el pueblo y los gobernantes, los constructores del Estado Constitucional nunca pensaron que podía ser el propio juez constitucional el que usurpara el poder constituyente y violara la constitución. En el esquema del Estado constitucional no hay forma alguna de controlar judicialmente al juez constitucional, por lo que incluso se establece expresamente que las sentencias de Tribunal Supremo de Justicia no son revisables.

En todo caso, lo cierto es que las modificaciones a la Constitución, conforme al texto expreso de la misma, no pueden realizarse por la Jurisdicción Constitucional por más poder que tenga de interpretar la Constitución, sino sólo mediante los tres procedimientos precisos que con intervención del pueblo se establecen en la Constitución: primero, mediante las "enmiendas", con el objeto de agregar o modificar uno o varios artículos de la Constitución (artículo 340), para cuya aprobación se estableció la sola participación del pueblo como poder constituyente originario manifestado mediante referendo aprobatorio; segundo, mediante la "reforma constitucional", orientada hacia la revisión parcial de la Constitución, así como la sustitución de una o varias de sus normas (artículo 342), para cuya aprobación se estableció la participación de uno de los poderes constituidos, la Asamblea Nacional y, además, del pueblo como poder constituyente originario manifestado mediante referendo; y tercer, la "Asamblea Nacional Constituyente" en el caso de que se quiera transformar el Estado, crear un nuevo ordenamiento jurídico y redactar una nueva Constitución (Artículo 347), para cuyo funcionamiento se estableció la necesaria participación del pueblo como poder constituyente originario, en la convocatoria de la Asamblea Constituyente y en la elección de sus miembros.

Cualquier modificación de la Constitución efectuada fuera de estos tres procedimientos, es inconstitucional e ilegítima, razón por la cual la Sala Constitucional del Tribunal Supremo, como Jurisdicción Constitucional, al ejercer su facultad de interpretación del contenido y alcance de las normas constitucionales (art. 334), no puede, en for-

---

493 Véase Sylvia Snowiss, *Judicial Review and the Law of the Constitution,* Yale University Press, 1990, p. 113.

494 Véase John Locke, *Two Treatises of Government* (ed. Peter Laslett), Cambridge UK, 1967, pp. 221 y ss.

ma alguna, "modificar" la Constitución, sobre todo si no se trata de normas que sean ambiguas, imprecisas, mal redactadas y con errores de lenguaje. Si lo hace, lo que estaría realizando sería un falseamiento de la Constitución, es decir, una "mutación" ilegítima y fraudulenta de la misma, que falsea su contenido.[495] Ello es, precisamente, lo que ha venido ocurriendo en Venezuela en varios casos, y en particular en relación con las previsiones constitucionales destinadas a regular la forma federal del Estado, en relación a las cuales, luego de que una propuesta de reforma constitucional que fue sancionada en 2007 y que sometida a referendo fue expresamente rechazada por el pueblo, la Sala Constitucional como "máximo y último intérprete de la Constitución" (art. 335), ha impuesto la mismas modificación rechazada mediante una mutación fraudulenta de la Constitución.

II. EL SISTEMA DE DISTRIBUCIÓN DE COMPETENCIAS DEL PODER PÚBLICO EN LA "FEDERACIÓN DESCENTRALIZADA" VENEZOLANA

1. *La "federación" en el constitucionalismo venezolano*

Uno de los pilares fundamentales de la Constitución venezolana es la forma federal del Estado que siempre se ha adoptado en toda la historia Constitucional del país, aún cuando por supuesto, no sin contradicciones fundamentales.[496]

En todo caso, conforme se declara en el artículo 4 de la Constitución de 1999, "la República Bolivariana de Venezuela es un *Estado federal descentralizado* en los términos consagrados en esta Constitución, y se rige por los principios de integridad territorial, cooperación, solidaridad, concurrencia y corresponsabilidad." Ello es así, aún cuando dicha declaración encubra a un Estado federal "centralizado," pues el primera se contradice en muchas regulaciones que establece la propia Constitución."

---

495 Véase Néstor Pedro Sagües, *La interpretación judicial de la Constitución*, Buenos Aires 2006, pp. 56-59, 80-81, 165 ss.

496 Véase nuestros estudios sobre el tema elaborados apenas la Constitución fue sancionada: Allan R. Brewer-Carías, *Federalismo y Municipalismo en la Constitución de 1999 (Alcance de una reforma insuficiente y regresiva),* Editorial Jurídica Venezolana, Caracas-San Cristóbal 2001; "El Estado federal descentralizado y la centralización de la federación en Venezuela. Situación y perspectiva de una contradicción constitucional" en Diego Valadés y José María Serna de la Garza (Coordinadores), *Federalismo y regionalismo,* Universidad Nacional Autónoma de México, Tribunal Superior de Justicia del Estado de Puebla, Instituto de Investigaciones Jurídicas, Serie Doctrina Jurídica nº 229, México 2005, pp. 717-750.

A pesar de esas contradicciones, en la conformación del Estado con forma federal, se puede identificar al menos un núcleo esencial de la misma en la Constitución, que es expreso y que no puede cambiarse sino mediante una reforma constitucional, el cual se refiere, precisamente, al sistema de "distribución" del Poder Público que regula el artículo 136 "entre el Poder Municipal, el Poder Estadal y el Poder Nacional," el cual se materializa en la distribución de una serie de competencias entre los tres niveles territoriales.

Esa asignación de competencias, ciertamente tiene un acentuado desbalance, primero, por el conjunto de competencias que se asignan a favor del Poder Nacional (artículo 156) y, segundo, por las que se asignan a favor del Poder Municipal (artículos 178, 179), las cuales, comparadas con las competencias que se asignan al Poder Estatal, en cambio, muestran una lista bien exigua (artículo 164). En efecto, esta distribución de competencias además de referirse a *atribuciones* asignadas a los órganos de los tres niveles territoriales, enumera las *materias* sobre las cuales se ejercen esas atribuciones en los tres niveles territoriales.[497]

En esta forma, el artículo 156 de la Constitución enumera como de la "competencia del Poder Público Nacional..." un conjunto de *materias,* muchas de las cuales son de carácter exclusivo, como por ejemplo, la relativa a "La política y la actuación internacional de la República" (arts. 156,1; 152; 154); y otras de carácter concurrente con otros niveles territoriales. En relación con los Estados, el artículo 164 de la Constitución, además de un conjunto de atribuciones, también define unas *materias* que califica como de la "competencia *exclusiva* de los Estados", entre las cuales está, por ejemplo, "la ejecución, conservación, administración y aprovechamiento de las vías terrestres estadales" (ord. 9); y la "la conservación, administración y aprovechamiento de carreteras y autopistas nacionales, así como de puertos y aeropuertos de uso comercial…." (ord. 10).

En cuanto a los Municipios, en el artículo 178 se regula "la competencia del Municipio" traducida en un conjunto de *materias* que son de ejercicio exclusivo sólo en los aspectos que estrictamente conciernen a la vida local.

---

497 Véase Allan R. Brewer-Carías, "Consideraciones sobre el régimen de distribución de competencias del Poder Público en la Constitución de 1999" en Fernando Parra Aranguren y Armando Rodríguez García Editores, *Estudios de Derecho Administrativo. Libro Homenaje a la Universidad Central de Venezuela, Facultad de Ciencias Jurídicas y Políticas, con ocasión del Vigésimo Aniversario del Curso de Especialización en Derecho Administrativo*, Tomo I, Tribunal Supremo de Justicia, Colección Libros Homenaje n° 2, Caracas 2001, pp. 107-136.

2. *El sistema de distribución de competencias exclusivas en materia de infraestructura*

Ahora bien, específicamente, en materia de infraestructura para la circulación y el transporte, la Constitución establece el siguiente sistema de distribución de competencias:

A. *Las materias de competencia exclusiva del Poder Nacional*

El artículo 156 de la Constitución atribuye al Poder nacional en materia de infraestructura para la circulación y el transporte, las siguientes competencias exclusivas entre los tres niveles territoriales:

a. *La ordenación normativa de las obras de infraestructura*

Corresponde en forma exclusiva al Poder Nacional *regular* el sistema normativo de las obras de infraestructura, para lo cual el artículo 156,19 le asigna competencia para "el establecimiento, coordinación y unificación de *normas* y procedimientos técnicos para obras de ingeniería, de arquitectura y de urbanismo." Además, corresponde al Poder Nacional la competencia exclusiva para establecer "el *régimen*... de los puertos[498], aeropuertos y su infraestructura" (art. 156,26).

b. *Las obras públicas nacionales*

En materia de obras públicas, la Constitución asigna competencia exclusiva al Poder Nacional, en materia de "obras públicas de interés nacional" (art. 156,20), por lo que la competencia en materia de obras públicas estadales y municipales corresponde, respectivamente, a los Estados y Municipios.

c. *La vialidad nacional*

Conforme al artículo 156,27, corresponde en forma exclusiva al Poder Nacional "el sistema de vialidad y de ferrocarriles nacionales[499]. Esta norma no reserva al Poder Nacional la vialidad, sino el *sistema* (se entiende, nacional) de vialidad nacional. Por ello, los Estados y Municipios, tienen competencia en materia de vialidad estadal y municipal, sometidos a las normas establecidas en materia de ingeniería por el Poder Nacional (art. 156,19).

---

498 Véase Ley de Reforma Parcial del Decreto con Fuerza de Ley General de Puertos en *G.O.* nº 37.589 del 11 de diciembre de 2002. Decreto nº 1.380 con Fuerza de Ley General de Marinas y Actividades Conexas en *G.O.* nº 37.321 del 9 de noviembre de 2001. Véase en general, sobre los puertos: Ricardo Baroni Uzcátegui, "Las competencias portuarias a la luz de la Constitución de 1999" en *DOCTUM. Revista Marítima Venezolana de Investigación y Postgrado,* Vol. 3, nº 2 (mayo-diciembre). Caracas, 2000, pp. 191-206.

499 Véase Decreto nº 6.069, con fuerza de Ley de Sistema de Transporte Ferroviario Nacional en *G.O.* Extra. nº 5.889 del 31 de julio de 2008.

d. *El transporte nacional*

El artículo 156,26 de la Constitución atribuye competencia exclusiva al Poder Nacional, en materia de "El régimen de la navegación y del transporte aéreo, terrestre[500], marítimo fluvial y lacustre, de carácter *nacional...*" Además, como se dijo, el artículo 156,27, atribuye al Poder Nacional competencia en materia de "ferrocarriles nacionales".

En consecuencia, también puede haber transporte estadal y municipal, cuyo régimen compete a Estados y Municipios. Sin embargo, sólo compete al Poder Nacional "las políticas nacionales y la legislación en materia naviera" (art. 156,23), lo que no excluye que pueda haber políticas estadales y municipales en esa materia.

e. *La competencia en materia de legislación general*

De acuerdo con el artículo 156,32, el Poder Nacional además de las competencias legislativas que tiene respecto de las materias que se le atribuyen, tiene la competencia exclusiva general respecto de la legislación en las "todas las materias de la competencia nacional."(art. 156,32)

B. *Las materias de la competencia exclusiva del poder público estadal*

Al contrario de lo que sucede con el artículo 156 de la Constitución relativo a las materias de la competencia del Poder Nacional (algunas de las cuales son exclusivas y otras no), el artículo 164 de la Constitución sólo regula competencias *exclusiva* de los Estados, las cuales sin dejar de ser "exclusivas", están reguladas como una exclusividad parcial, pues otros aspectos de las mismas materias se asignan a otros órganos del Poder Público.

a. *Las obras públicas estadales*

Al atribuirse al Poder Nacional competencia exclusiva en materia de obras públicas nacionales (art. 156,20), corresponde a los Estados la competencia exclusiva en materia de obras públicas estadales, con sujeción a las normas sobre ingeniería establecidas por el Poder nacional (art. 156,19).

b. *La vialidad estadal*

El artículo 164,9 de la Constitución atribuye a los Estados competencia exclusiva en materia de "La ejecución, conservación, administración y aprovechamiento de las vías terrestres estadales." Estas vías terrestres estadales son "las que conforman la red vial dentro del te-

---

500 Véase Decreto n° 1.535 con Fuerza de Ley de Tránsito y Transporte Terrestre en *G.O.* n° 37.332 del 26 de noviembre de 2001.

rritorio de cada Estado, con exclusión de las vías de comunicación nacionales que se encuentren en el mismo y de las vías urbanas municipales", tal como las definió el artículo 6 del Reglamento Parcial Nº 7 de la Ley Orgánica de Descentralización, Delimitación y Transferencia de Competencias del Poder Público, en materia de vialidad terrestre[501]; siendo vías de comunicación nacionales, "las carreteras que atraviesan un Estado y salgan de sus límites" (art. 4,1).

La precisión del ámbito de la materia objeto de esta competencia exclusiva es importante, ya que el artículo 156 asigna al Poder Nacional competencia en cuanto al "sistema de vialidad y de ferrocarriles nacionales" (ord. 27); y el artículo 178,2 atribuye a los Municipios competencia en materia de "vialidad urbana".

c. *La administración de la vialidad nacional*

Siguiendo la decisión adoptada por la Ley Orgánica de Descentralización, Delimitación y Transferencia de Competencias del Poder Público de 1989[502] (art. 11,3), que tenía rango constitucional,[503] el artículo 164,10 de la Constitución, constitucionalizando esa materia, como se ha dicho, asignó competencia exclusiva a los Estados, en materia de "La conservación, administración y aprovechamiento de carreteras y autopistas nacionales... en coordinación con el Poder Nacional."

Esta competencia, sin embargo, está sujeta al ejercicio de la competencia nacional en materia de "sistema de vialidad y ferrocarriles nacionales" (art. 156,27) y además, la deben ejercer los Estados sujetos a "la coordinación con el Poder Nacional," que éste debe regular.

d. *Administración de puertos y aeropuertos comerciales*

La Constitución, también siguiendo la política de descentralización de competencias efectuada a favor de los Estados por el artículo 11,5 de la Ley Orgánica de Descentralización, Delimitación y Transferencia de Competencias del Poder Público de 1989, constitucionalizó la previsión legal, e igualmente asignó competencia exclusiva a los Estados en materia de "la conservación, administración y aprove-

---

501 Véase en *G.O.* nº 35.327 de 28-10-1993.

502 Véase en *G.O.* nº 37.753 del 14-08-2003.

503 V. Carlos Ayala Corao, "Naturaleza y alcance de la descentralización estadal" en Allan R. Brewer-Carías *et al., Leyes para la Descentralización Política de la Federación*, Caracas 1994, pp. 99 y ss.; Allan R. Brewer-Carías, *Asamblea Constituyente y Ordenamiento Constitucional,* Caracas 1999, pp. 122 y ss.

chamiento de... puertos y aeropuertos de uso comercial, en coordinación con el Poder Nacional"[504] (art. 164,10).

En esta materia, sin embargo, la competencia exclusiva estadal es de ejercicio parcial, pues el Poder Nacional tiene competencia en materia de "el régimen de... los puertos, aeropuertos y su infraestructura" (art. 156,26) y, en todo caso, la competencia exclusiva estadal debe ejercerse "en coordinación con el Poder Nacional" conforme al régimen que se establezca en la legislación nacional.

C. *Las materias de la competencia exclusiva del Poder Municipal en cuanto concierne a la vida local*

El artículo 178 de la Constitución contiene una larga enumeración de materias que se atribuyen a los Municipios, pero en la mayoría de los casos no son materias de la competencia exclusiva de los mismos. Lo que es exclusivo de los Municipios es "el gobierno y administración de sus intereses y la gestión de las materias que le asigne esta Constitución y las leyes nacionales, *en cuanto concierne a la vida local*", es decir, los aspectos de esas materias que *"conciernen a la vida local"*, pero las materias, en sí mismas, abarcan competencias atribuidas concurrentemente al Poder Nacional y al Poder Estadal.

Entre esas materias asignadas a los Municipios en el artículo 178 están, precisamente, las siguientes referidas a infraestructura: la ordenación territorial y urbanística (ord. 1); arquitectura civil, nomenclatura y ornato público; vialidad urbana (ord. 2); circulación y ordenación del tránsito de vehículos y personas por vías municipales (ord. 2); servicios de transporte público urbano de pasajeros (ord. 2). A este listado debe agregarse la competencia municipal en materia de "obras públicas municipales" dado que el artículo 156,20 atribuye al Poder Nacional competencia exclusiva sólo en materia de obras públicas *nacionales.*

D. *El contraste del régimen constitucional de intervención del Poder Nacional en materia de competencias concurrentes*

Aparte de las competencias exclusivas de los tres niveles territoriales del Poder Público, la gran mayoría de las materias referidas a las competencias que en los artículos 156, 164 y 178 se distribuyen entre los mismos, en realidad, son materias de la competencia concurrente entre la República, los Estados y los Municipios, o entre la República y los Municipios o entre la República y los Estados, quedando

---

504 Véase sentencia de la Sala Constitucional, n° 2495, caso *Estado Carabobo vs Decreto 1.436 con Fuerza de Ley General de Puertos de fecha 19 de Diciembre de 2006*, en http://www.tsj.gov.ve/decisiones/scon/Diciembre/2495-191206-02-0265.htm

su precisión, en ausencia de una "enumeración" constitucional (como las relativas a la salud, educación, servicios sociales, ordenación del territorio, medio ambiente, promoción de la agricultura, ganadería, industria y comercio, defensa civil, promoción de la ciencia y la tecnología, deporte y servicios públicos)[505], a lo que disponga la ley nacional.

En todo caso, son estas materias de competencias concurrentes las que conforme al artículo 165 de la Constitución deben ser reguladas mediante *leyes de bases*[506] dictadas por el Poder Nacional y, además por *leyes de desarrollo* que deben sancionar los Consejos Legislativos de los Estados.

Lo importante a destacar aquí es que estas *leyes de base* no pueden referirse a las materias de la competencia exclusiva, global o parcial, que se asignan a los Estados indicadas en el artículo 164, sino sólo a las materias de la competencia *concurrente*. Además, esas leyes, en todo caso, conforme al artículo 206 de la Constitución, durante el proceso de su discusión, deben obligatoriamente someterse a consulta de los Estados, a través de los Consejos Legislativos.

III. EL INTENTO DE REFORMA CONSTITUCIONAL DE 2007, RECHAZADA POR EL PUEBLO, PARA CAMBIAR LAS BASES DE LA FORMA FEDERAL DEL ESTADO

La forma federal del Estado y la distribución territorial de competencias establecidas en los artículos 156 y 164 de la Constitución, fue uno de los temas a los que se refirió la reforma constitucional que a iniciativa del Presidente de la República, se pretendió aprobar durante el año 2007, y que fue rechazada por el pueblo en referendo de 2 de diciembre de 2007, con la cual expresamente se buscaba modificar el mencionado sistema, centralizando aún más al Estado.

En efecto, tanto en las *Propuestas de Reforma Constitucional* que formuló la Comisión Presidencial para la Reforma Constitucional en

505 Ello, sin embargo, no se hizo, lo que originó nuestro voto salvado al respecto. Véase en Allan R. Brewer-Carías, *Debate Constituyente, (Aportes a la Asamblea Nacional Constituyente)*, Tomo III, (18 octubre-30 noviembre de 1999), Fundación de Derecho Público-Editorial Jurídica Venezolana, Caracas, 1999, pp. 193 y 194.

506 Cuya noción, que estaba en el proyecto de Constitución discutido en la Asamblea Constituyente (art. 203), pero fue eliminado en el texto sancionado. Véase en general, Véase José Peña Solís, "Dos nuevos tipos de leyes en la Constitución de 1999: leyes habilitantes y leyes de bases", en *Revista de la Facultad de Ciencias Jurídicas y Políticas de la UCV,* nº 119, Caracas, 2000, pp. 79-123.

junio de 2007,[507] como en el *Anteproyecto para la 1era. Reforma Constitucional* presentado por el Presidente de la República el 15 de agosto de 2007 ante la Asamblea Nacional[508] y que la misma sancionó en noviembre de 2007, en relación con la distribución de competencias públicas entre los tres niveles territoriales de gobierno, por una parte, se buscaba terminar de centralizar materialmente todas las competencias del Poder Público en el nivel nacional, mediante la asignación de nuevas competencias al Poder Nacional, centralizándose las competencias que se atribuyen en la Constitución a los Estados, que se buscaban eliminar; y por la otra, se pretendía terminar de vaciar a los Estados y Municipios de las competencias que le quedan en la Constitución, mediante la obligación que se les imponía de transferir sus competencias a los Consejos Comunales, con lo que en definitiva hubieran quedado como entelequias vacías.[509]

En cuanto a la centralización de competencias en el nivel nacional en particular se buscaba atribuir al Poder Nacional, en el artículo 156,27, es decir se pretendió "nacionalizar" la competencia que el artículo 164,10 de la Constitución de 1999 atribuye a los Estados en materia de la conservación, administración y aprovechamiento de autopistas y carreteras nacionales, lo que hubiera implicado la modificación de los ordinales 9 y 10 del artículo 164 de la Constitución, que como se ha visto, asignan competencia a los Estados en materia de "la conservación, administración y aprovechamiento de carreteras y au-

---

507 El documento circuló en junio de 2007 con el título "Consejo Presidencial para la Reforma de la Constitución de la República Bolivariana de Venezuela, "Modificaciones propuestas". El texto completo fue publicado como *Proyecto de Reforma Constitucional. Versión atribuida al Consejo Presidencial para la reforma de la Constitución de la república Bolivariana de Venezuela*, Editorial Atenea, Caracas, 1 de julio de 2007.

508 Véase el documento ya citado: *Proyecto de Exposición de Motivos para la Reforma Constitucional, Presidencia de la República, Proyecto Reforma Constitucional. Propuesta del presidente Hugo Chávez Agosto 2007;* y la publicación *Proyecto de Reforma Constitucional. Elaborado por el ciudadano Presidente de la República Bolivariana de Venezuela, Hugo Chávez Frías* Editorial Atenea, Caracas agosto 2007.

509 Véase Allan R. Brewer-Carías, *Hacia la Consolidación de un Estado Socialista, Centralizado, Policial y Militarista. Comentarios sobre el sentido y alcance de las propuestas de reforma constitucional 2007,* Colección Textos Legislativos, nº 42, Editorial Jurídica Venezolana, Caracas 2007, pp. 43 ss.

topistas nacionales, así como de puertos y aeropuertos de uso comercial, en coordinación con el Ejecutivo Nacional."[510]

Ahora bien, como se dijo, la reforma constitucional propuesta fue rechazada expresa y abrumadoramente por el pueblo en el referendo de diciembre de 2007,[511] por lo que la competencia de los Estados establecida en el referido artículo 164,10 quedó sin modificación, estableciendo lo que establece, es decir, diciendo lo que dice, sin que exista duda alguna sobre su redacción o sentido, cuando atribuye expresamente a los Estados competencia "exclusiva" para conservar, administrar y aprovechar las carreteras y autopistas nacionales, así como de puertos y aeropuertos de uso comercial, en coordinación con el Poder Nacional. Tan clara es la disposición que, precisamente por ello, el régimen autoritario existente en el país propuso su reforma para centralizar o "nacionalizar" la competencia, lo cual afortunadamente fue rechazada por el pueblo.

Sin embargo, en fraude a la Constitución y utilizando al Juez Constitucional que ha estado a su servicio,[512] el régimen autoritario ha logrado burlar la voluntad popular y ha logrado obtener de la Sala Constitucional del Tribunal Supremo de Justicia, una "interpretación constitucional" contraria a la norma, habiéndose producido una usurpación ilegítima de la voluntad popular y una ilegítima "mutación constitucional" sin cambiar formalmente el texto de la Constitu-

---

510 Véase Allan R. Brewer-Carías, *La Reforma Constitucional de 2007 (Comentarios al Proyecto Inconstitucionalmente sancionado por la Asamblea Nacional el 2 de Noviembre de 2007),* Colección Textos Legislativos, nº 43, Editorial Jurídica Venezolana, Caracas 2007, pp. 75 ss.

511 El proyecto de reforma constitucional sólo recibió el voto favorable del 28% de los votantes inscritos en el Registro Electoral. Como aún en julio de 2008 no se conocen los resultados definitivos de la votación en el referendo, si sólo se toma en cuenta los resultados anunciados por el Consejo Nacional Electoral el día 2 de diciembre de 2007 en la noche, del un universo de más de 16 millones de electores inscritos, sólo acudieron a votar 9 millones doscientos mil votantes, lo que significó un 44% de abstención; y de los electores que votaron, sólo votaron por aprobar la reforma (voto SI), 4 millones trescientos mil votantes, lo que equivale sólo al 28 % del universo de los electores inscritos en el Registro Electoral o al 49,2% de los electores que fueron a votar. En dicho referendo, por tanto, en realidad, no fue que "triunfó" el voto NO por poco margen, sino que lo que ocurrió fue que la propuesta de reforma fue rechazada por el 72% de los electores inscritos, quienes votaron por el NO (50,7%) o simplemente no acudieron a votar para aprobar la reforma.

512 Véase Allan R. Brewer-Carías, *Crónica sobre la "In" Justicia Constitucional. La Sala Constitucional y el autoritarismo en Venezuela*, Caracas 2007.

ción.[513] Por tanto, no sólo se trata de una mutación constitucional ilegítima e inconstitucional, sino que ha sido hecha en fraude a la Constitución, es decir, al procedimiento de revisión de la misma.

Ello ocurrió mediante sentencia de Nº 565 de 15 de abril de 2008[514], en la cual, la Sala Constitucional a petición del Procurador general de la República resolvió que la competencia exclusiva antes mencionada que tienen los Estados, ya no es una competencia exclusiva, sino concurrente y sujeta a la voluntad del Ejecutivo Nacional, el cual puede intervenirla y reasumirla. Para dictar la sentencia mencionada, la Jurisdicción Constitucional no sólo desconoció el principio de la supremacía constitucional que se impone a todos los órganos del Estado, incluyendo al Juez Constitucional, sino que ejerció ilegítimamente su potestad de interpretación de la Constitución para mutarla, es decir, modificarla sin alterar su texto.

IV. LA FRAUDULENTA MUTACIÓN DE LA FORMA FEDERAL DEL ESTADO POR LA JURISDICCIÓN CONSTITUCIONAL

En efecto, como se dijo, la Sala Constitucional del Tribunal Supremo de Justicia, con la impunidad que le garantiza el ser el más alto Tribunal de la República, ha usurpado la voluntad popular y el poder constituyente que corresponde al pueblo, y ha "modificado" la Constitución, cambiando la forma federal del Estado, al trastocar el sistema de distribución territorial de competencias entre el Poder Nacional y los Estados de la federación en materia de infraestructura para la circulación y transporte, "nacionalizando" (centralizando) competencias exclusivas en contra de lo expresamente previsto en la Constitución.

---

513 Una mutación constitucional ocurre cuando se modifica el contenido de una norma constitucional de tal forma que aún cuando la misma conserva su contenido, recibe una significación diferente. Véase Salvador O. Nava Gomar, "Interpretación, mutación y reforma de la Constitución. Tres extractos" en Eduardo Ferrer Mac-Gregor (coordinador), Interpretación Constitucional, Tomo II, Ed. Porrúa, Universidad Nacional Autónoma de México, México 2005, pp. 804 ss. Véase en general sobre el tema, Konrad Hesse, "Límites a la mutación constitucional", en *Escritos de derecho constitucional*, Centro de Estudios Constitucionales, Madrid 1992.

514 Véase sentencia de la Sala Constitucional, n° 565, caso *Procuradora General de la República,* recurso de interpretación del artículo 164.10 de la Constitución de 1999 de fecha 15 de Abril de 2008, en http://www.tsj.gov.ve/decisiones /scon/Abril/565-150408-07-1108.htm

El artículo 164,10 de la Constitución, como se dijo, asignó competencia *exclusiva* a los Estados, en materia de "La conservación, administración y aprovechamiento de carreteras y autopistas nacionales, así como de puertos y aeropuertos de uso comercial, en coordinación con el Poder Nacional."

Sin embargo, la Sala Constitucional, en sentencia Nº 565 de 15 de abril de 2008[515], dictada con motivo de decidir un recurso autónomo de interpretación de dicho artículo formulado por el propio representante de la República (Poder nacional), el Procurador General de la República, pura y simplemente "modificó" esta norma constitucional y dispuso, como interpretación vinculante de dicho artículo, que esa "competencia exclusiva" *no es tal competencia exclusiva,* sino que es una competencia concurrente y que, incluso, el Poder Nacional puede revertir a su favor la materia supuestamente "descentralizada" eliminando toda competencia de los Estados.

La Sala Constitucional, en efecto, decidió que la Administración Nacional "en ejercicio de la potestad de coordinación pueda asumir directamente la conservación, administración y el aprovechamiento de las carreteras y autopistas nacionales, así como los puertos y aeropuertos de uso comercial,", y que "corresponde al Ejecutivo Nacional por órgano del Presidente de la República en Consejo de Ministros, decretar la intervención para asumir la prestación de servicios y bienes de las carreteras y autopistas nacionales, así como los puertos y aeropuertos de uso comercial," en aquellos casos que la prestación del servicio "por parte de los Estados es deficiente o inexistente."

Esa decisión del Juez Constitucional, más que una "interpretación" de la Constitución lo que contiene es una ilegítima mutación de la misma, que responde a la tendencia centralizante del régimen autoritario al cual sirve y que constituye una usurpación de la soberanía popular a la cual está reservado el poder constituyente.

1. *La solicitud de interpretación formulada por el Ejecutivo Nacional ante la Sala Constitucional*

Como se dijo, fueron los abogados de la Procuraduría General de la República, institución que ejerce la representación judicial de la república (Poder Nacional), quienes el 26 de julio de 2007 interpusieron un recurso autónomo de interpretación ante la Sala Constitucional de la norma contenida en el numeral 10 del artículo 164 de la

515 Véase sentencia de la Sala Constitucional, n° 565, caso *Procuradora General de la República,* recurso de interpretación del artículo 164.10 de la Constitución de 1999 de fecha 15 de Abril de 2008, en http://www.tsj.gov.ve/decisiones/scon/Abril/565-150408-07-1108.htm

Constitución de la República Bolivariana de Venezuela, referido al tema de la "coordinación con el Ejecutivo Nacional de la competencia exclusiva atribuida a los Estados para conservar, administrar y aprovechar las carreteras y autopistas nacionales, así como de puertos y aeropuertos."

El recurso se fundamentó en la supuesta "incertidumbre jurídica en cuanto al alcance y límites de su competencia" que existía en el Ministerio de Infraestructura, el cual "sin invadir las competencias atribuidas a los Estados," consideraba que el precepto mencionado "*no es lo suficientemente claro para lograr establecer de una forma eficiente y precisa el ámbito y forma de actuación del Ejecutivo Nacional, respecto a la coordinación con los Estados de la administración, conservación y aprovechamiento de carreteras y autopistas nacionales, así como de puertos y aeropuertos de uso comercial.* [516]

En definitiva, la interpretación del artículo 164,10 de la Constitución se solicitó, dada "la ambigüedad que envuelve a la naturaleza de la relación de coordinación entre los estados y el Ejecutivo Nacional, respecto a las potestades de administración, conservación y aprovechamiento, genera numerosos inconvenientes de orden interpretativo en la diaria gestión del Ministerio del Poder Popular para la Infraestructura", con el objeto de que la Sala estableciera con claridad lo siguiente:

> "1.- Naturaleza jurídico-constitucional de la relación de coordinación que vincula la competencia de los estados con el Ejecutivo Nacional; y [el] (...) 2. Ámbito de actuación del Ejecutivo Nacional en cuanto a la conservación, administración y aprovechamiento de carreteras y autopistas nacionales, así como de puertos y aeropuertos de uso comercial, en virtud de la relación de coordinación que vincula la competencia de los estados con el Ejecutivo Nacional..."

La solicitud de interpretación, por tanto, se hizo respetando la competencia exclusiva de los Estados, sin intención de invadirla, refe-

---

516 La situación concreta que originó la consulta, según se narra en la sentencia, se refería "a la coordinación con el Estado Trujillo de la administración, conservación y aprovechamiento del Puerto La Ceiba, ubicado en el Municipio La Ceiba de dicho estado, cuya propiedad pertenece a la República y que en fecha 19 de noviembre de 1990, fue dado en concesión por el extinto Instituto Nacional de Puertos a la sociedad mercantil Suramericana de Puertos, C.A., por un lapso de veinte años." *Cfr.* Sentencia nº 565 de la Sala Constitucional, (Caso *Procuradora General de la República, recurso de interpretación del artículo 164.10 de la Constitución de 1999*) de 15-04-2008, en http://www.tsj.gov.ve/decisiones /scon/Abril/565-150408-071108.htm

rida al alcance de la "coordinación" que corresponde al Ejecutivo nacional. El resultado, sin embargo, fue distinto, pues la Sala de oficio reformó la Constitución, y pura y simplemente, eliminó la competencia exclusiva de los Estados en la materia, y la convirtió en una competencia concurrente sujeta a la técnica puntual de "descentralización" que puede ser intervenida, revertida y reasumida por el Poder Nacional.

2. *La argumentación malabarista de la Sala Constitucional para resolver la supuesta "confusión" constitucional*

Para efectuar esa ilegítima mutación de la Constitución, la Sala comenzó por afirmar que la redacción del artículo 164.10 constitucional resultaba "confusa, en lo relativo a la *coordinación* entre el Ejecutivo Nacional y los Estados en ejercicio de las *denominadas* competencias exclusivas de dichos entes político territoriales," lo cual supuestamente generaba "una aparente antinomia que debe resolverse a fin de viabilizar la gestión eficaz y eficiente de los servicios públicos de puertos y aeropuertos de uso comercial, así como de las carreteras y autopistas nacionales."

Para resolver la confusión, la Sala Constitucional se refirió a "la competencia *normativa* del Poder Público Nacional y Estadal respecto de las materias reguladas en el artículo 164.10 de la Constitución," indicando que la interpretación del alcance y sentido de dicha norma, exigía un "análisis concatenado" con el artículo 156.26 de la Constitución, pues "la materia de navegación, transporte aéreo, terrestre, marítimo, fluvial y lacustre, de carácter nacional, puertos, aeropuertos y su infraestructura, es competencia del Poder Público Nacional;" según el cual, "al Poder Público Nacional, le corresponde legislar" sobre dichas materias desde el momento que dicha norma "otorga al Poder Legislativo Nacional, la competencia para dictar *"el régimen"*, cuya acepción es precisamente la de un "conjunto de normas que gobiernan o rigen una cosa o una actividad."

En cuanto al artículo 164.10 de la Constitución, la Sala estimó que la misma atribuye al Poder Público Estadal la competencia *"exclusiva"*, de "conservar, administrar y aprovechar las carreteras y autopistas nacionales, así como de puertos y aeropuertos de uso comercial que se encuentren dentro de la jurisdicción de que se trate." De esta concurrencia de competencias que ostentan tanto el Poder Público Nacional como el Estadal, dedujo la Sala que en la materia, el Poder nacional y los Estados tienen competencia "en diversos grados ... pues al legislador nacional le compete elaborar el régimen general" de las mismas, y a los Estados les compete "la conservación, administración y aprovechamiento" de dicha infraestructura.

En otras palabras, la Sala Constitucional estimó que conforme al artículo 156.26 de la Constitución, compete al legislador nacional no solo "definir el contenido de ese régimen o legislación básica en materia de navegación, transporte de carácter nacional, puertos, aeropuertos y su infraestructura" sino en consecuencia, *regular* "la conservación, administración y aprovechamiento de las carreteras y autopistas nacionales, así como de puertos y aeropuertos de uso comercial."

Ello sin embargo, es contrario a la Constitución, pues en la materia de conservación, administración y aprovechamiento de las carreteras y autopistas nacionales, así como de puertos y aeropuertos de uso comercial, el artículo 164,10 no estableció una materia de "competencia concurrente" sino de competencia *exclusiva* de los Estados, por lo que en la materia, es falso que haya una "asignación de la *legislación básica* al nivel nacional del ejercicio del Poder Público, y la *legislación de desarrollo* de ésta al nivel estadal", que sólo existe, constitucionalmente, en materias de competencia *concurrente* y no en los casos de competencias exclusivas.

La Sala, en efecto, erradamente dijo:

> "Ciertamente, esa homogeneidad o estandarización por normas de rango legal, que viabilizan la consecución de un funcionamiento eficaz y adecuado de la prestación de servicios y bienes a los intereses generales de la nación, sólo es posible si el nivel nacional en ejercicio del Poder Público, determina una normativa básica que delimite la actividad que en ejecución de la competencia concurrente desplieguen los Estados."

Es decir, la Sala Constitucional desconoció el carácter de competencia exclusiva de los Estados en esta materia, y la trastocó, contrario a la Constitución, en competencia concurrente, reconociéndole entonces al Poder nacional poderes que no tiene en la Constitución como fijar los "principios o pautas generales en cuanto al funcionamiento o a la prestación igualitaria de los servicios, sino que puede incidir en la planificación de las actividades, en la organización interna del ente ejecutor, en la creación de órganos mixtos y en otros aspectos similares;" y todo ello, porque el artículo 164.10 de la Constitución somete la conservación, la administración y el aprovechamiento que hagan de las carreteras y autopistas nacionales, así como de puertos y aeropuertos de uso comercial a los estados a la "*coordinación con el Ejecutivo Nacional*". De ello, concluyó la Sala que las normas constitucionales supuestamente permiten "que el legislador nacional intervenga en un mayor grado con su regulación sobre la ejecución, conservación y administración que de las carreteras y autopistas nacionales, así como de puertos y aeropuertos de uso comercial hicieren los Estados en coordinación con el Ejecutivo Nacional," lo cual no tiene asidero constitucional alguno.

De lo anterior, la Sala volvió a referirse, en su sentencia, a la existencia de una "aparente contradicción" entre "la *coordinación* entre el Ejecutivo Nacional y los Estados en ejercicio de las *denominadas competencias exclusivas* de dichos entes político territoriales," y para resolverla, se refirió a "los antecedentes constitucionales de la descentralización político territorial regulada en los artículos 136.20 y 137 de la Constitución de 1961 y desarrollada por los artículos 11.3 y 11.5 la Ley Orgánica de Descentralización, Delimitación y Transferencia de Competencias del Poder Público" de 1989. Sin embargo, la Sala pasó por alto que en la materia, la norma del artículo 11,3 de la mencionada Ley Orgánica de Descentralización que se refería a la "transferencia" a los Estados de la competencia exclusiva en la "la conservación, administración y aprovechamiento de las carreteras, puentes y autopistas en sus territorios", había quedado tácitamente derogada con la previsión de la Constitución de 1999 (art. 164,10); y más bien se refirió a la reforma parcial de dicha Ley de 2003, que reprodujo las disposiciones de la de 1989 sin que el Legislador hubiera tenido el cuidado de adaptarla a la nueva Constitución, particularmente en cuanto al cambio de naturaleza de la competencia, que en lugar de ser concurrente pasó a ser exclusiva de los Estados.

En tal sentido la Sala expresó erradamente, como si la Constitución de 1999 nada hubiera cambiado y la Ley de Descentralización de 1989 reformada en 2003 hubiera seguido íntegramente en vigencia, que:

> "En tal sentido, la Ley Orgánica de Descentralización, Delimitación y Transferencia de Competencias del Poder Público reguló un conjunto de competencias concurrentes, las cuales permiten la gestión coordinada de la República y los Estados; la posibilidad de la República de transferir esas competencias concurrentes a los Estados mediante el procedimiento establecido en la ley y, en caso de haberse verificado la transferencia de competencias, prevé la posibilidad de una reversión por parte del Ejecutivo Nacional con fundamento en razones de mérito, oportunidad y conveniencia."

De estas normas de la Ley Orgánica, la Sala pasó a argumentar sobre las competencias exclusivas de los Estados sobre las "vías terrestres estadales" (artículo 164,9) y trastocó el sentido de la norma constitucional del artículo 164,10 al indicar que lo que regulaba era "la competencia de conservación, administración y aprovechamiento de carreteras y autopistas nacionales, así como de puertos y aeropuertos de uso comercial conforme al contenido del artículo 164.10, *conjuntamente con el Ejecutivo Nacional* (y no al Poder Público Nacional, cuya competencia es de naturaleza normativa y no de gestión)", lo que no está establecido en la Constitución. Una cosa es una competencia exclusiva de los Estados que deben ejercer en coordinación con el Ejecutivo Nacional, y otra cosa en el ejercicio conjunto de competencias entre los Estados y el Ejecutivo Nacional, lo que no esta regulado en la Constitución.

De esta falsedad, la Sala pasó a referirse a otro tema relativo al origen de las inversiones y a la naturaleza de los bienes de la infraestructura vial resultante de las mismas, señalando que en materia de construcción de "puentes y vías terrestres estadales" los mismos son de competencia exclusiva y originaria de los Estados no sólo en virtud de su carácter regional, sino fundamentalmente debido a su origen demanial; y que en cuanto a las "carreteras y autopistas nacionales, así como los puertos y aeropuertos de uso comercial nacionales (no Estadales)", resultado de la "ejecución de planes de desarrollo realizados directamente por el Poder Nacional", la Sala los consideró como "bienes y servicios cuya titularidad corresponde a la República, ya que los mismos son producto de la inversión de ese ente político territorial dado su carácter de obras y servicios de interés nacional." Hasta aquí la Sala Constitucional no hizo otra cosa que parafrasear, en algunos casos erradamente, la Constitución, pero para llegar a una conclusión falsa: que como las carreteras y puentes nacionales son bienes de la República, lo que es obvio, "en caso de haber sido transferidos a los Estados *pueden ser cogestionados por éstos a través de convenios, pero también reasumidos por el Poder Público Nacional mediante un procedimiento de reversión, ya que la titularidad originaria de los mismos le corresponde a la República.*"

Simplemente, para argumentar en esta forma, la Sala Constitucional se olvidó que fue la propia Constitución de 1999 la que declaró como competencia *exclusiva* de los Estados, la "conservación, administración y aprovechamiento de carreteras y autopistas nacionales, así como de puertos y aeropuertos de uso comercial," independientemente y sin desconocer que se trate de bienes nacionales; y ninguna importancia tiene el que se pueda calificar como servicio público la gestión de esas competencias, en los términos de los artículos 106 al 109 de la Ley de Tránsito y Transporte Terrestre, del artículo 22 de la Ley General de Puertos y en lo relacionado a los aeropuertos comerciales, y de los artículos 44, 45 y 62 de la Ley de Aeronáutica Civil. La verdad es que esas citas legales son inocuas y en nada influye el que se trate de actividades de servicio público a los efectos de la competencia exclusiva de los Estados.

Y de esta referencia a los servicios públicos, de la nada, la Sala concluyó afirmando, lapidariamente, que:

> "cuando el artículo 164 de la Constitución de la República Bolivariana de Venezuela señala que los Estados tienen exclusividad sobre las competencias descritas en el numeral 10 -y no así

en el resto del contenido normativo del artículo sub examine-, debe interpretarse en el sentido que sólo los Estados como entes político territoriales pueden ser objeto de una descentralización territorial sobre dichas materias, lo cual no excluye la descentralización funcional o la cogestión, sobre bienes y servicios cuya titularidad originaria mantiene la República."

Es decir, la Sala se olvidó que no fue la Ley de Descentralización de 1989 ni su reforma de 2003 la que "descentralizó" en los Estados la competencia mencionada, sino que fue la propia Constitución de 1999, directamente, la que constitucionalizó la transferencia de competencia que se había efectuado en 1989, calificándola ahora como "competencia exclusiva" de los Estados. Como tal, la misma ni es una competencia de ejercicio "conjunto" con órganos del Poder Nacional, ni estos pueden "reasumirla" en forma alguna; y el hecho de que los puertos o aeropuertos comerciales, autopistas, carreteras y puentes sean "nacionales", en tanto bienes públicos, no autoriza en forma alguna como lo afirmó la Sala, que "Ejecutivo Nacional, podrá ejercer competencias exorbitantes como la *intervención* en aras de garantizar la continuidad, calidad, y normalidad de tales servicios; hayan sido o no, transferidos a los Estados."

Después de estas afirmaciones sin asidero constitucional, la Sala Constitucional pasó a analizar teóricamente el tema de la distribución territorial de competencias en la Constitución en el sentido de que no puede ser interpretada en el sentido de postular "una distribución de competencias formulada conforme al modelo de separación absoluta de competencias," la cual consideró incompatible con el sistema federal venezolano el cual consideró, citando una anterior sentencia de la Sala Nº 2.495/06, que seguía el "modelo de federación descentralizado cooperativo."[517] En este contexto, la Sala pasó entonces a analizar el sentido de voz *"coordinación"* en el artículo 164.10 de la Constitución, considerando que "implica la integración de órganos y entes a un objetivo, la jerarquía o superioridad del ente u órgano que coordina y la estandarización de la prestación de un servicio o bien público."

Después de este argumento, que nada agrega, la Sala Constitucional pasó inmediatamente a "modificar" la Constitución en la materia de la competencia exclusiva de los Estados en la "conservación, administración y aprovechamiento de carreteras y autopistas nacionales, así como de puertos y aeropuertos de uso comercial", distinguiendo las situaciones que pudieron haber resultado de la ejecución

---

517 *Cfr.* Sentencia de la Sala Constitucional, nº 2495 (Caso *Estado Carabobo vs Decreto 1.436 con Fuerza de Ley General de Puertos*) de 19-12-2006, en http://www.tsj.gov.ve/decisiones/scon/Diciembre/2495-191206-02-0265.htm

de la Ley de Descentralización de 1998, y que en todo caso no era procedente hacer, pues la Constitución de 1999 derogó en la materia, la norma de aquella Ley.

En efecto, la Sala pasó a hacer una distinción inexistente después de la entrada en vigencia de la Constitución de 1999, entre: (i) que la "competencia en materia de carreteras y autopistas nacionales, así como de puertos y aeropuertos de uso comercial no la ejerzan los Estados;" (ii) que la ejerzan "parcialmente" o, (iii) que "a pesar de haber sido transferidas el servicio prestado es deficiente o inexistente." Esta distinción no es posible hacerla después de que la Constitución de 1999 entró en vigencia, en la cual se asignó a los Estados competencia exclusiva en la materia, independientemente de que algunos no la hubieran asumido.

Por tanto, en cuanto a la primera hipótesis, es falso que después de 1999, la mismo pudiera existir, y menos que conforme lo decidió la Sala Constitucional, en caso de que no se hubiese producido conforme a la Ley de Descentralización de 1989 y durante la vigencia de la Constitución de 1961 "la correspondiente transferencia", después de la entrada en vigencia de la Constitución de 1999, corresponda entonces a la República continuar:

> "prestando el servicio y mantenimiento de los bienes, de carreteras y autopistas nacionales, así como de puertos y aeropuertos de uso comercial, según sea el caso, lo cual genera no sólo la obligación de administrar y conservar, sino la posibilidad de aprovecharse de los mismos, en aquellos casos que exista una contraprestación por el ejercicio de tales competencias."

Esto no es más que una burda e ilegítima mutación del contenido del artículo 164,10 de la Constitución de 1999 que al contrario, sin distingo alguno atribuye esa materia a la competencia "exclusiva" de los Estados, sin perjuicio de que en la ejecución de la misma deba haber una coordinación con el Ejecutivo Nacional.

Es también igualmente falsa la segunda hipótesis que distinguió la Sala, referida a los casos en los cuales los Estados hubieran asumido conforme a la Ley de Descentralización de 1989, la competencia de conservación, administración y aprovechamiento de carreteras y autopistas nacionales, y que en la misma pudiera suceder que conforme a supuestos "convenios interadministrativos", "la República pudiera ejercer las competencias de conservación, administración y aprovechamiento de manera directa, conforme a la correspondiente ley y demás normas aplicables." Ello simplemente sería violatorio de la Constitución.

En cuanto a la tercera hipótesis, cuando se hubiera producido la transferencia a los Estados de las competencias para la conservación, administración y aprovechamiento del servicio o bien, es falso que en caso de que "la prestación del servicio o bien por parte de los Estados es deficiente o inexistente, resulta ineludible que en estos supuestos se deba producir una *intervención* directa del Poder Público Nacional; y menos que "la Administración disponga de un *poder general implícito* o de la cláusula general de orden público, para poder condicionar, limitar o intervenir los derechos y libertades constitucionalmente proclamados en orden a una hipotética articulación de los mismos con la utilidad común o general." No sólo ello es contrario a la garantía de la reserva legal, sino que no está regulado en la Constitución, y además, fue el artículo 164 de la misma y no la ley de 1989 el que definió la distribución de competencias, no disponiendo nada sobre la supuesta prestación deficiente del servicio y la potestad del Poder Nacional de "intervenir" el servicio, lo cual, por lo demás, no hay forma cómo la Sala pueda convertirlo en algún "poder implícito" de la República para desconocer el principio de legalidad que exige que las competencias estén consagrada en norma expresa. Y menos puede argumentar la Sala que en estos casos, pudiera el Ejecutivo Nacional, supuestamente tener "facultad de ejercer la *reversión* de la transferencia conforme al ordenamiento jurídico', ya que la tal "transferencia" si se produjo fue por la Constitución de 1999 y no por alguna Ley o convenio.

3. *La ilegitima "mutación" de la Constitución por la Sala constitucional*

Después de todos los argumentos y malabarismos interpretativos realizados por la Sala Constitucional, antes analizados, la misma pasó a modificar el contenido del artículo 164,10 de la Constitución que atribuye a los Estados *competencia exclusiva* en materia de "la conservación, administración y aprovechamiento de carreteras y autopistas nacionales, así como de los puertos y aeropuertos de uso comercial, en coordinación con el Poder Nacional," y en su lugar dispuso como interpretación vinculante de dicha norma, que la misma no dice lo que dice, sino que lo que dice lo contrario:

a. Que no se trata de una competencia exclusiva, sino de una *competencia concurrente* sobre la cual el legislador nacional debe "establecer mediante *leyes de base* reguladoras... de las *competencias concurrentes*, de la República con los Estados y los Municipios, sino también de las de estos últimos entre sí."

b. Que los Estados *no tienen la competencia exclusiva que la Constitución les asigna* sino que lo que pueden es "ejercer *conforme a la legislación base* y en coordinación con el Ejecutivo Nacional la conservación, administración y el aprovechamiento de las carreteras y autopistas nacionales, así como los puertos y aeropuertos de uso comercial, *previa transferencia de competencias conforme al procedimiento de descentralización territorial.*"

c. Que, por tanto, la Constitución no ha dispuesto distribución de competencias alguna en esta materia a favor de los Estados, sino que estos pueden sólo ser destinatarios "de una descentralización territorial" en la materia. Por ello, la Sala fue terminante en afirmar que "Sólo los Estados como entes político territoriales pueden ser objeto de una descentralización territorial sobre dichas materias."

d. Que los Estados no tienen la competencia exclusiva que les asigna la Constitución, en materia de carreteras y autopistas nacionales, así como de los puertos y aeropuertos de uso comercial nacionales (no Estadales), que son bienes y servicios nacionales; y que sólo en caso de sean "transferidos a los Estados (descentralización funcional) pueden ser cogestionados por éstos a través de convenios, pero también *revertidos,* ya que la titularidad originaria de los mismos le corresponde a la República, conforme al ordenamiento jurídico vigente." Sin embargo, de acuerdo con la Sala Constitucional, en estos casos, "se concibe que la Administración en ejercicio de la potestad de coordinación pueda *asumir directamente* la conservación, administración y el aprovechamiento de las carreteras y autopistas nacionales, así como los puertos y aeropuertos de uso comercial, en aras de mantener a buen resguardo los derechos de los usuarios a la prestación de un servicio público en condiciones de calidad."

En estos casos, sin base constitucional o legal alguna, la Sala Constitucional dispuso que "corresponde al Ejecutivo Nacional por órgano del Presidente de la República en Consejo de Ministros, decretar la intervención para asumir la prestación de servicios y bienes de las carreteras y autopistas nacionales, así como los puertos y aeropuertos de uso comercial, en aquellos casos que a pesar de haber sido transferidas esas competencias, la prestación del servicio o bien por parte de los Estados es deficiente o inexistente, sobre la base de los artículos 236 y 164.10 de la Constitución".

Quedó así, por obra de la Sala Constitucional, lo que era constitucionalmente una competencia exclusiva de los Estados, transformada en una competencia del Poder Nacional, que comenzó a manejar discrecionalmente, asumiéndola o transfiriéndola a determinados Estados, según la conveniencia política del gobierno del momento. Así ocurrió con posterioridad, en muchos casos en los cuales se transfirió la competencia cuando el Gobernador del Estado era adepto al gobierno nacional, revocándose la transferencia si resultaba electo un Gobernador de la oposición." [518]

Después de una ilegítima "mutación constitucional" de esta naturaleza, realizada mediante interpretación vinculante, que trastocó el orden jurídico, como lo dijo la propia Sala, "genera una necesaria revisión y modificación de gran alcance y magnitud del sistema legal vigente." Por ello no pudo la Sala Constitucional concluir en otra forma que no fuera advirtiendo "de oficio y por razones de orden público constitucional, ... que el contenido de la presente decisión debe generar una necesaria revisión y modificación del ordenamiento jurídico legal vigente," para lo cual exhortó a la Asamblea Nacional que "proceda a la revisión y correspondiente modificación de la normativa legal vinculada con la interpretación vinculante establecida en la presente decisión[519], en orden a establecer una regulación legal congruente con los principios constitucionales y derivada de la interpretación efectuada por esta Sala en ejercicio de sus competencias." Es decir, la Sala conminó al legislador a legislar en contra de la Constitución de 1999, y conforme a una ilegítima modificación constitucional de la misma impuesta por la propia Sala.

APRECIACIÓN FINAL

Con esta sentencia, la Sala Constitucional de Venezuela lo que ha hecho es poner en evidencia el peligro que representa para el Estado

518 El último caso ha sido, por ejemplo, el del Estado Barinas en 2022. Luego de que en la cuestionada elección de Gobernadores de Estado realizada de enero de 2022, en la Gobernación del Estado Barinas fuera proclamado el candidato de oposición, es decir, en contra del apoyado por el partido de gobierno, el Ministro para el Transporte *al día siguiente* de efectuada la elección, emitió sendas Resoluciones ordenando "la transferencia inmediata al Ejecutivo Nacional [de] la administracion así como la infraestructura Aeronáutica Civil con las respectivas competencias para la conservación, dirección y aprovechamiento del conjunto de sus instalaciones, benes y servicios que sobre los mismos se ejercen en el Aeropuerto Nacional Luisa Cáceres de Arismendi ubicado en el Estado Barinas;" y la encomienda al Fondo Nacional de Transporte Urbano "la administración y operación de las estaciones de peajes, así como los recaudos provenientes de la actividad recaudadora de los mismos, específicamente la del estado Barinas." Véase *Gaceta Oficial* No. 42.293 de 10 de enero de 2022.

519 De ello resulta, según la sentencia, "la necesaria revisión general de la Ley Orgánica de Descentralización, Delimitación y Transferencia de Competencias del Poder Público, Ley General de Puertos y la Ley de Aeronáutica Civil, sin perjuicio de la necesaria consideración de otros textos legales para adecuar su contenido a la vigente interpretación."

constitucional de derecho y para la legitimidad de la justicia constitucional, que el órgano encargado de ejercerla sea un órgano sometido al Poder, instrumento del autoritarismo, que en frases de Sagües, mediante la "manipulación interpretativa", lamentablemente puede conducir al "bastardeo" o "perversión" de la Constitución al convertir en "tramposa" la propia interpretación.[520] Por ello, con razón ha dicho Sagües, que "las interpretaciones constitucionales inocentes no abundan demasiado: un jurista ingenioso podrá hacerle decir a la misma cláusula de la ley suprema blanco o negro, verde o azul, según ese 'intérprete' guste o el gobernante de turno prefiera."[521]

Y esto es lo que ha ocurrido en este caso, en el cual, como se ha visto, la Sala Constitucional una vez rechazada por el pueblo una reforma constitucional, ha hecho que la norma de la Constitución de 1999 que el Poder autoritario quería reformar diga ahora lo que se quería que dijera con la rechazada reformas, que es una cosa distinta de lo que efectivamente dice.

Y en este caso, lo peor es que los ciudadanos, el pueblo, quedan inermes, pues se les modifica su Constitución mediante una mutación ilegítima, sin su participación, y sin seguirse el procedimiento prescrito para su revisión; quedando entonces la pregunta de siempre, *¿Quis Custodiet Ipsos Custodes?*[522] sin respuesta, pues el pueblo carece de mecanismos para exigir el control de los actos judiciales ilegítimos contrarios a la Constitución, salvo que no sea su desconocimiento conforme al artículo 350 constitucional.

---

520 Véase Néstor Pedro Sagües, *La interpretación judicial de la Constitución*, *cit.* p. 2

521 *Idem*, p. 2

522 Véase Allan R. Brewer-Carías, "*Quis Custodiet Ipsos Custodes*: De la interpretación constitucional a la inconstitucionalidad de la interpretación", en *Revista de Derecho Público*, n° 105, Editorial Jurídica Venezolana, Caracas 2006, pp. 7-27

OCTAVA PARTE

UNA ERRADA MUTACIÓN CONSTITUCIONAL POR LA CONFUSIÓN DEL JUEZ CONSTITUCIONAL SOBRE LOS TÉRMINOS: REPÚBLICA, ESTADO Y NACIÓN

Texto del trabajo preparado para el *Libro Homenaje al profesor Alfredo Arismendi*, Instituto de Derecho Público, Universidad Central de Venezuela, Caracas 2012*

La Sala Constitucional del Tribunal Supremo de Justicia, en sentencia No. 1080 de 7 de julio de 2011,[523] luego de analizar el "régimen estatutario de derecho público del derecho agrario," constató que el "derecho a la seguridad agroalimentaria" se había levantado como un "nuevo paradigma en la sociedad venezolana" en el artículo 305 de la Constitución, en el cual, además se dispuso como principio que "La producción de alimentos es de interés nacional y fundamental para el desarrollo económico y social de la Nación."

---

* Fue publicado en mi libro: *Práctica y distorsión de la justicia constitucional en Venezuela (2008-2012)*, Colección Justicia No. 3, Acceso a la Justicia, Academia de Ciencias Políticas y Sociales, Editorial Jurídica venezolana, Caracas 2012, pp. 141-153, y como: "El Estado, la República y la Nación. Precisión sobre las personas jurídicas estatales en la Constitución de 1999 y sobre el error en el que incurrió la Sala Constitucional al confundir la "Nación" con la "República," en *Revista de Derecho Público*, No. 134 (abril-junio 2013), Editorial Jurídica Venezolana, Caracas 2013, pp. 205-216.

523 Sentencia nº 1080/2011 dictada con motivo de la revisión constitucional de una sentencia dictada por un Juez Superior Agrario en la cual desaplicó los artículos 699 al 711 del Código de Procedimiento Civil en un proceso agrario. Véase en http://www.tsj.gov.ve/decisiones/scon/Julio/1080-7711-2011-09-0558.html

La Sala Constitucional, sin embargo, cuestionó que en dicha norma se hubiese utilizado el término "Nación," precisamente para referirse a la "sociedad venezolana," y dijo al interpretar dicho artículo 305, que debía:

> "[...] la Sala aclarar que el Constituyente en el artículo 305 *eiusdem* cometió un error, al confundir un término eminentemente sociológico como lo es el de Nación cuando debe referirse a estructuras político territoriales como Estado o República".

Por supuesto, en este caso, el Constituyente no cometió error alguno, ni el artículo 305 está errado. El error, y garrafal, es el que ha cometido la Sala Constitucional al confundir a la "Nación" con la República o con el Estado.

El artículo 305 de la Constitución, en efecto, está destinado a regular los principios de la seguridad alimentaria y del desarrollo agrícola, a cuyo efecto el Constituyente deliberadamente utilizó los términos "Estado" y "Nación" en dos sentidos diferentes, por una parte, al establecer, obligaciones asignadas a los entes públicos; y por la otra, al definir los objetivos de políticas públicas, en la forma siguiente:

En el primer sentido, en efecto, la noma precisó una serie de obligaciones a cargo del Estado, en particular, las de promover la agricultura sustentable como base del desarrollo rural integral; las de dictar las medidas necesarias para alcanzar niveles estratégicos de autoabastecimiento; y las de proteger los pescadores artesanales y caladeros de pesca en las costas.

En el segundo sentido, la norma definió como marco general de política pública en materia de seguridad alimentaria y desarrollo agrícola, declarando como se indicó, que "la producción de alimentos es de interés nacional y fundamental para el desarrollo económico y social de la Nación."

Es evidente de dicha norma, que ambos términos, Estado y Nación, fueron utilizados con sentido diferente: la palabra Estado, para referirse al conjunto de entes públicos, que en definitiva son sujetos de derecho público, a los cuales se asignan obligaciones públicas que deben cumplir; y la palabra Nación, para referirse al objetivo final del cumplimiento de sus obligaciones por el Estado, que como política pública no es otro que lograr el desarrollo de la "Nación" en el sentido de la globalidad de la sociedad venezolana.

Por tanto, la Sala Constitucional no tiene nada que "aclarar" y menos señalar que el Constituyente supuestamente habría cometido un "error" al utilizar correctamente la palabra "Nación" en dicha norma, precisamente en su sentido propio como "término eminentemente sociológico" para distinguirlo de Estado, como término jurídico que apunta a identificar sujetos de derecho público.

No sólo el error no existe, sino que, de existir, la propia Sala Constitucional habría incurrido en él, en su propia sentencia, cuando en párrafos anteriores, utilizando precisamente las mismas expresiones "Estado" y "Nación" indicadas en el artículo 305, pero respecto de la "competencia agraria," puntualizó que la Constitución había concebido

> "una reforma del marco institucional del Estado, que traza una redefinición estructural del arquetipo para el desarrollo de la nación y, particularmente de las competencias del Estado -los órganos del Poder Público- (*Vid.* Sentencia de esta Sala Nº 1.444/08), la legislación vigente y la sociedad, en orden a armonizarlo con los fines que le han sido constitucionalmente encomendados."[524]

Al atribuir erradamente un "error" al Constituyente, la Sala Constitucional no se percató de que ella misma, en la misma sentencia, en párrafos anteriores a su desacertada afirmación, había incurrido en el mismo supuesto 'error."

En todo caso, la acusación infundada de la Sala Constitucional, amerita aclararle, para evidenciar su propio error que precisemos, en el ordenamiento constitucional venezolano, el significado y alcance de los términos: Estado, República y Nación, los cuales se utilizan a lo largo del articulado de la Constitución con sentido esencialmente diferente, particularmente en relación con el tema de la personalidad jurídica en derecho público.[525]

---

524 *Idem.*

525 Sobre lo cual nos hemos ocupado repetidamente durante las últimas décadas, en Allan R. Brewer-Carías, "Sobre las personas jurídicas en la Constitución de 1999" en *Derecho Público Contemporáneo. Libro Homenaje a Jesús Leopoldo Sánchez*, Estudios del Instituto de Derecho Público, Universidad Central de Venezuela, enero-abril 2003, Volumen 1, pp. 48-54; "El régimen de las personas jurídicas estatales político-territoriales en la Constitución de 1999" en *El Derecho constitucional y público en Venezuela. Homenaje a Gustavo Planchart Manrique*, Tomo I, Universidad Católica Andrés Bello, Caracas 2003, pp. 99-121; "La distinción entre las personas jurídicas y las personas privadas y el sentido de la problemática actual de la clasificación de los sujetos de derecho" en *Revista Argentina de Derecho Administrativo*, nº 17, Buenos Aires 1977, pp. 15-29, y en *Revista de la Facultad de Derecho*, nº 57, Universidad Central de Venezuela, Caracas 1976, pp. 115-135.

I. EL ESTADO EN LA CONSTITUCIÓN

El "Estado" en Venezuela es un término que se utiliza en la Constitución para identificar a Venezuela como la comunidad política independiente (art. 1) organizada como Estado federal descentralizado (art. 4), denominada "República Bolivariana de Venezuela" (art. 1), con su sistema de gobierno (art. 6) y agrupando a sus habitantes en el territorio nacional (art. 16). Aun cuando sólo los ciudadanos son los que tienen derechos políticos para la elección de sus autoridades como sus representantes (Art. 40), excepcionalmente, sin embargo, los extranjeros tienen derecho a voto en las elecciones estadales y municipales (Art. 64).

En esta forma, el Estado, así considerado, se lo identifica en la Constitución utilizándose dos términos jurídicos: el de Estado y el de República Bolivariana de Venezuela, teniendo dos ámbitos de proyección: uno, en el orden internacional, como sujeto de la comunidad internacional; y otro, en el orden interno, integrado por un conjunto de personas jurídicas o sujetos de derecho público que derivan de la organización política y territorial del Estado.

1. *El uso de la palabra Estado en la Constitución*

En una sentencia dictada por la propia Sala Constitucional del Tribunal Supremo en sentencia Nº 285 de 4 de marzo de 2004, al interpretar con carácter vinculante el artículo 304 de la Constitución, la misma señaló:

> "El Estado, al menos entre nosotros, es visto como la personificación de la República a efectos internacionales (en el entendido de que sólo la República tiene poder para las relaciones exteriores) e incluso como la forma de englobar el conjunto de personas públicas a ciertos efectos nacionales (como sería el caso de asuntos atribuidos a todas las personas públicas, incluso no territoriales, por lo que no es necesario distinguir entre ellas y se les trata en común; tal es el supuesto del deber del Estado de procurar la salud o la educación de la población, que en ningún caso puede ser considerado como una obligación exclusiva de un ente)."[526]

Es decir, la palabra Estado se utiliza para identificar, por una parte, al Estado venezolano o a la República Bolivariana de Venezuela como sujeto de derecho internacional; y como la representación del conjunto de personas jurídicas de derecho público estatales que lo integran en el orden interno, y que son la República como persona

---

526 Véase en *Revista de Derecho Público*, nº 97-98, Editorial Jurídica Venezolana, Caracas, 2004, pp. 278-279. Véase igualmente en http://www.tsj.gov.ve/decisiones/scon/marzo/285-040304-01-2306%20.htm

jurídica estatal en el ámbito nacional, los Estados de la federación como personas jurídicas estatales en el ámbito estadal y los Municipios como personas jurídicas municipales en el ámbito municipal. Como lo dijo la misma Sala Constitucional en la sentencia antes citada de 2004: "en Venezuela existe una división político-territorial a tres niveles –República, Estados y Municipios-, y los entes de cada uno de ellos gozan de personalidad jurídica (la República, que es una sola; 23 Estados y 335 Municipios)."[527]

En relación con la utilización de la palabra "Estado" en la Constitución, en su proyección hacia el ámbito interno, por ejemplo, se la emplea para establecer la responsabilidad patrimonial (Art. 140) o para prever obligaciones prestacionales por ejemplo en materia de salud o educación (Arts. 83 y 102), casos en los cuales, por supuesto, las normas se refieren en global y en conjunto a todas las personas que en el ámbito interno puedan configurar al Estado, es decir, a la República, a los estados de la Federación, a los municipios, al Distrito capital y a los distritos municipales.

El "Estado", en ese contexto, no sólo es la "República" como persona jurídica nacional, sino el conjunto de entidades o comunidades políticas que conforman la organización política de la sociedad venezolana. Es en este sentido global que la Constitución también utiliza la expresión "Estado" en el Preámbulo y en los artículos 2; 3; 4; 5; 15; 19; 26; 29; 30; 31; 43; 46;49,1,8; 52; 55; 56; 59; 62; 67; 75; 76; 78; 79; 80; 81; 82; 83; 84; 85; 86; 87; 88; 89; 89,6; 91; 94; 96; 98; 99; 100; 101; 102; 103; 104; 106; 108; 109; 110; 111; 112; 113; 118; 119; 120; 121; 122; 123; 125; 126; 127; 128; 129; 135; 136; 140; 142; 145; 152; 156,32; 189,1,3; 211; 226; 272; 274; 281,2; 281,9; 285,4; 299; 305; 306; 307; 308; 309; 310; 312; 318; 321; 322; 326 y 347. Esta puede decirse, por tanto, que es la regla en la Constitución, es decir, la utilización de la palabra "Estado" principalmente para calificar a Venezuela como la globalidad de su comunidad política; siendo excepcionales los casos en que se utiliza la expresión para identificar a una sola de las personas jurídicas que conformen al Estado en el ámbito interno.

Este último es el caso, por ejemplo, de los artículos 37; 49,8; 250; 251; 254; 273; 301; 302; 313; 320; 324 y 328 de la Constitución donde se utiliza la expresión "Estado" pero para referirse, en realidad, sólo a una de las personas jurídicas del Estado en el ámbito interno, a la "República" como persona jurídica político territorial nacional.

---

[527] *Idem*.

2. *El uso de la expresión República Bolivariana de Venezuela en la Constitución*

Por otra parte, como se dijo, la Constitución también utiliza para identificar al Estado, globalmente considerado, la expresión "República Bolivariana de Venezuela," lo que ocurre, por ejemplo, los artículos 1, 4 y 6 de la Constitución, al referirse a la "República Bolivariana de Venezuela" como Estado independiente, al Estado Federal descentralizado o para determinar los principios del gobierno. En esos casos, los artículos se refieren al "Estado" venezolano como organización política de la sociedad que comprende a la República, a los estados y a los municipios y demás entidades locales. En igual sentido los artículos 69; 186; 299; 318 emplean la expresión "República Bolivariana de Venezuela" como sinónimo de "Estado."

Sin embargo, también en este caso de la frase República Bolivariana de Venezuela, se pueden encontrar normas de la Constitución donde se la utiliza para referirse sólo a una de las personas jurídicas que en el orden interno organizan al Estado, es decir a la República como persona jurídica "nacional," en contraposición con los Estados y los Municipios, como sucede en los artículos 312 y 315 cuando se refiere a la "República Bolivariana de Venezuela." En estos casos, en realidad las normas se refieren a la República como persona jurídica nacional y no a las diversas personificaciones del Estado.

En otros casos, en lugar de República Bolivariana de Venezuela para identificar al "Estado" como titular del Poder Público (en todas sus ramas nacional, estadal y municipal) y comprensivo de las diversas personas jurídicas políticos territoriales que lo comprenden (República, estados, municipios y otras entidades locales), se ha recurrido a la palabra "República" como ocurre en el Preámbulo de la Constitución y sus artículos 8, 10, 11, 19, 32, 36, 50 y 278.

Por todo lo anterior, y a pesar de algunas inconsistencias, no en todos los casos los conceptos, Estado y República, tienen el mismo significado,[528] y menos aún con el concepto de Nación.

II. LA REPÚBLICA COMO PERSONA JURÍDICA NACIONAL Y LAS OTRAS PERSONAS ESTATALES EN EL ÁMBITO INTERNO

Conforme a la Constitución, como se ha dicho, el Estado, en el ámbito interno, está configurado por un conjunto de personas jurídi-

528 Véase Allan R. Brewer-Carías, *Estado de derecho y control judicial*, Madrid 1985, pp. 571 y ss., donde se critica la sentencia de la Sala Político Administrativa de 20-01-83, (Véase *Revista de Derecho Público*, n° 13, Caracas, 1983, pp. 110-163), en la cual se confunden inadecuadamente, dichos conceptos.

cas político territoriales, que como entidades o comunidades políticas resultan de la distribución vertical del Poder Público en el territorio y que conforman, por tanto, la división político territorial del Estado venezolano.

En este campo, en particular, la forma federal del Estado venezolano como sistema de descentralización político en tres niveles territoriales, es la que origina estas personas jurídicas de derecho público, cuyo establecimiento, en definitiva, lo hizo el Constituyente al sancionar la Constitución, y que son:

(i) *la República,* concebida aquí como una de las personas jurídicas en el ámbito interno (no confundible, en general, con el 'Estado" o con la "República Bolivariana de Venezuela"), cuyos órganos ejercen el Poder Público Nacional y cuyo ámbito de actuación territorial es todo el territorio nacional;

(ii) los *23 estados* federados, cuyos órganos ejercen el Poder Público Estadal, y cuyo ámbito territorial es el territorio que tiene cada estado de acuerdo a la división político territorial de la República, y

(iii) los *municipios,* cuyos órganos ejercen el Poder Público Municipal, y cuyo ámbito territorial es el territorio que tiene cada municipio de acuerdo a las leyes de división territorial de cada estado de la federación. También constituyen personas de derecho público político territoriales, el Distrito Capital y los distritos municipales y, en particular, el Distrito Metropolitano de Caracas[529] y el Distrito del Alto Apure[530], cuyos órganos también ejercen el Poder Municipal

Todas estas personas jurídicas político-territoriales, por supuesto, son personas jurídicas *estatales,* en cuanto a que conforman la organización política del Estado venezolano.

Ahora bien, concentrándonos en la comunidad política nacional con personalidad jurídica sujeto de derechos y obligaciones, cuyos órganos son los que ejercen el Poder Público Nacional, la Constitución, en general y como se ha dicho, la identifica con el término "República." Esta es la persona jurídica político territorial nacional, como titular del Poder Público Nacional y, por tanto, diferenciada de los estados y municipios, siendo como se dijo, en este sentido, que se emplea en general el término "República" en la mayoría de las normas constitucionales. Es el caso de los artículos 11; 18; 19; 129; 145; 152; 153; 154; 155; 236,4; 253; 266,4; 267; 324; 336,5 de la Constitución.

---

529 Ley Especial sobre el Régimen del Distrito Metropolitano de Caracas, *Gaceta Oficial* n° 36.906 de 08-03-2000.

530 Ley Especial que crea el Distrito del Alto Apure (Ley n° 56), *Gaceta Oficial* n° 37.326 de 16-11-2001.

Esa personalidad jurídica nacional surge de la Constitución, aun cuando no haya una norma constitucional que señale expresamente que la República "es una persona jurídica," o que tenga personalidad jurídica como, en cambio, sí lo señala respecto de los estados (Art. 159) y respecto de los municipios (Art. 168).

En todo caso, la referencia a la República como persona jurídica nacional, por ejemplo, deriva de los artículos 129 y 145 que la identifican como sujeto de derecho contractual, sin necesidad de acudir a la vieja ficción del Fisco como persona, conforme lo regulaba la vieja Ley Orgánica de la Hacienda Pública Nacional; norma que fue expresamente derogada por la Ley Orgánica de la Administración Financiera del Sector Público.

Ahora bien, la República, como persona jurídica, actúa a través de los órganos que ejercen el Poder Público Nacional en sus cinco ramas: Poder Legislativo, Poder Ejecutivo, Poder Judicial, Poder Ciudadano y Poder Electoral (Art. 136). En particular, la República actúa a través de la Asamblea Nacional, integrada por diputados electos que ejercen el Poder Legislativo Nacional; del Presidente de la República, también electo popularmente y del vicepresidente de la República, de los ministros, del Procurador General de la República y demás órganos ejecutivos, los cuales ejercen el Poder Ejecutivo Nacional; del Tribunal Supremo de Justicia y demás tribunales, los cuales ejercen el Poder Judicial; del Contralor General de la República, del Fiscal General de la República y del Defensor del Pueblo, los cuales ejercen el Poder Ciudadano; y del Consejo Nacional Electoral, que ejerce el Poder Electoral. Todos estos son órganos de una y única persona jurídica que es la República, y ninguno de dichos órganos, por tanto tiene ni puede tener personalidad jurídica propia.

Todos estos órganos, por tanto, al actuar, actualizan la personalidad jurídica de la República aun cuando, por supuesto, ésta se manifiesta fundamentalmente cuando actúan los órganos de la Administración Pública en ejercicio del Poder Ejecutivo Nacional, conforme a la Ley Orgánica de la Administración Pública.

Es en todo caso, en este contexto de la expresión "República" como referente a la persona jurídico pública nacional, que puede decirse como lo ha dicho la Sala Constitucional en sentencia Nº 794 de la Sala Constitucional de 27 de mayo de 2011, que en el texto constitucional hay una "asimilación entre lo nacional y la República;"[531] no

---

[531] Caso, *avocamiento procesos penales y desaplicación por control difuso del artículo 231 de la Ley de Instituciones del Sector Bancario de 2010*, en http://www.tsj.gov.ve:80/de-cisiones/scon/mayo/11-0439-27511-2011-794. html

siendo correcto en absoluto decir, como también lo ha dicho la Sala Constitucional, que "Nación es República, de la misma forma en que nacional es lo que a esa República se concede o le interesa." [532]

Es insólitamente simplista asociar lo que son competencias "nacionales" (de los entes u órganos nacionales) establecidas en la Constitución con el término "Nación," sobre todo cuando éste en todos los casos en los cuales se usa y no excepcionalmente como lo afirma la Sala Constitucional, para usar su propia terminología se "emplea como sinónimo de pueblo." Es decir, en ninguno de los artículos en los cuales el Constituyente utilizó la palabra "Nación" lo hizo refiriéndose a la "República" como persona jurídica nacional. Siempre lo hizo correctamente, es su acepción sociológica.

III. LA NACIÓN EN LA CONSTITUCIÓN

En efecto, cuanto al término Nación, en la Constitución se lo utiliza en general como un concepto sociológico o socio político, referido a la sociedad venezolana en su conjunto, como comunidad organizada y con su población asentada en un territorio, con sus propias y definidoras características y tradiciones históricas y culturales que la han moldeado durante más de doscientos años.

Ese concepto de Nación no apunta a ninguna persona jurídica específica, ni a identificar ningún sujeto de derecho público específico. No se refiere en general, ni al Estado venezolano o a la República Bolivariana de Venezuela, ni a sus personas territoriales, como la República, los Estados o los Municipios. Se refiere a la sociedad venezolana como comunidad organizada con todos sus componentes, incluso los que configuran al Estado. Por tanto, esencialmente, no es posible confundir la Nación con el Estado ni con la República como persona jurídica nacional.

Por ello, la Sala Constitucional del Tribunal Supremo en la sentencia No. 285 de 4 de marzo de 2004, al interpretar el artículo 304 de la Constitución sobre la declaración de las aguas como del "dominio público de la Nación" se refirió al concepto de Nación, como

> "un vocablo de indudable interés jurídico, pero que tiene un sustrato sociológico: es una forma de referirse a un pueblo, entendido como tal aquél que la Teoría General del Derecho Público exige como uno de los tres elementos definidores del Estado

---

[532] *Idem.*

o: un conjunto de personas que, sin necesidad de vínculos concretos entre sí, tienen un sentimiento de cercanía que les une indefectiblemente."[533]

El artículo 304 de la Constitución en efecto declara que "Todas las aguas son bienes de dominio público de la Nación, insustituibles para la vida y el desarrollo." La norma no declaró que fueran del dominio público del "Estado" ni de la "República," ni de alguna otra persona jurídico pública; las declaró del dominio público "de la Nación," es decir de todos, precisamente por ser las aguas insustituibles para la vida y el desarrollo.

Las aguas, en realidad, pertenecen a todos, son por ello esencialmente de uso común conforme a la Ley de Aguas[534] para beber, bañarse o navegar (art. 61.1), la cual además aclara que "el acceso al agua es un derecho humano fundamental" y que "el agua es un bien social" (art. 5). Otra cosa es la gestión y el manejo de las aguas que por supuesto, corresponde a las personas de derecho público que indica la Ley.

Pero sin embargo, luego de identificar el concepto de Nación, tan diferente del de Estado, la Sala Constitucional en dicha sentencia pasó a afirmar sin mayor argumentación lógica ni jurídica que "en Venezuela no existe dificultad en asimilar Nación y Estado, estimándose que la Nación es el pueblo que lo forma," y así a establecer una interpretación constitucional vinculante dicha norma el artículo 304 de la Constitución [535] indicando en sentido diametralmen-

---

533 Véase en *Revista de Derecho Público*, n° 97-98, Editorial Jurídica Venezolana, Caracas, 2004, pp. 278-279.

534 Véase en *Gaceta Oficial* n° 38.595 de 2-1-2007. Véase en general, Allan R. Brewer-Carías, *Ley de Aguas*, Editorial Jurídica Venezolana, Caracas 2007.

535 Fue por ello que recogiendo esa "interpretación vinculante," al citar la sentencia de la Sala Constitucional, indiqué en 2005 que "La República, en la normativa constitucional, como persona político territorial nacional equivale a la Nación, en los términos de titularidad, por ejemplo, del dominio público sobre las aguas." Véase Allan R. Brewer-Carías, *Derecho Administrativo* Tomo I, Universidad externado de Colombia, Bogotá 2005, pp. 366 ss. La afirmación, insisto, la hice al recoger lo decidido por la Sala Constitucional, pero con cuyo contenido no estaba ni estoy de acuerdo, particularmente en relación con el tema de la declaratoria del dominio público de las aguas. Véase Allan R. Brewer-Carías, "La declaratoria de todas las aguas como del dominio público en el Derecho Venezolano" en *Revista de la Facultad de Derecho y Ciencias Sociales*, Universidad de Montevideo, Nos. 3-4, año XXIII, Montevideo 1975, pp. 157-169; y "El régimen de las aguas en Venezuela. Efectos de su declaratoria general y constitucional como bienes del dominio público," en Jorge Fernández Ruiz y Javier Santiago Sánchez (Coord), *Régimen jurídico del agua. Culturas y Sistemas Ju-*

te contrario a lo en ella establecido, que "el término Nación debe ser entendido como sinónimo de República" lo cual es un error; garrafal, por cierto.

Para ello, la Sala Constitucional incluso llegó a afirmar, también erradamente, que "en la Constitución venezolana figura escasamente el término Nación," siendo el artículo 304 "una de las contadas normas que lo recogen." Nada más errado.

Al contrario, la Constitución usa el término Nación en muchos artículos, y en todos ellos, bien diferenciado del término Estado o República. Así resulta de los siguientes artículos donde la Constitución usa la palabra Nación: El artículo 1, cuando identifica los "derechos irrenunciables de la Nación" (la independencia, la libertad, la soberanía, la inmunidad, la integridad territorial y la autodeterminación nacional); el artículo 9, cuando indica que los idiomas indígenas constituyen "patrimonio cultural de la Nación y de la humanidad;" el artículo 41 cuando se refiere a los Ministros "de los despachos relacionados con la seguridad de la Nación;" el artículo 99, cuando dispone la inalienabilidad, imprescriptibilidad e inembargabilidad de los "bienes que constituyen el patrimonio cultural de la Nación;" el artículo 109, al regular a la Universidad y su autonomía, "para beneficio espiritual y material de la Nación;" el artículo 113 al regular la explotación de los "recursos naturales propiedad de la Nación;" el artículo 126, al declarar que los pueblos indígenas " forman parte de la Nación, del Estado y del pueblo venezolano como único, soberano e indivisible;" el artículo 130, al establecer los deberes de los venezolanos de "resguardar y proteger[...] los intereses de la Nación;" el artículo 187.8, al atribuir a la Asamblea Nacional competencia para "aprobar las líneas generales del plan de desarrollo económico y social de la Nación;" el artículo 187.8, al atribuir también a la Asamblea Nacional competencia para "autorizar al Ejecutivo Nacional para enajenar bienes inmuebles del dominio privado de la Nación;" el artículo 236. 23, al atribuir al Presidente de la República, competencia para "convocar y presidir el Consejo de Defensa de la Nación;" el artículo 304, al declarar que "todas las aguas son bienes de dominio público de la Nación, insustituibles para la vida y el desarrollo;" el artículo 305, al declarar que "la producción de alimentos es de interés nacional y fundamental para el desarrollo económico y social de la Nación;" el artículo 309, al disponer que exigir "la artesanía e industrias populares típicas de la Nación, gozarán de protección especial del Estado;" el artículo 318, donde además de regularse al bolívar como

---

rídicos Comparados, Congreso Internacional de Derecho Administrativo, Instituto de Investigaciones Jurídicas, Universidad Nacional Autónoma de México, México 2007, pp. 33-86.

"la unidad monetaria de la República Bolivariana de Venezuela," se disponen las funciones del Banco Central de Venezuela "para alcanzar los objetivos superiores del Estado y la Nación;' el artículo 322, en el cual se dispone que "la seguridad de la Nación" si bien "es competencia esencial y responsabilidad del Estado," está "fundamentada en el desarrollo integral de ésta y su defensa es responsabilidad de los venezolanos" y "también de las personas naturales y jurídicas, tanto de derecho público como de derecho privado, que se encuentren en el espacio geográfico nacional; "el artículo 323, que se refiere al Consejo de Defensa de la Nación como máximo órgano de consulta "para la planificación y asesoramiento del Poder Público en los asuntos relacionados con la defensa integral de la Nación, su soberanía y la integridad de su espacio geográfico;" el artículo 325 que se refiere a la reserva de "operaciones concernientes a la seguridad de la Nación;" el artículo 326 que regula la corresponsabilidad "entre el Estado y la sociedad civil" en materia de "seguridad de la Nación;" el artículo 327, que vincula la atención de las fronteras con "los principios de seguridad de la Nación;" el artículo 328, que concibe a la Fuerza Armada Nacional como institución "organizada por el Estado para garantizar la independencia y soberanía de la Nación," que está "al servicio exclusivo de la Nación y en ningún caso al de persona o parcialidad política alguna;" el artículo 329 que regula los componentes de la Fuerza Armada a cargo de "la defensa de la Nación;" el artículo 337, sobre la atribución al Presidente de la República para declarar estados de excepción, en "circunstancias de orden social, económico, político, natural o ecológico, que afecten gravemente la seguridad de la Nación:" el artículo 338 sobre el "estado de alarma" en caso de acontecimientos "que pongan seriamente en peligro la seguridad de la Nación," sobre el "estado emergencia económica" en casos de circunstancias "que afecten gravemente la vida económica de la Nación," y sobre el "estado de conmoción interior o exterior en caso de conflicto interno o externo, que ponga seriamente en peligro la seguridad de la Nación." Además, la palabra nación se utilizó en la Disposición Transitoria Cuarta al disponerse que la ley debía establecer que los miembros del directorio del Banco Central de Venezuela debían representar "exclusivamente el interés de la Nación;" y en la Disposición Transitoria Decimosexta, al referirse al "acervo histórico de la Nación," y al "Archivo General de la Nación."

Incluso, se puede apreciar de estas normas, que en algunas de ellas, al emplear la palabra Nación, en la misma disposición se utiliza la palabra Estado como diferenciada e incluso la palabra República, también como diferenciada. Así ocurre, por ejemplo, en el artículo 126, al declarar que los pueblos indígenas " forman parte de la **Nación**, del **Estado** y del pueblo venezolano como único, soberano e indivisible;" en el artículo 309, al disponer que "la artesanía e industrias populares típicas de la **Nación**, gozarán de protección especial del **Estado**;" y en el artículo 318, donde además de regularse al bolívar como "la unidad monetaria de la **República Bolivariana de Venezuela**," se regulan las funciones del Banco Central de Venezuela "para alcanzar los objetivos superiores del **Estado** y la **Nación**."

En ninguno de esos artículos, por tanto, incluyendo los artículos 305 y 306, la expresión Nación significa República como persona jurídica nacional.

Distinto es el tema de la expresión Nación usada en la legislación, sobre todo aquella de origen preconstitucional. Bien es sabido que hasta la Constitución de 1961, la palabra Nación era utilizada en el sentido de República, como persona de derecho público nacional, titular del Poder Nacional. Ello se debió a que en la Constitución de 1953 se identificó a lo que es hoy la República como persona jurídica nacional con "Nación," al punto de que los órganos fundamentales de esa persona político territorial nacional (Nación) se los denominó en la Constitución por ejemplo, como Procuraduría General de la Nación o Contraloría General de la Nación; donde el término Nación era utilizado como equivalente y con el significado de lo que hoy es la República, y en algún caso, como equivalente del Estado.

El ejemplo más clásico de la legislación antigua que emplea el término Nación, como equivalente por ejemplo a República, está en el artículo 19.1 del Código Civil en el cual al regularse las "personas jurídicas" y, por lo tanto, capaces de obligaciones y derechos, se hace referencia a "la Nación y las entidades políticas que la componen." En esta norma, obviamente, la nación es lo que conocemos hoy como república; ocurriendo lo mismo en el artículo 539 del mismo Código al disponer que "los bienes pertenecen a la Nación, a los Estados, a las Municipalidades, a los establecimientos públicos y demás personas jurídicas y a los particulares;" y en el artículo 539, al prescribir que "los bienes de la Nación, de los Estados y de las Municipalidades, son del dominio público o del dominio privado."

Por ello, por ejemplo, y con razón, desde el punto de vista constitucional, la Sala Constitucional en otra sentencia Nº 172 de 18 de febrero de 2001 (Caso: Interpretación de los artículos 21, numerales 1 y 2, y 26 de la Constitución de la República Bolivariana de Venezuela),[536] al analizar el artículo 287 del Código de Procedimiento Civil que proviene de las versiones antiguas del mismo, relativo a las costas procesales, que dispone que "Las costas proceden contra las Mu-

---

536 Véase Caso: *Interpretación de los artículos 21, numerales 1 y 2, y 26 de la Constitución de la República Bolivariana de Venezuela*, en *Revista de Derecho Público*, nº 97-98, Editorial Jurídica Venezolana, Caracas, 2004, pp. 195 ss.

nicipalidades, contra los Institutos Autónomos, empresas del Estado y demás establecimientos públicos, pero no proceden contra la Nación"; llegó a la conclusión correcta de "sólo la Nación, la cual se equipara a la República o al Estado, en la terminología legal, no será condenada en costas."

Para decidir en esta forma, la Sala Constitucional además, destacó que en sintonía con el referido artículo del Código de Procedimiento Civil estaba el artículo 10 de la vieja Ley Orgánica de la Hacienda Pública Nacional que disponía que: "En ninguna instancia podrá ser condenada la Nación en costas, aun cuando se declaren confirmadas las sentencias apeladas, se nieguen los recursos interpuestos, se declaren sin lugar, se dejen perecer o se desista de ellos." Sobre ello, destacó la Sala, que el artículo 74 de la Ley Orgánica de la Procuraduría General de la República en cambio dispuso que: "La República no puede ser condenada en costas, aun cuando sean declaradas sin lugar las sentencias apeladas, se nieguen los recursos interpuestos, se dejen perecer o se desista de ellos."

No es un error por tanto que en leyes viejas y de origen preconstitucional se pueda encontrar la palabra nación para identificar a la República. Sin embargo, tal inconsistencia si se podría calificar de "error" cuando se trata de leyes dictadas con posterioridad a la entrada en vigencia de la Constitución de 1999, como fue el caso, por ejemplo, del artículo 5 de la Ley de Instituciones del Sector Bancario de 2010,[537] en la cual se debió seguir la terminología constitucional.

En efecto, este artículo 5 de dicha Ley, define a la actividad de "intermediación financiera" como aquella "que realizan las instituciones bancarias y que consiste en la captación de fondos bajo cualquier modalidad y su colocación en créditos o en inversiones en títulos valores emitidos o avalados por la Nación o empresas del Estado, mediante la realización de las operaciones permitidas por las Leyes de la República." Sin duda, el término Nación se utilizó allí incorrectamente, en el sentido clásico de las viejas leyes financieras, pues allí debió decir "República," razón por la cual, la Sala Constitucional en sentencia de 794 de 27 de mayo de 2011 (Caso, *inaplicación del artículo 312 de la ley de Instituciones del Sector bancario*), advirtió que debía aclarar que:

---

537 Véase *G.O.* n° 6.015 extraordinario, del 28 de diciembre de 2010.

"el legislador en el artículo 5 *eiusdem* cometió un error al confundir un término eminentemente sociológico como lo es el de Nación cuando debe referirse a estructuras político territoriales como Estado o República."[538]

La Sala Constitucional, sin embargo, ignorando la razón fundamental histórica de la utilización en la legislación, sobre todo en la de arraigo preconstitucional, de la expresión Nación en lugar de República, afirmó en la mencionada sentencia de Nº 285 de 4 de marzo de 2004 sobre interpretación vinculante del artículo 304 de la Constitución, que "ese significado del término Nación es ya tradicional en Venezuela, al menos en lo referente a la propiedad de los bienes y a la calificación de algunos como del dominio público,"[539] para lo cual citó los antes mencionados artículos 538 y 539 del Código Civil, expresando, sin siquiera haber tenido la curiosidad histórica de averiguar de dónde provenía la expresión, que:

"Aunque la Sala no interpreta las normas constitucionales con base en disposiciones legales, no puede relegarse al olvido el hecho de que una tradición consolidada ha dado un sentido a las palabras y no es banal el hecho de que precisamente ese sentido se ve reflejado en uno de los textos más antiguos con que cuenta nuestro ordenamiento jurídico." [540]

Y todo ello, para concluir señalando erradamente que "debe entenderse que el término Nación equivale a República en el artículo 304 de la Constitución."[541]

De allí dedujo su aún más errada afirmación de que

"entendida Nación como sinónimo de República, la conclusión sería que las aguas le pertenecen a ella, como ente político-territorial, negándose entonces la titularidad de las mismas por parte de los estados y los municipios, y más aún por parte de los

---

538 Sentencia nº 794/2011 Caso: *Avocamiento procesos penales sobre delitos bancarios*. Véase en http://www.tsj.gov.ve:80/decisiones/scon/mayo/11-0439-27511-2011-794.html

539 Véase en *Revista de Derecho Público*, nº 97-98, Editorial Jurídica Venezolana, Caracas, 2004, pp. 278-279. Véase igualmente en http://www.tsj.gov.ve/decisiones/scon/marzo/285-040304-01-2306%20.htm

540 *Idem*

541 *Idem*

particulares, sin perjuicio de que, por mecanismos típicos del Derecho Público, personas distintas a la República puedan servirse de las aguas." [542]

Con esta afirmación, además, la Sala Constitucional evidenció su completa ignorancia sobre el significado de lo que son bienes del dominio público por afectación natural, como lo son precisamente las aguas del mar, de los lagos, de los ríos, de lluvia o subterráneas o lo son las costas, donde no cabe modernamente usar la expresión de que puedan ser de "propiedad" de nadie, como llegó a expresarlo en la misma sentencia al hablar de bienes considerados "*res comunes omnium,*" en el sentido de "bienes del uso común de todos, por lo que se justifica la inalienabilidad y la imprescriptibilidad que les caracteriza." [543] Pero ignorando esos mismos conceptos concluyó la sentencia señalando en un párrafo por lo demás confuso que:

> "las aguas son del dominio público de la República, sin perder de vista que ese carácter le exige aprovecharlas en beneficio colectivo, es decir en beneficio del Pueblo. Nación tiene entonces, en el artículo 304 de la Constitución, un doble sentido: propiedad de la República de unas aguas que deben servir a la población en su conjunto." Así se declara. [544]

En fin, como puede apreciarse de todas estas confusas e incoherentes sentencias que se han analizado, y particularmente las que se refieren a las interpretaciones vinculantes de los artículos 304 y 305 de la Constitución, lo que se evidencia es que la Sala Constitucional confundió Nación con República y aún con Estado, habiendo sido entonces la Sala, realmente la que ha cometido un error, y garrafal. Como lo hemos explicado, el Constituyente no cometió error alguno al utilizar la palabra Nación, en su sentido sociológico y político en los artículos 304 y 305 de la Constitución, como tampoco lo cometió en ninguno de los artículos constitucionales en los cuales utilizó dicho término, en su preciso significado eminentemente sociológico.

Por lo demás, y como Constituyente que fui en la Asamblea que elaboró la Constitución de 1999, me veo en la necesidad de recordarle una vez más a la Sala Constitucional del Tribunal Supremo que no es quien para juzgar los supuestos "errores" del Constituyente, ni para

---

542 *Idem*

543 *Idem*

544 *Idem*

enmendar la Constitución en lo que arbitrariamente piensen sus Magistrados que pueda haber estado errada. La Sala Constitucional está sometida a la Constitución, como lo están todos los órganos del Estado, y no tiene competencia para juzgar la inconstitucionalidad de la Constitución, ni los supuestos errores en los cuales piense que hubiera podido haber incurrido el Constituyente, y menos cuando no los ha habido.

NOVENA PARTE

LA ILEGÍTIMA MUTACIÓN CONSTITUCIONAL DE LA PROHIBICIÓN DEL FINANCIAMIENTO DE LAS CAMPAÑAS ELECTORALES DE LOS PARTIDOS POLÍTICOS*

I. LA PROHIBICIÓN DEL FINANCIAMIENTO PÚBLICO DE LOS PARTIDOS POLÍTICOS Y SUS CAMPAÑAS ELECTORALES EN LA CONSTITUCIÓN DE 1999

El artículo 67 de la Constitución de 1999 expresamente prohibió "el financiamiento de las asociaciones con fines políticos con fondos provenientes del Estado", al establecer enfáticamente que el mismo "no se permitirá",[545] cambiando así, radicalmente, el régimen de financiamiento público a los partidos políticos que se había previsto en la Ley Orgánica del Sufragio y Participación Política de 1998.

En dicha Ley se había buscado establecer un mayor equilibrio y equidad para la participación de los partidos en la vida democrática y en especial en las campañas electorales, tratando de mitigar los des-

---

* El estudio fue publicado en mi libro: *Práctica y distorsión de la justicia constitucional en Venezuela (2008-2012),* Colección Justicia No. 3, Acceso a la Justicia, Academia de Ciencias Políticas y Sociales, Editorial Jurídica venezolana, Caracas 2012, pp. 155-164; y como "El juez constitucional como Constituyente: el caso del financiamiento de las campañas electorales de los partidos políticos en Venezuela," en *Revista de Derecho Público*, n° 117, (enero-marzo 2009), Caracas 2009, pp. 195-203.

545 Véase sobre la versión inicial de esta norma y sobre nuestra propuesta para su redacción en Allan R. Brewer-Carías *Debate Constituyente (Aportes a la Asamblea Nacional Constituyente),* Tomo II (9 septiembre - 17 octubre 1999). Fundación de Derecho Público - Editorial Jurídica Venezolana. Caracas 1999, pp. 129 ss.

equilibrios y perversiones que podían producirse con el solo financiamiento privado a los partidos, con el riesgo de presencia de "narcofinanciamiento" por ejemplo, y el eventual financiamiento público indirecto, irregular y corrupto, sólo para los partidos de gobierno,[546] que en un sistema donde no existe control fiscal ni parlamentario del ejercicio del poder, puede magnificarse.

A tal efecto, en el artículo 203 de la Ley Orgánica se dispuso lo siguiente:

> *Artículo 203*. El Consejo Nacional Electoral fijará en su presupuesto anual una partida destinada al financiamiento ordinario de los partidos políticos nacionales. En el presupuesto correspondiente al año de celebración de elecciones nacionales o regionales, se incluirá también una partida destinada a contribuir al financiamiento de la propaganda electoral de los partidos. Ambas partidas se distribuirán en forma proporcional a la votación respectiva nacional obtenida en las elecciones inmediatamente anteriores para la Cámara de Diputados. Las erogaciones correspondientes las hará el Consejo Nacional Electoral en el transcurso de ese año electoral.
>
> El Consejo Nacional Electoral, de acuerdo con sus disponibilidades presupuestarias, podrán contratar espacio en las televisoras y radioemisoras comerciales para facilitar la propaganda electoral de los partidos. Estos espacios se distribuirán en la forma anteriormente indicada, entre los partidos que tengan acreditados representantes ante en ese organismo. El Consejo Nacional Electoral podrá, en lugar de contratar los espacios, asignar directamente los recursos correspondientes a los partidos.
>
> Los partidos políticos y grupos de electores estarán obligados a llevar una contabilidad especial donde consten, junto con los ingresos, los egresos por concepto de propaganda. Los libros de contabilidad y sus soportes estarán a la disposición del Consejo Nacional Electoral y de la Contraloría General de la República.
>
> Dichos partidos y grupos de electores presentarán pruebas fehacientes del gasto en los términos señalados en la ley que rige esta materia y esta Ley.
>
> Las partidas presupuestarias señaladas en este artículo, se incluirán en la asignación destinada al Consejo Nacional Electoral.

---

546 Véase en general sobre el tema, Allan R. Brewer-Carías, "Consideraciones sobre el financiamiento de los partidos políticos en Venezuela" en *Financiamiento y democratización interna de partidos políticos. Memoria del IV Curso Anual Interamericano de Elecciones,* San José, Costa Rica, 1991, pp. 121 a 139.

Este organismo depositará los fondos correspondiente a dicha partida en el Banco Central de Venezuela y éste pagará, durante el primer trimestre del ejercicio presupuestario, directamente a los Partidos Políticos o grupos de electores beneficiarios, ateniéndose, en caso de retraso, a lo establecido en la Ley Orgánica de Procedimientos Administrativo.

Con la prohibición constitucional de este artículo, quedó entonces derogado el régimen de financiamiento público a los partidos políticos, abandonándose la tendencia inversa que predomina en el derecho comparado.

Incluso, para evitar cualquier financiamiento público indirecto, no sólo la Constitución estableció expresamente que los funcionarios públicos están al servicio del Estado y no de parcialidad política alguna (Art. 145); sino que las direcciones de las asociaciones con fines políticos no pueden contratar con entidades del sector público (Art. 67). El primer principio, sin embargo, desde que se publicó la Constitución, ha sido sistemáticamente vulnerado al ejercer el Presidente de la República, algunos de sus Ministros y otros altos funcionarios de la Administración Pública, y el Presidente de la Asamblea Nacional, los principales cargos directivos del partido de gobierno.

Lo cierto, en todo caso, es que desde la Ley de Presupuesto Nacional de 2000, cesó el financiamiento público a los partidos políticos o asociaciones con fines políticos, eliminándose la mencionada partida presupuestaria que exigía la Ley Orgánica.

II. LA PROPUESTA DE REFORMA CONSTITUCIONAL EN 2007 PARA PERMITIR EL FINANCIAMIENTO PÚBLICO DE LOS PARTIDOS POLÍTICOS Y SU RECHAZO POR LA VOLUNTAD POPULAR

Esta prohibición constitucional expresa sobre el financiamiento público de los partidos políticos, fue uno de los temas a los que se refirió la reforma constitucional que a iniciativa del Presidente de la República, se pretendió aprobar durante el año 2007, con la cual expresamente se buscó modificar la mencionada prohibición constitucional.

En efecto, tanto en las *Propuestas de Reforma Constitucional* que formuló la Comisión Presidencial para la Reforma Constitucional en junio de 2007,[547] como en el *Anteproyecto para la 1era. Reforma Constitu-*

---

547 El documento circuló en junio de 2007 con el título "Consejo Presidencial para la Reforma de la Constitución de la República Bolivariana de Venezuela, "Modificaciones propuestas". El texto completo fue publicado como *Proyecto de Reforma Constitucional. Versión atribuida al Consejo Presidencial para la re-*

cional presentado por el Presidente de la República el 15 de agosto de 2007 ante la Asamblea Nacional,[548] se buscó modificar la prohibición establecida en el artículo 67 de financiamiento de los partidos políticos con fondos provenientes del Estado, previéndose en la norma, al contrario, que "el Estado podrá financiar las actividades electorales", pero sin indicarse si se trata de un financiamiento a los partidos políticos en general. En las propuestas se preveía, además, una remisión a la ley para establecer "los mecanismos para el financiamiento, el uso de los espacios públicos y accesos a los medios de comunicación social en las campañas electorales, por parte de las referidas asociaciones con fines políticos".

En las *Propuestas de Reforma Constitucional* de junio 2007, se agregaba que la ley debía establecer esos mecanismos "para el financiamiento transparente de las actividades electorales", el uso de los espacios públicos y acceso a los medios de comunicación social en las campañas electorales, por parte de las asociaciones con fines políticos".

Sin embargo, tanto en las *Propuestas de Reforma Constitucional* de junio 2007 como en el *Anteproyecto para la 1era. Reforma Constitucional* de agosto 2007, contradictoriamente se buscó eliminar la prohibición general que regula el artículo 67 de la Constitución de 1999, en el sentido de que "Las direcciones de las asociaciones con fines políticos no podrán contratar con entidades del sector público". En un sistema de partido único oficialista, la eliminación en la propuesta era sin duda, un llamado a la legitimación de la imbricación total entre el partido y el Estado.

Por otra parte, tanto en las *Propuestas de Reforma Constitucional* como en el *Anteproyecto para la 1era. Reforma Constitucional,* en relación con el mismo artículo 67 se buscaba establecer una prohibición general en cuanto al "financiamiento a las asociaciones con fines políticos o a quienes participen en procesos electorales por iniciativa propia,

---

forma de la Constitución de la república Bolivariana de Venezuela, Editorial Atenea, Caracas, 1 de julio de 2007.

548 Véase el documento *Proyecto de Exposición de Motivos para la Reforma Constitucional, Presidencia de la República, Proyecto Reforma Constitucional. Propuesta del presidente Hugo Chávez Agosto 2007; y la publicación: Proyecto de Reforma Constitucional. Elaborado por el ciudadano Presidente de la República Bolivariana de Venezuela, Hugo Chávez Frías* Editorial Atenea, Caracas agosto 2007, p. 19

por parte de gobiernos o cualquier otra entidad pública o privada extranjeros".[549]

El Proyecto de Reforma Constitucional fue definitivamente sancionado por la Asamblea Nacional el 2 de noviembre de 2007, y en el mismo en definitiva se buscaba eliminar la prohibición que se establece en el artículo 67, y en cambio se disponía que "el Estado podrá financiar las actividades electorales", pero sin precisar nada sobre el financiamiento en general a los partidos políticos como organizaciones con fines políticos.

Por otra parte, en la reforma sancionada se estableció, además, como se dijo, una remisión a la ley para establecer "los mecanismos para el financiamiento, el uso de los espacios públicos y accesos a los medios de comunicación social en las campañas electorales, por parte de las referidas asociaciones con fines políticos" (y no sólo de las "organizaciones con fines políticos").

Por otra parte, en una forma evidentemente regresiva, la Reforma Constitucional sancionada en noviembre de 2007 eliminó la prohibición general que regula el artículo 67 de la Constitución de 1999, en el sentido de que "las direcciones de las asociaciones con fines políticos no podrán contratar con entidades del sector público".

Por último, en la Reforma Constitucional sancionada, en el mismo artículo 67 se estableció una prohibición general en cuanto al "financiamiento a las asociaciones con fines políticos" y no sólo de las "organizaciones con fines políticos" o "a quienes participen en procesos electorales por iniciativa propia, por parte de gobiernos o cualquier otra entidad pública o privada extranjeros". Esto implicaba, que ninguna asociación de la sociedad civil u ONG que pudiera tener fines políticos, como podría ser la defensa de los derechos humanos, podría recibir financiamiento ni siquiera de entidades privadas o fundaciones extranjeras.[550]

Como es sabido, la antes comentada Reforma Constitucional de 2007, sancionada por la Asamblea Nacional el 2 de noviembre de 2007, fue rechazada por voluntad popular expresada abrumadora-

---

549 Véase Allan R. Brewer-Carías, *Hacia la Consolidación de un Estado Socialista, Centralizado, Policial y Militarista. Comentarios sobre el sentido y alcance de las propuestas de reforma constitucional 2007,* Colección Textos Legislativos, n° 42, Editorial Jurídica Venezolana, Caracas 2007, pp. 41 ss.

550 Véase Allan R. Brewer-Carías, *La Reforma Constitucional de 2007 (Comentarios al Proyecto Inconstitucionalmente sancionado por la Asamblea Nacional el 2 de Noviembre de 2007),* Colección Textos Legislativos, n° 43, Editorial Jurídica Venezolana, Caracas 2007, pp. 72 ss.

mente contra su aprobación en el referendo del 2 de diciembre de 2007,[551] con lo que el régimen de financiamiento a los partidos políticos, a su funcionamiento interno y a sus actividades electorales continuó prohibida en la Constitución.

III. DE CÓMO EL JUEZ CONSTITUCIONAL, MEDIANTE INTERPRETACIÓN CONSTITUCIONAL, REFORMÓ LA CONSTITUCIÓN, SUSTITUYÉNDOSE AL PODER CONSTITUYENTE ORIGINARIO PARA ADMITIR EL FINANCIAMIENTO DE LAS ACTIVIDADES ELECTORALES DE LOS PARTIDOS POLÍTICOS

Sin embargo, a pesar de dicha prohibición constitucional y del rechazo popular, es decir, por el poder constituyente originario que es el pueblo, expresada su voluntad en el referendo del 2 de diciembre de 2007, la Sala Constitucional del Tribunal Supremo de Justicia, actuando como Jurisdicción Constitucional, en sentencia Nº 780 de 8 de mayo de 2008 (Exp. n° 06-0785),[552] ha dispuesto mediante una interpretación constitucional vinculante, mutar y reformar la Constitución, sustituirse a la voluntad popular y al poder constituyente originario, al disponer que "en lo que respecta al alcance de la prohibición de financiamiento público de asociaciones políticas" contenida en la mencionada norma, la misma:

> "se circunscribe a la imposibilidad de aportar fondos a los gastos corrientes e internos de las distintas formas de asociaciones políticas, pero ...dicha limitación, no resulta extensiva a la campaña electoral, como etapa fundamental del proceso electoral".

Es decir, la Sala Constitucional, ante una norma tan clara e igualmente tan criticable como la contenida en el artículo 67 de la Constitución, cuya reforma se había intentado hacer en 2007 pero sin lograrse por ser rechazada por la voluntad popular, en esta sentencia ni más ni menos, se ha erigido en poder constituyente, sustituyendo al pueblo, y ha dispuesto la reforma de la norma, vía su interpretación, en el mismo sentido que se pretendía en la rechazada reforma constitucional, disponiendo en definitiva, que:

> "el contenido y alcance de la norma contenida en el artículo 67 de la Constitución de la República Bolivariana de Venezuela, respecto a la **proscripción de aportar fondos públicos a las aso-**

---

551 Véase Allan R. Brewer-Carías, "La proyectada reforma constitucional de 2007", rechazada por el poder constituyente originario", en *Anuario de Derecho Público 2007,* Universidad Monteávila, Caracas 2008.

552 Véase en *Revista de Derecho Público*, n° 114, Editorial Jurídica Venezolana, caracas 1008, pp. 129 ss.

ciaciones políticas, no limita que en el marco del proceso electoral y como gasto inherente a una fase esencial del mismo, el Estado (de acuerdo con el principio de legalidad presupuestaria y observando el principio de reserva legal que impera en materia de elecciones, según dispone el artículo 156.32 de la Carta Fundamental), **destine fondos con el objeto de financiar el desarrollo de las campañas electorales, de los partidos y asociaciones políticas** inscritos ante el ente comicial, en el contexto del pluralismo político como elemento esencial de la democracia participativa racional, pero que en todo caso, requiere ex profeso, de regulación normativa por parte de la Asamblea Nacional, porque en esto descansa el ejercicio de la reserva legal."

La sentencia de la Sala Constitucional se dictó con motivo de un recurso de interpretación constitucional que dos partidos políticos que habían sido aliados gubernamentales hasta esos tiempos (Patria para Todos –PPT– y Por la Democracia Social -Podemos-) habían formulado ante la misma, el 25 de mayo de 2006, respecto del mencionado artículo 67 de la Constitución de la República Bolivariana de Venezuela, "en lo que respecta al alcance de la prohibición de financiamiento público de asociaciones políticas," alegando que la norma al establecer que no se permitirá el financiamiento de origen público de los partidos políticos, sin embargo "no establece nada con respecto al financiamiento de las campañas electorales," y que la norma "hace una distinción entre el financiamiento de las organizaciones con fines políticos y la regulación de la campaña electoral, por lo que resulta plausible concluir que la prohibición de financiamiento público está circunscrita a la actuación diaria de dichas organizaciones, sin que tal interdicción pueda extenderse a las campañas electorales;" la cual consideraron que era necesaria para "impedir que grupos económicos o "irregulares" se posesionen del Poder Público, lo cual, atentaría contra el orden democrático."

Para resolver el recurso de interpretación interpuesto, la Sala Constitucional consideró que el poder de garantía constitucional que le ha sido atribuido, mediante el recurso de interpretación, tiene un fin "esclarecedor y completivo y, en este estricto sentido, judicialmente creador; en ningún caso legislativo;" consistente:

> "primordialmente en una mera declaración, con efectos vinculantes sobre el núcleo mínimo de la norma estudiada o sobre su "intención" (comprensión) o extensión, es decir, sobre los rasgos o propiedades que se predican de los términos que forman el precepto y del conjunto de objetos o de dimensiones de la realidad abarcadas por él, cuando resulten dudosos u oscuros, respetando, a la vez, la concentración o generalidad de las normas constitucionales."

Para ello, ratificó la Sala que su doctrina de que la hermenéutica constitucional, debe realizarse de un modo sistemático, donde las normas deben ser analizadas a la luz de todo el bloque de la constitucionalidad.[553]

Partiendo de este supuesto, la Sala entró a interpretar el concepto de democracia, deduciendo que la misma "exige la celebración periódica de elecciones, como elemento legitimador del poder, y precisamente, ello sirvió de fundamento para la constitucionalización del Poder Electoral, y de su carácter instrumental en la manifestación de soberanía popular. Sin embargo, el principio democrático, como manifestación de confianza en la sociedad y en su capacidad de autodeterminarse, es modernamente concebida como un supra concepto, que trasciende los meros esquemas electorales, para adentrarse en lo [que se] como el poder del pueblo, pues éste es el titular del poder político."

En la sentencia, la Sala continuó con sucesivas citas y transcripciones de textos y opiniones sobre la democracia de diversos autores, en particular, de Sartori, Araújo Renterría, García Pelayo, Hariou, Naranjo Díaz y Calero, y terminó por referirse a la concepción de la democracia en la Constitución, y particularmente sobre "carácter participativo, lo cual, parte de una visión protagonista del pueblo y del espíritu cívico de su población; " precisando que la "democracia participativa supone la armonización entre la titularidad y el ejercicio de la soberanía, pues el pueblo incide libre y directamente en los asuntos públicos, en concordancia con el principio de soberanía popular y con la noción de un Poder Público abierto o permeable a las aspiraciones populares, adaptándose a las exigencias que la propia sociedad plantea."

De allí pasó la Sala a considerar que "parte esencial del sistema de democracia participativa, lo constituye el derecho de asociación política a que hace referencia la norma bajo análisis, pues éstas, como

553 Tal como lo decidió en sentencia n° 1581, dictada el 12 de julio de 2005 (caso: *Ángel Rafael Ávila y otros*), al considerar que la Constitución "...es un conjunto sistemático de valores, principios y normas racionalmente entrelazados, informados por una filosofía política determinada, según la cual se organizan los Poderes Públicos, se atribuyen competencias a los órganos del Estado y se fijan las metas de su actuación. Por ello, ninguno de sus preceptos debe considerarse de manera aislada, ni independiente de los demás, ya que su sentido y alcance se encuentra conectado con los restantes preceptos constitucionales. De este modo, la interpretación intrasistemática de la Constitución obliga a entender sus normas en armonía, sin magnificar el sentido de algunos preceptos, ni minimizar el de otros, con el propósito de compatibilizarlos positivamente para garantizar su homogeneidad, cohesión y coherencia".

género asociativo que da lugar a una pluralidad de estructuras subjetivas, entre las cuales se encuentran los partidos, los grupos de electores, etc., constituyen organizaciones ciudadanas de carácter permanente, que articulan la actuación política, combaten la quietud ideológica, promueven sus ideales programáticos, suscitan la evolución y maduración ciudadana, y propugnan la conformación de nuevos actores que desde una visión particular de la política, pretenden incidir en el debate público."

La conclusión de la Sala sobre el tema de los partidos políticos y la norma prohibitiva de su financiamiento público, fue en definitiva que "el Poder Público se debe a toda la población y, por tanto, no debe promover a una parcialidad política, con su visión fragmentada de la realidad de la nación," por lo que

> "dentro de los parámetros del artículo 67 de la norma normarum, el Estado no puede promocionar el gasto ordinario de las asociaciones políticas, pues ello, equivaldría a fomentar la visión y los objetivos particulares de una organización con intereses propios. Empero, una cosa son las finanzas internas de la organización y su gasto ordinario, y otra cosa, lo que De Esteban (1993, Curso de Derecho Constitucional Español II. Madrid. Pág. 522), concibe, como uno de los temas más conflictivos en materia electoral, a saber, el fomento económico de los procesos electorales. De allí, que tanto en los países europeos como en algunos de América Latina, se tienen mecanismos de subvención pública como apoyo de campañas electorales. La importancia de los partidos políticos y asociaciones, la transparencia de los fondos y la equidad entre candidaturas, así lo han impuesto."

De lo anterior pasó la Sala Constitucional a distinguir lo que lamentablemente no está distinguido en la Constitución y que fue lo que se quiso reformar con la Reforma Constitucional rechazada por el pueblo, y es precisamente,

> "entre **la financiación de los costos internos de una asociación política** determinada (cualquiera sea su especie, verbigracia: partido, grupo electoral u otra unión concebida para la práctica política), que deben ser sostenidos por los miembros de la misma, pues su existencia obedece a la voluntad personal de los asociados, y **el fomento patrimonial del proceso electoral**, que encuentra en la campaña, una fase esencial, cuya finalidad es dar a conocer a los candidatos y sus programas, de manera que los electores se puedan pronunciar racionalmente y no de manera volitiva, sobre las diferentes opciones políticas, lo cual constituye en vez de un gasto, una inversión por constituir educación cívica electoral para el ejercicio del sufragio y la convivencia democrática."

Como resultado de esta distinción, la Sala Constitucional constató que la campaña electoral, "no es sólo la expresión individual o asociativa del derecho a postulación de cualquier tipo de asociación política debidamente inscrita, sino que forma parte esencial de los procesos electorales, que exigen como condición primaria, que las fuerzas políticas intervengan en la contienda electoral, en una mínima paridad entre los que concurren como aspirantes a cargos de elección popular." Para ello es necesario vencer la desigualdad y establecer un equilibro que surge, a juicio de la Sala y siguiendo lo expuesto por De Esteban (1993, *Curso de Derecho Constitucional Español* II. Madrid. Pág. 522, "entre actores con acceso a capitales particulares que facilitan la penetración de estos candidatos en el electorado, a través de los medios de comunicación masivos y los aspirantes sin soporte económico particular;" y por la otra, "a la limitación económica de carácter privado y el control del Estado sobre la misma, con el fin adicional, de impedir la corrupción y la ilicitud de los fondos utilizados para las campañas." Tales inconvenientes, dijo la Sala, que a juicio del referido autor "se solventa a través de la financiación pública de las campañas, no en cuanto actividad de los actores políticos, sino, en cuanto a la fase fundamental del proceso electoral, cuyo desarrollo fomenta el pluralismo ideológico-político, la salvaguarda del principio de racionalidad del sufragio, la garantía de diversidad para el electorado y la exigencia de claridad económica en la obtención y gasto del presupuesto utilizado para campañas electorales."

De ello concluyó la Sala, lo que por demás es sabido en todo el mundo democrático, que

> "el financiamiento público de los procesos electorales y dentro de ellos, de la campaña de los aspirantes a cargos de elección popular, constituye una exigencia de control sobre los actores políticos, su presupuesto y la relación competitiva que comprenden las operaciones electorales y al mismo tiempo, una actividad inherente a un sistema electoral transparente, que propugna el debate, la participación y el protagonismo del pueblo y, por ende, desarrolla el desiderátum del preámbulo constitucional, en cuanto al carácter participativo de la democracia venezolana."

Precisamente por ello, siendo el financiamiento de las campañas electorales la motivación fundamental del financiamiento de los partidos políticos, pues los mismos tienen por objeto conducir a la ciudadanía en las opciones democráticas que necesariamente desembocan en elecciones, la Ley Orgánica del Sufragio y participación Política había dispuesto el financiamiento de los paridos políticos; y ello fue lo que sin embargo, se eliminó expresamente en la Constitución de 1999.

En la Constitución de 1999, en efecto, se establecieron formalmente un conjunto de regulaciones que evidenciaron lo que podría denominarse una reacción contra los partidos políticos, muchas de las cuales, sin embargo, en la práctica han constituido letra muerta. Entre estas se destacan las siguientes: primero, la eliminación del léxico constitucional de la misma expresión "partidos políticos" y su sustitución por el de organizaciones con fines políticos (art. 67); segundo, la imposición constitucional a los diputados de representar al pueblo en su conjunto y del voto a conciencia, sin estar sujetos a mandatos ni instrucciones, ni a ataduras partidistas (art. 201); tercero, la pretendida eliminación de las fracciones parlamentarias en la Asamblea Nacional, existiendo en su lugar "bloques de opinión", los cuales controlan los votos en la misma forma; cuarto, la obligación de los representantes de rendir cuenta pública de su gestión (art. 197) y de acompañar su candidatura con un programa (art. 66); quinto, la obligación de los partidos políticos de escoger sus directivos y candidatos mediante procesos de votación internos (art. 67), lo cual no se ha cumplido; sexto, la atribución al Consejo Nacional Electoral de la organización de las elecciones internas de los partidos políticos (art. 293,6), lo cual si bien constituye una intolerable ingerencia estatal en la sociedad política tampoco se ha cumplido; y séptimo, precisamente la prohibición constitucional del financiamiento público a los partidos políticos (art. 67) lo cual lamentablemente ha provocado la posibilidad no sólo al financiamiento privado ilegítimo (narcotráfico, comisiones de partidos), sino al financiamiento público irregular.[554]

Y eso fue precisamente lo que se quiso corregir, de nuevo, con la proyectada Reforma Constitucional de 2007, la cual, sin embargo, fue rechazada por el pueblo.

Pero la Sala Constitucional, sin mayor rubor, se sustituyó al pueblo y asumió el rol de poder constituyente originario, disponiendo que lo que la Constitución prohíbe cuando establece en el artículo 67 que no se permite "el financiamiento de las asociaciones con fines políticos con fondos provenientes del Estado", es sólo una prohibición al financiamiento por el Estado de "los gastos corrientes e inter-

554 Véase en Allan R. Brewer-Carías, "Regulación jurídica de los partidos políticos en Venezuela" en *Estudios sobre el Estado Constitucional (2005-2006)*, Cuadernos de la Cátedra Fundacional Allan R. Brewer Carías de Derecho Público, Universidad Católica del Táchira, nº 9, Editorial Jurídica Venezolana. Caracas, 2007, pp. 655-686

nos de las distintas formas de asociaciones políticas", pero no de la "campaña electoral, como etapa fundamental del proceso electoral."

Es decir, el Juez Constitucional, simplemente, dispuso que la Constitución no dice lo que dice, sino todo lo contrario; que cuando dice que no se permite "el financiamiento de las asociaciones con fines políticos con fondos provenientes del Estado", no es eso lo que establece, sino lo que prohíbe es solamente "el financiamiento de los gastos corrientes e internos de las asociaciones con fines políticos con fondos provenientes del Estado"; y que los gastos de las campañas electorales de dichas asociaciones con fines políticas, en cambio, si pueden ser financiadas con fondos provenientes del Estado.

Y para llegar a esta conclusión, en una sentencia innecesariamente atiborrada de citas de autores sobre las técnicas de interpretación y la noción de democracia, y sobre las bondades del financiamiento público de las campañas electorales de los partidos políticos, concluyó en la mencionada distinción, de que una cosa es que el Estado financie "los gastos corrientes e internos" de los partidos políticos y otra cosa es que financie "sus campañas electorales," deduciendo sin fundamento alguno que lo que la Constitución prohíbe es lo primero y no lo segundo.

Se trata de una conclusión absurda, que contra toda lógica democrática, se deriva de una premisa falsa, y es que en sistemas democráticos supuestamente podría ocurrir que el Estado financie los gastos corrientes e internos de los partidos. Ello no se concibe en las democracias, por lo que no requiere de prohibición alguna. En democracias lo que se financia es el funcionamiento de los partidos pero con miras siempre a las campañas electorales, al punto de que este se suspende si los mismos no llegan a obtener un determinado porcentaje de votación en las elecciones.

Puede ser muy loable la intención del Juez Constitucional de permitir el financiamiento de las campañas electorales de los partidos políticos con fondos provenientes del Estado, pero habiendo sido ello prohibido expresamente por la Constitución[555] (ya que no tiene lógica afirmar que lo que se prohíbe es lo que nunca se ha permitido: el fi-

---

555 Por ello fue, incluso, que entre otros aspectos salvamos nuestro voto en relación con dicha norma. Véase Allan R. Brewer-Carías, *Debate Constituyente (Aportes a la Asamblea Nacional Constituyente)*, Tomo III (18 octubre-30 noviembre 1999). Fundación de Derecho Público - Editorial Jurídica Venezolana. Caracas, 1999. pp. 239, 259.

nanciamiento de los gastos corrientes e internos de los partidos), sólo reformándola es que se podría lograr lo contrario. Y ello fue lo que en este caso hizo el Juez Constitucional en Venezuela: reformar la Constitución, usurpando el poder constituyente originario que es del pueblo e, incluso contra su propia voluntad expresada cinco meses antes al rechazar precisamente esa reforma constitucional en igual sentido, estableció la posibilidad de financiar las campañas electorales de los partidos políticos.

DÉCIMA PARTE

UNA NUEVA MUTACIÓN CONSTITUCIONAL:

EL FIN DE LA PROHIBICIÓN DE LA MILITANCIA POLÍTICA DE LA FUERZA ARMADA NACIONAL, Y EL RECONOCIMIENTO DEL DERECHO DE LOS MILITARES ACTIVOS DE PARTICIPAR EN LA ACTIVIDAD POLÍTICA, INCLUSO EN CUMPLIMIENTO DE LAS ÓRDENES DE LA SUPERIORIDAD JERÁRQUICA[*]

Apenas se publicó la Constitución de 1999 y sobre la base de mi participación como Constituyente en los trabajos de la Asamblea Nacional Constituyente, en un trabajo denominado "Reflexiones Críticas sobre la Constitución venezolana de 1999" que se publicó en 2000 con ocasión de diversas presentaciones que hice sobre el nuevo texto constitucional,[556] advertí sobre el "acentuado esquema militarista" que se había incorporado en la Constitución, y cómo, al agregarse di-

---

* Texto publicado en *Revista de Derecho Público,* No 138 (Segundo Trimestre 2014, Editorial Jurídica Venezolana, Caracas 2014, pp. 170-175.

556 Véase Allan R. Brewer-Carías, "Reflexiones críticas sobre la Constitución de Venezuela de 1999", en Diego Valadés, Miguel Carbonell (Coordinadores), *Constitucionalismo Iberoamericano del Siglo XXI*, Cámara de Diputados. LVII Legislatura, Universidad Nacional Autónoma de México, México 2000, pp. 171-193; en *Revista de Derecho Público*, N° 81, Editorial Jurídica Venezolana, Caracas, enero-marzo 2000, pp. 7-21; en *Revista Facultad de Derecho*, *Derechos y Valores*, Volumen III N° 5, Universidad Militar Nueva Granada, Santafé de Bogotá, D.C., Colombia, Julio 2000, pp. 9-26; y en el libro *La Constitución de 1999*, Biblioteca de la Academia de Ciencias Políticas y Sociales, Serie Eventos 14, Caracas 2000, pp. 63-88.

cho esquema, "al presidencialismo [extremo] como forma de gobierno, y a la concentración del Poder en la Asamblea Nacional," resultaba una "combinación que podía "conducir fácilmente al autoritarismo"[557] como lamentable, pero efectivamente ocurrió.

En particular, sobre el régimen militar en la Constitución, ya en 2000 destacábamos que:

> "en el texto constitucional quedó eliminada toda idea de sujeción o subordinación de la autoridad militar a la autoridad civil, consagrándose, al contrario, una gran autonomía de la autoridad militar y de la Fuerza Armada Nacional, unificadas las cuatro fuerzas, con la posibilidad de intervenir en funciones civiles.
>
> Ello se evidencia de las siguientes regulaciones: primero, de la eliminación de la tradicional prohibición de que la autoridad militar y la civil no pueden ejercerse simultáneamente, que establecía el artículo 131 de la Constitución de 1961; segundo, de la eliminación del control, por parte de la Asamblea Nacional, respecto de los ascensos de los militares de alta graduación, que en el constitucionalismo histórico siempre se había previsto, disponiéndose en el texto constitucional, al contrario, que ello es competencia exclusiva de la Fuerza Armada (art. 331); tercero, de la eliminación del carácter no deliberante y apolítica de la institución militar, como lo establecía el artículo 132 de la Constitución de 1961, lo que abre la vía para que la Fuerza Armada, como institución militar, comience a deliberar políticamente y a intervenir y dar su parecer sobre los asuntos de los que estén resolviendo los órganos del Estado; cuarto, de la eliminación de la obligación de la Fuerza Armada de velar por la estabilidad de las instituciones democráticas que preveía el artículo 132 de la Constitución de 1961; quinto, lo que es más grave aún, de la eliminación de la obligación de la Fuerza Armada de respetar la Constitución y las leyes "cuyo acatamiento estará siempre por encima de cualquier otra obligación", como lo decía el ar-

---

557 Ya en nuestro pronunciamiento sobre las "Razones del voto "NO" en el referéndum sobre la Constitución," que publicamos el 30 de noviembre de 1999, expresamos: "en cuanto a la Constitución *política* en el Proyecto de Constitución, cuando se analiza globalmente, particularmente en los elementos antes mencionados, pone en evidencia un esquema institucional para el autoritarismo, que deriva de la combinación del centralismo de Estado, del presidencialismo exacerbado, de la partidocracia y del militarismo que constituyen los elementos centrales diseñados para la organización del Poder del Estado." Véase en Allan R. Brewer-Carías, *Debate Constituyente (Aportes a la Asamblea Nacional Constituyente), Tomo III (18 octubre-30 noviembre 1999)*, Fundación de Derecho Público-Editorial Jurídica Venezolana, Caracas 1999, p. 325.

tículo 132 de la Constitución de 1961; sexto, de la atribución a los militares, en forma expresa, del derecho al sufragio (art. 330), lo cual podría ser incompatible, políticamente, con el principio de obediencia; séptimo, del establecimiento del privilegio procesal, tradicionalmente reservado a los altos funcionarios del Estado, a los altos oficiales de la Fuerza Armada de que para ser enjuiciados se requiera una decisión del Tribunal Supremo sobre si hay o no méritos para ello (art. 266,3); octavo, del sometimiento a la autoridad de la Fuerza Armada de todo lo concerniente con el uso de armas y no sólo las de guerra, lo que se le quita a la Administración civil del Estado (art. 324); noveno, de la atribución, en general, a la Fuerza Armada de competencias en materia de policía administrativa (art. 329); y décimo, de la adopción en el texto constitucional del concepto ya histórico de la doctrina de la seguridad nacional, por ser esta de carácter globalizante, totalizante y omnicomprensiva, conforme a la cual todo lo que acaece en el Estado y la Nación, concierne a la seguridad del Estado, incluso el desarrollo económico y social (art. 326)."

Esta situación –concluía- da origen a un esquema militarista que constitucionalmente es una novedad, pero que puede conducir a un apoderamiento de la Administración civil del Estado por la Fuerza Armada, a la cual, incluso se le atribuye en la Constitución "la participación activa en el desarrollo nacional" (art. 328).

Todo lo anterior, muestra un cuadro de militarismo realmente único en nuestra historia constitucional que ni siquiera se encuentra en las Constituciones de los regímenes militares."[558]

A pesar de ese cuadro de acentuado militarismo, sin embargo, en el texto constitucional se logró preservar en forma expresa, sobre la relación entre la Fuerza Armada nacional y sus integrantes y la actividad política, lo siguiente: primero, que "la Fuerza Armada Nacional constituye una institución esencialmente profesional, sin militancia política, organizada por el Estado para garantizar la independencia y soberanía de la Nación y asegurar la integridad del espacio geográfico" (Artículo 328.); segundo, que "en el cumplimiento de sus funciones, está al servicio exclusivo de la Nación y en ningún caso al de persona o parcialidad política alguna" (Artículo 328.); tercero, que a los integrantes de la Fuerza Armada Nacional no "les esté permitido optar a cargo de elección popular (Artículo 330); y cuarto, que a los integrantes de la Fuerza Armada Nacional, tampoco les está permitido "participar en actos de propaganda, militancia o proselitismo político" (Artículo 330).

---

558 *Idem.*, pp. 327-329

Estos postulados esenciales, por supuesto, sólo podrían cambiarse mediante una reforma del texto constitucional, como se pretendió hacer con la rechazada reforma constitucional de 2007, cuando por ejemplo, respecto de la norma del artículo 328, en primer lugar, se buscaba eliminar la previsión constitucional de que la Fuerza Armada es "institución esencialmente profesional, sin militancia política", y en su lugar se proponía establecer que constituye "un cuerpo esencialmente patriótico popular y antiimperialista". Con ello, hubiera desaparecido la institución militar como institución profesional, y desaparecido la prohibición de que la misma no tenga militancia política, definiéndosela como "patriótico popular y antiimperialista," lo que buscaba abrir como lo expresamos en 2007, "el camino constitucional para la integración de la Fuerza Armada Bolivariana en el partido político de su Comandante en Jefe, quien ejerce la Suprema Autoridad Jerárquica en todos sus Cuerpos, Componentes y Unidades, como se propuso en la reforma del artículo 236,6 de la Constitución." [559]

Sin embargo, como ya ha ocurrido con tantos otros aspectos de la fallida rechazada reforma de 2007, ha sido la Sala Constitucional del Tribunal Supremo de Justicia, como ha sucedido en otras ocasiones, el órgano del Estado encargado de implementar dicha reforma, en fraude a la Constitución y además, en fraude a la voluntad popular que la rechazó el 7 de diciembre de 2007, lo que se ha materializado mediante sentencia No. 651 de 11 de junio de 2014 (Caso *Rafael Huizi Clavier y otros*).[560] Esta sentencia, en efecto, ha producido una nueva e ilegítima mutación constitucional,[561] impuesta impunemente a través

---

559 Véase Allan R. Brewer-Carías, Hacia la Consolidación de un Estado Socialista, Centralizado, Policial y Militarista. Comentarios sobre el sentido y alcance de las propuestas de reforma constitucional 2007, Colección Textos Legislativos, No. 42, Editorial Jurídica Venezolana, Caracas 2007, p. 94; y en La reforma constitucional de 2007 (Comentarios al Proyecto inconstitucionalmente sancionado por la Asamblea Nacional el 2 de noviembre de 2007), Colección Textos Legislativos, N° 43, Editorial Jurídica Venezolana, Caracas 2007, p. 150.

560 Véase en http://www.tsj.gov.ve/decisiones/scon/junio/165491-651-11614-2014-14-0313.HT ML

561 Una mutación constitucional ocurre cuando se modifica el contenido de una norma constitucional de tal forma que aún cuando la misma conserva su contenido, recibe una significación diferente. Véase Salvador O. Nava Gomar, "Interpretación, mutación y reforma de la Constitución. Tres extractos" en Eduardo Ferrer Mac-Gregor (coordinador), *Interpretación Constitucional*, Tomo II, Ed. Porrúa, Universidad Nacional Autónoma de México, México 2005, pp. 804

de un *obiter dictum* pronunciado con ocasión de negar la homologación de un desistimiento y de declarar la improcedencia *in limene litis* de una acción de amparo que habían intentado en 28 de marzo de 2014 un grupo de militares retirados, alegando la violación por parte de la Ministro de Defensa, de los derechos de los militares en servicio activo de "mantenerse al margen de participar en actos de propaganda, militancia o proselitismo político," garantizados entre otros en los artículos citados 328 y 330 de la Constitución, al haber sido obligados a:

> "participar uniformados en marchas partidistas (15 de marzo de 2014), confeccionar pancartas con mensajes políticos y ordenarles mediante comunicación escrita hacerse acompañar con sus familiares a tales actos; a proferir como mensajes institucionales, expresiones tales como *"patria, socialismo o muerte"*, *"Chávez vive"*, *"la lucha sigue"*, *"hasta la victoria siempre"*, y *"plagar"* las instalaciones operacionales, administrativas y sociales militares, con innumerables expresiones escritas y gráficas de proselitismo del partido político *"PSUV"* y de quien fuera Presidente de la República y presidente fundador del mencionado partido político; así como, de igual forma, que ordenen a los subalternos izar en cuarteles y dependencias militares la bandera de la República de Cuba y difundir, publicar y exhibir en cuarteles y otras instalaciones fotografías del *"dictador cubano Fidel Castro y del reconocido asesino internacional el 'che' Guevara, lo que configura una burla al honor del militar venezolano y la una (sic) violación a la nacionalidad, que podría calificarse como traición a la patria"*.

Frente a estos alegatos, la Sala Constitucional comenzó por recordar que "en todos los ejércitos del mundo existe el saludo militar, cuya manifestación responde a la idiosincrasia o cultura del país o al momento histórico, social y político por las que hayan atravesado," lo que inevitablemente me hizo recordar el saludo de los ejércitos nazis al Fuhrer, propio de la "idiosincrasia" o "cultura" de Alemania en el "momento histórico, social y político por la que estaba atravesando" a partir de la caída de la República de Weimar en 1933, hasta la conclusión de la segunda guerra mundial, que fue el más negro de su historia.

Pasó luego a agregar la Sala que el saludo militar además, "indica una muestra simbólica, profesional e institucional, de respeto, disciplina, obediencia y subordinación ante la superioridad jerárquica y a la comandancia en jefe a la cual responde," lo que está bien si el co-

---

ss. Véase en general sobre el tema, Konrad Hesse, "Límites a la mutación constitucional", en *Escritos de derecho constitucional*, Centro de Estudios Constitucionales, Madrid 1992.

mandante en jefe fuera sólo el Jefe del Estado, y el respeto, disciplina, obediencia y subordinación se refirieran a la Nación venezolana; pero no es admisible cuando el jefe de Estado, al ser jefe de un partido político, es decir, de una parcialidad política, el saludo militar, como "muestra simbólica, profesional e institucional, de respeto, disciplina, obediencia y subordinación" se hace ante la "superioridad jerárquica" de dicho partido político.

Hacer este tipo de manifestaciones, como las denunciadas, no puede considerarse en forma alguna, como lo hizo la Sala Constitucional, pues nada tiene que ver con ello, la representación de:

> "una expresión, gestual u oral, del sentimiento patriótico que involucra, para el caso de la República Bolivariana de Venezuela, el cumplimiento del deber fundamental *"de honrar y defender a la patria, sus símbolos y, valores culturales, resguardar y proteger la soberanía, la nacionalidad, la integridad territorial, la autodeterminación y los intereses de la Nación"*, tal y como lo consagra el artículo 130 de nuestro Texto Fundamental."

Luego de hacer referencia a normas generales de la Ley Orgánica de la Fuerza Armada Nacional Bolivariana, a las líneas generales definidas por el Ejecutivo Nacional respecto del "Plan de Desarrollo Económico y Social de la Nación (hoy en día reconocido como el Plan de la Patria 2013-2019), y que, además, se encuentra debidamente aprobado por el órgano del Poder Legislativo Nacional para su implementación en toda la República," y al Reglamento Orgánico del Ministerio del Poder Popular para la Defensa, sobre las funciones del Ministro para la Defensa, la Sala destacó que los accionantes no sólo no habían probado –cuando no era necesario por ser público y notorio y además, comunicacional en los términos de la doctrina judicial de la Sala válida para otros casos- que lo denunciado implicara "un fin de propaganda o de proselitismo político," sino que declaró, en contra lo que dispone la Constitución, que supuestamente "la participación de los integrantes de la Fuerza Armada Nacional Bolivariana en actos con fines políticos no constituye un menoscabo a su profesionalidad," y que más bien es "un baluarte de participación democrática y protagónica" derivado del derecho a la participación sin discriminación que tiene todo ciudadano, incluyendo los militares en situación de actividad. Estos, afirmó la Sala, tendrían el derecho, como cualquier ciudadano, "de participar libremente en los asuntos políticos y en la formación, ejecución y control de la gestión pública," al punto de considerar que el "ejercicio de este derecho se erige como un acto progresivo de consolidación de la unión cívico-militar, máxime cuando su participación se encuentra debidamente autorizada por la superioridad orgánica de la institución que de ellos se apresta."

Con las consideraciones que ha formulado la Sala Constitucional en esta sentencia sobre la relación de la actividad militar con la actividad política, los principios esenciales establecidos en la Constitución han sido modificados sin que haya habido una reforma constitucional, en lo que sin duda ha sido una mutación ilegítima más de la misma.

A partir de la sentencia, por tanto, en primer lugar, a pesar de que la Constitución diga que la Fuerza Armada Nacional es una institución "esencialmente sin militancia política" (art. 328), con el reconocimiento generalizado en la sentencia del derecho de los militares activos "de participar libremente en los asuntos políticos y en la formación, ejecución y control de la gestión pública," pero sometidos como están al "respeto, disciplina, obediencia y subordinación" respecto de la "superioridad jerárquica," si esta superioridad es la que preside un partido político, los integrantes de la Fuerza Armada Nacional están sin duda obligados a seguir disciplinadamente lo que la misma ordene desde el punto de vista político, pasando automáticamente a tener la institución, la militancia política del Comandante en Jefe de la misma.

En segundo lugar, y como consecuencia de lo anterior, a pesar de que la Constitución disponga que la Fuerza Armada Nacional "en el cumplimiento de sus funciones, está al servicio exclusivo de la Nación y en ningún caso al de persona o parcialidad política alguna" (Artículo 328.), al reconocer la sentencia y declarar en forma general que los militares activos tienen derecho de "participar libremente en los asuntos políticos y en la formación, ejecución y control de la gestión pública," en la forma "debidamente autorizada por la superioridad orgánica de la institución que de ellos se apresta," lo que ha establecido la Sala Constitucional es que estando los militares activos sometidos a la "superioridad jerárquica," y a los principios de "respeto, disciplina, obediencia y subordinación" respecto de la misma, están en consecuencia obligados a estar al servicio de la parcialidad política que la superioridad les indique, conforme a las instrucciones del Comandante en Jefe de la Fuerza Armada Nacional.

Y en tercer lugar, a pesar de que la Constitución establezca que a los integrantes de la Fuerza Armada Nacional, no les está permitido "participar en actos de propaganda, militancia o proselitismo político" (Artículo 330), al reconocerse en la sentencia el derecho de los integrantes de la Fuerza Armada Nacional "de participar libremente en los asuntos políticos y en la formación, ejecución y control de la gestión pública," sometidos incluso a las instrucciones de la superioridad jerárquica a la cual deben respeto, disciplina obediencia y subordinación, los mismos tienen derecho e incluso la obligación de participar en cuanto acto de propaganda, militancia y proselitismo político decidan o se les ordene o instruya.

De todo lo anterior resulta que a partir de la sentencia, simplemente la Constitución dejó de decir lo que decía, y pasó a decir lo que a la Sala Constitucional se le ocurrió que dice, con lo cual, sin ser reformada y con la misma fraseología, pasó en esta materia a decir otra cosa, es decir, su texto fue mutado. Al hacer esto, la Sala Constitucional usurpó el Poder Constituyente que sólo el pueblo tiene para poder reformar o enmendar la Constitución conforme a los procedimientos previstos en ella, no existiendo mecanismo alguno para controlar lo que hace el guardián de la Constitución.

El resultado, en todo caso, es que por ejemplo, cuando la Constitución prescribe que la Fuerza Armada Nacional no puede tener "militancia política," según lo dispuesto por la Sala Constitucional, lo que dice es que si puede tener dicha militancia, conforme lo ordene la superioridad jerárquica, incuso expresada en el uso de símbolos partidistas; cuando la Constitución prescribe que la Fuerza Armada Nacional no puede estar al servicio de "parcialidad política alguna," según lo dispuesto por la Sala Constitucional, lo que dice es que sí puede o debe tener la parcialidad política del Comandante en Jefe de la misma; y cuando la Constitución dice que los integrantes de la Fuerza Armada Nacional no pueden "participar en actos de propaganda, militancia o proselitismo político," según lo dispuesto por la Sala Constitucional, lo que ello significa es que si pueden "participar libremente en los asuntos políticos y en la formación, ejecución y control de la gestión pública." Tan simple como eso.

En esa forma la Constitución se violó abiertamente, y lo inconstitucional se convirtió en constitucional, mediante una ilegítima mutación constitucional hecha por el juez constitucional, realizada no sólo en fraude a la Constitución, sino en fraude a la voluntad popular expresada en el rechazo de la reforma constitucional de 2007, que tenía la misma finalidad de eliminar la prohibición constitucional de que la Fuerza Armada pudiera tener "militancia política."

Berlín, 27 de junio de 2014

DÉCIMA PRIMERA PARTE

LA ILEGÍTIMA MUTACIÓN CONSTITUCIONAL SOBRE EL RÉGIMEN DE LOS ANTEJUICIOS DE MÉRITO DE ALTOS FUNCIONARIOS DEL ESTADO*

I

El artículo 266,3 de la Constitución establece un privilegio a favor de altos funcionarios públicos, en el sentido de que para poder ser enjuiciados se requiere que previamente se declare, por el Tribunal Supremo de Justicia, si hay o no méritos para tal enjuiciamiento. Se trata del denominado antejuicio de mérito, siendo atribución del Tribunal Supremo:

> "3. Declarar si hay o no mérito para el enjuiciamiento del Vicepresidente Ejecutivo o Vicepresidenta Ejecutiva, de los o las integrantes de la Asamblea Nacional o del propio Tribunal Supremo de Justicia, de los Ministros o Ministras, del Procurador o Procuradora General, del Fiscal o la Fiscal General, del Contralor o Contralora General de la República, del Defensor o Defensora del Pueblo, los Gobernadores o Gobernadoras, oficiales, generales y almirantes de la Fuerza Armada Nacional y de los jefes o jefas de misiones diplomáticas de la República y, en caso afirmativo, remitir los autos al Fiscal o a la Fiscal General de la República o a quien haga sus veces, si fuere el caso; y si el delito fuere común, continuará conociendo de la causa hasta la sentencia definitiva.

---

* Publicado en mi libro: *Práctica y distorsión de la justicia constitucional en Venezuela (2008-2012),* Colección Justicia No. 3, Acceso a la Justicia, Academia de Ciencias Políticas y Sociales, Editorial Jurídica venezolana, Caracas 2012, pp. 101-119; y en *Revista de Derecho Público*, nº 116, (julio-septiembre 2008), Editorial Jurídica Venezolana, Caracas 2008, pp. 261-266.

En cuanto a la competencia para conocer de los juicios, la norma, dispone claramente lo que se desprende de su propio texto y del sentido propio de las palabras utilizadas: que en los casos en los cuales el Tribunal Supremo declare que hay méritos para enjuiciar a altos funcionarios indicados (distintos al Presidente de la República), si se trata de delitos comunes es el Tribunal Supremo el que debe conocer de la causa hasta sentencia definitiva; lo que significa que respecto de otros delitos, incluidos los políticos, los autos se deben remitir al Fiscal General de la República para que este siga el proceso ante la jurisdicción ordinaria. Sean cuales fueren las fallas que el interprete le encuentre a esta regulación, eso es lo que dispone la Constitución.

Sin embargo, la Sala Constitucional del Tribunal Supremo de Justicia, en sentencia N° 1684 del 4 de noviembre de 2008 (Caso: *Carlos Eduardo Giménez Colmenárez*, Expediente Nº 08-1016),[562] ha cambiado la redacción de la norma constitucional, usurpando la voluntad del pueblo al asumir el poder constituyente originario en contravención con las exigencias del propio texto fundamental que expresamente dispone, no sólo los procedimientos que pueden ser seguidos para las reformas constitucionales (Enmienda, Reforma, Asamblea Constituyente) (arts. 340-349), sino la necesaria intervención del pueblo para efectuarla, mediante referendo o mediante la elección de una Asamblea Constituyente.

II

La Sala Constitucional, en efecto, en dicha sentencia, ha dispuesto que si el Tribunal Supremo declarase que hay méritos para enjuiciar a esos mismos altos funcionarios, en ese caso:

> "deben remitirse los autos al Fiscal o a la Fiscal General de la República o a quien haga sus veces, si el delito fuere común a los fines contemplados en el Código Orgánico Procesal Penal; y si el delito fuere político, continuará conociendo de la causa el Tribunal Supremo de Justicia en Sala Plena, hasta la sentencia definitiva."

Es decir, la Sala Constitucional reformó completamente la norma, estableciendo una regulación radicalmente distinta, en el sentido de que en casos de delitos comunes, en lugar de ser el Tribunal Supremo el que conozca de la causa hasta sentencia definitiva como lo dice expresamente el artículo 266,3 de la Constitución, sean los tribunales ordinarios los que conozcan de dichas causas; agregando, además, una previsión que no estaba en el texto de la Constitución, y es la re-

---

562 Véase en *Revista de Derecho Público*, nº 116, Editorial Jurídica Venezolana, Caracas 2008, pp. 169 ss.

lativa a los "delitos políticos", disponiendo una nueva competencia del Tribunal Supremo para conocer de las causas sobre los mismos, que no existe en la Constitución.

Para materializar esta usurpación la Sala Constitucional siguió un camino tortuoso, a través de los siguientes pasos:

Primero, partió de un auto de la Sala Plena del Tribunal Supremo en el cual ésta había renunciado a aplicar la Constitución y, consecuencialmente, declinó en la Sala Constitucional la competencia para conocer, no de un "recurso o acción de interpretación constitucional", sino de una declinatoria de competencia para resolver una colisión de leyes.

Segundo, la Sala Constitucional, al recibir los autos, convirtió de oficio, es decir, sin que nadie se lo hubiese pedido, dicha declinación de competencia en un "recurso o acción de interpretación constitucional," que supuestamente había intentado o interpuesto el propio Tribunal Supremo de Justicia en Sala Plena, para lo cual declaró que el máximo Tribunal de la República, tenía la "legitimación activa" necesaria para intentarlo; y que en virtud de ello, entonces, la Sala Constitucional tenía que resolverlo, cuando la Sala Plena, en realidad, no había intentado "recurso" o "acción" algunos y menos uno de interpretación constitucional, y lo único que había hecho era haber declinado la competencia para conocer de una colisión de leyes en la Sala Constitucional, que era lo que había solicitado la Fiscal General de la República.

III

En efecto, el origen remoto del proceso fue una solicitud de antejuicio de mérito que formuló la Fiscal General de la República ante la Sala Plena del Tribunal Supremo, contra un Gobernador de uno de los Estados de la Federación (Estado Yaracuy), en la cual se planteó la necesidad de resolver una colisión de leyes que supuestamente existía entre los artículos 5 y 22 de la Ley Orgánica del Tribunal Supremo de Justicia y el artículo 378 del Código Orgánico Procesal Penal a los efectos de determinar el Tribunal que debía conocer el juicio penal contra un Gobernador de un Estado de la República, por la presunta comisión de los delitos de peculado doloso impropio, evasión de procesos licitatorios y concierto con contratista, tipificados en los artículos 52, 58 y 70 de la Ley contra la Corrupción.

En tal sentido, la Ley Orgánica del Tribunal Supremo de Justicia, en su artículo 5,2, siguiendo lo expresado en la Constitución, disponía que si el delito fuere común, el Tribunal Supremo era el que debía continuar conociendo de la causa hasta sentencia definitiva; y el Código Orgánico Procesal Penal, por su parte, establecía en su artículo 378, que "Cuando se trate de los otros altos funcionarios del Estado y se declare que hay lugar al enjuiciamiento, el Tribunal Supremo de Justicia deberá pasar los autos al tribunal ordinario competente si el delito fuere común, y continuará conociendo de la causa hasta sentencia definitiva, cuando se trate de delitos políticos, salvo lo dispuesto en la Constitución de la República respecto del allanamiento de la inmunidad de los miembros de la Asamblea Nacional". Se trataba, por tanto, de una previsión que no se ajustaba a lo dispuesto en la Constitución, por lo que debía considerarse como tácitamente derogada o contraria a la previsión constitucional.

Pero la Sala Plena (es decir, el Tribunal Supremo en pleno), a pesar de constatar esta situación, se declaró incompetente para aplicar la Constitución, lo que fue insólito, y resolvió que existía una colisión normativa entre el Código Orgánico Procesal Penal, por un lado, y la Constitución y la Ley Orgánica del Tribunal Supremo de Justicia, por el otro, que exigía "el examen y análisis de la disposición constitucional y de las disposiciones legales," pero renunciando a hacerlo, indicando:

> "que la Sala Plena sólo tiene competencia para decidir si procede o no la solicitud de antejuicio de mérito. Por consiguiente, no tiene competencia para examinar y analizar los artículos constitucional y legales que regulan la competencia del tribunal que conocerá un eventual juicio penal producto de la declaratoria con lugar del antejuicio de mérito; en casos como el presente, en los cuales se hace imprescindible acudir a la interpretación constitucional para resolver la colisión de normas supra referida; determinándose que tal competencia está atribuida constitucional y legalmente a la Sala Constitucional...."

Para llegar a esta conclusión, la Sala Plena consideró que la Constitución otorgaba a la Sala Constitucional "la competencia exclusiva para conocer de cualquier acción cuya naturaleza sea de orden constitucional," y que "consecuencia de ello, constituye la interpretación que del artículo 266 (numeral 3) de la Constitución de la República Bolivariana de Venezuela debe hacer la Sala Constitucional en relación con los artículos 5 y 22 de la Ley Orgánica del Tribunal Supremo de Justicia y el artículo 378 del Código Orgánico Procesal Penal." Planteado en esa forma, era evidente que la Sala Plena del Tribunal Supremo no tenía competencia para resolver sobre la colisión de leyes, que es una competencia expresa de la Sala Constitucional, por lo que la petición de la Fiscal General condujo a que la Sala Plena, mediante sentencia N° 90 de 22 de julio de 2008, declinara la competencia para conocer de tal colisión de leyes denunciada, en la Sala Constitucional.

IV

Pero en lugar de resolver sobre la colisión de leyes, la Sala Constitucional, estimó de oficio, "de la solicitud planteada," que la misma se traducía "en realidad en una pretensión de interpretación" del contenido del artículo 266,3 de la Constitución, "específicamente en lo concerniente a la determinación del tribunal competente para seguir conociendo de la causa, una vez declarada con lugar la solicitud de antejuicio de mérito presentada en contra de cualquiera de los altos funcionarios públicos;" agregando además, que "la presunta colisión no se limita a las disposiciones aludidas contenidas en dos leyes orgánicas, sino que la antinomia también involucra una norma constitucional cuya redacción coincide con una de las disposiciones legales, es decir, la Ley Orgánica del Tribunal Supremo de Justicia."

De allí, en lugar de resolver la Sala Constitucional que la otra disposición legal (Código Orgánico Procesal Penal) era contraria a la disposición constitucional y a la propia la Ley Orgánica del Tribunal Supremo, por lo que debía considerarse derogada, sin embargo lo que hizo fue decidir que debía resolver la "antinomia entre leyes" pero considerando "imprescindible precisar mediante la interpretación" el adecuado sentido que debe darse al artículo 266.3 de la Constitución vigente, todo de conformidad con lo dispuesto en el artículo 5,52 y primer aparte de la Ley Orgánica del Tribunal Supremo de Justicia que regulan la acción de interpretación constitucional, es decir, como si se tratase de una "acción de interpretación constitucional," la cual sin embargo nadie había intentado. Para ello comenzó analizando los requisitos de admisibilidad de estas acciones, considerando que en este caso, "el recurso fue planteado" (cuando ningún recurso o acción había sido interpuesto) cumpliéndose dichos requisitos, en particular, el referente a la legitimación activa, considerando que la acción "la había interpuesto" el Tribunal Supremo de Justicia, en Sala Plena, como "interesada en la interpretación," ante otra de sus Salas, la Constitucional.

V

Después de hacer un recorrido histórico sobre la institución del antejuicio de mérito en las Constituciones anteriores, la Sala constató que la Constitución de 1961, que había sido derogada por la Constitución de 1999, en su artículo 215,2 establecía que en el caso de altos funcionarios del Estado, si la Corte Suprema de Justicia declaraba que *había mérito para el enjuiciamiento, debía* "pasar los autos al Tribunal ordinario competente, si el delito fuere común, o continuar conociendo la causa hasta sentencia definitiva, cuando se trate de delitos políticos, *salvo lo dispuesto en el artículo 144 con respecto a los miembros del Congreso...*". (Subrayado de la Sala). Es decir, la Sala constató que la Constitución anterior, que fue derogada por la Constitución de de

1999, sí distinguía entre delitos comunes y delitos políticos para disponer la competencia judicial para la continuación del proceso, lo que expresamente fue "suprimido" de esta última, y con ello se modificó "el criterio para determinar el órgano jurisdiccional competente que deberá continuar conociendo de la causa una vez declarada ha lugar la solicitud de antejuicio de mérito."

Sin atender al hecho de que esa fue precisamente la voluntad del Constituyente al cambiar el régimen, la Sala simplemente expresó que de la nueva norma le llamaba la atención "su inconsistencia con los antecedentes históricos de su creación," entrando en una larga disquisición sobre lo que debe entenderse por "delito común" y por "delito político," la cual concluyó señalando que "delitos comunes" son los "sancionados en la legislación criminal ordinaria," y que pueden lesionar u ofender bienes jurídicos individuales (como los delitos de violación, robo, hurto, lesiones, etc.) o causar daños o afectación de trascendencia social, como los delitos perpetrados contra la cosa o erario público, tipificados, por ejemplo, en la Ley contra la Corrupción; y los "delitos políticos" son aquellos "que atentan contra los poderes públicos y el orden constitucional, concretamente, los delitos de rebelión y sedición, así como también los que atentan contra la seguridad de la Nación, entre ellos la traición y el espionaje."

VI

En cuanto al cambio introducido en el artículo 266,3 de la Constitución, la Sala simplemente concluyó señalando que "a pesar de representar un cambio, no se puede entender como una eliminación absoluta del vocablo, ya que el mismo se encuentra presente de manera tácita en el contenido de la norma, es decir, cuando el delito no sea común este se debe considerar político," lo que por lo demás, nadie duda. Pero de que el cambio en la norma constitucional se estableció, no hay la menor duda, aún cuando la Sala lo haya considerado en cuanto a "determinar el órgano jurisdiccional competente que deberá continuar conociendo de la causa una vez declarada ha lugar la solicitud de antejuicio de mérito" como "una sustancial alteración del espíritu, propósito y razón de la referida norma -en lo que respecta a sus antecedes históricos- ..."

Continuó la Corte considerando que la consecuencia jurídica que presenta la nueva norma constitucional al atribuirle al Tribunal Supremo continuar conociendo de las causas sólo en los casos de delitos comunes, "constituye una situación inconsistente con el criterio que históricamente se ha mantenido en nuestro ordenamiento jurídico sobre la naturaleza del delito común y del delito político y con ello del tribunal competente para conocer de los mismos;" considerando al contrario de lo dispuesto en la norma que:

"en virtud de la respectiva entidad de los delitos y la distinta afectación del orden social, la competencia para el conocimiento de los delitos comunes debe corresponder a los tribunales ordinarios, mientras que en el caso de los delitos políticos el bien jurídico protegido a través del mismo es el orden jurídico y social del Estado."

Pero esto en realidad no fue así, siendo la voluntad del Constituyente que sólo quedaran en el conocimiento del Tribunal Supremo las causas por delitos comunes. Pero en lugar de respetar lo que decidió el pueblo al sancionar la Constitución, la Sala Constitucional consideró que:

"atribuirle a la Sala Plena de este Máximo Tribunal el conocimiento de las causas instauradas contra los altos funcionarios públicos cuando el delito por ellos presuntamente cometido fuese calificado como "delito común", revela la existencia de un error material del Constituyente de 1999, y con ello una inconsistencia de la norma, es decir, que la solución aportada no responde a las propiedades que tomó en cuenta el mismo Constituyente para establecer el supuesto de hecho de dicha consecuencia jurídica. Siendo así, se está en presencia de un enunciado que presenta una laguna, que a su vez conduce a una solución jurídica ilógica e inaceptable."

En otras palabras, la Sala Constitucional consideró "absurdo" que el Constituyente hubiese dispuesto lo que dispuso: "que solo si el delito es común corresponderá a la Sala Plena el enjuiciamiento de los altos funcionarios comprendidos en el cardinal 3 del artículo 266; mientras que si se tratare de un delito de naturaleza política deberán seguir conociendo del juicio los tribunales ordinarios."

VII

Frente a esta solución constitucional del artículo 266,3 de la Constitución, que la Sala Constitucional consideró como una "solución inconsistente," la misma Sala Constitucional se preguntó en la sentencia si un juez podía "apartarse de la solución que le ha dado el constituyente a un caso;" y si "un juez, a la hora de resolver una controversia, sólo puede aplicar el derecho según el sentido evidente de las expresiones usadas por el 'legislador', sea éste constituyente o constituido;" concluyendo su inquisición con la afirmación de que "si bien los jueces están vinculados al derecho, el propio derecho los habilita para elaborar un juicio en caso de incongruencia, inconsistencia o falta de pertinencia en una norma, y corregir dicha situación;" y, además, de que los jueces tienen potestad "de corregir una falta de previsión normativa o apartarse de la solución dada por el legislador ante su evidente injusticia o incoherencia."

En otras palabras, que existe "la posibilidad de que los jueces, ante la ausencia de norma aplicable, o ante la incoherencia de la solución que una norma contiene, resuelva integrar el derecho en ambos casos;" y que "el juez no está atado de manos frente a una posible incoherencia o inconsistencia por parte del legislador."

En definitiva, la Sala consideró que en el caso había una "laguna axiológica" debido a la inconsistencia del enunciado del artículo 266,3 de la Constitución, en cuyo caso, consideró que "puede darse la posibilidad política y jurídica **de acudir a un texto constitucional derogado** para integrar dicha laguna," resolviendo, entonces que el artículo 266,3 de la Constitución no dice lo que dice sino que dice otra cosa; es decir, que dicha norma, a pesar de que dispone que en caso de declararse que hay méritos para el enjuiciamiento de los altos funcionarios, el Tribunal Supremo debe remitir los autos al Fiscal General de la República, si fuere el caso, "y si el delito fuere común, continuará conociendo de la causa hasta la sentencia definitiva," sin embargo no dispone lo que dispone sino que lo que dice es que en esos supuestos de declararse que hay méritos para el enjuiciamiento de los altos funcionarios, "deben remitirse los autos al Fiscal o a la Fiscal General de la República o a quien haga sus veces, si el delito fuere común a los fines contemplados en el Código Orgánico Procesal Penal; y si el delito fuere político, continuará conociendo de la causa el Tribunal Supremo de Justicia en Sala Plena, hasta la sentencia definitiva." (destacado de la Sala).

Y en esa forma, pura y simplemente, "vista la integración de la laguna axiológica de que adolecía la norma constitucional," la Sala declaró "resuelta la interpretación solicitada" modificando o "corrigiendo" ilegítimamente la Constitución.

El artículo 67 de la Constitución de 1999 expresamente prohibió "el financiamiento de las asociaciones con fines políticos con fondos provenientes del Estado", al establecer enfáticamente que el mismo "no se permitirá",[563] cambiando así, radicalmente, el régimen de financiamiento público a los partidos políticos que se había previsto en la Ley Orgánica del Sufragio y Participación Política de 1998.

---

[563] Véase sobre la versión inicial de esta norma y sobre nuestra propuesta para su redacción en Allan R. Brewer-Carías *Debate Constituyente (Aportes a la Asamblea Nacional Constituyente),* Tomo II (9 septiembre - 17 octubre 1999). Fundación de Derecho Público - Editorial Jurídica Venezolana. Caracas 1999, pp. 129 ss.

DÉCIMA SEGUNDA PARTE

LA ILEGÍTIMA MUTACIÓN CONSTITUCIONAL PARA AMPLIAR LAS COMPETENCIAS DE LA PROPIA JURISDICCIÓN CONSTITUCIONAL*

I. EL PRINCIPIO DE LA SUPREMACÍA CONSTITUCIONAL EN VENEZUELA, LAS MODIFICACIONES A LA CONSTITUCIÓN SÓLO CON APROBACIÓN POPULAR Y EL SISTEMA DE JUSTICIA CONSTITUCIONAL

La Constitución de Venezuela de 1999, luego de su sanción por una Asamblea Nacional Constituyente, entró en vigencia como manifestación de la voluntad del pueblo expresada como poder constituyente originario en el referendo aprobatorio del 15 de diciembre de 1999.[564]

En ella, el principio de la supremacía constitucional se encuentra formalmente expresado ("Artículo 7. *La Constitución es la norma suprema y el fundamento del ordenamiento jurídico. Todas las personas y los órganos que ejercen el Poder Público están sujetos a esta Constitución*"), lo que implica que la Constitución prevalece y debe prevalecer sobre la voluntad de todos los órganos constituidos del Estado, incluyendo el

---

* Trabajo publicado como "La ilegítima mutación de la constitución por el juez constitucional: la inconstitucional ampliación y modificación de su propia competencia en materia de control de constitucionalidad," en *Libro Homenaje a Josefina Calcaño de Temeltas*. Fundación de Estudios de Derecho Administrativo (FUNEDA), Caracas 2009, pp. 319-362. Fue también publicado en mi libro: *Práctica y distorsión de la justicia constitucional en Venezuela (2008-2012),* Colección Justicia No. 3, Acceso a la Justicia, Academia de Ciencias Políticas y Sociales, Editorial Jurídica venezolana, Caracas 2012, pp. 173-202.

564 Véase sobre la Constitución de 1999, Allan R. Brewer-Carías, *La Constitución de 1999. Derecho Constitucional Venezolano*, Editorial Jurídica Venezolana, Caracas 2004, 2 vols.

Tribunal Supremo de Justicia cuya Sala Constitucional ejerce la Jurisdicción Constitucional, por lo que su modificación sólo puede llevarse a cabo conforme se dispone en su propio texto, como expresión-imposición de la voluntad popular producto de ese poder constituyente originario.

La contrapartida de la obligación de los órganos constituidos de respetar la Constitución, de manera que el poder constituyente originario prevalezca sobre la voluntad de dichos órganos estatales constituidos, es el derecho constitucional que todos los ciudadanos tienen en un Estado Constitucional, a que se respete la voluntad popular expresada en la Constitución, es decir, *el derecho fundamental a la supremacía constitucional*.[565] Nada se ganaría con señalar que la Constitución, como manifestación de la voluntad del pueblo, debe prevalecer sobre la de los órganos del Estado, si no existiere el derecho de los integrantes del pueblo de exigir el respeto de esa Constitución, y además, la obligación de los órganos jurisdiccionales de velar por dicha supremacía.

La supremacía de la Constitución está asegurada mediante la previsión en el mismo texto constitucional, por una parte, de su máximo carácter rígido al disponerse la necesaria e indispensable intervención del pueblo para efectuar cualquier cambio a la Constitución, de manera que sólo el poder constituyente originario del pueblo pueda aprobar dichas modificaciones, no existiendo en el texto constitucional venezolano "poder constituyente derivado" alguno; y por la otra, de todo un sistema de justicia constitucional para garantizar dicha supremacía.

En cuanto al sistema institucional para la reforma de la Constitución, en el texto se distinguen tres procedimientos diferentes: la Reforma constitucional, la Enmienda constitucional y la Asamblea Nacional Constituyente. El último medio de la convocatoria por referendo de una *Asamblea Nacional Constituyente* está dirigido a transformar el Estado, a establecer un nuevo orden jurídico y a reformar íntegramente la Constitución (artículo 347). En cambio, en los casos de los procedimientos de "Reforma Constitucional" y de "Enmienda Constitucional," los mismos están destinados a introducir reformas al texto sin alterar o modificar la estructura y principios fundamentales de la Constitución (arts. 340 y 342), requiriendo en todo caso, también, de

565 Véase Allan R. Brewer-Carías, "El amparo a los derechos y libertades constitucionales (una aproximación comparativa)" en Manuel José Cepeda (editor), *La Carta de Derechos. Su interpretación y sus implicaciones*, Editorial Temis, Bogotá 1993, pp. 21-81.

la intervención del pueblo mediante la aprobación popular por referendo de las reformas.

En la Constitución, como se dijo, no se regula "poder constituyente derivado" alguno, y solo hay un "poder constituyente originario" que es el pueblo, el cual tiene que aprobar por referendo tanto la Enmienda como la Reforma Constitucional, o la convocatoria a Asamblea Nacional Constituyente. Es decir, en el sistema venezolano, ninguna modificación a la Constitución se puede adoptar sin aprobación popular,[566] y cualquier modificación de la Constitución efectuada fuera de estos tres procedimientos, es inconstitucional e ilegítima.

En cuanto al sistema de justicia constitucional, la Constitución de 1999 como consecuencia de los principios de la supremacía y de la rigidez constitucional, ha establecido todo un sistema de justicia constitucional[567] de carácter mixto o integral[568], que combina el llama-

---

566 Véase Allan R. Brewer-Carías, "La intervención del pueblo en la revisión constitucional en América latina", en *El derecho público a los 100 números de la Revista de Derecho Público 1980-2005*, Editorial Jurídica Venezolana, Caracas 2006, pp. 41-52.

567 En cuanto a nuestros trabajos, véase Allan R. Brewer-Carías, *El Sistema de Justicia Constitucional en la Constitución de 1999: Comentarios sobre su desarrollo jurisprudencial y su explicación a veces errada, en la Exposición de Motivos,* Editorial Jurídica Venezolana, Caracas, 2000; *Justicia Constitucional, Tomo VII, Instituciones Políticas y Constitucionales*, Editorial Jurídica Venezolana, Caracas, 1996; "La Justicia Constitucional en la Nueva Constitución" en *Revista de Derecho Constitucional*, nº 1, Septiembre-Diciembre 1999, Editorial Sherwood, Caracas, 1999, pp. 35-44; Allan R. Brewer-Carías, "La justicia constitucional en la Constitución de 1999", en *Derecho Procesal Constitucional*, Colegio de Secretarios de la Suprema Corte de Justicia de la Nación, A.C., Editorial Porrúa, México 2001, pp. 931-961; publicado también en *Reflexiones sobre el Constitucionalismo en América*, Editorial Jurídica Venezolana, Caracas, 2001, pp. 255-285; "Instrumentos de justicia constitucional en Venezuela (acción de inconstitucionalidad, controversia constitucional, protección constitucional frente a particulares)", en Juan Vega Gómez y Edgar Corzo Sosa (Coordinadores) *Instrumentos de tutela y justicia constitucional Memoria del VII Congreso Iberoamericano de Derecho Constitucional*, Instituto de Investigaciones Jurídicas, Serie Doctrina Jurídica, nº 99, México 2002, pp. 75-99.

568 En cuanto a nuestros trabajos, véase Allan R. Brewer-Carías, *Judicial Review in Comparative Law*, Cambridge University Press, Cambridge, 1989; *El sistema mixto o integral de control de la constitucionalidad en Colombia y Venezuela*, Universidad Externado de Colombia (Temas de Derecho Público nº 39) y Pontificia Universidad Javeriana (Quaestiones Juridicae nº 5), Bogotá 1995; publicado también en *Revista Tachirense de Derecho*, Universidad Católica del

do método difuso con el método concentrado de control de constitucionalidad.

Así, la garantía de la supremacía constitucional se consagra, en primer lugar, mediante la asignación a todos los jueces de la República, en el ámbito de sus respectivas competencias y conforme a lo previsto en la Constitución y en la ley, de la obligación "de asegurar la integridad de la Constitución" (art. 334). Y en segundo lugar, mediante la asignación al Tribunal Supremo de Justicia de la tarea de garantizar "la supremacía y efectividad de las normas y principios constitucionales", como "el máximo y último intérprete de la Constitución," y de velar "por su uniforme interpretación y aplicación" (art. 335).

También, la Constitución asigna en concreto a la Sala Constitucional del Tribunal Supremo, la Jurisdicción Constitucional (arts. 266,1 y 336) mediante la cual ejerce el control concentrado de la constitucionalidad de las leyes y demás actos estatales de rango legal. A tal efecto, el artículo 336 de la Constitución atribuye a la Sala Constitucional del Tribunal Supremo de Justicia, como Jurisdicción Constitucional, las siguientes competencias:

1. Declarar la nulidad total o parcial de las leyes nacionales y demás actos con rango de ley de la Asamblea Nacional que colidan con esta Constitución.

2. Declarar la nulidad total o parcial de las Constituciones y leyes estadales, de las ordenanzas municipales y demás actos de los cuerpos deliberantes de los Estados y Municipios dictados en ejecución directa e inmediata de esta Constitución y que colidan con ella.

3. Declarar la nulidad total o parcial de los actos con rango de ley dictados por el Ejecutivo Nacional que colidan con esta Constitución.

4. Declarar la nulidad total o parcial de los actos en ejecución directa e inmediata de esta Constitución, dictados por cualquier otro órgano estatal en ejercicio del Poder Público, cuando colidan con ésta.

Táchira, nº 5-6, San Cristóbal, enero-diciembre 1994, pp. 111-164; en *Anuario de Derecho Constitucional Latinoamericano,* Fundación Konrad Adenauer, Medellín-Colombia 1996, pp. 163-246; y en G. J. Bidart Campos y J. F. Palomino Manchego (Coordinadores), *Jurisdicción Militar y Constitución en Iberoamérica, Libro Homenaje a Domingo García Belaúnde*, Instituto Iberoamericano de Derecho Constitucional (Sección Peruana), Lima 1997, pp. 483-560.

5. Verificar, a solicitud del Presidente o Presidenta de la República o de la Asamblea Nacional, la conformidad con esta Constitución de los tratados internacionales suscritos por la República antes de su ratificación.

6. Revisar en todo caso, aun de oficio, la constitucionalidad de los decretos que declaren estados de excepción dictados por el Presidente o Presidenta de la República.

7. Declarar la inconstitucionalidad de las omisiones* del poder legislativo municipal, estadal o nacional, cuando haya dejado de dictar las normas o medidas indispensables para garantizar el cumplimiento de esta Constitución, o las haya dictado en forma incompleta; y establecer el plazo y, de ser necesario, los lineamientos de su corrección.

8. Resolver las colisiones que existan entre diversas disposiciones legales y declarar cuál debe prevalecer.

9. Dirimir las controversias constitucionales que se susciten entre cualesquiera de los órganos del Poder Público.

10. Revisar las sentencias definitivamente firmes de amparo constitucional y de control de constitucionalidad de leyes o normas jurídicas dictadas por los tribunales de la República, en los términos establecidos por la ley orgánica respectiva.

11. Las demás que establezcan esta Constitución y la ley.

Conforme a estas previsiones, la Sala Constitucional del Tribunal Supremo de Justicia de Venezuela, sin duda, es el instrumento más poderoso diseñado para garantizar la supremacía de la Constitución y el Estado de Derecho, la cual, por supuesto, como guardián de la Constitución, también está sometida a la Constitución. Como tal guardián, y como sucede en cualquier Estado de derecho, el sometimiento del tribunal constitucional a la Constitución es una preposición absolutamente sobreentendida y no sujeta a discusión, ya que sería inconcebible que el juez constitucional pueda violar la Constitución que esta llamado a aplicar y garantizar. Esa la pueden violar los otros poderes del Estado, pero no el guardián de la Constitución. Pero por supuesto, para garantizar que ello no ocurra, el Tribunal Constitucional debe gozar de absoluta independencia y autonomía, pues un Tribunal Constitucional sujeto a la voluntad del poder en lugar del guardián de la Constitución se convierte en el instrumento más atroz del autoritarismo. El mejor sistema de justicia constitucional, por tanto, en manos de un juez sometido al poder, es letra muerta para los individuos y es un instrumento para el fraude a la Constitución.

Lamentablemente, sin embargo, esto último es lo que ha venido ocurriendo en Venezuela en los últimos años, donde la Sala Constitucional del Tribunal Supremo, como Juez Constitucional, lejos de haber actuado en el marco de las atribuciones expresas constitucionales antes indicadas, ha venido desarrollando un proceso de mutación ilegítima de la Constitución que ha abarcado aspectos fundamentales del sistema constitucional, como los cambios efectuados en el régimen transitorio de la Constitución; en el régimen de los referendos revocatorios; en el rango supraconstitucional de los tratados internacionales y su aplicación inmediata; en el régimen de la protección internacional de los derechos humanos; en el principio de la alternabilidad republicana y las limitaciones a la reelección de cargos electivos; en el régimen del financiamiento público de los partidos políticos; en el régimen de la distribución de competencias en el Estado federal, y en el régimen del antejuicio de méritos a altos funcionarios públicos.[569]

En todos estos casos, en ejercicio de estas competencias y poderes, como máximo intérprete de la Constitución, pero al margen de la misma y mediante interpretaciones inconstitucionales, la Sala Constitucional al ejercer su facultad de interpretación del contenido y alcance de las normas constitucionales (art. 334) en estos casos, e incluso en ausencia de normas ambiguas, imprecisas, mal redactadas y con errores de lenguaje, ha modificado ilegítimamente el texto constitucional, en muchos casos incluso legitimando y soportando la estructuración progresiva de un Estado autoritario, del cual ha sido un instrumento.[570] Es decir, ha falseado el contenido de la Constitución, mediante una "mutación,"[571] ilegítima y fraudulenta de la misma,[572] lo que ha

569 Véase Allan R. Brewer-Carías, "*El Juez Constitucional en Venezuela y la ilegítima mutación de la Constitución (1999-2009)*," Notas para la exposición en el Seminario del profesor Eduardo García de Enterría, Facultad de Derecho, Universidad Complutense de Madrid, abril 2009.

570 Véase Allan R. Brewer-Carías, *Crónica sobre la "In" Justicia Constitucional. La Sala Constitucional y el autoritarismo en Venezuela*, Caracas 2007.

571 Una mutación constitucional ocurre cuando se modifica el contenido de una norma constitucional de tal forma que aún cuando la misma conserva su contenido, recibe una significación diferente. Véase Salvador O. Nava Gomar, "Interpretación, mutación y reforma de la Constitución. Tres extractos" en Eduardo Ferrer Mac-Gregor (coordinador), Interpretación Constitucional, Tomo II, Ed. Porrúa, Universidad Nacional Autónoma de México, México 2005, pp. 804 ss. Véase en general sobre el tema, Konrad Hesse, "Límites a la mutación constitucional", en *Escritos de derecho constitucional*, Centro de Estudios Constitucionales, Madrid 1992.

ocurrido desde el momento mismo en el cual la Constitución fue sancionada y aprobada por el pueblo en diciembre de 1999, habiendo sucesivamente introducido múltiples modificaciones a la Constitución directamente, mediante sentencias interpretativas, o legitimando decisiones inconstitucionales de otros órganos del Estado, usurpando así el poder constituyente originario. Estas modificaciones ilegítimas a la Constitución, por supuesto, al haber sido realizadas por su máximo guardián, que no tiene quien lo custodie, han quedado consolidadas en la vida político constitucional del país, al haber asumido la Sala Constitucional un poder constituyente derivado que no tiene y que no está regulado en el texto constitucional. La pregunta de siempre que suscita el poder incontrolado, ***Quis custodiet ipsos custodes,*** por tanto, aquí también ha adquirido todo su significado, pues no tiene respuesta.[573]

Muchas de estas mutaciones constitucionales, por otra parte, se han referido a las propias competencias del Tribunal Supremo de Justicia, en particular en materia de justicia constitucional y en relación con las atribuciones de la Sala Constitucional, adoptadas por esta última y en las cuales la propia Sala se ha auto-atribuido a si misma competencias que no le asigna la Constitución. Qué diferencia entre el actual Tribunal Supremo y la antigua Corte Suprema, el ámbito de cuya competencia estaba precisado en la Constitución y la Ley, teniendo el ciudadano seguridad jurídica de la misma sin sorpresas judiciales.!! Qué contraste con la Sala Constitucional del actual Tribunal Supremo de Justicia, cuyas competencias parecen no tener fin, configurando como una especie de saco grande y sin fondo del cual, a su gusto, los Magistrados han venido sacando nuevas normas con nuevas competencias que no tiene, como la de conocer de un recurso de interpretación abstracta de la Constitución, no establecido en ella, y a través del cual precisamente el Tribunal ha desarrollado la antes mencionada mutación ilegítima sobre aspectos fundamentales de la misma; como la de ampliar los poderes de revisión de sentencias en materia constitucional dictadas por cualquier tribunal, incluso por las otras Salas del propio Tribunal Supremo de Justicia; como la de poder avocarse ilimitadamente al conocimiento de cualquier causa, incluso

572 Véase Néstor Pedro Sagüés, *La interpretación judicial de la Constitución*, Buenos Aires 2006, pp. 56-59, 80-81, 165 ss.

573 Véase nuestros comentarios iniciales sobre esta sentencia en Allan R. Brewer-Carías, *El sistema de justicia constitucional en la Constitución de 1999 (Comentarios sobre su desarrollo jurisprudencial y su explicación, a veces errada, en la Exposición de Motivos)*, Editorial Jurídica Venezolana, Caracas 2000.

cursante ante otra Sala del propio Tribunal Supremo; como la de resolución de conflictos entre las diversas Salas del Tribunal Supremo, asumiendo una jerarquía sobre ellas que no tiene; como la asunción de funciones que están reservadas al legislador como representación popular al controlar la constitucional de las omisiones del mismo; como la de restringir el poder de los jueces de ejercer el control difuso de la constitucionalidad de las leyes que les garantiza la Constitución, y como la asunción del monopolio de interpretar los casos de prevalencia en el orden interno de los tratados internacionales en materia de derechos humanos.[574]

Todas estas mutaciones ilegítimas de la Constitución han incidido en el régimen del Tribunal Supremo y de la justicia constitucional, temas a los cuales nuestra apreciada amiga Josefina Calcaño de Temeltas dedicó tantos años de trabajo y esfuerzos, tanto como docente universitaria, como en su condición de Magistrada de la Sala Político Administrativa de la antigua Corte Suprema de Justicia, donde desarrolló una destacada labor. Por ello he considerado que una manera de rendirle Homenaje en este Libro que le ofrecen sus amigos bajo la siempre generosa iniciativa de la Fundación de Estudios de Derecho Administrativo, es precisamente analizando algunas de esas mutaciones constitucionales ilegítimas que se han producido después que dejó la Corte Suprema que tanto contribuyó a consolidar. Es, además, el homenaje personal que me permito rendir a la destacada profesional que inicialmente conocí en 1969, cuando ella regresaba de sus estudios de postgrado, tiempo en el que a mi me correspondía presidir la Comisión de Administración Pública de la Presidencia de la República, con la cual colaboró brevemente. Eso fue hace ya cuarenta años, tiempo durante el cual he podido apreciar sus virtudes y contar con su invariable amistad.

II. LA ILEGÍTIMA MUTACIÓN DE LA CONSTITUCIÓN MEDIANTE LA CREACIÓN DEL RECURSO DE INTERPRETACIÓN ABSTRACTA DE LA CONSTITUCIÓN

Muchas de las ilegítimas mutaciones constitucionales antes mencionadas, tienen su origen en interpretaciones inconstitucionales que ha hecho el Juez Constitucional, pronunciadas, no al interpretar la

574 Véase Allan R. Brewer-Carías, "*Quis Custodiet Ipsos Custodes*: De la interpretación constitucional a la inconstitucionalidad de la interpretación," en *VIII Congreso Nacional de derecho Constitucional, Perú*, Fondo Editorial 2005, Colegio de Abogados de Arequipa, Arequipa, septiembre 2005, pp. 463-489; y en *Revista de Derecho Público*, nº 105, Editorial Jurídica Venezolana, Caracas 2006, pp. 7-27.

Constitución con motivo de resolver alguna acción de nulidad por inconstitucionalidad u otro medio de control de la constitucionalidad de los actos estatales, sino al decidir "acciones o recursos autónomos de interpretación abstracta de la Constitución," muchos de ellos interpuestos por el propio Estado (Procurador General de la República), que la propia Sala Constitucional creó, a la vez, mutando ilegítimamente la Constitución.

En efecto, con anterioridad a la entrada en vigencia de la Constitución de 1999, el artículo 42,24 de la derogada Ley Orgánica de la Corte Suprema de Justicia había atribuido competencia a la Sala Político Administrativa de la antigua Corte Suprema para interpretar los "textos legales, en los casos previstos en la Ley." En esa misma tradición, la Constitución de 1999 estableció en forma expresa, la competencia del Tribunal Supremo de Justicia, para "conocer de los recursos de interpretación sobre el contenido y alcance de los textos legales", pero "en los términos contemplados en la ley" (artículo 266,6), atribución que debe ser ejercida "por las diversas Salas conforme a lo previsto en esta Constitución y en la ley" (único aparte, artículo 266). Por ello, el artículo 5, párrafo 1º, de la Ley Orgánica de 2004, atribuye a todas las Salas del Tribunal Supremo, competencia para:

> 52. Conocer del recurso de interpretación y resolver las consultas que se le formulen acerca del alcance e inteligencia de los textos legales, en los casos previstos en la ley, siempre que dicho conocimiento no signifique una sustitución del mecanismo, medio o recurso previsto en la ley para dirimir la situación si la hubiere.

Ahora bien, a pesar de que el ordenamiento constitucional y legal venezolano sólo regulaba y regula el recurso de interpretación respecto de textos legales, la Sala Constitucional creó jurisprudencialmente su propia competencia para conocer de recursos autónomos de interpretación abstracta e la Constitución, mediante una inconstitucional interpretación del artículo 335 de la Constitución, que atribuye a todas las Salas del Tribunal Supremo y no sólo a la Sala Constitucional, el carácter de "máximo y último intérprete de la Constitución"

En efecto, la Sala Constitucional en sentencia Nº 1077 de 22 de septiembre de 2000, consideró que los ciudadanos no requieren "de leyes que contemplen, en particular, el recurso de interpretación constitucional, para interponerlo"[575], procediendo a "crear" un recur-

---

[575] Véase Sentencia nº 1077 de la Sala Constitucional de 22-09-00, caso: *Servio Tulio León Briceño*. Véase en *Revista de Derecho Público*, nº 83, Caracas,

so autónomo de interpretación abstracta de las normas constitucionales no previsto constitucional ni legalmente, basándose para ello en el artículo 26 de la Constitución que consagra el derecho de acceso a la justicia, del cual dedujo que si bien dicha acción no estaba prevista en el ordenamiento jurídico, tampoco estaba prohibida. Agregó la Sala que, por lo tanto:

> No es necesario que existan normas que contemplen expresamente la posibilidad de incoar una acción con la pretensión que por medio de ella se ventila, bastando para ello que exista una situación semejante a las prevenidas en la ley, para la obtención de sentencias declarativas de mera certeza, de condena, o constitutivas. Este es el resultado de la expansión natural de la juridicidad[576].

En esta forma, la acción de interpretación de la Constitución, en criterio de la Sala Constitucional, es una acción de igual naturaleza que la de interpretación de la ley[577], es decir, tiene por objeto obtener una sentencia declarativa de mera certeza sobre el alcance y contenido de las normas constitucionales, que no anula el acto en cuestión, pero que busca en efecto semejante, ya que en estos casos, coincide el interés particular con el interés constitucional; agregando que:

> La finalidad de tal acción de interpretación constitucional sería una declaración de certeza sobre los alcances y el contenido de una norma constitucional, y formaría un sector de la participación ciudadana, que podría hacerse incluso como paso previo a la acción de inconstitucionalidad, ya que la interpretación constitucional podría despejar dudas y ambigüedades sobre la supuesta colisión. Se trata de una tutela preventiva[578].

En cuanto a la legitimidad necesaria para interponer la demanda, la Sala Constitucional ha señalado que el recurrente debe tener un interés particular en el sentido de que:

2000, pp. 247 y ss. Este criterio fue luego ratificado en sentencias de fecha 09-11-00 (nº 1347), 21-11-00 (nº 1387), y 05-04-01 (nº 457), entre otras.

576 Sentencia nº 1077 de la Sala Constitucional de 22-09-00, caso: *Servio Tulio León Briceño*. Véase en *Revista de Derecho Público,* nº 83, Caracas, 2000, pp. 247 y ss.

577 *Idem*

578 *Ibidem*

Como persona pública o privada debe invocar un interés jurídico actual, legítimo, fundado en una situación jurídica concreta y específica en que se encuentra, y que requiere necesariamente de la interpretación de normas constitucionales aplicables a la situación, a fin de que cese la incertidumbre que impide el desarrollo y efectos de dicha situación jurídica.

La Sala precisó además que se "está ante una acción con legitimación restringida, aunque los efectos del fallo sean generales"; por lo que señaló que "puede declarar inadmisible un recurso de interpretación que no persiga los fines antes mencionados, o que se refiere al supuesto de colisión de leyes con la Constitución, ya que ello origina otra clase de recurso".

En la antes mencionada sentencia Nº 1077 de 22-09-01, la Sala Constitucional reiteró su criterio sobre la legitimación activa para intentar el recurso de interpretación, señalando que el recurrente debe tener un "interés jurídico personal y directo", de manera que en la demanda se exprese con precisión, como condición de admisibilidad, "en qué consiste la oscuridad, ambigüedad o contradicción entre las normas del texto constitucional, o en una de ellas en particular; o sobre la naturaleza y alcance de los principios aplicables; o sobre las situaciones contradictorias o ambiguas surgidas entre la Constitución y las normas del régimen transitorio o del régimen constituyente"[579].

En este caso de esta acción de interpretación constitucional, puede decirse que se está en presencia de un proceso constitucional, que requeriría de un accionante, como consecuencia de lo debería abrirse el proceso a un contradictorio; pues así como puede haber personas con interés jurídico en determinada interpretación de la Constitución, igualmente puede haber otras personas con interés jurídico en otra interpretación. En tal sentido, la Sala debería emplazar y citar a los interesados para garantizarles el que puedan hacerse parte en el proceso, y alegar a favor de una u otra interpretación del texto constitucional. Sin embargo, sobre esto, después de haber creado el recurso, la Sala Constitucional,

---

579 Caso: *Servicio Tulio León Briceño*, en *Revista de Derecho Público*, nº 83, Caracas, 2000, pp. 247 y ss. Adicionalmente, en otra sentencia, nº 1029 de 13-06-2001, la Sala Constitucional atemperó el rigorismo de declarar inadmisible el recurso si no precisaba el contenido de la acción, ya que señaló que "La solicitud deberá expresar: 1.- Los datos concernientes a la identificación del accionante y de su representante judicial; 2.- Dirección, teléfono y demás elementos de ubicación de los órganos involucrados; 3.- Descripción narrativa del acto material y demás circunstancias que motiven la acción."

en sentencia Nº 2651 de 2 de octubre de 2003 (Caso: *Ricardo Delgado (Interpretación artículo 174 de la Constitución)*, le negó el carácter de proceso constitucional señalando que en virtud de que "el recurso de interpretación debe tener como pretensión la exclusiva determinación del alcance de normas –en este caso constitucionales–", entonces "no hay *litis*, enfrentamiento entre unas partes, respecto de las cuales haya que procurar su defensa".

Por último, debe indicarse que en sentencia Nº 1347, de 9 de noviembre de 2000, la Sala Constitucional delimitó el carácter vinculante de las interpretaciones establecidas con motivo de decidir los recursos de interpretación, señalando que:

> Las interpretaciones de esta Sala Constitucional, en general, o las dictadas en vía de recurso interpretativo, se entenderán vinculantes respecto al núcleo del caso estudiado, todo ello en un sentido de límite mínimo, y no de frontera intraspasable por una jurisprudencia de valores oriunda de la propia Sala, de las demás Salas o del universo de los tribunales de instancia.

Como puede observarse de lo anterior, estamos en presencia de una mutación constitucional mediante la ampliación de competencias propias que se ha arrogado la Sala Constitucional, a través de una inconstitucional interpretación de la Constitución, que no establece la posibilidad de este recurso autónomo y abstracto de interpretación de las normas constitucionales, el cual, por lo demás no encuentra ningún antecedente en el derecho comparado sobre los sistemas de justicia constitucional.

III. LA ILEGÍTIMA MUTACIÓN DE LA CONSTITUCIÓN MEDIANTE LA RESTRICCIÓN DEL CONTROL DIFUSO DE LA CONSTITUCIONALIDAD

Desde el siglo XIX en Venezuela se ha establecido el método difuso de control de la constitucionalidad de las leyes existe en Venezuela desde el siglo XIX[580], y estuvo regulado en el artículo 20 del Código de Procedimiento Civil, que establece que:

> *Artículo 20*: Cuando la ley vigente, cuya aplicación se pida, colidiere con alguna disposición constitucional, los jueces aplicarán ésta con preferencia.

---

580 Véase Allan R. Brewer-Carías, *Judicial Review in Comparative Law*, *op. cit.*, pp. 127 y ss.; Allan R. Brewer-Carías, *La Justicia Constitucional,* Tomo VI, *Instituciones Políticas y Constitucionales, op. cit.*, Caracas, 1996, pp. 86 y ss.

Más recientemente se recogió en el artículo 19 del Código Orgánico Procesal Penal, con este texto:

> *Artículo 19:* Control de la Constitucionalidad. Corresponde a los jueces velar por la incolumidad de la Constitución de la República. Cuando la ley cuya aplicación se pida colidiere con ella, los tribunales deberán atenerse a la norma constitucional.

A los efectos de consolidar constitucionalmente el método de control difuso de la constitucionalidad de las leyes,[581], en el artículo 334 de la Constitución establece que:

> En caso de incompatibilidad entre esa Constitución y una ley u otra norma jurídica, se aplicarán las disposiciones constitucionales, correspondiendo a los tribunales en cualquier causa, aun de oficio, decidir lo conducente.

En esta forma, el método de control difuso de la constitucionalidad adquirió rango constitucional, el cual, incluso, puede ser ejercido *de oficio* por los tribunales, incluyendo, por supuesto, las diversas Salas del Supremo Tribunal, como una obligación de todos los jueces de asegurar la integridad de la Constitución, en el ámbito de sus competencias para que de este modo la justicia constitucional sea ejercida por todos los Tribunales. Así se establece, conforme lo indicó la Sala Constitucional, para todos los Jueces, de cualquier nivel, "el poder deber para controlar la constitucionalidad de los actos normativos del poder Público y ofrecer a todas las personas la tutela efectiva en el ejercicio de sus derechos e intereses legítimos, al no aplicar a los casos concretos que deban decidir, las normas que estimen inconstitucionales"[582].

Pero a pesar de ello, ha sido la propia Sala Constitucional la cual en una inconstitucional interpretación de la Constitución, ha cambiado la Constitución y ha asumido el monopolio de la interrelación constitucional limitando el ámbito del poder de los jueces de desaplicar normas que estimen inconstitucionales, al cercenarles la potestad que necesariamente deben tener para interpretar las normas constitu-

---

[581] Véase Allan R. Brewer-Carías, *Debate Constituyente (Aportes a la Asamblea Nacional Constituyente),* Tomo III, (18 Octubre-30 Noviembre 1999), Fundación de Derecho Público-Editorial Jurídica Venezolana, Caracas, 1999, pp. 94 a 105.

[582] Véase sentencia nº 1213 de 30 de mayo de 2000 (Caso: *Carlos P. García P. vs. Ministerio de Justicia. Cuerpo Técnico de Policía Judicial). Revista de Derecho Público*, nº 82, (abril-junio), Editorial Jurídica Venezolana, Caracas, 2000, p. 446.

cionales en relación con las leyes que deben aplicar en los casos concretos que decidan. Así, en la sentencia Nº 833 de 15 de mayo de 2001 (Caso: *Instituto Autónomo Policía Municipal de Chacao vs. Corte Primera de lo Contencioso Administrativo*), la Sala interpretó el artículo 334 de la Constitución, y estableció "con carácter vinculante... en qué consiste el control difuso, y en qué consiste el control concentrado de la Constitución". Ello lo hizo al formularse la pregunta de ¿si en ejercicio del control difuso un juez puede interpretar los principios constitucionales, y en base a ellos, suspender la aplicación de una norma?, respondiéndola de manera de negarle el poder a los jueces de interpretar la Constitución, al señalar que:

> Fuera de la Sala Constitucional, debido a las facultades que le otorga el artículo 335 de la Constitución vigente, con su carácter de máximo y última intérprete de la Constitución y unificador de su interpretación y aplicación, no pueden los jueces desaplicar o inaplicar normas, fundándose en principios constitucionales o interpretaciones motu propio que de ellas hagan, ya que el artículo 334 comentado no expresa que según los principios constitucionales, se adelante tal control difuso. Esta es función de los jueces que ejercen el control concentrado, con una modalidad para el derecho venezolano, cual es que sólo la interpretación constitucional que jurisdiccionalmente haga esta Sala, es vinculante para cualquier juez, así esté autorizado para realizar control concentrado.

Esta misma limitación impuesta a los jueces ordinarios de controlar la constitucionalidad de las leyes mediante el control difuso, también la ha impuesto la Sala Constitucional al limitar ilegítimamente el poder de los jueces de aplicar directamente los tratados en materia de derechos humanos y dado su rango constitucional, darle aplicación preferente respecto de las leyes.

En efecto, en materia de derechos humanos, de acuerdo con la propia Constitución, el principio de su supremacía cede ante las normas de los tratados, pactos y convenciones internacionales relativos a derechos humanos suscritos y ratificados por Venezuela, a los que no sólo se les atribuye jerarquía constitucional, sino que incluso la Constitución dispone que prevalecen en el orden interno (constitucional o legal), "en la medida en que contengan normas sobre su goce y ejercicio más favorables a las establecidas en esta Constitución y en las leyes de la República", declarando además la Constitución expresamente que son "de aplicación inmediata y directa por los tribunales y demás órganos del Poder Público" (art. 23).

Sobre esta norma que le otorga rango constitucional e, incluso, supra constitucional a esos instrumentos internacionales, la Sala Constitucional del Tribunal Supremo, al reivindicar un carácter de máximo y último interprete de la Constitución y de los tratados, pactos y convenios sobre derechos humanos que no tiene, pues todas las Salas del Tribunal Supremo lo tienen, ha establecido en sentencia Nº 1942 de 15 de julio de 2003 (Caso: *Impugnación de diversos artículos del Código Penal*), que por adquirir los mencionados tratados jerarquía constitucional e integrarse a la Constitución vigente, "*el único capaz de interpretarlas*, con miras al derecho venezolano, es el juez constitucional, conforme al artículo 335 de la vigente Constitución, en especial, al intérprete nato de la Constitución de 1999, y, que es la Sala Constitucional, y así se declara". De allí la Sala señaló que:

> "es la Sala Constitucional quien determina cuáles normas sobre derechos humanos de esos tratados, pactos y convenios, prevalecen en el orden interno; al igual que cuáles derechos humanos no contemplados en los citados instrumentos internacionales tienen vigencia en Venezuela"[583].

Con esta decisión inconstitucional, la Sala Constitucional ha mutado ilegítimamente la Constitución, pues conforme a la norma de su artículo 23, esa potestad no sólo corresponde a la Sala Constitucional, sino a todos los tribunales de la República cuando actúen como juez constitucional, por ejemplo, al ejercer el control difuso de la constitucionalidad de las leyes o al conocer de acciones de amparo. La pretensión de la Sala Constitucional en concentrar toda la justicia constitucional no se ajusta a la Constitución y al sistema de justicia constitucional que regula, de carácter mixto e integral; y menos aún en materia de derechos humanos, cundo es la propia Constitución la que dispone que los tratados, pactos e instrumentos internacionales sobre derechos humanos ratificados por la República son "de aplicación inmediata y directa por los tribunales" (art. 23).

IV. LA ILEGÍTIMA MUTACIÓN DE LA CONSTITUCIÓN MEDIANTE LA AMPLIACIÓN DE LOS PODERES DE LA SALA CONSTITUCIONAL EN EL CONTROL DE LA INCONSTITUCIONALIDAD DE LA OMISIÓN

Otro proceso constitucional en materia de justicia constitucional que establece la Constitución de 1999 es el denominado control de la constitucionalidad de las omisiones de actuación de los órganos legis-

583 Véase en *Revista de Derecho Público*, nº 93-96, Editorial Jurídica Venezolana, Caracas 2003.

lativos,[584] a cuyo efecto el artículo 336,7 de la Constitución atribuyó a la Sala Constitucional, competencia para:

> "Declarar la inconstitucionalidad de las omisiones del poder legislativo municipal, estadal o nacional, cuando hayan dejado de dictar las normas o medidas indispensables para garantizar el cumplimiento de la Constitución, o las hayan dictado en forma incompleta, y establecer el plazo y, de ser necesario, los lineamientos de su corrección".
>
> Esta competencia constitucional ha sido mutada ilegítimamente por la Ley Orgánica del Tribunal Supremo de Justicia, en primer lugar, al disponer de antemano que el ejercicio de la misma no implica "usurpación de funciones de otro órgano del Poder Público, o extralimitación de atribuciones"(art.5,1,13); y en segundo lugar, al haber extendido inconstitucionalmente tal potestad de controlar la omisión respecto de "cualquiera de los órganos que ejerzan el Poder Público de rango nacional, respecto a obligaciones o deberes establecidos directamente por la Constitución de la República Bolivariana de Venezuela".

Esta ampliación de poderes, más allá de los establecidos en la Constitución ha ocurrido con la anuencia de la Sala Constitucional, la cual ha ejercido este control en muchas ocasiones, ampliando a la vez dichas competencias. En materia legislativa, por ejemplo, se destaca la sentencia Nº 3118 de 6 octubre de 2003, en la cual se declaró de oficio la inconstitucionalidad de la omisión de la Asamblea Nacional en dictar la Ley Orgánica de Régimen Municipal (Caso: *Inconstitucionalidad de la omisión de la Asamblea Nacional por no haber dictado dentro del plazo fijado por el Constituyente de 1999 una Ley sobre Régimen Municipal*), señalando ello lo podía hacer en el curso de un proceso, sin que hubiera habido el ejercicio de acción alguna. Señaló así la Sala que la situación era similar a la que existía en materia de control difuso. En este, "con ocasión de un juicio instaurado por demanda particular, el tribunal de la causa juzga la constitucionalidad de una norma," y "en este caso, se juzga la constitucionalidad de una inacción, pero también con ocasión de un proceso que surgió por recurso. En ambos supuestos el pronunciamiento puede ser de oficio, si bien el tribunal no puede ser el que funja de accionante, sino que se requiere de una ini-

[584] Es una institución que tiene su origen en el sistema portugués, véase Allan R. Brewer–Carías, *Judicial Review in Comparative Law*, *op. cit.*, p. 269. Véase Jesús María Casal, "La protección de la Constitución frente a las omisiones legislativas", en *Anuario de Derecho Constitucional Latinoamericano,* Edición 2003, Konrad Adenauer Stiftung, Montevideo, 2003, pp. 33 a 82.

cial solicitud."[585] Con base en lo expuesto, la Sala Constitucional, en ese caso, declaró que la falta de sanción de la ley sobre régimen municipal dentro del plazo previsto en la Disposición Transitoria Cuarta de la Constitución constituía una violación del Texto Fundamental, a la que debía dársele pronta terminación; y en atención a ello, ordenó a la Asamblea Nacional preparar, discutir y sancionar dentro del plazo máximo de tres meses contados a partir de la notificación del fallo, una ley sobre régimen municipal que se adaptase a las previsiones del Capítulo IV del Título IV de la Constitución y, en especial, a los principios contenidos en su artículo 169, lo que no cumplió la Asamblea sino dos años después.

En estos casos, evidentemente, la Sala Constitucional no podría sustituirse en el legislador y dictar la ley respectiva, obviando la función de la representación popular y el procedimiento constitucional de formación de las leyes. Sin embargo, la Sala Constitucional ha forzado su rol en la materia y si bien ha reconocido que por la complejidad de la materia la Jurisdicción Constitucional difícilmente podría suplir la omisión del Legislador en su totalidad, señalando que "es constitucionalmente imposible incluso para esta Sala, pese a su amplia competencia constitucional, transformarse en legislador y proporcionar a la colectividad las normas que exige", sin embargo ha considerado que si está facultada para proporcionar soluciones a aspectos concretos, incluso por medio de la adopción de reglas generales que ocupen temporalmente el lugar de las normas ausentes, pero no para corregir por completo la inactividad del legislador y dictar las normas que se requieran[586].

En estos casos, la Sala Constitucional, ha conocido del recurso por omisión de sus funciones por parte de la Asamblea Nacional, en efectuar los nombramientos de altos funcionarios públicos no electos popularmente que debe hacer conforme a la Constitución. Así ocurrió respecto del nombramiento de los miembros (rectores) del Consejo Nacional Electoral ante la omisión de la Asamblea, pero con la peculiaridad de que la sala Constitucional no sólo declaró como inconstitucional la omisión legislativa, sino que se sustituyó en el ejercicio de tal atribución. En efecto, mediante sentencia Nº 2073 de 4 de agosto de 2003, (Caso: *Hernann E. Escarrá Malavé; acción de inconstitucionalidad por omisión contra la Asamblea Nacional*), la Sala le fijó un lapso a la

---

585 Véase en *Revista de Derecho Público*, nº 93–96, Editorial Jurídica Venezolana, Caracas, 2003, pp. 525 ss.

586 Véase sentencia nº 1043 de 31–5–2004 (Caso: *Consejo Legislativo del Estado Zulia*), en *Revista de Derecho Público*, nº 97–98, EJV, Caracas 2004, p. 408.

Asamblea Nacional para hacer los nombramientos, y luego de que la designación de los titulares del Consejo Nacional Electoral no se pudo realizar por la Asamblea Nacional, por no haber podido lograr los acuerdos políticos necesarios que aseguraran la mayoría calificada que exige la Constitución para hacer tales nombramientos, la Sala Constitucional mediante sentencia Nº 2341 de 25 de agosto de 2003 (Caso: *Hernann E. Escarrá Malavé; acción de inconstitucionalidad por omisión contra la Asamblea Nacional*), una vez verificado que hasta esa fecha la Asamblea Nacional no había designado a los rectores del Poder Electoral, y estando dentro del lapso que la Sala misma se fijó para hacer la designación, procedió a hacerlo previas las siguientes consideraciones:

> "1°) Como se trata de un nombramiento provisional no previsto en la Ley Orgánica del Poder Electoral, pero que atiende al mantenimiento de la supremacía constitucional, ante el vacío institucional producto de la omisión del nombramiento de los rectores electorales, la Sala, en lo posible, aplicará la Ley Orgánica del Poder Electoral con las variables necesarias derivadas de la naturaleza de las medidas provisorias.
>
> 2°) La Sala toma en cuenta el acucioso trabajo del Comité de Postulaciones Electorales, quien recibió 408 postulaciones y las redujo, previo análisis de las mismas, a 200, y luego a 115, que fueron sometidas a un proceso público de objeciones, finalizado el cual el número de postulados aceptados quedó reducido a 86, de los cuales 63 personas fueron propuestas por la sociedad civil.
>
> En las designaciones, la Sala nombrará rectores principales o suplentes a las personas que postuló la sociedad civil, el Poder Ciudadano y las Universidades Nacionales que podían hacerlo; ello sin menoscabo de su poder para la elección de personas fuera de los que fueron candidateados.
>
> 3°) La Sala garantiza, al Poder Electoral que ella nombre en forma provisoria, la mayor autonomía, tal como corresponde a uno de los Poderes Públicos.
>
> El órgano rector del Poder Electoral, conforme al artículo 293.1 constitucional, podrá desarrollar la normativa que le asigna la Ley Orgánica del Poder Electoral, elaborar los proyectos de leyes que le corresponden con exclusividad conforme a las Disposición Transitoria Tercera de la citada Ley, y presentarlas ante la Asamblea Nacional.
>
> Corresponde al Poder Electoral la normativa tendente a la reglamentación de los procesos electorales y los referendos, en

desarrollo de la Ley Orgánica del Poder Electoral, en particular la que regula las peticiones sobre los procesos electorales y referendos, así como las condiciones para ellos, la autenticidad de los peticionarios, la propaganda electoral, etc., así como resolver las dudas y vacíos que susciten las leyes electorales.

4°) Dentro de la autonomía del Poder Electoral, los órganos de dicho Poder señalarán los términos para cumplir sus cometidos.

5°) Con el fin de facilitar la integración del Consejo Nacional Electoral y sus órganos subordinados, la Sala procede a designar en esta sentencia, su composición, así como la del Consejo de Participación Política, el cual de manera provisoria y ante el vacío constitucional, funcionará como un ente consultivo del Poder Electoral. Para este último nombramiento, la Sala tomó en cuenta las consultas que se hicieron a los partidos políticos representados en la Asamblea Nacional y que se llevaron a cabo en el Tribunal[587].

Partiendo de estas consideraciones, sin embargo, la Sala Constitucional no se limitó a suplir la abstención de la Asamblea Nacional nombrando a los rectores del Consejo Nacional Electoral, obviando los procedimientos constitucionales de postulación y de mayoría calificada de la Asamblea, sino que extralimitándose en sus funciones y limitando injustificada e ilegítimamente la propia autonomía del Consejo Nacional Electoral como órgano rector de dicho Poder Público, procedió a nombrar directamente a todos los funcionarios directivos del organismo, competencia que no correspondía a la Asamblea Nacional (sino al propio Consejo Nacional Electoral que estaba nombrando) y respecto de cuyo ejercicio no se había producido omisión alguna que pudiera justificar tales nombramientos. En efecto, en la sentencia, de acuerdo con el artículo 13 de la Ley Orgánica del Poder Electoral, la Sala además de nombrar a los rectores principales y sus respectivos; y además, designó al Presidente y Vicepresidente del cuerpo, lo que correspondía al mismo; al Secretario y al Consultor Jurídico del Consejo Nacional Electoral; a los integrantes de los órganos subordinados: Junta Nacional Electoral; Comisión de Registro

587 Véase en *Revista de Derecho Público*, nº 93–96, Editorial Jurídica Venezolana, Caracas, 2003, pp. 525 ss.

Civil y Electoral; Comisión de Participación Política y Financiamiento; y a miembros de un Consejo de Participación[588].

Con esta decisión, sin duda, la Sala se sustituyó en el ejercicio de la competencia del órgano legislativo omiso, y asumió y ejerció su competencia; es decir, la Sala usurpó las funciones del órgano legislativo, ejerciéndolas al margen de la Constitución, pues constitucionalmente era imposible que lo sustituyera, ya que conforme a la Constitución, sólo la Asamblea Nacional y mediante una votación de mayoría calificada de los 2/3 de los diputados (Art. 296), con la participación de la sociedad civil (Comité de Postulaciones Electorales), puede designar dichos funcionarios. Por ello, la omisión de la Asamblea no podría ser "suplida" por ningún otro órgano del Estado y menos por la Sala Constitucional, pues ésta ni es un órgano de representación popular ni hay forma ni manera alguna cómo pueda reflejar la mayoría calificada requerida, de la representación popular[589]. En ese caso, sin duda, a través de una inconstitucional mutación de la Constitución, produciéndose una usurpación de funciones del órgano legislativo por la Sala Constitucional, en sentido similar si la Sala Constitucional, por ejemplo, se le ocurriera actuar como cuerpo legislador y sancionar una ley ante la omisión de la Asamblea Nacional en hacerlo.

V. LA ILEGÍTIMA MUTACIÓN DE LA CONSTITUCIÓN MEDIANTE LA AMPLIACIÓN DE LA POTESTAD DEL JUEZ CONSTITUCIONAL EN MATERIA DE REVISIÓN DE SENTENCIAS Y LA RELATIVIDAD DEL PRINCIPIO DE LA COSA JUZGADA

Otra ilegítima mutación de la Constitución efectuada por la Sala Constitucional del Tribunal Supremo sobre sus propias competencias, se refiere al recurso extraordinario de revisión de sentencias, el

588 Véase Allan R. Brewer–Carías, "El secuestro del Poder Electoral y la confiscación del derecho a la participación política mediante el referendo revocatorio presidencial: Venezuela 2000–2004", en *Boletín Mexicano de Derecho Comparado*, Instituto de Investigaciones Jurídicas, Universidad Nacional Autónoma de México, nº 112. México, enero–abril 2005 pp. 11–73.

589 Véase sentencia nº 2341 de 25-08-2003 (Caso: *Hermann Escarrá y otros*), y los comentarios en Allan R. Brewer-Carías, *La Sala Constitucional vs. El Estado democrático de derecho, El secuestro del Poder Electoral y de la Sala Electoral del Tribunal Supremo y la confiscación del derecho a la participación política,* Ediciones Libros El Nacional, Caracas, 2004, pp. 43 y ss.

cual a pesar de tener un ámbito muy preciso en la Constitución, ha sido ampliado cambiándose la redacción de la Constitución.

En efecto, de acuerdo con el artículo 336,10 de la Constitución, que se recogió luego en el artículo 5, párrafo 1º,16 de la Ley Orgánica del Tribunal Supremo de Justicia, en una norma que fue novedosa en el sistema de justicia constitucional, la Sala Constitucional tiene competencia para conocer del recurso extraordinario de revisión de sentencias dictadas en materia constitucional, así:

> 16. Revisar las sentencias definitivamente firmes de amparo constitucional y control difuso de la constitucionalidad de leyes o normas jurídicas, dictadas por los demás tribunales de la República.

Se trata de una competencia que tiene por objeto establecer la uniformidad de la aplicación e interpretación constitucional, únicamente en los casos de sentencias definitivamente firmes dictadas exclusivamente *en juicios de amparo o dictadas por los jueces en ejercicio del poder de control difuso de la constitucionalidad de las leyes y normas,* al permitirle a la Sala Constitucional conocer, a su discreción, de los recursos extraordinarios de revisión que se intenten contra esas sentencias.

En particular, sobre las sentencias dictadas en ejercicio del control difuso de la constitucionalidad, el artículo 5, párrafo 4º de la Ley Orgánica del Tribunal Supremo dispuso que "de conformidad con lo previsto en la Constitución de la República Bolivariana de Venezuela, todo tribunal de la República podrá ejercer el control difuso de la constitucionalidad únicamente para el caso concreto, en cuyo supuesto dicha sentencia estará expuesta a los recursos o acciones ordinarias o extraordinarias a que haya lugar".

El objeto de esta potestad de revisión de sentencias, sin embargo, ha sido ampliado progresiva e inconstitucionalmente por la jurisprudencia de la Sala Constitucional, de manera que mediante sentencia Nº 93 de 6 de febrero de 2001 (Caso: *Olimpia Tours and Travel vs. Corporación de Turismo de Venezuela*), al agregar como objeto de revisión *otras sentencias dictadas por las Salas del Tribunal Supremo u otros tribunales,* distintas a las dictadas en materia de amparo o de control difuso de constitucionalidad, afirmando su potestad para revisar, además de estas, respecto de las siguientes:

> 3. Las sentencias definitivamente firmes que hayan sido dictadas por las demás Salas de este Tribunal o por los demás tribunales o juzgados del país apartándose u obviando expresa o tácitamente alguna interpretación de la Constitución contenida en

alguna sentencia dictada por esta Sala con anterioridad al fallo impugnado, realizando un errado control de constitucionalidad al aplicar indebidamente la norma constitucional.

4. Las sentencias definitivamente firmes que hayan sido dictadas por las demás Salas de este Tribunal o por los demás tribunales o juzgados del país que de manera evidente hayan incurrido, según el criterio de la Sala, en un error grotesco en cuanto a la interpretación de la Constitución o que sencillamente hayan obviado por completo la interpretación de la norma constitucional. En estos casos hay también un errado control constitucional[590].

La Sala Constitucional, por otra parte, en sentencia Nº 727 de 8 de abril de 2003 continuó ampliando el universo de sentencias que podían ser objeto del recurso extraordinario de revisión, indicando que además de las sentencias de amparo constitucional y las sentencias de control difuso de constitucionalidad de leyes o normas jurídicas fundamentadas en un errado control de constitucionalidad, también pueden ser objeto del recurso de revisión:

(iii) Las sentencias que de manera evidente hayan incurrido, según el criterio de la Sala, en un error grotesco en cuanto a la interpretación de la Constitución o que sencillamente hayan obviado por completo la interpretación de la norma constitucional y (iv) Las sentencias que hayan sido dictadas por las demás Salas de este Tribunal o por los demás juzgados del país apartándose u obviando, expresa o tácitamente, alguna interpretación de la Constitución que contenga alguna sentencia de esta Sala con anterioridad al fallo que sea impugnado[591].

En esta forma, la Sala Constitucional violando la Constitución, amplió el ámbito de su potestad constitucional revisora referida sólo a las sentencias dictadas en juicios de amparo o con motivo de control difuso de la constitucionalidad, abarcando otras sentencias, incluso las dictadas por las otras Salas del Tribunal Supremo, lo que constituye una limitación no autorizada en la Constitución al debido proceso y al derecho a la cosa juzgada, con importantes repercusiones en el ámbito de la seguridad jurídica y del Estado de derecho.

---

590 Véase en *Revista de Derecho Público*, nº 85-88, Editorial Jurídica Venezolana, Caracas, 2001, pp. 414-415.

591 Caso: *Revisión de la sentencia dictada por la Sala Electoral en fecha 21 de noviembre de 2002*, en *Revista de Derecho Público*, nº 93-96, Editorial Jurídica Venezolana, Caracas, 2003.

La Sala Constitucional en efecto, luego de analizar la garantía del debido proceso en relación con la revisión extraordinaria de sentencias definitivamente firmes, en sentencia Nº 93 de 6 de febrero de 2001 (Caso: *Olimpia Tours and Travel vs. Corporación de Turismo de Venezuela*), extendió su potestad revisora en relación con sentencias que -por supuesto a juicio de la propia Sala- "se aparten del criterio interpretativo de la norma constitucional que haya previamente establecido la Sala"; para lo cual simplemente se preguntó: "¿puede esta Sala, de conformidad con lo establecido en la Constitución, revisar las sentencias definitivamente firmes diferentes a las establecidas en el numeral 10 del artículo 336 de la Constitución que contraríen el criterio interpretativo que esta Sala posee de la Constitución?". La respuesta a la pregunta, la formuló la Sala interpretando el artículo 335 de la Constitución, en particular en cuanto establece el carácter vinculante de las interpretaciones que establezca la Sala sobre el contenido o alcance de las normas y principios constitucionales; del cual dedujo que "las demás Salas del Tribunal Supremo de Justicia y los demás tribunales y juzgados de la República están obligados a decidir con base en el criterio interpretativo que esta Sala tenga de las normas constitucionales".

Sin embargo, a pesar de todos estos razonamientos, la Ley Orgánica del Tribunal Supremo pretendió volver a llevar el asunto a su límite constitucional, en el sentido de que las únicas sentencias dictadas por los tribunales que pueden ser objeto del recurso de revisión, son las sentencias definitivamente firmes de amparo constitucional y control difuso de la constitucionalidad de leyes o normas jurídicas, dictadas por los demás tribunales de la República.

Pero si bien la Ley Orgánica en este aspecto fue reducir el ámbito del objeto (sentencias revisables) de la potestad revisora, la misma Ley Orgánica consagró la posibilidad de ejercicio de esta potestad revisora, *de oficio* por la Sala Constitucional, lo que en forma inconstitucional deja a la merced de la misma Sala el principio de la cosa juzgada y acaba con el principio dispositivo.

Pero además, la misma Ley Orgánica, en forma completamente contradictoria con la indicada reducción del ámbito de las sentencias revisables a los límites constitucionales, en relación con las sentencias dictadas por las otras Salas del Tribunal Supremo de Justicia, reguló una inconstitucional ampliación de la competencia de la Sala Constitucional para revisarlas, siguiendo la jurisprudencia que había sentado la Sala Constitucional. La Ley Orgánica así, ha "regularizado" la doctrina jurisprudencial y ha establecido la competencia de la Sala Constitucional (art. 5, párrafo 1º,4 para:

4. Revisar las sentencias dictadas por una de las Salas, cuando se denuncie fundadamente la violación de principios jurídicos fundamentales contenidos en la Constitución de la República Bolivariana de Venezuela, Tratados, Pactos o Convenios Internacionales suscritos y ratificados válidamente por la República, o que haya sido dictada como consecuencia de un error inexcusable, dolo, cohecho o prevaricación...

La inconstitucionalidad de esta norma es múltiple: primero, porque la Constitución no permite que una Sala del Tribunal Supremo pueda revisar las sentencias de otras Salas del mismo Tribunal. Todas las Salas son iguales, y no puede, por tanto, la Sala Constitucional, revisar las sentencias de las otras Salas y menos las sentencias de la Sala plena en cuyas decisiones participan todos los magistrados del Tribunal Supremo, incluyendo los de la Sala Constitucional; y segundo, porque la Constitución sólo permite a la Sala Constitucional revisar las sentencias definitivamente firmes de amparo y de control difuso de la constitucionalidad, y ninguna otra.

VI. LA ILEGÍTIMA MUTACIÓN EFECTUADA POR EL JUEZ CONSTITUTIONAL EN CUANTO A LA PROTECCIÓN INTERNACIONAL EN MATERIA DE DERECHOS HUMANOS Y LA "INEJECUTABILIDAD" EN VENEZUELA DE LAS SENTENCIAS DE LA CORTE INTERAMERICANA DE DERECHOS HUMANOS

Pero además del desconocimiento del rango supra constitucional de la Convención Americana de Derechos Humanos, la Sala Constitucional en la sentencia indicada Nº 1.939 de 18 de diciembre de 2008, que se identifica como Caso *Gustavo Álvarez Arias y otros*, cuando en realidad es el Caso: *Estado venezolano vs. La Corte Interamericana de Derechos Humanos*, ha desconocido las decisiones de la Corte Interamericana de Derechos Humanos, declarándolas inejecutables, contrariando el régimen internacional de los tratados.

Con dicha sentencia, dictada en juicio iniciado por la Procuraduría General de la República que es un órgano dependiente del Ejecutivo Nacional, la sala Constitucional declaró "inejecutable" en Venezuela la sentencia de la Corte Interamericana de Derechos Humanos de fecha 5 de agosto de 2008," dictada en el caso de los ex-magistrados de la Corte Primera de lo Contencioso Administrativo (*Apitz Barbera y otros ("Corte Primera de lo Contencioso Administrativo") vs. Venezuela*). En dicha sentencia, la Corte Interamericana en demanda contra el Estado formulada por la Comisión Interamericana de derechos Humanos a petición de dichos ex magistrados de la Corte Primera de lo Contencioso Administrativo, decidió que el Estado Venezolano les había violado las garantías judiciales establecidas en la Convención Americana al haberlos destituido de sus cargos, condenando al Estado a pagar las compensaciones prescritas, a reincorporarlos en sus cargos o en cargos similares, y a publicar el fallo en la prensa venezolana.[592]

Ahora bien, aparte de que el caso de la Convención Americana de Derechos Humanos una vez que los Estados Partes han reconocido la jurisdicción de la Corte Interamericana de Derechos Humanos, conforme al artículo 68.1 de la Convención, los mismos "se comprometen a cumplir la decisión de la Corte en todo caso en que sean partes;"[593] es la propia Constitución la que ha garantizado expresamente en Venezuela el acceso de las personas a la protección internacional en materia de derechos humanos, con la obligación del Estado de ejecutar las decisiones de los órganos internacionales. A tal efecto el artículo 31 de de la Constitución dispone:

> *Artículo 31.* Toda persona tiene derecho, en los términos establecidos por los tratados, pactos y convenciones sobre derechos humanos ratificados por la República, a dirigir peticiones o quejas ante los órganos internacionales creados para tales fines, con el objeto de solicitar el amparo a sus derechos humanos.
>
> El Estado adoptará, conforme a procedimientos establecidos en esta Constitución y en la ley, las medidas que sean necesarias para dar cumplimiento a las decisiones emanadas de los órganos internacionales previstos en este artículo.

---

592 Véase en www.corteidh.or.cr. Excepción Preliminar, Fondo, Reparaciones y Costas, Serie C nº 182.

593 Como lo señaló la Corte Interamericana de Derechos Humanos en la decisión del Caso *Castillo Petruzzi*, sobre "Cumplimiento de sentencia" del 7 de noviembre de 1999 (Serie C, núm. 59), "Las obligaciones convencionales de los Estados parte vinculan a todos los poderes y órganos del Estado," (par. 3) agregando "Que esta obligación corresponde a un principio básico del derecho de la responsabilidad internacional del Estado, respaldado por la jurisprudencia internacional, según el cual los Estados deben cumplir sus obligaciones convencionales de buena fe (*pacta sunt servanda*) y, como ya ha señalado esta Corte, no pueden por razones de orden interno dejar de asumir la responsabilidad internacional ya establecida." (par. 4). Véase en Sergio García Ramírez (Coord.), *La Jurisprudencia de la Corte Interamericana de Derechos Humanos*, Universidad Nacional Autónoma de México, Corte Interamericana de Derechos Humanos, México, 2001, pp. 628-629.

No han faltado Estados, sin embargo, que se hayan rebelado contra las decisiones de la Corte Interamericana y hayan pretendido eludir su responsabilidad en el cumplimiento de las mismas. La sentencia de la Corte Interamericana en el Caso *Castillo Petruzzi* de 30 de mayo de 1999 (Serie C, núm. 52), es prueba de ello, pues después de que declarar que el Estado peruano había violado en un proceso los artículos 20; 7.5; 9; 8.1; 8.2.b,c,d y f; 8.2.h; 8.5; 25; 7.6; 5; 1.1 y 2,[594] la Sala Plena del Consejo Supremo de Justicia Militar del Perú se negó a ejecutar el fallo, considerando que la misma desconocía la Constitución Política del Perú y la sujetaba a "la Convención Americana sobre Derechos Humanos en la interpretación que los jueces de dicha Corte efectúan *ad-libitum* en esa sentencia."[595]

594 Como consecuencia, en la sentencia la Corte Interamericana declaró "la invalidez, por ser incompatible con la Convención, del proceso en contra de los señores Jaime Francisco Sebastián Castillo Petruzzi" y otros, ordenando "que se les garantice un nuevo juicio con la plena observancia del debido proceso legal," y además, "al Estado adoptar las medidas apropiadas para reformar las normas que han sido declaradas violatoria de la Convención Americana sobre Derechos Humanos en la presente sentencia y asegurar el goce de los derechos consagrados en la Convención Americana sobre derechos Humanos a todas las personas que se encuentran bajo su jurisdicción, sin excepción alguna." Véase en http://www.tsj.gov.ve/decisiones/scon/Diciembre/1939-181208-2008-08-1572.html

595 Precisamente frente a esta declaratoria por la Sala Plena del Consejo Supremo de Justicia Militar del Perú sobre la inejecutabilidad del fallo de 30 de mayo de 1999 de la Corte Interamericana de Derechos Humanos en el Perú, fue que la misma Corte Interamericana dictó el fallo subsiguiente, antes indicado, de 7 de noviembre de 1999, declarando que "el Estado tiene el deber de dar pronto cumplimiento a la sentencia de 30 de mayo de 1999 dictada por la Corte Interamericana en el caso Castillo Petruzzi y otros." Sergio García Ramírez (Coord.), *La Jurisprudencia de la Corte Interamericana de Derechos Humanos*, Universidad Nacional Autónoma de México, Corte Interamericana de Derechos Humanos, México, 2001, p. 629 Ello ocurrió durante el régimen autoritario que tuvo el Perú en la época del Presidente Fujimori, y que condujo a que dos meses después de dictarse la sentencia de la Corte Interamericana del 30 de mayo de 1999, el Congreso del Perú aprobase el 8 de julio de 1999 el retiro del reconocimiento de la competencia contenciosa de la Corte, lo que se depositó al día siguiente en la Secretaría General de la OEA/ Este retiro fue declarado inadmisible por la propia Corte Interamericana, en la sentencia del caso *Ivcher Bronstein* de 24 de septiembre de 1999, considerando que un "Estado parte sólo puede sustraerse a la competencia de la Corte mediante la denuncia del tratado como un todo." *Idem*, pp. 769-771. En todo caso, posteriormente en 2001 Perú

Ahora le ha correspondido a Venezuela seguir los pasos del régimen autoritario del Presidente Fujimori en el Perú, y la Sala Constitucional del Tribunal Supremo también ha declarado en la mencionada decisión Nº 1.939 de 18 de diciembre de 2008 (Caso *Abogados Gustavo Álvarez Arias y otros*), como "inejecutable" la sentencia de la Corte Interamericana de Derechos Humanos Primera de 5 de agosto de 2008 en el caso *Apitz Barbera y otros ("Corte Primera de lo Contencioso Administrativo") vs. Venezuela* acusando a la Corte Interamericana de haber usurpado el poder del Tribunal Supremo.[596]

En su decisión, la Sala Constitucional, citando la previa decisión Nº 1.942 de 15 de julio de 2003, y considerando que se trataba de una petición de interpretación formulada por la República, precisó que la Corte Interamericana de Derechos Humanos, no podía "pretender excluir o desconocer el ordenamiento constitucional interno," y que había dictado "pautas de carácter obligatorio sobre gobierno y administración del Poder Judicial que son competencia exclusiva y excluyente del Tribunal Supremo de Justicia" y establecido "directrices para el Poder Legislativo, en materia de carrera judicial y responsabilidad de los jueces, violentando la soberanía del Estado venezolano en la organización de los poderes públicos y en la selección de sus funcionarios, lo cual resulta inadmisible." Acusó además, a la Corte Interamericana de haber utilizado su fallo "para intervenir inaceptablemente en el gobierno y administración judicial que corresponde con carácter excluyente al Tribunal Supremo de Justicia," argumentando que con la "sentencia cuestionada" la Corte Interamericana pretendía "desconocer la firmeza de decisiones administrativas y judiciales que han adquirido la fuerza de la cosa juzgada, al ordenar la reincorporación de los jueces destituidos." Para realizar estas afirmaciones, la Sala Constitucional recurrió como precedente para considerar que la sentencia de la Corte Interamericana de Derechos Huma-

---

derogó la Resolución de julio de 1999, restableciéndose a plenitud la competencia de la Corte interamericana para el Estado.

596 El tema, ya lo había adelantado la Sala Constitucional en su conocida sentencia nº 1.942 de 15 de julio de 2003 (Caso: *Impugnación de artículos del Código Penal, Leyes de desacato*) (Véase en *Revista de Derecho Público*, nº 93-96, Editorial Jurídica Venezolana, Caracas 2003, pp. 136 ss.) en la cual al referirse a los Tribunales Internacionales "comenzó declarando en general, que en Venezuela "por encima del Tribunal Supremo de Justicia y a los efectos del artículo 7 constitucional, no existe órgano jurisdiccional alguno, a menos que la Constitución o la ley así lo señale, y que aun en este último supuesto, la decisión que se contradiga con las normas constitucionales venezolanas, carece de aplicación en el país, y así se declara."

nos era inejecutable en Venezuela, precisamente la decisión antes señalada de 1999 de la Sala Plena del Consejo Supremo de Justicia Militar del Perú, que consideró inejecutable la sentencia de la Corte Interamericana de 30 de mayo de 1999, dictada en el caso: *Castillo Petruzzi y otro.*

Pero no se quedó allí la Sala Constitucional, sino en una evidente usurpación de poderes, ya que las relaciones internacionales es materia exclusiva del Poder Ejecutivo, solicitó instó "al Ejecutivo Nacional proceda a denunciar esta Convención, ante la evidente usurpación de funciones en que ha incurrido la Corte Interamericana de los Derechos Humanos con el fallo objeto de la presente decisión; y el hecho de que tal actuación se fundamenta institucional y competencialmente en el aludido Tratado."

Así concluyó el proceso de desligarse de la Convención Americana sobre Derechos Humanos, y de la jurisdicción de la Corte Interamericana de Derechos Humanos por parte del Estado Venezolano, utilizando para ello a su propio Tribunal Supremo de Justicia.

Debe recordarse en efecto, que en esta materia la Sala Constitucional también ha dispuesto una ilegítima mutación constitucional, reformando el artículo 23 de la Constitución en la forma cómo se pretendía en 2007 en la antes mencionada propuesta del "Consejo Presidencial para la Reforma de la Constitución," designado por el Presidente de la República, al buscar agregar al artículo 23 de la Constitución, también en forma regresiva, que "corresponde a los tribunales de la República conocer de las violaciones sobre las materias reguladas en dichos Tratados", con lo que se buscaba establecer una prohibición constitucional para que la Corte Interamericana de Derechos Humanos pudiera conocer de las violaciones de la Convención Americana de Derechos Humanos. Es decir, con una norma de este tipo, Venezuela hubiera quedado excluida constitucionalmente de la jurisdicción de dicha Corte internacional y del sistema interamericano de protección de los derechos humanos.[597]

En esta materia, también, lo que no pudo hacer el régimen autoritario mediante una reforma constitucional, la cual al final fue recha-

---

[597] Véase sobre esta proyectada reforma constitucional Allan R. Brewer-Carías, *Hacia la consolidación de un Estado Socialista, Centralizado, Policial y Militarista. Comentarios sobre el sentido y alcance de las propuestas de reforma constitucional 2007,* Colección Textos Legislativos, nº 42, Editorial Jurídica Venezolana, Caracas 2007, p. 122.

zada por el pueblo, lo hizo la Sala Constitucional del Tribunal Supremo en su larga carrera al servicio del autoritarismo.

VII. LA ILEGÍTIMA MUTACIÓN DE LA CONSTITUCIÓN MEDIANTE LA AMPLIACIÓN DE LAS POTESTADES DEL JUEZ CONSTITUCIONAL EN MATERIA DE AVOCAMIENTO, Y EL TRASTOCAMIENTO DEL PRINCIPIO DEL ORDEN DEL PROCESO

Otra mutación constitucional en materia de justicia constitucional ha sido la ampliación de los poderes de avocamiento de todas las Salas del Tribunal Supremo de Justicia, particularmente de la Sala Constitucional, mediante la cual pueden paralizar todo tipo de proceso y entrar a conocerlos directamente y decidirlos, eliminando entre otros el orden procesal y la garantía constitucional de la doble instancia.

En efecto, antes de la entrada en vigencia de la Constitución, la derogada Ley Orgánica de la Corte Suprema de Justicia en una normativa que había sido muy cuestionada, había atribuido a la Sala Político-Administrativa de la misma, la potestad de avocarse al conocimiento de una causa que cursara ante otro tribunal, a cuyo efecto la misma Sala había auto-restringido sus poderes[598].

Sin embargo, aún con dicha disposición limitativa, y en ausencia de previsión alguna en la Constitución de 1999, la Sala Constitucional comenzó negándole a la Sala Político Administrativa el monopolio que tenía en materia de avocamiento, y mediante sentencia Nº 456 de 15 de marzo de 2002 (Caso: *Arelys J. Rodríguez vs. Registrador Subalterno de Registro Público, Municipio Pedro Zaraza, Estado Carabobo*) se declaró competente para conocer de solicitudes de avocamiento en jurisdicción constitucional, en particular, respecto de juicios de amparo[599].

En otra sentencia Nº 806 de 24 de abril de 2002 (Caso: *Sindicato Profesional de Trabajadores al Servicio de la Industria Cementera),* además, consideró nula la referida norma de la derogada Ley Orgánica de la Corte Suprema de Justicia de 1976 (Art. 43) que consagraba la figura del avocamiento como competencia exclusiva de la Sala Político Administrativa, argumentando que ello era "incompatible con el principio de distribución de competencias por la materia a nivel del máximo Tribunal de la República, sin que la propia Constitución lo autori-

---

598 Véase Roxana Orihuela, *El avocamiento de la Corte Suprema de Justicia,* Editorial Jurídica Venezolana, Caracas, 1998.

599 Véase en *Revista de Derecho Público*, nº 89-92, Editorial Jurídica Venezolana, Caracas 2002.

ce ni establezca una excepción al mismo en tal sentido"; señalando además que:

> Esta Sala Constitucional, no obstante la claridad y laconismo con que fue redactado el precepto, objeta el monopolio que se desprende de la lectura conjunta de ambos artículos, en lo que respecta a que el trámite de las solicitudes de avocamiento sea una facultad exclusiva y excluyente de Sala Político Administrativa.
>
> Es decir, y sobre ello ahondará seguidamente, esta Sala es del parecer que tal potestad es inconsistente desde el punto de vista constitucional, y que la misma corresponde, en un sentido contrario a como lo trata dicho dispositivo, a todas las Salas del Tribunal Supremo de Justicia, según que el juicio curse en un tribunal de instancia de inferior jerarquía a la Sala que en definitiva decida examinar la petición (aquí el vocablo *inferior* se entiende en sentido amplio, ya que algunas de estas Salas no son propiamente *alzada* de dichos tribunales; tal sucede con las de casación)...
>
> Llegado este punto, siendo, pues, que la facultad de avocamiento conferida a la Sala Político Administrativa por el artículo 43 de la Ley Orgánica de la Corte Suprema de Justicia no está prevista en la Constitución, ni se deduce de ella, ni la justifica su texto, y que, por el contrario, conspira contra el principio de competencia que informa la labor que desempeñan las Salas del máximo tribunal de la República (art. 232), esta Sala concluye en que dicho precepto resulta inconstitucional...
>
> Tales declaraciones no son, propiamente, precedentes de la posición que mantiene esta Sala Constitucional respecto al tema, toda vez que en ellas se sostuvo, al mismo tiempo, que dicha facultad excepcional, no obstante, las referidas limitaciones, resultaba de la *exclusiva* potestad de dicha Sala Político Administrativa (*Vid.* sobre el punto de la exclusividad: *ob. cit.* pp. 40 y 41). Criterio de exclusividad que ha sido expresamente abandonado por esta Sala desde su sentencia n° 456 del 15-03-02, caso: *Mariela Ramírez de Cabeza*. Lo que sí comparte es lo relativo a que la Sala Político Administrativa no estaba constitucionalmente facultada para examinar solicitudes de avocamiento ni adentrarse a su conocimiento cuando de conflictos ajenos a su competencia natural se tratara.
>
> Pero, para prestar un mejor servicio a la justicia, esta Sala Constitucional dará, en atención a sus propias competencias, un

giro en este camino, pues declarará que tal competencia (con los límites impuestos por la práctica judicial comentada) debe extenderse a las demás Salas del Tribunal Supremo de Justicia[600].

Esta doctrina, evidentemente era contradictoria pues luego de considerar inconstitucional la figura del avocamiento en manos de la sala Político Administrativa, por no tener fundamento en la Constitución y ser violatoria de la garantía al debido proceso, pasó a declararlo como competencia de todas las Salas del Tribunal Supremo, lo que luego fue recogido por la Ley Orgánica del Tribunal Supremo de Justicia de 2004, al establecer en su artículo 5, párrafo 1º, 48, la competencia de todas las Salas de poder avocarse al conocimiento de causas que cursen en otros tribunales, así:

> 5. P1. 48. Solicitar de oficio, o a petición de parte, algún expediente que curse ante otro tribunal, y avocarse al conocimiento del asunto cuando lo estime conveniente.

En consecuencia se atribuyó a todas las Salas del Tribunal Supremo de Justicia, se presume que en las materias de su respectiva competencia, la potestad de recabar de cualquier "otro tribunal", es decir, distinto del Tribunal Supremo (tribunales de instancia), *de oficio o a instancia de parte,* con conocimiento sumario de la situación, cualquier expediente o causa en el estado en que se encuentre, para resolver si se avoca y directamente asume el conocimiento del asunto o, en su defecto lo asigna a otro tribunal (Artículo 18, párrafo 11º).

Sobre las repercusiones de esta atribución generalizada, la propia Ley Orgánica dispuso que debe ser ejercida, como lo indica ahora el artículo 18, párrafo 12º de la Ley Orgánica, "con suma prudencia":

> [Y] sólo en caso grave, o de escandalosas violaciones al ordenamiento jurídico que perjudique ostensiblemente la imagen del Poder Judicial, la paz pública, la decencia o la institucionalidad democrática venezolana, y se hayan desatendido o mal tramitado los recursos ordinarios o extraordinarios que los interesados hubieren ejercido.

En estos casos, prescribe la Ley Orgánica, que al admitir la solicitud de avocamiento la Sala debe oficiar al tribunal de instancia, requiriendo el expediente respectivo, y puede ordenar la suspensión inmediata del curso de la causa y la prohibición de realizar cualquier clase de actuación; considerándose nulos los actos y las diligencias

---

600 Véase en *Revista de Derecho Público*, nº 89-92, Editorial Jurídica Venezolana, Caracas 2002, pp. 179 y ss.

que se dicten en desacuerdo por el mandamiento de prohibición (Art. 18, párrafo 13º). La sentencia sobre el avocamiento la debe dictar la Sala competente, la cual puede decretar la nulidad y subsiguiente reposición del juicio al estado que tiene pertinencia, o decretar la nulidad de alguno o algunos de los actos de los procesos, u ordenar la remisión del expediente para la continuación del proceso o de los procesos en otro tribunal competente por la materia, así como adoptar cualquier medida legal que estime idónea para restablecer el orden jurídico infringido (Art. 18, párrafo 14º).

El avocamiento por parte de las Salas del Tribunal Supremo, por supuesto, puede ser un instrumento procesal de primera importancia para asegurar la justicia en procesos en los cuales la misma ha sido subvertida; pero a la vez, puede configurarse en el más injusto de los instrumentos procesales precisamente para acabar con la justicia. Y ello es precisamente lo que ha ocurrido, en particular al mutar la Constitución la Sala Constitucional del Tribunal Supremo, al asumir la potestad de avocamiento como competencia de la Sala Constitucional en relación con las otras Salas del propio Tribunal Supremo.

Es decir, además de haber extendido ilegítimamente la facultad de avocamiento a todas las Salas respecto de causas que cursen en "otros tribunal" de instancia (distintos por tanto al propio Tribunal Supremo), la Ley Orgánica ha atribuido en particular a la Sala Constitucional en el artículo 5, párrafo 1º, ordinal 4, la facultad de avocarse "al conocimiento de una causa determinada, cuando se presuma fundadamente la violación de principios jurídicos fundamentales contenidos en la Constitución de la República Bolivariana de Venezuela, Tratados, Pactos o Convenios Internacionales suscritos y ratificados válidamente por la República, aun cuando por razón de la materia y en virtud de la ley, la competencia le esté atribuida a otra Sala". En esta forma, las causas que cursan ante las diferentes Salas del Tribunal Supremo de Justicia también han quedado a la merced de la Sala Constitucional, la cual puede subvertir el orden procesal, con sólo "presumir fundamentadamente" la violación de principios constitucionales. Y ello ha servido en más de una ocasión para trastocar ilegítimamente el orden procesal. Sucedió por ejemplo en el proceso de referendo revocatorio presidencial efectuado en 2004, el cual luego de haber sido permitida su continuación por la Sala Electoral del Tribunal Supremo al conocer de un recurso de nulidad contra una decisión del Consejo Nacional Electoral de objeción y rechazo de las firmas que soportaban la petición popular del mismo, y suspender los efectos de la misma, la Sala Constitucional se avocó a conocer el asunto y declaró la nulidad de la decisión de la Sala Electoral, con lo que se secuestró el derecho ciudadano a la participación política mediante el referendo revocatorio presidencial.[601]

VIII. LA ILEGÍTIMA MUTACIÓN DE LA CONSTITUCIÓN MEDIANTE LA AMPLIACIÓN DE LAS POTESTADES DE LA SALA CONSTITUCIONAL PARA LA SOLUCIÓN DE CONFLICTOS ENTRE LAS MISMAS Y LA RUPTURA DEL PRINCIPIO DE LA IGUALDAD JERÁRQUICA DE LAS SALAS DEL TRIBUNAL SUPREMO

Otra mutación constitucional en materia de justicia constitucional ha ocurrido al establecerse en la Ley Orgánica del Tribunal Supremo, con la anuencia del Juez Constitucional, la competencia a la Sala Constitucional para conocer y resolver los conflictos entre las diversas Salas del Tribunal Supremo, incluyendo la propia Sala Plena, es decir, el Tribunal Constitucional en pleno, competencia que sólo podría tener la propia Sala Plena; con lo que además, se ha producido la ruptura del principio de la igualdad entre las Salas del Tribunal Supremo.

En efecto, el Tribunal Supremo de Justicia, al igual que la antigua Corte Suprema de Justicia, está integrado por diversas Salas (Constitucional, Político-Administrativa, Casación Civil, Casación Penal, Casación Social, Electoral), cuyos magistrados, reunidos en conjunto, conforman la Sala Plena. La Constitución y la Ley Orgánica, en consecuencia, atribuyen competencias en algunos casos al Tribunal Supremo de Justicia como Sala Plena o a las Salas en particular.

Ninguna de las Salas en superior a otra, lo cual fue precisado por la propia Sala Constitucional en sentencia Nº 158 de 28-03-00 (Caso: *Microcomputers Store S.A.*) al declarar que el artículo 1 de la derogada Ley Orgánica de la Corte Suprema de Justicia de 1976, era conforme con la nueva Constitución, al prohibir la admisión de recurso alguno contra las decisiones dictadas por el Tribunal Supremo de Justicia en Pleno o por alguna de sus Salas, señalando que esta norma, lejos de ser inconstitucional,

601 Véase Allan R. Brewer-Carías, "El secuestro del Poder Electoral y la confiscación del derecho a la participación política mediante el referendo revocatorio presidencial: Venezuela 2000-2004", en Juan Pérez Royo, Joaquín Pablo Urías Martínez, Manuel Carrasco Durán, Editores), *Derecho Constitucional para el Siglo XXI. Actas del Congreso Iberoamericano de Derecho Constitucional,* Tomo I, Thomson-Aranzadi, Madrid 2006, pp. 1081-1126.

Más bien garantiza su aplicación, ya que tal como quedó expuesto, el Tribunal Supremo de Justicia se encuentra conformado por las Salas que lo integran, las cuales conservan el mismo grado jerárquico y todas representan en el ámbito de sus competencias al Tribunal Supremo de Justicia como máximo representante del Poder Judicial[602].

Posteriormente, sin embargo, la Sala Constitucional al afirmar su competencia para conocer del recurso extraordinario de revisión de constitucionalidad contra las sentencias de las otras Salas del Tribunal Supremo, señaló que el artículo 1 de la Ley Orgánica de la Corte, para considerarlo compatible con la Constitución, sólo se refería "a los recursos preexistentes y supervivientes a la Constitución de 1999, distintos al recurso extraordinario de revisión constitucional de sentencias de las demás Salas del Máximo Tribunal"[603].

En todo caso, salvo esta inconstitucional extensión de la potestad revisora de la Sala Constitucional en relación con las sentencias de las otras Salas, conforme al artículo 42,7 de la Ley Orgánica derogada de 1976, como era lógico, correspondía a la Sala Plena de la antigua Corte Suprema de Justicia resolver los conflictos de cualquier naturaleza que pudieran suscitarse entre las Salas que la integraban o entre los funcionarios de la propia Corte, con motivo de sus funciones.

Sin embargo, sin sentido alguno, en la Ley Orgánica de 2004 la competencia para resolver los conflictos entre las Salas, incluidos los planteados entre la Sala Plena y alguna de las Sala en particular, incomprensiblemente se atribuyó a la Sala Constitucional (Art. 5,3), siendo que la misma es una Sala más, igual a las otras Salas del Tribunal Supremo.

Con esta atribución, en forma contraria a la Constitución, se ha investido a la Sala Constitucional de un nivel superior del cual carece, aparte de ser ella misma la que entonces resuelva los conflictos que puedan surgir entre las otras Salas y la misma Sala Constitucional.

---

602 Véase en *Revista de Derecho Público*, nº 81, (enero-marzo), Editorial Jurídica Venezolana, Caracas, 2000, p. 109.

603 Véase sentencia de la Sala Constitucional nº 33 de 25-01-2001 (Caso: *Revisión de la sentencia dictada por la Sala de casación Social del tribunal Supremo de Justicia de fecha 10 de mayo de 2001, interpuesta por Baker Hugher SRL),* en *Revista de Derecho Público*, nº 85-88, Editorial Jurídica Venezolana, Caracas, 2001, p. 405.

APRECIACIÓN FINAL

Un recurso autónomo de interpretación abstracta de la Constitución como el que hemos señalado, en manos de un Juez Constitucional autónomo e independiente, sin duda que podría ser un instrumento eficaz para adaptar las normas constitución a los cambios operados en el orden constitucional de un país en un momento determinado.

Sin embargo, un recurso de esa naturaleza en manos de un Juez Constitucional totalmente dependiente del Poder Ejecutivo, en un régimen autoritario como el que se ha estructurado en Venezuela en los últimos 10 años, resolviendo en particular las peticiones interesadas que le formule el propio Poder Ejecutivo a través del Procurador General de la República, es un instrumento de mutación ilegítima de la Constitución, para cambiarla y ajustarla a la voluntad a los efectos de afianzar el autoritarismo.[604] Eso es lo que ha ocurrido en Venezuela, donde el Tribunal Supremo de Justicia ha sido intervenido políticamente, al distorsionarse las normas constitucionales destinadas a asegurar su nombramiento a propuesta de la sociedad civil y su remoción sólo en casos excepcionales.

En efecto, en cuanto a la selección de los Magistrados del Tribunal Supremo de Justicia, la Constitución de 1999 creó un novedoso sistema, mediante el establecimiento de un Comité de Postulaciones Judiciales (art. 270), que debería estar integrado por representantes de los diferentes sectores de la sociedad. Ello, sin embargo, no se ha garantizado en los 10 años de vigencia de la Constitución: No se garantizó en la designación de Magistrados en 1999 por la Asamblea Nacional Constituyente; ni se garantizó en 2001, con la nueva la designación de Magistrados mediante una "Ley Especial" que convirtió dicho Comité en una comisión parlamentaria ampliada. Luego, después de años de transitoriedad constitucional, tampoco se garantizó en la Ley Orgánica del Tribunal Supremo de Justicia de 2004, la cual en lugar de regular dicho Comité, lo que estableció fue una Comisión parlamentaria ampliada, totalmente controlada por la mayoría oficialista del Parlamento, burlando la disposición constitucional[605]. Con

---

604 Véase Allan R. Brewer-Carías, *Crónica de la "In" Justicia Constitucional*, Caracas 2007.

605 Véase los comentarios en Allan R. Brewer-Carías, *Ley Orgánica del Tribunal Supremo de Justicia,* Editorial Jurídica Venezolana, Caracas 200, pp. 32 ss. El asalto al Tribunal Supremo de Justicia se inició antes con el nombramiento "transitorio", en 1999, por la Asamblea Nacional Constituyente, de los nuevos Magistrados del Tribunal Supremo de Justicia sin cumplirse los requisitos cons-

dicha reforma, además, se aumentó el número de Magistrados de 20 a 32, los cuales fueron elegidos por la Asamblea Nacional en un procedimiento que estuvo enteramente controlado por el Presidente de la República, lo que incluso fue anunciado públicamente en víspera de los nombramientos, por el entonces Presidente de la Comisión parlamentaria encargada de escoger los candidatos a Magistrado.[606]

Por otra parte, en cuanto a la estabilidad de los Magistrados del Tribunal Supremo de Justicia, el artículo 265 de la Constitución dispuso que los mismos sólo podían ser removidos por la Asamblea Nacional mediante una mayoría calificada de las dos terceras partes de sus integrantes, previa audiencia concedida al interesado, en caso de faltas graves calificadas por el Poder Ciudadano. Con esta sola disposición, sin embargo, podía decirse que la autonomía e independencia de los Magistrados quedaba cuestionada pues permitía una inconveniente e inaceptable injerencia de la instancia política del Poder en relación con la administración de Justicia, y con ella, efectivamente, la Asamblea Nacional comenzó a ejercer un control político directo sobre los Magistrados del Tribunal Supremo, los cuales permanentemente han sabido que en cualquier momento pueden ser investiga-

---

titucionales ni asegurarse la participación de la sociedad civil en los nombramientos. Las previsiones constitucionales sobre condiciones para ser magistrado y los procedimientos para su designación con participación de los sectores de la sociedad, se continuaron violando por la Asamblea Nacional al hacer las primeras designaciones en 2002 conforme a una "Ley especial" sancionada para efectuarlas transitoriamente, con contenido completamente al margen de las exigencias constitucionales

606 El diputado Pedro Carreño, quien un tiempo después fue designado Ministro del Interior y de Justicia, afirmó lo siguiente: "Si bien los diputados tenemos la potestad de esta escogencia, el Presidente de la República fue consultado y su opinión fue tenida muy en cuenta."(Resaltado añadido). Agregó: "Vamos a estar claros, nosotros no nos vamos a meter autogoles. En la lista había gente de la oposición que cumple con todos los requisitos. La oposición hubiera podido usarlos para llegar a un acuerdo en las últimas sesiones, pero no quisieron. Así que nosotros no lo vamos a hacer por ellos. En el grupo de los postulados no hay nadie que vaya a actuar contra nosotros y, así sea en una sesión de 10 horas, lo aprobaremos." Véase en *El Nacional*, Caracas, 13-12-2004. Con razón, la Comisión Interamericana de Derechos Humanos indicó en su *Informe* a la Asamblea General de la OEA correspondiente a 2004 que "estas normas de la Ley Orgánica del Tribunal Supremo de Justicia habrían facilitado que el Poder Ejecutivo manipulara el proceso de elección de magistrados llevado a cabo durante 2004. Comisión Interamericana de Derechos Humanos, *Informe sobre Venezuela 2004*, párrafo 180.

dos y removidos. Pero en la norma constitucional al menos había la garantía con la exigencia de una mayoría calificada para la votación, lo cual sin embargo fue absurdamente eliminada, al preverse otra modalidad de remoción, llamada de "revocación del acto administrativo de nombramiento" con el voto de la mayoría absoluta de los diputados, lo que se estableció en evidente fraude a la Constitución, en la Ley Orgánica del Tribunal Supremo de Justicia en 2004.[607] Esta inconstitucional previsión legal, incluso, se buscó constitucionalizar con la rechazada reforma constitucional de 2007.[608]

En esta forma, el Tribunal Supremo de Justicia de Venezuela, y dentro del mismo, su Sala Constitucional, se ha configurado como un cuerpo altamente politizado[609], lamentablemente sujeto a la voluntad del Presidente de la República, lo que en la práctica ha significado la eliminación de toda la autonomía del Poder Judicial. Con ello, el propio postulado de la separación de los poderes, como piedra angular del Estado de Derecho y de la vigencia de las instituciones democráticas, ha sido eliminando desapareciendo toda posibilidad de control judicial efectivo del poder por parte de los ciudadanos. El propio Presidente de la República incluso, llegó a decir en 2007 que para poder dictar sentencias, el Tribunal Supremo debía consultarlo previamen-

607 Se estableció, en efecto, la posibilidad de la "revocación del acto administrativo de nombramiento los Magistrados" por mayoría para burlar la exigencia de la mayoría calificada prevista para la "remoción". Véase los comentarios en Allan R. Brewer-Carías, *Ley Orgánica del Tribunal Supremo de Justicia,* Editorial Jurídica Venezolana, Caracas 200, pp. 41 ss.

608 Véase Allan R. Brewer-Carías, *Hacia la consolidación de un Estado Socialista, Centralista, Policial y Militarista. Comentarios sobre el alcance y sentido de las propuestas de reforma constitucional 2007*, Editorial Jurídica Venezolana, Caracas 2007, pp. 114 ss.; *La Reforma Constitucional de 2007 (Inconstitucionalmente sancionada por la Asamblea nacional el 2 de noviembre de 2007)*, Editorial Jurídica venezolana, Caracas 2007. pp. 108 ss.

609 Véase lo expresado por el magistrado Francisco Carrasqueño, en la apertura del año judicial en enero de 2008, al explicar que : "no es cierto que el ejercicio del poder político se limite al Legislativo, sino que tiene su continuación en los tribunales, en la misma medida que el Ejecutivo", dejando claro que la "aplicación del Derecho no es neutra y menos aun la actividad de los magistrados, porque según se dice en la doctrina, deben ser reflejo de la política, sin vulnerar la independencia de la actividad judicial". Véase en *El Universal*, Caracas 29-01-2008.

te.[610] Con todo esto, el Poder Judicial ha pospuesto su función fundamental de servir de instrumento de control de las actividades de los otros órganos del Estado para asegurar su sometimiento a la ley, habiendo materialmente desaparecido el derecho ciudadano a la tutela judicial efectiva y al controlar del poder. En esa situación, por tanto, es difícil hablar siquiera de posibilidad alguna de equilibrio entre poderes y prerrogativas del Estado y derechos y garantías ciudadanas.

La Constitución de Venezuela de 1999, sin duda, formalmente contiene en su texto el elenco de valores del Estado democrático y social de derecho más completo que pueda desearse así como una de las declaraciones de derechos humanos más completas de América Latina, con especificación de los medios para su protección por medio de la acción de amparo, y los recursos ante la Jurisdicción Constitucional y la Jurisdicción Contencioso Administrativa difícilmente contenidos con tanto detalle en otros textos constitucionales. Esas declaraciones, sin embargo, en contraste con la realidad del sistema autoritario, lo que confirman es que para que exista control de la actuación del Estado es indispensable que el Poder Judicial sea autónomo e independiente, y fuera del alcance del Poder Ejecutivo. Al contrario, cuando el Poder Judicial está controlado por el Poder Ejecutivo, las declaraciones constitucionales de derechos se convierten en letra muerta. En otras palabras, para que exista democracia como régimen político en un Estado constitucional y democrático de derecho, no son suficientes las declaraciones contenidas en los textos constitucionales que hablen del derecho al sufragio y a la participación política; ni de la división o separación horizontal del Poder Público, ni de su distribución vertical o territorial del poder público, de manera que los diversos poderes del Estado puedan limitarse mutuamente; así como tampoco bastan las declaraciones que se refieran a la posibilidad de

610 Así lo afirmó el Jefe de Estado, cuando al referirse a una sentencia de la Sala Constitucional muy criticada, en la cual reformó de oficio una norma de la Ley del Impuesto sobre la renta, simplemente dijo: "Muchas veces llegan, viene el Gobierno Nacional Revolucionario y quiere tomar una decisión contra algo por ejemplo que tiene que ver o que tiene que pasar por decisiones judiciales y ellos empiezan a moverse en contrario a la sombra, y muchas veces logran neutralizar decisiones de la Revolución a través de un juez, o de un tribunal, o hasta en el mismísimo Tribunal Supremo de Justicia, a espaldas del líder de la Revolución, actuando por dentro contra la Revolución. Eso es, repito, traición al pueblo, traición a la Revolución." Discurso del Presidente de la Republica en el Primer Evento con propulsores del Partido Socialista Unido de Venezuela, Teatro Teresa Carreño, Caracas 24 marzo 2007.

los ciudadanos de controlar el poder del Estado, mediante elecciones libres y justas que garanticen la alternabilidad republicana; mediante un sistema de partidos que permita el libre juego del pluralismo democrático; mediante la libre manifestación y expresión del pensamiento y de la información que movilice la opinión pública; o mediante el ejercicio de recursos judiciales ante jueces independientes que permitan asegurar la vigencia de los derechos humanos y el sometimiento del Estado al derecho. Tampoco bastan las declaraciones constitucionales sobre la "democracia participativa y protagónica" o la descentralización del Estado; así como tampoco la declaración extensa de derechos humanos.

Además de todas esas declaraciones, es necesaria que la práctica política democrática asegure efectivamente la posibilidad de controlar el poder, como única forma de garantizar la vigencia del Estado de derecho, y el ejercicio real de los derechos humanos; y que el derecho administrativo pueda consolidarse como un régimen jurídico de la Administración que disponga el equilibrio entre los poderes del Estado y los derechos de los administrados. Para lograr ese equilibrio, sin duda, nuevos derechos ciudadanos deben identificarse en el Estado democrático de derecho y entre ellos, el derecho a la democracia.

Lamentablemente, en Venezuela, después de cuatro décadas de práctica democrática que tuvimos entre 1959 y 1999, durante esta última década entre 1999 y 2009, en fraude continuo a la Constitución efectuado por el Legislador y por el Tribunal Supremo de Justicia, guiados por el Poder Ejecutivo, a pesar de las excelentes normas constitucionales que están insertas en el Texto fundamental, se ha venido estructurando un Estado autoritario en contra de las mismas, que ha aniquilado toda posibilidad de control del ejercicio del poder y, en definitiva, el derecho mismo de los ciudadanos a la democracia. Ello es lo único que puede explicar que un Jefe de Estado en pleno comienzo del Siglo XXI, pueda llegar a afirmar públicamente retando a sus opositores frente a las críticas por el uso desmedido de poderes de legislación delegada: *"Yo soy la Ley. Yo soy el Estado,"*[611] o *"La Ley soy yo. El Estado soy yo."*[612] Esas frases, repetidas por el Presidente de Venezuela en 2001 y 2008, en 1661 textualmente fueron atribuidas a Luis XIV, aun cuando nunca las llegó a pronunciar, al decidir, a la

---

611 Expresión del Presidente Hugo Chávez Frías, el 28 de agosto de 2008. Ver en Gustavo Coronel, *Las Armas de Coronel*, 15 de octubre de 2008: http://las armasdecoro-nel.blogspot.com/2008/10/yo-soy-la-leyyo-soy-el-estado .html

612 "*La ley soy yo. El Estado soy yo*". Véase en *El Universal,* Caracas 4–12–01, pp. 1,1 y 2,1.

muerte del Cardenal Mazarino, no designar su sustituto como ministro de Estado, y ejercer por si solo el gobierno.[613] Por ello, pensar sólo que puedan pronunciarse por un Jefe de Estado de nuestros tiempos, lo que pone en evidencia es la tragedia institucional que vive el país, precisamente caracterizada por la completa ausencia de separación de poderes, de independencia y autonomía del Poder Judicial y, en consecuencia, de gobierno democrático y de derecho ciudadano a la democracia.[614]

---

613 La frase atribuida a Luis XIV cuando en 1661 decidió gobernar solo después de la muerte del Cardenal Mazarin, nunca llegó a pronunciarla. Véase Yves Guchet, *Histoire Constitutionnelle Française (1789–1958)*, Ed. Erasme, Paris 1990, p.8

614 Véase el resumen de esta situación en Teodoro Petkoff, "Election and Political Power. Challenges for the Opposition", in *ReVista. Harvard Review of Latin America*, David Rockefeller Center for Latin American Studies, Harvard University, Fall 2008, pp. 12. Véase además, Allan R. Brewer-Carías, "Los problemas de la gobernabilidad democrática en Venezuela: el autoritarismo constitucional y la concentración y centralización del poder," en Diego Valadés (Coord.), *Gobernabilidad y constitucionalismo en América Latina*, Universidad Nacional Autónoma de México, México 2005, pp. 73-96.

A MANERA DE CONCLUSIÓN:

LOS TRIBUNALES CONSTITUCIONALES Y SUS PELIGROS:

DE LA CONSOLIDACIÓN A LA DESTRUCCIÓN DEL ESTADO CONSTITUCIONAL

Texto elaborado como contribución para el libro coordinado por el profesor Gerardo Eto Cruz, sobre *Cien Años de los Tribunales Constitucionales*, Tomo II, Lima 2021.

I. LOS TRIBUNALES CONSTITUCIONALES Y LA CONSOLIDACIÓN DEL ESTADO CONSTITUCIONAL

La creación de una Alta Corte con funciones de justicia constitucional en Austria, si bien había sido una idea propuesta desde 1885 por Georges Jellinek, se materializó en la Constitución de 1920, sancionada justo después de la Primera Guerra Mundial, bajo la directa influencia de Hans Kelsen, a quien se le encomendó la redacción del Capítulo respectivo, lo que completo con la colaboración de su discípulo Adolf Merkl.[615]

Es para celebrar el centenario de dicha creación que se publica esta Obra Colectiva coordinada tan eficiente y oportunamente por el profesor Gerardo Eto Cruz, con la cual se abrió camino, en Europa, tanto a la doctrina de la supremacía de la Constitución como a la del control jurisdiccional de la constitucionalidad de las leyes, lo cual se reflejó el mismo año en la Constitución de Checoslovaquia. Años más tarde, después de la Segunda Guerra Mundial, el sistema "austriaco" de supremacía constitucional y justicia constitucional fue adoptado

---

615 Véase *Sara Lagi, "Hans Kelsen and the Austrian Constitutional Court (1918-1929)," en Co-herencia vol.9 no.16 Medellín Jan./June 2012, disponible en: http://www.scielo.org.co/scielo.php?script=sci_arttext&pid=S1794-58872012000100010,*

en Alemania e Italia para luego, por su influencia, extenderse a otros sistemas constitucionales europeos, como sucedió en España y Portugal.[616]

Las Cortes Tribunales y Consejos Constitucionales que posteriormente se fueron proliferando, fue siempre con el carácter de ser "guardianes de la Constitución,"[617] considerada ésta última, en palabras de Kelsen, como "la regla de creación de las normas jurídicas esenciales del Estado, de la determinación de los órganos y del procedimiento de legislación" y, por supuesto, de "la limitación del ejercicio del poder;"[618] todo, en su teoría siempre válida de la formación del derecho por grados; en un proceso en el cual las normas de la Constitución, como lo dijo Charles Eisenmann, "gozan de una suerte de supremacía sobre las otras normas, las normas llamadas de fondo, pues formulan la ley de creación."[619]

Esta Constitución para que pueda ser considerada como la ley suprema, con fuerza directamente obligatoria, exige por supuesto que el sistema constitucional establezca los medios para defenderla y garantizarla, tal como lo manifestó el mismo Kelsen, al indicar que:

> "Una Constitución en la cual no exista la garantía de la anulación de actos inconstitucionales, no es, en sentido técnico, plenamente obligatoria... Una Constitución en la cual los actos inconstitucionales y, en particular, las leyes inconstitucionales, permanezcan igual de válidas —porque su inconstitucionalidad no permita anularlas— equivale, desde el punto de vista propiamente jurídico, más o menos a un acto sin fuerza obligatoria."[620]

---

616 Véase *Allan R. Brewer-Carías, Judicial Review in Comparative Law, Cambridge University Press, Cambridge 1989.*

617 Véase *Gerhard Leibholz, Problemas fundamentales de la Democracia Moderna, Madrid, 1971 p. 15.*

618 Véase *Hans Kelsen, "La garantie juridictionnelle de la Constitution (La justice constitutionnelle)", Revue de Droit Public et de la Science Politique en France et l'étranger, París, 1928, p. 204*

619 Véase *Charles Eisenmann, La justice constitutionnelle et la Haute Cour constitutionelle d'Autrich," Economica, París-Marseille 1986, pp. 3-4.*

620 Véase H. Kelsen, "La garantie juridictionnelle de la Constitution (La justice constitutionnelle)", *Revue de Droit Public et de la Science Politique en France et l'étranger,* París, 1928, p. 250.

Fue, sin embargo, después de la segunda guerra mundial, como Louis Favoreu lo señaló hace algunos años, cuando en Europa ocurrió "un redescubrimiento de la Constitución como texto de carácter jurídico," que coloca algunos valores fundamentales de la sociedad fuera del alcance de mayorías parlamentarias ocasionales o temporales, transfiriendo el tradicional carácter sagrado de los actos del Parlamento a la Constitución. De allí que la Constitución haya sido "rejuridificada" en el sentido de que se la comenzó a considerar como una ley fundamental directamente ejecutable por los jueces y aplicable a los individuos.[621] Tal y como igualmente lo puso de manifiesto Mauro Cappelletti al destacar como un hecho totalmente novedoso en el constitucionalismo europeo moderno:

> "...el serio esfuerzo por concebir la Constitución, no como una simple guía de carácter moral, política o filosófica, sino como una ley verdadera, ella misma *positiva y obligatoria,* pero de una naturaleza superior, más permanente que la legislación ordinaria"[622].

Y, por supuesto, esta ley positiva y superior debía aplicarse a todos los órganos del Estado, en especial, al Parlamento y al Gobierno.

En este sentido, es que se puede considerar al control jurisdiccional de la constitucionalidad de los actos del Estado como la consecuencia última de la consolidación del Estado de Derecho en el cual los órganos del Estado, no siendo soberanos, están sujetos a los límites impuestos por una Constitución, que tiene fuerza de ley suprema.

Este argumento por supuesto no era nuevo, y bajo la propia influencia de Kelsen lo puso de manifiesto en Francia, hace muchos años, primero Charles Eisenmann al propagar las ideas de Kelsen, y luego, Paul Duez.

En efecto, Charles Eisenmann, alumno de Kelsen en Viena en 1928 al tiempo en que terminaba la redacción de su Tesis de grado

---

621 Véase Louis Favoreu, *Le contrôle juridictionnel des lois et sa légitimité. Développements récents en Europe occidentale,* Association Internationale des Sciences Juridiques, Colloque d'Uppsala, 1984 (mimeo), pp. 17 ss., 23. Publicado también en L. Favoreu y J. A. Jolowicz, *Le contrôle juridictionnel des lois Légitimité, effectivité et développements récents,* París 1986, pp. 285-300.

622 Véase Mauro Cappelletti, "Rapport général" en L. Favoreu y J. A. Jolowicz, *Le contrôle juridictionnel des lois..., cit.,* p. 294.

sobre el *Tribunal Constitucional Austríaco*[623] (debo recordar como nota personal, que Eisenmann, a la vez, fue mi profesor en París en 1962), era quizás el único académico que conocía la obra de Kelsen y, sin duda, debió haber sido el promotor de la invitación que se le hizo a Kelsen para que participara en el *Coloquio del Instituto Internacional de Derecho Público*, celebrado en la Facultad de Derecho de la Place du Panthéon que se celebró el 20 de octubre de 1928. En dicho Coloquio Kelsen presentó su importante ponencia sobre "La garantía constitucional de la Constitución (La justicia constitucional)," que fue publicada el mismo año en la *Revue de droit public et de la scence politique en France et a l'étranger* (1928). En la minuta de la sesión del Coloquio que fue redactada por el joven jefe de la secretaría del Coloquio, precisamente Charles Eisenmann, realmente asombra leer la lista de los participantes en el debate en el cual Kelsen presentó su Ponencia, todos nombres bien conocidos, al menos por mi generación, pues por sus libros estudiamos derecho público, como fueron Gaston Jèze, Sabino Alvarez Gendín, Joseph Barthélemy, Roger Bonnard, Léon Duguit, Puil Duez, Hans Fleiner, M.F. Laferrière, Jaques Mestre y José Gacón y Marín. [624]

Al año siguiente del Coloquio Paul Duez, quien había participado en el mismo, dejó sentado una serie de criterios que, por supuesto, para entonces eran novedosísimos en la doctrina francesa, señalando lo siguiente:

> "El derecho público moderno establece, como axioma, que los Gobiernos no son soberanos y que, en particular, el Parlamento está Imitado en su acción legislativa por normas jurídicas superiores que no puede infringir; los actos del Parlamento están sujetos a la Constitución, y ningún acto del Parlamento puede ser contrario a la Constitución"[625].

En esa forma, al proclamar el principio de que todos los órganos del Estado están sujetos a límites impuestos por la Constitución como norma suprema, Duez añadió:

---

623 *Véase Charles Eisenmann, La justice constitutionnelle et la Haute Cour constitutionelle d'Autrich," Economica, París-Mareeille 1986, pp. 3-4.*

624 *Véase el texto del acta en la obra publicada al cuidado de Domingo García Belaunde, Hans Kelsen, Sobre la Jurisdicción Constitucional, Instituto Iberoamericano de Derecho Constitucional, Lima 2018, pp146-154.*

625 P. Duez, "Le contrôle juridictionnel de la constitutionalité des lois en France" en *Mélanges Hauriou,* París 1929, p. 214.

> "No basta proclamar tal principio, éste debe ser organizado, y deben adoptarse medidas prácticas y efectivas para poder garantizarlo"[626].

Más adelante, Duez destacó la importancia, en Francia, del sistema de control jurisdiccional contencioso-administrativo referido a la Administración Pública y a los actos administrativos, agregando que "El espíritu de legalidad exige que se establezca un control con respecto a los actos legislativos"; concluyendo de la manera siguiente:

> "No hay una verdadera democracia organizada ni un Estado de Derecho, salvo cuando existe y funciona este control de la legalidad de las leyes"[627].

La lógica del razonamiento de Duez, como se dijo totalmente extraño, en 1929 y en las décadas subsiguientes al pensamiento dominante en Francia, era y sigue siendo impecable: ningún órgano del Estado puede ser considerado soberano, y todos los órganos del Estado, en particular el Legislador, en sus actividades, están sujetos a los límites establecidos por las normas superiores, contenidas en la Constitución.

Por ello, las leyes y demás actos del Parlamento siempre deben estar sujetos a la Constitución, y no pueden ser contrarios a la misma. En consecuencia, el espíritu de legalidad impone la existencia y funcionamiento no sólo del control de la legalidad de los actos administrativos, sino también del control de la constitucionalidad de las leyes. Por ello, solamente en aquellos países donde existe este tipo de control, puede decirse que existe este tipo de control, puede decirse que existe verdadera democracia organizada y un Estado de Derecho.

En todo caso, el control jurisdiccional de la "legalidad de las leyes" al que se refería Duez, es precisamente, el control jurisdiccional de la constitucionalidad de las leyes y de los otros actos del Estado dictados en ejecución directa de la Constitución, donde "legalidad" significa "constitucionalidad".

La tesis de Duez, en todo caso, fue acogida en Francia cincuenta años después, por el Consejo Constitucional francés, en su decisión sobre las nacionalizaciones del 16 de enero de 1928, al indicar lo siguiente:

---

626 *Idem.*, p. 21.

627 *Ibid.*, p. 215.

"Considerando que si el artículo 34 de la Constitución coloca dentro del dominio de la ley a "las nacionalizaciones de empresas y las transferencias de empresas del sector público al sector privado", esta disposición, al igual que la que confía a la ley la determinación de los principios fundamentales del régimen de la propiedad, no podría dispensar al legislador, en el ejercicio de su competencia, del respeto de los principios y de las reglas de valor constitucional que se imponen a todos los órganos del Estado"[628].

Refiriéndose a esta decisión del Consejo Constitucional, Louis Favoreu la calificó, con respecto a la situación anterior, como "la afirmación fundamental de la plenitud de la realización del Estado de Derecho en Francia en la medida en que el legislador, hasta una época reciente, escapaba, de hecho o de derecho, a la sumisión a una regla superior"[629].

La supremacía de la Constitución sobre el Parlamento marcó, además, el fin del absolutismo parlamentario[630]; modificó el antiguo concepto de soberanía parlamentaria y, con la creación del Consejo Constitucional, abrió paso a la justicia constitucional en Francia. Este proceso, en todo caso, como se ha dicho antes, ya se había iniciado de manera más amplia en otros países de Europa continental como Austria, Alemania, Italia y España; y se había desarrollado desde el siglo XIX en América Latina, habiendo sido los Tribunales Constitucionales uno de los instrumentos institucionales que más han contribuido a la consolidación del Estado Constitucional.

En este proceso de desarrollo de la justicia constitucional, en el pasado quedaron los debates sobre la legitimidad o ilegitimidad del poder conferido a los Tribunales constitucionales como órganos estatales que no son responsables ante el pueblo, de controlar los actos de otros que, en cambio, sí son políticamente responsables,[631] que Cappelletti calificó como el "gigantesco problema del control judicial," y

---

628 Véase L. Favoreu y L. Philip, *Les grandes décisions du Conseil constitutionnel, cit.*, p. 527. L. Favoreu, "Les décisions du Conseil constitutionnel dans l'affaire des nationalisations", "en *Revue du droit public et de la science politique en France et à l'étranger*, T. XCVIII, Nº 2, Paris 1982, p. 400.

629 Véase L. Favoreu, "Les décisions du Conseil constitutionnel...", *loc. cit.*, p. 400.

630 Véase J. Rivero, "Fin d'un absolutisme", *Pouvoirs,* 13, París, 1980, pp. 5-15.

631 Véase M. Cappelletti, "El formidable problema del control judicial y la contribución del análisis comparado", *Revista de Estudios Políticos,* N° 13, Madrid 1980, pp. 61-103 ("The mighty problem of Judicial Review and the contribution of comparative analysis", *Southern California Law Review,* 1980, p. 409).

que derivó en la otra discusión en torno al carácter democrático o no democrático del control jurisdiccional que un grupo de jueces ejercen en el Estado Constitucional.[632]

Ese debate quedó había quedado atrás, porque el tema del control jurisdiccional de la constitucionalidad de las leyes, no podía ser tratado o discutido bajo el ángulo de la legitimidad o ilegitimidad, partiendo del principio de que la democracia sólo se basa en la representatividad. La democracia va más allá del marco de la sola representatividad, porque se trata más bien de un modo político de vida, en el que las libertades individuales y los derechos fundamentales de los seres humanos tienen primacía y la separación de poderes, para garantizar el control, es el pilar fundamental de la organización del Estado. Ello es así, como le hemos expresado en otro lugar,[633] al punto de poder decir que un sistema de control jurisdiccional efectivo de la constitucionalidad de las leyes no es viable en regímenes no democráticos, sobre todo porque en esos sistemas no puede existir una verdadera independencia de los jueces[634]; siendo absolutamente claro que no se puede ejercer un control judicial efectivo en sistemas en los que no se garantiza la autonomía e independencia del Poder Judicial.[635]

---

632 Véase M. Cappelletti, "Judicial Review of Legislation and its Legitimacy. Recent Developments," General Report. International Association of Legal Science Colloquium, Uppsala 1982, (mimeo), p. 19. Publicado también en L. FAVOREU and J.A. JOLOWICZ (ed.), *Le contrôle juridictionnel des lois... cit.*, p. 296 ss.

633 Véase Allan R. Brewer-Carías, "La justicia constitucional como garantía de la Constitución," en Armin von Bogdandy, Eduardo Ferrer Mac-Gregor y Mariela Morales Antoniazzi (Coordinadores), *La Justicia Constitucional y su Internacionalización. ¿Hacia un Ius Constitucionale Commune en América Latina?*, Instituto de Investigaciones Jurídicas, Instituto Iberoamericano de Derecho Constitucional, Max Planck Institut Für Ausländisches Öffentliches Rechts Und Völkerrecht, Universidad Nacional Autónoma de México, México 2010, Tomo I, p. 25

634 Véase M. Cappelletti, "Judicial Review of Legislation and its Legitimacy. Recent Developments," General Report, *loc. cit.*, p. 29.

635 Véase J. Carpizo y H. Fix-Zamudio, *The necessily for and the Legitimacy of the Judicial Review of the Constitutionality of the Laws in Latin America, Developments.* International Association of Legal Sciences. Uppsala Colloquium 1984 (mineo), p. 22. Publicado también en L. Favoreu y J. A. Jolowicz (ed). *Le contrôle juridictionnel des lois. Légitimité effectivité et développements récents, cit.*, pp. 119-151.

Igualmente, esta es la razón por la cual muchos países europeos instauraron un control jurisdiccional en materia de constitucionalidad, luego de períodos de dictadura, como fue el caso en Alemania, Italia, España y Portugal.[636] De allí, por supuesto, no puede deducirse que la justicia constitucional sea un sistema propio de nuevas democracias, o de Estados cuya tradición democrática es más débil y quebradiza.[637]

En consecuencia, en todo régimen representativo y democrático, el poder otorgado a los jueces o a ciertos órganos constitucionales para vigilar las anomalías del Legislativo y las infracciones del órgano representativo contra los derechos fundamentales, debe considerarse como completamente democrático y legítimo[638]. Como lo puso de manifiesto Jean Rivero en su Informe final en el Coloquio Internacional de Aix-en-Provence en 1981 sobre la protección de derechos fundamentales por parte de los Tribunales constitucionales en Europa:

> "Creo, incluso, que el control marca un progreso en el sentido de la democracia, que no es solamente un modo de atribución del poder, sino también un modo de ejercicio del poder. Y pienso que todo lo que refuerce las libertades fundamentales del ciudadano va en el sentido de la democracia"[639].

En este orden de ideas, Eduardo García de Enterría, refiriéndose a las libertades constitucionales y a los derechos fundamentales como límites impuestos a los poderes de Estado, observó lo siguiente:

> "Si la Constitución los consagra, es obvio que una mayoría parlamentaria ocasional que los desconozca o los infrinja, lejos de estar legitimada para ello por el argumento mayoritario, estará revelando su abuso de podar, su posible intento de postración o de exclusión de la minoría. La función protectora del Tribunal

---

636 Véase. P. de Vega García, "Jurisdicción constitucional y Crisis de la Constitución", *Revista de Estudios políticos,* N° 7, Madrid, 1979, p. 108.

637 Como lo afirma Francisco Rubio Llorente, "Seis tesis sobre la jurisdicción constitucional en Europa", *Revista Española de Derecho Constitucional,* N° 35, Madrid 1992, p. 12.

638 Véase E. V. Rostow, "The Democratic Character of Judicial Review", *Harvard Law Review,* 193, 1952.

639 J. Rivero, " in L. FAVOREU (ed.), *Cours constitutionnelles europeenes et droit fondamentar,* Aix–en–Provence 1982, p. 525-526. *Cfr.* M. Cappelletti "Judicial Review of Legislation and its Legitimacy. Recent Developments," General Report, p. 300.

Constitucional frente a este abuso, anulando los actos legislativos atentatorios de la libertad de todos o de algunos ciudadanos, es el único instrumento eficaz frente a ese atentado; no hay alternativa posible si se pretende una garantía efectiva de la libertad, que haga de ella algo más que simple retórica del documento constitucional"[640].

Este mismo argumento lo expuso Hans Kelsen en 1928, para refutar la tesis referente a la fuerza de la mayoría. A este respecto escribió:

> "Si se ve la esencia de la democracia, no en el poder todo poderoso de la mayoría, sino en el compromiso constante entre los grupos representados en el Parlamento por la mayoría y la minoría, y luego en la paz social, la justicia constitucional surge como un medio particularmente adecuado para llevar a cabo esta idea. La simple amenaza de recurso a un tribunal constitucional puede ser, en manos de la minoría, un instrumento para impedir a la mayoría violar inconstitucionalmente intereses jurídicamente protegidos, y, para oponerse eventualmente a la dictadura de la mayoría, que no es menos peligrosa para la paz social, que la de la minoría."[641]

Pero la legitimidad democrática del control jurisdiccional de la constitucionalidad de las leyes no sólo proviene de la garantía de protección de los derechos fundamentales, sino también de los aspectos orgánicos de la Constitución, es decir, de los sistemas de distribución de poderes adoptados por la Constitución.

A este respecto, cabe destacar que el problema de la legitimidad de dicho control nunca se ha planteado en el caso de la distribución vertical del Poder del Estado, propio de los regímenes políticamente descentralizados o de tipo federal. Al contrario, puede afirmarse que el control jurisdiccional de la constitucionalidad de las leyes está estrechamente ligado al federalismo[642].

En efecto, el federalismo exige la imposición de un cierto grado de supremacía de las leyes federales sobre la legislación local, regio-

---

640 Véase E. García de Enterría, *La Constitución como norma y el Tribunal Constitucional*, Madrid 1985, p. 190.

641 Véase H. Kelsen, "La garantie juridictionnelle de la Constitution (La justice constitutionnelle)", *loc. cit.*, p. 253.

642 Véase W. J. Wagner, *The Federal States and their Judiciary,* The Hague, 1959, p. 85.

nal o de los Estados miembros. Por ello, no es casualidad el que los países dotados de una estructura federal y políticamente descentralizados, hayan sido los primeros en instaurar un control judicial de la constitucionalidad de las leyes. Ese fue el caso, durante el siglo pasado, de los Estados Unidos de América, y de todos los Estados federales de América Latina (Argentina, Brasil, México y Venezuela), los cuales instauraron un sistema de control judicial de la constitucionalidad de las leyes y demás actos del Estado. De igual modo, en Europa, al haber Alemania adoptado un modelo de Estado federal, Italia un sistema regional descentralizado y España el sistema de comunidades autónomas, estos tres países establecieron un sistema de control jurisdiccional de la constitucionalidad de las leyes.

En todos estos casos, la necesidad de instaurar un control judicial o jurisdiccional de la constitucionalidad de las leyes se justificaba, precisamente, con miras a resolver los conflictos de poder que pudieran surgir entre las diversas instancias políticas nacionales y regionales. Una de las tareas fundamentales de las Cortes y Tribunales Constitucionales en Austria, Alemania, Italia y España, y del control judicial de la constitucionalidad que ejercen las Cortes Supremas y Tribunales Constitucionales en América Latina es, precisamente, la resolución de los conflictos y colisiones entre las instancias político-administrativas nacionales y los Estados miembros de la federación, las regiones o entidades locales políticas o las comunidades autónomas, según los países. En el caso de los Estados Federales o regionalizados, la descentralización política contribuyó a la aparición y consolidación de Cortes o Tribunales Constitucionales encargados, precisamente, de velar por la constitucionalidad de las leyes, para garantizar el equilibrio constitucional entre el Estado y las otras entidades territoriales. Por ello, en los Estados federales y los políticamente descentralizados, no puede haber duda en cuanto a la legitimidad del control jurisdiccional de la constitucionalidad de las leyes, ni puede haber debate al respecto, salvo para justificar su existencia y necesidad.

Por consiguiente, los problemas de legitimidad que plantea el control jurisdiccional de la constitucionalidad de las leyes no pueden tener relación alguna ni con la garantía de la Constitución referente a la forma del Estado, al federalismo o la descentralización política, ni tampoco con la que se refiere a los derechos fundamentales del individuo. En estos casos, ello constituye un freno para el poder legislativo, por lo que dicho control jurisdiccional se ejerce sin ninguna duda[643].

---

643 Véase B. O. Nwabueze, Judicial Control of Legislative action and its Legitimacy - Recent Developments. African Regional Report. International Association of Legal Sciences. Uppsala Colloquium, 1984 (mimeo), p. 23. Publicado tam-

Sin embargo, no puede decirse lo mismo respecto de la distribución horizontal o la separación de poderes. Aun cuando este principio también le impone límites al poder legislativo, en este caso, la aceptación del control judicial de la constitucionalidad de las leyes ha suscitado polémicas en cuanto a su legitimidad, en particular, como hemos dicho, debido a que ese control se enfrentaba al principio de la supremacía del Parlamento sobre los demás poderes del Estado. Por otra parte, ello mismo ha proporcionado argumentos en favor del control judicial, como elemento de contrapeso esencial entre los diferentes poderes del Estado, para garantizar la Constitución.

En efecto, la separación de poderes, consecuencia de la distribución horizontal de los poderes del Estado entre sus órganos, entre otras cosas, ha exigido esencialmente un mecanismo independiente para garantizar el contenido orgánico de la Constitución. Tal sistema de control siempre ha sido indispensable, en particular, en cuanto a la delimitación de poderes entre el Legislativo y el Ejecutivo. En este caso, en particular, ha sido necesario intercalar un sistema de contrapeso con miras a mantener el equilibrio que plantea la Constitución. Por ello, por ejemplo, los poderes otorgados a los órganos judiciales para controlar la constitucionalidad y la legalidad de los actos administrativos siempre fueron aceptados sin discusión, como poderes estrechamente relacionados al concepto de Estado de Derecho.

Sin embargo, como se ha señalado, los principios tradicionales de la supremacía del Parlamento, por un lado, y, por el otro, de la separación de poderes, fueron tan importantes en Europa, que tuvieron como consecuencia impedir a las autoridades judiciales toda posibilidad de ejercer su poder de control, no sólo sobre la legalidad de los actos administrativos, sino también sobre la constitucionalidad de las leyes. Esa fue la razón por la que, en Francia se creó la jurisdicción contencioso administrativa independiente del Poder Judicial, y en general, en Europa se desarrollaron sistemas de control jurisdiccional de la constitucionalidad, pero tomando la precaución de confiarlos a nuevos órganos constitucionales, distintos y separados del Poder Judicial. En esta forma, la necesidad ineludible de instaurar un control jurisdiccional de la constitucionalidad de las leyes como garantía de la Constitución, se adaptó a la interpretación extrema del principio de la separación de poderes conforme al cual, tradicionalmente se consideraba toda tentativa de control judicial de la constitucionalidad de las leyes, como una injerencia inadmisible de las autoridades judiciales en el campo del Legislador.

---

bién en L. Favoreu y J. A. Jolowicz (ed), *Le contrôle juridictionnel des lois...*, op. cit., pp. 193-222

Esta confrontación entre la necesidad de instaurar un control jurisdiccional de la Constitución y el principio de la separación de poderes fue, precisamente, lo que llevó a la creación de Tribunales constitucionales en Europa continental, con la atribución jurisdiccional particular y específica de velar por la constitucionalidad de las leyes, sin que ello se atribuyera, sin embargo, al orden judicial tradicional. En esta forma, se puso fin a la antinomia, creándose nuevos Tribunales o Cortes constitucionales, ubicadas jerárquicamente por encima de los órganos que ejercen los poderes públicos horizontalmente; en consecuencia, ubicados por encima del Parlamento, del Ejecutivo y de las autoridades judiciales, con miras a velar por la supremacía de la Constitución sobre todos los órganos del Estado.

El llamado "sistema austriaco" de control jurisdiccional de la constitucionalidad o el "modelo Europeo", como también se lo ha llamado[644], se caracteriza así, por el hecho de que la justicia constitucional fue confiada a un órgano constitucional en algunos casos estructuralmente independiente de las autoridades judiciales ordinarias, es decir del Poder Judicial y de su organización. Además, en general, los miembros de los Tribunales Constitucionales no pertenecen a la carrera judicial y son más bien nombrados por los órganos políticos del Estado, en particular por el Parlamento y el Ejecutivo. Este sistema dio origen a órganos constitucionales especiales que, como se dijo, en algunos casos no pertenecen al Poder Judicial, pero que en todo caso, ejercen una actividad jurisdiccional propiamente dicha.

Estas Cortes, Consejos y Tribunales Constitucionales fueron considerados como los "intérpretes supremos de la Constitución," según el calificativo que le atribuyó la Ley Orgánica que lo creó, al Tribunal Constitucional en España[645] o como en palabras de Eduardo García de Enterría, al hablar del Tribunal Constitucional español, como el "comisario del poder constituyente, encargado de defender la Constitución y de velar por que todos los órganos constitucionales conserven su estricta calidad de poderes constituidos"[646] y el antiguo presidente de ese mismo Tribunal español, Manuel García Pelayo vio en él "un órgano constitucional instituido y directamente estructurado por la Constitución" y que:

---

644 Véase L. Favoreu, "Actualité et légitimité du contrôle juridictionnel des lois en Europe occidentale", *loc. cit.,* p. 1.149.

645 Art. 1. Ley Orgánica del Tribunal constitucional. Oct. 1979, *Boletín Oficial del Estado,* N° 239.

646 Véase E. García de Enterría, *La Constitución como norma…, op. cit,* p. 198.

"Como regulador de la constitucionalidad de la acción estatal, está destinado a dar plena existencia al Estado de derecho y a asegurar la vigencia de la distribución de poderes establecida por la Constitución, ambos componentes inexcusables, en nuestro tiempo, del verdadero "Estado constitucional."[647]

II. EL PELIGRO DE LOS TRIBUNALES CONSTITUCIONALES CUANDO LA DEMOCRACIA HA SIDO AFECTADA

Antes señalaba cómo la discusión sobre la legitimidad o ilegitimidad del control jurisdiccional de la constitucionalidad de las leyes y demás actos estatales, había quedado superada, básicamente porque el mismo, para poder desarrollarse, requiere del funcionamiento de un Estado Constitucional democrático, es decir, de un sistema democrático, donde prevalezca no solo la vigencia de los derechos fundamentales y tenga primacía la dignidad humana, sino el principio del control del poder, montado sobre un sistema de separación de poderes, que garantice su independencia y autonomía, y permita su control recíproco. [648]

Es decir, para que exista un Estado democrático, por sobre todo, y hay que recordarlo una y otra vez, el mismo tiene que estar montado sobre el principio de siempre de la separación e independencia de los poderes público, que asegure que el ejercicio del poder esté sometido a control, particularmente a cargo de una Justicia autónoma e independiente.[649] Pues, en definitiva, sin separación de poderes y sin un sistema de control del poder, simplemente no pueden realizarse verdaderas elecciones libres, justas y confiables; no puede haber plu-

---

647 Véase M. García Pelayo, "El Status del Tribunal Constitucional", in *Revista española de derecho constitucional*, 1, Madrid 1981, p. 15.

648 Véase Allan R. Brewer-carías, "Nuevas reflexiones sobre el papel de los tribunales constitucionales en la consolidación del Estado democrático de derecho: defensa de la Constitución, control del poder y protección de los derechos humanos", en Francisco Fernández Segado (coordinador), *Dignidad de la persona, Derechos Fundamentales, Justicia Constitucional*, Dykinson, Madrid 2008, pp. 761-826.

649 Véase sobre el tema Gustavo Tarre Briceño, *Solo el poder detiene al poder, La teoría de la separación de los poderes y su aplicación en Venezuela*, Colección Estudios Jurídicos N° 102, Editorial Jurídica Venezolana, Caracas 2014; y Allan R. Brewer-Carías, "Democracia: sus elementos y componentes esenciales y el control del poder", en *Grandes temas para un observatorio electoral ciudadano, Tomo I, Democracia: retos y fundamentos,* (Compiladora Nuria González Martín), Instituto Electoral del Distrito Federal, México 2007, pp. 171-220.

ralismo político, ni acceso al poder conforme a la Constitución; no puede haber efectiva participación en la gestión de los asuntos públicos, ni transparencia administrativa en el ejercicio del gobierno, ni rendición de cuentas por parte de los gobernantes; en fin, no puede haber sumisión efectiva del gobierno a la Constitución y las leyes, así como subordinación de los militares al gobierno civil; no puede haber efectivo acceso a la justicia; y real y efectiva garantía de respeto a los derechos humanos, incluyendo la libertad de expresión y los derechos sociales.[650]

Por ello, en un sistema autoritario, donde todos estos valores y principios desaparecen, un Tribunal Constitucional controlado por el Poder Ejecutivo, lejos de ser el comisario del poder constituyente, el garante de la Constitución o su supremo interprete, se convierte en el agente más perverso del autoritarismo, y de la demolición del Estado Constitucional.

Y eso es precisamente lo que ha ocurrido e Venezuela en los últimos 20 años desde 2000.

En efecto, el principio fundamental formalmente consagrado en la Constitución de 1999 para la configuración del Estado democrático de derecho y de justicia fue, sin duda, el principio de la separación de poderes y del control recíproco entre los mismos, el cual, lamentablemente, en la práctica política de los últimos lustros no fue más que otra máscara para el establecimiento, en su lugar, de un Estado Totalitario, de concentración y centralización total del poder, donde por supuesto ninguno de los elementos esenciales y de los componentes fundamentales de la democracia que se definen en la Carta Democrática Interamericana de 2001, se ha asegurado.[651]

---

650 Véase Allan R. Brewer-Carías, "Prólogo" al libro de Gustavo Tarre Briceño, *Solo el poder detiene al poder, La teoría de la separación de los poderes y su aplicación en Venezuela*, Colección Estudios Jurídicos N° 102, Editorial Jurídica Venezolana, Caracas 2014, pp. 13-49; "El principio de la separación de poderes como elemento esencial de la democracia y de la libertad, y su demolición en Venezuela mediante la sujeción política del Tribunal Supremo de Justicia," en *Revista Iberoamericana de Derecho Administrativo, Homenaje a Luciano Parejo Alfonso,* Año 12, N° 12, Asociación e Instituto Iberoamericano de Derecho Administrativo Prof. Jesús González Pérez, San José, Costa Rica 2012, pp. 31-43.

651 Véase Allan R. Brewer-Carías, *Estado totalitario y desprecio a la ley. La desconstitucionalización, desjuridificación, desjudicialización y desdemocratización de Venezuela,* Fundación de Derecho Público, Editorial Jurídica Venezolana, 2014.

En Venezuela, en efecto, formalmente, la Constitución dispuso para asegurar el principio de la separación de poderes, un esquema de penta-división del Poder, agregando, a los clásicos Poderes Legislativo, Ejecutivo y Judicial, los llamados Poderes Electoral y Ciudadano, en los cuales se integraron los órganos que en la evolución constitucional precedente se habían venido configurando como órganos constitucionales con autonomía funcional.

Sin embargo, en esta materia, nada de lo prescrito en la Constitución de 1999 se ha podido lograr en Venezuela, a pesar de todas las promesas de la Constitución, al haberse concentrado el poder progresivamente, a partir de 2000, en las manos del Poder Ejecutivo, y con ello el control sobre los otros Poderes Públicos, a través del control político de la Asamblea Nacional, en particular, sobre el Tribunal Supremo de Justicia y su Sala Constitucional; sobre el órgano electoral y además, sobre los demás órganos de control del Estado (Ministerio Público, Contraloría General de la República y Defensor del Pueblo). En adición, en cuanto el gobierno perdió el control político que ejercía sobre la Asamblea Nacional desde 2005, al haberse elegido en diciembre de 2015 una nueva con mayoría controlada por la oposición al gobierno autoritario, en forma incluso calificada, el Estado totalitario lo que hizo fue despojar progresivamente a la misma de todas sus competencias, neutralizándola totalmente, utilizando para ello al Juez Constitucional.[652]

---

652 Véase sobre todas las sentencias dictadas en ese sentido durante las últimas dos décadas: Allan R. Brewer-Carías, sobre todas esas sentencias lo expuesto en: Allan R. Brewer-Carías, *Crónica sobre la "In" Justicia Constitucional. La Sala Constitucional y el autoritarismo en Venezuela*, Caracas 2007; *Práctica y distorsión de la Justicia Constitucional en Venezuela (2008-2012),* Colección Justicia N° 3, Acceso a la Justicia, Academia de Ciencias Políticas y Sociales, Universidad Metropolitana, Editorial Jurídica Venezolana, Caracas 2012, 520 pp.; *El golpe a la democracia dado por la Sala Constitucional*; segunda edición, (Con prólogo de Francisco Fernández Segado), 2015, 426 pp.; *La patología de la Justicia Constitucional*, Tercera edición ampliada, Fundación de Derecho Público, Editorial Jurídica Venezolana, 2014, 666 pp.; *Estado totalitario y desprecio a la ley. La desconstitucionalización, desjuridificación, desjudicialización y desdemocratización de Venezuela,* Fundación de Derecho Público, Editorial Jurídica Venezolana, 2014, 532 pp.; segunda edición, (Con prólogo de José Ignacio Hernández), Caracas 2015, 542 pp.; *La ruina de la democracia. Algunas consecuencias. Venezuela 2015*, (Prólogo de Asdrúbal Aguiar), Colección Estudios Políticos, N° 12, Editorial Jurídica Venezolana, Caracas 2015, 694 pp.; *Dictadura Judicial y perversión del Estado de derecho en Venezuela*, IUSTEL, Madrid 2017; *La consolidación de la tiranía judicial. El juez constitucional controlado por el poder ejecutivo, asumiendo el poder absoluto*, Co-

Y así fue que a partir de enero de 2016, el Juez Constitucional (Sala Constitucional del Tribunal Supremo) despojó a la Asamblea Nacional de sus potestades constitucionales de legislación, requiriendo incluso una inconstitucional autorización previa por parte del Ejecutivo para poder poner en vigencia las leyes;[653] y anuló sus potestades de control político y administrativo, imponiendo el visto bueno previo del mismo Vicepresidente Ejecutivo para poder interpelar a los Ministro, con preguntas solo formuladas por escrito,[654] incluso barriendo las potestades de la Asamblea para aprobar votos de censura a los Ministros o para improbar los estados de excepción que se decreten.[655]

Es decir, el Poder Legislativo representado por la Asamblea Nacional fue totalmente neutralizado una vez que el gobierno perdió el

lección Estudios Políticos, N° 15, Editorial Jurídica Venezolana International. Caracas / New York, 2017

653 Véase los comentarios en Allan R. Brewer-Carías, "El fin del Poder Legislativo: La regulación por el Juez Constitucional del régimen interior y de debates de la Asamblea Nacional, y la sujeción de la función legislativa de la Asamblea a la aprobación previa por parte del Poder Ejecutivo," en *Revista de Derecho Público,* N° 145-146, (enero-junio 2015), Editorial Jurídica Venezolana, Caracas 2016, pp. 428-443

654 Véase.los comentarios en Allan R. Brewer-Carías, "Comentarios al decreto N° 2.309 de 2 de mayo de 2016: La inconstitucional "restricción" impuesta por el Presidente de la República, respecto de su potestad de la Asamblea Nacional de aprobar votos de censura contra los Ministros," en *Revista de Derecho Público,* N° 145-146, (enero-junio 2016), Editorial Jurídica Venezolana, Caracas 2016, pp. 120-129

655 Véase los comentarios en Allan R. Brewer-Carías, "El ataque de la Sala Constitucional contra la Asamblea Nacional y su necesaria e ineludible reacción. De cómo la Sala Constitucional del Tribunal Supremo pretendió privar a la Asamblea Nacional de sus poderes constitucionales para controlar sus propios actos, y reducir inconstitucionalmente sus potestades de control político sobre el gobierno y la administración pública; y la reacción de la Asamblea Nacional contra a la sentencia N° 9 de 1-3-2016, disponible en http://www.allanbrewercarias.com/Content/449725d9-f1cb-474b-8ab2-41efb849fea3/Content/Brewer. %20El%20ataque%20Sala%20Constitucional%20v.%20Asamblea%20Nacional. %20 Sent-No.%209%201-3-2016).pdf; y "Nuevo golpe contra la representación popular: la usurpación definitiva de la función de legislar por el Ejecutivo Nacional y la suspensión de los remanentes poderes de control de la Asamblea con motivo de la declaratoria del estado de excepción y emergencia económica," en *Revista de Derecho Público,* N° 145-146, (enero-junio 2016), Editorial Jurídica Venezolana, Caracas 2016, pp. 444-468.

control directo sobre la misma al perder la mayoría parlamentaria, al punto de que todas, absolutamente todas las leyes que sancionó ese cuerpo a partir de su instalación fueron declaradas inconstitucionales,[656] y lo más insólito, porque habían estado motivadas políticamente; considerándose ello por el Juez Constitucional, como una "desviación de poder," por perseguir un objetivo político diferente a la política gubernamental, llegando hasta declarar inconstitucional una ley de amnistía.[657]

Es decir, de los cinco poderes públicos que debían estar separados, si bien el único con autonomía frente al Poder Ejecutivo, desde comienzos de 2016 había sido la Asamblea Nacional, al poco tiempo fue materialmente paralizada por el golpe de Estado que el Poder Ejecutivo le dio en colusión con el Poder Judicial. Por lo que se refiere a los otros Poderes Públicos, cuyos titulares fueron designados sin cumplir con la Constitución por la anterior Asamblea Nacional que terminó en enero de 2016, quedaron todos como dependientes del Ejecutivo, abandonado el ejercicio de sus poderes de control; decla-

---

656 Véase los comentarios en Allan R. Brewer-Carías, "La aniquilación definitiva de la potestad de legislar de la Asamblea Nacional: el caso de la declaratoria de inconstitucionalidad de la Ley de reforma de la Ley Orgánica del Tribunal Supremo de Justicia," 16 de mayo de 2016, disponible en http://www.allanbrewercarias.com/Content/449725d9-f1cb-474b-8ab2-41efb849fea3/Content/Brewer.%20Aniquilaci%C3%-B3n%20%20Asamblea%20Nacional.%20Inconstituc.%20Ley% 20TSJ % 2015-5-2016.pdf.

657 Véase el estudio de las sentencias dictadas desde comienzos de 2016 en Allan R. Brewer-Carías, *El Juez Constitucional y la perversión del Estado de derecho. La "dictadura judicial" y la destrucción de la democracia en Venezuela*, Editorial Jurídica Venezolana International, 5 de junio 2016. Véase igualmente: Carlos M. Ayala Corao y Rafael J. Chavero Gazdik, *El libro negro del TSJ de Venezuela: Del secuestro de la democracia y la usurpación de la soberanía popular a la ruptura del orden constitucional (2015-2017)*, Editorial Jurídica Venezolana, Caracas 2017, 394 pp.; *Memorial de agravios 2016 del Poder Judicial. Una recopilación de más de 100 sentencias del TSJ,* 155 pp., investigación preparada por las ONGs: Acceso a la Justicia, Transparencia Venezuela, Sinergia, espacio público, Provea, IPSS, Invesp, en https://www.scribd.com/docu-ment/336888955/Memorial-de-Agravios-del-Poder-Judicial-una-recopilacion-de-mas-de-100-sentencias-del-TSJ; y José Vicente Haro, "Las 111 decisiones inconstitucionales del TSJ ilegítimo desde el 6D-2015 contra la Asamblea Nacional, los partidos políticos, la soberanía popular y los DDHH," en *Buscando el Norte*, 10 de julio de 2017, en http://josevicenteharogarcia.blogspot.com/2016/10/las-33-decisiones-del-tsj.html

rándose a partir de 2017, como dependientes de la fraudulenta Asamblea Nacional Constituyente electa ese año. [658]

Así durante los últimos veinte años, por ejemplo, la Contraloría General de la República en Venezuela se abstuvo de ejercer control fiscal alguno de la Administración Pública, razón por la cual, entre otros factores, el país ha terminado estando ubicado en el primer lugar del índice de corrupción en el mundo, según las cifras difundidas por Transparencia Internacional.[659] El Defensor del Pueblo, desde que la primera persona designada para ocupar el cargo en 2000 fue removida del mismo por haber intentado un recurso judicial contra una Ley que violaba el derecho colectivo a la participación ciudadana para la nominación de los altos titulares de los Poderes Públicos,[660] abandonó toda idea de defensa de derechos humanos, convirtiéndose en el órgano oficial para avalar la violación de los mismos por parte de las autoridades del Estado.[661] El Ministerio Público que ejerce la

---

658 Véase Allan R. Brewer-Carías, *La inconstitucional convocatoria de una Asamblea Nacional Constituyente en mayo de 2017 Un nuevo fraude a la Constitución y a la voluntad popular*, Colección Textos Legislativos, N° 56, Editorial Jurídica Venezolana, Caracas 2017,.

659 Véase el Informe de la ONG alemana, Transparencia Internacional de 2013, en el reportaje: “Aseguran que Venezuela es el país más corrupto de Latinoamérica,”, en El Universal, Caracas 3 de diciembre de 2013, en http://www. eluniversal.com/nacional-y-politica/131203/aseguran-que-vene-zuela-es-el-pais-mas-corrupto-de-latinoamerica. Igualmente véase el reportaje en BBC Mundo, “Transparencia Internacional: Venezuela y Haití, los que se ven más corruptos de A. Latina,” 3 de diciembre de 2013, en http://www.bbc.co.uk/mundo /ultimas_noticias/2013/12/131203_ultnot _transparencia_corrupcion_lp.shtml. Véase al respecto, Román José Duque Corredor, “Corrupción y democracia en América Latina. Casos emblemáticos de corrupción en Venezuela,” en *Revista Electrónica de Derecho Administrativo*, Universidad Monteávila, 2014.

660 Véase los comentarios en Allan R. Brewer-Carías, “La participación ciudadana en la designación de los titulares de los órganos no electos de los Poderes Públicos en Venezuela y sus vicisitudes políticas”, en *Revista Iberoamericana de Derecho Público y Administrativo*, Año 5, N° 5-2005, San José, Costa Rica 2005, pp. 76-95.

661 Por ejemplo, ante la crisis de la salud denunciada por la Academia Nacional de Medicina en agosto de 2014, reclamando la declaratoria de emergencia del sector, la respuesta de la Defensora del Pueblo fue simplemente que en Venezuela no había tal crisis. Véase el reportaje: “Defensora del Pueblo Gabriela Ramírez afirma que en Venezuela no existe ninguna crisis en el sector salud,” en *Noticias Venezuela*, 20 agosto de 2014, en http://noticiavene-zuela.info/2014/ 08/defensora-del-pueblo-gabriela-ramirez-afirma-que-en-venezuela-no-existe-

Fiscalía General de la República, en lugar de haber sido la parte de buena fe necesaria del proceso penal, asumió desde 2000 el rol de ser el principal instrumento para asegurar la impunidad, y la persecución política en el país.[662]

Además, el Poder Electoral, a cargo del Consejo Nacional Electoral, terminó siendo una especie de agente electoral del Gobierno, integrado por militantes del partido oficial o, como lo denunció el Secretario General de la Organización de Estados Americanos, por "activistas político partidistas [que] ocuparon cargos dentro del gobierno nacional,"[663] todo en violación abierta de la Constitución, habiendo dejado de ser el árbitro independiente en las elecciones. En todo caso, desde 2004 había quedado totalmente secuestrado por el Poder Ejecutivo, al ser sus jerarcas nombrados por el Tribunal Supremo de Justicia y ni siquiera por la Asamblea Nacional como correspondía constitucionalmente.[664]

---

ninguna-crisis-en-el-sector-salud/; y el reportaje: "Gabriela Ramírez, Defensora del Pueblo: Es desproporcionada petición de emergencia humanitaria en el sector salud," en *El Universal*, Caracas 20 de agosto de 2014, en http://m.eluniversal.com/nacional-y-politica/140820/es-desproporcionada-peticion-de-emergencia-humanitaria-en-el-sector-sa. Por ello, con razón, el Editorial del diario *El Nacional* del 22 de agosto de 2014, se tituló: "A quien defiende la defensora?" Véase en http://www.el-nacional.com /opinión/editorial/defiende-defensora_19_46874-3123.html.

662 Como se destacó en el Informe de la Comisión Internacional de Juristas sobre *Fortalecimiento del Estado de Derecho en Venezuela*, publicado en Ginebra en marzo de 2014, el "Ministerio Público sin garantías de independencia e imparcialidad de los demás poderes públicos y de los actores políticos," quedando los fiscales "vulnerables a presiones externas y sujetos órdenes superiores." Véase en http://icj.wpengine.netdna-cdn.com/wp-content/uploads/ 2014/06/VENEZUELA-Informe-A4-elec.pdf

663 Véase la comunicación del Secretario General de la OEA de 30 de mayo de 2016 con el Informe sobre la situación en Venezuela en relación con el cumplimiento de la Carta Democrática Interamericana, p. 88. Disponible en oas.org/documents/spa/press/OSG-243.es.pdf.

664 Véase Allan R. Brewer-Carías, "El secuestro del Poder Electoral y la confiscación del derecho a la participación política mediante el referendo revocatorio presidencial: Venezuela 2000-2004," en *Boletín Mexicano de Derecho Comparado*, Instituto de Investigaciones Jurídicas, Universidad Nacional Autónoma de México, Nº 112. México, enero-abril 2005 pp. 11-73; *La Sala Constitucional versus el Estado Democrático de Derecho. El secuestro del poder electoral y de la Sala Electoral del Tribunal Supremo y la confiscación del derecho a la*

Y lo más grave fue que el encargado de asegurar todo este proceso de demolición del principio democrático de la separación de poderes, ha sido el Juez Constitucional desde cuando mediante sentencia de la Sala Constitucional del Tribunal Supremo Nº 3098 del 13 de diciembre de 2004 (Caso: *Nulidad de artículos de la Ley Orgánica de la Justicia de Paz*), consideró que dicho principio "no es un principio ideológico, propio de la democracia liberal, sino un principio técnico del cual depende la vigencia de la seguridad jurídica como valor fundante del derecho."[665] Luego, en 2004, la Sala pasó a dar un viraje abiertamente anti democrático al referirse despectivamente en sentencia No. 1049 de 23 de julio de 2009,[666] a la "*la llamada* división, distinción o separación de poderes," considerándola "al igual que la teoría de los derechos fundamentales de libertad, un instrumento de la doctrina liberal del Estado mínimo," con lo cual comenzó a cuestionar la validez misma de los mismos principios del constitucionalismo democrático. Para ello señaló que el mismo no fue concebido como "un mero instrumento de organización de los órganos del Poder Público, sino un modo mediante el cual se pretendía asegurar que el Estado se mantuviera limitado a la protección de los intereses individualistas de la clase dirigente."[667]

"Descubrió," así, la Sala Constitucional, aun cuando distorsionándolo, el verdadero sentido de la separación de poderes, no sólo como mero instrumento de organización del Estado, sino como principio esencial de la democracia, la propia del Estado de derecho, para garantizar los derechos y libertades fundamentales, aun cuando por supuesto no sólo de "intereses individualistas de la clase dirigente" como con sesgo ideológico distorsionante la confina el Tribunal Supremo.

---

participación política, Los Libros de El Nacional, Colección Ares, Caracas, 2004, 172 pp.

665 Véase sentencia Nº 3098 de la Sala Constitucional (Caso: *nulidad artículos Ley Orgánica de la Justicia de Paz*) de 13-12-2004, en *Gaceta Oficial* Nº 38.120 de 02-02-2005

666 Véase en http://www.tsj.gov.ve/decisiones/scon/Julio/1049-23709-2009-04-2233.html.

667 Véase en http://www.tsj.gov.ve/decisiones/scon/Julio/1049-23709-2009-04-2233.html .Véase, Allan R. Brewer-Carías, "Sobre la mutación del principio de la separación de poderes en la jurisprudencia constitucional," en *Revista de Derecho Público*, Nº 132 (octubre- diciembre 2012), Editorial Jurídica Venezolana, Caracas 2012, pp. 201-213.

Ello en todo caso, no fue sino el preludio de las actuaciones del Juez Constitucional en contra de la separación de poderes, una vez que el Poder Judicial, completo, fue totalmente controlado por el Ejecutivo para ponerlo al servicio del autoritarismo, habiendo procedido posteriormente, mediante sus sentencias, a secuestrar al Poder Electoral, y a neutralizar al Poder Legislativo.

III. EL CONTROL POLÍTICO SOBRE EL PODER JUDICIAL, INCLUYENDO AL JUEZ CONSTITUCIONAL, PARA PONERLO AL SERVICIO DEL AUTORITARISMO, Y CONVERTIRLO EN EL INSTRUMENTO PARA LA DESTRUCCIÓN DEL ESTADO CONSTITUCIONAL

En efecto, el más grave acaecimiento que ha ocurrido en Venezuela desde el punto de vista institucional, con efectos devastadores respecto del Estado de derecho y la justicia constitucional, ha sido el control político que el Poder Ejecutivo ha ejercido sobre el Poder Judicial, particularmente a través del Tribunal Supremo de Justicia y su Sala Constitucional. En cualquier Estado de derecho, si un Poder Judicial está controlado por el Ejecutivo o el Legislativo, por más separados que incluso éstos puedan estar, no existe el principio de la separación de poderes, y en consecuencia, no se puede hablar de Estado Constitucional de derecho ni por supuesto, de democracia.

Y esa ha sido la situación en Venezuela desde 1999, donde por obra de la misma Asamblea Nacional Constituyente se comenzó a establecer una composición del Tribunal Supremo de Justicia para asegurar su control por parte del Ejecutivo; y como al mismo Tribunal se le atribuyó el gobierno y administración de la Justicia (que antes estaba en manos de un Consejo de la Judicatura que se eliminó), el resultado fue que a través del mismo se politizó toda la Judicatura, incluyendo la Jurisdicción Constitucional.

En efecto, la Constitución de 1999 creó un novedoso sistema para asegurar la independencia de los órganos del Estado y, en particular, del Tribunal Supremo de Justicia, estableciendo la necesaria participación ciudadana en el proceso de elección de los Magistrados del Tribunal Supremo de Justicia por la Asamblea Nacional, estableciendo un Comité de Postulaciones Judiciales (art. 270), que debía estar integrado exclusivamente por representantes de los diferentes sectores de la sociedad. Ello, sin embargo, no se ha garantizado en los 20 años de vigencia de la Constitución, de manera que nunca se ha observado en la designación de Magistrados, ni siquiera en diciembre de 1999, cuando lo hizo la Asamblea Nacional Constituyente.[668]

El resultado ha sido que el Tribunal Supremo de Justicia de Venezuela, y dentro del mismo, su Sala Constitucional, se ha configurado como un cuerpo altamente politizado,[669] lamentablemente sujeto a la voluntad del Presidente de la República, lo que en la práctica ha significado la eliminación de toda la autonomía del Poder Judicial, y la degradación de la justicia constitucional.

Con ello, el propio postulado de la separación de los poderes, como piedra angular del Estado de Derecho y de la vigencia de las instituciones democráticas, ha sido eliminado, desapareciendo toda posibilidad de control judicial efectivo del poder por parte de los ciudadanos. El propio Presidente de la República incluso, llegó a decir en 2007, que para poder dictar sentencias, el Tribunal Supremo debía consultarlo previamente.[670] Con todo esto, el Poder Judicial pospuso

---

668 Véase los comentarios sobre la inconstitucional práctica legislativa reguladora de los Comités de Postulaciones integradas, cada uno, con una mayoría de diputados, convirtiéndolas en simples "comisiones parlamentarias ampliadas," en Allan R. Brewer-Carías, "La participación ciudadana en la designación de los titulares de los órganos no electos de los Poderes Públicos en Venezuela y sus vicisitudes políticas", en *Revista Iberoamericana de Derecho Público y Administrativo*, Año 5, N° 5-2005, San José, Costa Rica 2005, pp. 76-95.

669 Véase lo expresado por el magistrado Francisco Carrasqueño, en la apertura del año judicial en enero de 2008, al explicar que : "no es cierto que el ejercicio del poder político se limite al Legislativo, sino que tiene su continuación en los tribunales, en la misma medida que el Ejecutivo", dejando claro que la "aplicación del Derecho no es neutra y menos aun la actividad de los magistrados, porque según se dice en la doctrina, deben ser reflejo de la política, sin vulnerar la independencia de la actividad judicial". Véase en *El Universal*, Caracas 29-01-2008.

670 Así lo afirmó el Jefe de Estado, cuando al referirse a una sentencia de la Sala Constitucional muy criticada, en la cual reformó de oficio una norma de la Ley del Impuesto sobre la renta, simplemente dijo: "Muchas veces llegan, viene el Gobierno Nacional Revolucionario y quiere tomar una decisión contra algo por ejemplo que tiene que ver o que tiene que pasar por decisiones judiciales y ellos empiezan a moverse en contrario a la sombra, y muchas veces logran neutralizar decisiones de la Revolución a través de un juez, o de un tribunal, o hasta en el mismísimo Tribunal Supremo de Justicia, a espaldas del líder de la Revolución, actuando por dentro contra la Revolución. Eso es, repito, traición al pueblo, traición a la Revolución." Discurso del Presidente de la Republica en el Primer Evento con propulsores del Partido Socialista Unido de Venezuela, Teatro Teresa Carreño, Caracas 24 marzo 2007.

su función fundamental de servir de instrumento de control de las actividades de los otros órganos del Estado para asegurar su sometimiento a la ley, habiendo materialmente desaparecido el derecho ciudadano a la tutela judicial efectiva y el derecho a controlar el poder. En esa situación, por tanto, es difícil hablar siquiera de posibilidad alguna de equilibrio entre poderes y prerrogativas del Estado y derechos y garantías ciudadanas.

En ese esquema, por ejemplo, un recurso autónomo de interpretación abstracta de la Constitución como el que inventó en Venezuela el Juez Constitucional,[671] si el mismo tuviera efectiva autonomía e independencia, sin duda que podría ser un instrumento eficaz para adaptar las normas constitucionales a los cambios operados en el orden constitucional de un país en un momento determinado. Sin embargo, un recurso de esa naturaleza en manos de un Juez Constitucional totalmente dependiente del Poder Ejecutivo, en un régimen autoritario como el que se ha estructurado en Venezuela en los últimos 20 años, resolviendo en particular las peticiones interesadas formuladas incluso por el propio Poder Ejecutivo a través del Procurador General de la República, ha sido un instrumento de mutación ilegítima de la Constitución, para cambiarla y ajustarla a la voluntad del Poder Ejecutivo a efectos de afianzar el autoritarismo.[672] Eso es lo que ha ocurrido en Venezuela, donde el Tribunal Supremo de Justicia ha sido intervenido políticamente, al distorsionarse las normas constitucionales destinadas a asegurar su nombramiento a propuesta de la sociedad civil y su remoción sólo en casos excepcionales.

Y una vez controlado el Tribunal Supremo de Justicia, las promesas constitucionales sobre la independencia y autonomía del Poder Judicial, han sido violadas permanentemente; como se dijo, durante 20 años no respetaron las condiciones para la elección de los Magistrados del Tribunal Supremo, ni la mayoría calificada de votos en la

671 Véase Allan R. Brewer-Carías, "*Quis Custodiet Ipsos Custodes*: De la interpretación constitucional a la inconstitucionalidad de la interpretación", en *Revista de Derecho Público*, No 105, Editorial Jurídica Venezolana, Caracas 2006, pp. 7-27.

672 Véase Allan R. Brewer-Carías, "Reforma constitucional o mutación constitucional?: La experiencia venezolana." en *Revista de Derecho Público,* No 137 (Primer Trimestre 2014, Editorial Jurídica Venezolana, Caracas 2014, pp.19-65; "El juez constitucional al servicio del autoritarismo y la ilegítima mutación de la Constitución: el caso de la Sala Constitucional del Tribunal Supremo de Justicia de Venezuela (1999-2009)," en *Revista de Administración Pública*, N° 180, Madrid 2009, pp. 383-418.

Asamblea requerida para ello, ni la participación ciudadana requerida en la nominación de candidatos. Jamás se celebraron los concursos públicos de oposición para la elección de los jueces como lo prevé la Constitución para que ingresen a la carrera judicial, que materialmente no existe.[673] Además, como desde 1999 la Asamblea Nacional Constituyente intervino el Poder Judicial,[674] la cual fue luego ratificada con el régimen transitorio establecido después de la aprobación popular de la Constitución, que aún no concluye, los jueces fueron destituidos a mansalva y masivamente, sin garantías al debido proceso, con la consecuencia de que la Judicatura se llenó de jueces temporales y provisionales,[675] sin garantía de estabilidad; quedando la destitución de los mismos al arbitrio de una Comisión *ad hoc* del Tribunal Supremo de Justicia, todo ello con el aval del mismo.

En cuanto a la Jurisdicción Disciplinaria Judicial prevista en la Constitución, la misma no fue sino otra mentira, al punto de que la que se creó en 2011 se conformó como dependiente de la Asamblea Nacional, es decir, sujeta al control político;[676] mientras que los jueces

---

673 Como lo destacó la misma Comisión Internacional de Juristas, en un *Informe* de marzo de 2014, que resume todo lo que en el país se ha venido denunciando en la materia, al dar "cuenta de la falta de independencia de la justicia en Venezuela," se destaca que "el Poder Judicial ha sido integrado desde el Tribunal Supremo de Justicia (TSJ) con criterios predominantemente políticos en su designación. La mayoría de los jueces son "provisionales" y vulnerables a presiones políticas externas, ya que son de libre nombramiento y de remoción discrecional por una Comisión Judicial del propio Tribunal Supremo, la cual, a su vez, tiene una marcada tendencia partidista." Véase en http://icj.wpengine.netdna-cdn.com/wp-content/uploads/2014/06/VENEZUELA-Informe-A4-elec.pdf

674 Véase nuestro voto salvado a la intervención del Poder Judicial por la Asamblea Nacional Constituyente en Allan R. Brewer-Carías, *Debate Constituyente, (Aportes a la Asamblea Nacional Constituyente)*, Tomo I, (8 agosto-8 septiembre), Caracas 1999; y las críticas formuladas a ese proceso en Allan R. Brewer-Carías, *Golpe de Estado y proceso constituyente en Venezuela,* Universidad Nacional Autónoma de México, México, 2002

675 En el *Informe Especial* de la Comisión sobre Venezuela correspondiente al año 2003, la misma también expresó, que "un aspecto vinculado a la autonomía e independencia del Poder Judicial es el relativo al carácter provisorio de los jueces en el sistema judicial de Venezuela. Actualmente, la información proporcionada por las distintas fuentes indica que más del 80% de los jueces venezolanos son "provisionales". *Informe sobre la Situación de los Derechos Humanos en Venezuela 2003*, *cit.* párr. 161.

676 Solo fue, luego de que el gobierno perdió la mayoría en la Asamblea Nacional, que la saliente Asamblea en unas ilegítimas sesiones extraordinarias celebradas

temporales y provisorios, que son casi todos, quedaron sometidos al arbitrio de la Comisión Judicial del Tribunal Supremo, pues la Sala Constitucional aseguró, de oficio, mediante sentencia No. 516 de 7 de mayo de 2013,[677] dictada con su participación, que esa Comisión continuaría con el "derecho" de destituirlos sin garantía alguna del debido proceso.

La verdad es que es ciertamente imposible conseguir en Constitución alguna en el mundo contemporáneo un conjunto de promesas constitucionales como las insertas en la Constitución venezolana de 1999 para asegurar la independencia judicial. Lamentablemente, sin embargo, fueron todas declaraciones formuladas para no ser cumplidas, dando como resultado la trágica dependencia del Poder Judicial que quedó sometido en su conjunto a los designios y control político por parte del Poder Ejecutivo,[678] funcionando al servicio del gobierno del Estado y de su política autoritaria.

Como lo observó la Comisión Internacional de Juristas de Ginebra en 2014:

> "Un sistema de justicia que carece de independencia, como lo es el venezolano, es comprobadamente ineficiente para cumplir con sus funciones propias. En este sentido en Venezuela, [...] el poder judicial, precisamente por estar sujeto a presiones exter-

---

en diciembre de 2015, reformó la Ley del Código de Ética del Juez, pero para quitarle a la nueva Asamblea la competencia para nombrar dichos jueces (que por supuesto nunca debó tener), y pasarlos al Tribunal Supremo. Véase en *Gaceta Oficial* N° 6204 Extra de 30 de diciembre de 2015.

677 Véase en http://www.tsj.gov.ve/decisiones/scon/Mayo/516-7513-2013-09-1038.html.

678 Véase Allan R. Brewer-Carías, "La progresiva y sistemática demolición de la autonomía en independencia del Poder Judicial en Venezuela (1999-2004)", en *XXX Jornadas J.M. Domínguez Escovar, Estado de derecho, Administración de justicia y derechos humanos,* Instituto de Estudios Jurídicos del Estado Lara, Barquisimeto, 2005, pp. 33-174; y "La justicia sometida al poder [La ausencia de independencia y autonomía de los jueces en Venezuela por la interminable emergencia del Poder Judicial (1999-2006)]" en *Cuestiones Internacionales. Anuario Jurídico Villanueva 2007,* Centro Universitario Villanueva, Marcial Pons, Madrid, 2007, pp. 25-57; "La demolición de las instituciones judiciales y la destrucción de la democracia: La experiencia venezolana," en *Instituciones Judiciales y Democracia. Reflexiones con ocasión del Bicentenario de la Independencia y del Centenario del Acto Legislativo 3 de 1910,* Consejo de Estado, Sala de Consulta y Servicio Civil, Bogotá 2012, pp. 230-254.

nas, no cumple su función de proteger a las personas frente a los abusos del poder sino que por el contrario, en no pocos casos es utilizado como mecanismo de persecución contra opositores y disidentes o simples críticos del proceso político, incluidos dirigentes de partidos, defensores de derechos humanos, dirigentes campesinos y sindicales, y estudiantes."[679]

Por ello, como también lo observó el Secretario General de la Organización de Estados Americanos, Luis Almagro el 30 de mayo de 2016, "en la situación actual que vive Venezuela, no se puede más que concluir que estamos ante alteraciones graves al orden democrático tal como se ha definido en numerosos instrumentos regionales y subregionales,"[680] particularmente después de constatar, entre múltiples hechos, que "no existe en Venezuela una clara separación e independencia de los poderes públicos, donde se registra uno de los casos más claros de cooptación del Poder Judicial por el Poder Ejecutivo."[681]

Con todo esto, la promesa constitucional de la separación de poderes y sobre todo de la autonomía e independencia del Poder Judicial, quedó incumplida, siendo por tanto las previsiones constitucionales una gran mentira, habiendo el Poder Judicial abandonado su función fundamental de servir de instrumento de control y de balance respecto de las actividades de los otros órganos del Estado para asegurar su sometimiento a la Constitución y a la ley; y a la vez, habiendo materialmente desaparecido el derecho ciudadano a la tutela judicial efectiva y a controlar el poder.

Lo que se ha producido, en definitiva, ha sido una desjusticiabilidad del Estado, siendo inconcebible que el Poder Judicial en Venezuela hoy pueda llegar a decidir y enjuiciar la conducta de la Administración y frente a ella, garantizar los derechos ciudadanos.

---

679 Véase en http://icj.wpengine.netdna-cdn.com/wp-content/uploads/2014/06/ VENEZUELA-Infor-me-A4-elec.pdf.

680 Véase la comunicación del Secretario General de la OEA de 30 de mayo de 2016 con el Informe sobre la situación en Venezuela en relación con el cumplimiento de la Carta Democrática Interamericana, p. 125. Disponible en oas.org/documents/spa/press/OSG-243.es.pdf.

681 *Idem*. p. 73. Disponible en oas.org/documents/spa/press/OSG-243.es.pdf.

IV. EL SECUESTRO DEL PODER ELECTORAL POR EL JUEZ CONSTITUCIONAL PARA ELIMINAR TODA POSIBILIDAD DE ELECCIONES JUSTAS Y LIBRES (2003-2014)

En todo caso, al control político sobre el Poder Judicial y específicamente sobre la Sala Constitucional del Tribunal Supremo de Justicia, siguió el control político sobre el Poder Electoral, siendo éste otro de los atentados que se hicieron contra la separación de poderes, la democracia y el funcionamiento del sistema electoral, lesionando el derecho de los ciudadanos a que los procesos electorales sean libres y justos, y en definitiva, al Estado Constitucional. Aquí también correspondió al Juez Constitucional eliminar materialmente la elección en segundo grado de los miembros del Consejo Nacional Electoral por la Asamblea Nacional, de acuerdo a un procedimiento en el cual debía garantizase la participación ciudadana en el Comité de Postulaciones Electorales a través de su integración con representantes de los diversos sectores de la sociedad como lo exige la Constitución (art. 295, 296).

En efecto, contrariando todas estas normas constitucionales, una vez que la Sala Constitucional del Tribunal Supremo de Justicia pasó a estar controlada por el Poder Ejecutivo, la misma asumió directa e inconstitucionalmente desde 2003, en sustitución de la Asamblea Nacional, la designación de los miembros del Consejo Nacional Electoral, lo que siguió ocurriendo con posterioridad.[682]

Todo comenzó en efecto, en 2003, luego de que la Asamblea Nacional hubiera cumplido los pasos previos para la elección de los miembros del Consejo Nacional Electoral, de manera que dada la ausencia de acuerdos políticos – debido a la composición que en aquél momento tenía la Asamblea – para poder llegar a elegir con la mayoría calificada requerida a los funcionarios, el Juez Constitucional procedió a asumir esa función al avocarse a conocer de un proceso constitucional contra la omisión legislativa en efectuar dicha elección, que intentó un ciudadano. Se trató de la sentencia No. 2073 de 4 de agosto de 2003 (Caso: *Hermánn Escarrá Malaver y otros*), a través de la cual la Sala Constitucional se preparó la vía para luego designar a los miembros del órgano electoral; lo que efectivamente hizo mediante la sen-

---

682 Véase Allan R. Brewer-Carías, "El control de la constitucionalidad de la omisión legislativa y la sustitución del Legislador por el juez constitucional: el caso del nombramiento de los titulares del poder electoral en Venezuela," *Revista Iberoamericana de Derecho Procesal Constitucional,* N° 10 Julio-Diciembre 2008, Editorial Porrúa, Instituto Iberoamericano de Derecho Procesal Constitucional, México 2008, pp. 271-286.

tencia Nº 2341 del 25 de agosto de 2003 (Caso: *Hermánn Escarrá M. y otros*).[683]

En esta última sentencia, la Sala Constitucional procedió a designar a los miembros del Consejo Nacional Electoral sin cumplir con los requisitos constitucionales; y partir de entonces, ese Consejo Nacional Electoral secuestrado por la Sala Constitucional y controlado por el gobierno y los partidos que lo apoyaban, comenzó a confiscarle a los ciudadanos el derecho a la participación política. [684]

La Sala consideró, para decidir, que debía "adaptarse a las condiciones que la Ley exige al funcionario," pero aclarando que actuaría al margen de la ley, es decir, que "debido a la naturaleza provisoria y a la necesidad de que el órgano funcione," la Sala no requería "cumplir paso a paso las formalidades legales que exige la Ley al elector competente, ya que lo importante es llenar el vacío institucional, hasta cuando se formalice lo definitivo." Se desligó así insólitamente el Juez Constitucional de las exigencias constitucionales que en cambio sí debía cumplir la Asamblea supuestamente omisa, para llenar el

---

683 Véase caso: *Hermann E. Escarrá Malavé; acción de inconstitucionalidad por omisión contra la Asamblea Nacional*), en http://historico.tsj.gov.ve/decisiones/scon/agosto/PODER%20ELECTORAL.HTM. Véanse igualmente en *Revista de Derecho Público*, Nº 93–96, Editorial Jurídica Venezolana, Caracas, 2003, pp. 525 ss. Véanse los comentarios en Allan R. Brewer-Carías, en Allan R. Brewer-Carías, *La Sala Constitucional Versus El Estado Democrático de Derecho. El secuestro del poder electoral y de la Sala Electoral del Tribunal Supremo y la confiscación del derecho a la participación política*, Los Libros de El Nacional, Colección Ares, Caracas 2004, 172 pp.; y además, en los siguientes estudios "El secuestro del Poder Electoral y la confiscación del derecho a la participación política mediante el referendo revocatorio presidencial: Venezuela 2000-2004," en *Revista Jurídica del Perú*, Año LIV Nº 55, Lima, marzo-abril 2004, pp. 353-396; en *Boletín Mexicano de Derecho Comparado*, Instituto de Investigaciones Jurídicas, Universidad Nacional Autónoma de México, Nº 112. México, enero-abril 2005 pp. 11-73.

684 Véase Allan R. Brewer-Carías "El secuestro del Poder Electoral y la confiscación del derecho a la participación política mediante el referendo revocatorio presidencial: Venezuela 2000-2004", en Juan Pérez Royo, Joaquín Pablo Urías Martínez, Manuel Carrasco Durán, Editores), *Derecho Constitucional para el Siglo XXI. Actas del Congreso Iberoamericano de Derecho Constitucional,* Tomo I, Thomson-Aranzadi, Madrid 2006, pp. 1081-1126; y en y en *Stvdi Vrbinati, Rivista trimestrale di Scienze Giuridiche*, Politiche ed Economiche, Año LXXI – 2003/04 Nuova Serie A – N. 55,3, Università degli studi di Urbino, Urbino, Italia 2004, pp. 379-436

"vacío institucional" que el Juez Constitucional mismo había contribuido a crear en sentencia precedente.

Y hacia el futuro, en cuanto a la elección sucesiva de los Rectores del Consejo Nacional Electoral, a partir de 2004, la Sala Constitucional continuó ejerciendo el "monopolio" de designar a sus miembros, en contra de todas las previsiones constitucionales, siempre alegándose una "omisión legislativa," sustituyendo a la Asamblea Nacional, y sin respetar ninguna de las previsiones de la Constitución que buscaban asegurar la participación de la sociedad civil para la postulación de candidatos a ser electos como tales Rectores,[685] como por ejemplo también ocurrió en 2014.[686]

En ese año, cuando la fracción parlamentaria del partido de gobierno no pudo reunir la mayoría calificada para designar a su antojo a los miembros del Consejo Nacional Electoral, ni logró acuerdo alguno con los otros grupos parlamentarios, ello motivó a que el propio Presidente de la Asamblea Nacional anunciara públicamente - como quien da una orden - "que el Tribunal Supremo de Justicia *se encargará de designar a los rectores y suplentes del Consejo Nacional Electoral*

---

685 Véase Allan R. Brewer-Carías, "El control de la constitucionalidad de la omisión legislativa y la sustitución del Legislador por el Juez Constitucional: el caso del nombramiento de los titulares del Poder Electoral en Venezuela," en *Revista Iberoamericana de Derecho Procesal Constitucional,* N° 10 Julio-Diciembre 2008, Editorial Porrúa, Instituto Iberoamericano de Derecho Procesal Constitucional, México 2008, pp. 271-286; "La Jurisdicción Constitucional al servicio de la política: de cómo el Juez Constitucional ha secuestrado y sometido al Poder Electoral y a la Jurisdicción Electoral en Venezuela," en *La Justicia Constitucional en el Estado Social de derecho. Homenaje al Dr. Néstor Pedro Sagües, II Congreso Internacional de Derecho Procesal Constitucional,* (Coordinador Gonzalo Pérez Salazar), Universidad Monteávila, Funeda, Especialización en Derecho Procesal Constitucional, Caracas 2012, pp. 125-149.

686 Véase Allan R. Brewer-Carías, "El golpe de Estado dado en diciembre de 2014, con la inconstitucional designación de las altas autoridades del Poder Público," en *Revista de Derecho Público,* N° 140 (Cuarto Trimestre 2014, Editorial Jurídica Venezolana, Caracas 2014, pp. 495-518; "La elección popular indirecta de altos funcionarios del Estado en Venezuela y su violación por el Estado autoritario: el golpe de Estado de diciembre de 2014 dado con las inconstitucionales designaciones de los titulares de las ramas del Poder Público," en *Revista de Investigações Constitucionais. Journal of Constitutional Research,* v. 2, n. 2 (maio-agosto 2015), ISSN 2359-5639, pp. 63-92.

(CNE), pues no se lograron las dos terceras partes necesarias en el Parlamento para la designación."[687]

Es falso por supuesto que cuando no se logre la mayoría requerida de votos de diputados para la elección de los miembros del Consejo Nacional Electoral, "corresponda" al Tribunal Supremo de Justicia, realizar tal elección. Sin embargo, al hacer la elección de dichos funcionarios, como en efecto lo hizo, repitiendo la historia de 2003,[688] incurrió en usurpación de autoridad "extralimitándose en sus funciones y limitando injustificada e ilegítimamente la propia autonomía del Consejo Nacional Electoral como órgano rector de dicho Poder Público." [689]

Ello lo hizo mediante sentencia Nº 1865 de 26 de diciembre de 2014,[690] apenas cuatro días después de haber recibido la comunicación enviada por el Presidente de la Asamblea Nacional, de cuyo texto la Sala fue la que "dedujo" que se trataba de una solicitud de declaratoria de omisión – lo que ni siquiera se mencionó en la nota del Presidente de la Asamblea -, que obedecía a que "no existe en el órgano

---

687 Véase "TSJ decidirá cargos de rectores del CNE", Noticias "Globovisión, Caracas, 22 diciembre de 2014, en http://globovision.com/tsj-decidira-cargos-de-rectores-del-cne/; "Designación de rectores y suplentes del CNE pasa al TSJ," en *Informe21.com*, Caracas, 22 de diciembre de 2014, en http://informe21.com/cne/designacion-de-rectores-y-suplentes-del-cne-pasa-al-tsj; "TSJ decidirá cargos de rectores del CNE", Caracas Noticias "Globovisión, 22 diciembre de 2014 en http://globovision.com/tsj-decidira-cargos-de-rectores-del-cne/.

688 En todo caso, el antecedente no se mencionó sino *ex post facto*, mediante declaraciones públicas que la Presidenta del Tribunal Supremo magistrada Gutiérrez Alvarado dio el día 29 de diciembre de 2014, cuando "recordó" que "la Sala "ya actuó de la misma forma en 2003 y 2005, cuando asimismo se registraron casos de la "omisión legislativa." Véase en "Gladys Gutiérrez: En elección de rectores del CNE se siguió estrictamente el procedimiento, Caracas 29 de diciembre de 2014, en http://www.lapatilla.com/site/2014/12/29/gladys-gutierrez-en-eleccion-de-rectores-del-cne-se-siguio-estrictamente-el-procedimiento/.

689 Véase Allan R. Brewer-Carías, *La Justicia Constitucional. Procesos y procedimientos constitucionales*, México, 2007, p. 392.

690 Véase en http://histo-rico.tsj.gov.ve/decisiones/scon/diciembre/173497-1865-261214-2014-14-1343.HTML Véanse los comentarios en Allan R. Brewer-Carías, "El golpe de Estado dado en diciembre de 2014 en Venezuela con la inconstitucional designación de las altas autoridades del Poder Público,", en *El Cronista del Estado Social y Democrático de Derecho,* Nº 52, Madrid 2015, pp. 18-33.

parlamentario la mayoría calificada, consistente en el voto favorable de las dos terceras partes de sus integrantes, tal como lo exige el artículo 296 del Texto Fundamental," indicando que dicho funcionario estaba ejerciendo "la representación del órgano parlamentario y en ejercicio de la cual declaró la imposibilidad de ese cuerpo deliberante de designar a los Rectores y Rectoras del Consejo Nacional Electoral."

La Sala agregó, además, falsamente que el funcionario supuestamente había solicitado a la Sala que *"supla la aludida omisión,"* lo cual no era cierto.[691] De todo ello resultó que, en definitiva, la Sala Constitucional, en un "proceso" que discrecionalmente consideró como de mero derecho, decidió "sin necesidad de abrir procedimiento alguno," para negarle a los interesados, como por ejemplo, a los propios diputados de la Asamblea Nacional que no estuviesen conformes con la petición, su derecho a ser oídos, violándose así el artículo 49 de la Constitución.[692]

Concluyó la Sala su sentencia "en atención al mandato estatuido en los artículos 296, 335 y 336, numeral 7, de la Constitución," procediendo directamente a designar a los miembros principales y suplentes del Consejo Nacional Electoral, a quienes convocó y tomó juramento el 29 de diciembre de 2014; en una designación que ya no fue provisional sino definitiva para el período constitucional correspondiente.[693]

---

691 Por ello José Ignacio Hernández indicó, con razón, que "se declaró una omisión que en realidad no existía." Véase José Ignacio Hernández, "La inconstitucional designación de los rectores del CNE," en *Prodavinci*, Caracas 27 de diciembre de 2014, en http://prodavinci.com/blogs/la-inscostitucional-designacion-de-los-rectores-del-cne-por-jose-ignacio-hernandez/ Véase además, Román José Duque Corredor, "El logaritmo inconstitucional: 7 Magistrados de la Sala Constitucional son iguales a 2/3 partes de la representación popular de la Asamblea Nacional,: Caracas 29 de diciembre de 2014, en http://www.frentepatrio-tico.com/inicio/2014/12/29/logaritmo-inconstitucional/.

692 Véase José Ignacio Hernández, "La inconstitucional designación de los rectores del CNE," en *Prodavinci*, Caracas 27 de diciembre de 2014, en http://prodavinci.com/blogs/la-inscostitucional-designacion-de-los-rectores-del-cne-por-jose-ignacio-hernandez/.

693 Véase José Ignacio Hernández, "La inconstitucional designación de los rectores del CNE," en *Prodavinci*, Caracas 27 de diciembre de 2014, en http://prodavinci.com/blogs/la-inscostitucional-designacion-de-los-rectores-del-cne-por-jose-ignacio-hernandez/.; Román José Duque Corredor, "El logaritmo inconstitucional: 7 Magistrados de la Sala Constitucional son iguales a 2/3 partes de la representación popular de la Asamblea Nacional, Caracas 29 de diciembre de

V. EL ATAQUE DEL RÉGIMEN CONTRA EL PODER LEGISLATIVO Y EL DESCONOCIMIENTO POR EL JUEZ CONSTITUCIONAL DEL PODER DE LA ASAMBLEA NACIONAL PARA DE LEGISLAR

Como se ha explicado, la vía utilizada por el Poder Ejecutivo para controlar y someter al Poder Judicial y al Poder Electoral, en particular a partir de 2005, fue absoluto control político que el gobierno tuvo sobre la **Asamblea** Nacional. Por ello, al perder el gobierno dicho control como consecuencia de las elecciones parlamentarias de diciembre de 2015, a partir de ese mismo mes, el régimen autoritario comenzó a desmantelar a la propia Asamblea Nacional, anulándole y neutralizándole todas sus funciones, para lo cual el Poder Ejecutivo utilizó al Juez Constitucional como su instrumento al servicio del autoritarismo.

En consecuencia, luego de la reforma a toda carrera durante el mes de diciembre de 2015 (por la Asamblea saliente) de más de 30 leyes, muchas de ellas para bloquear o menoscabar los poderes de la nueva Asamblea Nacional,[694] y de la emisión de 13 decretos leyes conforme a la llamada "Ley Habilitante antiimperialista para la Paz" que se había sancionado en marzo de 2015,[695] y que lo habilitaba para legislar en cualquier materia, sin límites, [696] desde que la nueva Asamblea se instaló el 5 de enero de 2016, la misma, simplemente, comenzó a ser despojada de sus funciones más importantes, entre ellas, la de legislador. Para ello, todas, absolutamente todas las leyes que la Asamblea Nacional sancionó con posterioridad han sido declaradas inconstitucionales por la Sala Constitucional del Tribunal Supremo mediante sentencias dictadas en la mayoría de los casos al ejercer el control previo de constitucionalidad que regula el artículo 214 de la

---

2014, en http://www.frentepatriotico.com/inicio/2014/12/29/logaritmo-inconstitucional/.

694 Así, once (11) leyes que aparecieron publicadas en la *Gaceta Oficial* Extra. Nº 6207 de 28 de diciembre de 2015; veintitrés (23) leyes aprobatorias de Protocolos, Memorándum de Entendimiento, Convenios y Acuerdos internacionales aparecieron publicadas en *Gaceta Oficial* Extra. Nº 6208 de 28 de diciembre de 2015; y en *Gaceta Oficial* Nº 40.819 de 30 de diciembre de 2015; todas por lo visto "discutidas" y sancionadas en días navideños.

695 Véase en *Gaceta Oficial* Nº 6178 Extra de 15-3-2015.

696 Véase en *Gacetas Oficiales Extras* Nos. 6.207, 6.209, 6210, y 6211 de 28, 29 y 30 de diciembre de 2015.

Constitución, a solicitud del Presidente de la República, antes de ser promulgadas.[697]

Se destacan, en efecto, en esta materia las siguientes sentencias de nulidad por inconstitucionalidad de leyes nacionales: [698]

(i) Nulidad de la Ley de Reforma Parcial de la Ley del Banco Central de Venezuela sancionada el 3 de marzo de 2016, lo que se produjo mediante sentencia de la sala Constitucional Nº 259 de 31 de marzo de 2016, [699] con la cual puede decirse que se inició el proceso de condena a muerte de la Asamblea Nacional, como Poder Legislativo. [700]

---

697 Como lo observó el Secretario General de la Organización de Estados Americanos, Luis Almagro en el *Informe* que con fecha 30 de mayo dirigió al Consejo Permanente de la Organización conforme al artículo 20 de la Carta Democrática Interamericana, "a pesar de que la oposición en Venezuela cuenta con una amplia mayoría en la Asamblea Nacional, las leyes que ésta aprueban encuentran trabas bajo el fundamento de que son 'inconstitucionales.'" Véase la comunicación del Secretario General de la OEA de 30 de mayo de 2016 con el *Informe sobre la situación en Venezuela en relación con el cumplimiento de la Carta Democrática Interamericana*, p. 54. Disponible en oas.org/documents/spa/press/OSG-243.es.pdf

698 Véase sobre todas las sentencias de la Sala Constitucional eliminando las potestades de la Asamblea de legislar, el documento: "El TSJ vs. la función legislativa de la Asamblea Nacional," de *Acceso a la Justicia. El observatorio venezolano de la justicia*," 29 agosto 2018, en http://www.accesoalajusticia.org/el-tsj-vs-la-funcion-legislativa-de-la-asamblea-nacional/.

699 Véase en http://historico.tsj.gob.ve/decisiones/scon/marzo/186656-259-31316-2016-2016-0279.HTML Véanse los comentarios en Allan R. Brewer-Carías, "La sentencia de muerte de la Asamblea Nacional. El caso de la nulidad de la Ley de reforma del BCV. Marzo 2016," en http://www.allanbrewercarias.com/Con-tent/449725d9-f1cb-474b-8ab2-41efb849fea3/Content/Brewer. % 20 La%20sentencia%20de%20muerte%20AN.%20Sentencia%20SC%20Ley%20 BCV.pdf; y Allan R. Brewer-Carías, "La sentencia de muerte Poder Legislativo en Venezuela. El cinismo de la Sala Constitucional y la inconstitucional pretensión de controlar la actividad política de la Asamblea Nacional al reformar la Ley del Banco Central de Venezuela. 5 de abril 2016," en http://www. allanbrewercarias.com/Content/449725d9-f1cb-474b-8ab2-41efb849fea3/ Content/ Brewer.%20La%20sentencia%20de%20muerte%20AN.%20Sentencia%20SC %20Ley%20BCV.pdf.

700 Véase Allan R. Brewer-Carías, *Dictadura Judicial y perversión del Estado de derecho en Venezuela*, IUSTEL, Madrid 2017; *La consolidación de la tiranía judicial. El juez constitucional controlado por el poder ejecutivo, asumiendo el*

Dicha Ley del Banco Central de Venezuela había sido una de las reformadas a la carrera mediante Decreto Ley N° 2.179 de 30 de diciembre de 2015,[701] en vista de la nueva composición política de la Asamblea con motivo de las elecciones parlamentarias de diciembre de 2015, con el objeto de eliminar todo el régimen de la participación de la Asamblea Nacional en la designación de los altos funcionarios del Banco Central, que había sido previamente establecido desde 2001 conforme a la Constitución. La Ley de diciembre de 2015, a la vez fue inmediatamente reformada por la nueva Asamblea Nacional, mediante Ley de 3 de marzo de 2016, con el único y exclusivo propósito político de restablecer sus atribuciones que le habían sido cercenadas por el Ejecutivo Nacional. La reforma de la Ley, por tanto, tuvo una clara e inevitable motivación política, que fue la de restablecer las competencias constitucionales asignadas a la Asamblea en relación con el Banco Central de Venezuela y que le habían sido cercenadas por el Ejecutivo Nacional mediante el decreto ley de 30 de diciembre de 2015.

Dicha reforma, sin embargo, fue declarada inconstitucional por la Sala Constitucional, a solicitud del Presidente de la República en la mencionada sentencia Nº 259 de 31 de marzo de 2016, solo porque el Presidente había "denunciado" que la reforma hecha por la Asamblea tenía un "móvil político," es decir, que "la motivación de la reforma propuesta por la bancada opositora de la Asamblea Nacional es netamente política," dado "el cambio de orientación política de la Asamblea Nacional," pidiéndole a la Sala que ejerciera un control de "desviación de poder" respecto de la actividad legislativa del Parlamento, "que implica para su configuración que el acto haya sido dictado con un fin distinto al previsto por el Constituyente."

Y la Sala Constitucional, sumisa, luego de constatar cuáles fueron las reformas efectuadas en la Ley impugnada, que no eran otras sino restablecer la normativa que había estado vigente desde 2001, procedió entonces a juzgar al Legislador por "desviación de poder" (la ley "está incursa en el vicio de desviación de poder"), afirmando que lo que se pretendía con la reforma era "era asegurar, por parte de la mayoría parlamentaria de la Asamblea Nacional, el control político del Instituto Emisor."

La función básica de la Asamblea Nacional es legislar sobre las materias de la competencia nacional, siendo ello fundamentalmente

---

poder absoluto, Colección Estudios Políticos, N° 15, Editorial Jurídica Venezolana International. Caracas / New York, 2017.

701 Véase en *Gaceta Oficial* N° 6.211 Extraordinario del 30 de diciembre de 2015.

una función política, de política de Estado, que ejerce dictando normas de carácter general; y esa función política solo puede tener una motivación política y perseguir fines políticos, que son los que la representación popular, conforme a la orientación de la mayoría de diputados, establezca. Un Tribunal Constitucional, nunca podría juzgar a un órgano legislativo por haber sancionado una legislación porque esté basada en una "motivación política," y así sustituirse a la representación del pueblo, y decidir usurpando su voluntad, cuál debe ser la política de Estado a seguir.

(ii) Nulidad de la Ley de Amnistía y Reconciliación Nacional sancionada la Asamblea Nacional el día 29 de marzo de 2016, mediante sentencia Nº 264 de 11 de abril de 2016[702] de la Sala Constitucional, con la cual á misma simplemente le cercenó a la Asamblea todos sus poderes, invadiendo "ilegítimamente, la atribución privativa de la Asamblea Nacional para decretar amnistías,"[703] frustrando una de las promesas electorales de la nueva mayoría parlamentaria.[704]

---

702 Véase en http://historico.tsj.gob.ve/decisiones/scon/abril/187018-264-11416-2016-16-0343.HTML. Véase los comentarios en Allan R/ Brewer-Carías, "La anulación de la Ley de Amnistía por la Sala Constitucional. O la ejecución de la sentencia de muerte dictada contra la Asamblea Nacional," 26 abril 2016. en http://www.allanbrewercarias.com/Content/449725d9-f1cb-474b-8ab2-41efb 849fea3/Content/BREWER.%20Anulaci%C3%B3n%20Ley%20de%20Amnist %C3%ADa%20%202016.pdf..

703 Véase en José Ignacio Hernández, "Sala constitucional del TSJ: el nuevo Superpoder vs. la Ley de amnistía," 12 abril de 2016, en http://pararescatarelporvenir.blogspot.com/2016/04/blog-de-jose-ignacio-hernandezi-sala.html; y María Amparo Grau, "La rebelión militar contra la fuerza de la ley," en *El Nacional*, Caracas 13 de abril de 2016. Como lo expresó Laura Louza, la decisión de la Sala Constitucional violó: "la Constitución, por desconocer que la amnistía es una decisión política de exclusiva competencia del Poder Legislativo destinada a contribuir a la paz, y que solo puede estar sujeta al control de ese tribunal por razones jurídicas. En consecuencia, la Sala Constitucional solo es competente para determinar si el texto de la propuesta legal cumple con las reglas de la Constitución o no, sin que ese control pueda extenderse a la oportunidad o conveniencia del proyecto." Véase Laura Louza, "El TSJ le quita al país la paz de la Ley de Amnistía. Un Estado de Derecho sin paz ni justicia no es un Estado de Derecho," 16 abril 2016, en http://el-informe .com/16/04/2016/opinion/el-tsj-le-quita-al-pais-la-paz-de-la-ley-de-amnistia/

704 Véase en http://unidadvenezuela.org/2015/10/oferta-legislativa-para-el-cambio. Véase sobre ello Allan R. Brewer-carías, "Sobre el decreto de amnistía anunciado por la Mesa de la Unidad Democrática para ser dictado por la nueva Asamblea Nacional," 12 de Diciembre 2015, En http://www.allanbrewerca-

Para ello, la Sala Constitucional se fundamentó en considerar que supuestamente no estaban dadas las condiciones para que la Asamblea pudiera decretar una amnistía, cuando ello corresponde ser evaluado y considerado única y exclusivamente al órgano político de representación popular, en lo que el Juez Constitucional no podía inmiscuirse;"[705] concluyendo su sentencia con la declaración genérica de inconstitucionalidad de toda la Ley por los efectos que según la Sala podía producir "en la sociedad y en el ordenamiento jurídico," considerando que con dicha Ley "se revela[ba] una actividad arbitraria del legislador, el cual no act[uaba] en representación del interés general de la sociedad." Por tanto, como la Asamblea Nacional a partir de enero 2016 comenzó a responder a una nueva mayoría democrática opuesta al Gobierno que era el que controlaba a la Sala Constitucional, entonces, por ello, el Juez Constitucional consideró que la Asamblea no podía tomar decisiones políticas si las mismas no estaban en la línea de acción del Poder Ejecutivo. [706]

(iii) Nulidad de la Ley de reforma de la Ley Orgánica del Tribunal Supremo de Justicia de 7 de abril de 2016, mediante sentencia Nº 341 de 5 de mayo de 2016[707] de la Sala Constitucional, mediante la cual le arrebató a la Asamblea, violando la Constitución, su propio

---

rias.Com/Content/449725d9-F1cb-474b-8ab2-41efb849fea3/Content/A.%20Brewer.%20SOBRE%20EL%20DECRETO%20DE%20LA%20AMNIST%C3%8DA%20PRPUESTO%20PARA%20SER%20DICTADO%20POR%20LA%20NUEVA%20ASAMBLEA%20NACIONAL%20dic%20%202015.Pdf.

705 Como lo explicó José Ignacio Hernández, "con este razonamiento, en realidad, la Sala Constitucional está controlando la oportunidad y conveniencia de la amnistía, lo que según la doctrina anterior de la propia Sala, no puede ser sujeto a control. Véase en José Ignacio Hernández, "Sala constitucional del TSJ: el nuevo Superpoder vs. la Ley de amnistía," 12 abril de 2016, en http://pararescatarelpor-venir.blogspot.com/2016/04/blog-de-jose-ignacio-hernandezi-sala.html.

706 Véase María Amparo Grau, "La rebelión militar contra la fuerza de la ley," en *El Nacional*, Caracas 13 de abril de 2016.

707 Véase en http://historico.tsj.gob.ve/decisiones/scon/mayo/187589-341-5516-2016-16-0396.HTML Véase el comentario en Allan R. Brewer-Carías, "La aniquilación definitiva de la potestad de legislar de la Asamblea Nacional: el caso de la declaratoria de inconstitucionalidad de la Ley de Reforma de la Ley Orgánica del Tribunal Supremo de Justicia," 16 de mayo de 2016, en http://www.allanbrewercarias.com/Content/449725d9-f1cb-474b-8ab2-41efb849fea3/Content/Brewer.%20Aniquilaci%C3%B3n%20%20Asamblea%20Nacional.%20Inconstituc.%20Ley%20TSJ%2015-5-2016.pdf.

poder de iniciativa legislativa,[708] declarando la inconstitucionalidad de la ley porque no a juicio de la Sala la reforma introducida no era "razonable," cercenándole a la Asamblea su potestad de legislar políticamente. Es decir, la Sala le negó a la Asamblea Nacional como órgano legislativo, el poder determinar políticamente, de acuerdo con la mayoría política que la compone, el sentido de la legislación que sancione; declaró "inconstitucional" una norma procedimental introducida en la reforma que lo que buscaba era garantizar el debido proceso en los casos de control previo de constitucionalidad a solicitud del Presidente de la República conforme al artículo 214 de la Constitución.

(v) Nulidad de la Ley de Otorgamiento de Títulos de Propiedad a Beneficiarios de la Gran Misión Vivienda Venezuela y otros Programas Habitacionales del Sector Público de 13 de abril de 2016, mediante sentencia Nº 343 de 6 mayo 2016[709] de la Sala Constitucional, que declaró la inconstitucionalidad de la ley porque a la Ley sancionada no se acompañó "ninguna ponderación en cuanto a cómo afectaría la Ley al sistema público de construcción de viviendas," y otros impactos económicos de la misma, a fin de poder determinar la viabilidad económica de la Ley; constatando que la Asamblea Nacional no había cumplido con lo que la propia Sala Constitucional le había impuesto en una sentencia anterior Nº 269 del 21 de abril de 2016,[710] de nada más que obtener el "visto bueno" previo por parte del Poder Ejecutivo para legislar.

En efecto, la Sala Constitucional en dicha sentencia decretó de oficio un conjunto de medidas cautelares en un juicio de nulidad que se había iniciado cinco años antes contra el Reglamento Interior y de Debates de la Asamblea Nacional de 2010,[711] eliminando completa-

---

708 En este mismo sentido, María Amparo Grau, "Fraude constitucional: mermar la iniciativa legislativa," en *El Nacional*, Caracas, 6 de abril de 2016.

709 Véase en http://historico.tsj.gob.ve/decisiones/scon/mayo/187591-343-6516-2016-16-0397.HTML.

710 Véase en http://historico.tsj.gob.ve/decisiones/scon/abril/187363-269-21416-2016-11-0373.HTML. Véase los comentarios en Allan R. Brewer-Carías, "El fin del Poder Legislativo: La regulación por el Juez Constitucional del régimen interior y de debates de la Asamblea Nacional, y la sujeción de la función legislativa de la Asamblea a la aprobación previa por parte del Poder Ejecutivo, 3 de mayo de 2016, en http://www.allanbrewercarias.com/Con-tent/449725d9-f1cb-474b-8ab2-41efb849fea3/Content/Brewer.%20EL%20FIN%20DEL%20PODER%20LEGISLATIVO.%20SC.%20mayo%202016.pdf.

711 Véase *Gaceta Oficial* Nº 6.014 Extraordinario del 23 de diciembre de 2010.

mente la autonomía del Parlamento y su posibilidad de legislar, al sujetar el ejercicio de su función legislativa a la obtención del "visto bueno" previo de parte del Ejecutivo Nacional, usurpando las funciones de la Asamblea, y "regulándole" a la misma su propio funcionamiento.[712]

La Sala, en particular, le reguló a la Asamblea cómo es que debía realizar las consultas populares y a los diversos órganos del Estado sobre los proyectos de ley, imponiéndole una "normativa" que no existe en la Constitución, con la "obligatoria concertación que debe existir entre la Asamblea Nacional y los otros Órganos del Estado durante la discusión y aprobación de las leyes," al punto de imponerle el régimen de que "sin la aprobación del órgano público competente en materia de planificación, presupuesto y tesorería nacional, no puede estimarse cumplida la exigencia a que se refiere el numeral 3 del artículo 103 del citado Reglamento," sobre la determinación del "impacto e incidencia presupuestaria y económica," de la ley que se sanciona.

O sea, que la Asamblea Nacional, en materia de legislación, a partir de dicha sentencia no pudo hacer por sí sola nada, y cualquier proyecto de ley que pretendiera discutir tenía que ser previamente aprobado por el Poder Ejecutivo. Ni más ni menos eso fue lo que resolvió el Juez Constitucional, lo que fue el fin *de facto* de la Asamblea Nacional como rama del Poder Público autónoma e independiente.

Para completar este inconstitucional régimen normativo impuesto de oficio a la Asamblea por la Sala Constitucional, la misma estableció otra "medida cautelar positiva" dirigida al Presidente de la República, imponiéndole la obligación de que para poder promulgar una Ley conforme al artículo 215 de la Constitución:

> "deberá, a través de las autoridades que la Constitución prevé (Ministros del ramo y Vicepresidente conforme a lo establecido en el artículo 239, numeral 5 constitucional) realizar la efectiva verificación del cumplimiento de la viabilidad a que se refiere el artículo 208 de la Constitución, sin lo cual no podrá dictarse el "Cúmplase" que establece el artículo 215 eiusdem."

---

712 Como lo indicó el Grupo de Profesores de Derecho Público de Venezuela: "las medidas dictadas *tienen contenido normativo*, de lo cual resulta que en definitiva, ha sido la Sala Constitucional la que reguló el funcionamiento interno de la Asamblea, usurpando el ejercicio de la atribución privativa de ésta de normar tal funcionamiento y regular el desarrollo del debate parlamentario." Véase Comunicado: Grupo de Profesores de Derecho Público: "La Nulidad e Ineficacia de la Sentencia N° 269/2016 de la Sala Constitucional," mayo 2016.

O sea que todo proyecto de ley que se quisiera discutir en la Asamblea Nacional para llegar a ser aprobado, *tenía que tener el visto bueno previo del Poder Ejecutivo* a través del Vicepresidente Ejecutivo de la República, sin lo cual, si llegase a ser sancionada una ley sin cumplirse con las imposiciones dispuestas por la Sala Constitucional, ella misma dispuso, por encima de lo que prevé la Constitución, que la ley no podía ser aplicada, ni podía surtir efectos jurídicos *erga omnes*.

VI. LA ANIQUILACIÓN POR EL JUEZ CONSTITUCIONAL DE LOS PODERES DE LA ASAMBLEA NACIONAL DE EJERCER CONTROL POLÍTICO SOBRE EL GOBIERNO Y LA ADMINISTRACIÓN PÚBLICA

En paralelo a la eliminación de la potestad de la Asamblea Nacional para poder legislar, la Sala Constitucional del Tribunal Supremo, sucesivamente, también le eliminó su potestad para controlar políticamente al Gobierno y a la Administración Pública como se lo asigna la Constitución, habiendo comenzado este proceso de depredación en materia de control de la declaratoria de los estados de excepción, que fue materialmente eliminado.[713]

En efecto, el artículo 339 de la Constitución cuando exige que los decretos de estado de excepción deben ser sometidos a la Asamblea Nacional o a la Comisión Delegada, para su "consideración y aprobación," ello implica la posibilidad, para la Asamblea, de poder improbarlos para lo cual se requiere del voto de la mayoría absoluta de los diputados presentes en sesión especial que se debe realizar sin previa convocatoria (art. 27, Ley Orgánica de los Estados de Excepción) en cuyo caso cesa de tener vigencia y no puede producir efectos jurídicos.

Esta eliminación progresiva del control político de la Asamblea sobre los decretos relativos a los estados de excepción por parte del Tribunal Supremo, se produjo apenas aquella se instaló en enero de

---

713 Véase los comentarios en Allan R. Brewer-Carías, "El control político de la Asamblea Nacional respecto de los decretos de excepción y su desconocimiento judicial y Ejecutivo con ocasión de la emergencia económica decretada en enero de 2016, en *VI Congreso de Derecho Procesal Constitucional y IV de Derecho Administrativo, Homenaje al Prof. Carlos Ayala Corao, 10 y 11 noviembre 2016*, FUNEDA, Caracas 2017. Véase sobre todas las sentencias de la Sala Constitucional eliminando las potestades de la Asamblea de control político el documento: "El TSJ vs. la función contralora de la Asamblea Nacional," de *Acceso a la Justicia. El observatorio venezolano de la justicia*," 28 de agosto de 2018, en http://www.accesoalajusticia.org/el-tsj-vs-la-funcion-contralora-de-la-asamblea-nacional/

2016 luego de ser electa en diciembre de 2015, cuando quiso ejercer dicho control respecto del Decreto No. 2184 de 14 de enero de 2016 que había decretado la emergencia económica en el país. Dos días antes, sin embargo, la Sala Constitucional, al ejercer el control de constitucionalidad del mismo decreto, mediante sentencia Nº. 4 del 20 de enero de 2016, declaró su "carácter constitucional", y más allá, "garantizó la legitimidad, validez, vigencia y eficacia jurídica del mismo," procediendo así en forma evidentemente inconstitucional, a ejercer un "control político" sobre el mismo usurpando así – desconociéndolas - las funciones de la Asamblea Nacional, reconociendo – más allá del control jurídico – sobre dicho decreto "su pertinencia, proporcionalidad y adecuación, el cual viene a apuntalar con sólido basamento jurídico y con elevada significación popular, la salvaguarda del pueblo y su desarrollo armónico ante factores inéditos y extraordinarios adversos en nuestro país."

Posteriormente, una vez que la Asamblea en uso de sus potestades desaprobara el decreto, la Sala Constitucional completó su tarea de eliminar el control político por parte de la Asamblea, al decidir un recurso de interpretación constitucional sobre esas potestades de control político de la Asamblea Nacional. mediante sentencia No. 7 del 11 de febrero de 2016,[714] disponiendo, sin motivación alguna, que el "control político de la Asamblea Nacional sobre los decretos que declaran estados de excepción no afecta la legitimidad, validez, vigencia y eficacia jurídica de los mismos," limitando el control de la Asamblea – en forma evidentemente inconstitucional - a la sola posibilidad de revocar la prórroga del decreto de estado de excepción al cesar las causas que lo motivaron, calificándolo incluso como "un control relativo," que supuestamente está sometido al control constitucional." En la sentencia incluso, la Sala llegó a decidir que el Decreto de estado de excepción que había sido improbado por la Asamblea Nacional, "entró en vigencia desde que fue dictado y su legitimidad, validez, vigencia y eficacia jurídico-constitucional se mantiene irrevocablemente incólume, conforme a lo previsto en el Texto Fundamental." Para terminar, a pesar de tratarse de un proceso de "interpretación constitucional," la Sala consideró como "irrita" la desaprobación del decreto por parte de la Asamblea Nacional decidiendo que debía "entenderse como inexistente y sin ningún efecto jurídico-constitucional."

---

714 Véase en http://historico.tsj.gob.ve/decisiones/scon/febrero/184885-07-11216-2016-16-0117.HTML Véase los comentarios en Carlos Ayala y Rafael J. Chavero Gazdik, *El libro negro del TSJ de Venezuela: Del secuestro de la democracia y la usurpación de la soberanía popular a la ruptura del orden constitucional (2015-2017)*, Editorial Jurídica Venezolana, Caracas 2017, pp. 229 ss.

Es decir, sin seguir el procedimiento de los juicios de nulidad, en violación al debido proceso, procedió a "anular" el Acuerdo desaprobatorio del decreto que había dictado la Asamblea Nacional.

Pero no quedó allí la labor depredadora de la Sala Constitucional, sino que se extendió a otros aspectos del control político de la Asamblea. Como ésta, para desaprobar el decreto de estado de excepción, había citado a varios Ministros del área económica a comparecer ante sus Comisiones, y estos habían deliberadamente ignorado los requerimientos, lo que podía considerarse como desacato a la Asamblea, la Sala Constitucional mediante otra sentencia No. 9 del 1º de marzo de 2016, [715] con ocasión de otro "recurso de interpretación" abstracta de los artículos 136, 222, 223 y 265 la Constitución, procedió a ampliar los límites que venía imponiendo a las potestades legislativas, "reglamentando" inconstitucionalmente las potestades de control político de la Asamblea Nacional en relación con el gobierno y la Administración Pública, eliminando materialmente la obligación de los Ministros de comparecer ante la Asamblea cuando se les requiera para investigaciones, preguntas e interpelaciones.

Y ello lo hizo la Sala, utilizando de nuevo una forma procesal viciada para el ejercicio del control de constitucionalidad de los actos estatales como es el "recurso de interpretación" abstracta de la Constitución,[716] con el que terminó declarando nulos unos actos actuales y

---

715 Véase en http://historico.tsj.gob.ve/decisiones/scon/marzo/185627-09-1316-2016-16-0153.HTML Véase los comentarios en Allan R. Brewer-Carías, "El ataque de la Sala Constitucional contra la Asamblea Nacional y su necesaria e ineludible reacción. De cómo la Sala Constitucional del Tribunal Supremo pretendió privar a la Asamblea Nacional de sus poderes constitucionales para controlar sus propios actos, y reducir inconstitucionalmente sus potestades de control político sobre el gobierno y la administración pública; y la reacción de la Asamblea Nacional contra a la sentencia Nº 9 de 1-3-2016," en http://www.allanbrewercarias.com/Con-tent/449725d9-f1cb-474b-8ab2-41efb849fea3/Content/Brewer.%20El%20ataque%20Sala%20Constitucional%20v.%20Asamblea%20Nacional.%20SentNo.%209%201-3-2016).pdf. Véase los comentarios en Carlos Ayala y Rafael J. Chavero Gazdik, *El libro negro del TSJ de Venezuela: Del secuestro de la democracia y la usurpación de la soberanía popular a la ruptura del orden constitucional (2015-2017)*, Editorial Jurídica Venezolana, Caracas 2017, pp. 246 ss.

716 Véase Allan R. Brewer-Carías, "*Quis Custodiet Ipsos Custodes*: De la interpretación constitucional a la inconstitucionalidad de la interpretación," en *Revista de Derecho Público*, Nº 105, Editorial Jurídica Venezolana, Caracas 2006, pp. 7-27. Véase además sobre ello, e trabajo "La ilegítima mutación de la Constitución por el juez constitucional: la inconstitucional ampliación y

"futuros" de la Asamblea Nacional. Además, la sentencia No. 9 la dictó la Sala Constitucional en contra de la Asamblea Nacional sin siquiera haber oído previamente a la misma a través de sus representantes, violando el derecho al debido proceso y a la defensa, que son de carácter absoluto, en términos de la propia Sala. Y por último, la Sala, al conocer del recurso y dictar dicha sentencia, actuó en violación del más elemental principio de justicia natural, actuando como juez y parte, pues precisamente, uno de los temas a los que se refería el recurso, era a la potestad de la Asamblea de revocar el inconstitucional nombramiento de algunos de los Magistrados que precisamente debían firmar la sentencia.

En esta sentencia, la Sala Constitucional pura y simplemente dictó normas sobre el funcionamiento de la Asamblea y sobre el ejercicio de sus poderes de control sobre el Gobierno y la Administración Pública, lo que sólo podía hacer la propia Asamblea Nacional; usurpando así su función normativa que solo puede materializarse en su Reglamento Interior y de Debates. La Sala Constitucional, además, de paso, declaró como inconstitucionales algunas previsiones del Reglamento Interior y de Debates de la Asamblea y de la Ley sobre el Régimen para la Comparecencia de Funcionarios Públicos ante la Asamblea Nacional o sus Comisiones, todo con el objeto de encasillar y restringir las potestades de control político de la Asamblea sobre el Gobierno y la Administración Pública; y todo, de oficio, en al decidir un recuso de interpretación.

El proceso de reglamentación por el Juez Constitucional del funcionamiento interno de la Asamblea Nacional, lo completó la Sala Constitucional mediante sentencia No. 184 de 17 de marzo de 2016,[717] en la cual declaró la "constitucionalidad" de la prórroga del decreto de estado de excepción y emergencia económica, y procedió, sin fundamentación constitucional alguna, a "legislar" en materia de control político parlamentario, supuestamente "para dar legitimidad y validez" a las actuaciones de la Asamblea. En esa forma, el Juez Constitucional usurpó la propia potestad normativa de la Asamblea, impo-

---

modificación de su propia competencia en materia de control de constitucionalidad," en *Libro Homenaje a Josefina Calcaño de Temeltas,* Fundación de Estudios de Derecho Administrativo (FUNEDA), Caracas 2009, pp. 319-362; Luis Alfonso Herrera Orellana, "El "recurso" de interpretación de la Constitución. Reflexiones críticas desde la argumentación jurídica y la teoría del discurso" en *Revista de derecho público*, N°. 113, Editorial Jurídica Venezolana, Caracas, 2008, pp. 7-30.

717 Véase en http://historico.tsj.gob.ve/decisiones/scon/marzo/186437-184-17316-2016-16-0038.html.

niéndole, como si fuera un "legislador" por encima de la Asamblea, lun conjunto de normas o reglas de actuación, todas inconstitucionales por estar viciadas de usurpación de funciones normativas que solo corresponden a la Asamblea ejercer al dictar su Reglamento Interior y de Debates. Entre otros conceptos incluidos en el "reglamento" de la Sala están, por ejemplo, que el control no debe afectar "el adecuado funcionamiento del Ejecutivo Nacional;" que el control debe canalizarse a través del Vicepresidente Ejecutivo quien es el que elabora de cronograma de comparecencias de cualquier funcionario del Gobierno y la Administración Pública Nacional;" que el control político parlamentario debe realizarse: "permitiendo a los solicitar y contestar, de ser posible, por escrito, las inquietudes que formule la Asamblea Nacional o sus comisiones;" y que respecto de la Fuerza Armada Nacional ,el único control político parlamentario posible es: "a través de su Comandante en Jefe, solamente cuando presenta su mensaje anual" ante la Asamblea.

Esta inconstitucional "reglamentación judicial" sobre el régimen de control político que la Asamblea puede ejercer sobre el Gobierno y la Administracion pública, la completó el propio Presidente de la República mediante el Decreto No. 2.309 de 2 de mayo de 2016[718] en el cual "restringió y suspendió" impunemente la potestad constitucional de la Asamblea de aprobar votos de censura contra los Ministros, cuando lo juzgue políticamente oportuno y conveniente, a su exclusivo juicio conforme a los artículos 187.10, 240 y 246 de la Constitución.

En abril de 2016, en efecto, la Asamblea Nacional, luego de los debates correspondientes sobre el decreto de estado de excepción, había aprobado un Acuerdo[719] mediante el cual dio un Voto de Censura al Ministro para la Alimentación de la época, por su incomparecencia ante la Asamblea para ser interpelado y oído, lo "que fue con-

---

718 Véase en *Gaceta Oficial* Extra. N° 6225 de 2 de mayo de 2016. Véase los comentarios a dicho decreto en Allan R. Brewer-Carías, "Comentarios al decreto N° 2.309 de 2 de mayo de 2016: La inconstitucional "restricción" impuesta por el Presidente de la República, respecto de su potestad de la Asamblea Nacional de aprobar votos de censura contra los Ministros," en *Revista de Derecho Público,* N° 145-146, (enero-junio 2016), Editorial Jurídica Venezolana, Caracas 2016, pp. 120-129

719 Véase "Asamblea aprueba voto de censura al ministro de Alimentación Marco Torres," en *El Universal*, 28 de abril de 2016, en http://www.eluniversal.com/noticias/politica/asamblea-aprueba-voto-censura-ministro-alimentacion-marco-torres_307078 Véase igualmente en: http://m.pano-rama.com.-ve/politicayeconomia/AN-debate-voto-de-censura-a-ministro-de-Alimentacion-Rodolfo-Marco-Torres-20160428-0027.html

siderado por el órgano legislativo como una renuencia del Gobierno a explicar la situación de escasez de alimentos en el país."[720]

La reacción del Gobierno en contra de la Asamblea Nacional fue inmediata, de manera que el mismo día 28 de abril de 2016, el Presidente de la República, desconociendo la Constitución, expresó que "al ministro de Alimentación no lo remueve nadie,"[721] rechazando el Voto de Censura contra el mismo,[722] alegando la existencia de una supuesta incompatibilidad entre el ejercicio del control político por parte de la Asamblea Nacional, y el supuesto "desacato" por la misma, considerando que la sentencia de la Sala Constitucional había "restringido" la forma de citar a los Ministros para interpelarlos.[723]

Con base en ello, el Presidente de la República, al día siguiente 29 de abril de 2016, procedió nada menos que a "revisar" los artículos de la Constitución y mediante decreto ejecutivo dejó "sin efecto las potestades constitucionales de la Asamblea Nacional."[724] Anunció, en efecto el Presidente de la República, que:

> "promulgará un decreto para "dejar sin efecto" cualquier "sabotaje" que realice el Parlamento contra "cualquier ministro u órgano del poder popular" en referencia a la moción de censura aprobada contra el ministro de Alimentación.
>
> "Esos artículos de la Constitución vamos a revisarlos para sacar un decreto para dejar sin efecto constitucionalmente, mientras dure la emergencia económica, cualquier sabotaje que haga la Asamblea contra cualquier ministro, institución u órgano del poder popular," dijo Maduro..."[725]

Y efectivamente, en la prensa del 4 de mayo se reseñó en los medios de comunicación que el Presidente de la República había dictado un decreto que "resta poderes a la Asamblea Nacional de Venezue-

---

720 *Idem.*

721 Véase en http://www.eluniversal.com/noticias/politica/maduro-rechaza-voto-censura-ministro-alimentacion-marco-torres_307192.

722 Véase en http://notiexpresscolor.com/maduro-ministro-no-lo-remueve-nadie/.

723 *Idem.*

724 Véase: "Maduro promulgará decreto para "dejar sin efecto" decisiones del Parlamento," en Diario Las Américas, 29 de abril de 2016, en http://www.diariolasamericas.com/4848_venezuela/3782331_maduro-promulgara-decreto-dejar-efecto-decisiones-del-parlamento.html.

725 *Idem.*

la,"[726] es decir, para "restringir y diferir las mociones de censura que se hagan desde el Parlamento de mayoría opositora contra sus ministros que tienen como consecuencia la remoción del cargo de los funcionarios, según la Constitución."[727]

La decisión del Poder Ejecutivo se conoció el 5 de mayo de 2016, cuando circuló la *Gaceta Oficial* en la cual apareció publicado el Decreto No 2309 de 2 de mayo de 2016,[728] en el cual el ejercicio de esta potestad constitucional de control político atribuida a la Asamblea para declarar Voto de censura a los Ministros, simple e insólitamente fue "restringida y suspendida" por el Jefe del Poder Ejecutivo, que es el órgano controlado. Se violó así, descaradamente la Constitución y el principio de la separación de poderes que impone la autonomía e independencia de los Poderes Públicos que garantiza su artículo 136; todo ello, por supuesto, sin que el Presidente de la República tuviera competencia constitucional ni legal alguna para actuar de esa manera;[729] y lo más insólito, con "autorización" del Juez Constitucional.

A las anteriores actuaciones le sucedieron diversas otras decisiones de la Sala Constitucional, todas restrictivas de las potestades de la Asamblea Nacional de control político sobre el gobierno y la Administración Pública, consolidándose no sólo una dictadura sino una tiranía judicial,[730] destacándose las siguientes:

---

726 Véase "Decreto de Maduro resta poderes a la Asamblea Nacional de Venezuela," 4 de mayo de 2016, en http://noticias.terra.com/decreto-de-maduro-resta-poderes-a-la-asamblea-nacional-de-venezuela,b9ab08070bf18b140ca4e473ca4bbbaekpx40avv.html.

727 *Idem.*

728 Véase en *Gaceta Oficial* Extra. Nº 6225 de 2 de mayo de 2016.

729 Véase por ejemplo, José Ignacio Hernández, "¿Ahora la AN no podrá dictar votos de censura?, en *Prodavinci*, 4 de mayo de 2016, en http://prodavinci.com/blogs/ahora-la-an-no-podra-dictar-votos-de-censura-por-jose-ignacio-hernandez-g/

730 Véase los comentarios a todas las sentencias dictadas por la Sala Constitucional en Allan R. Brewer-Carías, *Dictadura Judicial y perversión del Estado de derecho*, Editorial Jurídica venezolana, Caracas 2016; segunda edición (Prólogo de Santiago Muñoz Machado), Ediciones El Cronista, Fundación Alfonso Martín Escudero, Editorial IUSTEL, Madrid 2017, 608 pp.; y *La consolidación de la tiranía judicial. El juez constitucional controlado por el poder ejecutivo, asumiendo el poder absoluto*, Colección Estudios Políticos, Nº 15, Editorial Jurídica Venezolana International. Caracas / New York, 2017, 238 pp. Véase igualmente: Carlos M. Ayala Corao y Rafael J. Chavero Gazdik, *El libro negro del TSJ de Venezuela: Del secuestro de la democracia y la usurpación de la*

(i) la sentencia de la Sala Constitucional No. 907 de 28 de octubre de 2016,[731] mediante la cual negó materialmente toda posibilidad de control político sobre la nacionalidad del Presidente de la República, para determinar si para ser candidato había presentado la renuncia formal a otra nacionalidad, si la tuvo, dado el requisito constitucional de que para ejercer ese cargo es necesario "ser venezolano por nacimiento, sin otra nacionalidad;"[732]

(ii) la sentencia de la Sala Constitucional No. 893 de 25 de octubre de 2016,[733] mediante la cual suspendió todo tipo de investigación parlamentaria sobre la actuación de la empresa Petróleos de Venezuela S.A. cercenándole a la Asamblea Nacional su potestad de controlar la actuación de órganos de la Administración Pública, como son las empresas del Estado, incluso de la más importante entre todas ellas, como es PDVSA;[734]

---

soberanía popular a la ruptura del orden constitucional (2015-2017), Editorial Jurídica Venezolana, Caracas 2017, 394 pp.; y *Memorial de agravios 2016 del Poder Judicial. Una recopilación de más de 100 sentencias del TSJ,* 155 pp., investigación preparada por las ONGs: Acceso a la Justicia, Transparencia Venezuela, Sinergia, espacio público, Provea, IPSS, Invesp, en https://www.scribd.com/docu-ment/336888955/Memorial-de-Agravios-del-Poder-Judicial-una-recopilacion-de-mas-de-100-sentencias-del-TSJ;

731 Véase en http://historico.tsj.gob.ve/decisiones/scon/octubre/191597-907-281016-2016-16-1017.HTML Véase los comentarios en Carlos Ayala y Rafael J. Chavero Gazdik, *El libro negro del TSJ de Venezuela: Del secuestro de la democracia y la usurpación de la soberanía popular a la ruptura del orden constitucional (2015-2017)*, Editorial Jurídica Venezolana, Caracas 2017, pp. 303 ss.

732 Véase los comentarios en Allan R. Brewer-Carías, "El intento fallido de la Asamblea Nacional de ejercer el control político sobre el tema de la nacionalidad del Presidente de la República, y su anulación por parte de la Sala Constitucional," en *Revista de Derecho Público,* N° 147-148, (julio-diciembre 2016), Editorial Jurídica Venezolana, Caracas 2016, pp. 360-366

733 Véase en http://historico.tsj.gob.ve/decisiones/scon/octubre/191316-893-251016-2016-16-0940.HTML Véase los comentarios en "El intento fallido de la Asamblea Nacional de ejercer el control político sobre la administración pública investigando la actuación de PDVSA, y su anulación por la Sala Constitucional," en *Revista de Derecho Público,* N° 147-148, (julio-diciembre 2016), Editorial Jurídica Venezolana, Caracas 2016, pp. 358-359

734 Véase en general, los comentarios en Allan R. Brewer-Carías, "El desconocimiento de los poderes de control político del órgano legislativo sobre el gobierno y la administración pública por parte del juez constitucional en Venezuela," *Opus Magna Constitucional, Tomo XII 2017 (Homenaje al profesor y*

(iii) la sentencia de la Sala Constitucional del Tribunal Supremo No. 814 de 11 de octubre de 2016,[735] dictada con motivo de supuestamente "ampliar" lo resuelto en una sentencia anterior (No 808 del 2 de septiembre de 2016[736]), mediante la cual dicha Sala asumió directamente las competencias de la Asamblea Nacional en materia de control político en relación con la aprobación de la Ley anual de presupuesto que conforme a la Constitución sólo puede hacerse mediante Ley de la Asamblea Nacional, imponiendo que la Ley de Presupuesto para 2017 se debía formular mediante decreto ejecutivo, y se debía presentar ante la propia Sala Constitucional (no ante la Asamblea) para su aprobación;[737]

(iv) la sentencia de la Sala Constitucional No. 948 de 15 de noviembre de 2016,[738] prohibiendo a la Asamblea Nacional ejercer sus

---

exmagistrado de la Corte de Constitucionalidad Jorge Mario García Laguardia), Instituto de Justicia Constitucional, Adscrito a la Corte de Constitucionalidad, Guatemala. 2017, pp. 69-107. Véase los comentarios en Carlos Ayala y Rafael J. Chavero Gazdik, *El libro negro del TSJ de Venezuela: Del secuestro de la democracia y la usurpación de la soberanía popular a la ruptura del orden constitucional (2015-2017)*, Editorial Jurídica Venezolana, Caracas 2017, pp. 297 ss.

735 Véase en http://historico.tsj.gob.ve/decisiones/scon/octubre/190792-814-111016-2016-2016-897.HTML. Véase los comentarios en Allan R. Brewer-Carías, "La cremación de la Asamblea Nacional y la usurpación de sus funciones presupuestarias por parte del Juez Constitucional," en *Revista de Derecho Público,* N° 147-148, (julio-diciembre 2016), Editorial Jurídica Venezolana, Caracas 2016, pp. 334-349; y Carlos Ayala y Rafael J. Chavero Gazdik, *El libro negro del TSJ de Venezuela: Del secuestro de la democracia y la usurpación de la soberanía popular a la ruptura del orden constitucional (2015-2017)*, Editorial Jurídica Venezolana, Caracas 2017, pp. 294 ss.

736 Véase en http://historico.tsj.gob.ve/decisiones/scon/septiembre/190395-808-2916-2016-16-0831.HTML. Véase los comentarios en Allan R. Brewer-Carías, "La cremación de la Asamblea Nacional y la usurpación de sus funciones presupuestarias por parte del Juez Constitucional," en *Revista de Derecho Público,* N° 147-148, (julio-diciembre 2016), Editorial Jurídica Venezolana, Caracas 2016, pp. 334-349.

737 Véase, por ejemplo, Laura Louza, "El TSJ usurpa a la AN el control del presupuesto," en Acceso a la Justicia. El observatorio venezolano de la justicia, Caracas 18 de octubre de 2016, en http://www.accesoalajus-ticia.org/wp/infojusticia/noticias/el-tsj-usurpa-a-la-an-el-control-del-presupuesto/.

738 Véase en http://historico.tsj.gob.ve/decisiones/scon/noviembre/192486-948-151116-2016-16-1085.HTML. Véase los comentarios en Allan R. Brewer-Carías, ""El acoso por parte de la "Justicia" Constitucional contra la Asamblea

funciones de control político conforme a lo que había decidido en el Acuerdo de 25 de octubre de 2016 para "Iniciar el Procedimiento de Declaratoria de Responsabilidad Política del Presidente de la República ante la Grave Ruptura del Orden Constitucional y Democrático y la Devastación de las Bases Económicas y Sociales de la Nación;" dictando un mandamiento de amparo cautelar ordenando "a los diputados de la asamblea nacional abstenerse de continuar con el pretendido juicio político" contra el Presidente de la República. La sentencia fue protestada el mismo día por la Asamblea al haber adoptado el "Acuerdo en defensa de los principios democráticos y republicanos, con motivo de la sentencia No. 948 de la Sala Constitucional del Tribunal Supremo de Justicia,"[739] considerándola "contraria a los derechos y garantías establecidos en la Constitución Nacional;"

(v) la sentencia de la Sala Constitucional del Tribunal Supremo No. 3 de 11 de enero de 2017,[740] mediante la cual declaró "la omisión inconstitucional del Poder Legislativo Nacional" en relación a múltiples sentencias estableciendo un supuesto desacato, disponiendo a solicitud del propio Presidente de la República, que esa situación, "incapacita al Poder Legislativo para ejercer sus atribuciones constitucionales de control político de gestión," debiendo el mismo presentar su mensaje Anual "ante el Tribunal Supremo de Justicia, en transmisión conjunta de radio y televisión, para llegar a la mayor cantidad de venezolanas," y no ante la Asamblea Nacional como corresponde;[741]

Nacional como órgano de representación popular," en *Revista de Derecho Público,* N° 147-148, (julio-diciembre 2016), Editorial Jurídica Venezolana, Caracas 2016, pp. 367-379; y en Carlos Ayala y Rafael J. Chavero Gazdik, *El libro negro del TSJ de Venezuela: Del secuestro de la democracia y la usurpación de la soberanía popular a la ruptura del orden constitucional (2015-2017)*, Editorial Jurídica Venezolana, Caracas 2017, pp. 313 ss.

739 Véase en http://www.asambleanacional.gob.ve/uploads/documen-tos/doc_ 2927 f376d002f85132-bf39b7d129fb36416d886c.pdf

740 Véase en http://historico.tsj.gob.ve/decisiones/scon/enero/194892-03-11117-2017-17-0002.HTML. Véase los comentarios en Carlos Ayala y Rafael J. Chavero Gazdik, *El libro negro del TSJ de Venezuela: Del secuestro de la democracia y la usurpación de la soberanía popular a la ruptura del orden constitucional (2015-2017)*, Editorial Jurídica Venezolana, Caracas 2017, pp. 330 ss.

741 Véase los comentarios en Allan R. Brewer-Carías, "Comentarios a la sentencia de la Sala Constitucional N° 3 de 11 de enero de 2017, declarando la omisión de la Asamblea Nacional, disponiendo que el mensaje anual de Presidente de la República no podía presentarse ante la Asamblea Nacional," en *Revista de De-*

(vi) la sentencia de la Sala Constitucional del Tribunal Supremo No. 156 de 29 de marzo de 2017,[742] mediante la cual resolvió, en un juicio que duró sólo un día, que la aprobación parlamentaria de los contratos de constitución de empresas mixtas en materia de hidrocarburos conforme al artículo 33 de la Ley Orgánica de Hidrocarburos, en lugar de otorgarla la Asamblea Nacional, sería otorgada por la propia Sala Constitucional, resolviendo en definitiva en dicha sentencia, "asumir de pleno derecho," globalmente, todas las atribuciones del Parlamento, es decir, el "ejercicio de la atribución constitucional contenida en el artículo 187, numeral 24" de la Constitución," que establece que: "corresponde a la Asamblea Nacional: 24. *Todo lo demás* que le señalen esta Constitución y la ley." [743]

Es decir, de un plumazo, como de la nada, la Sala Constitucional del Tribunal Supremo de Justicia, como Jurisdicción Constitucional decidió asumir, *in toto*, de pleno derecho, todas las competencias de la Asamblea Nacional, para lo cual no tiene competencia en forma alguna, configurándose ello como un golpe de Estado; todo lo cual fue ratificado por el mismo Juez Constitucional mediante sentencia No. 158 de 1 de abril de 2017.[744]

---

recho Público, N° 149-150, (enero-junio 2017), Editorial Jurídica Venezolana, Caracas 2017, pp. 271-275

742 Véase la sentencia N° 156 de 29 de marzo de 2017 en http://histo-rico.tsj.gob.ve/decisiones/scon/marzo/197364-156-29317-2017-17-0325.HTML. Véanse los comentarios en Allan R. Brewer-Carías, "El reparto de despojos: La usurpación definitiva de las funciones de la Asamblea Nacional por la Sala Constitucional del Tribunal Supremo de Justicia al asumir el poder absoluto del Estado. (Sentencia N° 156 de la Sala Constitucional)," en *Revista de Derecho Público,* N° 149-150, (enero-junio 2017), Editorial Jurídica Venezolana, Caracas 2017, pp. 292-300; y en Carlos Ayala y Rafael J. Chavero Gazdik, *El libro negro del TSJ de Venezuela: Del secuestro de la democracia y la usurpación de la soberanía popular a la ruptura del orden constitucional (2015-2017)*, Editorial Jurídica Venezolana, Caracas 2017, pp. 211 ss. y 349 ss.

743 Véanse los comentarios a la sentencia en Allan R. Brewer-Carías en "El reparto de despojos: La usurpación definitiva de las funciones de la Asamblea Nacional por la Sala Constitucional del Tribunal Supremo de Justicia al asumir el poder absoluto del Estado. (Sentencia N° 156 de la Sala Constitucional)," en *Revista de Derecho Público,* N° 149-150, (enero-junio 2017), Editorial Jurídica Venezolana, Caracas 2017, pp. 292-300

744 Véase sobre la sentencia los comentarios en Allan R. Brewer-Carías, "La nueva farsa del Juez Constitucional controlado: La inconstitucional y falsa "corrección" de la usurpación de funciones legislativas por parte de la Sala Constitucional del Tribunal Supremo. (Sentencias N° 157 y 158 de 1° abril de 2017),"

VII. LA NEUTRALIZACIÓN DEFINITIVA DEL PODER LEGISLATIVO: LA DECLARATORIA DE LA ASAMBLEA NACIONAL, POR EL JUEZ CONSTITUCIONAL, EN SITUACIÓN DE "DESACATO," Y DECLARACIÓN DE NULIDAD DE TODOS SUS ACTOS PASADOS Y FUTUROS

En todo caso, el golpe de gracia definitivo contra el Parlamento Venezolano vino dado por la Sala Constitucional del Tribunal Supremo de Justicia, al declarar nulos y sin valor alguno tanto las leyes como todos los demás actos dictados y por dictar en el futuro por la Asamblea Nacional, después de haberla declarado, como institución, en "desacato" de una medida cautelar de amparo adoptada por la Sala Electoral del Tribunal Supremo de Justicia.

La acción d desacato respecto de una sentencia de amparo, solo está sancionada en la Ley Orgánica de Amparo sobre derechos y garantías Constitucionales, con prisión de seis (6) a quince (15) meses (art. 31), que solo se puede imponer por el juez penal competente a la persona o funcionario **que incurrió** en dicha conducta. No tiene fundamento constitucional alguno, pretender declarar en "desacato" a una institución cono el propio Parlamento, sin sancionar individualmente a los diputados que hubieran podido incurrir en tal conducta, y menos que la sanción que se imponga a la institución, en este caso, la Asamblea Nacional, haya sido la declaratoria de nulidad de todos sus actos pasados y futuros mientras permaneciera en el supuesto "desacato." Y esto ha sido, lo que ni mas ni menos, ha ocurrido desde 2016 en el caso de la Asamblea nacional en Venezuela.

En efecto, debe recordarse que el último día del año 2015, el Tribunal Supremo de Justicia, antes de que se instalara la nueva Asamblea Nacional el 5 de enero de 20176, luego de suspender "sus vacaciones para recibir los recursos interpuestos por el Partido Socialista Unido de Venezuela," y dar despacho "los días 28, 29 y 30 de diciembre," mediante sentencia Nº 260 de 30 de diciembre de 2015 de su Sala Electoral (Caso: *Nícia Marina Maldonado, contra el acto de votación de las elecciones parlamentarias del Estado Amazonas*), procedió a decidir sobre el amparo cautelar solicitado, suspendiendo los efectos de los "actos de totalización, adjudicación y proclamación" dictados por los órganos electorales respecto de los cuatro diputados electos en el Estado Amazonas[745] (tres por la oposición democrática y uno por el ofi-

---

en *Revista de Derecho Público,* N° 149-150, (enero-junio 2017), Editorial Jurídica Venezolana, Caracas 2017, pp. 313-325

745 Véase en http://historico.tsj.gob.ve/decisiones/selec/diciembre/184227-260-301215-2015-2015-000146.HTML. Véase sobre esta sentencia N° 260 los comentarios en Allan R. Brewer-Carías, "El "golpe judicial" pírrico, o de cómo la oposición

cialismo). Con esa "suspensión" se buscó afectar la mayoría calificada que había obtenido la oposición en las elecciones del 5 de diciembre de 2015.[746]

La medida cautelar, en todos los años posteriores hasta ahora (2020), ha permanecido incólume en un juicio que nunca avanzó, pues sin dida, no había interés alguno en que avanzara por falta de fundamento en la impugnación.

A pesar de la medida cautelar adoptada, totalmente infundada por lo demás, ya que los actos impugnados de proclamación de elecciones ya habían cumplido sus efectos, no pudiendo por tanto ser suspendidos, la Asamblea Nacional procedió a juramentar a los diputados cuya proclamación había sido "suspendida," considerando la Sala Electoral, mediante sentencia Nº 1 de 11 de enero de 2016,[747] frente a esa actuación de la Asamblea, que se había producido un desacato a la sentencia, declarando:

> "nulos absolutamente los actos de la Asamblea Nacional que se hayan dictado o se dictaren, mientras se mantenga la incorporación de los ciudadanos sujetos de la decisión N° 260 del 30 de diciembre de 2015 y del presente fallo."

---

seguirá controlando la mayoría calificada de la Asamblea Nacional, 31 de diciembre de 2015, véase en http://www.allanbrewercarias.com/Con-tent/449725d9-f1cb-474b-8ab2-41efb849fea3/Content/Brewer.%20EL%20%E2%80 % 9C GOLPE%20JUDICIAL%E2%80%9D%20P%C3%8DRRICO.%2031-12-2015, pdf.; y en Carlos Ayala y Rafael J. Chavero Gazdik, *El libro negro del TSJ de Venezuela: Del secuestro de la democracia y la usurpación de la soberanía popular a la ruptura del orden constitucional (2015-2017)*, Editorial Jurídica Venezolana, Caracas 2017, pp. 42 ss.

746 Véase Laura Louza, La "justicia a la carta" de la sala Electoral. *Sobre la suspensión de los diputados del estado Amazonas, 5 de enero de 2016,* en http://www.accesoalajusticia.org/noticias/de-talle.php?notid=13501#.VowQnfnhBdg; por José Ignacio Hernández, "¿Qué dijo la Sala Electoral para "suspender" a los diputados de Amazonas?," en *Prodavinci*, 4 de enero de 2016, en http://proda-vinci.com/blogs/que-dijo-la-sala-electoral-para-suspender-a-los-diputados-de-amazonas-por-jose-i-hernandez/.

747 Véase en http://historico.tsj.gob.ve/decisiones/selec/enero/184253-1-11116-2016-X-2016-000001.HTML. Véase los comentarios en Carlos Ayala y Rafael J. Chavero Gazdik, *El libro negro del TSJ de Venezuela: Del secuestro de la democracia y la usurpación de la soberanía popular a la ruptura del orden constitucional (2015-2017)*, Editorial Jurídica Venezolana, Caracas 2017, pp. 48 ss.

Con ello, ratificado luego por la propia Sala Electoral mediante sentencia Nº 108 del 1° de agosto de 2016, y por la Sala Constitucional mediante sentencias Nos. 808[748] y 810, de fechas 2 y 21 de septiembre de 2016, respectivamente, Nº 952 del 21 de noviembre de 2016, Nos. 1012, 1013, 1014 de 25 de noviembre de 2016 y Nº 1 del 6 de enero de 2017,[749] se procedió materialmente a cercenarle a la Asamblea Nacional todas sus funciones, habiendo el Juez Constitucional, como antes se ha explicado, anulando todas las leyes que sancionó con posterioridad,[750] eliminando los poderes de la propia Asamblea de autotutela sobre sus propios actos, al impedirle en particular mediante sentencia Nº 9 de la Sala Constitucional del 1º de marzo de 2016, revocar la inconstitucional decisión de diciembre de 2015 de designación de magistrados del Tribunal Supremo;[751] y eliminándole todos sus poderes de control político sobre el gobierno y la Administración.[752]

---

748 Véase en http://historico.tsj.gob.ve/decisiones/scon/septiembre/190395-808-2916-2016-16-0831.HTMLVéaselos comentarios en María Alejandra Correa Martín, "De la inconstitucional evasión del control parlamentario decretada por el ejecutivo nacional y avalada por la Sala Constitucional," en Revista de Derecho Público, N° 147-148, Editorial Jurídica Venezolana, 2016, pp. 326 ss.; y Carlos Ayala y Rafael J. Chavero Gazdik, *El libro negro del TSJ de Venezuela: Del secuestro de la democracia y la usurpación de la soberanía popular a la ruptura del orden constitucional (2015-2017)*, Editorial Jurídica Venezolana, Caracas 2017, pp. 175 ss.

749 Véase también sobre esas sentencias los comentarios en: Allan R. Brewer-Carías, *Dictadura Judicial y perversión del Estado de derecho*, Segunda Edición, (Presentaciones de Asdrúbal Aguiar, José Ignacio Hernández y Jesús María Alvarado), N° 13, Editorial Jurídica Venezolana, 2016.

750 Véase Allan R. Brewer-Carías, *La dictadura judicial y la perversión del Estado de derecho. El Juez Constitucional y la destrucción de la democracia en Venezuela* (Prólogo de Santiago Muñoz Machado), Ediciones El Cronista, Fundación Alfonso Martín Escudero, Editorial IUSTEL, Madrid 2017; Carlos Ayala y Rafael J. Chavero Gazdik, *El libro negro del TSJ de Venezuela: Del secuestro de la democracia y la usurpación de la soberanía popular a la ruptura del orden constitucional (2015-2017)*, Editorial Jurídica Venezolana, Caracas 2017, pp. 105-218.

751 Véase en http://historico.tsj.gob.ve/decisiones/scon/marzo/185627-09-1316-2016-16-0153.HTML Véase los comentarios en Allan R. Brewer-Carías, en "El ataque de la Sala Constitucional contra la Asamblea Nacional y su necesaria e ineludible reacción. De cómo la Sala Constitucional del Tribunal Supremo pretendió privar a la Asamblea Nacional de sus poderes constitucionales para controlar sus propios actos, y reducir inconstitucionalmente sus potestades de control político sobre el gobierno y la administración pública; y la reacción de la

Todo ello, por supuesto afectó en su raíz el principio de la separación de poderes, y en general, el ejercicio de la función de control político que debe ejercer el órgano legislativo sobre el Gobierno, la Administración Pública y sus funcionarios (Art. 187, Constitución), propio de un régimen político democrático,[753] entre la cual está la de discutir y aprobar el presupuesto nacional; autorizar los créditos adicionales al presupuesto (art. 314); autorizar al Ejecutivo Nacional para celebrar contratos de interés nacional (art. 150); dar voto de censura al Vicepresidente Ejecutivo y a los Ministros; autorizar el empleo de misiones militares venezolanas en el exterior o extranjeras en el país.; autorizar al Ejecutivo Nacional para enajenar bienes inmuebles del dominio privado de la Nación; autorizar a los funcionarios públicos para aceptar cargos, honores o recompensas de gobiernos extranjeros; autorizar el nombramiento del Procurador General de la República y de los jefes de misiones diplomáticas permanentes; y autorizar la salida del Presidente de la República del territorio nacional cuando su ausencia se prolongue por un lapso superior a cinco días consecutivos" (art. 235). Nada de esto ya lo puede cumplir la Asamblea Nacional, habiendo sido despojada de dichos poderes de control, que incluso la propia Sala Constitucional ha asumido inconstitucionalmente.

Destacan por otra parte dentro de las funciones de control político atribuidas a la Asamblea Nacional en relación con el Gobierno, como antes se mencionó, la prevista en el artículo 339, desarrollado en la Ley Orgánica sobre estados de excepción,[754] que dispone que los decretos ejecutivos que regulen estados de excepción (artículo 337 de

---

Asamblea Nacional contra a la sentencia N° 9 de 1-3-2016," en http://www.allanbrewercarias.com/Con-tent/449725d9-f1cb-474b-8ab2-41efb849 fea 3/Content/Brewer.%20El%20ataque%20Sala%20Constitucional%20v.%20Asamblea%20Nacional.%20SentNo.%209%201-3-2016).pdf

752 Véase Allan R. Brewer-Carías, "El desconocimiento de los poderes de control político del órgano legislativo sobre el gobierno y la administración pública por parte del juez constitucional en Venezuela," *Opus Magna Constitucional, Tomo XII 2017 (Homenaje al profesor y exmagistrado de la Corte de Constitucionalidad Jorge Mario García Laguardia)*, Instituto de Justicia Constitucional, Adscrito a la Corte de Constitucionalidad, Guatemala. 2017, pp. 69-107

753 Véase sobre ello lo expuesto en Allan R. Brewer-Carías, *Constitución, Democracia y Control del Poder*, Centro Iberoamericano de Estudios Provinciales y Locales (CIEPROL), Consejo de Publicaciones/Universidad de Los Andes/ Editorial Jurídica Venezolana. Mérida, octubre 2004.

754 Véase *Gaceta Oficial* N° 37.261 de 15 de agosto de 2001.

la Constitución), deben ser presentados a la consideración de la Asamblea Nacional o a la Comisión Delegada, para su consideración y aprobación. Ese control político que incluso la Asamblea puede realizar de oficio (art. 26, Ley Orgánica) es, por supuesto, independiente del que debe ejercer la Sala Constitucional del Tribunal Supremo de Justicia, al pronunciarse sobre la constitucionalidad de dichos decretos (art. 336.6).[755] Dichos control también se ha eliminado por disposición del Juez Constitucional

Se destacan además como parte fundamental de control político por parte de la Asamblea Nacional, las previsiones de los artículos 222 y 223 de la Constitución, y en particular, las vicisitudes que esas competencias han tenido en la práctica constitucional a través de decisiones de la Sala Constitucional del Tribunal Supremo de Justicia, que también las ha neutralizado totalmente, precisamente por la ausencia de un régimen democrático en el país.

Dichas normas, en efecto, autorizan a la Asamblea en el marco del control político, para realizar interpelaciones, investigaciones, preguntas, autorizaciones y aprobaciones parlamentarias. Específicamente, el artículo 223 de la Constitución dispone que todos los funcionarios públicos están obligados, bajo las sanciones que establezcan las leyes, a comparecer ante las Comisiones de la Asamblea y a suministrarles las informaciones y documentos que requieran para el cumplimiento de sus funciones. Esta obligación abarca también a los particulares; quedando a salvo los derechos y garantías que la Constitución consagra. A los efectos de asegurar la comparecencia, incluso, en su momento se dictó la Ley Sobre el Régimen para la Comparecencia de Funcionarios Públicos y los Particulares ante la Asamblea Nacional o sus Comisiones,[756] exigiéndose en su normativa el respeto de los derechos fundamentales. Ello, sin embargo, fue eliminado por la propia sala Constitucional en colusión con el Poder Ejecutivo.

Otra de las manifestaciones de control político, como incluso lo reconoció la propia Sala Constitucional del Tribunal Supremo en sen-

---

755 Véase Allan R. Brewer-Carías, "Comentarios al régimen constitucional y legal de los decretos de estados de excepción" en Víctor Bazan (Coordinador), *Derecho Público Contemporáneo.* Libro en Reconocimiento al Dr. Germán Bidart Campos, Ediar, Buenos Aires, 2003, pp. 1137-1149.

756 Véase la Ley Sobre el Régimen para la Comparecencia de Funcionarios y Funcionarias Públicos y los o las Particulares ante la Asamblea Nacional o sus Comisiones (Ley N° 30), en *Gaceta Oficial,* N° 37.252 del 2 de agosto de 2001.

tencia No 184 de 17 de marzo de 2016,[757] es la que conforme a las mismas normas constitucionales resulta del ejercicio por la Asamblea Nacional de su control en relación con el Jefe del Ejecutivo Nacional (artículo 226), cuando a éste se le exige en el artículo 237 presentar cada año personalmente ante la Asamblea Nacional un mensaje en el que debe dar cuenta de los aspectos políticos, económicos, sociales y administrativos de su gestión durante el año inmediatamente anterior; ámbito al cual, según la Sala Constitucional, "se ajusta ese control en lo que respecta al Jefe del Estado y del Ejecutivo Nacional." Por otra parte, agregó la Sala Constitucional en esa sentencia, que respecto del Vicepresidente Ejecutivo (artículo 238) "ese control se expresa en la moción de censura al mismo, dentro del marco Constitucional" (artículo 240); y respecto de los Ministros, el control parlamentario encuentra expresión esencial en el artículo 244, cuando dispone que los mismos "presentarán ante la Asamblea Nacional, dentro de los primeros sesenta días de cada año, una memoria razonada y suficiente sobre la gestión del despacho en el año inmediatamente anterior, de conformidad con la ley;" disponiendo además, el artículo 246 que los Ministros pueden ser objeto de una moción de censura por parte de la Asamblea. Todo ello, en virtud del supuesto desacato en el cual el Juez Constitucional declaró a la Asamblea desde 2016, fue simplemente eliminado, habiendo la propia Sala Constitucional, al inicio, asumido la competencia de recibir el mensaje anual del Presidente, y además, dispuesto que la Ley de Presupuesto para 2017 se debía formular mediante decreto ejecutivo, y no mediante Ley como lo exige la Constitución, y se debía presentar ante la propia Sala Constitucional (no ante la Asamblea) para su aprobación.[758]

Todo el proceso de consolidación de la tiranía judicial en Venezuela, culminó con la sentencia Nº 155 de 27 de marzo de 2017, dictada por la Sala Constitucional, anulando el *Acuerdo de la Asamblea Nacional sobre la Reactivación del Proceso de Aplicación de la Carta Interamericana de la OEA, como mecanismo de resolución pacífica de conflictos para restituir el orden constitucional en Venezuela,*[759] en la cual, sin "juicio" ni

---

757 Véase en http://historico.tsj.gob.ve/decisiones/scon/marzo/186437-184-17316-2016-16-0038.html.

758 Véase por ejemplo, Laura Louza, "El TSJ usurpa a la AN el control del presupuesto," en Acceso a la Justicia. El observatorio venezolano de la justicia, Caracas 18 de octubre de 2016, en http://www.accesoalajus-ticia.org/wp/infojusticia/noticias/el-tsj-usurpa-a-la-an-el-control-del-presupuesto/.

759 Véase sentencia N° 155 de 27 de marzo de 2017, en http://histo-rico.tsj.gob.ve /decisiones/scon/marzo/197285-155-28317-2017-17-0323.HTML. Véase los comentarios a dicha sentencia en Allan. Brewer-Carías: "El reparto de despo-

proceso alguno, violando las reglas más elementales del debido proceso, la Sala dictó unas medidas cautelares de oficio después de anular el acto impugnado, que no era sino una manifestación pública de expresión u opinión política efectuada por la Asamblea Nacional.

El recurso de nulidad intentado, se basó en el hecho de que el acto impugnado se había "realizado en franco desacato y desconocimiento de lo ordenado en la sentencia de la Sala Electoral N° 260 de fecha 30 de diciembre de 2015, criterio confirmado por la sentencia de la Sala Constitucional N° 808 del 2 de septiembre de 2016."

Con base en esta sola motivación, la Sala entonces procedió a *ordenar* al Presidente de la República como si se tratase de un decreto de estado de excepción, que:

> "en ejercicio de sus atribuciones constitucionales y para garantizar la gobernabilidad del país, tome las medidas civiles, económicas, militares, penales, administrativas, políticas, jurídicas y sociales que estime pertinentes y necesarias para evitar un estado de conmoción."

Y en particular, la Sala procedió, en otra medida cautelar a ordenar inconstitucionalmente al Presidente de la República a legislar y a modificar la legislación existente en el país, al ordenarle a que:

> "ante el desacato y omisión legislativa continuada por parte de la Asamblea Nacional, revisar excepcionalmente la legislación sustantiva y adjetiva (incluyendo la Ley Orgánica contra la Delincuencia Organizada y Financiamiento al Terrorismo, la Ley Contra la Corrupción, el Código Penal, el Código Orgánico Procesal Penal y el Código de Justicia Militar –pues pudieran estar cometiéndose delitos de naturaleza militar–)."[760]

---

jos: la usurpación definitiva de las funciones de la Asamblea Nacional por la Sala Constitucional del Tribunal Supremo de Justicia al asumir el poder absoluto del Estado (sentencia nº 156 de la Sala Constitucional), 30 de marzo de 2017, en http://diariocons-titucional.cl/noti-cias/actualidad-internacional /2017/ 03/31/opinion-acerca-de-la-usurpacion-de-funciones-por-el-tribunal-supremo-de-venezuela-y-la-consolidacion-de-una-dictadura-judicial/.

760 Es decir, como lo indicó José Ignacio Hernández, "Esto lo que significa es que, según la Sala Constitucional, el Presidente de la República puede hacer lo que quiera, incluyendo reformar Leyes, en el marco del "estado de excepción. Tal habilitación ilimitada al Presidente viola la Constitución, pues la Sala Constitucional no puede darle más poderes al Presidente que los que la Constitución le atribuye. Y mucho menos puede la Sala Constitucional habilitar al Presidente para ejercer la función legislativa: solo la Asamblea, por medio de la Ley habi-

Finalmente la Sala, de paso, consideró que resultaba "oportuno" dejar sentado en relación con los diputados a la Asamblea nacional, que

> "la inmunidad parlamentaria sólo ampara, conforme a lo previsto en el artículo 200 del Texto Fundamental, los actos desplegados por los diputados en ejercicio de sus atribuciones constitucionales (lo que no resulta compatible con la situación actual de desacato en la que se encuentra la Asamblea Nacional)."

En esta forma, la sentencia de la Sala Constitucional borró de un plumazo el contenido del artículo 200 de la Constitución respecto de los diputados electos en diciembre de 2015, y con ello, la inmunidad

La sentencia No. 155 fue seguida de otra de la misma Sala Constitucional del Tribunal Supremo de Justicia, Nº 156 de fecha 29 de marzo de 2017[761] mediante la cual decidió, *en un solo día* – en el tiempo más corto en la historia de la Justicia Constitucional en Venezuela –, un recurso de interpretación que habían intentado el día anterior, el

---

litante, puede atribuir esa función." Véase José Ignacio Hernández, ¿Qué dijo la Sala Constitucional sobre la AN y la Carta Democrática?, en *Prodavinci*, 28 de marzo de 2017, en http://proda-vinci.com/blogs/que-dijo-la-sala-constitucional-sobre-la-an-y-la-carta-democratica-por-jose-ignacio-hernandez/ No es de extrañar, por tanto, que Antonio Sánchez García, haya comparado la sentencia con la "Ley para solucionar los peligros que acechan al Pueblo y al Estado, mejor conocida como la Ley Habilitante de 1933, aprobada por el Parlamento alemán el 23 de marzo de 1933," considerando que "fue el segundo instrumento jurídico, después del decreto del Incendio del Reichstag, mediante el cual los nacionalsocialistas obtuvieron poderes dictatoriales bajo una apariencia de legalidad. La Ley concedía al canciller Adolf Hitler y a su gabinete el derecho de aprobar leyes sin la participación del parlamento, lo que supuso de facto, el fin de la democracia, de la República de Weimar y de su Constitución." Véase Antonio Sánchez García, 28 de marzo de 2017, en http://www.el-nacional.com/autores/antonio-sanchez-garcia.

761 Véase la sentencia Nº 156 de 29 de marzo de 2017 en http://historico.tsj.gob.ve/decisiones/scon/marzo/197364-156-29317-2017-17-0325.HTML. Véase los comentarios a dicha sentencia en Allan. Brewer-Carías: "La consolidación de la dictadura judicial: la Sala Constitucional, en un juicio sin proceso, usurpó todos los poderes del Estado, decretó inconstitucionalmente un estado de excepción y eliminó la inmunidad parlamentaria (sentencia nº 156 de la Sala Constitucional), 29 de Marzo de 2017, en http://diarioconstitucional.cl/noticias/actualidad-internacional/2017/03/31/opinion-acerca-de-la-usurpacion-de-funciones-por-el-tribunal-supremo-de-venezuela-y-la-consolidacion-de-una-dictadura-judicial/.

28 de marzo de 2017, los apoderados de la Corporación Venezolana del Petróleo, SA (CVP), empresa filial de Petróleos de Venezuela, S.A. PDVSA, referido específicamente al artículo 33 de la Ley Orgánica de Hidrocarburos que regula la aprobación previa de la Asamblea Nacional para la constitución de empresas mixtas en el sector de la industria petrolera. La Sala, en definitiva, considerando que como la Asamblea Nacional no podía funcionar por considerarla en desacato de sentencias anteriores, lo que supuestamente constituía una *omisión inconstitucional legislativa,* decidió inconstitucionalmente "asumir de pleno derecho," todas las funciones parlamentarias y a *ejercerlas directamente,* "mientras persista la situación de desacato y de invalidez de las actuaciones de la Asamblea Nacional."

En cuanto a la potestad legislativa específicamente respecto de dicha Ley Orgánica de Hidrocarburos, la Sala resolvió, también inconstitucionalmente, atribuirla al Poder Ejecutivo, "sobre la base del estado de excepción" que ella misma había decretado en sentencia publicada un día antes Nº 155 del 27 de marzo de 2017,[762] indicando que "el Jefe de Estado podrá modificar, mediante reforma, la norma objeto de interpretación."

La Sala en definitiva en esta sentencia, volvió a declarar formalmente a la Asamblea Nacional en situación de *Omisión Inconstitucional parlamentaria,* en los siguientes términos:

> "Como puede apreciarse, esta Sala ha advertido diversos desacatos en los que ha venido incurriendo de forma reiterada la Asamblea Nacional, sobre la base de la conducta contumaz de la mayoría de sus miembros, lo que vicia de nulidad absoluta sus actuaciones y, por ende, genera una situación al margen del Estado de Derecho que le impide ejercer sus atribuciones; circunstancia que coloca a la Asamblea Nacional en situación de Omisión Inconstitucional parlamentaria (art. 336.7 del Texto Fundamental), que esta Sala declara en este mismo acto."

Y de allí, fue que la Sala Constitucional del Tribunal Supremo, en una evidente usurpación de funciones legislativas, que hace nulas sus propias actuaciones, decidió "*asumir de pleno derecho*" el "*ejercicio de la atribución constitucional contenida en el artículo 187, numeral 24" de la Constitución,*" es decir, de *todas* las atribuciones de la Asamblea Nacional. Y entre ellas, la competencia para autorizar los contratos de interés nacional regulados. En el artículo 33 de la Ley Orgánica de

---

[762] Véase en http://historico.tsj.gob.ve/decisiones/scon/marzo/197285-155-28317-2017-17-0323.HTML.

Hidrocarburos, "delegando" en el Presidente la potestad de reformar dicha norma legal.

Y concluyó su sentencia la Sala Constitucional advirtiendo e forma general que:

> "mientras persista la situación de desacato y de invalidez de las actuaciones de la Asamblea Nacional, esta Sala Constitucional garantizará que las competencias parlamentarias sean ejercidas directamente por esta Sala o por el órgano que ella disponga, para velar por el Estado de Derecho."

Las dos sentencias antes mencionadas fueron tan absurdas y escandalosas, que no solo provocaron la reacción de las instituciones del país, [763] llegando a considerarse como un "delito de rebelión contra un poder nacional, en atención a lo dispuesto en el artículo 143, del Código Penal,"[764] sino incluso la reacción del Secretario General de la OEA, Dr. Luis Almagro, quien apenas se publicaron, el día 30 de marzo de 2017, denunció con razón, "el auto-golpe de Estado perpetrado por el régimen venezolano contra la Asamblea Nacional, último poder del Estado legitimado por el voto popular," afirmando con lamento que lo que tanto había "advertido lamentablemente se ha concretado." El Secretario General fue también preciso al destacar los aspectos medulares de las dos sentencias indicando que:

> "El Tribunal Supremo de Justicia (TSJ) ha dictado dos decisiones por las que despoja de sus inmunidades parlamentarias a los diputados de la Asamblea Nacional y, contrariando toda disposición constitucional, se atribuye las funciones de dicho Poder

---

763 Véase Comunicado las Academias Nacionales en el Pronunciamiento de 2 de abril de 2017, en FRENTEPATRIÓTICO.COM/pararescatarelporvenir. word press.com; Véase Cátedra de Derecho Constitucional de la Facultad de Ciencias Jurídicas y Políticas de la Universidad Central de Venezuela en https://pararescatarelporvenir.com/2017/04/02/la-universidad-en-defensa-de-la-constitucion/; Cátedra de Derecho Constitucional de la Facultad de Ciencias Jurídicas y Políticas de la Universidad Central de Venezuela en https://pararescatarelporvenir.com/2017/04/02/la-universidad-en-defensa-de-la-constitucion/; Véase "Conferencia Episcopal Venezolana se pronunció sobre sentencia del TSJ," Comunicado de la presidencia de la Conferencia Episcopal de Venezuela ante las decisiones del Tribunal Supremo de Justicia, Caracas 2 de marzo de 2017, en http://www.el-nacional.com/noticias/iglesia/con-ferencia-episcopal-venezolana-pronuncio-sobre-sentencia-del-tsj_88436-..

764 *Idem.*

del Estado, en un procedimiento que no conoce de ninguna de las más elementales garantías de un debido proceso.

Por la primera de ellas, del 27 de marzo de 2017, el TSJ declara la inconstitucionalidad de acuerdos legislativos calificando como actos de traición a la patria el respaldo a la Carta Democrática Interamericana, instrumento jurídico al cual Venezuela ha dado su voto al tiempo de aprobarlo y fue el primer país en solicitar su aplicación en el año 2002.

Por el segundo fallo, del 29 de marzo, este tribunal declara la "situación de desacato y de invalidez de las actuaciones de la Asamblea Nacional", en forma que no conoce respaldo constitucional ni en las atribuciones de la Asamblea (art. 187 de la Constitución), ni mucho menos en la de la Sala Constitucional del TSJ (art. 336 de la Constitución) y que viola la separación de poderes que la propia Constitución exige sea respetada por todos los jueces los que deben "asegurar su integridad" (art. 334).

Dichas sentencias, a juicio del Secretario General, al "despojar de las inmunidades parlamentarias a los diputados de la Asamblea Nacional y de asumir el Poder Legislativo en forma completamente inconstitucional son los últimos golpes con que el régimen subvierte el orden constitucional del país y termina con la democracia."[765]

El escándalo fue de tal naturaleza, que incluso la Fiscal General de la República- a cuyo cargo había estado la persecución política de la disidencia en los tres lustros anteriores – reaccionó,[766] de manera que a requerimiento del Consejo de Defensa Nacional, controlado por el Poder Ejecutivo, [767] la Sala Constitucional, sumisa, revisó las sen-

---

765 Véase: "Almagro denuncia auto-golpe de Estado del gobierno contra Asamblea Nacional," *El nacional*, 30 de marzo de 2017, en http://www.el-nacional .com/noticias/mundo/almagro-denuncia-auto-golpe-estado-del-gobierno-contra-asamblea-nacional_88094.

766 Véase el texto en la reseña "Fiscal general de Venezuela, Luisa Ortega Díaz, dice que sentencias del Tribunal Supremo sobre la Asamblea Nacional violan el orden constitucional," en Redacción BBC Mundo, *BBC Mundo*, 31 de marzo de 2017, en http://www.bbc.com/mundo/noticias-america-latina-39459905 Véase el video del acto en https://www.you-tube.com/watch?v=GohPIrveXFE.

767 Véase la reseña "Maduro, tras instalar Consejo de Defensa de la Nación: Tengo fe de que se harán las aclaratorias necesarias," Noticiero digital, 31 Marzo, 2017, en http://www.noticierodigital.com/2017/03/maduro-tengo-fe-absoluta-de-que-este-consejo-hara-las-aclaratorias-necesarias/.

tencias,[768] de nuevo en violación de todas las normas procesales imaginables.[769] Y ello lo hizo mediante dos sentencias Nº 157 y 158 anunciadas en la página web de la Sala Constitucional del Tribunal Supremo en la madrugada del día 1 de abril de 2017, en las cuales "aclaró de oficio" las sentencias cuestionadas, explicando el Presidente de la sala en un "Comunicado" leído el día 1 de abril de 2017 que el máximo Tribunal del país con dichas decisiones, contrariamente a su contenido, "no disolvió o anuló la Asamblea Nacional ni la despojó de sus atribuciones." Y así, incluso el Presidente de la república pudo decir que había resuelto el "impase" que se había presentado entre dos poderes del Estado.[770]

Como lo expresó Gerardo Fernández, lo que hizo el Tribunal Supremo fue "acatar órdenes del Poder Ejecutivo," en "otro signo inequívoco de la inexistencia de la separación de poderes en el país,"[771] agregando Alberto Arteaga que:

> "nunca una aclaratoria pudo confundir más y expresar el estado de anomia del país. Queda claro ante el mundo que desapareció todo vestigio de poder judicial autónomo e independiente. Más grave que las decisiones 155 y 156 del TSJ, es la rectificación inmediata por 'acatamiento' al Ejecutivo."[772]

---

768 Véase su texto en "Consejo de Defensa Nacional exhorta al TSJ a revisar sentencias 155 y 156 // #MonitorProDaVinci,'1 de abril de 2017, en http://prodavinci.com/2017/04/01/actualidad/consejo-de-defensa-nacional-exhorta-al-tsj-a-revisar-sentencias-155-y-156-monitorprodavinci/.

769 Véase José Ignacio Hernández, "Sobre el inconstitucional exhorto del Consejo de Defensa Nacional al TSJ," en *Prodavinci*, 1 de abril de 2017, en http://prodavinci.com/blogs/sobre-el-inconstitucional-exhorto-del-consejo-de-defensa-nacional-al-tsj-por-jose-ignacio-hernandez/.

770 Dijo: "me tocó como Jefe de Estado actuar. Actué rápido, sin dilación, sin demoras y ya en la madrugada de hoy 1 de abril habíamos superado absolutamente la controversia que había surgido." Véase la reseña: "Maduro: Actué rápido y pudimos superar exitosamente la controversia entre el TSJ y el MP," en *Noticiero Digital*, 1 de abril de 2017, en http://www.noticierodigital.com/2017/04/maduro-actue-rapido-y-pudi-mos-superar-exitosamente-la-controversia-entre-el-tsj-y-el-mp/.

771 "Se mantiene desconocimiento de la Asamblea Nacional. Gerardo Fernández y Alberto Arteaga Sánchez señalaron que los cambios parciales en los fallos revelan que no hay separación de poderes, en http://www.el-nacional.com/noticias/politica/mantiene-desconocimiento-asamblea-nacional_88521.

772 *Idem.*

En todo caso, las aclaratorias, con las cuales, según José Duque Corredor, los magistrados de la Sala Constitucional cometieron "fraude procesal por falseamiento de la verdad, la adulteración del proceso, y fraude a la ley," [773] "lo único que quedó realmente aclarado" como lo afirmó la Academia de Ciencias Políticas y Sociales, fue "la falta de independencia del poder Judicial,"[774] o como lo indicó la Asamblea Nacional en Acuerdo de 5 de abril de 2017, dichas sentencias "son una muestra más del menosprecio del Derecho por parte del Tribunal Supremo de Justicia y su actitud servil al Poder Ejecutivo."[775]

En cuanto a la sentencia Nº 157 de 1 de abril de 2017, que se dictó con el objeto de reformar y revocar parcialmente la sentencia Nº 155 de 27 de marzo de 2017, la Sala Constitucional solo trató el tema de la violación a la inmunidad parlamentaria, indicando que lo que había decidido no lo había decidido, ya que la consideración estaba como un "señalamiento *aislado en la motiva "de la sentencia "mas no en su dispositiva,"* revocando así parcialmente la sentencia Nº 155, lo que está expresamente prohibido en Venezuela, indicándose que lo resuelto debía además, tenerse como "parte complementaria" de la misma.

En cuanto a la sentencia Nº 158 de 1 de abril de 2017 que se dictó con el objeto de reformar y revocar parcialmente la sentencia Nº 156 de 29 de marzo de 2017, la Sala Constitucional, sin motivación alguna, revocó las decisiones mediante las cuales había usurpado las potestades de la Asamblea Nacional, que falsamente calificó como medidas cautelares, agregando también falsamente que la Sala no había "dictado una decisión de fondo que resuelva la omisión" legislativa.

---

773 Véase Román José Duque Corredor, "Fraude procesal de los magistrados de la Sala Constitucional," 4 de abril de 2017, en http://justiciayecologiaintegral.blogspot.com/2017/04/fraude-procesal-de-los-magistrados-de.html?spref=fb&m=1.

774 Véase "Declaración de a Academia de Ciencias Políticas y Sociales, sobre la posición de la Fiscal General de la República y las aclaratorias de la Sala Constitucional del Tribunal Supremo de Justicia," de 4 de abril de 2017, en www.acienpol.org.ve.

775 Véase "Acuerdo sobre la activación del procedimiento de remoción de los magistrados de la Sala Constitucional del Tribunal Supremo de Justicia, por su responsabilidad en la ruptura del orden constitucional," 5 de abril de 2017, en http://www.asambleanacional.gob.ve/uploads/documentos/doc_4cef040952A501b2e64c6999deedce3e1f8c9b52.pdf.

De estas aclaratorias-reformas de sentencias, en todo caso, lo cierto es que la Sala dejó incólumes todas las otras decisiones contenidas en las sentencias Nº 155 y 156, entre ellas, como lo destacó José Ignacio Hernández, la que prejuzgó en el sentido de que los diputados de la Asamblea Nacional incurrieron en el delito de traición a la patria (sentencia N° 155); y la que usurpó la función de control de la Asamblea Nacional sobre la creación de empresas mixtas, al permitir al Gobierno crearlas en el sector hidrocarburos bajo el control de la Sala. En las nuevas sentencias Nº 157 y 158, además, la Sala Constitucional, ratificó que la Asamblea Nacional no podía ejercer sus funciones constitucionales por encontrarse en "desacato" y la Sala mantuvo su criterio de la usurpación de funciones de la Asamblea Nacional, impidiéndole ejercer sus funciones.[776]

REFLEXIÓN FINAL

A lo largo de las páginas anteriores hemos explicado cómo, la Sala Constitucional del Tribunal Supremo de Justicia que es el Juez Constitucional en Venezuela, desde 2000 abandonó su misión esencial de garantizar la vigencia de la Constitución, y con ello, la de asegurar la vigencia del Estado Constitucional y democrático de derecho, en particular la de asegurar el funcionamiento del Estado conforme al principio de la separación de poderes, y la de velar porque todos los órganos del Estado acaten la Constitución.

Al contrario, el Juez Constitucional en Venezuela asumió el rol inconcebible de ser el órgano del Estado que tuvo por misión la de demoler el Estado Constitucional, y con ello, destruir las bases del sistema democrático representativo y participativo; y lo ha hecho durante los últimos 20 años (2000-2020), convirtiéndose en el más importante y perverso instrumento utilizado por el régimen autoritario

---

776 Véase José Ignacio Hernández, ¿Qué dicen las sentencias 157 y 158 del TSJ?," en *Prodavinci*, 4 de abril de 2017, en http://prodavinci.com/blogs/que-dicen-las-sentencias-157-y-158-del-tsj-por-jose-ignacio-hernandez-g/?platform=hootsuite. En particular sobre el tal "desacato" debe recordarse lo expresado por el Consejo de la facultad de Derecho de la Universidad Católica Andrés Bello en Comunicado Público: "Debe insistirse que aun en el supuesto de que existiese tal desacato judicial, la consecuencia procesal del mismo no podría nunca ser la nulidad absoluta de todos los actos y actuaciones, presentes o futuros, del Poder Legislativo Nacional, sino (a lo sumo) la nulidad del voto de aquellos parlamentarios supuestamente "mal incorporados" a la Asamblea o bien la imposición de multas coercitivas hasta tanto ese órgano del Poder Público cumpla la sentencia, tal como dispone el artículo 122 de la Ley Orgánica del Tribunal Supremo de Justicia." Caracas 30 de marzo de 2017.

que asaltó el poder en 1999 comandado por Hugo Chávez, mal utilizando métodos democráticos, para demoler los principios de la democracia.

Ese proceso se desarrolló siguiendo las propuestas formuladas bajo el mote de un "nuevo constitucionalismo," conforme a las cuales se fueron demoliendo progresivamente los principios de la democracia representativa bajo el espejismo de sustituirla por una falaz "democracia participativa," cuyos principios, aparte de quedar algunos plasmados en el texto de las Constituciones, no llegaron a implementarse y resultaron ser una gran mentira. [777]

Todo ese proceso destructivo se basó en la propuesta inicial de la convocatoria en 1999 de una Asamblea Constituyente "popular" no regulada ni prevista en el texto constitucional, la cual abrió la puerta a que la Constitución perdiera todo principio de rigidez y supremacía. El resultado fue un catastrófico desmantelamiento de los principios democráticos y de la separación de poderes, lamentablemente ejecutado desde dentro del propio Estado, utilizándose para ello al propio Juez Constitucional, el cual como instrumento malévolo fue dictando sentencias "a la carta" o a la medida, tal como le fue requerido por el Poder Ejecutivo y conforme avanzaba la entronización del régimen autoritario, todas las cuales se han analizado en este libro.

Por supuesto, las ejecutorias del Juez Constitucional en Venezuela no se limitaron a desmantelar las bases del principio de la separación de poderes del Estado Constitucional, como hemos analizado en esta artículo, sino que mediante sucesivas sentencias la Sala Constitucional atentó contra los principios más esenciales de la democracia representativa, y así, (i) distorsionó en fraude a la representación proporcional, el derecho a elegir representantes con base en dicho principio (2006); avaló las inconstitucionales inhabilitaciones políticas dictadas en vía administrativa, que afectaron el derecho de ex funcionarios públicos a ser elegidos (2008, 2011); le arrebató a una diputada

---

[777] Véase en general Allan R. Brewer-Carías, *El "nuevo constitucionalismo latinoamericano" y la destrucción del Estado democrático por el Juez Constitucional. El caso de Venezuela*, Colección Biblioteca de Derecho Constitucional, Ediciones Olejnik, Madrid, Buenos Aires, 2018, 294 pp; y *La justicia constitucional, la demolición del Estado democrático en Venezuela en nombre de un "nuevo constitucionalismo", y una tesis "secreta" de doctorado en la Universidad de Zaragoza*," Ponencia preparada para las *Jornadas sobre* "*El papel de la justicia constitucional en los procesos de asentamiento del Estado democrático en Iberoamérica*," Universidad Carlos III De Madrid, octubre de 2018, Editorial Jurídica Venezolana International, 2018, 282 pp.

en ejercicio, el poder continuar ejerciendo sus funciones parlamentarias, revocándole inconstitucionalmente el mandato popular (2014); revocó ilegítima e inconstitucionalmente el mandato popular a varios Alcaldes, usurpando las competencias de la Jurisdicción Penal (2014); impuso un gobierno sin legitimidad democrática (2013); denegó justicia en el juzgamiento del fraude a la representación popular cometido en la elección presidencial (2013); mutó ilegítimamente la Constitución acabando con el principio del gobierno alternativo (2009); y avaló la eliminación del sufragio, contribuyendo con el proceso de desconstitucionalización del Estado Constitucional, con la creación en paralelo al mismo de un "Estado Comunal" o del Poder Popular, (2007, 2010), y todo con la falacia de implantar una "democracia participativa" en sustitución de la democracia representativa.[778]

Lo mismo sucedió con los principios de la "democracia participativa," que también fueron demolidos por la Sala Constitucional. Así, la Sala Constitucional (i) eliminó la iniciativa popular para convocar Asambleas Constituyentes que reguló la Constitución, permitiendo que se pudieran convocar directamente por el Poder Ejecutivo (2017); (ii) eliminó dl derecho ciudadano al referendo revocatorio presidencial, al permitir que se convirtiera en un "referendo ratificatorio" que no existe en la Constitución, evitando la revocación del mandato de Hugo Chávez (2004), y permitiendo, con la anuencia abstencionista, la realización del referendo revocatorio del mandato de Nicolás Maduro (2017); (iii) ignoró el mecanismo de participación directa de "representantes de los diversos sectores de la sociedad" en la postulación exclusiva de los candidatos a ocupar los altos cargos de los Poderes Públicos Judicial, Ciudadano y Electoral, a través de sendos Comités de Postulaciones, la cual nunca se aplicó en el país, pues desde el año 2000, los Comités de Postulaciones siempre se organizaron en todas las leyes relativas a la materia, como simples "comisiones parlamentarias" integradas con una mayoría de diputados, que no son parte de la sociedad civil, lo que además contribuyó, como se ha visto, con la demolición progresiva del pilar fundamental del Estado democrático, que es el de la separación de poderes; (iv) mutó deliberadamente la Constitución para eliminar el derecho ciudadano

---

778 Sobre todo ello, véase en general Allan R. Brewer-Carías, *La justicia constitucional, la demolición del Estado democrático en Venezuela en nombre de un "nuevo constitucionalismo", y una tesis "secreta" de doctorado en la Universidad de Zaragoza,*" Ponencia preparada para las *Jornadas sobre "El papel de la justicia constitucional en los procesos de asentamiento del Estado democrático en Iberoamérica,*" Universidad Carlos III De Madrid, octubre de 2018, Editorial Jurídica Venezolana International, 2018, 282 pp.

a participar en la discusión de las leyes mediante la consulta obligatoria de los proyectos, al disponer, primero, que la consulta popular solo se aplica a las leyes sancionadas por la Asamblea Nacional, pero no a las leyes dictadas mediante decretos leyes habilitados (2014), cuando en el país, desde 2001, la gran mayoría de las leyes han sido dictadas precisamente mediante decretos leyes en ejecución de leyes habilitantes; y segundo, posteriormente, que la obligación de consulta popular que establece la Constitución incluso respecto de las "leyes" no es tal, y se puede cumplir en cualquier forma o "de la mejor manera" (2017); (v) confiscó el derecho ciudadano de participar a través de los partidos políticos en la vida política del país, al eliminarse la autonomía de los mismos (2015); al excluirlos de poder participar en los procesos electorales realizados con motivo del proceso constituyente de 2017; y además, mutar ilegítimamente la Constitución en materia de financiamiento público de los partidos políticos (2008), favoreciendo así al partido de gobierno, el cual se encuentra imbricado en el Estado, y discriminando a los partidos de oposición; (vi) secuestró el derecho político a manifestar, reduciéndolo y sometiéndolo a absolutos controles administrativos coartando así el derecho ciudadano a la participación política (2014); y(vii) distorsionó la participación política en el sistema venezolano, al mutar la Constitución y permitir el proselitismo político en la Fuerza Armada (2014), pero solamente a favor del partido del gobierno y del "Comandante en Jefe" de la misma. [779]

Un Tribunal Constitucional, sin duda, en un sistema democrático es el guardián importante que tiene la Constitución para asegurar la consolidación del Estado Constitucional de derecho; sin embargo, cuando fallan los instrumentos democráticos, un Tribunal Constitucional controlado por un gobierno autoritario, es el instrumento más atroz al servicio del autoritarismo para la destrucción de todas las bases del Estado Constitucional, como la trágica realidad de Venezuela lo ha puesto de manifiesto en los últimos 20 años (2000-2020).

New York, enero de 2020

---

779 Sobre todo ello, véase en general Allan R. Brewer-Carías, *La justicia constitucional, la demolición del Estado democrático en Venezuela en nombre de un "nuevo constitucionalismo", y una tesis "secreta" de doctorado en la Universidad de Zaragoza*," Ponencia preparada para las *Jornadas sobre "El papel de la justicia constitucional en los procesos de asentamiento del Estado democrático en Iberoamérica*," Universidad Carlos III De Madrid, octubre de 2018, Editorial Jurídica Venezolana International, 2018, 282 pp.

A MANERA DE EPÍLOGO:

LA DEMOCRACIA Y SU DESMANTELAMIENTO USANDO LA JUSTICIA CONSTITUCIONAL:

PELIGROS DEL AUTORITARISMO O DE CÓMO, EN VENEZUELA, EL JUEZ CONSTITUCIONAL DEMOLIÓ LOS PRINCIPIOS DE LA DEMOCRACIA REPRESENTATIVA, DE LA DEMOCRACIA PARTICIPATIVA Y DEL CONTROL DEL PODER

Texto elaborado para el Coloquio Iberoamericano No. 200, *América Latina: debates sobre la democracia. 80 años de Dieter Nohlen,* sobre *Elecciones y democracia en América Latina: El desafío autoritario-populista,* Max Planck Institute, Heidelberg, 11 septiembre 2019*

I. ALGO SOBRE LOS EMBATES DEL POPULISMO CONTRA LA DEMOCRACIA

Más que peligros del autoritarismo, los más grandes peligros que de nuevo están acechando a la democracia en América Latina, como está sucediendo en todo el mundo, provienen del populismo, es decir,

---

* Publicado en el libro: Allan R. Brewer-Carías (Editor), *Elecciones Y Democracia en América Latina: El Desafío Autoritario-Populista, América Latina: debates sobre la democracia. 80 años de Dieter Nohlen*, Coloquio Iberoamericano No. 200, Max Planck Institute, Heidelberg, 11 septiembre 2019, Max Planck Institute de Derecho Público y Derecho Internacional, Heidelberg, Instituto de Investigaciones Jurídicas, Universidad Católica Andrés Bello, 2020, pp. 77-202.

de la trillada propuesta de asaltar el poder apelando al pueblo o a las clases populares, rechazando al liderazgo y a los partidos políticos "tradicionales," adoptando para ello medidas que exacerbando los sentimientos de revancha o resentimiento de la población excluida, logren su apoyo, a pesar de que en definitiva sean contrarias al progreso y bienestar general de misma población.

Se trata, en definitiva, desde el punto de vista político, de la nueva versión contemporánea, resurrecta, de los antiguos fascismos, que por supuesto son una forma más de autoritarismo, construidos sobre la propuesta falaz de pretender hacer "más democrática" la democracia, erosionando su propio funcionamiento e institucionalidad, dando supuesta preferencia a la voluntad popular sobre los principios más arraigados del constitucionalismo, como es la supremacía constitucional, para en definitiva imponer la voluntad de un nuevo liderazgo que con ropaje democrático pueda fácilmente asaltar el poder.

En esta forma, la persistente asechanza del populismo contra la democracia, y el afán de tantos de querer hacerla "más democrática," lo que ha provocado es la erosión de su funcionamiento e institucionalidad, habiendo terminado siendo en muchos casos un débil sistema político sometido al vaivén de las políticas autoritarias.

A ello, sin duda, han contribuido, incluso, muchas reformas políticas que se han realizado en las últimas décadas, aún sin que tal haya sido el propósito de las mismas, las cuales, sin embargo, han afectado el funcionamiento de la democracia, sin que se hayan previsto sustituciones. Ha sido el caso, por ejemplo, de la introducción de las elecciones primarias en los partidos, que si bien han abierto a los mismos, ello ha sido a costa de afectar el liderazgo; de la proliferación de la introducción de mecanismos de democracia directa, en algunos casos, de democracia plebiscitaria en torno a la aprobación de un líder, en otros de consultas populares, como los referendos, cuyos resultados consultivos que a veces, incluso, se ha querido trastocar en decisiones políticas de gobierno, cuando lo que expresan no es más que deseos populares; la eliminación de la obligatoriedad del voto, en aras de la libertad política, afectando la participación política misma; el desarrollo de la "ciber-democracia" mediante el uso o abuso de las redes sociales, incluso en materia de *fund-raising*; las reformas en materia electoral, que han permitido mayor movilidad y participación de candidatos sin afiliación o disciplina partidista, pero afectando los resultados electorales y la gobernabilidad democrática. No necesariamente estas reformas son dañinas o inconvenientes en sí mismas; sin embargo, aún sin hacer juicios de valor sobre sus bondades o efectos, lo cierto es que en muchos casos han contribuido a la propagación de demasiados cantos de sirena populistas, con el supuesto propósito de "empoderar" al pueblo, y aparentar hacerlo participar, pero a costa de sacrificar las instituciones y normas para canalizar la política.

Por ejemplo, la ciber democracia sin duda ha servido para movilizar a la ciudadanía y a la opinión, e incluso, ha mal servido para influenciar en la votación en procesos electorales, pero definitivamente no puede ser un instrumento para gobernar, ni para tomar las decisiones esenciales en un país. Allí está lo que ocurrió con la movilización popular lograda para el referendo sobre el Brexit en el Reino Unido, y por ejemplo lo que ha ocurrido en Francia con la movilización de los "chaquetas amarillas," sin liderazgo conocido que solo han respondido a llamados de internet contra un Presidente como Emanuel Macron, quien fue precisamente electo como producto del descontento popular contra los partidos, tanto de derecha como de izquierda.

El resultado fue que al no tener el gobierno algún "interlocutor válido," hubo que dar marcha atrás al aumento del precio del gasoil, que se había basado en una política para reducir las emisiones que afectaban el calentamiento global. Como lo indicó un editorial del *The New York Times* de Nueva York en diciembre de 2018, "el poder de las redes sociales para movilizar rápidamente el enfado de las masas, sin mecanismos para el diálogo, es un peligro ante el cual la democracia liberal no puede sucumbir,"[780] habiéndose producido, con el caso de las chaquetas amarillas, como lo afirmó el Ministro del Interior Christophe Castaner, "el nacimiento de un monstruo que escapó de sus progenitores." [781]

Por ello, la democracia representativa y participativa no puede suplantarse por el uso del internet, y los partidos políticos no pueden ser sustituidos por los *influencers* que ahora también se nos aparecen en la política. Los partidos tienen que resucitar y retomar la conducción de la democracia, pues de lo contrario se cae en el riesgo de que suceda lo que ocurrió en mi país, Venezuela, donde después de cuarenta años de un proceso democrático que en su tiempo sin duda fue la envidia del Continente, la democracia simplemente desapareció.

---

780 Véase Editorial, *The New York Times,* 7 de diciembre de 2018, p. A-28.

781 Véase en Adam Nossiter, "Fear of More Violence as Paris Braces for New "Yellow Vest" Turmoil, en *The New York Times,* 8 de diciembre de 2018, p. A-8.

Otro caso de esos efectos perversos del populismo, es el caso del Reino Unido en relación con la decisión política de permanencia o no en la Unión Europea, es decir, el caso del Brexit, el cual a consecuencia del referendo consultivo efectuado en 2016, ha originando una crisis constitucional y democrática sin precedentes,[782] y que recuerda lo expresado en el conocido libro de Steven Levitsky y Daniel Ziblatt, sobre *How Democracies Die (2018),*[783] quienes al estudiar muchas de las recientes reformas políticas tendientes a "empoderar" al pueblo, han constatado cómo las mismas han terminado deteriorando las instituciones y las normas establecidas para canalizar la democracia y asegurar su gobernabilidad eficiente. Como lo resumió Mark Landler en otro reciente reportaje sobre el tema del referendo del Brexit:

> "Gran Bretaña, desde entonces, a regañadientes se ha convertido en un laboratorio de sobre cómo una democracia parlamentaria profundamente arraigada, puede ser sacudida hasta su núcleo, por el populismo, especialmente cuando este está envuelto en la legitimidad democrática de un refrendo público"[784].

En el Reino Unido, en efecto, en 2016 se sometió a referéndum, que es uno de los nuevos y fulgurantes mecanismos "estrella" de la llamada "democracia participativa," la permanencia o no del Reino Unido en la Unión Europea. El resultado del mismo fue la expresión de un sentimiento (*feeling*) popular de un 51.9% a favor y un 48.1 % en contra, manifestado a través de un simple un referendo "consultivo" que, como lo precisó la Alta Corte de Justicia (*High Court of Justice, Queen's Bench Division, Divisional Court*) del Reino Unido, en su sentencia del 3 de noviembre de 2016 (caso *Gina Miller* y otros contra el *Secretary of State for Exiting the European Union* no era sino una "recomendación."[785]

---

782 Véase las referencias a esas reformas en el reportaje de Max Fisher, "Democracy in U.K., Tested by Brexit, Holds for Now," en *The New York Times,* 6 septiembre 2019, p. A9.

783 Véase Steven Levitsky y Daniel Ziblatt, *How Democracies Die,* Penguin Randhom House, New York 2019.

784 "*Britain has since unwittingly become a laboratory for how a deeply rooted parliamentary democracy can be shaken to its core by populism, especially when wrapped in the democratic legitimacy of a public referendum.*" Véase Mark Lqndler, "British Politics in Chaos as Parliament Stymies Johnson in More Votes," en *The New York Times,* 5 septiembre 2019, p. A1.

785 Caso *Gina Miller* y otros contra el *Secretary of State for Exiting the European Union* (Case No: CO/3809/2016 and CO/3281/2016). Véase el texto de la sen-

Pero frente a ello, sin mayor sentido, salvo razones políticas circunstanciales de indudable corte populista, la decisión de los Gobiernos de los primeros Ministros David Cameron, Theresa May y Boris Johnson fue interpretar la "recomendación" popular como si hubiese sido una "decisión" política, que no lo fue, pretendiendo ejecutarla, incluso sin acuerdo alguno con la Unión Europea, aún en contra todas las instituciones del Reino y de todas las voces técnicas autorizadas de dentro y fuera del gobierno, sobre las consecuencias catastróficas que una salida de la Unión Europea sin acuerdo podía causar a la Nación. La insensatez fue de tal naturaleza que, para imponerla, la Primera Ministra Theresa May, ignorando al propio Parlamento notificó de inmediato la "decisión" a la Unión Europea, lo que fue corregido por la Alta Corte de Justicia, anulando el acto del Ejecutivo y remitiendo el asunto a votación del Parlamento, no sin antes recordarle al Gobierno que el referendo había sido solo de carácter consultivo y no vinculante. Luego de que la Primera Ministra May no logró obtener la mayoría de votos requerida en el Parlamento, terminó perdiendo su confianza, y su sucesor, el Primer Ministro Johnson dispuso entonces incluso "prorrogar" (suspender) el Parlamento con el único propósito de evadir el control político parlamentario sobre el gobierno, que corresponde a la representación popular, tal y como incluso lo acaba de decidir la Corte de Apelaciones de Escocia en sentencia de 11 de septiembre de 2019, al declarar "nula y sin efectos" la decisión del Gobierno,[786] por "desviación de poder," como diríamos los administrativistas.

---

tencia en: https://www.judiciary.gov.uk/judgments/r-miller-v-secretary-of-state-for-exiting-the-european-union-accessible/ La Alta Corte en la sentencia recordó al Parlamento que la Ley del referendo: "fue adoptada sobre la base de un documento claro enviado a los parlamentarios de que el referendo tendría solo efectos de recomendación. Incluso, el Parlamento debió haber apreciado que el referendo estaba destinado solo a ser consultivo, ya que el resultado de un voto en el referendo a favor de la salida de la Unión Europea hubiera inevitablemente dejado para futura decisión muy importantes cuestiones relativas con la implementación legal de dicha salida de la Unión Europea." Véase los comentarios a la sentencia en Allan R. Brewer-Carías, "The "Brexit" Case Before the Constitutional Judges of the United Kingdom: Comments regarding the Decision of the High Court of Justice of November 3, 2016, confirmed by the Supreme Court in Decision dated January 24, 2017," in *Revue européenne de droit public, European Review of Public Law,* ERPL/REDP, vol. 31, no 1, spring/printemps 2019, *European Group of Public Law* (*EGPL*), pp. 77-103.

786 Véase el reportaje de Severin Carrell *Scotland editor and* Rowena Mason, "Scottish judges rule PM's suspension of parliament is unlawful," *The Guardi-*

Este esfuerzo del gobierno británico lo que muestra es la pretensión de eliminar los mecanismos de control parlamentarios del gobierno, propios de la democracia representativa, con la sola invocación del pueblo o de alguna decisión popular, cuando, al contrario, en una democracia, no se puede pretender recurrir al mismo pueblo, para evadir dicho control.

Pero el problema no solo afecta hoy al Reino Unido en Europa, sino que también está afectando hoy al Perú,[787] donde el Presidente de la República, Vizcarra, en virtud de la dificultad que ha tenido lograr acuerdos y consensos en el Congreso, donde tienen mayoría sectores de oposición, para poder adelantar su política de Gobierno, desde agosto de 2019 ha presentado ante el propio Congreso, invocando respaldo popular, un proyecto de reforma constitucional con el propósito fundamental, en definitiva, de disolver el Congreso, acortando el mandato de los congresistas electos por el propio pueblo.[788]

Ante este proyecto, independientemente de los motivos políticos que pueda tener el Presidente del Perú, lo que debe advertirse es que no se puede estar jugando con el Poder Constituyente.

II. EL PODER CONSTITUYENTE, EL "NUEVO CONSTITUCIONALISMO," Y EL AFÁN POR DESTRUIR LA DEMOCRACIA REPRESENTATIVA CON LA EXCUSA DE IMPLANTAR UNA DEMOCRACIA PARTICIPATIVA

Sobre ello tenemos ya una larguísima experiencia e historia en Venezuela, habiendo tenido como efecto en los últimos 20 años, la destrucción de la democracia, la cual se efectuó pretendidamente en nombre de la propia "democracia;" y ello se hizo apelando a las vías que ofrecía el llamado "nuevo constitucionalismo," es decir, de su-

---

an, 11 de septiembre de 2019, en https://www.theguardian.com/politics /2019 /sep/11/scottish-judges-rule-boris-johnsons-prorogation-unlawful

787 Véase el reportaje: "Presidente de Perú insiste en la necesidad de adelantar elecciones generales," en *LaPatilla.com,* 14 de septiembre de 2019, en https:// www.lapatilla.com/2019/09/14/presidente-de-peru-insiste-en-la-necesidad-de-adelantar-eleccio-nes-generales/

788 Véase sobre este proceso mis comentarios en: Allan R. Brewer-Carías, "Sobre la inconveniencia de manipular el Poder Constituyente para querer resolver crisis políticas circunstanciales, alterando el orden democrático. El Caso del Perú con el proyecto de reforma constitucional presentado por el Poder Ejecutivo en 2019 2 de septiembre de 2019, disponible en: http://allanbrewercarias.com/wp-content/uploads/2019/09/ 200.-Brewer.-Nota-sobre-la-reforma-constitucional-propuesta-en-el-Per%C3%BA-2019.pdf

puestamente apelar al pueblo contra la Constitución, pretendiendo sustituir la "democracia representativa" por la "democracia participativa," como si fueran conceptos contrapuestos, achacando todos los males de la democracia, a la primera,[789] tal como fue formulado primero, en el proceso constituyente de 1999, luego en una fracasada reforma constitucional de 2007, y finalmente, como excusa del fraudulento e inconstitucional proceso constituyente iniciado en 2017.[790]

La "democracia participativa" en ese discurso, en realidad, de democracia sólo tiene el nombre, siendo hábilmente utilizado, frente a los fracasos políticos que han experimentado las democracias representativas por la incomprensión de los partidos políticos en permitir su evolución y perfeccionamiento, con una engañosa y clara estrategia para acabar con la propia democracia representativa como régimen político, exacerbando la desconfianza en las propias instituciones del Estado constitucional democrático de derecho.[791]

---

789 Las críticas a la democracia representativa deben ser para perfeccionarla, no para eliminarla y menos para sustituirla por la llamada "democracia participativa." Véase por ejemplo, Allan R. Brewer-Carías, "Sobre los elementos de la democracia como régimen político: representación y control del poder," en *Revista Jurídica Digital IUREced*, Edición 01, Trimestre 1, 2010-2011, en http://www.megaupload.com/ ?d= ZN9Y2W1R; "La necesaria revalorización de la democracia representativa ante los peligros del discurso autoritario sobre una supuesta "democracia participativa" sin representación," en *Derecho Electoral* de Latinoamérica. Memoria del II Congreso Iberoamericano de Derecho *Electoral*, Bogotá, 31 agosto-1 septiembre 2011, Consejo Superior de la Judicatura, ISBN 978-958-8331-93-5, Bogotá 2013, pp. 457-482; "Participación y representatividad democrática en el gobierno municipal," en la Revista *Ita Ius Esto, Revista de Estudiantes* (http://www.itaiusesto.com/), *In Memoriam Adolfo Céspedes Zavaleta,* Lima 2011, pp. 11-36; en http://www.itaiusesto.com/participacion-y-representacion-democratica-en-el-gobierno-municipal/

790 Véase Allan R. Brewer-Carías, "El Juez Constitucional vs. El pueblo como poder constituyente originario. De cómo la Sala Constitucional del Tribunal Supremo de Justicia avaló la inconstitucional convocatoria de una Asamblea Nacional Constituyente, arrebatándole al pueblo su derecho exclusivo a convocarla," en Allan R. Brewer-Carías y Carlos García Soto (Coordinadores), *Estudios sobre la Asamblea Nacional Constituyente y su inconstitucional convocatoria en 2017,* Colección Estudios Jurídicos No. 119, Editorial Jurídica Venezolana, Caracas 2017, pp. 481-494

791 Véase Allan R. Brewer-Carías, "La democracia representativa y la falacia de la llamada "democracia participativa, sin representación," en Jorge Fernández Ruiz (Coordinador), *Estudios de Derecho Electoral. Memoria del Congreso Iberoamericano de Derecho Electoral*, Universidad Nacional Autónoma de

Lo que es cierto es que la democracia representativa o democracia indirecta es y seguirá siendo de la esencia de la democracia, de manera que no hay democracia sin representación, y en particular, sin órganos representativos como son los Congresos o parlamentos. Su sustitución es esencialmente imposible si de democracia se trata, sin perjuicio de que la representatividad afortunadamente se haya venido enriqueciendo en las últimas décadas, precisamente con la introducción en nuestros sistemas políticos de mecanismos de democracia directa que la complementan, pero que jamás podrán sustituirla.[792]

No puede existir en el mundo contemporáneo una democracia que sólo sea refrendaria, plebiscitaria o de cabildos abiertos perma-

---

México, Coordinación del Programa de Posgrado en Derecho, Facultad de Estudios Superiores Aragón, Facultad de Derecho y Criminología, Universidad Autónoma de Nuevo León, México 2011, pp. 25 a 36. Llegué a presumir que había sido en relación con este trabajo que el profesor Francisco Palacios, escribió sus comentarios en el estudio: Francisco Palacios Romeo, "Falacias ideológicas y aporías técnicas sobre los nuevos procesos políticos de América Latina (en torno a un argumentario de Brewer Carias sobre el hecho social-participativo)," en *Actas Congreso Internacional América Latina: la autonomía de una región (XV Encuentro de latinoamericanistas españoles),* Consejo Español de Estudios Iberoamericanos, 2012, pp. 615-622. Sin embargo, no fue así, y su reacción fue contra nuestras críticas a las Leyes Orgánicas del Poder Popular de 2010 expresadas, entre otros, en Allan R. Brewer-Carías, "Introducción General al régimen del Poder Popular y del Estado Comunal. (O de cómo en el siglo XXI, en Venezuela se decreta, al margen de la Constitución, un Estado de Comunas y de Consejos Comunales, y se establece una sociedad socialista y un sistema económico comunista, por los cuales nadie ha votado)," publicado en el libro: Allan R. Brewer-Carías, Claudia Nikken, Luis A. Herrera Orellana, Jesús María Alvarado Andrade, José Ignacio Hernández y Adriana Vigilanza, Leyes Orgánicas sobre el Poder Popular y el Estado Comunal (Los consejos comunales, las comunas, la sociedad socialista y el sistema económico comunal), Colección Textos Legislativos N° 50, Editorial Jurídica Venezolana, Caracas 2011, pp. 9-183. Véase los comentarios más recientes en Gabriel Sira Santana, *Poder Popular, descentralización y participación ciudadana*, Centro para la Integración y el Derecho Público, Editorial Jurídica Venezolana, Caracas 2018, pp. 102 ss.

792 Véase Allan R. Brewer-Carías, "La necesaria revalorización de la democracia representativa ante los peligros del discurso autoritario sobre una supuesta "democracia participativa" sin representación," en *Derecho Electoral de Latinoamérica. Memoria del II Congreso Iberoamericano de Derecho Electoral*, Bogotá, 31 agosto-1 septiembre 2011, Consejo Superior de la Judicatura, ISBN 978-958-8331-93-5, Bogotá 2013, pp. 457-482.

nentes; a pesar de que en casi todos los sistemas constitucionales contemporáneos se hayan incorporado mecanismos de consultas populares y de asambleas de ciudadanos con el objeto de complementar la representatividad, como son los diversos referendos (consultivos, aprobatorios, decisorios, abrogatorios, autorizatorios y revocatorios); al igual que las iniciativas populares. Ello sin duda ha contribuido, en algunos casos, a la movilización popular y a la relativa manifestación directa de voluntad del pueblo; pero es claro que esos mecanismos no pueden sustituir a la democracia conducida por representantes electos.

Sin embargo, Hugo Chávez y sus seguidores, en la Asamblea Nacional Constituyente, de 1999, en el proceso de redacción del texto de la Constitución, tuvieron la obsesión de hasta eliminar de dicho texto el concepto mismo de democracia "representativa," y sustituirlo por el de "democracia participativa," lo que lograron, no conceptualmente porque se conservaron los sistemas de elección directa del Presidente de la República y de los diputados a la Asamblea Nacional, sino formalmente al haber eliminado del artículo 6 contentivo de la definición y los calificativos del gobierno de la República, su carácter "representativo" como siempre estuvo desde la Constitución de 1811; y sustituirlo por el carácter "electivo" del gobierno, que por supuesto no es lo mismo.

Las pretensiones de Chávez, sin embargo, no se limitaron a eliminar del texto constitucional venezolano el calificativo de "representativo" del gobierno y de la democracia, sino que pretendió hacer lo mismo con el texto de la Carta Democrática Interamericana, al hacer una reserva formal respecto de la aprobación del Proyecto de la misma en la Asamblea de la OEA en Quebec en 2000. Afortunadamente sus presiones resultaron infructuosas ante el resto de los países y en la Asamblea de Lima de septiembre de 2001, los elementos y componentes esenciales de la democracia que se declaran en la Carta Interamericana son los de la democracia representativa.

En ese marco, en el caso de Venezuela, el inicio del proceso destructivo que causó la debacle del constitucionalismo democrático y del Estado de derecho en Venezuela, se produjo a partir de la convocatoria en instalación de una Asamblea Nacional Constituyente convocada y electa en 1999, la cual desarrolló un conflictivo y truculento proceso constituyente desarrollado al margen de la Constitución de 1961, entonces vigente. Así, apelando al pueblo contra de la Constitución, Chávez y sus seguidores asaltaron el poder (en lo que había fracasado militarmente siete años antes) por vía "democrática," comenzando el indetenible proceso de erosión y destrucción de la democracia, supuestamente en nombre de la propia democracia; y con la mira inmediata, precisamente, de acortar el mandato de los diputados y senadores que habían sido recién electos, provocar la disolución del Congreso.

Ese proceso constituyente fue, además, precisamente, el que sirvió de "conejillo de indias" y de detonante para que se comenzara a implantar en América Latina el llamado "nuevo constitucionalismo" "insurgente," propuesto por un grupo de profesores españoles, como hace quinientos años los conquistadores llevaban "espejitos" para engañar a los aborígenes, y que desde Venezuela expandieron hasta Ecuador y Bolivia.[793] Ese fue el mecanismo "teórico" que sirvió de base para ejecutar, en la práctica, la monumental destrucción de la democracia, supuestamente en nombre del pueblo soberano, cuya voluntad supuestamente debía prevalecer sobre la supremacía constitucional.

---

793 Véase un resumen de los planteamientos en Roberto Viciano Pastor y Rubén Martínez Dalmau, "Los procesos constituyentes latinoamericanos y el nuevo paradigma constitucional," en *Revista del Instituto de Ciencias Jurídicas de Puebla, IUS*, Nº 25, Verano 2010, Puebla, pp. 8-29, y la bibliografía allí citada; Roberto Viciano Pastor y Rubén Martínez Dalmau, "Aspectos generales del nuevo constitucionalismo latinoamericano," en la publicación de la Corte Constitucional de Ecuador para el Período de Transición, *El Nuevo Constitucionalismo en América Latina*, Memorias del encuentro internacional El nuevo constitucionalismo: desafíos y retos para el siglo XXI, Quito 2010, pp. 9-44; Roberto Viciano Pastor, "Presentación," en Asdrúbal Aguiar, *Revisión Crítica de la Constitución Bolivariana*, Libros El Nacional, Caracas 2000, p. 5; y Francisco Palacios Romeo, *Nuevo constitucionalismo participativo en Latinoamérica. Una propuesta frente a la crisis del Behemoth Occidental,* Thomson-Reuters-Aranzadi, Navarra 2012, pp. 255 pp.; "La lucha por la Constitución: una dialéctica entre Agora y Fórum (con epítome sobre nuevo constitucionalismo latinoamericano)," en *Constitucionalismo crítico. Liber amicorum Carlos de Cabo Martín* (García Herrera, M., Asensi Sabater, J. y Balaguer Callejón, F., coordinadores.) 2ª edición, Tirant Lo Blanch, Valencia 2016, pp. 1315- 1366; "La reivindicación de la polis: crisis de la representación y nuevas estructuras constitucionales de deliberación y participación en Latinoamérica," en *Materiales sobre neoconstitucionalismo y nuevo constitucionalismo latinoamericano* (C. Storini y J. Alenza, directores), Thomson Reuters Aranzadi, Navarra 2012, pp. 147-241; "Quiebra del Estado social-aleatorio, constitucionalización material del Estado social y apertura de un nuevo sistema comunitario," en *Estudios sobre la Constitución de la República Bolivariana de Venezuela. X Aniversario* (F. Palacios y D. Velázquez, coordinadores), Procuraduría General de la República, Caracas 2009, pp. 87-138; y "La ruptura Constitucional del Estado precario: los derechos sociales en el nuevo constitucionalismo iberoamericano. La especificidad del modelo venezolano," en *Agora. Revista de Ciencias Sociales*, vol. 14 (monográfico), Fundación C.E.P.S., 2006, pp. 85-124.

Dicho proceso constituyente se detonó, no solo por la crisis política severa, terminal, que aquejaba al país y a los partidos políticos tradicionales, sobre lo que tanto advertimos en su momento,[794] sino también por la "interpretación periodística" que se le dio a una sentencia ambigua dictada por la antigua Corte Suprema de Justicia,[795] en la cual deliberadamente se abstuvo de decidir sobre lo que se le había pedido dilucidar, que era si era o no posible convocar una Asamblea Constituyente sin previamente reformar la Constitución de 1961, como lo proponía Hugo Chávez (las "asambleas constituyentes transformadoras, directamente articuladas por el pueblo" propuestas por sus asesores españoles[796]), o, al contrario, como lo sostuvimos entonces en oposición a Chávez, si era indispensable previamente reformar la Constitución para regularla como uno de los mecanismos

794 Véase Allan R. Brewer-Carías, "Reflexiones sobre la crisis del sistema político, sus salidas democráticas y la convocatoria a una Constituyente", en Allan R. Brewer-Carías (Coord.), *Los Candidatos Presidenciales ante la Academia. Ciclo de Exposiciones 10-18 Agosto 1998,* Serie Eventos N° 12, Biblioteca de la Academia de Ciencias Políticas y Sociales, Caracas 1998, pp. 9-66; *Asamblea Constituyente y ordenamiento constitucional,* Serie Estudios N° 53, Biblioteca de la Academia de Ciencias Políticas y Sociales, Caracas 1999, 328 pp.; *Usurpación Constituyente 1999, 2017. La historia se repite: una vez como farsa y la otra como tragedia*, Colección Estudios Jurídicos N° 121, Editorial Jurídica Venezolana International 654 pp.; y "El suicidio de los partidos en Venezuela y dos libros," en *Revista IDEA*, N° 4, ¿Hacia la reinvención de los partidos políticos?, 2017/2018, Fundación IDEA-Democrática, Miami 2018 pp. 45-49.

795 Véase específicamente la referencia a esa prensa en Carlos García Soto, "La Asamblea Nacional Constituyente de 2017 en su contexto histórico," en Allan R. Brewer-Carías y Carlos García Soto (Compiladores), *Estudios sobre la Asamblea Nacional Constituyente y su inconstitucional convocatoria en 2017*, Editorial Jurídica Venezolana, Caracas 2017, pp. 87-92.

796 Véase por ejemplo, Roberto Viciano Pastor y Rubén Martínez Dalmau, "Los procesos constituyentes latinoamericanos y el nuevo paradigma constitucional," en *Revista del Instituto de Ciencias Jurídicas de Puebla, IUS*, N° 25, Verano 2010, Puebla, pp. 8-29. Los autores, en su análisis, me ubicaron en el "sector más conservador de la doctrina," por considerar, como en efecto considero que "las asambleas constituyentes no están legitimadas para actuar contra la Constitución dada, con la que conviven" (Nota 16, p 15). Véase, en todo caso, sobre ello el ultimo de mis trabajos: Allan R. Brewer-Carías, *Usurpación Constituyente 1999, 2017. La historia se repite: unas veces como comedia y otras como tragedia,* Editorial Jurídica Venezolana, Caracas 2018.

para su reforma.[797] Solución, esta última, que también planteamos que era la que debía adoptarse en Chile en tiempos actuales.[798]

En Venezuela, la "receta" de los asesores españoles se impuso como mecanismo para poder producir todos los cambios imaginables a la Constitución en forma rápida (*fast-track*), sin límites, al margen de los postulados de la Constitución entonces vigente, sin acuerdos políticos con los diversos partidos y actores (como en cambio sí había ocurrido unos años antes en la experiencia de Colombia en 1991). Para los defensores del "nuevo constitucionalismo," en realidad, poco importaba lo que dijera la Constitución, pues conforme a sus postulados, la Constitución no puede impedir que el pueblo se manifieste. El esquema que comenzó con Chávez en Venezuela continuó años más tarde con Rafael Correa en Ecuador y Evo Morales en Bolivia, donde, con la misma receta de apelar al pueblo soberano, la Constitución fue pisoteada, perdiendo toda supremacía.

En ello, el Juez Constitucional presionado o controlado jugó siempre un papel importante. En Venezuela, desde que Chávez fue electo, acorraló a la Corte Suprema de Justicia, y la presionó con misivas presidenciales y manifestaciones callejeras, hasta lograr que la misma emitiera una ambigua sentencia del 19 de enero de 1999, mediante la cual se "interpretó" políticamente que se podía convocar la Asamblea Constituyente sin reformar la Constitución, dando prevalencia al principio de la soberanía popular sobre la supremacía constitucional. La antigua Corte Suprema quizás creyó que podía adaptarse a la nueva situación y lo que resultó fue que fue la primera víctima de la intervención, habiendo sido barrida por la "Revolución" en diciembre de ese mismo año.

---

797 Véase Allan R. Brewer-Carías, *Poder constituyente originario y Asamblea Nacional Constituyente (Comentarios sobre la interpretación jurisprudencial relativa a la naturaleza, la misión y los límites de la Asamblea Nacional Constituyente)*, Colección Estudios Jurídicos N° 72, Editorial Jurídica Venezolana, Caracas 1999, 296 pp. Roberto Viciano Pastor, como él mismo lo indicó en 2000, desde 1998 estuvo en Venezuela. Véase su "Presentación" en Asdrúbal Aguiar, *Revisión Crítica de la Constitución Bolivariana*, Libros El Nacional, Caracas 2000, p. 4.

798 Véase Allan R. Brewer-Carías, "Sobre la Asamblea Nacional Constituyente y el dilema entre soberanía popular y supremacía constitucional," en *Una nueva Constitución para Chile. Libro homenaje al profesor Lautaro Ríos Álvarez*, Asociación Chilena de Derecho Constitucional, Editorial Jurídica de Chile, Santiago 2018, pp. 69-96.

Es decir, en Venezuela, la Asamblea Nacional Constituyente en diciembre de 1999 no sólo eliminó el mandato democrático de los diputados y senadores que habían sido electos al Congreso en noviembre de 1998, sino que más grave aun, promovió y permitió el asalto al Poder Judicial a través de una Comisión interventora, la cual, fue ciegamente aplaudida por centenares de "demócratas" que saludaron la supuesta "depuración" del Poder Judicial, creyendo en las "democráticas" intenciones de la Asamblea, cuando lo que estaba ocurriendo no era otra cosa que un apoderamiento total del mismo.[799]

Esas Asambleas Constituyentes que se convocaron en Venezuela (1999), y luego en Ecuador y Bolivia al margen de los postulados de las Constituciones, no fueron, por supuesto, para que en un marco plural y con los necesarios consensos políticos –como había ocurrido en 1991 en Colombia– se pudieran elegir representantes del pueblo para recomponer el sistema político, sino que se trató de un mecanismo diseñado para asaltar y acaparar el poder, conforme a una bases electorales o comiciales impuestas unilateralmente desde el Poder Ejecutivo. Para ello, poco importó lo que dijera la Constitución, prevaleciendo la idea de que en ningún caso ella podía impedir que el pueblo se manifestase.

En 1999, en Venezuela, la crisis política que habían provocado los propios partidos políticos al no entender los cambios que ellos mismos habían contribuido a implementar en la vida democrática del país, los condujeron a tampoco entender de qué se trataba la convocatoria a la Asamblea Constituyente que propuso Chávez, y ni siquiera se opusieron a ella, habiendo sido la misma, ni más ni menos, que el vehículo para el asalto al poder mediante un "método democrático" por quienes, como se dijo, unos años antes había fracasado en el mismo propósito mediante un golpe de Estado militar.

III. EL ASALTO AL PODER Y LA CONSTITUCIÓN CON GERMEN AUTORITARIO QUE RESULTÓ DE LA ASAMBLEA NACIONAL CONSTITUYENTE DE 1999

El resultado en Venezuela fue la aprobación de la Constitución de 1999,[800] a cuya redacción contribuí como miembro independiente que

[799] Véase Allan R. Brewer-Carías, Allan R. Brewer-Carías, *Golpe de Estado y proceso constituyente en Venezuela*, Universidad Nacional Autónoma de México, México 2002.

[800] Véase sobre la Constitución de 1999, Allan R. Brewer-Carías, *La Constitución de 1999. Derecho Constitucional Venezolano*, Editorial Jurídica Venezolana, Caracas 2004, 2 vols.

fui de la Asamblea, –formando junto con otros tres miembros la exigua minoría opositora de cuatro constituyentes en una Asamblea de 161 miembros, totalmente dominada por los seguidores del entonces Presidente Hugo Chávez–; y puedo afirmar que transcurridas ya casi dos décadas desde que se sancionó, las promesas básicas insertas en su texto no se han cumplido, ninguno de los derechos básicos respecto de la Constitución se han respetado, pudiendo considerársela hoy en día como la muestra más vívida en el constitucionalismo contemporáneo, de una Constitución que ha sido violada y vulnerada desde antes incluso de que fuera publicada.[801] Y lo más grave es que todos los temores que advertí sobre la misma antes de su aprobación popular, lamentablemente se cumplieron, sucediendo lo que incluso Roberto Viciano Pastor, sin quererlo, en 2000 vaticinó que podría ocurrir, que "la Constitución de 1999 será papel mojado y, como tal, inútil desde su primera frase."[802] Y así ha sido, lamentablemente.

En noviembre de 1999, en efecto, en la campaña del referendo aprobatorio de la Constitución, fundamenté mi propuesta por el voto "No," considerando que el proyecto de Constitución debía ser rechazado "por estar concebido para el *autoritarismo, el paternalismo estatal, el populismo y el estatismo insolvente,*" expresando en un documento que titulé "Razones por el Voto No," de 30 de noviembre de 1999, expresando lo siguiente:

> "en cuanto a la Constitución política en el Proyecto de Constitución, cuando se analiza globalmente, particularmente en los elementos antes mencionados, pone en evidencia un esquema institucional para el autoritarismo, que deriva de la combinación del centralismo de Estado, del presidencialismo exacerbado, de la partidocracia y del militarismo que constituyen los elementos centrales diseñados para la organización del Poder del Estado.
>
> Esa no es la Constitución política que la democracia requería para su perfeccionamiento, y que, al contrario, debía haber estado montada sobre la descentralización del poder, un presidencialismo controlado, la participación política y la sujeción de la autoridad militar a la civil. Con ese esquema no podemos estar de acuerdo, y de allí nuestro voto negativo el 15 de diciembre de 1999.

---

801 Véase lo que hemos expuesto en Allan R. Brewer-Carías, "La traición a la Constitución: el desmontaje del Estado de derecho por el Juez Constitucional en Venezuela," en *Revista de Derecho Público*, N° 145-146, (enero-junio 2016), Editorial Jurídica Venezolana, Caracas 2016, pp. 23-48.

802 Véase Roberto Viciano Pastor, "Presentación," en Asdrúbal Aguiar, *Revisión Crítica de la Constitución Bolivariana*, Libros El Nacional, Caracas 2000, p. 6.

Por su parte, en cuanto a la Constitución social, en el Proyecto, al enumerar el elenco de derechos humanos y de garantías y obligaciones estatales, analizada globalmente, lo que muestra es un marginamiento de la sociedad y de las iniciativas particulares, haciendo recaer sobre el Estado todas las obligaciones imaginables, imposible de cumplir. Es una Constitución concebida para el paternalismo, lo que se traduce en populismo.

Esa no es la Constitución social que se requería para fundar una democracia social y participativa, para lo cual debió haber revalorizado la participación de todas las iniciativas privadas en los procesos educativos, de salud y de seguridad social, como actividades en las cuales tiene que existir una corresponsabilidad entre el Estado y la Sociedad.

Por último, el Proyecto de Constitución, en su componente de Constitución económica, completa el cuadro paternalista de la Constitución social, inclinando el régimen constitucional hacia el Estado en lugar de hacia la iniciativa privada, originando un estatismo exagerado, con el riesgo de multiplicación de una voracidad fiscal incontrolable concebida para aplastar al contribuyente, al cual no se protege constitucionalmente.

Esa no es la Constitución económica que se requería para fundar la política de desarrollo económico que requiere el país, que tiene que apuntar hacia la creación de riqueza y empleo y que el Estado es incapaz de lograr sin la decisiva participación de las iniciativas privadas, que lejos de ser perseguidas, deben ser protegidas e incentivadas."[803]

A mis advertencias sobre el sesgo autoritario de la Constitución, que incluso había formulado desde 1998 cuando se pretendía convocar la Asamblea Constituyente violentando la Constitución de 1961,[804] es muy posible que haya sido a lo que se refirió el mismo Roberto Viciano Pastor en 2000, como "asesor" secreto que fue de la Asamblea Constituyente, en la Presentación que le hizo a un libro de Asdrúbal

---

803 Véase "Razones por el Voto NO" en el referéndum sobre la Constitución (texto de fecha 30-11-99)," publicado en Allan R. Brewer-Carías, *Debate Constituyente (Aportes a la Asamblea Nacional Constituyente)* Tomo III (18 octubre - 30 noviembre 1999), Fundación de Derecho Púbico, Editorial Jurídica Venezolana, Caracas 2001, pp. 340-341.

804 Véase Allan R. Brewer-Carías, *Asamblea Constituyente y ordenamiento constitucional,* Serie Estudios N° 53, Biblioteca de la Academia de Ciencias Políticas y Sociales, Caracas 1999, 328 pp.

Aguiar, al advertir sobre "la voz de alarma acerca de un supuesto peligro que se cernía por el probable resultado autoritario de los trabajos de la Asamblea Constituyente," expresados según expresó, en "libelos que -dicho sea al margen- nadie ahora recuerda o quiere recordar."[805]

Lamentablemente, ante la tragedia que veinte años después resultó de aquel proceso constituyente de 1999, todos tendremos que recordar aquellos "libelos," y con más culpa, quienes no quisieron atenderlos ni entenderlos; pues, en definitiva, el régimen constitucional fue establecido para no ser cumplido. [806]

IV. LA GRAN MENTIRA CONSTITUCIONAL: UNA CONSTITUCIÓN PARA NO SER CUMPLIDA Y EL ROL DEL JUEZ CONSTITUCIONAL SOMETIDO

Desde el inicio, el mismo se configuró como una gran mentira,[807] en particular por lo que se refiere al establecimiento de un régimen político democrático representativo y participativo, que no ocurrió; al establecimiento de un Estado democrático de derecho y de justicia, fundamentado en el principio de la separación de poderes, lo cual no sucedió; a la consolidación de un Estado federal descentralizado, que al contrario fue una forma estatal que se abandonó; y al establecimiento de un Estado social, que no pasó de ser una vana ilusión propagandista, habiendo solo adquirido la deformada faz de un Estado populista para en definitiva empobrecer y hacer dependiente de una burocracia gigante e ineficiente a las personas de menos recursos, que hoy ya son casi todos los habitantes del país, que sufren las mismas carestías.[808]

---

805 Véase Roberto Viciano Pastor, "Presentación," en Asdrúbal Aguiar, *Revisión Crítica de la Constitución Bolivariana*, Libros El Nacional, Caracas 2000, p. 4.

806 Véase sobre esto Allan R. Brewer-Carías, *Estado totalitario y desprecio a la ley. La desconstitucionalización, desjuridificación, desjudicialización y desdemocratización de Venezuela,* Fundación de Derecho Público, (Con prólogo de José Ignacio Hernández), Editorial Jurídica Venezolana, Caracas 2015, 542 pp.

807 Véase sobre esto Allan R. Brewer-Carías, *La mentira como política de Estado. Crónica de una crisis política permanente. Venezuela 1999-2015* (Prólogo de Manuel Rachadell), Colección Estudios Políticos, N° 10, Editorial Jurídica Venezolana, Caracas 2015.

808 Ello ya lo habíamos advertido antes en Allan R. Brewer-Carías, *Reflexiones sobre el constitucionalismo en América*, Editorial Jurídica Venezolana, Caracas 2001.

Y lo cierto fue, además, que ni siquiera fue necesario esperar que la Constitución, una vez aprobada por el pueblo popularmente el 15 de diciembre de 1999 fuera publicada (lo que ocurrió el 30 de diciembre de 1999), para que a los pocos días, precisamente el 20 de diciembre de 1999, comenzara a ser violada, al haber decretado la Asamblea Constituyente, a pesar de que ya había concluido sus funciones, un supuesto "Régimen Transitorio" que no aprobado por el pueblo el cual se aplicó por varios lustros, configurándose como un golpe de Estado contra la nueva Constitución.[809]

Con ese régimen transitorio, supuestamente para, "hacer efectivo el proceso de transición hacia el régimen establecido en la Constitución de 1999," lo que se materializó fue el asalto al poder que sus promotores, con Chávez a la cabeza, como dijimos, no habían logrado realizar por las armas y fuerza militar en los golpes de Estado frustrados de 1992;[810] y con ello, destruir el Estado de derecho, la separa-

---

809 Véase Allan R. Brewer-Carías, *Golpe de Estado y proceso constituyente en Venezuela*, Universidad nacional Autónoma de México, México 2002. A ello se sumaron diversas "modificaciones" o "reformas" al texto introducidas con ocasión de "correcciones de estilo" para su publicación lo que ocurrió el 30 de diciembre de 1999. Véase Allan R. Brewer-Carías, "Comentarios sobre la ilegítima "Exposición de Motivos" de la Constitución de 1999 relativa al sistema de justicia constitucional", en la *Revista de Derecho Constitucional*, N° 2, Enero-Junio 2000, Caracas 2000, pp. 47-59.

810 Desde el inicio me opuse a la tesis de hacer prevalecer una supuesta "supra-constitucionalidad" "popular" por encima de la Constitución para "justificar" el asalto al poder que llevó adelante Chávez y su grupo, en contra de lo que establecía la Constitución de 1961, y que luego, sus asesores españoles identificaron como el "nuevo constitucionalismo." Así lo expuse en mi libro: *Golpe de Estado y proceso constituyente en Venezuela*, Universidad Nacional Autónoma de México, México 2002; y luego en mi libro: *Dismantling Democracy. The Chávez Authoritarian Experiment*, Cambridge University Press, New York 2010. Ante ello, sin embargo, Francisco Toro, sin entender una línea del análisis constitucional hecho en esta última obra, al hacer una reseña del libro, se limitó a calificarme como "the epitome of a Venezuelan *ancien régime grandee" y como uno de los "ancien régime* dinosaurs," expresando que "*Dismantling Democracy in Venezuela* should be read not as constitutional analysis, but rather as a kind of archaeology of an entire displaced elite's wounded sense of entitlement." Véase Francisco Toro, "The Useless Old Gard,", 11 de enero de 2011, en https://newrepublic.com/article/79544/dismantling-democracy-venezuela-allan-brewer-carias. Unos años antes, alguien bastante mayor que Toro y que yo mismo, Luis Miquilena, entonces Presidente de la Asamblea Nacional Constituyente de 1999, ya nos había calificado a los cuatro opositores miembros de la misma como "vacas sagradas" (Sesión del 30 de octubre de 1999), y en alusión directa a

ción de poderes y la democracia representativa que tanto criticaban; y para introducir rápidamente los cambios políticos que estimaran necesarios con la engañosa "banderita" de la "participación popular" controlada desde el centro del Poder, blandida en nombre de un llamado "Socialismo del Siglo XXI" que buscaron montar posteriormente sobre unos Consejos Comunales[811] sin autonomía alguna, demoliendo toda forma de descentralización o distribución territorial del poder.

---

mi persona expresó en la misma sesión de instalación de la Asamblea, lo siguiente: "Pero siguen ciegos nuestros enemigos, pretenden ahora refugiarse en una rebuscada hermenéutica jurídica para quitarle poder a la Asamblea Nacional Constituyente, pretenden que la Asamblea Nacional Constituyente sea un simple instrumento cualquiera para elaborar una Constitución; es decir, pretenden presentarle al país una Asamblea Constituyente chucuta, que no sea capaz de tener la soberanía suficiente *(aplausos),* pretendiendo las *vacas sagradas del derecho*, inventar que es una Asamblea Constituyente secundaria y no originaria. Nosotros declaramos, en mi carácter de Presidente de la Asamblea Nacional Constituyente en este acto, declaro solemnemente el carácter originario... *(aplausos y gritos prolongados)* y nadie podrá disminuir el carácter soberano de esta Asamblea y así será consagrada ante la historia de nuestra patria" (Sesión del 3 de agosto de 1999). En la misma línea, los defensores del "nuevo constitucionalismo" me han ubicado como formando parte del grupo "de analistas y juristas del viejo sistema." Así lo expresó tanto Gladys Gutiérrez, en su Tesis secreta presentada en Zaragoza, sobre *El nuevo paradigma constitucional latinoamericano. Dogmática social extensa y nueva geometría del poder. Especial mención a la Constitución de Venezuela (1999)* Tesis de doctorado, Universidad de Zaragoza, 2011, tanto la autora de la Tesis "secreta de Zaragoza (p. 111), como su Director de Tesis, Francisco Palacios. Lo cierto es que veinte años después de destruido el "viejo sistema" y todo en nombre de una "supraconstitucionalidad" y un "nuevo constitucionalismo," les tocará a los jóvenes buscar precisamente en los restos arqueológicos del constitucionalismo, las instituciones básicas del mismo para comenzar su reconstrucción.

811 Véase, por ejemplo, Juan Carlos Monedero, "Hacia una filosofía política del socialismo en el Siglo XXI," en *Cuadernos del CENDES*, No. 68, Año 25, mayo-junio 2008, pp. 71-106; "La reinvención de la Venezuela revolucionaria y los fantasmas del pasado," en *Revista Comuna. Pensamiento Crítico en la Revolución*, No. 1, Caracas, 2009; y "Socialismo y Consejos Comunales: La Filosofía Política del Socialismo en el Siglo XXI," en *Comuna. Pensamiento Crítico en la Revolución*, No. 4: Del Estado Heredado al Nuevo Estado, primer trimestre de 2011, pp. 97-142 en http://www.juancarlosmonedero.org/wp-content/uploads/2012/12/Socialismo-y-Consejos-Comunales-La-Filosof%C3%ADa-Pol%C3%ADtica-del-Socialismo-en-el-Siglo-XXI.pdf

En esa forma, el asalto al poder se concretó, en 1999, cuando la Asamblea Constituyente, al margen del pueblo, procedió a hacer lo que éste no hizo en el referendo aprobatorio de la Constitución, que fue sustituir todos los Poderes Públicos constituidos del Estado y sus autoridades, procediéndose a designar a dedo a sus sustitutos. La Asamblea, así, puso fin al mandato del Congreso y creó transitoriamente una Comisión Legislativa Nacional; eliminó la anterior Corte Suprema de Justicia, creando las Salas del Tribunal Supremo fijándoles el número de magistrados, lo que no estaba establecido en la Constitución, y nombrarlos sin cumplir lo que la propia Constitución exigía; creó una Comisión de Reorganización y Funcionamiento del Poder Judicial para intervenirlo, destituyendo jueces sin debido proceso; designó a todos los altos funcionarios de los diversos Poderes del Estado, sin cumplir las condiciones constitucionales; y dictó un Estatuto Electoral sin potestad alguna para ello.[812] Y todo ello, con el aval por el nuevo Tribunal Supremo de Justicia y su Sala Constitucional, que había nombrado, la cual, al decidir en su propia causa, mediante sentencia Nº 6 de fecha 27 de enero de 2000,[813] estableció el criterio de que todo lo que había resuelto la Asamblea Nacional Constituyente tenía rango "supraconstitucional," no estando la misma sujeta ni a la Constitución de 1999 ni a la Constitución de 1961.

Ello fue, en definitiva, el inicio del "nuevo constitucionalismo" en cuyo nombre específicamente se produjo la inmisericorde intervención y sometimiento del Poder Judicial, y con ello, la destrucción del Estado de derecho,[814] en lo cual el Juez Constitucional jugó un rol es-

---

812 Véase Allan R. Brewer-Carías, *Golpe de Estado y proceso constituyente en Venezuela,* Universidad Nacional Autónoma de México, México 2002, 405 pp.; y *Golpe de Estado Constituyente, Estado Constitucional y Democracia*, Colección Tratado de Derecho Constitucional, Tomo VIII, Fundación de Derecho Público, Editorial Jurídica Venezolana, Caracas, 2015, 1018 pp.

813 Véase en *Revista de Derecho Público*, No. 81, (enero-marzo), Editorial Jurídica Venezolana, Caracas, 2000, pp. 81 ss.

814 Sobre la intervención del Poder Judicial véase Allan R. Brewer-Carías, "La progresiva y sistemática demolición institucional de la autonomía e independencia del Poder Judicial en Venezuela 1999-2004", en *XXX Jornadas J.M Domínguez Escovar, Estado de derecho, Administración de justicia y derechos humanos*, Instituto de Estudios Jurídicos del Estado Lara, Barquisimeto, 2005, pp. 33-174; "La Justicia sometida al poder y la interminable emergencia del Poder Judicial (1999-2006)", en *Derecho y democracia. Cuadernos Universitarios*, Órgano de Divulgación Académica, Vicerrectorado Académico, Universidad Metropolitana, Año II, Nº 11, Caracas, septiembre 2007, pp. 122-138; "Sobre la ausencia de carrera judicial en Venezuela: jueces provisorios y tempora-

telar, configurándose con ello una contradicción inconcebible: que un Juez Constitucional pueda tener como misión la de demoler el Estado de derecho y con ello, destruir las bases del sistema democrático. Y lamentablemente eso fue lo que ocurrió en Venezuela, donde después de más de cuarenta años de consolidación de una Justicia Constitucional autónoma e independiente como la que impartió la antigua Corte Suprema de Justicia (1958-1998),[815] la Sala Constitucional del Tribunal Supremo de Justicia creada en 1999, durante los últimos 20 años (1999-2019), lejos de haber actuado para garantizar el Estado social y democrático de derecho y de justicia que quedó plasmado en el texto de la Constitución de 1999, ha sido el más importante instrumento utilizado por el régimen autoritario, ya dictatorial, para demoler sus bases y principios;[816] y ello, además en nombre de un supuesto "nuevo constitucionalismo" latinoamericano, y de la suplantación de la democracia representativa por una supuesta democracia participativa.

Para ello, el Juez Constitucional en Venezuela ha utilizado todos los instrumentos de la justicia constitucional, tal como fueron regulados en la Constitución de 1999, conformándose un completísimo sistema de Justicia Constitucional de carácter mixto o integral, que combina el llamado método difuso con el método concentrado de control

---

les y la irregular Jurisdicción Disciplinaria Judicial," en *Revista de Derecho Funcionarial,* Números 12-19, Mayo 2014 - Diciembre 2016, Edición especial, Centro para la Integración y el Derecho Público (CIDEP), Fundación de Estudios de Derecho Administrativo (FUNEDA), Caracas 2018, pp. 8-26.

815 Véanse todos nuestros trabajos sobre el tema en: Allan R. Brewer-Carías, *Instituciones del Estado democrático de derecho. Constitución de 1961*, Colección Tratado de Derecho Constitucional, Tomo IV, Caracas 2015, 1180 pp.; *Derechos y garantías constitucionales en la Constitución de 1961 (La Justicia Constitucional),* Colección Tratado de Derecho Constitucional, Tomo V Caracas 2015, 1022 pp.

816 Sobre el tema nos hemos ocupado desde hace unos años. Véase por ejemplo: Allan R. Brewer-Carías, "El juez constitucional al servicio del autoritarismo y la ilegítima mutación de la Constitución: el caso de la Sala Constitucional del Tribunal Supremo de Justicia de Venezuela (1999-2009)", en *Revista de Administración Pública*, No. 180, Madrid 2009, pp. 383-418; "La ilegítima mutación de la Constitución por el juez constitucional y la demolición del Estado de derecho en Venezuela," en *Revista de Derecho Político*, No. 75-76, Homenaje a Manuel García Pelayo, Universidad Nacional de Educación a Distancia, Madrid 2009, pp. 289-325.

de constitucionalidad.[817] Todos ellos han sido utilizados para afianzar el autoritarismo en el país,[818] siendo de destacar, entre los mismos, un endémico "proceso de interpretación abstracta de la Constitución"[819] que le ha permitido al Juez Constitucional, administrar una "justicia constitucional a la carta," a solicitud del gobierno, en particular, del

---

817 Véase Allan R. Brewer-Carías, *El sistema de justicia constitucional en la Constitución de 1999 (Comentarios sobre su desarrollo jurisprudencial y su explicación, a veces errada, en la Exposición de Motivos),* Editorial Jurídica Venezolana, Caracas 2000. Véase en general, Allan R. Brewer-Carías, *El sistema mixto o integral de control de la constitucionalidad en Colombia y Venezuela*, Universidad Externado de Colombia (Temas de Derecho Público No. 39) y Pontificia Universidad Javeriana (*Quaestiones Juridicae* No. 5), Bogotá 1995; Allan R. Brewer-Carías, "La justicia constitucional en la Constitución de 1999", en *Derecho Procesal Constitucional*, Colegio de Secretarios de la Suprema Corte de Justicia de la Nación, A.C., Editorial Porrúa, México 2001, pp. 931-961.

818 Véase sobre esto Allan R. Brewer-Carías, "Los problemas del control del poder y el autoritarismo en Venezuela", en Peter Häberle y Diego García Belaúnde (Coordinadores), *El control del poder. Homenaje a Diego Valadés,* Instituto de Investigaciones Jurídicas, Universidad Nacional Autónoma de México, Tomo I, México 2011, pp. 159-188.

819 Véase Sentencia No. 1077 de la Sala Constitucional de 22 de septiembre de 2000, caso: *Servio Tulio León Briceño*. Véase en *Revista de Derecho Público,* No. 83, Caracas, 2000, pp. 247 y ss. Este criterio fue luego ratificado en sentencias de fecha 9 de noviembre de 2000 (No. 1347), 21 de noviembre de 2000 (No. 1387), y 5 de abril de 2001 (No. 457), entre otras. Así, por la vía de la interpretación abstracta, la Sala se ha auto-atribuido competencias no sólo en materia de interpretación constitucional; sino en relación con los poderes de revisión constitucional de cualquier sentencia dictada por cualquier tribunal, incluso por las otras Salas del Tribunal Supremo de Justicia; con los amplísimos poderes de avocamiento en cualquier causa; con los supuestos poderes de actuación de oficio no autorizados en la Constitución; con los poderes de solución de conflictos entre las Salas; con los poderes de control constitucional de las omisiones del Legislador; con la restricción del poder de los jueces de ejercer el control difuso de la constitucionalidad de las leyes; y con la asunción del monopolio de interpretar los casos de prevalencia en el orden interno de los tratados internacionales en materia de derechos humanos. Véase en general sobre ello, Allan R. Brewer-Carías, "*Quis Custodiet Ipsos Custodes*: De la interpretación constitucional a la inconstitucionalidad de la interpretación," en *VIII Congreso Nacional de derecho Constitucional, Perú*, Fondo Editorial 2005, Colegio de Abogados de Arequipa, Arequipa, septiembre 2005, pp. 463-489; y en *Revista de Derecho Público*, No. 105, Editorial Jurídica Venezolana, Caracas 2006, pp. 7-27.

Procurador General de la República, mediante la cual ha modificado y mutado ilegítimamente el texto constitucional, legitimando y soportando la estructuración progresiva de un Estado autoritario; ha desarrollado una carrera de destrucción de todos los principios del Estado democrático de derecho, falseado en más de una ocasión el contenido de la Constitución, "mutándola" ilegítima y fraudulentamente,[820] usurpando así las potestades del poder constituyente originario.[821]

---

820 Véase sobre la ilegítima mutación constitucional por el Juez: Néstor Pedro Sagües, *La interpretación judicial de la Constitución*, Buenos Aires 2006, pp. 56-59, 80-81, 165 ss.

821 Todos mis estudios sobre las sentencias dictadas por la Sala Constitucional en Venezuela, además de los publicados en la *Revista de Derecho Público*, Editorial Jurídica Venezolana, Caracas, pueden consultarse en los siguientes libros: Allan R. Brewer-Carías, *Golpe de Estado y proceso constituyente en Venezuela*, Universidad Nacional Autónoma de México, México 2002, 405 pp.; *La Sala Constitucional versus el Estado democrático de derecho. El secuestro del poder electoral y de la Sala Electoral del Tribunal Supremo y la confiscación del derecho a la participación política*, Los Libros de El Nacional, Colección Ares, Caracas 2004, 172 pp.; *Crónica sobre la "In" Justicia Constitucional. La Sala Constitucional y el autoritarismo en Venezuela*, Caracas 2007; *Práctica y distorsión de la Justicia Constitucional en Venezuela (2008-2012),* Colección Justicia No. 3, Acceso a la Justicia, Academia de Ciencias Políticas y Sociales, Universidad Metropolitana, Editorial Jurídica Venezolana, Caracas 2012, 520 pp.; *El golpe a la democracia dado por la Sala Constitucional (De cómo la Sala Constitucional del Tribunal Supremo de Justicia de Venezuela impuso un gobierno sin legitimidad democrática, revocó mandatos populares de diputada y alcaldes, impidió el derecho a ser electo, restringió el derecho a manifestar, y eliminó el derecho a la participación política, todo en contra de la Constitución),* Colección Estudios Políticos No. 8, Editorial Jurídica venezolana, Caracas 2014, 354 pp.; segunda edición, (Con prólogo de Francisco Fernández Segado), 2015, 426 pp.; *La patología de la Justicia Constitucional*, Tercera edición ampliada, Fundación de Derecho Público, Editorial Jurídica Venezolana, 2014, 666 pp.; *Estado totalitario y desprecio a la ley. La desconstitucionalización, desjuridificación, desjudicialización y desdemocratización de Venezuela,* Fundación de Derecho Público, Editorial Jurídica Venezolana, 2014, 532 pp.; segunda edición, (Con prólogo de José Ignacio Hernández), Caracas 2015, 542 pp.; *La ruina de la democracia. Algunas consecuencias. Venezuela 2015*, (Prólogo de Asdrúbal Aguiar), Colección Estudios Políticos, Nº 12, Editorial Jurídica Venezolana, Caracas 2015, 694 pp.; 172. *La dictadura judicial y la perversión del Estado de derecho. El juez constitucional y la destrucción de la democracia en Venezuela* (Prólogo de Santiago Muñoz Machado), Ediciones El Cronista, Fundación Alfonso Martín Escudero, Editorial IUSTEL, Madrid 2017, 608 pp.; *La consolidación de la tiranía judicial. El Juez Constitucional*

En tal rol, el Juez Constitucional en Venezuela, asumió la tarea de demoler sistemáticamente todos los principios del Estado democrático, es decir, el principio democrático representativo, el principio democrático participativo, el principio del gobierno alternativo y electivo, el principio de la separación de poderes y el principio descentralizador del Estado federal.

V. LA DEMOLICIÓN DEL PRINCIPIO DEMOCRÁTICO REPRESENTATIVO POR EL JUEZ CONSTITUCIONAL

La primera víctima del Juez Constitucional fue el principio democrático representativo[822] que fue sucesivamente demolido, para cuyo efecto, el mismo Juez Constitucional afectó el derecho político de los ciudadanos a elegir representantes en fraude a la representación proporcional (2006); avaló las inconstitucionales inhabilitaciones políticas que afectaron el derecho de ex funcionarios públicos a ser elegidos (2008, 2011); arrebató a una diputada en ejercicio el poder continuar ejerciéndolas, revocándole inconstitucionalmente el mandato popular (2014); revocó ilegítima e inconstitucionalmente el mandato popular a varios Alcaldes, usurpando las competencias de la Jurisdicción Penal (2014); demolió el principio del gobierno democrático electivo y representativo, al imponerle a los venezolanos un gobierno sin legitimidad democrática en 2013, sin determinar con cer-

---

controlado por el Poder Ejecutivo, asumiendo el poder absoluto, Colección Estudios Políticos, No. 15, Editorial Jurídica Venezolana International. Caracas / New York, 2017, 238 pp. Véase, además, los estudios de: Carlos M. Ayala Corao y Rafael J. Chavero Gazdik, *El libro negro del TSJ de Venezuela: Del secuestro de la democracia y la usurpación de la soberanía popular a la ruptura del orden constitucional (2015-2017)*, Editorial Jurídica Venezolana, Caracas 2017, 394 pp.; *Memorial de agravios 2016 del Poder Judicial. Una recopilación de más de 100 sentencias del TSJ,* 155 pp., investigación preparada por las ONGs: Acceso a la Justicia, Transparencia Venezuela, Sinergia, espacio público, Provea, IPSS, Invesp, en https://www.scribd.com/-document/336888955/Memorial-de-Agravios-del-Poder-Judicial-una-recopilacion-de-mas-de-100-sentencias-del-TSJ; y José Vicente Haro, "Las 111 decisiones inconstitucionales del TSJ ilegítimo desde el 6D-2015 contra la Asamblea Nacional, los partidos políticos, la soberanía popular y los DDHH," en *Buscando el Norte*, 10 de julio de 2017, en http://josevicenteharo-garcia.blogspot.com/2016/10/las-33-decisiones-del-tsj.html

822 En este punto seguimos lo expuesto en Allan R. Brewer-Carías, "El Juez Constitucional en Venezuela y la destrucción del principio democrático representativo," en *Revista de Derecho Público*, No. 155-156, julio-diciembre de 2018, Editorial Jurídica Venezolana, Caracas 2018, pp. 7-44.

teza el estado de salud, o si estaba vivo, del Presidente Hugo Chávez Frías; eliminó la exigencia de sufragio para designación de autoridades municipales (2017); y eliminó el carácter alternativo del gobierno (2009).

1. *La violación del principio de la democracia representativa mediante la distorsión fraudulenta del principio de la representación proporcional (2006)*

El primer atentado contra la democracia representativa lo perpetró el Juez Constitucional en relación con la implementación del principio de representación proporcional, para la adjudicación y sustracción de los puestos propuestos por un mismo partido, electos en las circunscripciones plurinominales y uninominales, lo cual fue burlado admitiéndose que no operaban las sustracciones cuando partidos aliados proponían candidatos distintos (como fue con los partidos del gobierno, caso "las morochas"), distorsionándose así fraudulentamente el principio de la representación proporcional, lo cual fue avalado por la Sala Constitucional del Tribunal Supremo de Justicia, mediante sentencia Nº 74 (Caso: *Acción Democrática vs. Consejo Nacional Electoral y demás autoridades electorales*) de 25 de enero de 2006, basándose en el argumento de que la fraudulenta era legal "al no estar prohibida" en la ley.[823] Como lo expresó en su Voto salvado el magistrado Rondón Haaz, en este caso, la Sala Constitucional no optó "por la protección de los derechos fundamentales de toda la colectividad que fueron lesionados, no haya dado justa interpretación a los principios constitucionales que rigen nuestro sistema electoral ni haya encauzado debidamente la relación esencial y recíproca entre la democracia y la Ley."[824]

---

823 Véase en *Revista de Derecho Público*, No. 105, Editorial Jurídica Venezolana, Caracas 2006, pp. 122-144. Véanse los comentarios a la sentencia en Allan R. Brewer-Carías, "El Juez Constitucional vs. el derecho al sufragio mediante la representación proporcional, " en el libro Allan R. Brewer-Carías, *Crónica sobre la "in" justicia constitucional. La Sala Constitucional y el autoritarismo en Venezuela*, Colección Instituto de Derecho Público, Universidad Central de Venezuela, No. 2. Editorial Jurídica Venezolana, Caracas 2007, pp. 337-348.

824 El tema fue incluso analizado por Dieter Nohlen, advirtiendo que "el efecto anticonstitucional del mecanismo de "las morochas" va mucho más lejos" pues "infringe el principio de la igualdad del sufragio, o sea, uno de los principios fundamentales de la democracia moderna." Véase Dieter Nohlen y Nicolás Nohlen, "El sistema electoral alemán y el Tribunal Constitucional Federal. La igualdad electoral en debate – con una mirada a Venezuela", en *Revista de Derecho Público*, No. 109, Editorial Jurídica Venezolana, Caracas 2007.

2. *La violación del principio de la democracia representativa mediante la inconstitucional limitación al derecho político a ser electo (2008)*

El segundo atentado contra el principio democrático representativo fue la admisión por el Juez Constitucional de la posibilidad de que órganos administrativos, como la Contraloría General de la República, pudieran decretar la inhabilitación política de funcionarios quitándoles el derecho constitucional a ser electos,[825] y en contra de la previsión expresa constitucional que prevé que los derechos políticos "sólo puede ser suspendido por sentencia judicial firme en los casos que determine la ley" (art. 42). Y esto ocurre, por ejemplo, con la declaración de interdicción mediante sentencia judicial; o con la inhabilitación política impuesta por un juez penal, como pena accesoria a la pena principal. (art. 64, Código Penal).

Contrariamente a estas previsiones, la Sala Constitucional del Tribunal Supremo de Venezuela afirmó en forma expresa, en sentencia de Nº 1265 de 5 de agosto de 2008, que lo que establece la Constitución, "no excluye la posibilidad de que tal inhabilitación pueda ser establecida, bien por un órgano administrativo *stricto sensu* o por un órgano con autonomía funcional, como es, en este caso, la Contraloría General de la República."[826] Para resolver esto, la Sala ignoró el principio democrático que exigía interpretar que la sanción de inhabilitación política que dicho órgano puede imponer es solo aplicable a los funcionarios nombrados administrativamente pero no a los electos popularmente mediante sufragio universal y secreto.[827]

---

825 Véase Allan R. Brewer-Carías, "El derecho político de los ciudadanos a ser electos para cargos de representación popular y el alcance de su exclusión judicial en un régimen democrático" (O de cómo la Contraloría General de la República de Venezuela incurre en inconstitucionalidad e inconvencionalidad al imponer sanciones administrativas de inhabilitación política a los ciudadanos), en *Derechos Fundamentales: Libro homenaje a Francisco Cumplido Cereceda*, Asociación Chilena de Derecho Constitucional, Santiago de Chile, 2011.

826 Véase en http://www.tsj.gov.ve:80/decisiones/scon/Agosto/1265-050808-05-1853.htm

827 Véase Allan R. Brewer-Carías, "La incompetencia de la Administración Contralora para dictar actos administrativos de inhabilitación política restrictiva del derecho a ser electo y ocupar cargos públicos (La protección del derecho a ser electo por la Corte Interamericana de Derechos Humanos en 2012, y su violación por la Sala Constitucional del Tribunal Supremo al declarar la sentencia de la Corte Interamericana como "inejecutable"), en Alejandro Canónico Sarabia (Coord.), *El Control y la responsabilidad en la Administración Pública, IV*

El tema fue incluso objeto de sentencia de la Corte Interamericana de Derechos Humanos de 1º de septiembre de 2011 (caso *Leopoldo López vs. Estado de Venezuela),* en la cual se condenó al Estado por violación de la Convención Americana de Derechos Humanos (art. 32.2), por habérsele impuesto al Alcalde Leopoldo López, por decisión de la Contraloría General de la República de Venezuela, que no es un órgano judicial, la sanción administrativa de inhabilitación política por 15 años mediante; considerando con razón la Corte Interamericana que una inhabilitación política solo podría tener origen en una "condena, por juez competente, en proceso penal" (Párr. 107). Esta sentencia de la Corte Interamericana, sin embargo, fue final e insólitamente declarada "inejecutable" en Venezuela, por el mismo Juez Constitucional a petición del abogado del Estado (Procurador General de la Republica), contra la cual había intentado una bizarra "acción innominada de control de constitucionalidad", mediante sentencia Nº 1547 de fecha 17 de octubre de 2011 (Caso *Estado Venezolano vs. Corte Interamericana de Derechos Humanos*).[828] Tres años antes, en todo caso, la misma Sala Constitucional había resuelto que la sanción de inhabilitación impuestas por la Contraloría General de la República, no era violatorio de la Constitución ni de la Convención Americana de Derechos Humanos.[829]

Congreso Internacional de Derecho Administrativo, Margarita 2012, Centro de Adiestramiento Jurídico, Editorial Jurídica Venezolana, Caracas, 2012, pp. 293-371.

828 Véase en http://www.tsj.gov.ve/decisiones/scon/Octubre/1547-171011-2011-11-1130. html. Véase sobre la sentencia, Allan R. Brewer-Carías, "El ilegítimo "control de constitucionalidad" de las sentencias de la Corte Interamericana de Derechos Humanos por parte la Sala Constitucional del Tribunal Supremo de Justicia de Venezuela: el caso de la sentencia *Leopoldo López vs. Venezuela, 2011*," en Libro Homenaje Antonio Torres del Moral: *Constitución y democracia: ayer y hoy. Libro homenaje a Antonio Torres del Moral*. Editorial Universitas, Vol. I, Madrid, 2013, pp. 1.095-1124; en *Anuario Iberoamericano de Justicia Constitucional,* No. 16, Madrid (2012), pp. 355-387; y en la *Revista de Derecho Público*, No. 128 (octubre-diciembre 2011), Editorial Jurídica Venezolana, Caracas 2011, pp. 227-250

829 Sentencia Nº 1265 de 5 de agosto de 2008 (caso *Ziomara del Socorro Lucena Guédez vs. Contralor General de la República*), en http://www.tsj.gov.ve:80/decisiones/ scon/Agosto/1265-050808-05-1853.htm

3. *La violación del principio de la democracia representativa mediante la inconstitucional revocación de mandatos de cargos de elección popular sin participación popular (2014)*

El tercer atentado contra el principio democrático representativo lo perpetró el Juez Constitucional en Venezuela, "revocarle" inconstitucionalmente el mandato a funcionarios electos democráticamente, ignorando que de acuerdo con la Constitución, los mismos solo pueden ser revocados de sus cargos mediante referendo de revocación de mandato iniciado a iniciativa popular (art.72); o salvo mediante un juicio penal que se les siga cuya pena implique la inhabilitación política dictada con todas las garantías del debido proceso.

A. El primer atentado de este tipo ocurrió en 2014 con la revocación del mandato de una diputada (María Corina Machado), lo que se decidió por la Sala Constitucional del Tribunal Supremo de Justicia, mediante sentencia Nº 207 de 31 de marzo de 2014,[830] a través de la cual después de declarar inadmisible una demanda de amparo intentada contra el entonces Presidente de la Asamblea Nacional Sr. Diosdado Cabello, por la usurpación de funciones y vías de hecho en que había incurrido al eliminarle el día 24 de marzo de 2014, sin tener competencia para ello, el carácter de diputado a la diputada María Corina Machado,[831] porque ésta había acudido en tal carácter de

---

830 Véase en http://www.tsj.gov.ve/decisiones/scon/marzo/162546-207-31314-2014-14-0286.HTML Véase además en *Gaceta Oficial* No. 40.385 de 2 de abril de 2014. Véanse los comentarios en Allan R. Brewer-Carías, "La revocación del mandato popular de una diputada a la Asamblea Nacional por la Sala Constitucional del Tribunal Supremo de oficio, sin juicio ni proceso alguno (El caso de la Diputada María Corina Machado)," en *Revista de Derecho Público*, No. 137 (Primer Trimestre 2014, Editorial Jurídica Venezolana, Caracas 2014, pp. 165- 189.

831 Como en efecto lo reportó la agencia EFE sobre lo dicho por Cabello: "Caracas. EFE.- El presidente de la Asamblea Nacional (Congreso unicameral) de Venezuela, Diosdado Cabello, informó este lunes que se le retiró la inmunidad parlamentaria a la diputada opositora María Corina Machado y que pedirá que sea juzgada por traición a la patria. Cabello dijo a periodistas que solicitará el Ministerio Público investigar si Machado cometió el delito de traición a la patria, por su participación en una sesión de embajadores de la Organización de Estados Americanos (OEA)." "Aclaró que ya no hace falta allanarle la inmunidad parlamentaria a Machado "porque según el artículo 191, según este nombramiento (por parte de Panamá), y según sus actuaciones y acciones la señora Machado dejó de ser diputada"./ El presidente del Parlamento anunció que Machado no tendrá más acceso al Hemiciclo "por lo menos, en este periodo". "No tienen acceso porque ella ya no es diputada", recalcó." Véase "Cabello: Por el

diputada venezolana a la reunión del Consejo Permanente de la Organización de Estados Americanos del día 21 de marzo de 2014, a exponer sobre la situación política de Venezuela, como su conciencia le exigía en representación del pueblo que la eligió, siendo para ello acreditada por la representación de Panamá.

La Sala, después de desestimar la demanda por considerar que los concejales que la habían intentado carecían de la legitimación o cualidad necesaria para accionar, en lugar archivar el expediente (que era lo que correspondía), *"aprovechó la ocasión"* para, *de oficio*, –es decir, sin que nadie se lo pidiera–, "interpretar" en un *obiter dictum* el artículo 191 de la Constitución –mal interpretado, por cierto–,[832] y de paso, pronunciarse en sentido contrario de lo solicitado, sobre la pérdida de la investidura de la diputada María Corina Machado, considerando que su mandato popular había quedado revocado "de pleno derecho" porque habría "aceptado" "una representación alterna de un país,"[833] lo cual por supuesto era falso.

B. El segundo atentado contra el derecho político de los funcionarios electos a ejercer su mandato también ocurrió en 2014, cuando el Juez Constitucional, sin competencia alguna para ello, le revocó el mandato a varios Acaldes, utilizando el subterfugio de generar un incumplimiento de mandamientos genéricos de amparo en relación con el cumplimiento de sus funciones municipales generales, y así sancionarlos por desacato.

En Venezuela, la Ley Orgánica de Amparo sobre Derechos y Garantías Constitucionales de 1988, solo establece, frente al desacato de las sentencias de amparo, una sanción penal de prisión de seis (6) a

---

artículo 191 de la Constitución, María Corina machado "dejó de ser diputada", *Globovisión*, 24 de marzo de 2014, en http://globovision.com/articulo/ junta-directiva-de-la-an-anuncia-rueda-de-prensa

832 El artículo 191 de la misma Constitución dispone que "los diputados a la Asamblea Nacional no podrán aceptar o ejercer cargos públicos sin perder su investidura, salvo en actividades docentes, académicas, accidentales o asistenciales, siempre que no supongan dedicación exclusiva."

833 Véase la Nota de Prensa del Tribunal Supremo de Justicia, de 31 de marzo de 2014: "Operó de pleno derecho. Tribunal Supremo de Justicia se pronuncia sobre la pérdida de la Investidura de la diputada María Corina Machado," en http://www.tsj.gov.ve/ informacion/notasdeprensa/notasdeprensa.asp?co-digo= 11799.

quince (15) meses (art. 31),[834] que no puede imponer el juez de amparo, sino solo la jurisdicción penal ordinaria. Este régimen, sin embargo, fue trastocado por la Sala Constitucional del Tribunal Supremo de Justicia, mediante sentencia Nº 138 de 17 de marzo de 2014,[835] a través de la cual, usurpando las competencias de la Jurisdicción Penal, se arrogó la potestad sancionatoria penal en materia de desacato a una decisión anterior de amparo (Nº 136 de 12 de marzo de 2014), por parte de un Alcalde (Vicencio Scarano Spisso), condenándolo a prisión, y revocándole inconstitucionalmente su mandato de Alcalde. Ello mismo lo hizo la Sala posteriormente mediante otras sentencias contra otros Alcaldes.[836]

---

834 Como sucede en general en América Latina. Véase lo expuesto en Allan R. Brewer-Carías, *El proceso de amparo en el derecho constitucional comparado de América Latina* (edición mexicana), Colección Biblioteca Porrúa de Derecho Procesal Constitucional, Ed. Porrúa, México, 2016. 226 pp.; (edición peruana), Ed. Gaceta Jurídica, Lima 2016, 230 pp.

835 Véase en http://www.tsj.gov.ve/decisiones/scon/marzo/162025-138-17314-2014-14- 0205.HTML. Véanse los comentarios en: Allan R. Brewer-Carías, "La ilegítima e inconstitucional revocación del mandato popular de alcaldes por la Sala Constitucional del Tribunal Supremo, usurpando competencias de la jurisdicción penal, mediante un procedimiento "sumario" de condena y encarcelamiento (el caso de los Alcaldes Vicencio Scarano Spisso y Daniel Ceballo)," en *Revista de Derecho Público* No. 138, Editorial Jurídica Venezolana, Caracas, 2014, pp. 176 y ss.; .y en el libro: *El golpe a la democracia dado por la Sala Constitucional, (De cómo la Sala Constitucional del Tribunal Supremo de Justicia de Venezuela impuso un gobierno sin legitimidad democrática, revocó mandatos populares de diputada y alcaldes, impidió el derecho a ser electo, restringió el derecho a manifestar, y eliminó el derecho a la participación política, todo en contra de la Constitución)*, segunda edición, (Con prólogo de Francisco Fernández Segado), Caracas 2015, 426-pp. Editorial Jurídica Venezolana, segunda edición, Caracas 2015, pp. 175-234.

836 Una demanda similar se intentó simultáneamente ante la Sala Constitucional por un abogado a título personal contra los Alcaldes de los Municipios Baruta y El Hatillo, originando una medida de amparo cautelar (sentencia No. 135 de 12 de marzo de 2014, en http://www.tsj.gov.ve/decisiones/scon/mar-zo/161913-135-12314-2014-14-0194. HTML); la cual, a petición del mismo abogado formulada a título personal, originó una decisión judicial de aplicación por efectos extensivos de la anterior medida judicial de amparo cautelar contra los Alcaldes de los Municipios Chacao, Lechería, Maracaibo y San Cristóbal (sentencia 137 de 17 de marzo de 2014 en http:// www.tsj.gov.ve/decisiones/scon/marzo/ 162024-137-17314-2014-14-0194.HTML). Ello se anunció en la Nota de Prensa del Tribunal Supremo de Justicia de 24 de marzo de 2014. Véase en

Para ello, la Sala violó todas las garantías más elementales del debido proceso, entre las cuales están, que nadie puede ser condenado penalmente sino mediante un proceso penal ("instrumento fundamental para la realización de la justicia" –art. 257 de la Constitución–), en el cual deben respetarse el derecho a la defensa, el derecho a la presunción de inocencia, el derecho al juez natural (art. 49 de la Constitución), y la independencia e imparcialidad del juez (arts. 254 y 256 de la Constitución); juez que en ningún caso puede ser juez y parte, es decir, decidir en causa en la cual tiene interés.

En todos esos casos, la Sala Constitucional ordenó a los Alcaldes ejecutar, entre múltiples actividades de tipo administrativo que son propias de la autoridad municipal, las de velar por la ordenación de la circulación, la protección del ambiente, el saneamiento ambiental, la prevención y control del delito, para lo cual debían realizar acciones y utilizar los recursos materiales y humanos necesarios para "evitar que se coloquen obstáculos en la vía pública que impidan, perjudiquen o alteren el libre tránsito de las personas y vehículos; o se proceda a la inmediata remoción de tales obstáculos"[837]

Días después de dictada las medidas cautelares que habían requerido unas asociaciones de vecinos, la Sala Constitucional, actuan-

---

http://www.tsj.gov.ve/informa-cion/notasdeprensa/notasdeprensa.asp?codigo=11777, debe destacarse, sin embargo, que en la Nota de Prensa oficial del Tribunal Supremo informando sobre la primera decisión de detención del Alcalde del Municipio San Diego, se afirmó, que "Los alcaldes a quienes se sancionan son de los municipios donde presuntamente se han cometido mayor número de hechos delictivos como homicidios, destrucción de organismos públicos y privados, destrucción del ambiente, incendio de vehículos y cierre de vías, desde que se iniciaron las manifestaciones violentas en el país." Véase en http://www.tsj.gov.ve/in-formacion/notasde-prensa/notasdeprensa.asp?codigo=11768. Con ello, el Tribunal Supremo expresó claramente el propósito de su sentencia de amparo, que en definitiva no era el de proteger algún derecho ciudadano, sino el de sancionar a los Alcaldes de oposición, precisamente por ser de oposición.

837 Contra esta decisión de mandamiento de amparo cautelar el Alcalde del Municipio se opuso a la misma mediante escrito de 18 de marzo de 2014, y al día siguiente, el día 19 de marzo de 2014, la Sala Constitucional con base en el argumento de que en el procedimiento de amparo no debe haber incidencias, declaró como "*Improponible* en derecho la oposición al mandamiento de amparo constitucional cautelar planteada por el ciudadano Vicencio Scarano Spisso." Véase la sentencia N° 139 de 19 de marzo de 2014 en http://www.tsj.gov.ve/decisiones/scon/marzo/162073-139-19314 -2014-14-0205.HTML.

do de oficio, y con el propósito de sancionar directamente a los destinatarios de las mismas procedió a fijar un procedimiento *ad hoc* para determinar "el presunto incumplimiento al mandamiento de amparo," advirtiendo que impondría la sanción penal prevista en la Ley y remitiría la decisión para su ejecución a un juez de primera instancia en lo penal.[838] La Sala Constitucional se erigió, así, en el perseguidor de los funcionarios públicos electos, responsables de los gobiernos municipales en los Municipios donde la oposición había tenido un voto mayoritario, procediendo a declarar la inhabilitación política de los mismos, a encarcelarlos y a separarlos de su cargo, es decir, revocarle en definitiva su mandato, violando el principio democrático representativo.[839]

Posteriormente, la Sala Constitucional del Tribunal Supremo de Justicia, muy obediente y diligentemente, mediante sentencia Nº 150 de ese mismo día 20 de marzo de 2014, con base en las mismas solicitudes de "demandas de protección por intereses colectivos o difu-

---

838 La Sala Constitucional incluso, en la sentencia Nº 138 de 17 de marzo de 2014, decidió que "en caso de quedar verificado el desacato, impondrá la sanción conforme a lo previsto en el artículo 31 de la Ley Orgánica de Amparo sobre Derechos y Garantías Constitucionales y remitirá la decisión para su ejecución a un juez de primera instancia en lo penal en funciones de ejecución del Circuito Judicial Penal correspondiente. Por ello, con razón, Juan Manuel Raffalli consideró que "este 'precedente' no solo supone el fin de un criterio reiterado sino que representa "una violación a la doble instancia, porque si el TSJ ya tomó una decisión ante quién puede apelar el Alcalde". Véase en Juan Francisco Alonso, "Con caso Scarano TSJ echó a la basura 12 años de jurisprudencia. Juristas alertan que Sala Constitucional no puede condenar a nadie", en *El Universal,* viernes 21 de marzo de 2014 12:00 AM, en http:// www.eluniversal.com/nacional-y-politica/140321/con-caso-scarano-tsj-echo-a-la-basura-12-anos-de-jurisprudencia. Por todo ello, también con razón, Alberto Arteaga explicó que lo decidido "no tiene precedentes en el país. Es tan absurdo como una condena a pena de muerte. Si lo hizo la sala Constitucional, cuyas sentencias tienen carácter vinculante, cualquier tribunal que conozca de un procedimiento de amparo puede hacer lo mismo. Si damos por buena esta decisión cualquier alcalde puede ser destituido sin formula de juicio, como ocurrió con Scarano." Véase Edgard López, "Cualquier alcalde puede ser destituido como Scarano. Los penalistas Alberto Arteaga y José Luis Tamayo consideran que la Sala Constitucional violó la carta magna," en *El Nacional*, Caracas 21 de marzo de 2014, 12.01am, en http://www.el-nacional.com/poli-tica/Cualquier-alcalde-puede-destituido-Scarano_0_376162596.html.

839 Véase en http://www.tsj.gov.ve/informacion/notasdeprensa/notasdepren-sa.asp?codigo=11771.

sos," y en vista de la extensión de la medida cautelar de amparo dictada por la sentencia Nº 135 de 12 de marzo de 2014 respecto del Alcalde del Municipio San Cristóbal del Estado Táchira, Sr. Daniel Ceballos, la sala Constitucional procedió mediante sentencia Nº 263 el 11 de abril de 2014,[840] a sancionarlo a cumplir 12 meses de prisión, decidiéndose además su cesación "en el ejercicio del cargo de alcalde del municipio San Cristóbal del Estado Táchira."[841]

4. *La violación del principio de la democracia representativa mediante la inconstitucional imposición por el Juez Constitucional de un Gobierno a cargo de un funcionario no electo (2013)*

La esencia del principio democrático en la Constitución es que los ciudadanos tienen derecho a ser gobernados solo por funcionarios electos popularmente, de manera que por ejemplo, el cargo de Presidente de la República solo lo puede ejercer alguien que haya sido electo mediante sufragio universal, directo y secreto (art. 228). Sin embargo, entre enero y marzo de 2013, contrariando los más elementales principios de la justicia constitucional, el Juez Constitucional en Venezuela atentó abiertamente contra el principio democrático representativo, imponiéndole a los venezolanos un gobierno sin legitimidad democrática, es decir, conducido por un funcionario que no había sido electo por el pueblo, como era el Vicepresidente Ejecutivo (Nicolás Maduro, libre nombramiento del Presidente), una vez que Hugo Chávez después de ser reelecto Presidente de la República en

840 Véase en http://www.tsj.gov.ve/decisiones/scon/abril/162992-263-10414-2014-14-0194.HTML. Véase los comentarios a esta sentencia en "El fallido intento de la Sala Constitucional de justificar lo injustificable: la violación masiva de todos los principios del debido proceso en el caso de las sentencias no. 245 y 263 de 9 y 11 de abril de 2014, de revocación del mandato popular de Alcaldes," 11 de abril 2014, en http://allanbrewercarias.com/wp-content/uploads/2014/04/100.Brewer.-sobre-las-sentencias-del-caso-de-los-Alcaldes-de-San-Diego-y-San-Crist%C3%B3bal.-EL-FALLIDO-INTENTO-DE-JUSTIFICAR-L.pdf.

841 Véase en http://www.tsj.gov.ve/informacion/notasdeprensa/notasde-pren-sa.asp?codigo=11784. En la Nota de Prensa se informa que se habría dado "estricto cumplimiento al debido proceso" por el hecho de que se oyó al encausado y a la Asociación Civil que accionó contra él. Se le olvidó a la Sala Constitucional que conforme al artículo 49 de la Constitución, el debido proceso no se agota en el derecho a ser oído, sino a la defensa, a la presunción de inocencia, al juez natural, a la doble instancia entre otros, todos violados en dicha audiencia.

octubre de 2012, sin embargo, por enfermedad y luego quizás por su fallecimiento,[842] no pudo tomar posesión del cargo en enero de 2013.

Ello ocurrió con la emisión de dos sentencias de la Sala Constitucional del Tribunal Supremo de Justicia, Nº 2 de 9 de enero de 2013 [843] y Nº 141 de 8 de marzo de 2013, [844] dictadas al decidir sendos "recursos de interpretación abstracta" de la Constitución en un contexto condicionado por los siguientes hechos y situaciones jurídicas:

Primero, que el Presidente Chávez había sido reelecto Presidente de la República el 7 de octubre de 2012 para el período constitucional 2013-2019. La reelección se produjo estando en ejercicio del cargo de Presidente por el período constitucional 2007-2013, para el cual había sido reelecto en 2006; período este que terminaba el 10 de enero de 2013.

Segundo, que el Presidente Chávez, desde el día 9 de diciembre de 2012, había viajado a La Habana, luego de haber obtenido autorización de la Asamblea Nacional para ausentarse del territorio nacional

---

842 Debe precisarse que si bien el fallecimiento del Presidente Hugo Chávez fue "anunciado" oficialmente en Caracas el 5 de marzo de 2013, la Fiscal General de la República (Luisa Ortega Díaz) de la época, confirmó habría fallecido efectivamente en La Habana, en diciembre de 2012. Véase Ludmila Vinogradoff, "La exfiscal Ortega confirma que Chávez murió dos meses antes de la fecha anunciada," en *ABC International*, 16 de julio de 2018, en https://www.abc.es/inter-nacional/abci-confirman-chavez-murio-meses-antes-fecha-anunciada-201807132021_noticia.html.

843 Véase el texto de la sentencia en http://www.tsj.gov.ve/decisiones/scon/-Enero/02-9113-2013-12-1358.html. Véase los comentarios en Allan R. Brewer-Carías, "El juez constitucional y la demolición del principio democrático de gobierno. O de cómo la Jurisdicción Constitucional en Venezuela impuso arbitrariamente a los ciudadanos, al inicio del período constitucional 2013-2019, un gobierno sin legitimidad democrática, sin siquiera ejercer actividad probatoria alguna, violentando abiertamente la Constitución," en *Revista de Derecho Público*, No. 133 (enero-marzo 2013), Editorial Jurídica Venezolana, Caracas 2013, pp. 179-212.

844 Véase el texto de la sentencia en http://www.tsj.gov.ve.decisiones/scon/Marzo/141-9313-2013-13-0196.html. Véase los comentarios en Allan R. Brewer-Carías, "El Juez Constitucional y la ilegítima declaración, mediante una "nota de prensa," de la "legitimidad" de la elección presidencial del 14 de abril de 2013," en *Revista de Derecho Público*, No. 135, Editorial Jurídica Venezolana, Caracas 2013, pp. 207 y ss.

por más de 5 días (art. 234, Constitución), para someterse a una operación quirúrgica, después de la cual nunca más se le vio en público.

Tercero, que la ausencia del Presidente del territorio nacional constituyó una falta temporal (art. 234, Constitución) que constitucionalmente implicaba que el Vicepresidente Ejecutivo (Nicolás Maduro) que en Venezuela no es electo popularmente (es de libre nombramiento del Presidente), lo debía suplir; lo que sin embargo no hizo, habiendo permanecido en Caracas, con viajes frecuentes a La Habana, actuando solo mediante una delegación de atribuciones que el Presidente Chávez había decretado el 9 de diciembre de 2012.

Cuarto, que para tomar posesión del cargo de Presidente para el nuevo período constitucional 2013-2019, el Presidente Chávez debía necesariamente juramentarse ante la Asamblea Nacional el día 10 de enero de 2013 (art. 231, Constitución).

Quinto, que si ese día 10 de enero de 2013, el Presidente electo, por alguna causa sobrevenida no se podía juramentar ante la Asamblea Nacional, luego lo podía hacer posteriormente ante el Tribunal Supremo de Justicia (art. 231, Constitución).

Sexto, que el Vicepresidente Ejecutivo Nicolás Maduro informó a la Asamblea Nacional el 8 de enero de 2013, que el Presidente de la República, dado su estado de salud, no iba a poder comparecer ante la Asamblea el día 10 de enero de 2013 para juramentarse en su cargo, informando que permanecía en La Habana; y

Séptimo, que en esa fecha 10 de enero de 2013, en todo caso, comenzó el nuevo período constitucional 2013-2019 (art. 231, Constitución), sin haberse juramentado el Presidente electo.

Al día siguiente, la Sala Constitucional dictó la primera de las sentencias mencionadas, Nº 2, dictada el 9 de enero de 2013,[845] destinada a resolver la situación jurídica derivada de la anunciada falta de comparecencia del Presidente Hugo Chávez, después de su reelec-

---

845 Véase el texto de la sentencia en http://www.tsj.gov.ve/decisiones/scon/-Enero/02-9113-2013-12-1358.html. Véase los comentarios en Allan R. Brewer-Carías, "El juez constitucional y la demolición del principio democrático de gobierno. O de cómo la Jurisdicción Constitucional en Venezuela impuso arbitrariamente a los ciudadanos, al inicio del período constitucional 2013-2019, un gobierno sin legitimidad democrática, sin siquiera ejercer actividad probatoria alguna, violentando abiertamente la Constitución," en *Revista de Derecho Público*, No. 133 (enero-marzo 2013), Editorial Jurídica Venezolana, Caracas 2013, pp. 179-212.

ción, para tomar posesión de su cargo el día siguiente 10 de enero de 2013, que era la fecha en la cual terminaba su período constitucional 2007-2013 y cuando comenzaba el período 2013-2019; decidiendo que para asegurar una supuesta "continuidad administrativa" entre la gestión de un Presidente enfermo y ausente que terminaba su período el 10 de enero de 2013 y la que comenzaba el mismo día, con la ausencia del Presidente y sabiendo que obviamente no estaba en ejercicio de su cargo, le extendió sus funciones al Vice Presidente Ejecutivo, Nicolás Maduro y a todo el Gabinete ejecutivo, afirmando, contra la realidad, que a pesar de que Chávez estaba ausente del país, sin embargo, supuestamente estaba "en ejercicio efectivo de su cargo," lo que obviamente era falso pues, si es que acaso estaba vivo, lo que se había informado era que estaba recluido en un Hospital en La Habana.[846]

Luego vino la segunda sentencia, Nº 141, dictada el 8 de marzo de 2013,[847] tres días después de que el Vicepresidente Ejecutivo Nicolás Maduro anunciara el fallecimiento del Presidente Chávez, pero sin constatar tal circunstancia ni siquiera diciendo cuándo ese hecho habría ocurrido, mediante la cual la Sala Constitucional pasó a asegurar que el Vicepresidente Ejecutivo que ya había sido impuesto como gobernante (sin haber sido electo) por la misma Sala, continuaría como Presidente Encargado y, además, habilitándolo, contra lo dispuesto en la Constitución, para poder presentarse como candidato presidencial sin separarse de su cargo.

Ambas sentencias, hechas a la medida del régimen autoritario, fueron abierta y absolutamente inconstitucionales y dictadas, además, en ausencia de toda base probatoria: en enero, la Sala nunca tuvo a su vista informe médico alguno que indicara el estado de salud del Presidente Chávez, ni había fe de vida alguna del mismo; y en marzo, nunca tuvo a su vista la partida de defunción del Presidente Chávez para determinar la fecha de su fallecimiento, basándose para resolver, solamente en el hecho de que el Vicepresidente había "anunciado" su deceso.

---

846 Véase el texto de la sentencia en http://www.tsj.gov.ve/decisiones/scon/Enero/-02-9113-2013-12-1358.html.

847 Véase el texto de la sentencia en http://www.tsj.gov.ve.decisiones/scon/Marzo/141-9313-2013-13-0196.html. Véase los comentarios en Allan R. Brewer-Carías, "El Juez Constitucional y la ilegítima declaración, mediante una "nota de prensa," de la "legitimidad" de la elección presidencial del 14 de abril de 2013," en *Revista de Derecho Público*, No. 135, Editorial Jurídica Venezolana, Caracas 2013, pp. 207 y ss.

Ambas sentencias, violentaron el derecho ciudadano a la democracia representativa y a ser gobernados por gobiernos de origen democrático; es decir, el derecho a la representación política, lo que implica que los gobernantes sean electos como resultado del ejercicio del derecho al sufragio, y el derecho a que el acceso al poder en cualquier caso se haga con arreglo a la Constitución y a las leyes, es decir, a los principios del Estado de derecho.

5. *La violación del principio de la democracia representativa mediante la inconstitucional aceptación por el Juez Constitucional de una supuesta democracia sin sufragio (2017)*

En 2007, el Presidente Hugo Chávez, presentó ante la Asamblea Nacional un proyecto de reforma constitucional para la creación del Estado Comunal o del Poder Popular, [848] en el cual se buscaba reformar el artículo 136 de la Constitución, para establecer una "democracia" sin representación, es decir, según lo que fueron sus propias palabras, que "no nace del sufragio ni de elección alguna, sino que nace de la condición de los grupos humanos organizados como base de la población." [849]

Esta propuesta de reforma constitucional que buscaba eliminar el sufragio y la democracia representativa y su sustitución por la "democracia participativa;" luego de su rechazo por el pueblo, sin embargo, fue inconstitucionalmente impuesta en forma parcial, además de mediante la Ley de los Consejos Comunales sancionada con antelación,[850] mediante las Leyes Orgánicas del Poder Popular, en particu-

---

848 Véase Allan R. Brewer-Carías, *Hacia la consolidación de un Estado Socialista, Centralizado, Policial y Militarista, Comentarios sobre el sentido y alcance de las propuestas de reforma constitucional 2007,* Colección Textos Legislativos, No. 42, Editorial Jurídica Venezolana, Caracas 2007, 157 pp.

849 Véase *Discurso de Orden pronunciado por el ciudadano Comandante Hugo Chávez Frías, Presidente Constitucional de la República Bolivariana de Venezuela en la conmemoración del Ducentésimo Segundo Aniversario del Juramento del Libertador Simón Bolívar en el Monte Sacro y el Tercer Aniversario del Referendo Aprobatorio de su mandato constitucional*, Sesión especial del día Miércoles 15 de agosto de 2007, Asamblea Nacional, División de Servicio y Atención legislativa, Sección de Edición, Caracas 2007, p. 35

850 Véase en *Gaceta Oficial* No. 5.806 Extra. de 10-04-2006. Véase Allan R. Brewer-Carías, "El inicio de la desmunicipalización en Venezuela: La organización del Poder Popular para eliminar la descentralización, la democracia representativa y la participación a nivel local", en AIDA, Opera *Prima de Derecho Administrativo. Revista de la Asociación Internacional de Derecho Administrativo*, Universidad Nacional Autónoma de México, Facultad de Estudios Supe-

lar, la Ley Orgánica del Poder Popular y la Ley Orgánica de las Comunas,[851] y además, con la reforma de la Ley Orgánica del Poder Público Municipal,[852] que establecieron el marco normativo de un nuevo Estado, *paralelo al Estado Constitucional,* desconstitucionalizándolo,[853] denominado "Estado Comunal" o del "Poder Popular."

En ese nuevo esquema, se configuró un sistema político estatal ignorándose la democracia representativa al establecerse que los "voceros" de los Consejos Comunales, sin autonomía política, no eran electos por sufragio universal, directo y secreto, sino a mano alzada "en

---

riores de Acatlán, Coordinación de Postgrado, Instituto Internacional de Derecho Administrativo "Agustín Gordillo", Asociación Internacional de Derecho Administrativo, México, 2007, pp. 49 a 67.

851 Véase en *Gaceta Oficial* No. 6.011 Extra. de 21 de diciembre de 2010. La Sala Constitucional mediante sentencia Nº 1330 de 17 de diciembre de 2010 declaró la constitucionalidad del carácter orgánico de esta Ley. Véase en http://www.tsj.gov.ve/decisiones/scon/Diciembre/1330-171210-2010-10-1436.html. Véase en general sobre estas leyes, Allan R. Brewer-Carías, Claudia Nikken, Luis A. Herrera Orellana, Jesús María Alvarado Andrade, José Ignacio Hernández y Adriana Vigilanza, Leyes Orgánicas sobre el Poder Popular y el Estado Comunal (Los consejos comunales, las comunas, la sociedad socialista y el sistema económico comunal), Colección Textos Legislativos No. 50, Editorial Jurídica Venezolana, Caracas 2011; Allan R. Brewer-Carías, "La Ley Orgánica del Poder Popular y la desconstitucionalización del Estado de derecho en Venezuela," en *Revista de Derecho Público*, No. 124, Editorial Jurídica Venezolana, Caracas 2010, pp. 81-101.

852 Véase en *Gaceta Oficial* No. 6.015 Extra. de 28 de diciembre de 2010.

853 Véase en general sobre este proceso de desconstitucionalización del Estado, Allan R. Brewer-Carías, "La desconstitucionalización del Estado de derecho en Venezuela: del Estado Democrático y Social de derecho al Estado Comunal Socialista, sin reformar la Constitución," en *Libro Homenaje al profesor Alfredo Morles Hernández, Diversas Disciplinas Jurídicas,* (Coordinación y Compilación Astrid Uzcátegui Angulo y Julio Rodríguez Berrizbeitia), Universidad Católica Andrés Bello, Universidad de Los Andes, Universidad Monteávila, Universidad Central de Venezuela, Academia de Ciencias Políticas y Sociales, Vol. V, Caracas 2012, pp. 51-82; en Carlos Tablante y Mariela Morales Antonorzzi (Coord.), *Descentralización, autonomía e inclusión social. El desafío actual de la democracia*, Anuario 2010-2012, Observatorio Internacional para la democracia y descentralización, En Cambio, Caracas 2011, pp. 37-84; y en *Estado Constitucional,* Año 1, No. 2, Editorial Adrus, Lima, junio 2011, pp. 217-236.

nombre del pueblo," por asambleas controladas por el partido oficial y por el Ejecutivo Nacional.

Por ser inconstitucionales dichas leyes Orgánicas del Poder Popular fueron impugnadas ante la Sala Constitucional, al igual que la Ley de reforma de la Ley Orgánica del Poder Municipal de 2010. La Sala nunca siquiera admitió los recursos de nulidad, salvo el que se intentó respecto de la Ley Orgánica de los Consejos Comunales,[854] mediante la cual a los "voceros" de los Consejos Comunales se les asignó la función de designar a los miembros de las Juntas Parroquiales, las cuales, en consecuencia, fueron "degradadas," dejando de ser las "entidades locales" que son conforme a la Constitución, con gobiernos electos por sufragio universal directo y secreto; pasando a ser simples órganos "consultivos, de evaluación y articulación entre el Poder Popular y los órganos del Poder Público Municipal" (art. 35), cuyos miembros, además, los deben designar los voceros de los consejos comunales de la parroquia respectiva (art. 35), y sólo de entre aquellos avalados por la Asamblea de Ciudadanos "de su respectivo consejo comunal" (at. 36).[855]

Sin embargo, la Sala Constitucional, al resolver la impugnación de la ley Orgánica del Poder Municipal, mediante sentencia No. 355 de 16 de mayo de 2017,[856] simplemente y desconociendo el pilar de la demo-

---

854 Véase en *Gaceta Oficial* No. 39.335 de 28 de diciembre de 2009. Véase Allan R. Brewer-Carías, *Ley Orgánica de Consejos Comunales,* Colección Textos Legislativos, No. 46, Editorial Jurídica Venezolana, Caracas 2010.

855 Adicionalmente, en forma evidentemente inconstitucional, la Ley de reforma del Poder Municipal de 2010, decretó la "cesación" en sus funciones de "los miembros principales y suplentes, así como los secretarios o secretarias, de las actuales juntas parroquiales, quedando las alcaldías responsables del manejo y destino del personal, así como de los bienes correspondientes" (Disposición Derogatoria Segunda).

856 Caso: *impugnación de la Ley de reforma de la Ley Orgánica del Poder Público Municipal.* Véase en http://historico.tsj.gob.ve/decisiones/scon/mayo/199013-355-16517-2017-11-0120.HTML. Véase los comentarios a esta sentencia en Emilio J. Urbina Mendoza, "Todas las asambleas son sufragios, y muchos sufragios también son asambleas. La confusión lógica de la sentencia 355/2017 de la Sala Constitucional del Tribunal Supremo de Justicia y la incompatibilidad entre los conceptos de sufragio y voto asambleario," y José Ignacio Hernández G., "Sala Constitucional convalida la desnaturalización del Municipio. Notas sobre la sentencia No. 355/2017 de 16 de mayo," en *Revista de Derecho Público*, No. 150-151 (enero-junio 2017), Editorial Jurídica Venezolana, Caracas 2017, pp. 107-116 y 349-352.

cracia en Venezuela, que es la democracia representativa, admitió la posibilidad de que los miembros de las Juntas Parroquiales fueran designados por los Consejos Comunales, en un proceso que ni siguiera es una elección de segundo grado, porque no hay elección de primer grado en la designación a mano alzada de los voceros de los consejos comunales; y ello lo hizo para pretender privilegiar la "participación sin sufragio" sobre la participación mediante el sufragio, siguiendo la misma retórica "participativa" vacía que ha utilizado en muchas de sus decisiones, mediante sentencia Nº 355 de 2017 afirmando que el "derecho general a participar en los procesos de decisión en las distintas áreas" se ha establecido sin haber sido limitado a "la designación de representantes a cargos públicos de representación popular, toda vez que lo que se plantea, en definitiva, es el protagonismo fundamental de ciudadanos, la participación como nuevo paradigma determinante del nuevo régimen constitucional."

En todo caso, no es que el derecho a la participación política previsto en el artículo 62 de la Constitución se limite a la participación mediante el sufragio conforme al artículo 63 del mismo texto constitucional; sino que tratándose de pretendidas entidades políticas territoriales como son los Consejos Comunales, la designación de sus autoridades no puede realizarse en otra forma que no sea mediante elección por sufragio universal directo y secreto; por lo que, contrario a lo resuelto por la Sala en la sentencia, el artículo 35 de la Ley Orgánica impugnada sí estaba viciado de inconstitucionalidad, en lo que respecta a la designación (mal llamada "elección") de los miembros de las Juntas Parroquiales Comunales, lo que efectivamente sí quebrantaba el derecho constitucional al sufragio.

6. *La violación del principio de la democracia representativa mediante la eliminación del carácter alternativo del gobierno permitiendo la reelección indefinida (2009)*

En la Constitución de Venezuela de 1830, se estableció, como principio pétreo, que "El Gobierno de Venezuela *es y será siempre* republicano, popular, representativo, responsable y *alternativo,*" fórmula que se conserva en la Constitución de 1999, en particular sobre el carácter alternativo del gobierno.

Ello deriva incluso de la previsión que se estableció en la primera Constitución del país de 1811, que dispuso que:

> "Artículo 188. Una dilatada continuación en los principales funcionarios del Poder Ejecutivo es peligrosa a la libertad, y esta circunstancia reclama poderosamente una rotación periódica entre los miembros del referido Departamento para asegurarla."

Ello mismo lo recordó Simón Bolívar, quien, al presentar el proyecto de Constitución al Congreso de 1819, reunido en Angostura, expresó que:

> "...La continuación de la autoridad en un mismo individuo frecuentemente ha sido el término de los gobiernos democráticos. Las repetidas elecciones son esenciales en los sistemas populares, porque nada es tan peligroso como dejar permanecer largo tiempo en un mismo ciudadano el poder. El pueblo se acostumbra a obedecerle y él se acostumbra a mandarlo; de donde se origina la usurpación y la tiranía. ... nuestros ciudadanos deben temer con sobrada justicia que el mismo Magistrado, que los ha mandado mucho tiempo, los mande perpetuamente."[857]

Se trata, en definitiva, del derecho ciudadano a la alternabilidad republicana, como expresión del derecho colectivo a la democracia, tendiente a asegurar que las personas no se perpetúen en el ejercicio del poder, y que se asegure la participación en el ejercicio del poder de todos; o en otros términos, que se asegure la alternancia en el poder de diversas personas, así sean del mismo grupo político, y se evite la permanencia indefinida en el ejercicio del poder de determinadas personas.

Esto, por supuesto, toca el meollo de uno de los temas actualmente más debatidos relativos a la democracia contemporánea en América Latina, y es el relativo a la reelección presidencial, que ha buscado resolverse teniendo en cuenta, dentro del bloque de constitucionalidad, solo los derechos individuales de los ciudadanos a elegir y a ser electos, ignorándose la existencia, frente a esos derechos, del derecho colectivo del pueblo a la democracia, y en ella, a la alternancia en el ejercicio del poder.

Y así, en años recientes, ha surgido la peregrina tesis de que limitar el derecho de una persona a ser reelecto, por ejemplo, para ejercer el cargo de presidente de la República, reduciendo la posibilidad por ejemplo a solo dos períodos, pudiera ser una limitación odiosa e intolerable al derecho individual a ser electo, basado en el inaceptable argumento de que pudiera existir un supuesto "derecho humano a la reelección."[858] Al contrario, ese derecho no existe y esa limitación es

---

857 Véase en Simón Bolívar, *Escritos Fundamentales*, Caracas, 1982.

858 Por ello, A. Mejía Rivera y Rafael Jerez Moreno, han titulado su comentario a la sentencia de Honduras "La reelección presidencial en Honduras, la sentencia espuria y la falacia de un derecho humano," en el libro *La reelección presidencial en Centroamérica: ¿Un derecho absoluto?*, (Coordinador Joaquín A. Me-

necesaria pues con ella se garantiza el derecho colectivo de todos los ciudadanos a estar representados conforme a las exigencias cambiantes de una sociedad, como pueblo, y evitar que los electos en democracia se puedan convertir en especie de nuevos "monarcas" supuestamente electos, perpetuándose en el poder.

El tema se ha discutido judicialmente en América Latina, desde que se planteó ante la Sala Constitucional de Costa Rica en 2003,[859] y se planteó en Venezuela en 2009, mutándose la Constitución para simplemente eliminar el principio pétreo de la alternabilidad republicana.

En efecto, la Constitución de 1999, puede decirse que flexibilizó el principio de la alternabilidad, siendo la única en la historia constitucional que permitió la posibilidad de reelección presidencial inmediata aun cuando limitándola por una sola vez, para un nuevo período constitucional. Fue conforme a la Constitución que en 2006 se reeligió a Hugo Chávez para un segundo período, habiendo sido el mismo

---

jía R., y con trabajos de Víctor Orozco S., Gonzalo Carrión Salvador, Lulio Marenco Contreras, Rafael Jerez Moreno, Matilde Guadalupe Hernández, Carlos Rafael Urquilla Bonilla, Alfredo Ortega Gisela de León, Ana Marcia Aguiluz), Editorial Diakonia, Honduras, 2018. Por su parte, Roberto Viciano Pastor y Gabriel Moreno González, con razón, al estudiar las sentencias de diversos tribunales constitucionales de América Latina se plantean el tema haciendo referencia al "pretendido «derecho humano» a la reelección o la utilización torticera del control de convencionalidad," en "Cuando los jueces declaran inconstitucional la Constitución: la reelección presidencial en América Latina a la luz de las últimas decisiones de las cortes constitucionales," en *Anuario Iberoamericano de Derecho Constitucional*, Centro de Estudios Políticos y Constitucionales, No. 22, Madrid 2018, pp. 165-198, disponible en https://recyt.fecyt.es/index.php/AIJC/article/view/69137 y en https://doi.org/10.18042/cepc/aijc.22.06.

859 Véase entre otros trabajos: Ernesto Cárdenas y Federico Corredor, "El juez constitucional y la reelección presidencial en América Latina," en *Revista de Economía Institucional*, vol. 20, No. 38, primer semestre/2018, pp. 45-70; en http://www.scielo. org.co/pdf/rei/v20n38/0124-5996-rei-20-38-00045.pdf; y el libro *La reelección presidencial en Centroamérica: ¿Un derecho absoluto?, cit.*, Editorial Diakonia, Honduras, 2018. Véase nuestro estudio: Allan R. Brewer-Carías, "Jurisdicción constitucional en el contexto latinoamericano y democracia: El rol del Juez Constitucional en el dilema entre el derecho a la democracia y la reelección presidencial," conferencia en el Seminario sobre el Trigésimo Aniversario de la creación de la Sala Constitucional de la Corte Suprema de Costa Rica, San José, 25 de septiembre de 2019, disponible en http://allanbrewercarias.com/wp-content/uploads/2019/09/1235.-Brewer.-conf.-Juez-Const-democracia-reelecci%C3%B3n.-San-Jos%C3%A9-2019.-1.pdf

Chávez, al año siguiente, en 2007, quien propuso reformar la Constitución, para eliminar de su texto el principio de la alternabilidad republicana y establecer el principio de la reelección indefinida, a los efectos de perpetuarse en el poder, como era su proyecto.[860]

La reforma constitucional fue rechazada por el pueblo en 2007 y en 2009, Chávez propuso una enmienda constitucional, sin cambiar el texto del artículo 6 sobre el carácter alternativo del gobierno, estableciendo directamente la reelección indefinida de todos los cargos de elección popular. Antes, sin embargo, el Juez Constitucional mutó la Constitución confundiendo deliberadamente el carácter alternativo del gobierno con su carácter electivo, y sí abrir la vía para el establecimiento de la reelección indefinida.

Lo cierto es que no se puede confundir el gobierno alternativo con el principio del gobierno "electivo" o el más general principio "democrático" que el mismo artículo 6 de la Constitución establece, pues una cosa es poder elegir a los gobernantes, y otra cosa es el principio de alternabilidad que impide poder escoger al mismo gobernante ilimitadamente.[861]

La Sala Constitucional del Tribunal Supremo, sin embargo mediante sentencia Nº 53 de 3 de febrero de 2009 procedió a "interpretar" el artículo 6 de la Constitución afirmando, en contra de su texto, que el principio de la alternabilidad "lo que exige es que el pueblo como titular de la soberanía tenga la posibilidad periódica de escoger sus mandatarios o representantes," como se dijo, confundiendo fraudulentamente "gobierno alternativo" con "gobierno electivo." Por ello, es falso lo que afirmó la Sala Constitucional en la misma sentencia en relación con el principio de la alternabilidad, el sentido de que "sólo se infringiría el mismo si se impide esta posibilidad al evitar o no realizar las elecciones."

---

860 Véase sobre la propuesta de reforma constitucional de 2007 los comentarios en Allan R. Brewer-Carías, *La reforma constitucional de 2007 (Comentarios al proyecto inconstitucionalmente sancionado por la Asamblea Nacional el 2 de noviembre de 2007),* Colección Textos Legislativos, N° 43, Editorial Jurídica Venezolana, Caracas 2007.

861 Véase sobre el principio de la alternabilidad republicana en Venezuela, en Allan R. Brewer-Carías, "El Juez Constitucional vs. la alternabilidad Republicana. (La reelección continua e indefinida)," en *Revista de Derecho Público*, No. 117, Editorial Jurídica Venezolana, Caracas 2009, pp. 205 ss.; y en *Analitica.com,* 2019, en http:// www.analitica.com/va/politica/opinion/6273405.asp

Con su sentencia, la Sala Constitucional lo que hizo fue mutar ilegítimamente el texto de la Constitución pues, al contrario de lo que afirmó, la eliminación de la causal de inelegibilidad para ser electo para cargos públicos derivada de su ejercicio previo por parte de cualquier ciudadano sí trastocaba el principio de alternabilidad en el ejercicio del poder.

Se insiste, lo argumentado por la Sala Constitucional se refirió al principio de gobierno "electivo" que en los términos del mismo artículo 6 de la Constitución, es el que implica que "el electorado, como actor fundamental del proceso democrático, acuda a procesos comiciales periódicamente en los que compitan, en igualdad de condiciones, las diversas opciones políticas que integran el cuerpo social;" pero no al principio de gobierno "alternativo" que implica que no se pueda elegir indefinidamente una misma persona para el mismo cargo, así haya hecho un "buen gobierno."

El principio de la alternabilidad, para evitar el continuismo en el poder, precisamente implica la limitación que el pueblo, como poder constituyente originario, se impuso a sí mismo, en cuanto a la "oportunidad de decidir entre recompensar a quienes estime como sus mejores gobernantes, o bien renovar completamente las estructuras del poder cuando su desempeño haya sido pobre." Esa "oportunidad" había quedado reducida en la Constitución a la posibilidad de una sola reelección de inmediato, por una sola vez para un período inmediato. Por tanto, establecer la reelección continua como se pretendía con la reforma constitucional de 2007, sí alteraba el principio fundamental del gobierno "alternativo", que es distinto del principio del gobierno "electivo," necesitándose para su reforma, dada la formulación pétrea del artículo 6 de la Constitución (es y será siempre), no de alguna modificación constitucional por los procedimientos de Enmienda ni de Reforma Constitucional, sino solo mediante la convocatoria de una Asamblea Nacional Constituyente.

La Sala Constitucional, sin embargo, con su sentencia No. 53 de 03-02-2009, una vez más al servicio del autoritarismo,[862] lo que hizo fue mutar la Constitución a través de una interpretación, modificando ilegítimamente el sentido del principio del gobierno "alternativo" que el pueblo dispuso al aprobar mediante referendo la Constitución de 1999, que siempre debía regir sus gobiernos, y que el mismo pue-

[862] Véase Allan R. Brewer-Carías, "El Juez Constitucional al servicio del autoritarismo y la ilegítima mutación de la Constitución: el caso de la Sala Constitucional del Tribunal Supremo de Justicia de Venezuela (1999-2009)", en *Revista de Administración Pública*, No. 180, Madrid 2009, pp. 383-418.

blo ratificó en 2007 al rechazar, también mediante referendo, la reforma constitucional que pretendía introducir la reelección presidencial indefinida.

La inconstitucional sentencia, en todo caso, lo que implicó fue que se despejara fraudulentamente el camino para que el régimen autoritario pudiera someter a referendo en el mismo año 2009, una Enmienda Constitucional para borrar del texto el principio pétreo de la prohibición de reelección indefinida, que conforme a la Constitución solo podía modificarse mediante la convocatoria a una Asamblea Nacional Constituyente. En definitiva, la Enmienda se aprobó, en fraude a la Constitución y a la voluntad popular, quedando totalmente eliminado en Venezuela el principio de la alternabilidad republicana.[863]

VI. LA DEMOLICIÓN DEL PRINCIPIO DEMOCRÁTICO PARTICIPATIVO POR EL JUEZ CONSTITUCIONAL

Las críticas a la democracia representativa, fundamentadas más por la forma y carácter de la representación que en la representatividad misma, han provocado en el mundo contemporáneo la introducción de reformas para consagrar en las Constituciones, tanto instrumentos de democracia directa como mecanismos para asegurar la participación ciudadana directa en la conducción de los asuntos públicos, sin la intermediación o mediatización de partidos o de asambleas.

Ese fue el caso en la Constitución venezolana de 1999, en la cual además del ejercicio de la soberanía mediante la representación, la misma también se puede ejercer por el pueblo "directamente en la forma prevista en esta Constitución y en la Ley," regulándose a la vez, el derecho de participar en los asuntos públicos "directamente" (art. 62).[864] Y así, la Constitución estableció además mecanismos de

---

863 Véase los comentarios a la Enmienda de 2009 en Allan R. Brewer-Carías, *Reforma constitucional y fraude a la Constitución (1999-2009)*, Academia de Ciencias Políticas y Sociales, Caracas 2009.

864 Véase, en general, sobre la democracia participativa en la Constitución de 1999, Manuel Feo La Cruz, "La participación de la sociedad civil en el proceso de gestión pública. Retos y desafíos", en *El Derecho Público a comienzos del siglo XXI. Estudios homenaje al Profesor Allan R. Brewer-Carías,* Tomo I, Instituto de Derecho Público, UCV, Civitas Ediciones, Madrid, 2003, pp. 415-429; Fernando Flores Jiménez, "La participación ciudadana en la Constitución venezolana de 1999", en *Revista de Derecho Constitucional,* No. 5 (julio-diciembre). Editorial Sherwood, Caracas, 2001, pp. 75-88.

democracia directa, a veces confundida con la "democracia participativa,"[865] para permitir la participación de los ciudadanos en la toma de decisiones en los asuntos públicos.

Dichos mecanismos, sin embargo, no fueron siempre efectivamente desarrollados, habiéndose tornado ineficaces, en muchos, por obra del Juez Constitucional, como sucedió con la distorsión de los mecanismos de participación ciudadana en la elección en segundo grado de altos funcionarios de los Poderes Públicos; con la aniquilación de los referendos revocatorios; con la eliminación de la consulta popular de las leyes; con la negación del derecho del pueblo de convocar Asambleas Constituyentes; con la degradación de la participación ciudadana a través de los partidos políticos; y con el secuestro del derecho ciudadano de manifestar, entre otros.

1. *La violación del derecho a la participación ciudadana en la elección en segundo grado de altos funcionarios del Estado*

De acuerdo con la Constitución, el sistema democrático está montado no sólo en la elección directa del Presidente de la República y de los diputados a la Asamblea Nacional, sino en la elección indirecta, en segundo grado, por parte de los últimos, de los altos funcionarios de los otros Poderes Públicos, es decir, de los magistrados del Tribunal Supremo de Justicia (Poder Judicial) (art. 264, 265); del Contralor General de la República, del Fiscal General de la República y del Defensor del Pueblo (Poder Ciudadano) (art. 279), y de los miembros del Consejo Nacional Electoral (Poder Electoral) (art. 296). En todos estos casos, la elección por parte de la Asamblea Nacional sólo puede hacerse de personas postuladas por sendos "Comités de Postulaciones" que deben estar necesaria y únicamente integrados por *representantes de los diversos sectores de la sociedad."* Se trata de los siguientes Comités: el Comité de Postulaciones Judiciales (arts. 264, 270), el Comité de Evaluación de Postulaciones del Poder Ciudadano (art. 279) y Comité de Postulaciones Electorales (art. 295), todos los cuales deben estar

865 Véase Humberto Njaim, "Las implicaciones de la democracia participativa: un tema constitucional de nuestro tiempo", en *Constitución y Constitucionalismo Hoy*. Editorial Ex Libris, Caracas, 2000, pp. 719-742; Ricardo Combellas, "La democracia participativa y la Constitución de la República Bolivariana de Venezuela", en *Derecho Constitucional. General y Particular. Actualizado con la Constitución de la República Bolivariana de Venezuela del 24-03-2000,* Tomo I, Universidad Santa María, Caracas, pp. 279-305; Luis Salamanca, "La Constitución venezolana de 1999: de la representación a la hiper-participación ciudadana", en *Revista de Derecho Público*, N° 82 (abril-junio). Editorial Jurídica Venezolana, Caracas, 2000, pp. 85-105.

integrados exclusivamente con "representantes de los diversos sectores de la sociedad;" es decir, con personas provenientes de la sociedad civil, lo que implica que en los mismos no pueden tener cabida personas que sean funcionarios públicos. Por tanto, los diputados a la Asamblea Nacional no podrían formar parte de dichos Comités, siendo inconstitucional su inclusión en los mismos.

Sin embargo, esa posibilidad de participación ciudadana, desde 1999 ha sufrido infinidad de vicisitudes políticas, no solo por la sanción de una legislación que la ha distorsionado, sino por la acción y la omisión tanto de la Asamblea Nacional como del Juez Constitucional, que han propiciado la demolición misma del principio de la participación ciudadana, habiéndose conformado dichos Comité en definitiva como Comisiones parlamentarias ampliadas, dependientes de la Asamblea Nacional.[866] En esa forma, la Asamblea se aseguró, materialmente el mismo poder discrecional que tenía el antiguo Congreso Nacional en la designación de los titulares de los órganos no electos del Poder Público, como por ejemplo quedó evidenciado masivamente en 2014, con las inconstitucionales designaciones de los titulares de las ramas del Poder Público, que se configuraron como un golpe de Estado.[867]

Esto ha sido patente con cuanto al Comité de Postulaciones Judiciales (art. 270), como un órgano asesor del Poder Judicial para la selección de los candidatos a Magistrados del Tribunal Supremo de Justicia (art. 264), el cual a pesar de las exigencias constitucionales, su configuración y la forma de designación de los Magistrados ha sido sucesivamente violentada. Ello comenzó incluso, por la propia Asamblea Nacional Constituyente, con las designaciones que hizo el 22 de diciembre de 1999, mediante el "Decreto sobre el Régimen Transitorio

---

866 Véase los comentarios sobre la inconstitucional práctica legislativa reguladora de los Comités de Postulaciones integradas, cada uno, con una mayoría de diputados, convirtiéndolas en simples "comisiones parlamentarias ampliadas," en Allan R. Brewer-Carías, "La participación ciudadana en la designación de los titulares de los órganos no electos de los Poderes Públicos en Venezuela y sus vicisitudes políticas", en *Revista Iberoamericana de Derecho Público y Administrativo*, Año 5, No. 5-2005, San José, Costa Rica 2005, pp. 76-95.

867 Véase Allan R. Brewer-Carías, "La elección popular indirecta de altos funcionarios del Estado en Venezuela y su violación por el Estado autoritario: el golpe de Estado de diciembre de 2014 dado con las inconstitucionales designaciones de los titulares de las ramas del Poder Público," en *Revista de Investigações Constitucionais. Journal of Constitutional Research*, V. 2, No. 2 (maio-agosto 2015), ISSN 2359-5639, pp. 63-92.

del Poder Público" dictado el 22 de diciembre de 1999,[868] dos días después de la "proclamación" de la Constitución y una semana después de haberse aprobado la Constitución mediante el referendo celebrado el 15 de diciembre de 1999, y sin previsión alguna en su texto para ello; y todo ello, antes de su entrada en vigencia, cuya publicación fue deliberadamente demorada hasta el 30-12-99[869].

Posteriormente, la Asamblea Nacional electa en 2000, que estaba obligada a regular los Comités de Postulaciones, en lugar de hacerlo, dictó una "Ley Especial para la Ratificación o Designación de los Funcionarios y Funcionarias del Poder Ciudadano y Magistrados y Magistradas del Tribunal Supremo de Justicia para el primer período constitucional" de 14 de noviembre de 2000,[870] violó los artículos 264, 270 y 279 de la Constitución, sustituyendo los Comités de Postulaciones por una Comisión Parlamentaria de 15 diputados o diputadas, "que actuará como Comisión de Evaluación de Postulaciones" (art. 3), y que una vez instalada, debía seleccionar una lista de 12 representantes de los diversos sectores de la sociedad, para que la Asamblea Nacional designara 6 representantes para integrarlos a la Comisión.

Esa Ley Especial fue una burla a la Constitución y constituyó el inicio de la continuada confiscación del derecho a la participación política de los administrados, "prorrogando" el régimen transitorio por su carencia legislativa, eligiendo la Asamblea mediante sendos Acuerdos a los altos funcionarios del Estado sin ajustarse a lo que disponían los artículos 264, 270 y 279 de la Constitución.

Por ello, incluso, la Defensora del Pueblo intentó una acción de nulidad por inconstitucionalidad con contra la Ley Especial, solo para que la Sala Constitucional del Tribunal Supremo de Justicia, cuyos Magistrados habían sido producto del régimen transitorio, en la sentencia legitimara la omisión del legislador y justificara la violación de la Constitución, fundamentándose en el régimen transitorio que el Legislador no quiso superar.[871]

---

868 Véase en *Gaceta Oficial* No. 36.859 de 29-12-99.

869 Véase en *Gaceta Constituyente (Diario de Debates), Noviembre 1999-Enero 2000, cit.* Sesión de 22-12-9, No. 51, pp. 2 y ss. Véase *Gaceta Oficial* No. 36.859 de 29-12-99; y *Gaceta Oficial* No. 36.860 de 30-12-99.

870 Véase en *Gaceta Oficial* No. 37.077 de 14-11-00.

871 Véase en *Revista de Derecho Público*, No. 84, (octubre-diciembre), Editorial Jurídica Venezolana, Caracas, 2000, pp. 108 y ss.

Con posterioridad, tanto en la Ley Orgánica del Tribunal Supremo de Justicia de 2004,[872] como en la de 2010, se repitió la inconstitucional composición del Comité de Postulaciones Judiciales integrado por once miembros principales, cinco de lo cuales son diputados y los otros seis "de los demás sectores de la sociedad," ignorando que los diputados a la Asamblea Nacional, por esencia, no pueden considerarse representantes de la sociedad civil. Con ello resultó de nuevo violentada la exigencia constitucional de un Comité de Postulaciones Judiciales "integrado por representantes de los diversos sectores de la sociedad.

El resultado de ello ha sido la integración del Tribunal Supremo de Justicia con una mayoría de miembros del partido de gobierno e incluso de personas que habían sido diputados del mismo, lo que ha sido rechazado incluso a nivel internacional.[873]

La misma violación ha ocurrido con la integración del Comité de Evaluación de Postulaciones del Poder Ciudadano, el cual también debe estar integrado "por *representantes de los diversos sectores de la sociedad*." Sin embargo, desde la sanción de la Ley Orgánica del Poder Ciudadano en 2001,[874] la integración del Comité se lo sujetó a lo que estableciera el "Ordenamiento Jurídico Interno del Consejo Moral Republicano," confiscándose de nuevo el derecho ciudadano a la participación política, indicándose solo que dicho Consejo procuraría "la participación del mayor número de sectores en la designación de los miembros del Comité de Evaluación de Postulaciones" (Art. 26).[875]

---

872 *Gaceta Oficial* No. 37.942 de 20-05-2004. Véase los comentarios a la Ley en Allan R. Brewer-Carías, *Ley Orgánica del Tribunal Supremo de Justicia. Procesos y procedimientos constitucionales y contencioso-administrativos*, Caracas, 2004.

873 Véase por ejemplo, el informe de Human Rights Watch, *Manipulando el Estado de Derecho. Independencia del Poder Judicial amenazada en Venezuela*, junio de 2004, Vol. 16. N° 3 (B), en el cual se denunció el texto de la Ley Orgánica como instrumento para el control del Tribunal Supremo de Justicia por el gobierno. Véase las referencias en *El Nacional*, Caracas, 18-06-2004, p. A-2; 20-06-2004, p. A-4.

874 *Gaceta Oficial* No. 37.310 de 25 de octubre de 2001.

875 El Consejo Moral Republicano dictó mediante Resolución No. CMR-2003-006 de 23-05-2003 sobre la Estructura Organizativa y Funcional de dicho Consejo (*Gaceta Oficial* No. 37.719 de 26-06-2003), en la cual sin embargo, nada se es-

Con posterioridad, las designaciones de los titulares de los órganos del Poder Ciudadano siempre se hicieron al margen de la Constitución,[876] habiendo sido más que notoria la violación a la Constitución, en la "designación" efectuada en 2014, por mayoría simple de votos de diputados de la Asamblea Nacional, como si estuviese actuado como órgano legislador general, y no como cuerpo elector de segundo grado; en lo que fue considerado un fraude constitucional.[877]

Sobre ello, sin embargo, la Sala Constitucional del Tribunal Supremo, mediante sentencia Nº 1864 de 22 de diciembre de 2014,[878] concluyó en esencia, y por supuesto en forma inconstitucional, que como el segundo párrafo del artículo 279 de la Constitución supuestamente no especificaba cuál debía ser la mayoría que se requería para designar a los representantes del Poder Ciudadano –lo que por supuesto no era necesario pues ya estaba indicado en el primer párrafo de la norma– , entendiendo entonces que esa designación era por la "mitad más uno de los diputados y diputadas presentes en la sesión parlamentaria que corresponda," ignorando el carácter de órgano elector de segundo grado de la Asamblea Nacional que tiene en esos casos, para poder realizar, en representación del pueblo, una elección popular indirecta.[879]

---

tableció en relación con el Comité de Evaluación de Postulaciones del Poder Ciudadano.

876 Véase por ejemplo lo expuesto en Allan R. Brewer-Carías, "Sobre el nombramiento irregular por la Asamblea Nacional de los titulares de los órganos del poder ciudadano en 2007," en *Revista de Derecho Público*, No. 113, Editorial Jurídica Venezolana, Caracas 2008, pp. 85-88

877 Como lo expresó José Ignacio Hernández: "con esa designación, se materializó el fraude a la Constitución: una mayoría de las 2/3 partes pasó a ser una mayoría "simple" o "absoluta". [...] De hecho, el Artículo 279 constitucional fue modificado, para avalar la designación de los representantes del Poder Ciudadano por mayoría "simple" o "absoluta". Véase José Ignacio Hernández, "La designación del Poder Ciudadano: fraude a la Constitución en 6 actos;" en *Prodavinci,* 22 de diciembre, 2014, en http://prodavinci.com/blogs/la-designacion-del-poder-ciudadano-fraude-a-la-constitucion-en-6-actos-por-jose-i-hernandez/.

878 La sentencia se publicó inicialmente el 22 de diciembre de 2014 en http://www.tsj.gob.ve/decisiones/scon/diciembre/173494-1864-221214-2014-14-1341.HTML. A los pocos días se montó en: http://historico.tsj.gov.ve/decisiones/scon/diciembre/173494-1864-221214-2014-14-1341.HTML.

879 Véanse los comentarios de María Amparo Grau, "Golpe a la Constitución ¡de nuevo!," en E*l Nacional*, Caracas, 24 de diciembre 2014; de Román Duque Co-

En cuanto al Comité de Postulaciones Electorales de candidatos a integrantes del Consejo Nacional Electoral," el cual también debía estar "integrado por *representantes de los diferentes sectores de la sociedad,* de conformidad con lo que establezca la ley," (art. 295), su integración se hizo igualmente, desde el inicio en 2000, violentándose la Constitución, y luego al sancionarse la Ley Orgánica del Poder Electoral en 2002,[880] en la cual, también en este caso, lo que se reguló fue una "Comisión parlamentaria ampliada" con el nombre de Comité de Postulaciones (art. 19), integrada por veintiún (21) miembros, de los cuales once fueron diputadas y diez postulados "por los otros sectores de la sociedad." Con ello, de nuevo, se confiscó el derecho a la participación política de los diversos sectores de la sociedad civil de integrar en forma exclusiva el Comité de Postulaciones.

Con posterioridad, y a raíz de los intentos en 2003 de convocar un referendo consultivo sobre la renuncia del Presidente de la República, y de la paralización decretada por la Sala Electoral del Tribunal Supremo en diversas sentencias dictadas en 2002 y 2003[881] del funcionamiento del Consejo Nacional Electoral, a partir de 2004, en virtud de que en la Asamblea Nacional las fuerzas políticas no habían llegado a un acuerdo para nombrar a los miembros del mismo, la Sala Constitucional con la argucia de resolver una omisión legislativa, a partir de entonces asumió la función de nombrarlos, por supuesto, sin que los diversos sectores de la sociedad tuvieran participación alguna, violentándose la Constitución, quedando así secuestrado el Poder Electoral.[882]

En esta forma, una de las reformas "estrella" incorporadas en la Constitución para garantizar que los candidatos a Magistrados del

---

rredor por designación del Defensor del Pueblo, al Presidente del Instituto Latinoamericano del Ombudsman, 27 de diciembre de 2014, en http://crónicas venezuela.com/2014/12/27/carta-de-romn-duque-corredor-por-designacin-del-defensor-del-pueblo/; y de Alex Vásquez, "Imponen al Poder Ciudadano al margen de la Constitución," en *El Nacional*, 23 de diciembre de 2014, en http://www.el-nacional.com/politica/Imponen-Poder-Ciudadano-margen-Constitucion_0_542345921.html

880 Véase en *Gaceta Oficial* No. 37.573 de 19-11-2002.

881 Véase Allan R. Brewer-Carías, *La Sala Constitucional vs. el Estado democrático de derecho (El secuestro del Poder Electoral y de la Sala Electoral del Tribunal Supremo y la confiscación del derecho a la participación política)*, Caracas, 2004, pp. 60 y ss.

882 Como se analiza al final de este estudio.

Tribunal Supremo de Justicia, Fiscal General de la República, Defensor del Pueblo, Contralor General de la República y Rectores del Consejo Nacional Electoral fueran propuestos a la Asamblea Nacional por unos Comités de Postulaciones integrados todos, "por *representantes de los diversos sectores de la sociedad;"* fue olvidada y nunca aplicada por obra del legislador y del Juez Constitucional que avaló el zarpazo autoritario contra la participación popular.

2. *La violación al derecho a la participación ciudadana mediante el derecho a la revocación popular de mandato del presidente de la República (2004)*

La segunda de las regulaciones estrella de la Constitución en materia de participación ciudadana fue la incorporación de las diversas formas de realización de referendos (consultivos, aprobatorios, decisorios, abrogatorios, autorizatorios y revocatorios), los cuales, ante la ausencia de regulación legislativa, y el establecimiento mediante normas reglamentarias de condiciones y requisitos, no han podido realizarse efectivamente.

Ello ha tenido especial repercusión en cuanto al referendo revocatorio de mandatos electivos, regulado en el artículo 72 de la Constitución, al establecer el derecho ciudadano a la revocatoria de los mismos, que los ciudadanos pueden convocar mediante una iniciativa popular por un número no menor del veinte por ciento de los electores inscritos en la correspondiente circunscripción, disponiéndose que:

> "Cuando igual o mayor número de electores que eligieron al funcionario hubieren votado a favor de la revocación, siempre que haya concurrido al referendo un número de electores igual o superior al veinticinco por ciento de los electores inscritos, se considerará revocado su mandato y se procederá de inmediato a cubrir la falta absoluta conforme a lo dispuesto en esta Constitución y en la ley."

En 2004 se presentó una iniciativa popular para la revocación del mandato del Presidente Hugo Chávez, y efectuado el referendo revocatorio presidencial el 15 de agosto de 2004, conducido por un órgano electoral, que como lo afirmó el Secretario General de la Organización de Estados Americanos, Cesar Gaviria, quien fue observador internacional destacado en el mismo, "atendía a líneas partidistas;"[883] a pesar

---

[883] Véase en *El Nacional*, Caracas, 26-08-2004, p. A-2; y en *El Nacional*, Caracas 27-08-2004, p. A-8. El Presidente de la República, al día siguiente, acusaría a Gaviria de "ambiguo, irresponsable, indigno y mentiroso". Véase en *El Nacional*, Caracas, 28-08-2004, pp. A-1 y A-2.

de que el mandato del Presidente de acuerdo con la Constitución había quedado revocado, el Consejo Nacional Electoral con la ayuda de la Sala Constitucional, le cambió el carácter de "revocatorio" del referendo y lo convirtió en un referendo "ratificatorio" que no está previsto en la Constitución.

En efecto, de la norma citada resulta en cuanto a los votos necesarios para que se produzca la revocatoria del mandato, que debe ser en un número igual o mayor de los votos de los electores que eligieron al funcionario, sobre lo cual la Sala Constitucional en sentencia Nº 2750 de 21 de octubre de 2003 señaló que con ello se buscaba "impedir que funcionarios que alcanzaron su puesto con altos porcentajes de apoyo popular puedan perderlo por simple mayoría.[884]

Sobre dicho referendo y los votos necesarios para su ocurrencia, la Sala Constitucional precisó en sentencia Nº 1139 de 5 de junio de 2002 (Caso: *Sergio Omar Calderón y William Dávila B.*) que: "la votación favorable a la revocación debe ser igual o mayor que la que el funcionario obtuvo cuando fue electo, sin que puedan someterse tales condiciones numéricas a procesos de ajuste o de proporción alguno.[885]

En consecuencia, conforme a esta doctrina de la Sala y a la expresa disposición constitucional, se produce la revocación de un mandato de elección popular como consecuencia de un referendo revocatorio, cuando "la votación favorable a la revocación [sea] igual o mayor que la que el funcionario obtuvo cuando fue electo". Y nada más. Se trata de un referendo revocatorio de mandatos de elección popular y no de un referendo "ratificatorio" de tales mandatos, el cual no existe en el texto constitucional. Precisamente por ello, nada indica la Constitución para el caso de que si bien voten a favor de la revocación de un mandato un número de electores superior al número de votos que obtuvo el funcionario cuando fue electo, sin embargo, en la votación referendaria se pronuncien por la "no revocación" un número mayor de votos. Ello podría ocurrir, pero conforme al texto de la Constitución, no tendría efecto alguno, pues es la regulación constitucional la que establece el efecto de un referendo revocatorio: basta que la votación favorable a la revocación sea igual o mayor que la que el funcionario obtuvo cuando fue electo, para que quede revocado. Y ello es así, incluso a pesar de que el Registro Electoral haya variado con el transcurso del tiempo.

---

884 Caso: *Carlos Enrique Herrera Mendoza, (Interpretación del artículo 72 de la Constitución (Exp. 03-1989).*

885 Véase en *Revista de Derecho Público,* N° 89-92, Editorial Jurídica Venezolana, Caracas 2002, p. 171. Criterio seguido en la sentencia N° 137 de 13-02-2003 (Caso: *Freddy Lepage Scribani y otros*) (Exp. 03-0287).

Sin embargo, de manera evidentemente inconstitucional, en las *Normas para regular los procesos de Referendos Revocatorios de mandatos de Elección Popular* dictadas por el Consejo Nacional Electoral en 25 de septiembre de 2003,[886] si bien se estableció que se considera revocado el mandato "si el número de votos a favor de la revocatoria es igual o superior al número de los electores que eligieron al funcionario", se agregó la frase: "*y no resulte inferior al número de electores que votaron en contra de la revocatoria*" (Art. 60). Con este agregado, en una norma de rango sublegal, se restringió el derecho ciudadano a la participación política mediante la revocación de mandatos populares, al establecerse un elemento que no está en la Constitución relativo al voto por la "no revocación."

Con ello se trastocó la naturaleza "revocatoria" del referendo que regula el artículo 72 de la Constitución, y en evidente fraude a la Constitución, se lo convirtió en un referendo "ratificatorio" de mandatos de elección popular.

Lo inaudito de este fraude constitucional, es que dicho criterio luego sería avalado por la propia Sala Constitucional del Tribunal Supremo en la sentencia Nº 2750 de 21 de octubre de 2003 (Caso: *Carlos E. Herrera Mendoza, Interpretación del artículo 72 de la Constitución*), en la cual señaló que:

> "Se trata de una especie de relegitimación del funcionario y en ese proceso democrático de mayorías, incluso, si en el referendo obtuviese más votos la opción de su permanencia, debería seguir en él, aunque voten en su contra el número suficiente de personas para revocarle el mandato."[887]

En realidad, en un referendo "revocatorio" no puede haber votos por "la permanencia" del funcionario; lo que puede haber son votos por la revocación del mandato o por la no revocación. El voto por la "no revocación" del mandato es un voto negativo (No); y un voto negativo no puede ser convertido en un voto positivo (Sí) por la permanencia del funcionario. Ello sería cambiar la naturaleza del referendo revocatorio, lo que efectivamente ocurrió en Venezuela, correspondiendo a la Sala Constitucional ratificar el trastocamiento de la naturaleza de la revocación del mandato, convirtiéndola en un mandato para "relegitimar" o para "ratificar" mandatos de elección popular, cuando ello no fue la intención del constituyente ni resulta del texto del artículo 72 de la Constitución.

---

886 Resolución N° 030925-465 de 25-09-2003.

887 Exp. 03-1989.

Lo único que la Constitución regula es la revocación de mandatos, y para ello, lo único que exige en materia de votación es que un número "igual o mayor de electores que eligieron al funcionario hubieren votado a favor de la revocación". En el caso del Presidente de la República, Hugo Chávez, el mismo había sido electo en agosto de 2000 con 3.757.774 votos, por lo que bastaba para que su mandato fuese revocado, que el voto a favor de la revocación superara esa cifra. Como lo anunció el Consejo Nacional Electoral el 27 de agosto de 2004, el voto a favor de la revocación del mandato del Presidente de la República en el referendo mencionado fue de 3.989.008, por lo que constitucionalmente su mandato había quedado revocado.

Sin embargo, ya se había cambiado ilegítimamente la Constitución, e independientemente de las denuncias de fraude que se formularon respecto del referendo revocatorio del 15 de agosto de 2004, el Consejo Nacional Electoral el mencionado día 27 de agosto de 2004, no sólo dio los datos definitivos de la votación efectuada en el referendo revocatorio, sino que acordó "ratificar" al Presidente de la República en su cargo hasta la terminación del período constitucional en enero de 2007. En efecto, en la *página web* del Consejo Nacional Electoral del día 27 de agosto de 2004, apareció la siguiente nota:

> "El presidente del Consejo Nacional Electoral, Francisco Carrasquero López, se dirigió al país en cadena nacional para anunciar las cifras definitivas y oficiales del evento electoral celebrado el pasado 15 de agosto, las cuales dan como ratificado en su cargo al Presidente de la República, Hugo Rafael Chávez Frías, con un total de 5 millones 800 mil 629 votos a favor de la opción "No".
>
> En la contienda electoral participaron 9 millones 815 mil 631 electores, de los cuales 3.989.008 se inclinaron por la opción "Sí" para revocar el mandato del Presidente Chávez. La totalización arrojó que la opción "No" alcanzó el 59,25% de los votos, mientras el "Sí" logró el 40,74% del total general, y la abstención fue del 30,02%.
>
> Vale destacar que para estos comicios el Registro Electoral se incrementó significativamente, alcanzando un universo de 14. 027.607 de electores con derecho a sufragar en el RR.
>
> Con base en la expresión de la voluntad popular, el Consejo Nacional Electoral, este viernes 27 de agosto, ratificará en la Presidencia de la República Bolivariana de Venezuela a Hugo Chávez Frías, quien culminará su período constitucional en el año 2006."

Y en efecto, en acto solemne efectuado ese día, el Consejo Nacional Electoral acordó "ratificar" al Presidente de la República en su cargo, a pesar de que un número de electores mayor que los que lo eligieron hubieran votado a favor de la revocación de su mandato. Otro tanto haría la Asamblea Nacional, sin que esa figura de la ratificación estuviese prevista en norma constitucional alguna.[888]

Lo más grave de la secuela de este proceso fue que el gobierno pasó a desarrollar la estrategia de discriminación política más masiva que se ha producido en toda la historia de América Latina, al publicar una llamada *"lista Tascón,"* con los nombres de los ciudadanos peticionarios del referendo revocatorio (no de los votantes, solo de los que ejercieron el derecho constitucional de petición –más de tres millones –) quienes inmediatamente quedaron excluidos de toda posibilidad de entrar en contacto con la Administración del Estado, e incluso en algunos casos, ni siquiera poder obtener el documento de identidad. El caso fue denunciado ante la Comisión Interamericana de Derechos Humanos por algunos agraviados, y al final, la Corte Interamericana de Derechos Humanos dictó sentencia condenatoria al Estado venezolano con fecha 8 de febrero de 2018 (*Caso Rocío San Miguel Sosa, Magally Chang Girón y Thais Coromoto Peña vs. Venezuela*), por violación a los derechos políticos y libertad de pensamiento y expresión de las denunciantes, encontrando responsable a Venezuela por la desviación de poder y discriminación política.[889]

Similares trabas para impedir la participación ciudadana mediante la revocatoria de mandatos se produjeron en 2016 luego de que se presentara una petición popular para iniciar el proceso de convocatoria del referendo revocatorio para el mandato del presidente Nicolás Maduro, respaldada por más de dos millones de firmas. Por orden del gobierno, el Consejo Nacional Electoral inició el proceso de entrabamiento de la manifestación legitima de la voluntad popular, calificando la petición como un golpe de Estado, a lo que el Secretario General de la Organización de Estados Americanos, Luis Almagro, en su comunicación al Consejo Permanente de la Organización, el 30 de mayo de 2016, sobre la situación de Venezuela a la luz de la Carta Democrática Interamericana, indicó que

---

888 Véase *El Nacional*, Caracas, 28-08-2004, pp. A-1 y A-2.

889 Véase la información en "Comunicado" de la Corte Interamericana: "Venezuela es responsable por la desviación de poder y la discriminación política en contra de funcionarias que aparecían en la ''Lista Tascón," en http:// www.corteidh.or.cr/docs/comunicados/cp_20_18.pdf. Véase el texto íntegro de la sentencia en http://www.corteidh.or.cr/docs/casos/articulos /seriec _348_esp.pdf.

"El hecho de llamar a un revocatorio conforme a la Constitución no es ser golpista; ser golpista es anular esa posibilidad constitucional de que el pueblo se exprese. O diferirla. O ponerle obstáculos. O proponer fórmulas insanas políticamente ..."[890]

Como no hubo tiempo de llevar el asunto para obtener una decisión de "justicia constitucional a la carta" de parte del Juez Constitucional, el gobierno a través de gobernadores de Estado oficialistas, se las arregló para que al unísono formularan peticiones ante jueces penales, los cuales dictaron medidas cautelares suspendiendo el proceso de recolección de firmas para la iniciativa del referendo revocatorio, que el Poder Electoral controlado, de inmediato "acató", suspendiendo el proceso *sine die*.[891]

Todo ello lo que puso en evidencia es que la democracia "participativa" de mandatos revocables regulada en la Constitución, que tanta importancia se le da en el "nuevo paradigma constitucional," no pasó de ser otra gran mentira.

3. *La violación al derecho a la participación ciudadana mediante la consulta popular de leyes (2014, 2017)*

La Constitución de 1999, además de regular directamente el mecanismo de participación ciudadana en la conformación de los Comités de postulaciones para la elección de los altos funcionarios del Estado no electos popularmente en forma directa, y mediante los referendos revocatorios, como antes se ha analizado también estableció un mecanismo de participación ciudadana directa en el proceso de elaboración de las leyes, al disponer en forma general que la Asamblea Nacional o las Comisiones Permanentes, *durante el procedimiento de discusión y aprobación de los proyectos* de leyes, deben consultar a los ciudadanos y a la sociedad organizada para oír su opinión sobre los mismos, teniendo derecho de palabra en su discusión los representantes de la sociedad organizada, "en los términos que establezca el reglamento de la Asamblea Nacional" (art. 211).

---

890 Véase la comunicación del Secretario General de la OEA de 30 de mayo de 2016 con el Informe sobre la situación en Venezuela en relación con el cumplimiento de la Carta Democrática Interamericana, p. 88. Disponible en oas.org/documents/spa/ press/OSG-243.es.pdf.

891 Véase Allan R. Brewer-Carías, "El nuevo secuestro del derecho del pueblo a la realización del referendo revocatorio presidencial perpetrado por la Sala Electoral, algunos tribunales penales y el Poder Electoral", en *Revista de Derecho Público*, N° 147-148, julio-diciembre 2016, Caracas 2016, pp. 384-406.

La norma se incluyó en la sección relativa al procedimiento de formación de las leyes, cuya elaboración y sanción en una de las "funciones propias" (art. 134 de la Constitución) del órgano legislativo, es decir, de la Asamblea Nacional en ejercicio del Poder Legislativo. Por ello, evidentemente, en la norma se identifican con precisión a los órganos del Estado que deben primariamente cumplir con dicha obligación que son los que normalmente participan en el procedimiento de formación de las leyes, es decir, la propia Asamblea Nacional o las Comisiones Permanentes de las mismas. Y no podría ser de otro modo, pues dichos órganos son los que normalmente legislan.

Sin embargo, lo importante de dicha norma no es su aspecto formal de regulación de un "procedimiento legislativo" específico, sino su aspecto sustantivo, en cuanto a la regulación en el propio texto constitucional, de un *derecho constitucional de los ciudadanos y de la sociedad organizada a participar* mediante una necesaria consulta popular en el proceso de formación de las leyes.

Estas, conforme a la Constitución normalmente se sancionan por la Asamblea Nacional en ejercicio del Poder Legislativo, cumpliendo la función normativa como "función propia" de la misma; pero también pueden emitirse por el Presidente de la República en ejercicio del Poder Ejecutivo, cumpliendo la función normativa en virtud de delegación legislativa que se realiza mediante las leyes habilitantes (art. 203). Y el derecho a la participación ciudadana tiene que existir en ambos casos en el proceso de la discusión de la ley o de la elaboración de los proyectos, pues lo contrario significaría sostener que el derecho ciudadano a la participación política sólo estaría garantizado en el caso de leyes dictadas por la Asamblea Nacional, pero no de leyes dictadas por el Poder Ejecutivo a través de decretos leyes, lo que por supuesto no tendría sentido alguno.

Pero aparte de esta precisión, lo cierto en Venezuela es que este derecho constitucional, también característico de la llamada "democracia participativa," puede decirse que nunca se ha cumplido a cabalidad, por no haberse realizado en el país consulta popular efectiva alguna sobre los proyectos de ley sancionadas en los últimos lustros en la forma prescrita en la Constitución, ni de los proyectos de decretos leyes dictados por el Ejecutivo.[892] Particularmente, además, por el

---

892 Véase por ejemplo, Allan R. Brewer-carías, "Apreciación general sobre los vicios de inconstitucionalidad que afectan los Decretos Leyes Habilitados" en *Ley Habilitante del 13-11-2000 y sus Decretos Leyes*, Academia de Ciencias Políticas y Sociales, Serie Eventos No. 17, Caracas 2002, pp. 63-103; y "El derecho ciudadano a la participación popular y la inconstitucionalidad generaliza-

hecho de que hasta 2016, la Asamblea Nacional simplemente dejó de legislar y delegó en el Poder Ejecutivo la legislación básica del país, al punto de que más del 90% de las leyes vigentes en Venezuela en un régimen que se había proclamado como democrático, fueron dictadas a través de decretos leyes mediante legislación delegada por el Presidente de la República, los cuales, por supuesto, nunca fueron consultados a los ciudadanos.

Baste recordar para constatar la violación de este derecho a la participación política, cómo en solo dos días de diciembre de 2015, entre el 28 y 29, y en plenas fiestas navideñas y de fin de año, la Asamblea Nacional que terminaba su período, durante sesiones extraordinarias, al unísono con el Presidente de la República y con el objeto de privar de poderes a la nueva Asamblea que iba a tomar posesión el 5 de enero de 2016 (dominada por la oposición), dictaron más de 30 leyes –en sólo dos días– cuyo contenido y propósito solo fue conocido cuando salieron publicadas en la *Gaceta Oficial*.[893] Lo mismo ya había pasado en diciembre de 2010 cuando la Asamblea Nacional que entonces también estaba terminando su período constitucional, a la carrera e igualmente durante sesiones extraordinarias, sancionó no solo la reforma de la Ley Orgánica del Tribunal Supremo de Justicia, sino todas las Leyes Orgánicas del Poder Popular, las cuales no fueron tampoco objeto de consulta popular en la forma prescrita en la Constitución, y solo fueron conocidas a aparecer publicadas en la *Gaceta Oficial*.[894]

Y lo peor de ello, es que de nuevo, ha sido el Juez Constitucional, es decir, la Sala Constitucional del Tribunal Supremo, actuando completamente bajo control del Poder Ejecutivo, el que en 2014 cohonestó, en fraude a la Constitución, el incumplimiento de la exigencia constitucional de participación popular.

---

da de los decretos leyes 2010-2012, por su carácter inconsulto," en *Revista de Derecho Público*, No. 130, (abril-junio 2012), Editorial Jurídica Venezolana, Caracas 2012, pp. 85-88.

893 Además, finalmente, basta solo constatar que durante las sesiones extraordinarias celebradas entre el 23 y el 30 de diciembre de 2015, en plenas fiestas navideñas, la Asamblea "discutió" y sancionó 20 leyes, sin que se hubiese hecho consulta popular alguna. Véase por ejemplo *Gaceta Oficial* No. 40.819 de diciembre de 2015.

894 Véase por ejemplo *Gaceta Oficial* No. 6.011 Extra. de 21 de diciembre de 2010.

Y ello lo hizo, en primer lugar, estableciendo, sin razón alguna, que el principio participativo solo se aplicaba cuando la Asamblea Nacional era la que legislara, pero no cuando el Ejecutivo lo hiciera. Ello ocurrió mediante sentencia N° 203 de 25 de marzo de 2014 (Caso *Síndica Procuradora Municipal del Municipio Chacao del Estado Miranda, impugnación del Decreto Ley de Ley Orgánica de la Administración Pública de 2008*),[895] en la cual, luego de muchas impugnaciones de decretos leyes por violación al derecho a la participación, por primera la sala entró a conocer de la denuncia de inconstitucionalidad formulada, declarándola sin embargo sin lugar, por considerar simplemente que como la legislación no se dictó por la Asamblea Nacional sino por el Poder Ejecutivo, entonces, en fraude a la Constitución, la Sala estimó que las leyes dictadas mediante decretos leyes no exigían la previa consulta popular.

Es decir, en definitiva, la Sala admitió una forma de "evadir" la obligación del Estado de asegurar la participación popular, y de burlarse del derecho ciudadano a la participación política, olvidándose de la supuesta "democracia participativa y protagónica," extinguiéndola con dicha sentencia.

En segundo lugar, la violación del derecho a la participación ciudadana en el proceso de formación de las leyes, también la hizo el Juez Constitucional en 2017, cuando mediante sentencia de la Sala Constitucional Nº 355 de 16 de mayo de 2017 (Caso: *impugnación de la Ley de reforma de la Ley Orgánica del Poder Público Municipal*),[896] interpre-

---

895 Véase sentencia N° 203 de 25 de marzo de 2014. Caso *Síndica Procuradora Municipal del Municipio Chacao del Estado Miranda, impugnación del Decreto Ley de Ley Orgánica de la Administración Pública de 2008,* en http://www.tsj.gov.ve/decisiones/scon/marzo/162349-203-25314-2014-09-0456.HTML. La Ley impugnada fue publicada en *Gaceta Oficial* No. 5.890 Extra. de 31 de julio de 2008. Véase Allan Brewer-Carías, "El fin de la llamada "democracia participativa y protagónica" dispuesto por la Sala Constitucional en fraude a la Constitución, al justificar la emisión de legislación inconsulta en violación al derecho a la participación política," en *Revista de Derecho Público,* No. 137 (Primer Trimestre 2014, Editorial Jurídica Venezolana, Caracas 2014, pp. 157-164.

896 Véase en http://historico.tsj.gob.ve/decisiones/scon/mayo/199013-355-16517-2017-11-0120.HTML. Véase los comentarios a esta sentencia en Emilio J. Urbina Mendoza, "Todas las asambleas son sufragios, y muchos sufragios también son asambleas. La confusión lógica de la sentencia 355/2017 de la Sala Constitucional del Tribunal Supremo de Justicia y la incompatibilidad entre los conceptos de sufragio y voto asambleario," y José Ignacio Hernández G., "Sala Constitucional convalida la desnaturalización del Municipio. Notas sobre la

tó que la "consulta popular" respecto de las leyes que regula expresamente la Constitución se podía realizar al margen de la misma, no por la Asamblea Nacional o las Comisiones Permanentes *durante el procedimiento de discusión y aprobación de los proyectos* como lo prevé el artículo 211, sino fuera del proceso legislativo, en cualquier forma, sin control alguno.

La Constitución, en la materia, sin embargo, es lo suficientemente clara al establecer la obligación de consulta y especificar, con exactitud en su artículo 211: los *sujetos obligados* (la Asamblea Nacional o las Comisiones Permanentes); la *oportunidad de cumplimiento de la obligación* (durante el procedimiento de discusión y aprobación de los proyectos de leyes); los *sujetos a ser consultados* (los ciudadanos y la sociedad organizada); y el *objeto de la consult*a (oír su opinión sobre los proyectos).

4. *La violación al derecho a la participación ciudadana mediante la convocatoria de asambleas constituyentes (2017)*

La Constitución de 1999 estableció entre los mecanismos para la reforma constitucional, la figura de la Asamblea Nacional Constituyente previendo en su artículo 347 de la Constitución, que siendo el pueblo *"el depositario del poder constituyente originario," "en ejercicio de dicho poder, puede convocar una Asamblea Nacional Constituyente."*

De ello resulta que solo el pueblo es el que puede convocar una Asamblea Constituyente y ello no puede ocurrir en otra forma que no sea un referendo de convocatoria, que es la forma de manifestar la voluntad del pueblo para tal fin.[897]

Sin embargo, ignorando esa norma constitucional, Nicolás Maduro, como la Presidente de la República, anunció el 1º de mayo de 2017, "la convocatoria al poder constituyente originario" señalando que supuestamente en uso de sus:

---

sentencia No. 355/2017 de 16 de mayo," en *Revista de Derecho Público*, No. 150-151 (enero-junio 2017), Editorial Jurídica Venezolana, Caracas 2017, pp. 107-116 y 349-352.

897 Véase sobre esto, el que expusimos en: Allan R. Brewer-Carías, "Sobre cómo se puede convocar en Venezuela una Asamblea Nacional Constituyente," 1 de mayo de 2017, en http://allanbrewercarias.net/site/wp-content/up-loads/ 2017/05/154.-doc.-Brewer.-C%C3%93MO-CONVOCAR-CONSTITUYENTE-1-5-2017.pdf.

"atribuciones presidenciales como jefe de Estado, constitucionales de acuerdo al artículo 347 *convoco el poder constituyente originario* para que la clase obrera en un proceso convoque a un Asamblea Nacional Constituyente."[898]

Esa propuesta que se concretó luego en los Decretos Nº 2.830 de 1º de mayo de 2017 y Nº 2.878 de 23 de mayo de 2017,[899] fue errada, fraudulenta inconstitucional, [900] porque el Presidente de la República no puede de acuerdo con la Constitución convocar una Asamblea Constituyente, siendo solo *el pueblo el que exclusivamente puede hacerlo,* pues es el único que detenta el poder constituyente originario.[901]

Ahora bien, para que el pueblo pueda *convocar* una Asamblea Nacional Constituyente mediante la expresión de su voluntad que solo puede materializarse a través de un referendo, el artículo 348 de la Constitución asigna *la iniciativa* para que se inicie el proceso y pueda el pueblo pronunciarse sobre la convocatoria, *primero,* al Presidente de la República en Consejo de Ministros; *segundo,* a la Asamblea

898 Véase Alonso Moleiro y María Fernanda Flores, Gente de palabra, *Unión Radio*, 1 de mayo de 2017, en http://unionradio.net/maduro-afirma-que-seguira-batallando-para-vencer-guerra-de-precios/.

899 Véase respectivamente en *Gaceta Oficial* N° 6.295 Extra de 1° de mayo de 2017 y N° 41.186 de 23 de mayo de 2017.

900 Por ejemplo, así lo consideraron Roberto Viciano Pastor y Rubén Martínez Dalmau, "Una Constituyente sin legitimidad. El pueblo y ello debería ser denunciado por quienes se mantienen leales a la memoria de Chávez," en *El País,* Madrid 25 de mayo de 2017, en https://elpais.com/elpais/2017/ 05/24/opinión /1495650765_391247.html. Véase además Allan R. Brewer-Carías, "Nuevo fraude a la Constitución y a la voluntad popular: Inconstitucional decreto para convocar una Asamblea Constituyente solo para aprobar la reforma constitucional rechazada por el pueblo en 2007," New York, 4 de mayo de 2017, http://allanbrewerca-rias.net/site/wp-content/uploads/ 2017/05/156.-Decreto-Constituyente.-Nuevo-fraude-a-la-Constituci%C3%B3n-y-a-la-voluntad-popular.-4-mayo-2017.pdf Véase igualmente en Véase en Allan R. Brewer-Carías, *La inconstitucional convocatoria de una Asamblea Nacional Constituyente en mayo de 2017 Un nuevo fraude a la Constitución y a la voluntad popular*, Colección Textos Legislativos, No. 56, Editorial Jurídica Venezolana, Caracas 2017, pp. 65 ss.

901 Véase sobre ello lo que hemos expuesto en Allan R. Brewer-Carías, *Reforma constitucional y fraude a la Constitución (1999-2009)*, Academia de Ciencias Políticas y Sociales, Caracas 2009, p. 64-66; y en *La Constitución de 1999 y la Enmienda constitucional N° 1 de 2009*, Editorial Jurídica Venezolana, Caracas 2011, pp. 299-300.

Nacional, mediante acuerdo de las dos terceras partes de sus integrantes; *tercero*, a los Concejos Municipales en cabildo, mediante el voto de las dos terceras partes de los mismos; o *cuarto*, al quince por ciento de los electores inscritos en el Registro Civil y Electoral. Estos tienen la facultad de proponer ante el Consejo Nacional Electoral que se lleve a cabo un referendo para que el pueblo convoque la Constituyente; pero no tienen poder alguno para hacer la convocatoria; sólo tienen la iniciativa para que el pueblo convoque.

El decreto de convocatoria, por supuesto, fue impugnado por inconstitucionalidad ante la Sala Constitucional del Tribunal Supremo de Justicia, pero de nuevo, la misma mediante sentencia Nº 378 de 31 de mayo de 2017,[902] avaló el fraude constitucional ignorando el derecho ciudadano a la participación política para la convocatoria en exclusiva por el pueblo de la Asamblea Constituyente. Al contrario, en la sentencia, la Sala Constitucional consideró que conforme a los artículos 347 y 348 de la Constitución "no es necesario ni constitucionalmente obligante, un referéndum consultivo previo para la convocatoria de una Asamblea Nacional Constituyente, porque ello no está expresamente contemplado en ninguna de las disposiciones del Capítulo III del Título IX."

Esta absurda conclusión, que contaría la letra del artículo 347 de la Constitución,[903] la elaboró el Juez Constitucional a la medida de lo que quería el régimen con ocasión de decidir un recurso de interpretación de dichas normas, ignorando incluso que en el mismo *Diario de Debates* de la Asamblea Constituyente de 1999 quedó claro que la convocatoria de una Asamblea de ese tipo solo se podía hacer por el pue-

---

902 Véase en http://historico.tsj.gob.ve/decisiones/scon/mayo/199490-378-315-17-2017 -17-0519.HTML. Véase los comentarios en Allan R. Brewer-Carías, "El Juez Constitucional vs. el pueblo, como poder constituyente originario," (Sentencias de la Sala Constitucional No. 378 de 31 de mayo de 2017 y No. 455 de 12 de junio de 2017), en *Revista de Derecho Público,* No. 149-150, (enero-junio 2017), Editorial Jurídica Venezolana, Caracas 2017, pp. 353-363; y en Emilio J. Urbina, "La jurisprudencia del horror: Las posturas argumentales de la Sala Constitucional ante el tema constituyente (marzo-mayo 2017)," en *Revista de Derecho Público,* No. 149-150, (enero-junio 2017), Editorial Jurídica Venezolana, Caracas 2017, pp. 364 ss.

903 *Artículo 347*. El pueblo de Venezuela es el depositario del poder constituyente originario. En ejercicio de dicho poder, puede convocar una Asamblea Nacional Constituyente con el objeto de transformar el Estado, crear un nuevo ordenamiento jurídico y redactar una nueva Constitución.

blo mediante un "referendo de convocatoria."[904] No hay otra forma, en esta materia, cómo el pueblo pueda manifestarse.

Y para colmo, el Juez Constitucional le arrebató al pueblo su derecho a la participación política, sin embargo identificó como "uno de los rangos fundamentales distintivos que hacen de la Carta de 1999 una Constitución Social de nuevo tipo, es la opción por la democracia participativa y protagónica," y reconoció que "el ejercicio directo" de la soberanía, es decir, la democracia directa se "manifiesta en los medios de participación y protagonismo contenidos en el artículo 70 de la Constitución" entre los cuales está el referendo.

Pero todo ello, y a pesar de que en la sentencia se reconoce que "el pueblo de Venezuela es el depositario del poder constituyente originario y, en tal condición, y como titular de la soberanía, le corresponde la convocatoria de la Asamblea Nacional Constituyente" para, en definitiva, negarle al pueblo su derecho de participar y poder decidir en forma directa si convoca o no una Asamblea Nacional Constituyente. De allí la conclusión, por lo demás absurda de que:

> "no es necesario ni constitucionalmente obligante, un referéndum consultivo previo para la convocatoria de una Asamblea Nacional Constituyente, porque ello no está expresamente contemplado en ninguna de las disposiciones del Capítulo III del Título IX."

O sea que a pesar de que se diga que solo el pueblo como titular del poder constituyente originario puede convocar la Asamblea Nacional Constituyente, como no se identifica expresamente la forma como puede manifestar su voluntad que no es otra que no sea a través de un referendo, simplemente el Juez Constitucional le quitó su poder y se lo asignó arbitrariamente al Presidente de la República, usurpándose así la voluntad popular.

Y de ello lo que resultó fue la aberración constitucional siguiente: que ni más ni menos, para cambiarle una coma a un artículo constitucional, el pueblo debe participar mediante un referendo, pero para sustituir en su totalidad una Constitución por otra y crear un nuevo Estado, el pueblo no debe participar mediante referendo, simplemen-

---

904 Véase lo indicado en Allan R. Brewer-Carías, "La Asamblea Nacional Constituyente de 1999 aprobó que solo el pueblo mediante "referendo de convocatoria" puede convocar una Asamblea Constituyente: análisis del *Diario De Debates*. 17 de mayo de 2017, en http://allanbrewercarias.net/site/wp-content/uploads/2017/05/159.-doc.-Brewer.-ANC-y-referendo-de-convocatoria.-17-5-2017.pdf.

te porque no se previó expresamente la forma de convocar la Asamblea Constituyente.

5. *La violación al derecho a la participación ciudadana a través de los partidos políticos distintos al partido oficial (2015, 2017, 2018)*

En democracia, uno de mecanismos para asegurar la libre participación política de los ciudadanos en la vida política del país, es mediante la actuación libre de los partidos políticos como mecanismos institucionales de asociación política e instrumentos por excelencia de participación e intermediación entre el ciudadano y el Estado y sus instituciones.

El derecho de asociarse y de participar a través de los partidos políticos está expresamente garantizado en la Constitución (art. 67),[905] la cual exige expresamente que "sus organismos de dirección y sus candidatos a cargos de elección popular serán seleccionados en elecciones internas con la participación de sus integrantes;" que debe organizar el Consejo Nacional Electoral (art. 198.8); sin embargo, el Juez Constitucional, en otro golpe certero contra la "democracia participativa" mediante sentencia de la Sala Constitucional del Tribunal Supremo Nº 1023 de 30 de julio de 2015,[906] violó el derecho a la participación al atentar contra los partidos políticos, confiscando el derecho de los mismos a ser conducidos por sus propias autoridades electas en el marco del pluralismo político.

En efecto, entre las competencias del Consejo Nacional Electoral está la de determinar, en casos de conflictos, "las autoridades legítimas" de los partidos políticos; competencia que el Tribunal Supremo

---

905 Véase sobre el régimen de los partidos políticos en Venezuela, Allan R. Brewer-Carías, "Regulación jurídica de los partidos políticos en Venezuela", en Daniel Zovatto (Coordinador), *Regulación jurídica de los partidos políticos en América Latina*, Universidad Nacional Autónoma de México, International IDEA, México 2006, pp. 893-937; "Algunas notas sobre el régimen jurídico-administrativo de los partidos políticos en el derecho venezolano" en *Revista de Derecho Español y Americano*, Instituto de Cultura Hispánica, No. 8, Año X, Madrid, abril-junio 1965, pp. 27-46.

906 Véase en http://historico.tsj.gob.ve/decisiones/scon/julio/180187-1023-30715-2015-15-0860.HTML. Véase los comentarios en Allan R. Brewer-Carías, "Un nuevo golpe a la democracia. La confiscación de la autonomía de los partidos políticos decretada por el Juez Constitucional," en *Revista de Derecho Público,* No. 143-144 (julio- diciembre 2015), Editorial Jurídica Venezolana, Caracas, 2015, pp. 460-467.

de Justicia, el cual también está sujeto a la Constitución, no puede ejercer,[907] y solo podría llegar a conocer de esa materia a través de la Sala Electoral, al ejercer por ejemplo, su competencia contencioso electoral de control de constitucionalidad y legalidad de las decisiones del Consejo Nacional Electoral. La Sala Constitucional, en ningún caso tiene competencia para decidir en esa materia.

Sin embargo, sin competencia alguna para ello, y además, violando el derecho a la defensa que de acuerdo con la Constitución es "inviolable" en todo estado y grado de todas las actuaciones judiciales y administrativas (art. 49), en la sentencia mencionada, la Sala Constitucional, sin audiencia dada a la directiva del partido Copei Partido Popular, la removió de sus cargos y nombró unas nuevas autoridades del Partido, confiscando el derecho ciudadano a la participación política, y el derecho de los partidos a dirigirse por las autoridades electas en los procesos organizados por el Consejo Nacional Electoral. Eso fue lo que hizo la Sala Constitucional al decidir de un plumazo, exactamente como lo pidieron los accionantes, ordenando al Consejo Nacional Electoral "abstenerse de aceptar cualquier postulación que no sean de las acordadas conforme a los procedimientos establecidos por la Mesa Directiva *ad hoc*."

Para llegar a esta absurda, inconstitucional y abusiva decisión, la Sala Constitucional ni siquiera conoció de alguna acción de amparo buscando reconocer o desconocer autoridades del partido cuya elección hubiese sido cuestionada, sino pura y simplemente inventó que habría una cuestión de protección de derechos e intereses difusos o colectivos del país, por la queja de algunos miembros del partido de unos pocos Estados de no estar de acuerdo con las decisiones adoptadas por la directiva legítimamente electa del mismo, que buscaban evitar que pudiera conducir el proceso de selección y postulación de candidatos a las elecciones parlamentarias. Ello, por lo visto, para la Sala Constitucional era una cuestión "*de evidente trascendencia nacional.*"

Es decir, que la discrepancia interna entre militantes de un partido político sobre la conducción política del mismo, a partir de esta decisión no se resuelve en elecciones internas del partido, sino que fue la Sala Constitucional la que se arrogó la competencia para deci-

---

907 No era la primera vez que la Sala Constitucional interfería en el funcionamiento de los partidos políticos. Véase Allan R. Brewer-Carías, "El juez constitucional usurpando, de oficio, funciones del Poder Electoral en materia de control de partidos políticos y de respaldo de candidaturas presidenciales," en *Revista de Derecho Público*, No. 132 (octubre- diciembre 2012), Editorial Jurídica Venezolana, Caracas 2012, pp. 195-200.

dir cuál es o debe ser la política que debe desarrollar un partido político, que la Sala considere adecuada conforme a su conveniencia como agente del Estado, al punto de llegar a remover la directiva del mismo si le parece que no tiene una línea de conducción ajustada a lo que sus Magistrados piensen. y todo ello, no porque la directiva suspendida hubiera sido electa en violación de la Ley, en cuyo caso podría haberse hablado de que habría una cuestión constitucional vulnerada, sino porque simplemente los accionantes, como militantes del propio partido, no estaban de acuerdo con la conducción política del Partido que realizaba dicha directiva nacional.

Con esta sentencia, en definitiva, la Sala Constitucional trastocó el régimen de los partidos políticos, y considerándolos –aun cuando sin decirlo– como simples apéndices del Estado, se arrogó el poder de juzgar sobre la forma de conducción de los mismos, sobre las políticas conducidas por la directiva de los partidos, de manera que los militantes de los mismos, antes que buscar las soluciones por las vías estatutarias, a partir de entonces pueden acudir ante la Sala Constitucional, para que esta resuelva conforme le interese al Estado y no a la militancia misma del partido en cuestión.

Con esta decisión se violó abiertamente el derecho constitucional de asociación, y se confiscó el derecho a la participación política a través de partidos políticos que pudieran actuar libremente, como partidos de oposición. La Sala Constitucional le dio otro golpe a la democracia participativa, en este caso, al derecho político a asociarse en partidos políticos, y al derecho a que los mismos se conduzcan por sus autoridades electas.[908]

---

908 Por ello, hay que saludar la respuesta dada a la sentencia por las autoridades regionales del partido Copei, en Consejo Federal, según reseña de prensa del día 31 de agosto de 2015, que "acudieron a la sede nacional de la tolda socialcristiana para asumir la conducción del partido," haciendo referencia a un "documento que refleja los acuerdos de la máxima autoridad estatuaria" que son los siguientes: "Solicitar al Tribunal Supremo de Justicia darle carácter de urgencia a este caso para que se concluya esta causa, y se respeten nuestros derechos políticos. / Desconocer a la junta ad hoc, y declaramos espuria cualquier actuación que la misma haga. / Declaramos que la junta ad hoc designada por el Tribunal Supremo de Justicia NO REPRESENTA A COPEI. / Ordenamos a la junta ad hoc abstenerse de declarar y actuar en representación política de nuestro partido Copei y sus regiones. / Declaramos que solo reconocemos como autoridades de Copei a la Junta Directiva y Dirección Política Nacional electa el mes de junio del año 2012. / Ordenamos a los militantes y compañeros de todos los estados incorporarse a la respectiva Mesa de la Unidad Democrática para garantizar el triunfo de la Unidad." Finalmente, indica la nota de prensa que "el

Pero las violaciones a derecho ciudadano de participar en los procesos electorales a través de los partidos políticos no se quedaron allí, sino que continuaron posteriormente con la participación activa y pasiva del Juez Constitucional, con motivo de los procesos electorales que se efectuaron a raíz del proceso constituyente desarrollado en 2017 tras la inconstitucional y fraudulenta convocatoria de una Asamblea Nacional Constituyente en 2017 efectuada con el aval del Juez Constitucional mediante sentencia Nº 2.830 de 1 de mayo de 2017.[909]

La primera violación al derecho ciudadano de participar a través de los partidos políticos en los procesos electorales ocurrió al ser excluidos, desde el inicio, de toda posibilidad de tener la iniciativa para postular candidatos a para conformar la Asamblea Nacional Constituyente, lo que resultó de la imposición contenida en el Decreto N° 2.878 de 23 de mayo de 2017,[910] que limitó la postulación de los candidatos a ser presentada solo "1. Por iniciativa propia. 2. Por Iniciativa de grupos de electores y electoras. 3. Por iniciativa de los sectores antes mencionados" (Base comicial sexta). Se violó de esta manera el derecho de los partidos de participar en la conducción de la vida política del país y de postular candidatos (art. 68), siendo además violatorio de la garantía del pluralismo político que también garantiza expresamente la Constitución (arts. 2 y 5).

---

presidente del consejo federal copeyano, Rogelio Boscán, denunció que la junta provisional ha "violentado todos nuestros derechos y ha desacatado el mandato recibido por el Tribunal Supremo de Justicia de hacer las consultas para las candidaturas parlamentarias "con el carácter de urgencia, de acuerdo al lapso del cronograma realizado por el Consejo Nacional Electoral." Véase "Restituyen autoridades electas de Copei," en *La Patilla.com*, 31 de agosto de 2015, en http://www.lapatilla.com/site/ 2015/08/31/res-tituyen-autoridades-electas-de-copei/.

909 Véase en *Gaceta Oficial* No. 6.295 Extra de 1° de mayo de 2017. Véase Allan R. Brewer-Carías, "La inconstitucional convocatoria de una Asamblea Nacional Constituyente en 2017 como una muestra más de desprecio a la Constitución," en Allan R. Brewer-Carías y Carlos García Soto (Coordinadores), *Estudios sobre la Asamblea Nacional Constituyente y su inconstitucional convocatoria en 2017*, Colección Estudios Jurídicos No. 119, Editorial Jurídica Venezolana, Caracas 2017, pp. 27-40.

910 Véase en *Gaceta Oficial* No. 41.186 de 23 de mayo de 2017.

El Juez Constitucional, sin embargo, en la sentencia Nº 378 de 31 de mayo de 2017,[911] se inhibió de impartir justicia al abstenerse de decidir sobre los vicios de inconstitucionalidad denunciados en la Convocatoria de la Asamblea Constituyente.

La segunda violación al derecho de los partidos políticos de participar en los procesos electorales se produjo por obra de la propia Asamblea Nacional Constituyente al sujetar "la participación electoral de partidos políticos de oposición a la voluntad de la Asamblea Nacional Constituyente y del Consejo Nacional Electoral,"[912] lo que ocurrió con la sanción de "Ley constitucional contra el odio, por la convivencia pacífica y la tolerancia" de 8 de noviembre de 2017,[913] la cual prohibió la inscripción de los partidos políticos cuyas declaraciones de principios o actividades se funden o promuevan el fascismo, la intolerancia o el odio nacional, racial, étnico, religioso, político, social, ideológico, de género, orientación sexual, identidad de género, expresión de género y de cualquier otra naturaleza que constituya incitación a la discriminación y la violencia, obligándolos a expulsar de su seno a quienes contravengan la Ley (art. 11), dejando en manos

---

911 Véase en http://historico.tsj.gob.ve/decisiones/scon/mayo/199490-378-315-17-2017-17-0519.HTML. Véase sobre esto el documento: "El Juez Constitucional vs. el pueblo, como poder constituyente originario," (Sentencias de la Sala Constitucional No. 378 de 31 de mayo de 2017 y No. 455 de 12 de junio de 2017), en *Revista de Derecho Público,* No. 149-150, (enero-junio 2017), Editorial Jurídica Venezolana, Caracas 2017, pp. 353-363; y en Emilio J. Urbina, "La jurisprudencia del horror: Las posturas argumentales de la Sala Constitucional ante el tema constituyente (marzo-mayo 2017)," en *Revista de Derecho Público,* No. 149-150, (enero-junio 2017), Editorial Jurídica Venezolana, Caracas 2017, pp. 364 ss.

912 Véase Carlos García Soto, "Quinto mes de la ANC: un cierre de año con impacto en 2018," en *Prodavinci,* 3 de enero de 2018, en http://proda-vinci.com/quinto-mes-de-la-anc-un-cierre-de-ano-con-impacto-en-2018/.

913 Véase en *Gaceta Oficial* No. 41.274 de 8 de noviembre de 2017. Véase el comentario de Badell & Grau, "Asamblea Nacional Constituyente dictó Ley Constitucional Contra el Odio, por la Convivencia Pacífica y la Tolerancia," en http://www.badellgrau.com/?pag=230&ct=2260. Véase el Acuerdo de rechazo de la Asamblea Nacional sobre este instrumento "legal", en http://www. asambleanacional.gob.ve/documentos archivos/acuerdo-en-rechazo-al-instrumento-generador-de-odio-e-intolerancia-promovido-por-nicolas-maduro-y-la-fraudulenta-constituyente-119.pdf. Véase igualmente el artículo de *Acceso a la Justicia*: "La ANC legalizó la persecución política y la arbitrariedad," noviembre de 2017, en http://www.accesoalajus-ticia.org/wp/infojusticia/noticias/la-anc-legalizo-la-persecucion-politica-y-la-arbitrariedad/.

del Consejo Nacional Electoral decidir en la materia; lo que se completó con el "*Decreto Constituyente* para la participación en procesos electorales," de 27 de diciembre de 2017,[914] mediante el cual la Asamblea Nacional Constituyente, sin competencia alguna para ello y en abierta violación de la Constitución, procedió a reformar de hecho la Ley de Partidos Políticos, Reuniones Públicas y Manifestaciones de 1965, al disponer que:

> "Las organizaciones con fines políticos para participar en los procesos electorales nacionales, regionales o municipales deberán haber participado en las elecciones del periodo constitucional de ámbito nacional, regional o municipal inmediatamente anterior, además de cumplir con los demás requisitos previstos en la Ley de Partidos Políticos, Reuniones Públicas y Manifestaciones."

Con ello, la Asamblea Nacional Constituyente lo que hizo fue formalizar la amenaza que el gobierno había formulado, de "castigar" a los partidos políticos que habían promovido la abstención en la irregular elección de Alcaldes que la propia Asamblea Constituyente había convocado inconstitucionalmente meses antes, eliminándoles la capacidad de actuar como tales, haciendo caso omiso de la norma contenida en el artículo 47 de la Ley Orgánica de Procesos Electorales, conforme a la cual la postulación de candidatos por los partidos es un derecho de los mismos, y no una obligación que éstos deban cumplir.

Con la reforma a la Ley, la Asamblea Nacional Constituyente modificó ilegítimamente lo dispuesto en el artículo 25 de la Ley de Partidos Políticos, Reuniones Públicas y Manifestaciones, que lo único que estipula es la necesidad de que los partidos políticos pasen por un proceso de renovación de su nómina, pero solamente "en el primer año del período constitucional, siempre y cuando no hubiesen obtenido en elecciones *nacionales* el 1% de los votos." En cambio, con esta "reforma de la Ley" lo que hizo la Asamblea Constituyente fue imponerles a los partidos una obligación que no tienen, que es la de renovación de su nómina simplemente por haber ejercido el partido su derecho a no participar en un proceso electoral.

Agregó además el Decreto Constituyente, en violación adicional al principio democrático, que los partidos que no habían postulado candidatos en las elecciones de gobernadores o alcaldes de 2017, "no podrán postular candidatos hasta tanto no renueven su nómina," con lo cual, como lo observó José Ignacio Hernández, "de hecho, se ilega-

---

914 Véase *Gaceta Oficial* No. 41.308 de 27 de diciembre de 2017.

lizó a los partidos políticos que no participaron en las elecciones municipales, hasta tanto no cumplan con el trámite de renovación de nómina," y en esa forma, adicionalmente, se "censura una legítima decisión política cual es la no participación en eventos comiciales considerados arbitrarios e injustos."[915]

En todo caso, la primera aplicación incidental de esta Ley ocurrió de la mano del Juez Constitucional, mediante sentencia No. 53 de 25 de enero de 2018 de la Sala Constitucional del Tribunal Supremo de Justicia. A través de dicho fallo, la Sala excluyó al partido político *Mesa de la Unidad Democrática* (MUD) del proceso de renovación de inscripción de los partidos políticos convocados por el Consejo Nacional Electoral, "en razón de que su conformación obedece a la agrupación de diversas organizaciones políticas ya renovadas y otras pendientes de renovación que podrán participar en el proceso electoral de carácter nacional, lo cual contraría abiertamente la prohibición de la doble militancia."[916] Así, también, la Sala aplicó su interpretación previa respecto de la prohibición de la doble militancia en los partidos políticos en el proceso de renovación de su inscripción, la cual había establecido mediante sentencia interpretativa precedente de N° 1 de 5 de enero de 2016, que se cita en dicha sentencia.

Por último, debe también mencionarse respecto del derecho a la participación a través de los partidos políticos, la mutación constitucional que el Juez Constitucional hizo del artículo 67 de la Constitución de 1999 que expresamente prohibió "el financiamiento de las asociaciones con fines políticos con fondos provenientes del Estado,"[917] con el propósito, entre otros de evitar el eventual financia-

---

915 Véase José Ignacio Hernández, "¿Qué decidió la "ANC" en relación con los partidos políticos?," en *Prodavinci,* 30 de diciembre de 2017, en http:// prodavinci.com/que-decidio-la-anc-en-relacion-con-los-partidos-politicos/.

916 Véase en http://historico.tsj.gob.ve/decisiones/scon/enero/207132-0053-25118-2018 -15-0638.HTML. Véase además el texto de la sentencia en el reportaje "TSJ ordena al CNE excluir a la MUD del proceso de validación, en La Patilla, 25 de enero de 2018, en https://www.lapatilla.com/2018/01/25/tsj-ordena-al-cne-excluir-a-la-mud-del-proceso-de-validacion-sentencia/

917 Véase sobre la versión inicial de esta norma y sobre nuestra propuesta para su redacción en Allan R. Brewer-Carías *Debate Constituyente (Aportes a la Asamblea Nacional Constituyente),* Tomo II (9 septiembre - 17 octubre 1999). Fundación de Derecho Público - Editorial Jurídica Venezolana. Caracas, 1999. p. 129.

miento público indirecto, irregular y corrupto, sólo para los partidos de gobierno.[918]

Sin embargo, la Sala Constitucional del Tribunal Supremo de Justicia, actuando como Jurisdicción Constitucional, mediante sentencia No. 780 de 8 de mayo de 2008 (Exp. N° 06-0785), mutó el texto constitucional disponiendo al contrario de lo que dice la norma que la prohibición de financiamiento público de asociaciones políticas:

> "se circunscribe a la imposibilidad de aportar fondos a los gastos corrientes e internos de las distintas formas de asociaciones políticas, pero dicha limitación, no resulta extensiva a la campaña electoral, como etapa fundamental del proceso electoral."[919]

Es decir, ante una norma tan clara e igualmente tan criticable como la contenida en el artículo 67 de la Constitución, cuya reforma se había intentado hacer en 2007 pero sin lograrse por ser rechazada por la voluntad popular, la Sala Constitucional a través de esta sentencia se erigió en poder constituyente, sustituyendo al pueblo, y dispuso la reforma de la norma, vía su interpretación, disponiendo en definitiva lo contrario a la prohibición constitucional reduciéndola a "los gastos corrientes e internos" de los partidos pero no a "campaña electoral, como etapa fundamental del proceso electoral," las cuales entonces sí pueden ser financiadas por el Estado.

6. *La violación al derecho político de los ciudadanos a participar en manifestaciones públicas (2014)*

Uno de los derechos políticos esencialmente vinculados a la participación política, es el que la Constitución establece para "manifestar, pacíficamente y sin armas, sin otros requisitos que los que esta-

---

918 Véase en general sobre el tema, Allan R. Brewer-Carías, "Consideraciones sobre el financiamiento de los partidos políticos en Venezuela" en *Financiamiento y democratización interna de partidos políticos. Memoria del IV Curso Anual Interamericano de Elecciones,* San José, Costa Rica, 1991, pp. 121 a 139.

919 Véanse los comentarios en Allan R. Brewer-Carías, "El juez constitucional como constituyente: el caso del financiamiento de las campañas electorales de los partidos políticos en Venezuela," en *Revista de Derecho Público*, No. 117, (enero-marzo 2009), Editorial Jurídica Venezolana, Caracas 2009, pp. 195-203.

blezca la ley," (art. 68) que, en esta materia, es la Ley de Partidos Políticos, Reuniones Públicas y Manifestaciones de 2010.[920]

Dicha Ley solo establece como requisito para el ejercicio de este derecho, que se participe previamente (con 24 horas de anticipación) a la primera autoridad civil de la jurisdicción sobre el lugar o itinerario escogido, día, hora y objeto general que se persiga" con la manifestación, y nada más (art. 43). Solo cuando haya manifestaciones simultáneas en la misma localidad que "pueda provocar trastornos del orden público," la autoridad competente puede disponer que las mismas "se celebren en sitios suficientemente distantes o en horas distantes" (art. 44). La Ley solo prevé la necesidad de una "autorización" previa las manifestaciones en "sitios prohibidos" (calificados por los gobernadores o alcaldes) que "no afecten el orden público, el libre tránsito u otros derechos ciudadanos" (art. 46).

Este régimen de la sola exigencia de una "participación previa" ante la autoridad civil para la realización de manifestaciones, fue radicalmente modificado por el Juez Constitucional, mediante sentencia de la Sala Constitucional del Tribunal Supremo Nº 276 de 23 de abril de 2014,[921] dictada a solicitud de un Alcalde miembro del partido de gobierno, en la cual, estableció que: "resulta obligatorio para las organizaciones políticas así como para todos los ciudadanos, agotar el procedimiento administrativo *de autorización* ante la primera autoridad civil de la jurisdicción correspondiente, para poder ejercer cabalmente su derecho constitucional a la manifestación pacífica."[922]

La Sala, en su sentencia, trastocó la normativa legal, y "convirtió" una "participación" que debe ser hecha a la autoridad civil por los

---

920 Véase en *Gaceta Oficial* No. 6.013 Extra. de 23 de diciembre de 2010. El principio de la reserva legal se ratifica en el Artículo 41 de la Ley, en el cual se dispone que "*Todos los habitantes de la República tienen el derecho de reunirse en lugares públicos o de manifestar, sin más limitaciones que las que establezcan las leyes*". La ley reformó la de 1964, publicada en en *Gaceta Oficial* No. 27.620 de 16 de diciembre de 1964.

921 Véase en http://www.tsj.gov.ve/decisiones/scon/abril/163222-276-24414-2014-14-0277. HTML. Véanse los comentarios en Allan R. Brewer-Carías, "Un atentado contra la democracia: el secuestro del derecho político a manifestar mediante una ilegítima "reforma" legal efectuada por la Sala Constitucional del Tribunal Supremo" en *Revista de Derecho Público,* Nº 138 (2do. Trimestre 2014, EJV, Caracas, 2014, pp. 157-169.

922 Véase Nota de Prensa de 24 de abril de 2014 en http://www.tsj.gov.ve/informacion/notasde prensa/notasdeprensa.asp?codigo=11828

organizadores de una manifestación, que es lo previsto en el artículo 43 de la Ley, en una supuesta solicitud de "autorización" por parte de los mismos ante dicha autoridad, que no está regulada en el artículo 43 de la Ley, cambiando de raíz el régimen legal para el ejercicio del derecho político a manifestar. Es decir, una técnica de notificación o participación para establecer el lugar o itinerario y hora del ejercicio de un derecho constitucional, lo convirtió la Sala en una "limitación absoluta" al derecho mismo a la manifestación pacífica, "regulando" *contra legem* que el mismo simplemente no puede ejercerse sin una autorización, "impidiendo así la realización de cualquier tipo de reunión o manifestación" sin la obtención de la misma.

De allí, la conclusión a la cual llegó la Sala, de que "*cualquier concentración,* manifestación o *reunión* pública que no cuente con el *aval previo de la* autorización *por parte de la respectiva autoridad competente* para ello, podrá dar lugar a que los cuerpos policiales y de seguridad en el control del orden público a los fines de asegurar el derecho al libre tránsito y otros derechos constitucionales (como por ejemplo, el derecho al acceso a un instituto de salud, derecho a la vida e integridad física), actúen dispersando dichas concentraciones con el uso de los mecanismos más adecuados para ello, en el marco de los dispuesto en la Constitución y el orden jurídico".

El Juez Constitucional le dio pues carta blanca a la represión de las manifestaciones, violando no sólo el contenido del artículo 68 de la Constitución,[923] sino además, el derecho constitucional de reunión, ya que en su sentencia no sólo se refirió a manifestaciones, sino a "cualquier concentración" o "reunión," con lo cual la Sala también violó el artículo 53 de la Constitución Nacional, que garantiza el derecho de "toda persona [...] de *reunirse, pública* o privadamente, *sin permiso previo,* con fines lícitos y sin armas. Las reuniones en lugares públicos se regirán por la ley".

923 Como lo destacó el Programa Venezolano de Educación Acción en Derechos Humanos (Provea): "con esta decisión, el máximo Tribunal del país avala la represión por parte de los cuerpos armados del Estado contra los ciudadanos." Véase Nota de Prensa, "La Sala Constitucional del Tribunal Supremo de Justicia suprimió, mediante una sentencia publicada ayer, las garantías para el ejercicio del derecho a la manifestación pacífica, tal como lo consagra la Constitución Nacional y la Ley de Partidos Políticos, Reuniones Públicas y Manifestaciones," en *el nacional web* 25 de abril 2014.

Con todo ello, lo que logró la Sala Constitucional fue, ni más ni menos, que "regularizar" la criminalización de la protesta,[924] para justificar la represión, haciendo de los Acaldes cómplices obligatorios de tácticas persecutorias. [925]

7. *La distorsión del derecho ciudadano a la participación política, al reconocerse a la Fuerza Armada derecho al proselitismo político (2014)*

A pesar del acentuado cuadro militarista de la Constitución de 1999, que en su momento denunciamos,[926] en su texto se expresó que "la Fuerza Armada Nacional constituye una institución esencialmente profesional, *sin militancia política,* organizada por el Estado para garantizar la independencia y soberanía de la Nación y asegurar la integridad del espacio geográfico" (Artículo 328.); estando, por ello, "al servicio exclusivo de la Nación y en ningún caso al de persona o parcialidad política alguna" (Artículo 328.); no pudiendo sus integrantes "optar a cargo de elección popular" (Artículo 330) ni "participar en *actos de propaganda, militancia o proselitismo político*" (Artículo 330).

---

924 Al contrario, como con razón ha señalado Provea que "Los derechos consagrados en nuestra Carta Magna no pueden ser convertidos en delitos por la acción arbitraria de las instituciones del Estado, la protesta es un mecanismo legítimo que tienen los ciudadanos en las sociedades democráticas para reclamar y conquistar derechos o para defenderse frente a los posibles abusos de poder." Véase Nota de Prensa, "La Sala Constitucional del Tribunal Supremo de Justicia suprimió, mediante una sentencia publicada ayer, las garantías para el ejercicio del derecho a la manifestación pacífica, tal como lo consagra la Constitución Nacional y la Ley de Partidos Políticos, Reuniones Públicas y Manifestaciones," en el nacional web 25 de abril 2014-.

925 Véase José Ignacio Hernández, "Sobre la decisión del TSJ y el derecho a la protesta," en *Prodavinci*, abril 2014, en http://prodavinci.com/blogs/sobre-la-decision-de-la-sala-constitucional-y-el-dere-cho-a-la-protesta-por-jose-ignacio-hernandez/ Véase igualmente "Pronunciamiento del Ilustre Colegio de Abogados de Caracas sobre la sentencia de la Sala Constitucional del Tribunal Supremo de Justicia que interpreta el derecho a manifestar", Caracas 26 de abril de 2014.

926 Véase Allan R. Brewer-Carías, "Reflexiones críticas sobre la Constitución de Venezuela de 1999", en Diego Valadés, Miguel Carbonell (Coordinadores), *Constitucionalismo Iberoamericano del Siglo XXI*, Cámara de Diputados. LVII Legislatura, Universidad Nacional Autónoma de México, México 2000, pp. 171-193.

Estas precisas normas constitucionales fueron mutadas por la Sala Constitucional del Tribunal Supremo de Justicia mediante sentencia No. 651 de 11 de junio de 2014 (Caso *Rafael Huizi Clavier y otros militares retirados*),[927] al conocer de una acción en la cual se denunciaba que se obligaba a los miembros de la Fuerza Armada a:

> "participar uniformados en marchas partidistas (15 de marzo de 2014), confeccionar pancartas con mensajes políticos y ordenarles mediante comunicación escrita hacerse acompañar con sus familiares a tales actos; a proferir como mensajes institucionales, expresiones tales como "patria, socialismo o muerte", "Chávez vive", "la lucha sigue", "hasta la victoria siempre", y "plagar" las instalaciones operacionales, administrativas y sociales militares, con innumerables expresiones escritas y gráficas de proselitismo del partido político "PSUV" y de quien fuera Presidente de la República y presidente fundador del mencionado partido político; así como, de igual forma, que ordenen a los subalternos izar en cuarteles y dependencias militares la bandera de la República de Cuba y difundir, publicar y exhibir en cuarteles y otras instalaciones fotografías del "dictador cubano Fidel Castro y del reconocido asesino internacional el 'che' Guevara, lo que configura una burla al honor del militar venezolano y la una (sic) violación a la nacionalidad, que podría calificarse como traición a la patria."

Frente a estos alegatos, la Sala Constitucional declaró, en contra de lo que dispone la Constitución, que supuestamente "la participación de los integrantes de la Fuerza Armada Nacional Bolivariana en actos con fines políticos no constituye un menoscabo a su profesionalidad," y que más bien es "un baluarte de participación democrática y protagónica" derivado del derecho a la participación sin discriminación que tiene todo ciudadano, incluyendo los militares en situación de actividad. Estos, afirmó la Sala, tendrían el derecho, como cualquier ciudadano, "de participar libremente en los asuntos políticos y en la formación, ejecución y control de la gestión pública," al punto de considerar que el "ejercicio de este derecho se erige como un acto

---

927 Véase en http://www.tsj.gov.ve/decisiones/scon/junio/165491-651-11614-2014-14-0313.HTML. Véanse los comentarios a dicha sentencia en Allan R. Brewer-Carías, "Una nueva mutación constitucional: el fin de la prohibición de la militancia política de la Fuerza Armada Nacional, y el reconocimiento del derecho de los militares activos de participar en la actividad política, incluso en cumplimiento de las órdenes de la superioridad jerárquica," en *Revista de Derecho Público,* No. 138 (Segundo Trimestre 2014), Editorial Jurídica Venezolana, Caracas 2014, pp. 170-175

progresivo de consolidación de la unión cívico-militar, máxime cuando su participación se encuentra debidamente autorizada por la superioridad orgánica de la institución que de ellos se apresta."

A partir de la sentencia, por tanto, en primer lugar, a pesar de que la Constitución diga que la Fuerza Armada Nacional es una institución "esencialmente sin militancia política" (art. 328), con el reconocimiento generalizado en la sentencia del derecho de los militares activos "de participar libremente en los asuntos políticos y en la formación, ejecución y control de la gestión pública," pero sometidos como están al "respeto, disciplina, obediencia y subordinación" respecto de la "superioridad jerárquica," si esta superioridad es la que preside un partido político, los integrantes de la Fuerza Armada Nacional están sin duda obligados a seguir disciplinadamente lo que la misma ordene desde el punto de vista político, pasando automáticamente a tener la institución, la militancia política del Comandante en Jefe de la misma.

En segundo lugar, y como consecuencia de lo anterior, a pesar de que la Constitución disponga que la Fuerza Armada Nacional "en el cumplimiento de sus funciones, está al servicio exclusivo de la Nación y en ningún caso al de persona o parcialidad política alguna" (Artículo 328.), al reconocer la sentencia y declarar en forma general que los militares activos tienen derecho de "participar libremente en los asuntos políticos y en la formación, ejecución y control de la gestión pública," en la forma "debidamente autorizada por la superioridad orgánica de la institución que de ellos se apresta," lo que estableció la Sala Constitucional fue que estando los militares activos sometidos a la "superioridad jerárquica," y a los principios de "respeto, disciplina, obediencia y subordinación" respecto de la misma, están en consecuencia obligados a estar al servicio de la parcialidad política que la superioridad les indique, conforme a las instrucciones del Comandante en Jefe de la Fuerza Armada Nacional.

Y en tercer lugar, a pesar de que la Constitución establezca que a los integrantes de la Fuerza Armada Nacional, no les está permitido "participar en actos de propaganda, militancia o proselitismo político" (Artículo 330), al reconocerse en la sentencia el derecho de los integrantes de la Fuerza Armada Nacional "de participar libremente en los asuntos políticos y en la formación, ejecución y control de la gestión pública," sometidos incluso a las instrucciones de la superioridad jerárquica a la cual deben respeto, disciplina, obediencia y subordinación, los mismos tienen derecho e incluso la obligación de participar en cuanto acto de propaganda, militancia y proselitismo político decidan o se les ordene o instruya.

De todo lo anterior resulta que a partir de la sentencia, simplemente la Constitución dejó de decir lo que decía, y pasó a decir lo que a la Sala Constitucional se le ocurrió que dice, con lo cual, sin ser reformada y con la misma fraseología, pasó en esta materia a decir otra cosa, es decir, su texto fue mutado, de manera que cuando la Constitución prescribe que la Fuerza Armada Nacional no puede tener "militancia política," según lo dispuesto por la Sala Constitucional, lo que dice es que sí puede tener dicha militancia, conforme lo ordene la superioridad jerárquica, incluso expresada en el uso de símbolos partidistas; cuando la Constitución prescribe que la Fuerza Armada Nacional no puede estar al servicio de "parcialidad política alguna," según lo dispuesto por la Sala Constitucional, lo que dice es que sí puede o debe tener la parcialidad política del Comandante en Jefe de la misma; y cuando la Constitución dice que los integrantes de la Fuerza Armada Nacional no pueden "participar en actos de propaganda, militancia o proselitismo político," según lo dispuesto por la Sala Constitucional, lo que ello significa es que sí pueden "participar libremente en los asuntos políticos y en la formación, ejecución y control de la gestión pública." Tan simple como eso.

En esa forma la Constitución se violó abiertamente, y lo inconstitucional se convirtió en constitucional, mediante una ilegítima mutación constitucional hecha por el juez constitucional, realizada no sólo en fraude a la Constitución, sino en fraude a la voluntad popular expresada en el rechazo de la reforma constitucional de 2007, que tenía la misma finalidad de eliminar la prohibición constitucional de que la Fuerza Armada pudiera tener "militancia política."

VII. LA DEMOLICIÓN DEL PRINCIPIO DEMOCRÁTICO DE LA SEPARACIÓN ORGÁNICA DEL PODER

El principio fundamental formalmente consagrado en la Constitución de 1999 para la configuración del Estado democrático de derecho y de justicia es, sin duda, el principio de la separación de poderes y del control recíproco entre los mismos, el cual, lamentablemente, en la práctica política de los últimos lustros no fue más que otra máscara para el establecimiento, en su lugar, de un Estado Totalitario, de concentración y centralización total del poder, donde por supuesto ninguno de los elementos esenciales y de los componentes fundamentales de la democracia que se definen en la Carta Democrática Interamericana de 2001, se ha asegurado.[928]

---

928 Véase Allan R. Brewer-Carías, *Estado totalitario y desprecio a la ley. La desconstitucionalización, desjuridificación, desjudicialización y desdemocratiza-*

Para que exista un Estado democrático, por sobre todo, y hay que recordarlo una y otra vez, el mismo tiene que estar montado sobre el principio de siempre de la separación e independencia de los poderes públicos, que asegure que el ejercicio del poder esté sometido a control, particularmente a cargo de una Justicia autónoma e independiente.[929] Pues, en definitiva, sin separación de poderes y sin un sistema de control del poder, simplemente no pueden realizarse verdaderas elecciones libres, justas y confiables; no puede haber pluralismo político, ni acceso al poder conforme a la Constitución; no puede haber efectiva participación en la gestión de los asuntos públicos, ni transparencia administrativa en el ejercicio del gobierno, ni rendición de cuentas por parte de los gobernantes; en fin, no puede haber sumisión efectiva del gobierno a la Constitución y las leyes, así como subordinación de los militares al gobierno civil; no puede haber efectivo acceso a la justicia; y real y efectiva garantía de respeto a los derechos humanos, incluyendo la libertad de expresión y los derechos sociales.[930]

En Venezuela, a los efectos de asegurar la separación de poderes, la Constitución estableció un esquema de penta-división del Poder, agregando, a los clásicos Poderes Legislativo, Ejecutivo y Judicial, los Poderes Electoral y Ciudadano, en los cuales se integraron los órganos que en la evolución constitucional precedente se habían venido configurando como órganos constitucionales con autonomía funcional.

---

ción de Venezuela, Fundación de Derecho Público, Editorial Jurídica Venezolana, 2014.

929 Véase sobre el tema Gustavo Tarre Briceño, *Solo el poder detiene al poder, La teoría de la separación de los poderes y su aplicación en Venezuela*, Colección Estudios Jurídicos No. 102, Editorial Jurídica Venezolana, Caracas 2014; y Jesús María Alvarado Andrade, "División del Poder y Principio de Subsidiariedad. El Ideal Político del Estado de Derecho como base para la Libertad y prosperidad material" en Luis Alfonso Herrera Orellana (Coord.), *Enfoques Actuales sobre Derecho y Libertad en Venezuela*, Academia de Ciencias Políticas y Sociales, Caracas, 2013, pp. 131-185.

930 Véase Allan R. Brewer-Carías, "Prólogo" al libro de Gustavo Tarre Briceño, *Solo el poder detiene al poder, La teoría de la separación de los poderes y su aplicación en Venezuela*, Colección Estudios Jurídicos No. 102, Editorial Jurídica Venezolana, Caracas 2014, pp. 13-49; "El principio de la separación de poderes como elemento esencial de la democracia y de la libertad, y su demolición en Venezuela mediante la sujeción política del Tribunal Supremo de Justicia," en *Revista Iberoamericana de Derecho Administrativo, Homenaje a Luciano Parejo Alfonso,* Año 12, No. 12, Asociación e Instituto Iberoamericano de Derecho Administrativo Prof. Jesús González Pérez, San José, Costa Rica 2012, pp. 31-43.

Sin embargo, en esta materia, nada de lo prescrito en la Constitución de 1999 se ha podido lograr en Venezuela, a pesar de todas las promesas de la Constitución, al haberse concentrado el poder progresivamente, a partir de 2000, en las manos del Poder Ejecutivo, y con ello el control sobre los otros Poderes Públicos, a través del control político de la Asamblea Nacional, en particular, sobre el Tribunal Supremo de Justicia y su Sala Constitucional; sobre el órgano electoral y además, sobre los demás órganos de control del Estado (Ministerio Público, Contraloría General de la República y Defensor del Pueblo). Sin embargo, en cuanto el gobierno perdió el control político que ejercía sobre la Asamblea Nacional desde 2005, al haberse elegido en diciembre de 2015 una nueva con mayoría controlada por la oposición al gobierno autoritario, en forma incluso calificada, el Estado totalitario lo que hizo fue despojar progresivamente a la misma de todas sus competencias, neutralizándola totalmente, utilizando para ello al Juez Constitucional.

En efecto, el Tribunal Supremo de Justicia, a partir de enero de 2016, despojó a la Asamblea Nacional de sus potestades constitucionales de legislación, requiriendo incluso una inconstitucional autorización previa por parte del Ejecutivo para poder poner en vigencia las leyes;[931] y anuló sus potestades de control político y administrativo, imponiendo el visto bueno previo del mismo Vicepresidente Ejecutivo para poder interpelar a los Ministros, con preguntas solo formuladas por escrito,[932] incluso barriendo las potestades de la Asamblea para aprobar votos de censura a los Ministros o para improbar los estados de excepción que se decreten.[933]

---

931 Véanse los comentarios en Allan R. Brewer-Carías, "El fin del Poder Legislativo: La regulación por el Juez Constitucional del régimen interior y de debates de la Asamblea Nacional, y la sujeción de la función legislativa de la Asamblea a la aprobación previa por parte del Poder Ejecutivo," en *Revista de Derecho Público,* No. 145-146, (enero-junio 2015), Editorial Jurídica Venezolana, Caracas 2016, pp. 428-443.

932 Véase los comentarios en Allan R. Brewer-Carías, "Comentarios al decreto No. 2.309 de 2 de mayo de 2016: La inconstitucional "restricción" impuesta por el Presidente de la República, respecto de su potestad de la Asamblea Nacional de aprobar votos de censura contra los Ministros," en *Revista de Derecho Público,* No. 145-146, (enero-junio 2016), Editorial Jurídica Venezolana, Caracas 2016, pp. 120-129.

933 Véase los comentarios en Allan R. Brewer-Carías, "El ataque de la Sala Constitucional contra la Asamblea Nacional y su necesaria e ineludible reacción. De cómo la Sala Constitucional del Tribunal Supremo pretendió privar a la Asam-

Es decir, el Poder Legislativo representado por la Asamblea Nacional fue totalmente neutralizado una vez que el gobierno perdió el control directo sobre la misma al perder la mayoría parlamentaria, al punto de que todas, absolutamente todas las leyes que sancionó ese cuerpo a partir de su instalación fueron declaradas inconstitucionales,[934] y lo más insólito, porque habían estado motivadas políticamente. Y cabría preguntarse ¿qué otra motivación podrían tener la leyes que emanan de un Parlamento, si no es la política? Pues bien, ello fue considerado por el Juez Constitucional en Venezuela como una "desviación de poder," por perseguir un objetivo político diferente a la política gubernamental, llegando hasta declarar inconstitucional una ley de amnistía.[935]

---

blea Nacional de sus poderes constitucionales para controlar sus propios actos, y reducir inconstitucionalmente sus potestades de control político sobre el gobierno y la administración pública; y la reacción de la Asamblea Nacional contra a la sentencia N° 9 de 1-3-2016, disponible en http://www.allanbrewer carias.com/Content/449725d9-f1cb-474b-8ab2-41efb849fea3/Con-tent/Brewer. %20El%20ataque%20Sala%20Constitucional%20v.%20 Asamblea%20Nacional. %20Sent-No.%209%201-3-2016).pdf; y "Nuevo golpe contra la representación popular: la usurpación definitiva de la función de legislar por el Ejecutivo Nacional y la suspensión de los remanentes poderes de control de la Asamblea con motivo de la declaratoria del estado de excepción y emergencia económica," en *Revista de Derecho Público,* No. 145-146, (enero-junio 2016), Editorial Jurídica Venezolana, Caracas 2016, pp. 444-468.

934 Véase los comentarios en Allan R. Brewer-Carías, "La aniquilación definitiva de la potestad de legislar de la Asamblea Nacional: el caso de la declaratoria de inconstitucionalidad de la Ley de reforma de la Ley Orgánica del Tribunal Supremo de Justicia," 16 de mayo de 2016, disponible en http://www.allanbrewer-carias.com/Content/449725d9-f1cb-474b-8ab2-41efb849fea3/Content/Brewer. %20Aniquilaci%C3%-B3n%20%20Asamblea%20Nacional.%20Inconstituc.% 20Ley%20TSJ%2015-5-2016.pdf.

935 Véase el estudio de las sentencias dictadas desde comienzos de 2016 en Allan R. Brewer-Carías, *El Juez Constitucional y la perversión del Estado de derecho. La "dictadura judicial" y la destrucción de la democracia en Venezuela*, Editorial Jurídica Venezolana International, 5 de junio 2016. Véase igualmente: Carlos M. Ayala Corao y Rafael J. Chavero Gazdik, *El libro negro del TSJ de Venezuela: Del secuestro de la democracia y la usurpación de la soberanía popular a la ruptura del orden constitucional (2015-2017)*, Editorial Jurídica Venezolana, Caracas 2017, 394 pp.; *Memorial de agravios 2016 del Poder Judicial. Una recopilación de más de 100 sentencias del TSJ,* 155 pp., investigación preparada por las ONGs: Acceso a la Justicia, Transparencia Venezuela, Sinergia, espacio público, Provea, IPSS, Invesp, en https://www.scribd.com/

Es decir, de los cinco poderes públicos que debían estar separados, si bien el único con autonomía frente al Poder Ejecutivo, desde comienzos de 2016 fue la Asamblea Nacional, al poco tiempo fue materialmente paralizada por el golpe de Estado que el Poder Ejecutivo le dio en colusión con el Poder Judicial. Por lo que se refiere a los otros Poderes Públicos, cuyos titulares fueron designados sin cumplir con la Constitución por la anterior Asamblea Nacional que terminó en enero de 2016, quedaron todos como dependientes del Ejecutivo, abandonado el ejercicio de sus poderes de control; declarándose a partir de 2017, como dependientes de la fraudulenta Asamblea Nacional Constituyente electa ese año.

Así durante los últimos veinte años, por ejemplo, la Contraloría General de la República en Venezuela se abstuvo de ejercer control fiscal alguno de la Administración Pública, razón por la cual, entre otros factores, el país ha terminado estando ubicado en el primer lugar del índice de corrupción en el mundo, según las cifras difundidas por Transparencia Internacional.[936] El Defensor del Pueblo, desde que la primera persona designada para ocupar el cargo en 2000 fue removida del mismo por haber intentado un recurso judicial contra una Ley que violaba el derecho colectivo a la participación ciudadana para la nominación de los altos titulares de los Poderes Públicos,[937]

---

docu-ment/336888955/Memorial-de-Agravios-del-Poder-Judicial-una-recopilacion-de-mas-de-100-sentencias-del-TSJ; y José Vicente Haro, "Las 111 decisiones inconstitucionales del TSJ ilegítimo desde el 6D-2015 contra la Asamblea Nacional, los partidos políticos, la soberanía popular y los DDHH," en *Buscando el Norte*, 10 de julio de 2017, en http://josevicente-harogarcia .blogspot. com/2016/10/las-33-decisiones-del-tsj.html

936 Véase el Informe de la ONG alemana, Transparencia Internacional de 2013, en el reportaje: "Aseguran que Venezuela es el país más corrupto de Latinoamérica,", en El Universal, Caracas 3 de diciembre de 2013, en http://www. eluniversal.com/nacional-y-politica/131203/aseguran-que-vene-zuela-es-el-pais-mas-corrupto-de-latinoamerica. Igualmente véase el reportaje en BBC Mundo, "Transparencia Internacional: Venezuela y Haití, los que se ven más corruptos de A. Latina," 3 de diciembre de 2013, en http://www.bbc.co.uk/mundo/ultimas_noticias/2013/12/131203_ultnot transparencia_corrupcion_lp.shtml. Véase al respecto, Román José Duque Corredor, "Corrupción y democracia en América Latina. Casos emblemáticos de corrupción en Venezuela," en *Revista Electrónica de Derecho Administrativo*, Universidad Monteávila, 2014.

937 Véase los comentarios en Allan R. Brewer-Carías, "La participación ciudadana en la designación de los titulares de los órganos no electos de los Poderes Públicos en Venezuela y sus vicisitudes políticas", en *Revista Iberoamericana de*

abandonó toda idea de defensa de derechos humanos, convirtiéndose en el órgano oficial para avalar la violación de los mismos por parte de las autoridades del Estado.[938] El Ministerio Público que ejerce la Fiscalía General de la República, en lugar de haber sido la parte de buena fe necesaria del proceso penal, asumió desde 2000 el rol de ser el principal instrumento para asegurar la impunidad, y la persecución política en el país.[939]

Además, el Poder Electoral, a cargo del Consejo Nacional Electoral, terminó siendo una especie de agente electoral del Gobierno, integrado por militantes del partido oficial o, como lo denunció el Secretario General de la Organización de Estados Americanos, por "activistas político partidistas [que] ocuparon cargos dentro del gobierno nacional,"[940] todo en violación abierta de la Constitución, habiendo

Derecho Público y Administrativo, Año 5, No. 5-2005, San José, Costa Rica 2005, pp. 76-95.

938 Por ejemplo, ante la crisis de la salud denunciada por la Academia Nacional de Medicina en agosto de 2014, reclamando la declaratoria de emergencia del sector, la respuesta de la Defensora del Pueblo fue simplemente que en Venezuela no había tal crisis. Véase el reportaje: "Defensora del Pueblo Gabriela Ramírez afirma que en Venezuela no existe ninguna crisis en el sector salud," en *Noticias Venezuela*, 20 agosto de 2014, en http://noticiavene-zuela.info/2014/08/defensora-del-pueblo-gabriela-ramirez-afirma-que-en-venezuela-no-existe-ninguna-crisis-en-el-sector-salud/; y el reportaje: "Gabriela Ramírez, Defensora del Pueblo: Es desproporcionada petición de emergencia humanitaria en el sector salud," en *El Universal*, Caracas 20 de agosto de 2014, en http://m.eluniversal.com/nacional-y-politica/140820/es-desproporcionada-peticion-de-emergencia-humanitaria-en-el-sector-sa. Por ello, con razón, el Editorial del diario *El Nacional* del 22 de agosto de 2014, se tituló: "A quien defiende la defensora?" Véase en http://www.el-nacional.com /opinión/editorial/defiende-defensora_19_46874-3123.html.

939 Como se destacó en el Informe de la Comisión Internacional de Juristas sobre *Fortalecimiento del Estado de Derecho en Venezuela*, publicado en Ginebra en marzo de 2014, el "Ministerio Público sin garantías de independencia e imparcialidad de los demás poderes públicos y de los actores políticos," quedando los fiscales "vulnerables a presiones externas y sujetos a órdenes superiores." Véase en http://icj.wpengine.netdna-cdn.com/wp-content/uploads/2014/06/VENEZUELA-Informe-A4-elec. pdf

940 Véase la comunicación del Secretario General de la OEA de 30 de mayo de 2016 con el Informe sobre la situación en Venezuela en relación con el cumplimiento de la Carta Democrática Interamericana, p. 88. Disponible en oas.org/documents/spa/ press/OSG-243.es.pdf.

dejado de ser el árbitro independiente en las elecciones. En todo caso, desde 2004 había quedado totalmente secuestrado por el Poder Ejecutivo, al ser sus jerarcas nombrados por el Tribunal Supremo de Justicia y ni siquiera por la Asamblea Nacional como correspondía constitucionalmente.[941]

En todo caso, el encargado de asegurar todo este proceso de demolición del principio democrático de la separación de poderes ha sido el Juez Constitucional desde cuando mediante sentencia de la Sala Constitucional del Tribunal Supremo Nº 3098 del 13 de diciembre de 2004 (Caso: *Nulidad de artículos de la Ley Orgánica de la Justicia de Paz*), consideró que dicho principio "no es un principio ideológico, propio de la democracia liberal, sino un principio técnico del cual depende la vigencia de la seguridad jurídica como valor fundante del derecho."[942] Luego, en 2004, la Sala pasó a dar un viraje abiertamente anti democrático al referirse despectivamente en sentencia No. 1049 de 23 de julio de 2009,[943] a la "*la llamada* división, distinción o separación de poderes," considerándola "al igual que la teoría de los derechos fundamentales de libertad, un instrumento de la doctrina liberal del Estado mínimo," con lo cual comenzó a cuestionar la validez misma de los mismos principios del constitucionalismo democrático. Para ello señaló que el mismo no fue concebido como "un mero instrumento de organización de los órganos del Poder Público, sino un modo mediante el cual se pretendía asegurar que el Estado se mantuviera limitado a la protección de los intereses individualistas de la clase dirigente."[944]

---

941 Véase Allan R. Brewer-Carías, "El secuestro del Poder Electoral y la confiscación del derecho a la participación política mediante el referendo revocatorio presidencial: Venezuela 2000-2004," en *Boletín Mexicano de Derecho Comparado*, Instituto de Investigaciones Jurídicas, Universidad Nacional Autónoma de México, No. 112. México, enero-abril 2005 pp. 11-73; *La Sala Constitucional versus el Estado Democrático de Derecho. El secuestro del poder electoral y de la Sala Electoral del Tribunal Supremo y la confiscación del derecho a la participación política*, Los Libros de El Nacional, Colección Ares, Caracas, 2004, 172 pp.

942 Sentencia Nº 3098 de la Sala Constitucional (Caso: *nulidad artículos Ley Orgánica de la Justicia de Paz*) de 13-12-2004, en *Gaceta Oficial* No. 38.120 de 02-02-2005

943 Véase en http://www.tsj.gov.ve/decisiones/scon/Julio/1049-23709-2009-04-2233. html.

944 Véase en http://www.tsj.gov.ve/decisiones/scon/Julio/1049-23709-2009-04-2233. html. Véase, Allan R. Brewer-Carías, "Sobre la mutación del principio de

"Descubrió," así, la Sala Constitucional, aun cuando distorsionándolo, el verdadero sentido de la separación de poderes, no sólo como mero instrumento de organización del Estado, sino como principio esencial de la democracia, la propia del Estado de derecho, para garantizar los derechos y libertades fundamentales, aun cuando por supuesto no sólo de "intereses individualistas de la clase dirigente" como con sesgo ideológico distorsionante la confina el Tribunal Supremo.

Ello en todo caso, no fue sino el preludio de las actuaciones del Juez Constitucional en contra de la separación de poderes, una vez que el Poder Judicial, completo, fue totalmente controlado por el Ejecutivo para ponerlo al servicio del autoritarismo, habiendo procedido posteriormente, mediante sus sentencias, a secuestrar al Poder Electoral, y a neutralizar al Poder Legislativo.

1. *El control político sobre el Poder Judicial, para ponerlo al servicio del autoritarismo, y convertirlo en el instrumento para la destrucción del principio democrático de la separación de poderes*

En efecto, el más grave acaecimiento que ha ocurrido en Venezuela desde el punto de vista institucional, con efectos devastadores respecto del Estado de derecho y la justicia constitucional, ha sido el control político que el Poder Ejecutivo ha ejercido sobre el Poder Judicial, particularmente a través del Tribunal Supremo de Justicia y su Sala Constitucional. En cualquier Estado de derecho, si un Poder Judicial está controlado por el Ejecutivo o el Legislativo, por más separados que incluso éstos puedan estar, no existe el principio de la separación de poderes, y en consecuencia, no se puede hablar de Estado Constitucional de derecho ni por supuesto, de democracia.

Y esa ha sido la situación en Venezuela desde 1999, donde por obra de la misma Asamblea Nacional Constituyente se comenzó a establecer una composición del Tribunal Supremo de Justicia para asegurar su control por parte del Ejecutivo; y como al mismo Tribunal se le atribuyó el gobierno y administración de la Justicia (que antes estaba en manos de un Consejo de la Judicatura que se eliminó), el resultado fue que a través del mismo se politizó toda la Judicatura, incluyendo la Jurisdicción Constitucional.

---

la separación de poderes en la jurisprudencia constitucional," en *Revista de Derecho Público*, No. 132 (octubre-diciembre 2012), Editorial Jurídica Venezolana, Caracas 2012, pp. 201-213.

En efecto, la Constitución de 1999 creó un novedoso sistema para asegurar la independencia de los órganos del Estado y, en particular, del Tribunal Supremo de Justicia, estableciendo la necesaria participación ciudadana en el proceso de elección de los Magistrados del Tribunal Supremo de Justicia por la Asamblea Nacional, estableciendo un Comité de Postulaciones Judiciales (art. 270), que debía estar integrado exclusivamente por representantes de los diferentes sectores de la sociedad. Ello, sin embargo, no se ha garantizado en los 20 años de vigencia de la Constitución, de manera que nunca se ha observado en la designación de Magistrados, ni siquiera en diciembre de 1999, cuando lo hizo la Asamblea Nacional Constituyente.[945]

El resultado ha sido que el Tribunal Supremo de Justicia de Venezuela, y dentro del mismo, su Sala Constitucional, se ha configurado como un cuerpo altamente politizado,[946] lamentablemente sujeto a la voluntad del Presidente de la República, lo que en la práctica ha significado la eliminación de toda la autonomía del Poder Judicial, y la degradación de la justicia constitucional.

Con ello, el propio postulado de la separación de los poderes, como piedra angular del Estado de Derecho y de la vigencia de las instituciones democráticas, ha sido eliminado, desapareciendo toda posibilidad de control judicial efectivo del poder por parte de los ciudadanos. El propio Presidente de la República incluso, llegó a decir en 2007, que para poder dictar sentencias, el Tribunal Supremo debía consultarlo previamente.[947] Con todo esto, el Poder Judicial pospuso

---

945 Véase los comentarios sobre la inconstitucional práctica legislativa reguladora de los Comités de Postulaciones integradas, cada uno, con una mayoría de diputados, convirtiéndolas en simples "comisiones parlamentarias ampliadas," en Allan R. Brewer-Carías, "La participación ciudadana en la designación de los titulares de los órganos no electos de los Poderes Públicos en Venezuela y sus vicisitudes políticas", en *Revista Iberoamericana de Derecho Público y Administrativo*, Año 5, No. 5-2005, San José, Costa Rica 2005, pp. 76-95.

946 Véase lo expresado por el magistrado Francisco Carrasqueño, en la apertura del año judicial en enero de 2008, al explicar que : "no es cierto que el ejercicio del poder político se limite al Legislativo, sino que tiene su continuación en los tribunales, en la misma medida que el Ejecutivo", dejando claro que la "aplicación del Derecho no es neutra y menos aun la actividad de los magistrados, porque según se dice en la doctrina, deben ser reflejo de la política, sin vulnerar la independencia de la actividad judicial". Véase en *El Universal*, Caracas 29-01-2008.

947 Así lo afirmó el Jefe de Estado, cuando al referirse a una sentencia de la Sala Constitucional muy criticada, en la cual reformó de oficio una norma de la Ley

su función fundamental de servir de instrumento de control de las actividades de los otros órganos del Estado para asegurar su sometimiento a la ley, habiendo materialmente desaparecido el derecho ciudadano a la tutela judicial efectiva y el derecho a controlar el poder. En esa situación, por tanto, es difícil hablar siquiera de posibilidad alguna de equilibrio entre poderes y prerrogativas del Estado y derechos y garantías ciudadanas.

En ese esquema, por ejemplo, un recurso autónomo de interpretación abstracta de la Constitución como el que inventó en Venezuela el Juez Constitucional,[948] si el mismo tuviera efectiva autonomía e independencia, sin duda que podría ser un instrumento eficaz para adaptar las normas constitucionales a los cambios operados en el orden constitucional de un país en un momento determinado. Sin embargo, un recurso de esa naturaleza en manos de un Juez Constitucional totalmente dependiente del Poder Ejecutivo, en un régimen autoritario como el que se ha estructurado en Venezuela en los últimos 20 años, resolviendo en particular las peticiones interesadas formuladas incluso por el propio Poder Ejecutivo a través del Procurador General de la República, ha sido un instrumento de mutación ilegítima de la Constitución, para cambiarla y ajustarla a la voluntad del Poder Ejecutivo a efectos de afianzar el autoritarismo.[949] Eso es lo que

---

del Impuesto sobre la renta, simplemente dijo: "Muchas veces llegan, viene el Gobierno Nacional Revolucionario y quiere tomar una decisión contra algo por ejemplo que tiene que ver o que tiene que pasar por decisiones judiciales y ellos empiezan a moverse en contrario a la sombra, y muchas veces logran neutralizar decisiones de la Revolución a través de un juez, o de un tribunal, o hasta en el mismísimo Tribunal Supremo de Justicia, a espaldas del líder de la Revolución, actuando por dentro contra la Revolución. Eso es, repito, traición al pueblo, traición a la Revolución." Discurso del Presidente de la Republica en el Primer Evento con propulsores del Partido Socialista Unido de Venezuela, Teatro Teresa Carreño, Caracas 24 marzo 2007.

948 Véase Allan R. Brewer-Carías, "*¿Quis Custodiet Ipsos Custodes*?: De la interpretación constitucional a la inconstitucionalidad de la interpretación", en *Revista de Derecho Público*, No. 105, Editorial Jurídica Venezolana, Caracas 2006, pp. 7-27.

949 Véase Allan R. Brewer-Carías, "Reforma constitucional o mutación constitucional?: La experiencia venezolana." en *Revista de Derecho Público,* No. 137 (Primer Trimestre 2014, Editorial Jurídica Venezolana, Caracas 2014, pp. 19-65; "El juez constitucional al servicio del autoritarismo y la ilegítima mutación de la Constitución: el caso de la Sala Constitucional del Tribunal Supremo de Justicia de Venezuela (1999-2009)," en *Revista de Administración Pública*, No. 180, Madrid 2009, pp. 383-418.

ha ocurrido en Venezuela, donde el Tribunal Supremo de Justicia ha sido intervenido políticamente, al distorsionarse las normas constitucionales destinadas a asegurar su nombramiento a propuesta de la sociedad civil y su remoción sólo en casos excepcionales.

Y una vez controlado el Tribunal Supremo de Justicia, las promesas constitucionales sobre la independencia y autonomía del Poder Judicial han sido violadas permanentemente; como se dijo, durante 20 años no respetaron las condiciones para la elección de los Magistrados del Tribunal Supremo, ni la mayoría calificada de votos en la Asamblea requerida para ello, ni la participación ciudadana requerida en la nominación de candidatos. Jamás se celebraron los concursos públicos de oposición para la elección de los jueces como lo prevé la Constitución para que ingresen a la carrera judicial, que materialmente no existe.[950] Además, como desde 1999 la Asamblea Nacional Constituyente intervino el Poder Judicial,[951] la cual fue luego ratificada con el régimen transitorio establecido después de la aprobación popular de la Constitución, que aún no concluye, los jueces fueron destituidos a mansalva y masivamente, sin garantías al debido proceso, con la consecuencia de que la Judicatura se llenó de jueces temporales y provisionales,[952] sin garantía de estabilidad; quedando la destitución

---

950 Como lo destacó la misma Comisión Internacional de Juristas, en un *Informe* de marzo de 2014, que resume todo lo que en el país se ha venido denunciando en la materia, al dar "cuenta de la falta de independencia de la justicia en Venezuela," se destaca que "el Poder Judicial ha sido integrado desde el Tribunal Supremo de Justicia (TSJ) con criterios predominantemente políticos en su designación. La mayoría de los jueces son "provisionales" y vulnerables a presiones políticas externas, ya que son de libre nombramiento y de remoción discrecional por una Comisión Judicial del propio Tribunal Supremo, la cual, a su vez, tiene una marcada tendencia partidista." Véase en http://icj.wpengine.net dna -cdn.com/wp-content/uploads/2014/06/VENEZUE-LA-Informe-A4-elec.pdf

951 Véase nuestro voto salvado a la intervención del Poder Judicial por la Asamblea Nacional Constituyente en Allan R. Brewer-Carías, *Debate Constituyente, (Aportes a la Asamblea Nacional Constituyente)*, Tomo I, (8 agosto-8 septiembre), Caracas 1999; y las críticas formuladas a ese proceso en Allan R. Brewer-Carías, *Golpe de Estado y proceso constituyente en Venezuela,* Universidad Nacional Autónoma de México, México, 2002.

952 En el *Informe Especial* de la Comisión sobre Venezuela correspondiente al año 2003, la misma también expresó, que "un aspecto vinculado a la autonomía e independencia del Poder Judicial es el relativo al carácter provisorio de los jueces en el sistema judicial de Venezuela. Actualmente, la información proporcionada por las distintas fuentes indica que más del 80% de los jueces venezo-

de los mismos al arbitrio de una Comisión *ad hoc* del Tribunal Supremo de Justicia, todo ello con el aval del mismo.

En cuanto a la Jurisdicción Disciplinaria Judicial prevista en la Constitución, la misma no fue sino otra mentira, al punto de que la que se creó en 2011 se conformó como dependiente de la Asamblea Nacional, es decir, sujeta al control político;[953] mientras que los jueces temporales y provisorios, que son casi todos, quedaron sometidos al arbitrio de la Comisión Judicial del Tribunal Supremo, pues la Sala Constitucional aseguró, de oficio, mediante sentencia No. 516 de 7 de mayo de 2013,[954] dictada con su participación, que esa Comisión continuaría con el "derecho" de destituirlos sin garantía alguna del debido proceso.

La verdad es que es ciertamente imposible conseguir en Constitución alguna en el mundo contemporáneo un conjunto de promesas constitucionales como las insertas en la Constitución venezolana de 1999 para asegurar la independencia judicial. Lamentablemente, sin embargo, fueron todas declaraciones formuladas para no ser cumplidas, dando como resultado la trágica dependencia del Poder Judicial que quedó sometido en su conjunto a los designios y control político por parte del Poder Ejecutivo,[955] funcionando al servicio del gobierno del Estado y de su política autoritaria.

---

lanos son "provisionales". *Informe sobre la Situación de los Derechos Humanos en Venezuela 2003*, *cit.* párr. 161.

953 Solo fue, luego de que el gobierno perdió la mayoría en la Asamblea Nacional, que la saliente Asamblea en unas ilegítimas sesiones extraordinarias celebradas en diciembre de 2015, reformó la Ley del Código de Ética del Juez, pero para quitarle a la nueva Asamblea la competencia para nombrar dichos jueces (que por supuesto nunca debió tener), y pasarlos al Tribunal Supremo. Véase en *Gaceta Oficial* No. 6204 Extra de 30 de diciembre de 2015.

954 Véase en http://www.tsj.gov.ve/decisiones/scon/Mayo/516-7513-2013-09-1038.html.

955 Véase Allan R. Brewer-Carías, "La progresiva y sistemática demolición de la autonomía e independencia del Poder Judicial en Venezuela (1999-2004)", en *XXX Jornadas J.M. Domínguez Escovar, Estado de derecho, Administración de justicia y derechos humanos,* Instituto de Estudios Jurídicos del Estado Lara, Barquisimeto, 2005, pp. 33-174; y "La justicia sometida al poder [La ausencia de independencia y autonomía de los jueces en Venezuela por la interminable emergencia del Poder Judicial (1999-2006)]" en *Cuestiones Internacionales. Anuario Jurídico Villanueva 2007,* Centro Universitario Villanueva, Marcial Pons, Madrid, 2007, pp. 25-57; "La demolición de las instituciones judiciales y

Como lo observó la Comisión Internacional de Juristas de Ginebra en 2014:

> "Un sistema de justicia que carece de independencia, como lo es el venezolano, es comprobadamente ineficiente para cumplir con sus funciones propias. En este sentido en Venezuela, [...] el poder judicial, precisamente por estar sujeto a presiones externas, no cumple su función de proteger a las personas frente a los abusos del poder sino que por el contrario, en no pocos casos es utilizado como mecanismo de persecución contra opositores y disidentes o simples críticos del proceso político, incluidos dirigentes de partidos, defensores de derechos humanos, dirigentes campesinos y sindicales, y estudiantes."[956]

Por ello, como también lo observó el Secretario General de la Organización de Estados Americanos, Luis Almagro el 30 de mayo de 2016, "en la situación actual que vive Venezuela, no se puede más que concluir que estamos ante alteraciones graves al orden democrático tal como se ha definido en numerosos instrumentos regionales y subregionales,"[957] particularmente después de constatar, entre múltiples hechos, que "no existe en Venezuela una clara separación e independencia de los poderes públicos, donde se registra uno de los casos más claros de cooptación del Poder Judicial por el Poder Ejecutivo."[958]

Con todo esto, la promesa constitucional de la separación de poderes y sobre todo de la autonomía e independencia del Poder Judicial, quedó incumplida, siendo por tanto las previsiones constitucionales una gran mentira, habiendo el Poder Judicial abandonado su función fundamental de servir de instrumento de control y de balance respecto de las actividades de los otros órganos del Estado para

---

la destrucción de la democracia: La experiencia venezolana," en *Instituciones Judiciales y Democracia. Reflexiones con ocasión del Bicentenario de la Independencia y del Centenario del Acto Legislativo 3 de 1910,* Consejo de Estado, Sala de Consulta y Servicio Civil, Bogotá 2012, pp. 230-254.

956 Véase en http://icj.wpengine.netdna-cdn.com/wp-content/uploads/2014/06/VENEZUELA- Infor-me-A4-elec.pdf.

957 Véase la comunicación del Secretario General de la OEA de 30 de mayo de 2016 con el Informe sobre la situación en Venezuela en relación con el cumplimiento de la Carta Democrática Interamericana, p. 125. Disponible en oas.org/documents/spa/ press/OSG-243.es.pdf.

958 *Idem*. p. 73. Disponible en oas.org/documents/spa/press/OSG-243.es.pdf.

asegurar su sometimiento a la Constitución y a la ley; y a la vez, habiendo materialmente desaparecido el derecho ciudadano a la tutela judicial efectiva y a controlar el poder.

Lo que se ha producido, en definitiva, ha sido una desjusticiabilidad del Estado, siendo inconcebible que el Poder Judicial en Venezuela hoy pueda llegar a decidir y enjuiciar la conducta de la Administración y frente a ella, garantizar los derechos ciudadanos.

2. *El secuestro del Poder Electoral por el juez constitucional para eliminar toda posibilidad de elecciones justas y libres (2003-2014)*

En todo caso, al control político sobre el Poder Judicial y específicamente sobre la Sala Constitucional del Tribunal Supremo de Justicia, siguió el control político sobre el Poder Electoral, siendo éste otro de los atentados que se hicieron contra la separación de poderes, la democracia y el funcionamiento del sistema electoral, lesionando el derecho de los ciudadanos a que los procesos electorales sean libres y justos, y en definitiva, al Estado Constitucional. Aquí también correspondió al Juez Constitucional eliminar materialmente la elección en segundo grado de los miembros del Consejo Nacional Electoral por la Asamblea Nacional, de acuerdo a un procedimiento en el cual debía garantizase la participación ciudadana en el Comité de Postulaciones Electorales a través de su integración con representantes de los diversos sectores de la sociedad como lo exige la Constitución (art. 295, 296).

En efecto, contrariando todas estas normas constitucionales, una vez que la Sala Constitucional del Tribunal Supremo de Justicia pasó a estar controlada por el Poder Ejecutivo, la misma asumió directa e inconstitucionalmente desde 2003, en sustitución de la Asamblea Nacional, la designación de los miembros del Consejo Nacional Electoral, lo que siguió ocurriendo con posterioridad.[959]

Todo comenzó en efecto, en 2003, luego de que la Asamblea Nacional hubiera cumplido los pasos previos para la elección de los miembros del Consejo Nacional Electoral, de manera que dada la ausencia de acuerdos políticos –debido a la composición que en aquél

---

959 Véase Allan R. Brewer-Carías, "El control de la constitucionalidad de la omisión legislativa y la sustitución del Legislador por el juez constitucional: el caso del nombramiento de los titulares del poder electoral en Venezuela," *Revista Iberoamericana de Derecho Procesal Constitucional,* N° 10 Julio-Diciembre 2008, Editorial Porrúa, Instituto Iberoamericano de Derecho Procesal Constitucional, México 2008, pp. 271-286.

momento tenía la Asamblea– para poder llegar a elegir con la mayoría calificada requerida a los funcionarios, el Juez Constitucional procedió a asumir esa función al avocarse a conocer de un proceso constitucional contra la omisión legislativa en efectuar dicha elección, que intentó un ciudadano. Se trató de la sentencia No. 2073 de 4 de agosto de 2003 (Caso: *Hermánn Escarrá Malaver y otros*), a través de la cual la Sala Constitucional se preparó la vía para luego designar a los miembros del órgano electoral; lo que efectivamente hizo mediante la sentencia Nº 2341 del 25 de agosto de 2003 (Caso: *Hermánn Escarrá M. y otros*).[960]

En esta última sentencia, la Sala Constitucional procedió a designar a los miembros del Consejo Nacional Electoral sin cumplir con los requisitos constitucionales; y partir de entonces, ese Consejo Nacional Electoral secuestrado por la Sala Constitucional y controlado por el gobierno y los partidos que lo apoyaban, comenzó a confiscarle a los ciudadanos el derecho a la participación política. [961]

La Sala consideró, para decidir, que debía "adaptarse a las condiciones que la Ley exige al funcionario," pero aclarando que actuaría al

---

960 Véase caso: *Hermann E. Escarrá Malavé; acción de inconstitucionalidad por omisión contra la Asamblea Nacional*), en http://historico.tsj.gov.ve/decisiones/scon/ agosto/PODER%20ELECTORAL.HTM. Véanse igualmente en *Revista de Derecho Público*, No. 93-96, Editorial Jurídica Venezolana, Caracas, 2003, pp. 525 ss. Véanse los comentarios en Allan R. Brewer-Carías, *La Sala Constitucional Versus El Estado Democrático de Derecho. El secuestro del poder electoral y de la Sala Electoral del Tribunal Supremo y la confiscación del derecho a la participación política*, Los Libros de El Nacional, Colección Ares, Caracas 2004, 172 pp.; y además, en los siguientes estudios "El secuestro del Poder Electoral y la confiscación del derecho a la participación política mediante el referendo revocatorio presidencial: Venezuela 2000-2004," en *Revista Jurídica del Perú*, Año LIV No. 55, Lima, marzo-abril 2004, pp. 353-396; en *Boletín Mexicano de Derecho Comparado*, Instituto de Investigaciones Jurídicas, Universidad Nacional Autónoma de México, No. 112. México, enero-abril 2005 pp. 11-73.

961 Véase Allan R. Brewer-Carías "El secuestro del Poder Electoral y la confiscación del derecho a la participación política mediante el referendo revocatorio presidencial: Venezuela 2000-2004", en Juan Pérez Royo, Joaquín Pablo Urías Martínez, Manuel Carrasco Durán (Editores), *Derecho Constitucional para el Siglo XXI. Actas del Congreso Iberoamericano de Derecho Constitucional*, Tomo I, Thomson-Aranzadi, Madrid 2006, pp. 1081-1126; y en *Stvdi Vrbinati, Rivista trimestrale di Scienze Giuridiche*, Politiche ed Economiche, Año LXXI – 2003/04 Nuova Serie A – N. 55,3, Università degli studi di Urbino, Urbino, Italia 2004, pp. 379-436

margen de la ley, es decir, que "debido a la naturaleza provisoria y a la necesidad de que el órgano funcione," la Sala no requería "cumplir paso a paso las formalidades legales que exige la Ley al elector competente, ya que lo importante es llenar el vacío institucional, hasta cuando se formalice lo definitivo." Se desligó así insólitamente el Juez Constitucional de las exigencias constitucionales que en cambio sí debía cumplir la Asamblea supuestamente omisa, para llenar el "vacío institucional" que el Juez Constitucional mismo había contribuido a crear en sentencia precedente.

Y hacia el futuro, en cuanto a la elección sucesiva de los Rectores del Consejo Nacional Electoral, a partir de 2004, la Sala Constitucional continuó ejerciendo el "monopolio" de designar a sus miembros, en contra de todas las previsiones constitucionales, siempre alegándose una "omisión legislativa," sustituyendo a la Asamblea Nacional, y sin respetar ninguna de las previsiones de la Constitución que buscaban asegurar la participación de la sociedad civil para la postulación de candidatos a ser electos como tales Rectores,[962] como por ejemplo también ocurrió en 2014.[963]

---

962 Véase Allan R. Brewer-Carías, "El control de la constitucionalidad de la omisión legislativa y la sustitución del Legislador por el Juez Constitucional: el caso del nombramiento de los titulares del Poder Electoral en Venezuela," en *Revista Iberoamericana de Derecho Procesal Constitucional,* No. 10 Julio-Diciembre 2008, Editorial Porrúa, Instituto Iberoamericano de Derecho Procesal Constitucional, México 2008, pp. 271-286; "La Jurisdicción Constitucional al servicio de la política: de cómo el Juez Constitucional ha secuestrado y sometido al Poder Electoral y a la Jurisdicción Electoral en Venezuela," en *La Justicia Constitucional en el Estado Social de derecho. Homenaje al Dr. Néstor Pedro Sagües, II Congreso Internacional de Derecho Procesal Constitucional,* (Coordinador Gonzalo Pérez Salazar), Universidad Monteávila, Funeda, Especialización en Derecho Procesal Constitucional, Caracas 2012, pp. 125-149.

963 Véase Allan R. Brewer-Carías, "El golpe de Estado dado en diciembre de 2014, con la inconstitucional designación de las altas autoridades del Poder Público," en *Revista de Derecho Público,* No. 140 (Cuarto Trimestre 2014, Editorial Jurídica Venezolana, Caracas 2014, pp. 495-518; "La elección popular indirecta de altos funcionarios del Estado en Venezuela y su violación por el Estado autoritario: el golpe de Estado de diciembre de 2014 dado con las inconstitucionales designaciones de los titulares de las ramas del Poder Público," en *Revista de Investigações Constitucionais. Journal of Constitutional Research*, V. 2, No. 2 (maio-agosto 2015), ISSN 2359-5639, pp. 63-92.

En ese año, cuando la fracción parlamentaria del partido de gobierno no pudo reunir la mayoría calificada para designar a su antojo a los miembros del Consejo Nacional Electoral, ni logró acuerdo alguno con los otros grupos parlamentarios, ello motivó a que el propio Presidente de la Asamblea Nacional anunciara públicamente –como quien da una orden– "que el Tribunal Supremo de Justicia se encargará de designar a los rectores y suplentes del Consejo Nacional Electoral (CNE), pues no se lograron las dos terceras partes necesarias en el Parlamento para la designación."[964]

Es falso por supuesto que cuando no se logre la mayoría requerida de votos de diputados para la elección de los miembros del Consejo Nacional Electoral, "corresponda" al Tribunal Supremo de Justicia, realizar tal elección. Sin embargo, al hacer la elección de dichos funcionarios, como en efecto lo hizo, repitiendo la historia de 2003,[965] incurrió en usurpación de autoridad "extralimitándose en sus funciones y limitando injustificada e ilegítimamente la propia autonomía del Consejo Nacional Electoral como órgano rector de dicho Poder Público." [966]

Ello lo hizo mediante sentencia Nº 1865 de 26 de diciembre de 2014,[967] apenas cuatro días después de haber recibido la comunicación

---

[964] Véase "TSJ decidirá cargos de rectores del CNE", Noticias "Globovisión, Caracas, 22 diciembre de 2014, en http://globovision.com/tsj-decidira-cargos-de-rectores-del-cne/; "Designación de rectores y suplentes del CNE pasa al TSJ," en *Informe21.com*, Caracas, 22 de diciembre de 2014, en http://informe21.com /cne/designacion-de-rectores-y-suplentes-del-cne-pasa-al-tsj; "TSJ decidirá cargos de rectores del CNE", Caracas Noticias "Globovisión, 22 diciembre de 2014 en http://globovision.com/tsj-decidira-cargos-de-rectores-del-cne/.

[965] En todo caso, el antecedente no se mencionó sino *ex post facto*, mediante declaraciones públicas que la Presidenta del Tribunal Supremo magistrada Gutiérrez Alvarado dio el día 29 de diciembre de 2014, cuando "recordó" que "la Sala "ya actuó de la misma forma en 2003 y 2005, cuando asimismo se registraron casos de la "omisión legislativa." Véase en "Gladys Gutiérrez: En elección de rectores del CNE se siguió estrictamente el procedimiento, Caracas 29 de diciembre de 2014, en http://www.lapatilla.com/site/2014/12/29/gladys-gutierrez-en-eleccion-de-rectores-del-cne-se-siguio-estrictamente-el-procedimiento/.

[966] Véase Allan R. Brewer-Carías, *La Justicia Constitucional. Procesos y procedimientos constitucionales*, México, 2007, p. 392.

[967] Véase en http://historico.tsj.gov.ve/decisiones/scon/diciembre/173497-1865-261214- 2014 -14-1343.HTML Véanse los comentarios en Allan R. Brewer-Carías, "El golpe de Estado dado en diciembre de 2014 en Venezuela con la inconstitucional designación de las altas autoridades del Poder Público," en *El*

enviada por el Presidente de la Asamblea Nacional, de cuyo texto la Sala fue la que "dedujo" que se trataba de una solicitud de declaratoria de omisión – lo que ni siquiera se mencionó en la nota del Presidente de la Asamblea - , que obedecía a que "no existe en el órgano parlamentario la mayoría calificada, consistente en el voto favorable de las dos terceras partes de sus integrantes, tal como lo exige el artículo 296 del Texto Fundamental," indicando que dicho funcionario estaba ejerciendo "la representación del órgano parlamentario y en ejercicio de la cual declaró la imposibilidad de ese cuerpo deliberante de designar a los Rectores y Rectoras del Consejo Nacional Electoral."

La Sala agregó, además, falsamente que el funcionario supuestamente había solicitado a la Sala que "*supla la aludida omisión,*" lo cual no era cierto.[968] De todo ello resultó que, en definitiva, la Sala Constitucional, en un "proceso" que discrecionalmente consideró como de mero derecho, decidió "sin necesidad de abrir procedimiento alguno," para negarle a los interesados, como por ejemplo, a los propios diputados de la Asamblea Nacional que no estuviesen conformes con la petición, su derecho a ser oídos, violándose así el artículo 49 de la Constitución.[969]

Concluyó la Sala su sentencia "en atención al mandato estatuido en los artículos 296, 335 y 336, numeral 7, de la Constitución," procediendo directamente a designar a los miembros principales y suplentes del Consejo Nacional Electoral, a quienes convocó y tomó juramento el 29 de diciembre de 2014; en una designación que ya no fue

---

Cronista del Estado Social y Democrático de Derecho, No. 52, Madrid 2015, pp. 18-33.

968 Por ello José Ignacio Hernández indicó, con razón, que "se declaró una omisión que en realidad no existía." Véase José Ignacio Hernández, "La inconstitucional designación de los rectores del CNE," en *Prodavinci*, Caracas 27 de diciembre de 2014, en http://prodavinci.com/blogs/la-inscostitucional-designacion-de-los-rectores-del-cne-por-jose-ignacio-hernandez/ Véase además, Román José Duque Corredor, "El logaritmo inconstitucional: 7 Magistrados de la Sala Constitucional son iguales a 2/3 partes de la representación popular de la Asamblea Nacional, Caracas 29 de diciembre de 2014, en http://www. frente-patrio-tico.com/inicio/2014/12/29/logaritmo-inconstitucional/.

969 Véase José Ignacio Hernández, "La inconstitucional designación de los rectores del CNE," en *Prodavinci*, Caracas 27 de diciembre de 2014, en http://prodavinci. com/blogs/la-inscostitucional-designacion-de-los-rectores-del-cne-por-jose-ignacio-hernandez/.

provisional sino definitiva para el período constitucional correspondiente.[970]

3. *El ataque del régimen contra el Poder Legislativo y el desconocimiento por el Juez Constitucional del poder de la Asamblea Nacional de legislar*

Como se ha explicado, la vía utilizada por el Poder Ejecutivo para controlar y someter al Poder Judicial y al Poder Electoral, en particular a partir de 2005, fue absoluto control político que el gobierno tuvo sobre la Asamblea Nacional. Por ello, al perder el gobierno dicho control como consecuencia de las elecciones parlamentarias de diciembre de 2015, a partir de ese mismo mes, el régimen autoritario comenzó a desmantelar a la propia Asamblea Nacional, anulándole y neutralizándole todas sus funciones, para lo cual el Poder Ejecutivo utilizó al Juez Constitucional como su instrumento al servicio del autoritarismo.

En consecuencia, luego de la reforma a toda carrera durante el mes de diciembre de 2015 (por la Asamblea saliente) de más de 30 leyes, muchas de ellas para bloquear o menoscabar los poderes de la nueva Asamblea Nacional,[971] y de la emisión de 13 decretos leyes conforme a la llamada "Ley Habilitante antiimperialista para la Paz" que se había sancionado en marzo de 2015,[972] y que lo habilitaba para legislar en cualquier materia, sin límites, [973] desde que la nueva Asamblea se instaló el 5 de enero de 2016, la misma, simplemente, comenzó a ser despojada de sus funciones más importantes, entre ellas, la de legisla-

---

970 Véase José Ignacio Hernández, "La inconstitucional designación de los rectores del CNE," en *Prodavinci*, Caracas 27 de diciembre de 2014, en http://prodavinci. com/blogs/la-inscostitucional-designacion-de-los-rectores-del-cne-por-jose-ignacio-hernandez/; Román José Duque Corredor, "El logaritmo inconstitucional: 7 Magistrados de la Sala Constitucional son iguales a 2/3 partes de la representación popular de la Asamblea Nacional, Caracas 29 de diciembre de 2014, en http://www.frentepatriotico.com/inicio/2014/12/29/logaritmo-inconstitucional/.

971 Así, once (11) leyes que aparecieron publicadas en la *Gaceta Oficial* Extra. No. 6207 de 28 de diciembre de 2015; veintitrés (23) leyes aprobatorias de Protocolos, Memorándum de Entendimiento, Convenios y Acuerdos internacionales aparecieron publicadas en *Gaceta Oficial* Extra. No. 6208 de 28 de diciembre de 2015; y en *Gaceta Oficial* No. 40.819 de 30 de diciembre de 2015; todas por lo visto "discutidas" y sancionadas en días navideños.

972 Véase en *Gaceta Oficial* No. 6178 Extra de 15-3-2015.

973 Véase en *Gacetas Oficiales Extras* Nos. 6.207, 6.209, 6210, y 6211 de 28, 29 y 30 de diciembre de 2015.

dor. Para ello, todas, absolutamente todas las leyes que la Asamblea Nacional sancionó con posterioridad han sido declaradas inconstitucionales por la Sala Constitucional del Tribunal Supremo mediante sentencias dictadas en la mayoría de los casos al ejercer el control previo de constitucionalidad que regula el artículo 214 de la Constitución, a solicitud del Presidente de la República, antes de ser promulgadas.[974]

Se destacan, en efecto, en esta materia las siguientes sentencias de nulidad por inconstitucionalidad de leyes nacionales: [975]

(i) Nulidad de la Ley de Reforma Parcial de la Ley del Banco Central de Venezuela sancionada el 3 de marzo de 2016, lo que se produjo mediante sentencia de la sala Constitucional Nº 259 de 31 de marzo

---

974 Como lo observó el Secretario General de la Organización de Estados Americanos, Luis Almagro en el *Informe* que con fecha 30 de mayo dirigió al Consejo Permanente de la Organización conforme al artículo 20 de la Carta Democrática Interamericana, "a pesar de que la oposición en Venezuela cuenta con una amplia mayoría en la Asamblea Nacional, las leyes que ésta aprueban encuentran trabas bajo el fundamento de que son 'inconstitucionales." Véase la comunicación del Secretario General de la OEA de 30 de mayo de 2016 con el *Informe sobre la situación en Venezuela en relación con el cumplimiento de la Carta Democrática Interamericana*, p. 54. Disponible en oas.org/do-cuments /spa/press/OSG-243.es.pdf

975 Véase sobre todas las sentencias de la Sala Constitucional eliminando las potestades de la Asamblea de legislar, el documento: "El TSJ vs. la función legislativa de la Asamblea Nacional," de *Acceso a la Justicia. El observatorio venezolano de la justicia*," 29 agosto 2018, en http://www.accesoalajusticia.org/el-tsj-vs-la-funcion-legislativa-de-la-asamblea-nacional/.

de 2016,[976] con la cual puede decirse que se inició el proceso de condena a muerte de la Asamblea Nacional, como Poder Legislativo.[977]

Dicha Ley del Banco Central de Venezuela había sido una de las reformadas a la carrera mediante Decreto Ley N° 2.179 de 30 de diciembre de 2015,[978] en vista de la nueva composición política de la Asamblea con motivo de las elecciones parlamentarias de diciembre de 2015, con el objeto de eliminar todo el régimen de la participación de la Asamblea Nacional en la designación de los altos funcionarios del Banco Central, que había sido previamente establecido desde 2001 conforme a la Constitución. La Ley de diciembre de 2015, a la vez fue inmediatamente reformada por la nueva Asamblea Nacional, mediante Ley de 3 de marzo de 2016, con el único y exclusivo propósito político de restablecer sus atribuciones que le habían sido cercenadas por el Ejecutivo Nacional. La reforma de la Ley, por tanto, tuvo una clara e inevitable motivación política, que fue la de restablecer las competencias constitucionales asignadas a la Asamblea en relación con el Banco Central de Venezuela y que le habían sido cercenadas por el Ejecutivo Nacional mediante el decreto ley de 30 de diciembre de 2015.

Dicha reforma, sin embargo, fue declarada inconstitucional por la Sala Constitucional, a solicitud del Presidente de la República en la mencionada sentencia Nº 259 de 31 de marzo de 2016, solo porque el Presidente había "denunciado" que la reforma hecha por la Asamblea

---

976 Véase en http://historico.tsj.gob.ve/decisiones/scon/marzo/186656-259-31316-2016 -2016-0279.HTML. Véanse los comentarios en Allan R. Brewer-Carías, "La sentencia de muerte de la Asamblea Nacional. El caso de la nulidad de la Ley de reforma del BCV. Marzo 2016," en http://www.allanbrewercarias.-com/Content/449725d9-f1cb-474b-8ab2-41efb849fea3/Content/Brewer.% 20 La%20sentencia% 20de%20muerte%20AN.%20Sentencia%20SC%20Ley% 20BCV. pdf; y Allan R. Brewer-Carías, "La sentencia de muerte Poder Legislativo en Venezuela. El cinismo de la Sala Constitucional y la inconstitucional pretensión de controlar la actividad política de la Asamblea Nacional al reformar la Ley del Banco Central de Venezuela. 5 de abril 2016," en http://www.allanbrewercarias.com/Content/449725d9-f1cb-474b-8ab2-41efb849fea3/ Content/Brewer.%20La%20sentencia%20de%20muerte%20AN.%20Sentencia%20 SC%20Ley%20BCV.pdf.

977 Véase Allan R. Brewer-Carías, *Dictadura Judicial y perversión del Estado de derecho en Venezuela*, IUSTEL, Madrid 2017; *La consolidación de la tiranía judicial. El juez constitucional controlado por el poder ejecutivo, asumiendo el poder absoluto*, Colección Estudios Políticos, N° 15, Editorial Jurídica Venezolana International. Caracas / New York, 2017.

978 Véase en *Gaceta Oficial* No. 6.211 Extraordinario del 30 de diciembre de 2015.

tenía un "móvil político," es decir, que "la motivación de la reforma propuesta por la bancada opositora de la Asamblea Nacional es netamente política," dado "el cambio de orientación política de la Asamblea Nacional," pidiéndole a la Sala que ejerciera un control de "desviación de poder" respecto de la actividad legislativa del Parlamento, "que implica para su configuración que el acto haya sido dictado con un fin distinto al previsto por el Constituyente."

Y la Sala Constitucional, sumisa, luego de constatar cuáles fueron las reformas efectuadas en la Ley impugnada, que no eran otras sino restablecer la normativa que había estado vigente desde 2001, procedió entonces a juzgar al Legislador por "desviación de poder" (la ley "está incursa en el vicio de desviación de poder"), afirmando que lo que se pretendía con la reforma era "era asegurar, por parte de la mayoría parlamentaria de la Asamblea Nacional, el control político del Instituto Emisor."

La función básica de la Asamblea Nacional es legislar sobre las materias de la competencia nacional, siendo ello fundamentalmente una función política, de política de Estado, que ejerce dictando normas de carácter general; y esa función política solo puede tener una motivación política y perseguir fines políticos, que son los que la representación popular, conforme a la orientación de la mayoría de los diputados, establezca. Un Tribunal Constitucional, nunca podría juzgar a un órgano legislativo por haber sancionado una legislación porque esté basada en una "motivación política," y así sustituirse a la representación del pueblo, y decidir usurpando su voluntad, cuál debe ser la política de Estado a seguir.

(ii) Nulidad de la Ley de Amnistía y Reconciliación Nacional sancionada por la Asamblea Nacional el día 29 de marzo de 2016, mediante sentencia Nº 264 de 11 de abril de 2016 [979] de la Sala Constitucional, con la cual la misma simplemente le cercenó a la Asamblea todos sus poderes, invadiendo "ilegítimamente, la atribución privativa de la

---

[979] Véase en http://historico.tsj.gob.ve/decisiones/scon/abril/187018-264-11416-2016-16-0343.HTML. Véase los comentarios en Allan R/ Brewer-Carías, "La anulación de la Ley de Amnistía por la Sala Constitucional. O la ejecución de la sentencia de muerte dictada contra la Asamblea Nacional," 26 abril 2016. en http://www.allanbrewercarias.com/Content/449725d9-f1cb-474b-8ab2-41efb849fea3/Content/BREWER.%20Anulaci%C3%B3n%20Ley%20de%20Amnist%C3 %ADa%20%202016.pdf.

Asamblea Nacional para decretar amnistías,"[980] frustrando una de las promesas electorales de la nueva mayoría parlamentaria.[981]

Para ello, la Sala Constitucional se fundamentó en considerar que supuestamente no estaban dadas las condiciones para que la Asamblea pudiera decretar una amnistía, cuando ello corresponde ser evaluado y considerado única y exclusivamente al órgano político de representación popular, en lo que el Juez Constitucional no podía inmiscuirse;"[982] concluyendo su sentencia con la declaración genérica de inconstitucionalidad de toda la Ley por los efectos que según la Sala podía producir "en la sociedad y en el ordenamiento jurídico," considerando que con dicha Ley "se revela[ba] una actividad arbitraria del legislador, el cual no act[uaba] en representación del interés general de la sociedad." Por tanto, como la Asamblea Nacional a par-

---

980 Véase en José Ignacio Hernández, "Sala constitucional del TSJ: el nuevo Superpoder vs. la Ley de amnistía," 12 abril de 2016, en http://pararescatarelporvenir.blogspot.com/2016/04/blog-de-jose-ignacio-hernandezi-sala.html; y María Amparo Grau, "La rebelión militar contra la fuerza de la ley," en *El Nacional*, Caracas 13 de abril de 2016. Como lo expresó Laura Louza, la decisión de la Sala Constitucional violó: "la Constitución, por desconocer que la amnistía es una decisión política de exclusiva competencia del Poder Legislativo destinada a contribuir a la paz, y que solo puede estar sujeta al control de ese tribunal por razones jurídicas. En consecuencia, la Sala Constitucional solo es competente para determinar si el texto de la propuesta legal cumple con las reglas de la Constitución o no, sin que ese control pueda extenderse a la oportunidad o conveniencia del proyecto." Véase Laura Louza, "El TSJ le quita al país la paz de la Ley de Amnistía. Un Estado de Derecho sin paz ni justicia no es un Estado de Derecho," 16 abril 2016, en http://el-informe.com/16/04/2016/opinion/el-tsj-le-quita-al-pais-la-paz-de-la-ley-de-amnistia/

981 Véase en http://unidadvenezuela.org/2015/10/oferta-legislativa-para-el-cambio/. Véase sobre ello Allan R. Brewer-Carías, "Sobre el decreto de amnistía anunciado por la Mesa de la Unidad Democrática para ser dictado por la nueva Asamblea Nacional," 12 de Diciembre 2015, En http://www.allanbrewercarias.Com/Content/449725d9-F1cb-474b-8ab2-41efb849fea3/Content/A.%20Brewer.%20SOBRE%20EL%20DECRETO%20DE%20LA%20AMNIST %C3%8DA%20PRPUESTO%20PARA%20SER%20DICTADO%20POR%20LA%20NUEVA%20ASAMBLEA%20NACIONAL%20dic%20%202015.Pdf.

982 Como lo explicó José Ignacio Hernández, "con este razonamiento, en realidad, la Sala Constitucional está controlando la oportunidad y conveniencia de la amnistía, lo que según la doctrina anterior de la propia Sala, no puede ser sujeto a control. Véase en José Ignacio Hernández, "Sala constitucional del TSJ: el nuevo Superpoder vs. la Ley de amnistía," 12 abril de 2016, en http://pararesca-tarelporvenir.blogspot.com/2016/04/blog-de-jose-ignacio-hernandezi-sala. html.

tir de enero 2016 comenzó a responder a una nueva mayoría democrática opuesta al Gobierno que era el que controlaba a la Sala Constitucional, entonces, por ello, el Juez Constitucional consideró que la Asamblea no podía tomar decisiones políticas si las mismas no estaban en la línea de acción del Poder Ejecutivo.[983]

(iii) Nulidad de la Ley de reforma de la Ley Orgánica del Tribunal Supremo de Justicia de 7 de abril de 2016, mediante sentencia Nº 341 de 5 de mayo de 2016[984] de la Sala Constitucional, que le arrebató a la Asamblea, violando la Constitución, su propio poder de iniciativa legislativa,[985] declarando la inconstitucionalidad de la ley porque a juicio de la Sala la reforma introducida no era "razonable," cercenándole a la Asamblea su potestad de legislar políticamente. Es decir, la Sala le negó a la Asamblea Nacional como órgano legislativo, el poder determinar políticamente, de acuerdo con la mayoría política que la compone, el sentido de la legislación que sancione; declaró "inconstitucional" una norma procedimental introducida en la reforma que lo que buscaba era garantizar el debido proceso en los casos de control previo de constitucionalidad a solicitud del Presidente de la República conforme al artículo 214 de la Constitución.

(v) Nulidad de la Ley de Otorgamiento de Títulos de Propiedad a Beneficiarios de la Gran Misión Vivienda Venezuela y otros Programas Habitacionales del Sector Público de 13 de abril de 2016, mediante sentencia Nº 343 de 6 mayo 2016[986] de la Sala Constitucional, que declaró la inconstitucionalidad de la ley porque a la Ley sancionada no se acompañó "ninguna ponderación en cuanto a cómo afectaría la Ley al sistema público de construcción de viviendas," y otros

---

983 Véase María Amparo Grau, "La rebelión militar contra la fuerza de la ley," en *El Nacional*, Caracas 13 de abril de 2016.

984 Véase en http://historico.tsj.gob.ve/decisiones/scon/mayo/187589-341-5516-2016-16-0396.HTML Véase el comentario en Allan R. Brewer-Carías, "La aniquilación definitiva de la potestad de legislar de la Asamblea Nacional: el caso de la declaratoria de inconstitucionalidad de la Ley de Reforma de la Ley Orgánica del Tribunal Supremo de Justicia," 16 de mayo de 2016, en http://www.allanbrewercarias.com/Content/449725d9-f1cb-474b-8ab2-41efb84 9fea3/Content/Brewer.%20Aniquilaci% C3%B3n%20%20Asamblea%20Nacional.%20 Inconstituc .%20Ley%20TSJ% 2015-5-2016.pdf.

985 En este mismo sentido, María Amparo Grau, "Fraude constitucional: mermar la iniciativa legislativa," en *El Nacional*, Caracas, 6 de abril de 2016.

986 Véase en http://historico.tsj.gob.ve/decisiones/scon/mayo/187591-343-6516-2016-16-0397.HTML.

impactos económicos de la misma, a fin de poder determinar la viabilidad económica de la Ley; constatando que la Asamblea Nacional no había cumplido con lo que la propia Sala Constitucional le había impuesto en una sentencia anterior Nº 269 del 21 de abril de 2016,[987] de nada más que obtener el "visto bueno" previo por parte del Poder Ejecutivo para legislar.

En efecto, la Sala Constitucional en dicha sentencia decretó de oficio un conjunto de medidas cautelares en un juicio de nulidad que se había iniciado cinco años antes contra el Reglamento Interior y de Debates de la Asamblea Nacional de 2010,[988] eliminando completamente la autonomía del Parlamento y su posibilidad de legislar, al sujetar el ejercicio de su función legislativa a la obtención del "visto bueno" previo de parte del Ejecutivo Nacional, usurpando las funciones de la Asamblea, y "regulándole" a la misma su propio funcionamiento.[989]

La Sala, en particular, le reguló a la Asamblea cómo es que debía realizar las consultas populares y a los diversos órganos del Estado sobre los proyectos de ley, imponiéndole una "normativa" que no existe en la Constitución, con la "obligatoria concertación que debe existir entre la Asamblea Nacional y los otros Órganos del Estado durante la discusión y aprobación de las leyes," al punto de imponerle el régimen de que "sin la aprobación del órgano público competente en materia de planificación, presupuesto y tesorería nacional, no puede estimarse cumplida la exigencia a que se refiere el numeral 3

---

987 Véase en http://historico.tsj.gob.ve/decisiones/scon/abril/187363-269-21416-2016-11-0373.HTML. Véase los comentarios en Allan R. Brewer-Carías, "El fin del Poder Legislativo: La regulación por el Juez Constitucional del régimen interior y de debates de la Asamblea Nacional, y la sujeción de la función legislativa de la Asamblea a la aprobación previa por parte del Poder Ejecutivo, 3 de mayo de 2016, en http:// www.allanbrewercarias.com/Content/449725d9-f1cb-474b-8ab2-41efb849fea3/Content/Brewer.%20EL%20FIN%20DEL%20PODER%20LEGISLATIVO.%20SC.% 20mayo%202016.pdf.

988 Véase *Gaceta Oficial* N° 6.014 Extraordinario del 23 de diciembre de 2010.

989 Como lo indicó el Grupo de Profesores de Derecho Público de Venezuela: "las medidas dictadas *tienen contenido normativo*, de lo cual resulta que en definitiva, ha sido la Sala Constitucional la que reguló el funcionamiento interno de la Asamblea, usurpando el ejercicio de la atribución privativa de ésta de normar tal funcionamiento y regular el desarrollo del debate parlamentario." Véase Comunicado: Grupo de Profesores de Derecho Público: "La Nulidad e Ineficacia de la Sentencia No. 269/2016 de la Sala Constitucional," mayo 2016.

del artículo 103 del citado Reglamento," sobre la determinación del "impacto e incidencia presupuestaria y económica," de la ley que se sanciona.

O sea, que la Asamblea Nacional, en materia de legislación, a partir de dicha sentencia no pudo hacer por sí sola nada, y cualquier proyecto de ley que pretendiera discutir tenía que ser previamente aprobado por el Poder Ejecutivo. Ni más ni menos eso fue lo que resolvió el Juez Constitucional, lo que fue el fin *de facto* de la Asamblea Nacional como rama del Poder Público autónoma e independiente.

Para completar este inconstitucional régimen normativo impuesto de oficio a la Asamblea por la Sala Constitucional, la misma estableció otra "medida cautelar positiva" dirigida al Presidente de la República, imponiéndole la obligación de que para poder promulgar una Ley conforme al artículo 215 de la Constitución:

> "deberá, a través de las autoridades que la Constitución prevé (Ministros del ramo y Vicepresidente conforme a lo establecido en el artículo 239, numeral 5 constitucional) realizar la efectiva verificación del cumplimiento de la viabilidad a que se refiere el artículo 208 de la Constitución, sin lo cual no podrá dictarse el "Cúmplase" que establece el artículo 215 eiusdem."

O sea que todo proyecto de ley que se quisiera discutir en la Asamblea Nacional para llegar a ser aprobado, *tenía que tener el visto bueno previo del Poder Ejecutivo* a través del Vicepresidente Ejecutivo de la República, sin lo cual, si llegase a ser sancionada una ley sin cumplirse con las imposiciones dispuestas por la Sala Constitucional, ella misma dispuso, por encima de lo que prevé la Constitución, que la ley no podía ser aplicada, ni podía surtir efectos jurídicos *erga omnes*.

4. *La aniquilación por el Juez Constitucional de los poderes de la Asamblea Nacional de ejercer control político sobre el gobierno y la Administración Pública*

En paralelo a la eliminación de la potestad de la Asamblea Nacional para poder legislar, la Sala Constitucional del Tribunal Supremo, sucesivamente, también le eliminó su potestad para controlar políticamente al Gobierno y a la Administración Pública como se lo asigna la Constitución, habiendo comenzado este proceso de depredación en materia de control de la declaratoria de los estados de excepción, que fue materialmente eliminado.[990]

---

990 Véase los comentarios en Allan R. Brewer-Carías, "El control político de la Asamblea Nacional respecto de los decretos de excepción y su desconocimien-

En efecto, el artículo 339 de la Constitución cuando exige que los decretos de estado de excepción deben ser sometidos a la Asamblea Nacional o a la Comisión Delegada, para su "consideración y aprobación," ello implica la posibilidad, para la Asamblea, de poder improbarlos para lo cual se requiere del voto de la mayoría absoluta de los diputados presentes en sesión especial que se debe realizar sin previa convocatoria (art. 27, Ley Orgánica de los Estados de Excepción) en cuyo caso cesa de tener vigencia y no puede producir efectos jurídicos.

Esta eliminación progresiva del control político de la Asamblea sobre los decretos relativos a los estados de excepción por parte del Tribunal Supremo se produjo apenas aquella se instaló en enero de 2016 luego de ser electa en diciembre de 2015, cuando quiso ejercer dicho control respecto del Decreto Nº. 2184 de 14 de enero de 2016 que había decretado la emergencia económica en el país. Dos días antes, sin embargo, la Sala Constitucional, al ejercer el control de constitucionalidad del mismo decreto, mediante sentencia Nº. 4 del 20 de enero de 2016, declaró su "carácter constitucional", y más allá, "garantizó la legitimidad, validez, vigencia y eficacia jurídica del mismo," procediendo así en forma evidentemente inconstitucional, a ejercer un "control político" sobre el mismo usurpando así –desconociéndolas– las funciones de la Asamblea Nacional, reconociendo –más allá del control jurídico– sobre dicho decreto "su pertinencia, proporcionalidad y adecuación, el cual viene a apuntalar con sólido basamento jurídico y con elevada significación popular, la salvaguarda del pueblo y su desarrollo armónico ante factores inéditos y extraordinarios adversos en nuestro país."

Posteriormente, una vez que la Asamblea en uso de sus potestades desaprobara el decreto, la Sala Constitucional completó su tarea de eliminar el control político por parte de la Asamblea, al decidir un recurso de interpretación constitucional sobre esas potestades de control político de la Asamblea Nacional. mediante sentencia No. 7 del

---

to judicial y Ejecutivo con ocasión de la emergencia económica decretada en enero de 2016, en *VI Congreso de Derecho Procesal Constitucional y IV de Derecho Administrativo, Homenaje al Prof. Carlos Ayala Corao, 10 y 11 noviembre 2016*, FUNEDA, Caracas 2017. Véase sobre todas las sentencias de la Sala Constitucional eliminando las potestades de la Asamblea de control político el documento: "El TSJ vs. la función contralora de la Asamblea Nacional," de *Acceso a la Justicia. El observatorio venezolano de la justicia*," 28 de agosto de 2018, en http://www.accesoalajusticia.org/el-tsj-vs-la-funcion-contralora-de-la-asamblea-nacional/

11 de febrero de 2016,[991] disponiendo, sin motivación alguna, que el "control político de la Asamblea Nacional sobre los decretos que declaran estados de excepción no afecta la legitimidad, validez, vigencia y eficacia jurídica de los mismos," limitando el control de la Asamblea –en forma evidentemente inconstitucional– a la sola posibilidad de revocar la prórroga del decreto de estado de excepción al cesar las causas que lo motivaron, calificándolo incluso como "un control relativo," que supuestamente está sometido al control constitucional." En la sentencia incluso, la Sala llegó a decidir que el Decreto de estado de excepción que había sido improbado por la Asamblea Nacional, "entró en vigencia desde que fue dictado y su legitimidad, validez, vigencia y eficacia jurídico-constitucional se mantiene irrevocablemente incólume, conforme a lo previsto en el Texto Fundamental." Para terminar, a pesar de tratarse de un proceso de "interpretación constitucional," la Sala consideró como "irrita" la desaprobación del decreto por parte de la Asamblea Nacional decidiendo que debía "entenderse como inexistente y sin ningún efecto jurídico-constitucional." Es decir, sin seguir el procedimiento de los juicios de nulidad, en violación al debido proceso, procedió a "anular" el Acuerdo desaprobatorio del decreto que había dictado la Asamblea Nacional.

Pero no quedó allí la labor depredadora de la Sala Constitucional, sino que se extendió a otros aspectos del control político de la Asamblea. Como ésta, para desaprobar el decreto de estado de excepción, había citado a varios Ministros del área económica a comparecer ante sus Comisiones, y estos habían deliberadamente ignorado los requerimientos, lo que podía considerarse como desacato a la Asamblea, la Sala Constitucional mediante otra sentencia No. 9 del 1º de marzo de 2016, [992] con ocasión de otro "recurso de interpretación" abstracta de

---

991 Véase en http://historico.tsj.gob.ve/decisiones/scon/febrero/184885-07-11216-2016-16-0117.HTML. Véase los comentarios en Carlos Ayala y Rafael J. Chavero Gazdik, *El libro negro del TSJ de Venezuela: Del secuestro de la democracia y la usurpación de la soberanía popular a la ruptura del orden constitucional (2015-2017)*, Editorial Jurídica Venezolana, Caracas 2017, pp. 229 ss..

992 Véase en http://historico.tsj.gob.ve/decisiones/scon/marzo/185627-09-1316-2016-16-0153.HTML Véase los comentarios en Allan R. Brewer-Carías, "El ataque de la Sala Constitucional contra la Asamblea Nacional y su necesaria e ineludible reacción. De cómo la Sala Constitucional del Tribunal Supremo pretendió privar a la Asamblea Nacional de sus poderes constitucionales para controlar sus propios actos, y reducir inconstitucionalmente sus potestades de control político sobre el gobierno y la administración pública; y la reacción de la Asamblea Nacional contra a la sentencia No. 9 de 1-3-2016," en http://www.allanbrewercarias.com/Con-tent/449725d9-f1cb-474b-8ab2-

los artículos 136, 222, 223 y 265 de la Constitución, procedió a ampliar los límites que venía imponiendo a las potestades legislativas, "reglamentando" inconstitucionalmente las potestades de control político de la Asamblea Nacional en relación con el gobierno y la Administración Pública, eliminando materialmente la obligación de los Ministros de comparecer ante la Asamblea cuando se les requiera para investigaciones, preguntas e interpelaciones.

Y ello lo hizo la Sala, utilizando de nuevo una forma procesal viciada para el ejercicio del control de constitucionalidad de los actos estatales como es el "recurso de interpretación" abstracta de la Constitución,[993] con el que terminó declarando nulos unos actos actuales y "futuros" de la Asamblea Nacional. Además, la sentencia No. 9 la dictó la Sala Constitucional en contra de la Asamblea Nacional sin siquiera haber oído previamente a la misma a través de sus representantes, violando el derecho al debido proceso y a la defensa, que son de carácter absoluto, en términos de la propia Sala. Y por último, la Sala, al conocer del recurso y dictar dicha sentencia, actuó en violación del más elemental principio de justicia natural, actuando como juez y parte, pues precisamente, uno de los temas a los que se refería el recurso, era a la potestad de la Asamblea de revocar el inconstitucional nombramiento de algunos de los Magistrados que precisamente debían firmar la sentencia.

41efb849fea3/Content/Brewer.%20El%20ataque%20Sala%20Constitucional %20v.%20Asamblea%20Nacional.%20SentNo.%209%201-3-2016).pdf. Véase los co-mentarios en Carlos Ayala y Rafael J. Chavero Gazdik, *El libro negro del TSJ de Venezuela: Del secuestro de la democracia y la usurpación de la soberanía popular a la ruptura del orden constitucional (2015-2017)*, Editorial Jurídica Venezolana, Caracas 2017, pp. 246 ss.

993 Véase Allan R. Brewer-Carías, "*Quis Custodiet Ipsos Custodes*: De la interpretación constitucional a la inconstitucionalidad de la interpretación," en *Revista de Derecho Público*, No. 105, Editorial Jurídica Venezolana, Caracas 2006, pp. 7-27. Véase además sobre ello, el trabajo "La ilegítima mutación de la Constitución por el juez constitucional: la inconstitucional ampliación y modificación de su propia com-petencia en materia de control de constitucionalidad," en *Libro Homenaje a Josefina Calcaño de Temeltas,* Fundación de Estudios de Derecho Administrativo (FUNEDA), Caracas 2009, pp. 319-362; Luis Alfonso Herrera Orellana, "El "recurso" de inter-pretación de la Constitución. Reflexiones críticas desde la argumentación jurídica y la teoría del discurso" en *Revista de derecho público*, No. 113, Editorial Jurídica Vene-zolana, Caracas, 2008, pp. 7-30.

En esta sentencia, la Sala Constitucional pura y simplemente dictó normas sobre el funcionamiento de la Asamblea y sobre el ejercicio de sus poderes de control sobre el Gobierno y la Administración Pública, lo que sólo podía hacer la propia Asamblea Nacional; usurpando así su función normativa que solo puede materializarse en su Reglamento Interior y de Debates. La Sala Constitucional, además, de paso, declaró como inconstitucionales algunas previsiones del Reglamento Interior y de Debates de la Asamblea y de la Ley sobre el Régimen para la Comparecencia de Funcionarios Públicos ante la Asamblea Nacional o sus Comisiones, todo con el objeto de encasillar y restringir las potestades de control político de la Asamblea sobre el Gobierno y la Administración Pública; y todo, de oficio, al decidir un recuso de interpretación.

El proceso de reglamentación por el Juez Constitucional del funcionamiento interno de la Asamblea Nacional, lo completó la Sala Constitucional mediante sentencia No. 184 de 17 de marzo de 2016,[994] en la cual declaró la "constitucionalidad" de la prórroga del decreto de estado de excepción y emergencia económica, y procedió, sin fundamentación constitucional alguna, a "legislar" en materia de control político parlamentario, supuestamente "para dar legitimidad y validez" a las actuaciones de la Asamblea. En esa forma, el Juez Constitucional usurpó la propia potestad normativa de la Asamblea, imponiéndole, como si fuera un "legislador" por encima de la Asamblea, un conjunto de normas o reglas de actuación, todas inconstitucionales por estar viciadas de usurpación de funciones normativas que solo corresponden a la Asamblea ejercer al dictar su Reglamento Interior y de Debates. Entre otros conceptos incluidos en el "reglamento" de la Sala están, por ejemplo, que el control no debe afectar "el adecuado funcionamiento del Ejecutivo Nacional;" que el control debe canalizarse a través del Vicepresidente Ejecutivo quien es el que elabora el cronograma de comparecencias de cualquier funcionario del Gobierno y la Administración Pública Nacional;" que el control político parlamentario debe realizarse: "permitiendo a los solicitados contestar, de ser posible, por escrito, las inquietudes que formule la Asamblea Nacional o sus comisiones;" y que respecto de la Fuerza Armada Nacional, el único control político parlamentario posible es: "a través de su Comandante en Jefe, solamente cuando presenta su mensaje anual" ante la Asamblea.

---

994 Véase en http://historico.tsj.gob.ve/decisiones/scon/marzo/186437-184-17316-2016 -16-0038.html.

Esta inconstitucional "reglamentación judicial" sobre el régimen de control político que la Asamblea puede ejercer sobre el Gobierno y la Administración pública, la completó el propio Presidente de la República mediante el Decreto No. 2.309 de 2 de mayo de 2016[995] en el cual "restringió y suspendió" impunemente la potestad constitucional de la Asamblea de aprobar votos de censura contra los Ministros, cuando lo juzgue políticamente oportuno y conveniente, a su exclusivo juicio conforme a los artículos 187.10, 240 y 246 de la Constitución.

En abril de 2016, en efecto, la Asamblea Nacional, luego de los debates correspondientes sobre el decreto de estado de excepción, había aprobado un Acuerdo[996] mediante el cual dio un Voto de Censura al Ministro para la Alimentación de la época, por su incomparecencia ante la Asamblea para ser interpelado y oído, lo "que fue considerado por el órgano legislativo como una renuencia del Gobierno a explicar la situación de escasez de alimentos en el país."[997]

La reacción del Gobierno en contra de la Asamblea Nacional fue inmediata, de manera que el mismo día 28 de abril de 2016, el Presidente de la República, desconociendo la Constitución, expresó que "al ministro de Alimentación no lo remueve nadie,"[998] rechazando el Voto de Censura contra el mismo,[999] alegando la existencia de una supuesta incompatibilidad entre el ejercicio del control político por parte de la Asamblea Nacional, y el supuesto "desacato" por la mis-

---

995 Véase en *Gaceta Oficial* Extra. N° 6225 de 2 de mayo de 2016. Véase los comentarios a dicho decreto en Allan R. Brewer-Carías, "Comentarios al decreto N° 2.309 de 2 de mayo de 2016: La inconstitucional "restricción" impuesta por el Presidente de la República, respecto de su potestad de la Asamblea Nacional de aprobar votos de censura contra los Ministros," en *Revista de Derecho Público,* N° 145-146, (enero-junio 2016), Editorial Jurídica Venezolana, Caracas 2016, pp. 120-129.

996 Véase "Asamblea aprueba voto de censura al ministro de Alimentación Marco Torres," en *El Universal*, 28 de abril de 2016, en http://www.eluni-versal.com/noticias/politica/asamblea-aprueba-voto-censura-ministro-alimentacion-mar-co-torres_307078. Véase igualmente en: http://m.pano-rama.com.ve/poli-ticayeconomia /AN-debate-voto-de-censura-a-ministro-de-Alimentacion-Ro-dolfo -Marco-Torres-20160428-0027.html

997 *Idem.*

998 Véase en http://www.eluniversal.com/noticias/politica/maduro-rechaza-voto-censu-ra-ministro-alimentacion-marco-torres_307192.

999 Véase en http://notiexpresscolor.com/maduro-ministro-no-lo-remueve-nadie/.

ma, considerando que la sentencia de la Sala Constitucional había "restringido" la forma de citar a los Ministros para interpelarlos.[1000]

Con base en ello, el Presidente de la República, al día siguiente 29 de abril de 2016, procedió nada menos que a "revisar" los artículos de la Constitución y mediante decreto ejecutivo dejó "sin efecto las potestades constitucionales de la Asamblea Nacional."[1001] Anunció, en efecto el Presidente de la República, que:

> "promulgará un decreto para "dejar sin efecto" cualquier "sabotaje" que realice el Parlamento contra "cualquier ministro u órgano del poder popular" en referencia a la moción de censura aprobada contra el ministro de Alimentación.
>
> "Esos artículos de la Constitución vamos a revisarlos para sacar un decreto para dejar sin efecto constitucionalmente, mientras dure la emergencia económica, cualquier sabotaje que haga la Asamblea contra cualquier ministro, institución u órgano del poder popular," dijo Maduro..."[1002]

Y efectivamente, en la prensa del 4 de mayo se reseñó en los medios de comunicación que el Presidente de la República había dictado un decreto que "resta poderes a la Asamblea Nacional de Venezuela,"[1003] es decir, para "restringir y diferir las mociones de censura que se hagan desde el Parlamento de mayoría opositora contra sus ministros que tienen como consecuencia la remoción del cargo de los funcionarios, según la Constitución."[1004]

La decisión del Poder Ejecutivo se conoció el 5 de mayo de 2016, cuando circuló la *Gaceta Oficial* en la cual apareció publicado el Decreto Nº 2309 de 2 de mayo de 2016,[1005] en el cual el ejercicio de esta po-

---

1000 *Idem.*

1001 Véase: "Maduro promulgará decreto para "dejar sin efecto" decisiones del Parlamento," en Diario Las Américas, 29 de abril de 2016, en http://www.diario lasame-ricas.com/4848_venezuela/3782331_maduro-promulgara-decreto-dejar-efec-to-decisiones-del-parlamento.html.

1002 *Idem.*

1003 Véase "Decreto de Maduro resta poderes a la Asamblea Nacional de Venezuela," 4 de mayo de 2016, en http://noticias.terra.com/decreto-de-maduro-resta-poderes-a-la-asamblea-nacional-de-venezuela,b9ab08070bf18b140ca4e473ca4bbbaekpx40avv. html.

1004 *Idem.*

1005 Véase en *Gaceta Oficial* Extra. No. 6225 de 2 de mayo de 2016.

testad constitucional de control político atribuida a la Asamblea para declarar Voto de censura a los Ministros, simple e insólitamente fue "restringida y suspendida" por el Jefe del Poder Ejecutivo, que es el órgano controlado. Se violó así, descaradamente la Constitución y el principio de la separación de poderes que impone la autonomía e independencia de los Poderes Públicos que garantiza su artículo 136; todo ello, por supuesto, sin que el Presidente de la República tuviera competencia constitucional ni legal alguna para actuar de esa manera;[1006] y lo más insólito, con "autorización" del Juez Constitucional.

A las anteriores actuaciones le sucedieron diversas otras decisiones de la Sala Constitucional, todas restrictivas de las potestades de la Asamblea Nacional de control político sobre el gobierno y la Administración Pública, consolidándose no sólo una dictadura sino una tiranía judicial,[1007] destacándose las siguientes:

(i) la sentencia de la Sala Constitucional No. 907 de 28 de octubre de 2016,[1008] mediante la cual negó materialmente toda posibilidad de

---

1006 Véase, por ejemplo, José Ignacio Hernández, "¿Ahora la AN no podrá dictar votos de censura?, en *Prodavinci*, 4 de mayo de 2016, en http://prodavinci.com/blogs/ahora-la-an-no-podra-dictar-votos-de-censura-por-jose-ignacio-hernandez-g/

1007 Véase los comentarios a todas las sentencias dictadas por la Sala Constitucional en Allan R. Brewer-Carías, *Dictadura Judicial y perversión del Estado de derecho*, Editorial Jurídica venezolana, Caracas 2016; segunda edición (Prólogo de Santiago Muñoz Machado), Ediciones El Cronista, Fundación Alfonso Martín Escudero, Editorial IUSTEL, Madrid 2017, 608 pp.; y *La consolidación de la tiranía judicial. El juez constitucional controlado por el poder ejecutivo, asumiendo el poder absoluto*, Colección Estudios Políticos, No. 15, Editorial Jurídica Venezolana International. Caracas / New York, 2017, 238 pp. Véase igualmente: Carlos M. Ayala Corao y Rafael J. Chavero Gazdik, *El libro negro del TSJ de Venezuela: Del secuestro de la democracia y la usurpación de la soberanía popular a la ruptura del orden constitucional (2015-2017)*, Editorial Jurídica Venezolana, Caracas 2017, 394 pp.; y *Memorial de agravios 2016 del Poder Judicial. Una recopilación de más de 100 sentencias del TSJ,* 155 pp., investigación preparada por las ONGs: Acceso a la Justicia, Transparencia Venezuela, Sinergia, espacio público, Provea, IPSS, Invesp, en https://www.scribd.com/docu-ment/336888955/Memorial-de-Agravios-del-Poder-Judicial-una-recopilacion-de-mas-de-100-sentencias-del-TSJ;

1008 Véase en http://historico.tsj.gob.ve/decisiones/scon/octubre/191597-907-281016-2016-16-1017.HTML Véase los comentarios en Carlos Ayala y Rafael J. Chavero Gazdik, *El libro negro del TSJ de Venezuela: Del secuestro de la democracia y la usurpación de la soberanía popular a la ruptura del orden*

control político sobre la nacionalidad del Presidente de la República, para determinar si para ser candidato había presentado la renuncia formal a otra nacionalidad, si la tuvo, dado el requisito constitucional de que para ejercer ese cargo es necesario "ser venezolano por nacimiento, sin otra nacionalidad;"[1009]

(ii) la sentencia de la Sala Constitucional N° 893 de 25 de octubre de 2016,[1010] mediante la cual suspendió todo tipo de investigación parlamentaria sobre la actuación de la empresa Petróleos de Venezuela S.A. cercenándole a la Asamblea Nacional su potestad de controlar la actuación de órganos de la Administración Pública, como son las empresas del Estado, incluso de la más importante entre todas ellas, como es PDVSA;[1011]

(iii) la sentencia de la Sala Constitucional del Tribunal Supremo No. 814 de 11 de octubre de 2016,[1012] dictada con motivo de su-

---

constitucional (2015-2017), Editorial Jurídica Venezolana, Caracas 2017, pp. 303 ss.

1009 Véase los comentarios en Allan R. Brewer-Carías, "El intento fallido de la Asamblea Nacional de ejercer el control político sobre el tema de la nacionalidad del Presidente de la República, y su anulación por parte de la Sala Constitucional," en *Revista de Derecho Público,* No. 147-148, (julio-diciembre 2016), Editorial Jurídica Venezolana, Caracas 2016, pp. 360-366

1010 Véase en http://historico.tsj.gob.ve/decisiones/scon/octubre/191316-893-251016-2016-16-0940.HTML Véase los comentarios en "El intento fallido de la Asamblea Nacional de ejercer el control político sobre la administración pública investigando la actuación de PDVSA, y su anulación por la Sala Constitucional," en *Revista de Derecho Público,* No. 147-148, (julio-diciembre 2016), Editorial Jurídica Venezolana, Caracas 2016, pp. 358-359

1011 Véase en general, los comentarios en Allan R. Brewer-Carías, "El desconocimiento de los poderes de control político del órgano legislativo sobre el gobierno y la administración pública por parte del juez constitucional en Venezuela," *Opus Magna Constitucional, Tomo XII 2017 (Homenaje al profesor y exmagistrado de la Corte de Constitucionalidad Jorge Mario García Laguardia)*, Instituto de Justicia Constitucional, Adscrito a la Corte de Constitucionalidad, Guatemala. 2017, pp. 69-107. Véase los comentarios en Carlos Ayala y Rafael J. Chavero Gazdik, *El libro negro del TSJ de Venezuela: Del secuestro de la democracia y la usurpación de la soberanía popular a la ruptura del orden constitucional (2015-2017)*, Editorial Jurídica Venezolana, Caracas 2017, pp. 297 ss.

1012 Véase en http://historico.tsj.gob.ve/decisiones/scon/octubre/190792-814-111016-2016 -2016-897.HTML. Véase los comentarios en Allan R. Brewer-Carías, "La cremación de la Asamblea Nacional y la usurpación de sus funcio-

puestamente "ampliar" lo resuelto en una sentencia anterior (No 808 del 2 de septiembre de 2016[1013]), mediante la cual dicha Sala asumió directamente las competencias de la Asamblea Nacional en materia de control político en relación con la aprobación de la Ley anual de presupuesto que conforme a la Constitución sólo puede hacerse mediante Ley de la Asamblea Nacional, imponiendo que la Ley de Presupuesto para 2017 se debía formular mediante decreto ejecutivo, y se debía presentar ante la propia Sala Constitucional (no ante la Asamblea) para su aprobación;[1014]

(iv) la sentencia de la Sala Constitucional No. 948 de 15 de noviembre de 2016,[1015] prohibiendo a la Asamblea Nacional ejercer sus funciones de control político conforme a lo que había decidido en el Acuerdo de 25 de octubre de 2016 para "Iniciar el Procedimiento de Declaratoria de Responsabilidad Política del Presidente de la República ante la Grave Ruptura del Orden Constitucional y Democrático y la Devastación de las Bases Económicas y Sociales de la Nación;"

---

nes presupuestarias por parte del Juez Constitucional," en *Revista de Derecho Público,* N° 147-148, (julio-diciembre 2016), Editorial Jurídica Venezolana, Caracas 2016, pp. 334-349; y Carlos Ayala y Rafael J. Chavero Gazdik, *El libro negro del TSJ de Venezuela: Del secuestro de la democracia y la usurpación de la soberanía popular a la ruptura del orden constitucional (2015-2017)*, Editorial Jurídica Venezolana, Caracas 2017, pp. 294 ss.

1013 Véase en http://historico.tsj.gob.ve/decisiones/scon/septiembre/190395-808-2916-2016-16-0831.HTML. Véase los comentarios en Allan R. Brewer-Carías, "La cremación de la Asamblea Nacional y la usurpación de sus funciones presupuestarias por parte del Juez Constitucional," en *Revista de Derecho Público,* No. 147-148, (julio-diciembre 2016), Editorial Jurídica Venezolana, Caracas 2016, pp. 334-349.

1014 Véase por ejemplo, Laura Louza, "El TSJ usurpa a la AN el control del presupuesto," en Acceso a la Justicia. El observatorio venezolano de la justicia, Caracas 18 de octubre de 2016, en http://www.accesoalajus-ticia.org/wp/info justicia/noticias/el-tsj-usurpa-a-la-an-el-control-del-presupuesto/.

1015 Véase en http://historico.tsj.gob.ve/decisiones/scon/noviembre/192486-948-151116-2016-16-1085.HTML. Véase los comentarios en Allan R. Brewer-Carías, "El acoso por parte de la "Justicia" Constitucional contra la Asamblea Nacional como órgano de representación popular," en *Revista de Derecho Público*, No. 147-148, (julio-diciembre 2016), Editorial Jurídica Venezolana, Caracas 2016, pp. 367-379; y en Carlos Ayala y Rafael J. Chavero Gazdik, *El libro negro del TSJ de Venezuela: Del secuestro de la democracia y la usurpación de la soberanía popular a la ruptura del orden constitucional (2015-2017)*, Editorial Jurídica Venezolana, Caracas 2017, pp. 313 ss.

dictando un mandamiento de amparo cautelar ordenando "a los diputados de la asamblea nacional abstenerse de continuar con el pretendido juicio político" contra el Presidente de la República. La sentencia fue protestada el mismo día por la Asamblea al haber adoptado el "Acuerdo en defensa de los principios democráticos y republicanos, con motivo de la sentencia No. 948 de la Sala Constitucional del Tribunal Supremo de Justicia,"[1016] considerándola "contraria a los derechos y garantías establecidos en la Constitución Nacional."

(v) la sentencia de la Sala Constitucional del Tribunal Supremo Nº 3 de 11 de enero de 2017,[1017] mediante la cual declaró "la omisión inconstitucional del Poder Legislativo Nacional" en relación a múltiples sentencias estableciendo un supuesto desacato, disponiendo a solicitud del propio Presidente de la República, que esa situación, "incapacita al Poder Legislativo para ejercer sus atribuciones constitucionales de control político de gestión," debiendo el mismo presentar su mensaje Anual "ante el Tribunal Supremo de Justicia, en transmisión conjunta de radio y televisión, para llegar a la mayor cantidad de venezolanas," y no ante la Asamblea Nacional como corresponde;[1018]

(vi) la sentencia de la Sala Constitucional del Tribunal Supremo No. 156 de 29 de marzo de 2017,[1019] mediante la cual resolvió, en un

---

1016 Véase en http://www.asambleanacional.gob.ve/uploads/documen-tos/doc292 7f37 6d002 f85132-bf39b7d129fb36416d886c.pdf

1017 Véase en http://historico.tsj.gob.ve/decisiones/scon/enero/194892-03-11117-2017-17-0002.HTML. Véase los comentarios en Carlos Ayala y Rafael J. Chavero Gazdik, *El libro negro del TSJ de Venezuela: Del secuestro de la democracia y la usurpación de la soberanía popular a la ruptura del orden constitucional (2015-2017)*, Editorial Jurídica Venezolana, Caracas 2017, pp. 330 ss.

1018 Véase los comentarios en Allan R. Brewer-Carías, "Comentarios a la sentencia de la Sala Constitucional No. 3 de 11 de enero de 2017, declarando la omisión de la Asamblea Nacional, disponiendo que el mensaje anual de Presidente de la República no podía presentarse ante la Asamblea Nacional," en *Revista de Derecho Público,* No. 149-150, (enero-junio 2017), Editorial Jurídica Venezolana, Caracas 2017, pp. 271-275.

1019 Véase la sentencia No. 156 de 29 de marzo de 2017 en http://histo-rico.tsj.gob.ve/decisiones/scon/marzo/197364-156-29317-2017-17-0325.HTML. Véanse los comentarios en Allan R. Brewer-Carías, "El reparto de despojos: La usurpación definitiva de las funciones de la Asamblea Nacional por la Sala Constitucional del Tribunal Supremo de Justicia al asumir el poder absoluto del Estado. (Sentencia N° 156 de la Sala Constitucional)," en *Revista de Derecho Público,* No. 149-150, (enero-junio 2017), Editorial Jurídica Venezolana, Caracas 2017, pp. 292-300; y en

juicio que duró sólo un día, que la aprobación parlamentaria de los contratos de constitución de empresas mixtas en materia de hidrocarburos conforme al artículo 33 de la Ley Orgánica de Hidrocarburos, en lugar de otorgarla la Asamblea Nacional, sería otorgada por la propia Sala Constitucional, resolviendo en definitiva en dicha sentencia, "asumir de pleno derecho," globalmente, todas las atribuciones del Parlamento, es decir, el "ejercicio de la atribución constitucional contenida en el artículo 187, numeral 24" de la Constitución," que establece que: "corresponde a la Asamblea Nacional: 24. *Todo lo demás* que le señalen esta Constitución y la ley." [1020]

Es decir, de un plumazo, como de la nada, la Sala Constitucional del Tribunal Supremo de Justicia, como Jurisdicción Constitucional decidió asumir, *in toto*, de pleno derecho, todas las competencias de la Asamblea Nacional, para lo cual no tiene competencia en forma alguna, configurándose ello como un golpe de Estado; todo lo cual fue ratificado por el mismo Juez Constitucional mediante sentencia No. 158 de 1 de abril de 2017.[1021]

5. *La neutralización definitiva del Poder Legislativo: la declaratoria de la Asamblea Nacional, por el Juez Constitucional, en situación de "desacato," y declaración de nulidad de todos sus actos pasados y futuros*

En todo caso, el golpe de gracia definitivo contra el Parlamento Venezolano vino dado por la Sala Constitucional del Tribunal Supremo de Justicia, al declarar nulos y sin valor alguno tanto las leyes

---

Carlos Ayala y Rafael J. Chavero Gazdik, *El libro negro del TSJ de Venezuela: Del secuestro de la democracia y la usurpación de la soberanía popular a la ruptura del orden constitucional (2015-2017)*, Editorial Jurídica Venezolana, Caracas 2017, pp. 211 ss. y 349 ss.

1020 Véanse los comentarios a la sentencia en Allan R. Brewer-Carías en "El reparto de despojos: La usurpación definitiva de las funciones de la Asamblea Nacional por la Sala Constitucional del Tribunal Supremo de Justicia al asumir el poder absoluto del Estado. (Sentencia No. 156 de la Sala Constitucional)," en *Revista de Derecho Público,* N° 149-150, (enero-junio 2017), Editorial Jurídica Venezolana, Caracas 2017, pp. 292-300.

1021 Véase sobre la sentencia los comentarios en Allan R. Brewer-Carías, "La nueva farsa del Juez Constitucional controlado: La inconstitucional y falsa "corrección" de la usurpación de funciones legislativas por parte de la Sala Constitucional del Tribunal Supremo. (Sentencias N° 157 y 158 de 1° abril de 2017)," en *Revista de Derecho Público,* No. 149-150, (enero-junio 2017), Editorial Jurídica Venezolana, Caracas 2017, pp. 313-325.

como todos los demás actos dictados y por dictar en el futuro por la Asamblea Nacional, después de haberla declarado, como institución, en "desacato" de una medida cautelar de amparo adoptada por la Sala Electoral del Tribunal Supremo de Justicia.

La acción de desacato respecto de una sentencia de amparo solo está sancionada en la Ley Orgánica de Amparo sobre derechos y garantías Constitucionales, con prisión de seis (6) a quince (15) meses (art. 31), que solo se puede imponer por el juez penal competente a la persona o funcionario que incurrió en dicha conducta. No tiene fundamento constitucional alguno, pretender declarar en "desacato" a una institución como el propio Parlamento, sin sancionar individualmente a los diputados que hubieran podido incurrir en tal conducta, y menos que la sanción que se imponga a la institución, en este caso, la Asamblea Nacional, haya sido la declaratoria de nulidad de todos sus actos pasados y futuros mientras permaneciera en el supuesto "desacato." Y esto ha sido, lo que ni más ni menos, ha ocurrido desde 2016 en el caso de la Asamblea nacional en Venezuela.

En efecto, debe recordarse que el último día del año 2015, el Tribunal Supremo de Justicia, antes de que se instalara la nueva Asamblea Nacional el 5 de enero de 2016, luego de suspender "sus vacaciones para recibir los recursos interpuestos por el Partido Socialista Unido de Venezuela," y dar despacho "los días 28, 29 y 30 de diciembre," mediante sentencia Nº 260 de 30 de diciembre de 2015 de su Sala Electoral (Caso: *Nícia Marina Maldonado, contra el acto de votación de las elecciones parlamentarias del Estado Amazonas*), procedió a decidir sobre el amparo cautelar solicitado, suspendiendo los efectos de los "actos de totalización, adjudicación y proclamación" dictados por los órganos electorales respecto de los cuatro diputados electos en el Estado Amazonas[1022] (tres por la oposición democrática y uno por el oficialismo). Con esa "suspensión" se buscó afectar la mayoría calificada

---

1022 Véase en http://historico.tsj.gob.ve/decisiones/selec/diciembre/184227-260-301215-2015-2015-000146.HTML. Véase sobre esta sentencia Nº 260 los comentarios en Allan R. Brewer-Carías, "El "golpe judicial" pírrico, o de cómo la oposición seguirá controlando la mayoría calificada de la Asamblea Nacional, 31 de diciembre de 2015, véase en http://www.allanbrewercarias.com/Content/449725d9-f1cb-474b-8ab2-41efb 849fea3/Content/Brewer.%20EL%20%E2%80%9CGOLPE%20JUDICIAL%E2% 80%9D%20P%C3%8DRRICO.%2031-12-2015, pdf.; y en Carlos Ayala y Rafael J. Chavero Gazdik, *El libro negro del TSJ de Venezuela: Del secuestro de la democracia y la usurpación de la soberanía popular a la ruptura del orden constitucional (2015-2017)*, Editorial Jurídica Venezolana, Caracas 2017, pp. 42 ss.

que había obtenido la oposición en las elecciones del 5 de diciembre de 2015.[1023]

La medida cautelar, en todos los años posteriores hasta ahora (2020), ha permanecido incólume en un juicio que nunca avanzó, pues sin duda, no había interés alguno en que avanzara por falta de fundamento en la impugnación.

A pesar de la medida cautelar adoptada, totalmente infundada por lo demás, ya que los actos impugnados de proclamación de elecciones, ya habían cumplido sus efectos, no pudiendo por tanto ser suspendidos, la Asamblea Nacional procedió a juramentar a los diputados cuya proclamación había sido "suspendida," considerando la Sala Electoral, mediante sentencia Nº 1 de 11 de enero de 2016,[1024] frente a esa actuación de la Asamblea, que se había producido un desacato a la sentencia, declarando:

> "nulos absolutamente los actos de la Asamblea Nacional que se hayan dictado o se dictaren, mientras se mantenga la incorporación de los ciudadanos sujetos de la decisión N° 260 del 30 de diciembre de 2015 y del presente fallo."

Con ello, ratificado luego por la propia Sala Electoral mediante sentencia Nº 108 del 1° de agosto de 2016, y por la Sala Constitucional mediante sentencias Nos. 808[1025] y 810, de fechas 2 y 21 de septiembre

---

1023 Véase Laura Louza, La "justicia a la carta" de la sala Electoral. *Sobre la suspensión de los diputados del estado Amazonas, 5 de enero de 2016,* en http://www.accesoalajusticia.org/noticias/detalle.php?notid=13501#.VowQnfnhBdg; por José Ignacio Hernández, "¿Qué dijo la Sala Electoral para "suspender" a los diputados de Amazonas?," en *Prodavinci*, 4 de enero de 2016, en http://proda-vinci.com/blogs/que-dijo-la-sala-electoral-para-suspender-a-los-diputados-de-amazonas-por-jose-i-hernandez/.

1024 Véase en http://historico.tsj.gob.ve/decisiones/selec/enero/184253-1-11116-2016-X-2016-000001.HTML. Véase los comentarios en Carlos Ayala y Rafael J. Chavero Gazdik, *El libro negro del TSJ de Venezuela: Del secuestro de la democracia y la usurpación de la soberanía popular a la ruptura del orden constitucional (2015-2017)*, Editorial Jurídica Venezolana, Caracas 2017, pp. 48 ss.

1025 Véase en http://historico.tsj.gob.ve/decisiones/scon/septiembre/190395-808-2916-2016-16-0831.HTML.Véase los comentarios en María Alejandra Correa Martín, "De la inconstitucional evasión del control parlamentario decretada por el ejecutivo nacional y avalada por la Sala Constitucional," en *Revista de Derecho Público*, No. 147-148, Editorial Jurídica Venezolana, 2016, pp. 326 ss.; y Carlos Ayala y Rafael J. Chavero Gazdik, *El libro negro del TSJ de Venezuela:*

de 2016, respectivamente, Nº 952 del 21 de noviembre de 2016, Nos. 1012, 1013, 1014 de 25 de noviembre de 2016 y Nº 1 del 6 de enero de 2017,[1026] se procedió materialmente a cercenarle a la Asamblea Nacional todas sus funciones, habiendo el Juez Constitucional, como antes se ha explicado, anulando todas las leyes que sancionó con posterioridad,[1027] eliminando los poderes de la propia Asamblea de autotutela sobre sus propios actos, al impedirle en particular mediante sentencia Nº 9 de la Sala Constitucional del 1º de marzo de 2016, revocar la inconstitucional decisión de diciembre de 2015 de designación de magistrados del Tribunal Supremo;[1028] y eliminándole todos sus poderes de control político sobre el gobierno y la Administración.[1029]

Del secuestro de la democracia y la usurpación de la soberanía popular a la ruptura del orden constitucional (2015-2017), Editorial Jurídica Venezolana, Caracas 2017, pp. 175 ss.

1026 Véase también sobre esas sentencias los comentarios en: Allan R. Brewer-Carías, *Dictadura Judicial y perversión del Estado de derecho*, Segunda Edición, (Presentaciones de Asdrúbal Aguiar, José Ignacio Hernández y Jesús María Alvarado), No. 13, Editorial Jurídica Venezolana, 2016.

1027 Véase Allan R. Brewer-Carías, *La dictadura judicial y la perversión del Estado de derecho. El Juez Constitucional y la destrucción de la democracia en Venezuela* (Prólogo de Santiago Muñoz Machado), Ediciones El Cronista, Fundación Alfonso Martín Escudero, Editorial IUSTEL, Madrid 2017; Carlos Ayala y Rafael J. Chavero Gazdik, *El libro negro del TSJ de Venezuela: Del secuestro de la democracia y la usurpación de la soberanía popular a la ruptura del orden constitucional (2015-2017)*, Editorial Jurídica Venezolana, Caracas 2017, pp. 105-218.

1028 Véase en http://historico.tsj.gob.ve/decisiones/scon/marzo/185627-09-1316-2016-16-0153.HTML Véase los comentarios en Allan R. Brewer-Carías, en "El ataque de la Sala Constitucional contra la Asamblea Nacional y su necesaria e ineludible reacción. De cómo la Sala Constitucional del Tribunal Supremo pretendió privar a la Asamblea Nacional de sus poderes constitucionales para controlar sus propios actos, y reducir inconstitucionalmente sus potestades de control político sobre el gobierno y la administración pública; y la reacción de la Asamblea Nacional contra a la sentencia Nº 9 de 1-3-2016," en http://www.allanbrewercarias.com/Con-tent/449725d9-f1cb-474b-8ab2-41efb849fea 3/ Content/Brewer.%20El%20ataque%20Sala%20Constitucional%20v.%20Asamblea %20Nacional.%20SentNo.%209%201-3-2016).pdf

1029 Véase Allan R. Brewer-Carías, "El desconocimiento de los poderes de control político del órgano legislativo sobre el gobierno y la administración pública por parte del juez constitucional en Venezuela," *Opus Magna Constitucional, Tomo XII 2017 (Homenaje al profesor y exmagistrado de la Corte de Constituciona-*

Todo ello, por supuesto afectó en su raíz el principio de la separación de poderes, y en general, el ejercicio de la función de control político que debe ejercer el órgano legislativo sobre el Gobierno, la Administración Pública y sus funcionarios (Art. 187, Constitución), propio de un régimen político democrático,[1030] entre la cual está la de discutir y aprobar el presupuesto nacional; autorizar los créditos adicionales al presupuesto (art. 314); autorizar al Ejecutivo Nacional para celebrar contratos de interés nacional (art. 150); dar voto de censura al Vicepresidente Ejecutivo y a los Ministros; autorizar el empleo de misiones militares venezolanas en el exterior o extranjeras en el país; autorizar al Ejecutivo Nacional para enajenar bienes inmuebles del dominio privado de la Nación; autorizar a los funcionarios públicos para aceptar cargos, honores o recompensas de gobiernos extranjeros; autorizar el nombramiento del Procurador General de la República y de los jefes de misiones diplomáticas permanentes; y autorizar la salida del Presidente de la República del territorio nacional cuando su ausencia se prolongue por un lapso superior a cinco días consecutivos" (art. 235). Nada de esto ya lo puede cumplir la Asamblea Nacional, habiendo sido despojada de dichos poderes de control, que incluso la propia Sala Constitucional ha asumido inconstitucionalmente.

Destacan por otra parte dentro de las funciones de control político atribuidas a la Asamblea Nacional en relación con el Gobierno, como antes se mencionó, la prevista en el artículo 339, desarrollado en la Ley Orgánica sobre estados de excepción,[1031] que dispone que los decretos ejecutivos que regulen estados de excepción (artículo 337 de la Constitución), deben ser presentados a la consideración de la Asamblea Nacional o a la Comisión Delegada, para su consideración y aprobación. Ese control político que incluso la Asamblea puede realizar de oficio (art. 26, Ley Orgánica) es, por supuesto, independiente del que debe ejercer la Sala Constitucional del Tribunal Supremo de Justicia, al pronunciarse sobre la constitucionalidad de dichos decre-

---

lidad Jorge Mario García Laguardia), Instituto de Justicia Constitucional, Adscrito a la Corte de Constitucionalidad, Guatemala. 2017, pp. 69-107.

1030 Véase sobre ello lo expuesto en Allan R. Brewer-Carías, *Constitución, Democracia y Control del Poder*, Centro Iberoamericano de Estudios Provinciales y Locales (CIEPROL), Consejo de Publicaciones/Universidad de Los Andes/Editorial Jurídica Venezolana. Mérida, octubre 2004.

1031 Véase *Gaceta Oficial* N° 37.261 de 15 de agosto de 2001.

tos (art. 336.6).[1032] Dichos control también se ha eliminado por disposición del Juez Constitucional.

Se destacan además como parte fundamental de control político por parte de la Asamblea Nacional, las previsiones de los artículos 222 y 223 de la Constitución, y en particular, las vicisitudes que esas competencias han tenido en la práctica constitucional a través de decisiones de la Sala Constitucional del Tribunal Supremo de Justicia, que también las ha neutralizado totalmente, precisamente por la ausencia de un régimen democrático en el país.

Dichas normas, en efecto, autorizan a la Asamblea en el marco del control político, para realizar interpelaciones, investigaciones, preguntas, autorizaciones y aprobaciones parlamentarias. Específicamente, el artículo 223 de la Constitución dispone que todos los funcionarios públicos están obligados, bajo las sanciones que establezcan las leyes, a comparecer ante las Comisiones de la Asamblea y a suministrarles las informaciones y documentos que requieran para el cumplimiento de sus funciones. Esta obligación abarca también a los particulares; quedando a salvo los derechos y garantías que la Constitución consagra. A los efectos de asegurar la comparecencia, incluso, en su momento se dictó la Ley Sobre el Régimen para la Comparecencia de Funcionarios Públicos y los Particulares ante la Asamblea Nacional o sus Comisiones,[1033] exigiéndose en su normativa el respeto de los derechos fundamentales. Ello, sin embargo, fue eliminado por la propia Sala Constitucional en colusión con el Poder Ejecutivo.

Otra de las manifestaciones de control político, como incluso lo reconoció la propia Sala Constitucional del Tribunal Supremo en sentencia No 184 de 17 de marzo de 2016,[1034] es la que conforme a las mismas normas constitucionales resulta del ejercicio por la Asamblea Nacional de su control en relación con el Jefe del Ejecutivo Nacional (artículo 226), cuando a éste se le exige en el artículo 237 presentar

[1032] Véase Allan R. Brewer-Carías, "Comentarios al régimen constitucional y legal de los decretos de estados de excepción" en Víctor Bazan (Coordinador), *Derecho Público Contemporáneo*. Libro en Reconocimiento al Dr. Germán Bidart Campos, Ediar, Buenos Aires, 2003, pp. 1137-1149.

[1033] Véase la Ley Sobre el Régimen para la Comparecencia de Funcionarios y Funcionarias Públicos y los o las Particulares ante la Asamblea Nacional o sus Comisiones (Ley N° 30), en *Gaceta Oficial,* No. 37.252 del 2 de agosto de 2001.

[1034] Véase en http://historico.tsj.gob.ve/decisiones/scon/marzo/186437-184-17316-2016 -16-0038.html.

cada año personalmente ante la Asamblea Nacional un mensaje en el que debe dar cuenta de los aspectos políticos, económicos, sociales y administrativos de su gestión durante el año inmediatamente anterior; ámbito al cual, según la Sala Constitucional, "se ajusta ese control en lo que respecta al Jefe del Estado y del Ejecutivo Nacional." Por otra parte, agregó la Sala Constitucional en esa sentencia, que respecto del Vicepresidente Ejecutivo (artículo 238) "ese control se expresa en la moción de censura al mismo, dentro del marco Constitucional" (artículo 240); y respecto de los Ministros, el control parlamentario encuentra expresión esencial en el artículo 244, cuando dispone que los mismos "presentarán ante la Asamblea Nacional, dentro de los primeros sesenta días de cada año, una memoria razonada y suficiente sobre la gestión del despacho en el año inmediatamente anterior, de conformidad con la ley;" disponiendo además, el artículo 246 que los Ministros pueden ser objeto de una moción de censura por parte de la Asamblea. Todo ello, en virtud del supuesto desacato en el cual el Juez Constitucional declaró a la Asamblea desde 2016, fue simplemente eliminado, habiendo la propia Sala Constitucional, al inicio, asumido la competencia de recibir el mensaje anual del Presidente, y además, dispuesto que la Ley de Presupuesto para 2017 se debía formular mediante decreto ejecutivo, y no mediante Ley como lo exige la Constitución, y se debía presentar ante la propia Sala Constitucional (no ante la Asamblea) para su aprobación.[1035]

Todo el proceso de consolidación de la tiranía judicial en Venezuela, culminó con la sentencia Nº 155 de 27 de marzo de 2017, dictada por la Sala Constitucional, anulando el *Acuerdo de la Asamblea Nacional sobre la Reactivación del Proceso de Aplicación de la Carta Interamericana de la OEA, como mecanismo de resolución pacífica de conflictos para restituir el orden constitucional en Venezuela,*[1036] en la cual, sin "juicio" ni

---

1035 Véase, por ejemplo, Laura Louza, "El TSJ usurpa a la AN el control del presupuesto," en Acceso a la Justicia. El observatorio venezolano de la justicia, Caracas 18 de octubre de 2016, en http://www.accesoalajus-ticia.org/wp/infojusticia/noticias/el-tsj-usurpa-a-la-an-el-control-del-presupuesto/.

1036 Véase sentencia No. 155 de 27 de marzo de 2017, en http://histo-rico.tsj.gob.ve/decisiones/scon/marzo/197285-155-28317-2017-17-0323.HTML. Véase los comentarios a dicha sentencia en Allan Brewer-Carías: "El reparto de despojos: la usurpación definitiva de las funciones de la Asamblea Nacional por la Sala Constitucional del Tribunal Supremo de Justicia al asumir el poder absoluto del Estado (sentencia Nº 156 de la Sala Constitucional), 30 de marzo de 2017, en http://diarioconstitucional.cl/noticias/actualidad-internacional/2017/03/31/opinion-acerca-de-la-usurpacion-de-funciones-por-el-tribunal-supremo-de-venezuela-y-la-consolidacion-de-una-dictadura-judicial/.

proceso alguno, violando las reglas más elementales del debido proceso, la Sala dictó unas medidas cautelares de oficio después de anular el acto impugnado, que no era sino una manifestación pública de expresión u opinión política efectuada por la Asamblea Nacional.

El recurso de nulidad intentado se basó en el hecho de que el acto impugnado se había "realizado en franco desacato y desconocimiento de lo ordenado en la sentencia de la Sala Electoral N° 260 de fecha 30 de diciembre de 2015, criterio confirmado por la sentencia de la Sala Constitucional N° 808 del 2 de septiembre de 2016."

Con base en esta sola motivación, la Sala entonces procedió a *ordenar* al Presidente de la República como si se tratase de un decreto de estado de excepción, que:

> "en ejercicio de sus atribuciones constitucionales y para garantizar la gobernabilidad del país, tome las medidas civiles, económicas, militares, penales, administrativas, políticas, jurídicas y sociales que estime pertinentes y necesarias para evitar un estado de conmoción."

Y en particular, la Sala procedió, en otra medida cautelar a ordenar inconstitucionalmente al Presidente de la República a legislar y a modificar la legislación existente en el país, al ordenarle a que:

> "ante el desacato y omisión legislativa continuada por parte de la Asamblea Nacional, revisar excepcionalmente la legislación sustantiva y adjetiva (incluyendo la Ley Orgánica contra la Delincuencia Organizada y Financiamiento al Terrorismo, la Ley Contra la Corrupción, el Código Penal, el Código Orgánico Procesal Penal y el Código de Justicia Militar –pues pudieran estar cometiéndose delitos de naturaleza militar–)."[1037]

1037 Es decir, como lo indicó José Ignacio Hernández, "Esto lo que significa es que, según la Sala Constitucional, el Presidente de la República puede hacer lo que quiera, incluyendo reformar Leyes, en el marco del "estado de excepción. Tal habilitación ilimitada al Presidente viola la Constitución, pues la Sala Constitucional no puede darle más poderes al Presidente que los que la Constitución le atribuye. Y mucho menos puede la Sala Constitucional habilitar al Presidente para ejercer la función legislativa: solo la Asamblea, por medio de la Ley habilitante, puede atribuir esa función." Véase José Ignacio Hernández, ¿Qué dijo la Sala Constitucional sobre la AN y la Carta Democrática?, en *Prodavinci*, 28 de marzo de 2017, en http://proda-vinci.com /blogs/que-dijo-la-sala-constitucional-sobre-la-an-y-la-carta-democratica-por-jose-ignacio-hernandez/ No es de extrañar, por tanto, que Antonio Sánchez García, haya comparado la sentencia con la "Ley para solucionar los peligros que acechan al Pueblo y al Estado,

Finalmente la Sala, de paso, consideró que resultaba "oportuno" dejar sentado en relación con los diputados a la Asamblea nacional, que

> "la inmunidad parlamentaria sólo ampara, conforme a lo previsto en el artículo 200 del Texto Fundamental, los actos desplegados por los diputados en ejercicio de sus atribuciones constitucionales (lo que no resulta compatible con la situación actual de desacato en la que se encuentra la Asamblea Nacional)."

En esta forma, la sentencia de la Sala Constitucional borró de un plumazo el contenido del artículo 200 de la Constitución respecto de los diputados electos en diciembre de 2015, y con ello, la inmunidad.

La sentencia N° 155 fue seguida de otra de la misma Sala Constitucional del Tribunal Supremo de Justicia, Nº 156 de fecha 29 de marzo de 2017[1038] mediante la cual decidió, *en un solo día* –en el tiempo más corto en la historia de la Justicia Constitucional en Venezuela–, un recurso de interpretación que habían intentado el día anterior, el 28 de marzo de 2017, los apoderados de la Corporación Venezolana del Petróleo, SA (CVP), empresa filial de Petróleos de Venezuela, S.A. PDVSA, referido específicamente al artículo 33 de la Ley Orgánica de Hidrocarburos que regula la aprobación previa de la Asamblea Nacional para la constitución de empresas mixtas en el sector de la industria petrolera. La Sala, en definitiva, considerando que como la Asamblea Nacional no podía funcionar por considerarla en desacato

---

mejor conocida como la Ley Habilitante de 1933, aprobada por el Parlamento alemán el 23 de marzo de 1933," considerando que "fue el segundo instrumento jurídico, después del decreto del Incendio del Reichstag, mediante el cual los nacionalsocialistas obtuvieron poderes dictatoriales bajo una apariencia de legalidad. La Ley concedía al canciller Adolf Hitler y a su gabinete el derecho de aprobar leyes sin la participación del parlamento, lo que supuso de facto, el fin de la democracia, de la República de Weimar y de su Constitución." Véase Antonio Sánchez García, 28 de marzo de 2017, en http://www.el-nacional.com /autores/antonio-sanchez-garcia.

1038 Véase la sentencia N° 156 de 29 de marzo de 2017 en http://historico.tsj.gob.ve/ decisiones/scon/marzo/197364-156-29317-2017-17-0325.HTML. Véase los comentarios a dicha sentencia en Allan. Brewer-Carías: "La consolidación de la dictadura judicial: la Sala Constitucional, en un juicio sin proceso, usurpó todos los poderes del Estado, decretó inconstitucionalmente un estado de excepción y eliminó la inmunidad parlamentaria (sentencia N° 156 de la Sala Constitucional), 29 de Marzo de 2017, en http://diarioconstitu-cional.cl/noticias/actualidad-internacional/2017/03/31/opinion-acer-ca-de-la-usurpacion-de-funciones-por-el-tribunal-supremo-de-venezuela-y-la-consolida-cion-de-una-dictadura-judicial/.

de sentencias anteriores, lo que supuestamente constituía una *omisión inconstitucional legislativa,* decidió inconstitucionalmente "asumir de pleno derecho," todas las funciones parlamentarias y a *ejercerlas directamente,* "mientras persista la situación de desacato y de invalidez de las actuaciones de la Asamblea Nacional."

En cuanto a la potestad legislativa específicamente respecto de dicha Ley Orgánica de Hidrocarburos, la Sala resolvió, también inconstitucionalmente, atribuirla al Poder Ejecutivo, "sobre la base del estado de excepción" que ella misma había decretado en sentencia publicada un día antes, la Nº 155 del 27 de marzo de 2017, [1039] indicando que "el Jefe de Estado podrá modificar, mediante reforma, la norma objeto de interpretación."

La Sala en definitiva en esta sentencia, volvió a declarar formalmente a la Asamblea Nacional en situación de *Omisión Inconstitucional parlamentaria,* en los siguientes términos:

> "Como puede apreciarse, esta Sala ha advertido diversos desacatos en los que ha venido incurriendo de forma reiterada la Asamblea Nacional, sobre la base de la conducta contumaz de la mayoría de sus miembros, lo que vicia de nulidad absoluta sus actuaciones y, por ende, genera una situación al margen del Estado de Derecho que le impide ejercer sus atribuciones; circunstancia que coloca a la Asamblea Nacional en situación de Omisión Inconstitucional parlamentaria (art. 336.7 del Texto Fundamental), que esta Sala declara en este mismo acto."

Y de allí, fue que la Sala Constitucional del Tribunal Supremo, en una evidente usurpación de funciones legislativas, que hace nulas sus propias actuaciones, decidió "*asumir de pleno derecho*" el "*ejercicio de la atribución constitucional contenida en el artículo 187, numeral 24" de la Constitución,*" es decir, de *todas* las atribuciones de la Asamblea Nacional. Y entre ellas, la competencia para autorizar los contratos de interés nacional regulados en el artículo 33 de la Ley Orgánica de Hidrocarburos, "delegando" en el Presidente la potestad de reformar dicha norma legal.

Y concluyó su sentencia la Sala Constitucional advirtiendo de forma general que:

[1039] Véase en http://historico.tsj.gob.ve/decisiones/scon/marzo/197285-155-28317-2017-17-0323.HTML.

"mientras persista la situación de desacato y de invalidez de las actuaciones de la Asamblea Nacional, esta Sala Constitucional garantizará que las competencias parlamentarias sean ejercidas directamente por esta Sala o por el órgano que ella disponga, para velar por el Estado de Derecho."

Las dos sentencias antes mencionadas fueron tan absurdas y escandalosas, que no solo provocaron la reacción de las instituciones del país, [1040] llegando a considerarse como un "delito de rebelión contra un poder nacional, en atención a lo dispuesto en el artículo 143, del Código Penal,"[1041] sino incluso la reacción del Secretario General de la OEA, Dr. Luis Almagro, quien apenas se publicaron, el día 30 de marzo de 2017, denunció con razón, "el auto-golpe de Estado perpetrado por el régimen venezolano contra la Asamblea Nacional, último poder del Estado legitimado por el voto popular," afirmando con lamento que lo que tanto había "advertido lamentablemente se ha concretado." El Secretario General fue también preciso al destacar los aspectos medulares de las dos sentencias indicando que:

"El Tribunal Supremo de Justicia (TSJ) ha dictado dos decisiones por las que despoja de sus inmunidades parlamentarias a los diputados de la Asamblea Nacional y, contrariando toda disposición constitucional, se atribuye las funciones de dicho Poder del Estado, en un procedimiento que no conoce de ninguna de las más elementales garantías de un debido proceso.

Por la primera de ellas, del 27 de marzo de 2017, el TSJ declara la inconstitucionalidad de acuerdos legislativos calificando como actos de traición a la patria el respaldo a la Carta Democrática Interamericana, instrumento jurídico al cual Venezuela ha

---

1040 Véase el Comunicado de las Academias Nacionales en el Pronunciamiento de 2 de abril de 2017, en FRENTEPATRIÓTICO.COM/pararescatarelporvenir. wordpress. com; Véase Cátedra de Derecho Constitucional de la Facultad de Ciencias Jurídicas y Políticas de la Universidad Central de Venezuela en https://pararescatarelporvenir.com/2017/04/02/la-universidad-en-defensa-de-la-constitucion/; Cátedra de Derecho Constitucional de la Facultad de Ciencias Jurídicas y Políticas de la Universidad Central de Venezuela en https:// pararescatarelporvenir.com/2017/04/02/la-universidad-en-defensa-de-la-constitucion/; Véase "Conferencia Episcopal Venezolana se pronunció sobre sentencia del TSJ," Comunicado de la presidencia de la Conferencia Episcopal de Venezuela ante las decisiones del Tribunal Supremo de Justicia, Caracas 2 de marzo de 2017, en http://www.el-nacional.com/noticias/iglesia/con-ferencia-episcopal-venezolana-pronuncio-sobre-sentencia-del-tsj_88436-.

1041 *Idem.*

dado su voto al tiempo de aprobarlo y fue el primer país en solicitar su aplicación en el año 2002.

Por el segundo fallo, del 29 de marzo, este tribunal declara la "situación de desacato y de invalidez de las actuaciones de la Asamblea Nacional", en forma que no conoce respaldo constitucional ni en las atribuciones de la Asamblea (art. 187 de la Constitución), ni mucho menos en la de la Sala Constitucional del TSJ (art. 336 de la Constitución) y que viola la separación de poderes que la propia Constitución exige sea respetada por todos los jueces los que deben "asegurar su integridad" (art. 334).

Dichas sentencias, a juicio del Secretario General, al "despojar de las inmunidades parlamentarias a los diputados de la Asamblea Nacional y de asumir el Poder Legislativo en forma completamente inconstitucional son los últimos golpes con que el régimen subvierte el orden constitucional del país y termina con la democracia."[1042]

El escándalo fue de tal naturaleza, que incluso la Fiscal General de la República –a cuyo cargo había estado la persecución política de la disidencia en los tres lustros anteriores– reaccionó,[1043] de manera que a requerimiento del Consejo de Defensa Nacional, controlado por el Poder Ejecutivo,[1044] la Sala Constitucional, sumisa, revisó las sentencias,[1045] de nuevo en violación de todas las normas procesales ima-

1042 Véase: "Almagro denuncia auto-golpe de Estado del gobierno contra Asamblea Nacional," *El nacional*, 30 de marzo de 2017, en http://www.el-nacional.com/noticias/mundo/almagro-denuncia-auto-golpe-estado-del-gobierno-contra-asamblea-nacional_88094.

1043 Véase el texto en la reseña "Fiscal general de Venezuela, Luisa Ortega Díaz, dice que sentencias del Tribunal Supremo sobre la Asamblea Nacional violan el orden constitucional," en Redacción BBC Mundo, *BBC Mundo*, 31 de marzo de 2017, en http://www.bbc.com/mundo/noticias-america-latina-39459905 Véase el video del acto en https://www.you-tube.com/watch?v=GohPIrveXFE.

1044 Véase la reseña "Maduro, tras instalar Consejo de Defensa de la Nación: Tengo fe de que se harán las aclaratorias necesarias," Noticiero digital, 31 Marzo, 2017, en http://www.noticierodigital.com/2017/03/maduro-tengo-fe-absoluta-de-que-este-consejo-hara-las-aclaratorias-necesarias/.

1045 Véase su texto en "Consejo de Defensa Nacional exhorta al TSJ a revisar sentencias 155 y 156 // #MonitorProDaVinci,'1 de abril de 2017, en http:// prodavinci.com/2017/04/01/actualidad/consejo-de-defensa-nacional-exhorta-al-tsj-a-revisar-sentencias-155-y-156-monitorprodavinci/.

ginables.[1046] Y ello lo hizo mediante dos sentencias Nº 157 y 158 anunciadas en la página web de la Sala Constitucional del Tribunal Supremo en la madrugada del día 1 de abril de 2017, en las cuales "aclaró de oficio" las sentencias cuestionadas, explicando el Presidente de la sala en un "Comunicado" leído el día 1º de abril de 2017 que el máximo Tribunal del país con dichas decisiones, contrariamente a su contenido, "no disolvió o anuló la Asamblea Nacional ni la despojó de sus atribuciones." Y así, incluso el Presidente de la República pudo decir que había resuelto el "impase" que se había presentado entre dos poderes del Estado.[1047]

Como lo expresó Gerardo Fernández, lo que hizo el Tribunal Supremo fue "acatar órdenes del Poder Ejecutivo," en "otro signo inequívoco de la inexistencia de la separación de poderes en el país,"[1048] agregando Alberto Arteaga que:

> "nunca una aclaratoria pudo confundir más y expresar el estado de anomia del país. Queda claro ante el mundo que desapareció todo vestigio de poder judicial autónomo e independiente.
>
> Más grave que las decisiones 155 y 156 del TSJ, es la rectificación inmediata por 'acatamiento' al Ejecutivo."[1049]

En todo caso, las aclaratorias, con las cuales, según José Duque Corredor, los magistrados de la Sala Constitucional cometieron "fraude procesal por falseamiento de la verdad, la adulteración del

---

1046 Véase José Ignacio Hernández, "Sobre el inconstitucional exhorto del Consejo de Defensa Nacional al TSJ," en *Prodavinci*, 1 de abril de 2017, en http://prodavinci.com/blogs/sobre-el-inconstitucional-exhorto-del-consejo-de-defensa-nacional-al-tsj-por-jose-ignacio-hernandez/.

1047 Dijo: "me tocó como Jefe de Estado actuar. Actué rápido, sin dilación, sin demoras y ya en la madrugada de hoy 1 de abril habíamos superado absolutamente la controversia que había surgido." Véase la reseña: "Maduro: Actué rápido y pudimos superar exitosamente la controversia entre el TSJ y el MP," en *Noticiero Digital*, 1 de abril de 2017, en http://www.noticierodigital.com/2017/04/maduro-actue-rapido-y-pudi-mos-superar-exitosamente-la-controversia-entre-el-tsj-y-el-mp/.

1048 "Se mantiene desconocimiento de la Asamblea Nacional. Gerardo Fernández y Alberto Arteaga Sánchez señalaron que los cambios parciales en los fallos revelan que no hay separación de poderes, en http://www.el-nacional.com/ noticias/politica/mantiene-desconocimiento-asamblea-nacional_88521.

1049 *Idem.*

proceso, y fraude a la ley," [1050] "lo único que quedó realmente aclarado" como lo afirmó la Academia de Ciencias Políticas y Sociales, fue "la falta de independencia del poder Judicial,"[1051] o como lo indicó la Asamblea Nacional en Acuerdo de 5 de abril de 2017, dichas sentencias "son una muestra más del menosprecio del Derecho por parte del Tribunal Supremo de Justicia y su actitud servil al Poder Ejecutivo."[1052]

En cuanto a la sentencia Nº 157 de 1 de abril de 2017, que se dictó con el objeto de reformar y revocar parcialmente la sentencia Nº 155 de 27 de marzo de 2017, la Sala Constitucional solo trató el tema de la violación a la inmunidad parlamentaria, indicando que lo que había decidido no lo había decidido, ya que la consideración estaba como un "señalamiento *aislado en la motiva "de la sentencia "mas no en su dispositiva,"* revocando así parcialmente la sentencia Nº 155, lo que está expresamente prohibido en Venezuela, indicándose que lo resuelto debía además, tenerse como "parte complementaria" de la misma.

En cuanto a la sentencia Nº 158 de 1 de abril de 2017 que se dictó con el objeto de reformar y revocar parcialmente la sentencia Nº 156 de 29 de marzo de 2017, la Sala Constitucional, sin motivación alguna, revocó las decisiones mediante las cuales había usurpado las potestades de la Asamblea Nacional, que falsamente calificó como medidas cautelares, agregando también falsamente que la Sala no había "dictado una decisión de fondo que resuelva la omisión" legislativa.

De estas aclaratorias-reformas de sentencias, en todo caso, lo cierto es que la Sala dejó incólumes todas las otras decisiones contenidas en las sentencias Nº 155 y 156, entre ellas, como lo destacó José Ignacio Hernández, la que prejuzgó en el sentido de que los diputados de

---

1050 Véase Román José Duque Corredor, "Fraude procesal de los magistrados de la Sala Constitucional," 4 de abril de 2017, en http://justiciayecologiaintegral.blogspot. com/2017/04/fraude-procesal-de-los-magistrados-de.html?spref=fb&m=1.

1051 Véase "Declaración de a Academia de Ciencias Políticas y Sociales, sobre la posición de la Fiscal General de la República y las aclaratorias de la Sala Constitucional del Tribunal Supremo de Justicia," de 4 de abril de 2017, en www.acienpol.org.ve.

1052 Véase "Acuerdo sobre la activación del procedimiento de remoción de los magistrados de la Sala Constitucional del Tribunal Supremo de Justicia, por su responsabilidad en la ruptura del orden constitucional," 5 de abril de 2017, en http://www.asambleanacional.gob.ve/uploads/documentos/doc4cef040952a501 b2e64c6999deedce3 e1f8c9b52.pdf.

la Asamblea Nacional incurrieron en el delito de traición a la patria (sentencia N° 155); y la que usurpó la función de control de la Asamblea Nacional sobre la creación de empresas mixtas, al permitir al Gobierno crearlas en el sector hidrocarburos bajo el control de la Sala. En las nuevas sentencias Nº 157 y 158, además, la Sala Constitucional, ratificó que la Asamblea Nacional no podía ejercer sus funciones constitucionales por encontrarse en "desacato" y la Sala mantuvo su criterio de la usurpación de funciones de la Asamblea Nacional, impidiéndole ejercer sus funciones.[1053]

REFLEXIÓN FINAL

A lo largo de las páginas de este estudio hemos explicado cómo, el Juez Constitucional en Venezuela, función que está constitucionalmente atribuida a la Sala Constitucional del Tribunal Supremo de Justicia, desde 2000 abandonó su misión esencial de garantizar la vigencia de la Constitución, y con ello, la de asegurar la vigencia del Estado democrático de derecho, la de velar por la efectividad del derecho del pueblo a ser gobernado por sus representantes electos mediante sufragio, la de asegurar el funcionamiento del Estado bajo el principio de la separación de poderes, y la de velar porque todos los órganos del Estado acaten la Constitución.

Al contrario, el Juez Constitucional en Venezuela asumió el rol inconcebible de ser el órgano del Estado que tuvo por misión la de demoler el Estado de derecho y, con ello, destruir las bases del sistema democrático representativo y participativo; y ello lo hizo a partir de 1999, y durante los últimos 20 años (1999-2019), convirtiéndose en el más importante y perverso instrumento utilizado por el régimen autoritario que asaltó el poder en 1999 comandado por Hugo Chávez,

---

1053 Véase José Ignacio Hernández, ¿Qué dicen las sentencias 157 y 158 del TSJ?," en *Prodavinci*, 4 de abril de 2017, en http://prodavinci.com/blogs/que-dicen-las-sentencias-157-y-158-del-tsj-por-jose-ignacio-hernandez-g/?platform= hootsuite. En particular sobre el tal "desacato" debe recordarse lo expresado por el Consejo de la facultad de Derecho de la Universidad Católica Andrés Bello en Comunicado Público: "Debe insistirse que aun en el supuesto de que existiese tal desacato judicial, la consecuencia procesal del mismo no podría nunca ser la nulidad absoluta de todos los actos y actuaciones, presentes o futuros, del Poder Legislativo Nacional, sino (a lo sumo) la nulidad del voto de aquellos parlamentarios supuestamente "mal incorporados" a la Asamblea o bien la imposición de multas coercitivas hasta tanto ese órgano del Poder Público cumpla la sentencia, tal como dispone el artículo 122 de la Ley Orgánica del Tribunal Supremo de Justicia." Caracas 30 de marzo de 2017.

mal utilizando métodos democráticos, para demoler los principios de la democracia.

Ese proceso se desarrolló siguiendo las propuestas formuladas bajo el mote de un "nuevo constitucionalismo, conforme a las cuales se fueron demoliendo progresivamente los principios de la democracia representativa bajo el espejismo de sustituirla por una falaz "democracia participativa," cuyos principios, aparte de quedar algunos plasmados en el texto de las Constituciones, no llegaron a implementarse y resultaron ser una gran mentira. [1054]

Todo ese proceso destructivo se basó en la propuesta inicial de la convocatoria de Asambleas Constituyentes "populares" no reguladas ni previstas en los textos constitucionales, las cuales abrieron la puerta a que las Constituciones perdieran todo principio de rigidez y supremacía. El resultado –y es el caso de Venezuela– fue un catastrófico desmantelamiento de los principios democráticos y de la separación de poderes, lamentablemente ejecutado desde dentro del propio Estado, utilizándose para ello al propio Juez Constitucional, el cual como instrumento malévolo fue dictando sentencias "a la carta" o a la medida, tal como le fue requerido por el Poder Ejecutivo y conforme avanzaba la entronización del régimen autoritario, todas las cuales se han analizado en este estudio.

Entre las propuestas esenciales derivadas de ese llamado "nuevo constitucionalismo," además de la mencionada convocatoria de "asambleas constituyentes populares" sin respaldo constitucional alguno, estuvo también, la de "dar peso de la fuerza democrática sobre las instituciones elitistas de garantía," es decir, las Cortes constitucionales, precisamente para apartarlas de su misión esencial de garantizar la supremacía constitucional; la de "la participación ciudadana constante," la cual solo fue una ilusión, por la creación de mecanismos de "participación" ciudadana sin autonomía política alguna y más bien controlados y dependientes del Poder Central; la "del refe-

---

1054 Véase en general Allan R. Brewer-Carías, *El "nuevo constitucionalismo latinoamericano" y la destrucción del Estado democrático por el Juez Constitucional. El caso de Venezuela*, Colección Biblioteca de Derecho Constitucional, Ediciones Olejnik, Madrid, Buenos Aires, 2018, 294 pp; y *La justicia constitucional, la demolición del Estado democrático en Venezuela en nombre de un "nuevo constitucionalismo", y una tesis "secreta" de doctorado en la Universidad de Zaragoza*," Ponencia preparada para las *Jornadas sobre* "*El papel de la justicia constitucional en los procesos de asentamiento del Estado democrático en Iberoamérica*," Universidad Carlos III de Madrid, octubre de 2018, Editorial Jurídica Venezolana International, 2018, 282 pp.

réndum como instrumento de consulta de todas las reformas a la constitución," lo cual, a pesar de que se incorporó en las Constituciones, en definitiva se distorsionó y cambió cada vez que había el riesgo de que el pueblo pudiera expresar su voluntad contraria al régimen autoritario; la de "la iniciativa popular," la cual si bien también se incorporó en los textos constitucionales, el régimen autoritario logró impedir cuantas pudieran ser contrarias a las ejecutorias del mismo; y la de "el poder constituyente recogido en la propia constitución," pero solo para violar sus disposiciones, como por ejemplo ocurrió en Venezuela, cuando se usurpó la soberanía popular en las propuestas de una rechazada reforma constitucional (2007), y se hizo la convocatoria de una Asamblea Constituyente (2017), ignorándose que ello correspondía exclusivamente al pueblo mediante referendo de convocatoria.

En esas propuestas, por lo demás, y con base en esos "principios" del "nuevo constitucionalismo," se planteó frontalmente la eliminación de la democracia representativa y su sustitución por una llamada "democracia participativa" la cual, como se derivó de la propuesta de reforma constitucional de 2007 y se implementó en Leyes Orgánicas del Poder Popular en 2010, "no nace del sufragio ni de elección alguna;" propuestas que sin duda alentaron y orientaron a la Sala Constitucional del Tribunal Supremo de Justicia a atentar contra la representatividad democrática a través de muchas sentencias, es decir, contra el derecho de los ciudadanos a elegir, el derecho a ser electo, y el derecho a ejercer los cargos de representación popular.

Ello quedó en evidencia, como se ha estudiado en las páginas anteriores, de las sucesivas sentencias mediante las cuales la Sala Constitucional, en fraude a la representación proporcional, distorsionó el derecho a elegir representantes con base en dicho principio (2006); avaló las inconstitucionales inhabilitaciones políticas dictadas en vía administrativa, que afectaron el derecho de ex funcionarios públicos a ser elegidos (2008, 2011); le arrebató a una diputada en ejercicio, el poder continuar ejerciendo sus funciones parlamentarias, revocándole inconstitucionalmente el mandato popular (2014); revocó ilegítima e inconstitucionalmente el mandato popular a varios Alcaldes, usurpando las competencias de la Jurisdicción Penal (2014); impuso un gobierno sin legitimidad democrática (2013); denegó justicia en el juzgamiento del fraude a la representación popular cometido en la elección presidencial (2013); mutó ilegítimamente la Constitución acabando con el principio del gobierno alternativo (2009); y avaló la eliminación del sufragio, contribuyendo con el proceso de desconstitucionalización del Estado Constitucional, con la creación en paralelo al mismo del "Estado Comunal" o del Poder Popular, con la anuencia del Juez Constitucional (2007, 2010), y todo con la falacia de implantar una "democracia participativa" en sustitución de la democracia representativa.

En todo caso, respecto de ésta última, en la Constitución de 1999 se regularon directamente tres mecanismos de participación ciudadana, los cuales, sin embargo, también fueron todos demolidos por el propio Juez Constitucional.

Sucedió con el mecanismo de participación directa de "representantes de los diversos sectores de la sociedad" en la postulación exclusiva de los candidatos a ocupar los altos cargos de los Poderes Públicos Judicial, Ciudadano y Electoral, a través de sendos Comités de Postulaciones; la cual nunca se aplicó en el país, pues desde el año 2000, los Comités de Postulaciones siempre se organizaron en todas las leyes relativas a la materia, como simples "comisiones parlamentarias" integradas con una mayoría de diputados, que no son parte de la sociedad civil. Con ello, además, se abrió curso para la demolición progresiva del pilar fundamental del Estado democrático, que es el de la separación de poderes, lo cual también estuvo a cargo del Juez Constitucional que fue el factor determinante para acabar con la autonomía e independencia de los poderes públicos, como resulta de las sentencias antes analizadas; a lo cual se suma su abstención sistemática, desde del año 2000, para juzgar la inconstitucionalidad de las leyes que regularon dichos Comités sin la representación exclusiva de los representantes de la sociedad civil.

Sucedió también con el principio de la "democracia participativa," también incluido en la Constitución, relativo a la introducción de instrumentos de democracia directa, particularmente en materia de revocación de mandatos populares. Ese mecanismo de participación, sin embargo, durante los años de vigencia de la Constitución, nunca pudo ser aplicado, al haber sido convertido por la Sala Constitucional del Tribunal Supremo en 2004 en un referendo "ratificatorio," evitando la revocación del mandato de Hugo Chávez; y al haber impedido, el Poder Electoral, su realización en 2017 respecto del mandato de Nicolás Maduro, con la anuencia abstencionista del Juez Constitucional, renunciando así a hacer prevalecer el publicitado "principio participativo" el cual quedó pospuesto.

Y sucedió igualmente con el otro mecanismo de participación ciudadana establecido en la Constitución relativo a la consulta obligatoria de los proyectos de ley por parte de la Asamblea Nacional, durante el proceso de su formación, el cual puede decirse que fue formalmente eliminado por el Juez Constitucional, al disponer, primero, que la consulta popular de los proyectos de ley solo se aplica a las leyes sancionadas por la Asamblea Nacional, pero no a las leyes dictadas mediante decretos leyes habilitados (2014), cuando en el país, desde 2001, la gran mayoría de las leyes han sido dictadas precisamente mediante decretos leyes en ejecución de leyes habilitantes; y segundo, posteriormente, que la obligación de consulta popular que establece la Constitución incluso respecto de las "leyes" no es tal, y se puede cumplir en cualquier forma o "de la mejor manera" (2017).

A ello se agregan las otras sentencias del Juez Constitucional, también analizadas anteriormente, mediante las cuales el mismo confiscó el derecho ciudadano de participar a través de los partidos políticos en la vida política del país, al eliminarse la autonomía de los mismos (2015); excluyó inconstitucionalmente el derecho de los partidos políticos a participar en los procesos electorales realizados con motivo del proceso constituyente de 2017; mutó ilegítimamente la Constitución en materia de financiamiento público de los partidos políticos (2008), favoreciendo así al partido de gobierno, el cual se encuentra imbricado en el Estado, y discriminando a los partidos de oposición; secuestró el derecho político a manifestar, reduciéndolo y sometiéndolo a absolutos controles administrativos coartando así el derecho ciudadano a la participación política (2014); y distorsionó la participación política en el sistema venezolano, al mutar la Constitución y permitir el proselitismo político en la Fuerza Armada (2014), pero solamente a favor del partido del gobierno y del "Comandante en Jefe" de la misma.

De todo lo anterior resulta, por tanto, que no basta que las Constituciones incluyan en su articulado previsiones sobre derechos democráticos y mecanismos de participación para que una política pública se haga realidad. En otros términos, para construir un "Estado participativo" no es cuestión de ponerle ese nombre en la Constitución, sino que tiene que estar estructurado mediante un sistema de distribución territorial del poder, con gobiernos democráticos representativos regionales y locales autónomos, electos mediante sufragio, de manera tal que el poder esté cerca del ciudadano y éste pueda efectivamente participar. Todo lo cual, por ejemplo, exigiría reforzar la institución municipal, y organizar como mecanismo descentralizador en el seno de los municipios, a la organización comunal, con representantes electos de las comunidades.

La verdad, en todo caso, fue que en Venezuela, todas las ejecutorias del régimen autoritario que se experimentaron basadas en las teorías "participativas" del "nuevo constitucionalismo," no sólo condujeron a la debacle institucional antes analizada, destruidos como fueron todos los principios democráticos; sino al fracaso más espectacular del llamado "Socialismo del Siglo XXI," cuya imposición condujo a la destrucción total de todo el aparato productivo nacional, y al ahogamiento de la iniciativa privada, habiéndose logrado que en Venezuela ocurriera lo impensable, que se produjera el "éxodo más grande que ha existido en la historia del hemisferio occidental," como lo calificó el Secretario General de la Organización de Estados Americanos, Luis Almagro; lamentablemente con consecuencias futuras impredecibles.

New York / Heidelberg, Septiembre 2019

ÍNDICE GENERAL

A MANERA DE INTRODUCCIÓN:

LO QUE RESULTA CUANDO EL PODER CONTROLA AL JUEZ CONSTITUTONAL Y LO PONE A SU SERVICIO PARA "MOLDEAR" LA CONSTITUCIÓN A SU MANERA

PRIMERA PARTE

¿REFORMA CONSTITUCIONAL O MUTACIÓN CONSTITUCIONAL?

SEGUNDA PARTE

LA ILEGÍTIMA MUTACIÓN CONSTITUCIONAL DEL PRINCIPIO PÉTREO DE LA ALTERNABILIDAD REPUBLICANA

TERCERA PARTE

SOBRE LA MUTACIÓN DEL PRINCIPIO DE LA SEPARACIÓN DE PODERES EN LA JURISPRUDENCIA CONSTITUCIONAL

CUARTA PARTE

LA MUTACIÓN DE LOS PRINCIPIOS CONSTITUCIONALES DE SOBERANÍA POPULAR Y DE LA REPRESENTACIÓN DEMOCRÁTICA

QUINTA PARTE

LA MUTACIÓN DEL "REFERENDO REVOCARORIO" DE MANDATOS CONVETIDO DE LA MANO DEL JUEZ CONSTITUCIONAL EN UN "REFERENDO RATIFICATORIO"

SEXTA PARTE

LA ELIMINACIÓN DEL RANGO SUPRACONSTITUCIONAL DE LOS TRATADOS INTERNACIONALES SOBRE DERECHOS HUMANOS, Y EL DESCONOCIMIENTO DE LAS SENTENCIAS DE LA CORTE INTERAMERICANA DE DERECHOS HUMANOS

SÉPTIMA PARTE

LA MUTACIÓN CONSTITUCIONAL DE LA FORMA FEDERAL DEL ESTADO

OCTAVA PARTE

UNA ERRADA MUTACIÓN CONSTITUCIONAL POR LA CONFUSIÓN DEL JUEZ CONSTITUCIONAL SOBRE LOS TÉRMINOS: REPÚBLICA, ESTADO Y NACIÓN

NOVENA PARTE

LA ILEGÍTIMA MUTACIÓN CONSTITUCIONAL DE LA PROHIBICIÓN DEL FINANCIAMIENTO DE LAS CAMPAÑAS ELECTORALES DE LOS PARTIDOS POLÍTICOS

A MANERA DE CONCLUSIÓN:

LOS TRIBUNALES CONSTITUCIONALES Y SUS PELIGROS: DE LA CONSOLIDACIÓN A LA DESTRUCCIÓN DEL ESTADO CONSTITUCIONAL

A MANERA DE EPÍLOGO:

LA DEMOCRACIA Y SU DESMANTELAMIENTO USANDO LA JUSTICIA CONSTITUCIONAL

PELIGROS DEL AUTORITARISMO O DE CÓMO, EN VENEZUELA, EL JUEZ CONSTITUCIONAL DEMOLIÓ LOS PRINCIPIOS DE LA DEMOCRACIA REPRESENTATIVA, DE LA DEMOCRACIA PARTICIPATIVA Y DEL CONTROL DEL PODER

www.ingramcontent.com/pod-product-compliance
Lightning Source LLC
Chambersburg PA
CBHW021804270326
41932CB00007B/51

* 9 7 8 1 6 8 5 6 4 7 1 9 3 *